全本全注全译丛书

中华经典名著

邱　锋　常孙昊田◎译注

论　衡 上

中華書局

图书在版编目（CIP）数据

论衡/邱锋,常孙昊田译注. —北京:中华书局,2024.2
（中华经典名著全本全注全译丛书）
ISBN 978-7-101-16532-6

Ⅰ.论… Ⅱ.①邱…②常… Ⅲ.①《论衡》-译文②《论衡》
-注释 Ⅳ.B234.81

中国国家版本馆 CIP 数据核字（2024）第 020021 号

书　　　名　论　衡(全三册)
译 注 者　邱　锋　常孙昊田
丛 书 名　中华经典名著全本全注全译丛书
责任编辑　张彩梅
责任印制　陈丽娜
出版发行　中华书局
　　　　　（北京市丰台区太平桥西里38号　100073）
　　　　　http://www.zhbc.com.cn
　　　　　E-mail:zhbc@zhbc.com.cn
印　　　刷　北京中科印刷有限公司
版　　　次　2024 年 2 月第 1 版
　　　　　2024 年 2 月第 1 次印刷
规　　　格　开本/880×1230 毫米　1/32
　　　　　印张 63¾　字数 1500 千字
印　　　数　1-10000 册
国际书号　ISBN 978-7-101-16532-6
定　　　价　166.00 元

目录

上册

中册

卷第三十

前言

《论衡》的作者是东汉的思想家王充。有关他的生平，可见《论衡·自纪篇》和范晔《后汉书·王充列传》。近代以来，有关王充思想和传记的研究著述比较丰富，读者也可以参考。由于本书的特点在于注释和翻译，有关作者的生平、思想等，在正文中不宜赘述，仅在这里做简要介绍，同时也谈谈《论衡》的价值及版本流传情况。

王充，字仲任，生于东汉光武建武三年（27），卒于东汉和帝永元年间（89—105），虽然具体时间不详，但可以说他生活的年代和我们之间隔着将近两千年的时光了。王充的祖先原籍在魏郡元城（今河北大名）。这个家族数代从军，积累了军功，所以到王充曾祖父王勇时，便受封会稽（今浙江绍兴）阳亭。亭是秦汉时的基层行政单位，所谓十里一亭，十亭一乡。当时的制度，功劳大的可受封一县，功劳小的则受封乡亭。虽然王勇这个亭侯，次于县侯和乡侯，但是却属于汉朝二十等级爵位中的最高者——列侯，从爵位上看，已经是很高的了。但他遇时不佳，赶上王莽篡汉，政治一片混乱。不过一年，王勇就被削爵为民。此后便落户当地，靠经营农桑为业了。王勇出身行伍，为人勇武，很有任侠风气，也干过拦路抢劫的勾当，于是结下不少仇怨。到王充祖父王汎时，为了躲避仇家，举家迁往钱塘（今浙江杭州），以贩卖为事，做起了小买卖。王汎育有二子，一名王蒙，一名王诵，王诵就是王充的父亲。虽家道变故，但这家人任侠之气非但未改，到王蒙、王诵一代反而愈演愈烈，不仅结怨众多，更是招惹了当地的土豪，不得不再次迁徙，搬到了上虞（今浙江上虞）。上虞就是王充出生的地方。

王充平生的活动，可以分为三个阶段：一是早年的求学阶段，二是中年在郡县任职的阶段，三是晚年迁居又返乡直到去世的阶段。

按照王充的叙述，他六岁时，就能读书识字，八岁便入书馆读书，不但读书日进，更未遭过老师的体罚。大概是凭着这样的聪明，王充在二十岁上被保送到京师洛阳的太学读书。太学教的都是《诗经》《尚书》《论语》一类的儒家经典，学风多是偏重解释经书篇章字句的章句之学，这种学问往往拘泥于繁琐的师法家说，却缺少广阔通达的知识眼界。王充志在做贯通诸学、能成一家之言的"通儒"，不太瞧得上这类抱残守缺的"章句之儒"。当时洛阳城中书铺很多，王充家贫无书，就常到书铺读书，接触到许多太学里不曾涉及的百家之言。他记忆力超强，有过目不忘的能力，由此博通百家之学。《后汉书·王充列传》还记载王充在太学曾受业于班彪。班彪是当时著名学者，也是班固、班超的父亲。在王充自述生平的《自纪篇》里对此却只字未提，只是说自己"谢师而专门，援笔而众奇"。这也成为一桩学术公案。有人认为王充师从班彪是后史的伪饰，还有人怀疑王充根本未曾入过太学。从《论衡》反映的内容看，王充肯定是在太学学习过的。只是对他来说，这段求学经历不太愉快，和太学的老师也不甚相得，故此中细节就不便多提了。《自纪篇》是王充晚年的作品，老年人在回顾一生经历时，难免会夹杂多样的情绪。他说自己"谢师而专门"，无非是要和太学划清界限，强调自己独立研究的志向；说"援笔而众奇"，也只是一种自负情绪的流露罢了。

王充在外求学，大约经历了十余年光景。他在三十岁后，返回故乡，由此便进入了人生的第二个阶段。按照当时的惯例，郡县丞尉及诸曹掾，多由本郡人担任。王充回乡后，当了上虞县掾功曹，属于比较底层的公务人员。不久，他便被提升到都尉府功曹和郡中五官功曹行事。五官功曹行事又叫五官掾，算得上郡太守的重要助手，职位要高于一般的佐吏。王充想在仕途上有所作为，在此任上向会稽太守提了不少建议，不知为何，都未被采纳。而且因为政治主张与官僚们不和，又不愿趋炎附势，最终被罢职回家。回家后，王充的生活陷入了困顿，但居家赋闲也给他大量写作的时间和精力，《论衡》的大部分篇章就完成于这个时期。

元和三年（86），王充六十岁，为仇家所逼迫，先后携家到丹阳郡（治今安徽宣城）、九江郡（治今安徽寿县）、庐江郡（治今安徽庐江）做属官。扬州刺史董勤，因仰慕王充的才学，聘他做了刺史府的治中从事，这个职务主要是辅佐州刺史处理政务和察举非法。当时扬州刺史府治所在历阳（今安徽和县），王充也在此开启了人生的新阶段。到了汉章帝章和二年（88），也就是王充六十二岁时，朝廷撤销了扬州部的建制，他也只好返回故乡上虞。这时，同乡谢夷吾给朝廷上书推荐王充，盛赞他的才学。谢夷吾是王充在会稽郡任职时的同僚和朋友，后来做到了荆州刺史、钜鹿郡太守。汉章帝看到谢夷吾的上表，就特诏聘王充，但此时他已经老病不能应征远行了。大约在公元95年至96年间，王充病死于家，终年七十岁左右。

王充一生的著述很多，主要有《讥俗节义》《政务》《论衡》《养性》四书以及《备乏》《禁酒》等上书奏记之文。除《论衡》外，其他都已亡佚。

《论衡》集中保存了王充的学术思想，因此也被后人视为他的代表著作。王充在《自纪篇》说"吾书百篇"，"吾书亦才出百"。可能《论衡》原有百篇以上，此后辗转流传，篇目有所佚失。到了范晔著《后汉书·王充列传》时，记载《论衡》就只有八十五篇。后来的流传中，又亡佚了《招致》一篇。我们今天读到的《论衡》，全目虽八十五篇，实存却只有八十四篇。王充着手写《论衡》，大约在汉明帝永平初年，他三十岁左右的时候。全书最后一篇《自纪篇》，是他晚年七十岁左右写成。所以，《论衡》从开始到写成，足足经历了三十多年的时间。这部书为什么要叫《论衡》呢？按王充自己的话说就是："《论衡》者，论之平也。"（《论衡·自纪篇》)这里说的"平",就是"衡",指的是称重用的秤。所以从字面上看,"论衡"是对于言论的衡量。至于王充为何要写这部书,他在书中也解释说:"《诗》三百,一言以蔽之,曰:思无邪。'《论衡》篇以十数,亦一言也,曰:'疾虚妄。'"(《论衡·佚文篇》)"伤伪书俗文多不实诚,故为《论衡》之书。"(《论衡·自纪篇》)照这些说法,《论衡》就是专为"疾虚妄"而作,通过批驳一切虚妄之论,来求得真实的道理。这部书,论列的问题很多,涉及认识论、自然论、人性论、命运论等许多方面,下面我们择要介绍其中的几个方面。

首先说他的认识论。王充写《论衡》志在批驳虚妄之论,他对于各种学说往往抱着怀疑或反对态度,而要检验这些学说的"是"与"非",则需要对它们加以证实或证伪。为此,王充对认知做了"耳目"与"心意"的区别。他认为,一切真知都应以感性经验和见闻为基础,知识的获取首先要依靠于耳、目等感官才可以实现。但他又强调,人们往往会因为感官的错觉造成误解,所以仅凭"耳目"远不足以把握真实。由"耳目"等直接经验得来的认识,必须经过思维即"心意"的加工,才能变成确实的认识。用他自己的话说,就是"是非者,不徒耳目,必开心意"(《论衡·薄葬篇》),这是一种根据感觉经验对认识内容进行分析、判断、推理,以求得确实性和普遍性的过程。不过,在王充看来,仅有思维的综合判断也是不够的,必须用已知的事实或实际效果去进行检验和论证,才能成为"实诚"的真知。王充将这种检验称为"效验"。简单说来,"效验"是一个认识过程,又是一个检验过程,王充将其概括为"考之以心"和"效之以事"(《论衡·对作篇》)两个方面。"效之以事"是依据已知事实做出判断,"考之以心"是"以心意议""以心原物"的逻辑分析和推理过程。所以,"效验"包括了事实证明和逻辑证明两个部分,一是由实际效果来界定,即是否有用或有效;一是以命题与命题的关系来界定,即是否符合逻辑。十七世纪以来西方科学的发展,便是借用了古希腊流传下来的逻辑推导系统和实验系统,将二者结合起来成为科学的方法论和认识论。相比较，王充所说的"考之以心"与"效之以事"和这种科学方法就有很多近似的地方，他被后世称为中国早期的科学思想家，原因也在于此。

再来说王充的自然论。王充吸收融合战国以来"气"的学说和天道"自然无为"思想，提出了元气自然论。他认为天和地都是客观存在的物质实体，元气是构成这个实体和万物的物质基础。元气虽形态各异，但本质相同，都是自然的存在形式。宇宙的本体是元气，由元气产生阴阳，再由阴阳二气的对流激荡而化生万物。元气化生天地万物，都是"自然""自生"的，元气之上并没有一个有意志的造物主。王充的元气自然论带有很多道家思想的印迹，也深受西汉以来的天文学发展的影响。西汉的天文学已经形成体系，分有盖天、浑天和宣夜三家。盖天说认为天圆地方，天在上像伞盖，地在下像棋盘。浑天说认为天地都是圆的，天在外，像鸡蛋壳，地在内，像鸡蛋黄。宣夜说认为天体自然浮生于虚空之中，为元气构成。王充的宇宙观接近盖天说，同时也吸收了宣夜说的一些观点。

基于这样的自然论，王充对当时流行的"天人感应"和谶纬迷信思想提出过许多尖锐的批评。自西汉初年起，许多儒生对"天人感应"的说法就深信不疑，用它解释一切和宇宙及人类相关的事。其中又杂糅了不少阴阳五行的学说，把天与人的"相应"当作一种本性上的关联，以图在自然变化中找到社会事变和人事祸福的对应联系。这种理论曾对汉代政治起过巨大作用，也是当时学界的主流思想。其中一个核心内容就是当人（主要是君主）的行为失当后，天会以"灾异"予以警示或惩罚。王充认为既然元气是宇宙原始的物质基础，那天就是无感觉、无意识的客观物质实体，天人之间就不存在相感相应。由此，他驳斥儒生所提倡的"灾异论"，指出其所依据的天时寒温、水旱灾害等，都是自然变化的现象，与人事无关。同时，王充也否定了当时流行的圣王之德能招致凤凰、麒麟等符瑞的说法，认为这种宣扬帝王受命的"符瑞说"，只不过是神道设教,是为了宣扬古代圣王而虚构的。虽然王充在《论衡》里对"灾异论""符瑞说"等频频发出质疑,但有时他却又表现出另一种态度。比如,对他所处汉章帝时期的"瑞应奇诡",不但不加以驳斥,反而极尽吹捧的能事,借此大发颂扬汉德之论。一面极力反对灾异,一面又屡言汉家瑞应,为何会有如此矛盾的两种态度,大概只能从他希望通过称颂本朝来求取仕途显达的动机来解释了。汉儒说灾异,虽不乏荒唐迷信,却是希望依靠灾异来限制皇权,王充要称颂本朝,就得反对它。相反,汉家的瑞应是对本朝皇帝的奖颂与赞美,王充要表达忠诚,就得宣扬它。这样的精神分裂,在古今的知识分子中并不鲜见。此外,王充对于"天人感应"的缔造者董仲舒,也没有表示反感,反而给予最高的赞誉。所以,王充并非全然反对"天人感应",他只是反对由此衍生出的那种善恶福报的流俗哲学。这就与他对于人性和命运的看法有关了。

王充在《论衡》中也论及人性。他对于人性的讨论方式比较新颖,就是先叙述自古以来各种讨论人性的学说,然后再加以评判,以树立自己的见解。王充认为,人和物一样,都由元气构成。禀受元气的多少、厚薄不同,既决定了人和物的不同,也造成了人的贤能或愚钝之差别。如同天生的土地各有肥沃和贫瘠一样,人的本性因其秉承元气的不同而有善、善恶相混和恶三种。虽然这种分析未算得高明,但他的讨论方式,却和现在学术研究文献综述的方法有近似之处。王充认为人生的幸与不幸、遇与不遇都与命有关。他把命分为"正命""随命""遭命"三种,几乎包含了人生际遇的所有可能,而他更是将偶然性作为修正之前学者提倡的宿命论为必然性的手段。概括地说,王充表达了这样一种思想,即人的行为道德、才智能力的高低与贫富贵贱、穷达寿夭并无对应关系,前者由人的"才性"决定,后者则由"命"来管辖。"才性"与"命"二者分殊,并无因果必然联系。人生的显达固可依才性而求之,但根本上还要靠"命"的定数来决定,这就否定了人的所作所为与其所得所遇间的因果关系,将它当成一种偶然的结果。王充的命定论在中国思想史上最为彻底，也最招非议。这种命定论既不是一种不可知的论断，也不是始于反神学目的论而终于神秘主义的宿命论，而是对命运的一种独特理解，这种理解很大程度来自王充自身遭际的乖舛。

　　总体而言，王充是个特立独行且充满矛盾的人，总是与环境格格不入，总是陷在现实与理想的夹缝之中，但却未因此消沉幻灭，反而时刻展现出强烈的抗争意识。这种性格大大影响了他的学术思想，也造就了他命运的幸与不幸。要理解这种性格，大概有三个方面值得注意。

　　一是他家族的任侠传统。王充的家族有着强烈的任侠传统。所谓"任侠"，简单说就是崇尚气节，时常凭借勇力或财力来扶助弱小。这种风气在汉代民间很有基础，往好里说是有正义感，喜欢见义勇为；往坏里说就是任性使气好勇斗狠，难免会闹出些违犯法纪和结怨交仇的事。至少从王充的曾祖王勇开始，这个家族为躲避仇家而多次搬迁，都是拜此风气所赐。这种风气，在王充身上也有明显地流露，这可以从其"行"和"学"两个方面看待。就其"行"来说，王充在仕途上多次因直言不讳得罪上级和同僚，遭到排挤打压；他也和父祖一样，与人结怨，为了躲避仇家而不得不迁居他处。从其"学"来看，王充身上总有一种对世俗通说的强烈对抗精神。具体说来，就是特别喜欢与人争论，有时甚至会表现出一种"抬杠"式的偏执。在《论衡》中，他往往会针对某些流行的观点加以辩证和批驳，借此证明自己的正确。王充似乎不太在意这些观点的具体内容，而是着重考察它们和具体事实或陈述方式间的关系，通过指出其中的矛盾来质疑或否定。这是一种专注于争辩而不是思想分析的思维方式，带有明显的辩论特性。就这点来说，王充大概是受过名辩家的很多影响。不过与先秦时的名辩家习惯于专门挑选一些"钻牛角"的问题来磨炼逻辑思维，使之渐趋于细密不同，王充只是将名辩家的方法带入对自然、历史等问题的论列，便形成了他频繁使用命题、判断、推论这些普通逻辑形式的印象。这种学术风格，对于他的思想的"另类"和自成一家具有决定性意义。

二是王充比较低微卑贱的出身。王充"另类"的学术风格，并没有让他获得所期冀的政治和学术地位，他的出身是造成这种失败的重要原因。王充的祖上以农桑和贩卖为业，这样的出身，无论是政治还是学术上都没有根基。但他聪明勤奋的精神以及求学太学的经历，又让他对人生和仕途有着强烈的期待。现实和理想之间的巨大反差，很大程度上造就了他怀才不遇、始终居于乡曲末学的命运。从王充一生的仕宦经历看，他基本上只担任过所谓功曹、从事之类的州郡的属吏，地位低微。在罢官回家后，他的家庭也没有因其任过官职而富裕。王充晚年一再说自己"仕路隔绝，志穷无如""贫无一亩庇身""贱无斗石之秩"（《论衡·自纪篇》），虽不免有些夸大，但他长期居于小吏，生活得比较窘困却也是事实。由于出身"孤门细族"，王充在讲究门第的东汉社会难免求仕无门，但他又是对功名仕途充满强烈欲望的人，这种欲达而未达的矛盾更构成了他内心的一种切实的紧张，由此也塑造了他的学术风貌。

三是会稽地区的文化风俗的影响。王充的一生，无论精神还是物质，也许是不幸的，但幸运的是，《论衡》却历经千年流传至今。究其原因，除了上文所述王充重逻辑、"逞机锋"的思维形式，也由于书中包含了大量新鲜独特的信息，以及不合于主流的思想观念。要理解这个问题，就要涉及会稽一带地缘因素的影响。所谓地缘，是指以一定地域条件为标志，包括该地域中的文化传统、经济生活、民俗等条件的综合影响。王充是会稽上虞人，会稽的文化风俗也深刻地影响了他的思想。会稽的历史大概能追溯到大禹在此召开部落大会的传说。在春秋时期，会稽属于越国的核心区域，后来被楚国吞并，也受了不少楚文化的淹溉。越楚文化与中原不同，神话、迷信、巫术的成分很多，人们的想象比较丰富，神鬼祭祀活动也很盛行。秦统一后，会稽地区还保留着许多古老习俗。秦始皇三十七年（前210）南巡，在会稽山的刻石上就特别写到要用严厉手段来匡正越地的风俗（《史记·秦始皇本纪》）。范晔也提到，东汉时会稽一带的风俗还是"多淫祀，好卜筮"（《后汉书·第五伦列传》）。这些都说明，在人们的印象里，会稽的风俗比较特殊。会稽滨海，自秦汉以来，与海上的"夷州""亶洲"一直有贸易交通往来。这种"滨海性"给当地文化带来不小的影响，商业贸易使人们头脑更加灵活开放，而对外交流则获得了很多海内外的奇闻怪谈。因此，人们对自然和宇宙的看法比起内陆地区要开阔，许多"异端邪说"也更容易在此保存和传播。王充的价值观念和思维方式多与中原主流学术不合，与这种"滨海性"不无关联。《论衡》中记载的许多事例，或与当时通行的说法不同，或不见于传世的典籍，大概不少也是来自会稽地区流传的"鄙里怪诞"之说吧。除去青年时代求学洛阳外，王充一生大部分时间都生活在会稽，这种身处乡曲，沉沦下僚的境地，使他没机会接触政治中心，更远离了学术中心。不过正是这种距离，让他的思想未受到时代政治与伦理观念的思维惯性的束缚，保持了很强的个性，以至于其知识体系和问题意识都显示出与主流学术完全不同的面貌。自汉末以来，学者之所以会将《论衡》视作"异书"而竞相传读，其原因也在于此。

关于《论衡》的版本和流传，最早见于目录书著录的，是《隋书·经籍志·杂家》载"《论衡》，二十九卷"。到了《旧唐书·经籍志·杂家》，则记载"《论衡》，三十卷"。为什么多出一卷？可能把《自纪篇》分出单为一卷了。自此，见于目录著录的《论衡》多为三十卷。《论衡》的版本，最早可以追溯到北宋庆历五年（1045）杨文昌刻本，当时被称为善本。南宋乾道三年（1167）会稽太守洪适又据杨刻本复加校订重刻。现在收藏于国家图书馆的宋本《论衡》，经元、明两代不断修补，是今存最早刊印的全本。另有《新刊王充论衡》十五卷本八册（旧称"元小字本"），是明朝初年坊间据宋乾道三年本刻印的，这两种刻本均未流行于世。现今流传最广的《论衡》的版本，是明嘉靖十四年（1535）吴郡苏献可刻印的通津草堂本《论衡》，此本源于宋刻明递修本，也是被公认为较好的一个版本。明清至民国许多丛书中所收《论衡》都是据此本校刻而成。

现在流行的《论衡》注释校勘本主要有刘盼遂的《论衡集解》、黄晖的《论衡校释》和张宗祥的《论衡校注》等书。刘盼遂、黄晖二书原本单行，后被中华书局收入《新编诸子集成》系列，以黄晖本为主，附刘盼遂集解的形式合并刊行，这是目前最为通行且全面的注释本。张宗祥书则在版本方面搜罗丰富，于校勘注释都有很多新的成绩。除去这三书以外，许德厚《详注论衡》、孙人和《论衡举正》、吴承仕《论衡校释》、马宗霍《论衡校读笺识》、郑文《论衡析诂》、杨宝忠《论衡校笺》等，都是阅读《论衡》的重要参考。关于《论衡》的通俗性注本，目前较为流行的有北大历史系编《论衡注释》和袁华忠等译注的《论衡全译》。《论衡注释》完成于二十世纪七十年代，虽然书中的一些议论，难免带有那个特殊时代的政治色彩，但该书在利用版本校勘和注释方面都取得了许多新的成绩。《论衡全译》广泛借鉴了前人的研究和注释成果，并在此基础上间有己意，和《论衡注释》一样，都对《论衡》的研究与普及做出了巨大贡献。

　　本书以明通津草堂本《论衡》为底本，依据其他版本或综合前人校勘成果进行整理，依据丛书体例，对于底本中明显错误径改，不出校记。对一些底本中错误或有异议处，参照他本进行校订，在注释中简要注明校订依据。本书注释和翻译方面多参考上文提到的《论衡》研究著作，同时也尽量吸收其他与《论衡》有关的学术研究成果。中华书局所出"三全本"系列，重在从通俗和普及的角度为读者提供一部典籍的全文和全面的注释及翻译。我们译注的这部《论衡》忝列其间，或许对初学者能有所帮助。由于个人能力有限，加之时间仓促，疏漏错误在所难免，还请广大读者朋友批评指正。

邱锋

2023 年 11 月 10 日

逢遇篇第一

【题解】

本篇意图通过对历史事件的列举与分析,以否认官位高低与操行清浊、才能贤愚之间存在关系,并批评了当时社会上"就遇而誉之,因不遇而毁之"的风气。

王充指出一个人官位的高低,并不取决于他才能的大小与道德的清浊,而是受时代环境、个人追求、君主好恶等诸多内外因素的影响。一个人品德低下,也能够"尊于桀之朝";而即使道德高洁,也有可能"卑于尧之廷",甚至一些并无才能,只是"形佳骨娴,皮媚色称"之人,也能够得到宠幸。因此王充认为,"进者未必贤,退者未必愚"。

同时王充也驳斥了时人认为的贤人不遇在于其不会因时势而转变观点的认识。王充认为一个人的才能是早已固定下来的,即使能够跟随世俗风气转变所持有的论说,这样仓猝造就的学识也会因过于浅薄而难以被君主赏识,况且通过揣度君主的心思以求高官的做法,本就与"遇"相违背而应该被称为"揣",那些"节高志妙,不为利动,性定质成"的贤人,是不屑于行此方法以求得高位的。因此官位的高低并不能作为评价一个人道德才能高低的标准。

王充一生始终沉沦下僚,从未得到汉朝的重用,因此他将此篇放于《论衡》全书之首,有着其特殊的用意。

　　操行有常贤①,仕宦无常遇②。贤不贤,才也③;遇不遇,时也④。才高行洁,不可保以必尊贵⑤;能薄操浊⑥,不可保以必卑贱。或高才洁行⑦,不遇,退在下流⑧;薄能浊操,遇,在众上。世各自有以取士⑨,士亦各自得以进⑩。进在遇,退在不遇。处尊居显⑪,未必贤,遇也;位卑在下,未必愚,不遇也。故遇,或抱洿行⑫,尊于桀之朝⑬;不遇,或持洁节⑭,卑于尧之廷⑮。所以遇不遇非一也⑯:或时贤而辅恶⑰;或以大才从于小才;或俱大才,道有清浊⑱;或无道德,而以技合⑲;或无技能,而以色幸⑳。

【注释】

①操行:节操。常:一贯。

②仕宦:做官。遇:遇合,投合,此指臣子遇到善用其才的君主或上级。

③才:才能和操行。

④时:时势与运气。

⑤保:保证。

⑥能薄操浊:才能低下,品行不端。

⑦或:有的人。

⑧退:据文例,疑为衍文。下流:地位低下。

⑨取士:选用人才。

⑩进:当官或被重用。

⑪处尊居显:有声望有地位,形容职位高,权势大的人。

⑫抱:持有。洿(wū)行:肮脏卑劣的品行。洿,污秽,不廉洁。

⑬桀:夏朝末代君主,相传是暴君。

⑭洁节:高尚的品行。

⑮尧:传说中上古的贤明君主。

⑯非一：不一，各种各样。

⑰贤：贤臣。恶：残暴的君主。

⑱道有清浊：道德上有高下之别。

⑲技合：以一技之长而投合。

⑳色幸：凭借姿色得到宠爱。

【译文】

人的品行节操可以一贯美善，但做官却不一定总能受到赏识和重用。贤能与否，是才能和操行的问题；是否受到赏识和重用，靠的却是时势与运气。才能卓越行为高尚，不一定保证会尊贵；才能低下品行不端，也未必就地位卑微。有的人才能卓越品德高尚，却得不到赏识和重用，于是地位卑微；有的人才能低下品行不端，却得到赏识和重用，位列众人之上。每个时代都有其选取人才的方法，士人们也各有当官和晋升的途径。做官晋升靠的是被赏识和重用，降级失职是因为不被赏识和重用。地位尊贵显赫，未必贤能，只是得到了赏识和重用；地位卑微低下，未必愚钝，而是没有得到赏识和重用。所以只要被赏识和重用，即便是品行卑劣的人，也会在夏桀的朝廷上得到尊崇；不被赏识和重用，即便是品行高尚的人，也会在尧的朝廷上位卑职低。导致能否被赏识和重用的原因不止一个：有的是贤臣辅佐了暴君；有的是大才服从于小才；有的同是大才，道德上却有高下之别；有的虽没有道德，却凭借一技之长合于上心而被提拔；有的没有技能，而依仗姿色得到宠爱。

　　伍员、帛喜^①，俱事夫差^②，帛喜尊重，伍员诛死，此异操而同主也。或操同而主异，亦有遇不遇，伊尹、箕子是也^③。伊尹、箕子，才俱也^④，伊尹为相，箕子为奴；伊尹遇成汤^⑤，箕子遇商纣也^⑥。夫以贤事贤君^⑦，君欲为治^⑧，臣以贤才辅之，趋舍偶合^⑨，其遇固宜^⑩；以贤事恶君，君不欲为治，臣以忠行佐之⑪,操志乖忤⑫,不遇固宜。

【注释】

①伍员(yún,？—前484):字子胥,名员,一作"芸",楚国人。春秋末期吴国大夫、军事家。因封于申,也称"申胥"。曾率吴军打败楚国,后因吴王夫差听信伯嚭谗言,被逼自杀。帛喜(？—前473):又作"伯嚭",春秋末期楚人。伯州犁之孙。奔吴,因夫差以为太宰,也称"太宰嚭"。吴越之争中,曾为越国所利用。

②事:侍奉,服侍。夫差(？—前473):春秋末期吴国国君,吴王阖闾之子。在吴越之争中曾一度打败越国,北上中原争霸。后听信谗言,穷兵黩武,奢侈淫纵,被越国打败自杀。

③伊尹:名伊,一名挚,商朝初年人,商汤大臣。相传原为汤妻陪嫁的奴隶,后助汤伐夏桀。尹是官名。相传生于伊水,故名。箕子:名胥余,商末贵族,封于箕地,故称"箕子"。因纣王无道,屡谏不听,被囚,乃佯狂为奴。武王灭殷,释其囚,封之于朝鲜。事参见《史记·殷本纪》《史记·宋微子世家》。

④俱:同,相等。

⑤成汤:契之后,名履,商朝的开国君主。

⑥商纣:即帝辛,子姓,名受,商朝末代君主,世称"纣"或"商纣王"。

⑦夫:文言句首发语词。

⑧为治:治理好国家。

⑨趋舍:取舍,引申为好恶。偶合:相合,投合。

⑩固宜:本就应当。

⑪佐:辅佐。

⑫操志:操行与志向。乖忤(wǔ):违背。

【译文】

伍员和帛喜,一起侍奉吴王夫差,帛喜位高权重,伍员却被处死,这就是不同品行的人侍奉同一个君主。有时品行相同却因侍奉不同的君主，也有有人受到赏识重用有人则没有的情况，伊尹和箕子就是这样。伊尹和箕子，才能相当，伊尹当了国相，而箕子却沦为奴；这是因为伊尹遇到了成汤，箕子却遇到了商纣。贤臣侍奉贤君，君主想治理好国家，臣子以自己卓越的才能辅佐他，君臣的好恶一致，贤臣被赏识和重视就是必然的；贤臣侍奉恶君，君主不想治理好国家，臣子用忠正的操行辅佐他，君臣的操行和志向正好相反，贤臣不被赏识和重用也是必然的。

　　或以贤圣之臣①，遭欲为治之君②，而终有不遇，孔子、孟轲是也③。孔子绝粮陈、蔡④，孟轲困于齐、梁⑤，非时君主不用善也⑥，才下知浅⑦，不能用大才也。夫能御骥、骒者⑧，必王良也⑨；能臣禹、稷、皋陶者⑩，必尧、舜也⑪。御百里之手⑫，而以调千里之足⑬，必有摧衡折轭之患⑭；有接具臣之才⑮，而以御大臣之知⑯，必有闭心塞意之变⑰。故至言弃捐⑱，圣贤距逆⑲，非憎圣贤，不甘至言也⑳。圣贤务高㉑，至言难行也。夫以大才干小才㉒，小才不能受，不遇固宜。

【注释】

①以：作为。

②遭：遇到。

③孔子（前551—前479）：名丘，字仲尼，鲁国陬邑（今山东曲阜东南）人。春秋末期思想家、教育家、儒家创始人。孟轲（约前372—前289）：即孟子，名轲，字子舆，邹（今山东邹城）人。战国时期思想家、教育家。受业于孔子之孙子思的门人，是继孔子之后儒家学派的又一大师。

④孔子绝粮陈、蔡：孔子周游列国时，曾居于陈国、蔡国之间，楚昭王

派人聘请孔子，孔子准备前往拜见回礼。陈国、蔡国大夫害怕孔子若为楚所用对己不利，共同调发役徒将孔子围困在野外。孔子没法行路，断绝了粮食。陈，春秋时的小国，在今河南淮阳一带。蔡，春秋时的小国，在今河南新蔡一带。事参见《论语·卫灵公》《荀子·宥作》《史记·孔子世家》。

⑤孟轲困于齐、梁：指孟子在齐、魏两国进行游说，遭到拒绝，恨不得志。事参见《孟子·公孙丑下》《孟子·梁惠王上》。齐，指齐国，先秦时诸侯国，在今山东北部。梁，指大梁（在今河南开封），战国时魏国的都城，因此魏国也称为"梁"。

⑥善：贤人。

⑦知：同"智"。

⑧御：驾驶马车。骥（jì）、騄（lù）：泛指良马。骥，千里马。騄，即騄耳，传说为周穆王的八匹骏马之一。

⑨王良：春秋时之善驭马者。

⑩臣：以为臣。禹：传说中夏后氏部落领袖。姓姒，亦称"大禹""夏禹""戎禹"。鲧的儿子，奉舜的命令治理洪水有功，被舜选为继承人。其子启建立夏朝。稷：周人的始祖。相传其母姜嫄因践天帝迹而怀稷，因初欲弃之，故取名曰"弃"。及长，帝尧举为农师，有功，遂封于邰，号曰"后稷"。皋陶（gāo yáo）：亦作"皋繇"，传说中虞舜时的司法官。

⑪舜：传说中上古部落联盟领袖，姚姓，有虞氏，名重华，史称虞舜。相传因四岳推举，尧命他摄政，尧去世后继位。

⑫百里：指日行百里之马。

⑬调：调教，训练。千里之足：指日行千里之马。

⑭摧衡折轭（è）：摧折衡和轭，形容招致毁败。衡，车辕头上的横木。轭，驾车时套在牲口脖子上的曲木。

⑮接：接纳，使用。具臣：聊以充数，不能有作为的臣子。

⑯大臣：指能够担负国家重任的臣子。

⑰闭心塞意：使心意遭到堵塞。

⑱至言：善言，有益的意见。至，善。弃捐：抛弃，废置。

⑲距逆：违背，拒绝。距，通"拒"。

⑳甘：喜欢。

㉑务：追求。高：高的目标。

㉒干：求。

【译文】

　　有的道德才智极高的臣子，遇到了想要治理好国家的君主，却最终不被赏识重视，孔子、孟轲就是这样。孔子在陈国、蔡国被断绝了粮食，孟轲在齐国、梁国处境困顿，并不是当时的君主不想任用贤人，而是他们才智浅陋，没有能力任用大才。能够驾驭千里马的人，一定是王良一样的驭手；能够任用禹、稷、皋陶的人，必定是尧、舜一样的贤君。让只能驾驭日行百里之马的人，去驾驭日行千里之马，一定会有摧折衡轭的危险；君主只具备使用庸臣的才能，让他去任用可以担负国家重任的臣子，一定会发生使人的才智受到压抑的不正常现象。所以有益的意见被抛弃，圣贤遭到拒绝和排斥，并不是君主厌憎圣贤，而是不喜欢听有益意见。这是因为圣贤追求高的目标，而有益的意见施行起来往往太难。才能大的臣子去求才能小的君主任用他，才能小的君主不能接受，不被赏识重用是理所当然了。

　　以大才之臣①，遇大才之主，乃有遇不遇，虞舜、许由、太公、伯夷是也②。虞舜、许由俱圣人也，并生唐世③，俱面于尧④。虞舜绍帝统⑤，许由入山林。太公、伯夷俱贤也，并出周国，皆见武王⑥。太公受封，伯夷饿死。夫贤圣道同，志合趋齐⑦，虞舜、太公行耦⑧，许由、伯夷操违者⑨，生非其世，出非其时也。道虽同，同中有异；志虽合，合中有离。何则⑩？道有精粗⑪，志有清浊也⑫。许由，皇者之辅也⑬，生于帝者之时⑭；伯夷，帝者之佐也⑮，出于王者之世⑯。并由道德⑰，俱发仁义⑱，主行道德⑲，不清不留；主为仁义，不高不止⑳，此其所以不遇也。尧溷㉑，舜浊㉒，武王诛残㉓，太公讨暴，同浊皆粗㉔，举措钧齐㉕，此其所以为遇者也。故舜王天下㉖，皋陶佐政，北人无择深隐不见㉗，禹王天下，伯益辅治㉘，伯成子高委位而耕㉙。非皋陶才愈无择㉚，伯益能出子高也㉛，然而皋陶、伯益进用㉜，无择、子高退隐，进用行耦，退隐操违也。退隐势异㉝，身虽屈㉞，不愿进；人主不须其言，废之，意亦不恨㉟，是两不相慕也㊱。

【注释】

①以大才之臣：据上下文例，"以"上当有"或"字。

②虞舜：即舜。许由：亦作"许繇"，传说中尧舜时代的贤人，因为尧想把天下让给他，他不接受，跑到箕山隐居；尧又想让他做官，许由说不想让耳朵被这样的话污染，就洗耳于颍水之滨。太公：姜姓，吕氏，名尚，俗称姜太公。商末隐居在渭水边，受到周文王的赏识和重用，后佐武王灭殷，受封于齐。伯夷：商朝末年孤竹国君的儿子。他和弟弟叔齐在周武王灭商以后，不愿吃周朝的粮食，一同饿死在首阳山。后人称颂他们能忠于故国。

③唐世：尧统治的时期。

④面：面对，见。

⑤绍：继承。帝统：帝王的统绪，指帝位。

⑥武王：即周武王，姬姓，名发，周文王之子，灭商而代有天下，为西周的第一个君主。

⑦志合趋齐：彼此的志趣理想一致。

⑧行耦（ǒu）：操行一致。耦，符合。

⑨操违：操行不一致。

⑩何则：为什么？

⑪精粗：精深和粗浅。

⑫清浊：高下优劣。

⑬皇者：指传说中的"三皇"，三皇五帝都有好多种说法，这里用《史记》的说法，即伏羲、神农、燧人。在汉代一般把皇者和后来的帝者、王者、霸者看成是先后出现的，就其疆域治理和功绩等而言，皇是至尊，皇尊于帝，帝尊于王，王尊于霸。辅：佐助。

⑭帝者：指传说中的"五帝"，即黄帝、颛顼（zhuān xū）、帝喾（kù）、尧、舜。

⑮佐：佐助，助手。

⑯王者：指夏、商、周三代的开启者夏禹、商汤、周文王和周武王。

⑰由：遵循，顺从。

⑱发：实行。

⑲主：君主。

⑳不高不止：不完美就不留下辅佐。止，留下。

㉑溷（hùn）：肮脏，混浊。

㉒浊：贪婪。

㉓武王诛残：指武王伐纣。诛，讨伐。残，残暴。

㉔同浊皆粗：同样污浊一般粗暴。粗，粗暴。

㉕钧齐：均衡，一致。钧，通"均"。

㉖王（wàng）：统治，称王。

㉗北人无择：传说中舜时的贤人，舜想让位于他，他感到是耻辱，投深渊而死。事参见《庄子·让王》《吕氏春秋·离俗》。

㉘伯益：传说中舜时东夷部落的首领，为嬴姓各族的祖先，因助禹治

水有功,禹欲让位于益,益避居箕山之北。事参见《尚书·舜典》《孟子·万章上》。

㉙伯成子高:传说中尧舜时期的大臣,尧授舜、舜授禹时,他认为世道将乱,就辞官隐居耕种。委位:弃职,让位。事参见《庄子·天地》。

㉚愈:超过。

㉛出:超出。

㉜进用:拔擢任用。

㉝势异:地位不同,此指地位低下。

㉞屈:委屈。

㉟不恨:不遗憾,不后悔。恨,遗憾,后悔。

㊱慕:思慕,追求。

【译文】

才能大的臣子,遇到才能大的君主,有的受到赏识重用有的则没有,虞舜、许由、太公、伯夷就是这样。虞舜、许由都是有完美品德的人,共同生活在尧统治的时期,都见过尧。虞舜继承了尧的帝位,许由则躲进山林里不出来。太公、伯夷都德才兼备,共同出自周国,都见过周武王。太公受到分封,伯夷却饿死了。圣贤们志同道合彼此趋于一致,虞舜、太公与君主遇合,许由、伯夷与君主不合,是因为他们和自己所生长的社会、所处的时代不相适应。道虽然相同,但同中有异;志向虽然相合,但合中有离。这是为什么? 道有精深和粗浅,志向有高下优劣。许由,是皇者的辅助之才,却生在帝者的时代;伯夷,是帝者的辅助之才,却处于王者的时代。他们都遵循道德,实行仁义,君主遵循道德,如果不完美就不愿意留下当辅佐;君主实行仁义,如果不够理想也不愿意留下当辅佐,这就是他们不被赏识重用的原因。尧道德污浊,舜贪婪,武王讨伐残暴,太公也征讨残暴,他们同样污浊一般粗暴,行动措施都是一样的,这就是他们被赏识重用的原因。所以舜统治天下,皋陶辅佐政务,北人无择隐匿起来不见踪影;禹统治天下,伯益辅佐政务,伯成子高就辞官隐居耕种。并不是皋陶的才能德行胜过无择，伯益的能力强于子高，然而皋陶、伯益得到进用，无择、子高退居归隐，是因为进用的人与君主的操行志向一致，隐退的人和君主的操行志向不一致。退隐地位低下，即便身受委屈，也不愿意去当官；君主不听取他们的意见，不任用他们，也不觉得遗憾，这就是互不稀罕啊！

　　商鞅三说秦孝公①，前二说不听，后一说用者，前二，帝王之论②，后一，霸者之议也③。夫持帝王之论，说霸者之主，虽精见距④；更调霸说⑤，虽粗见受⑥。何则？精遇孝公所不得⑦，粗遇孝公所欲行也。故说者不在善，在所说者善之；才不待贤⑧，在所事者贤之。马圄之说无方⑨，而野人说之⑩；子贡之说有义⑪，野人不听。吹籁工为善声，因越王不喜，更为野声，越王大说⑫。故为善于不欲得善之主，虽善不见爱；为不善于欲得不善之主，虽不善不见憎。此以曲伎合⑬，合则遇，不合则不遇。

【注释】

①商鞅三说（shuì）秦孝公：商鞅（约前390—前338），姓公孙，名鞅，战国时卫国人，亦称卫鞅。早期法家代表人物。初为魏相公叔痤家臣，后入秦三次觐见秦孝公。第一、二次分别说以尧舜治国的"帝道"和夏禹、商汤、周文王、周武王治国的"王道"，但都没有打动秦孝公。第三次以春秋五霸的"霸道"游说，孝公听后大悦，举以为相。于是商鞅说服秦孝公推行新法，秦国由此富强。后受封于商（今陕西丹凤西五里古城）。因用法严苛，树敌众多，孝公卒后，遂被车裂而死。说，用话劝说别人，使他听从自己的意见。秦孝公，姓嬴，名渠梁，战国时秦国君主，任用商鞅为相，变法

改制，使得秦国国势大振。

②帝王之论：成就"帝业""王业"的理论，指儒家宣扬的通过德治、礼治等方式来治理社会的政治思想。

③霸者之议：成就"霸业"的理论，指通过法治依靠富国强兵等方式统一天下的政治思想。

④见：被，受到。距，通"拒"，拒绝。

⑤更调：改换，调换。

⑥见受：被接受。

⑦得：取。

⑧待：需要。

⑨马圉（yǔ）之说无方：据《淮南子·人间训》载，孔子的马吃了农民的庄稼，被扣。孔子的弟子子贡去要马，说了一堆大道理，农民根本不加理睬。孔子又派他的马夫去要，马夫并没有说什么大道理，却很快把马要回来了。马圉，亦作"马圄"，养马的人。圉，通"圄"，养马人。

⑩野人：上古谓居国城之郊野的人。与"国人"相对，泛指村野之人，农夫。

⑪子贡：姓端木，名赐，字子贡，春秋卫国人，孔子弟子。善于经商，有口才。

⑫"吹籁（lài）工为善声"几句：《吕氏春秋·遇合》："客有以吹籁见越王者，羽、角、宫、徵、商不缪，越王不善；为野音，而反善之。"吹籁，此指吹籁之人。籁，古代一种管乐器，似箫，三孔。工，古时凡有善一技者皆可称"工"。善声，美好的音乐。越王，越国君主。野声，指民间音乐。

⑬曲伎：亦作"曲技"，小技。合：迎合，投合。

【译文】

商鞅曾经三次游说秦孝公，前两次的主张秦孝公都不听，最后一次主张被采纳了,这是因为前两次,是成就"帝业""王业"的理论,后一次,是成就"霸业"的理论。用"帝业""王业"的理论,去游说想要成就"霸业"的君主,即便理论高明也会被拒绝;更换为"霸业"的理论,虽然粗鄙也会被接受。为什么呢?这是因为高明的理论不为孝公所取,而粗鄙的主张是孝公想要施行的。所以游说不在于游说者的主张好不好,而在于被游说者是否喜欢;才能不在于高明与否,而在于所要侍奉的君主是否赏识。马夫说的话没什么大道理,但农夫就能听进去;子贡说的话很有道理,可农夫就是听不进去。吹籁的乐工演奏高雅的乐曲,因为越王不喜欢,改为演奏民间俚曲,越王就非常高兴。在不喜欢美善之事的君主那里做美善之事,即使做得好也不被喜欢;而不好的,对于喜欢它的君主,虽然是不好的也不会被厌憎。凭借这样的小技去迎合,迎合了就会被赏识重用,不能迎合就被厌憎斥退。

　　或无伎,妄以奸巧合上志①,亦有以遇者,窃簪之臣②,鸡鸣之客是也③。窃簪之臣,亲于子反④;鸡鸣之客,幸于孟尝⑤。子反好偷臣,孟尝爱伪客也⑥。以有补于人君⑦,人君赖之,其遇固宜。或无补益,为上所好,籍孺、邓通是也⑧。籍孺幸于孝惠⑨,邓通爱于孝文⑩,无细简之才⑪,微薄之能,偶以形佳骨娴⑫,皮媚色称⑬。夫好容,人所好也,其遇固宜。或以丑面恶色,称媚于上⑭,嫫母、无盐是也⑮。嫫母进于黄帝⑯,无盐纳于齐王⑰。故贤不肖可豫知⑱,遇难先图⑲。何则?人主好恶无常,人臣所进无豫,偶合为是⑳,适可为上㉑。进者未必贤,退者未必愚;合幸得进,不幸失之。

【注释】

①妄:胡乱。奸巧:奸诈。

②窃簪之臣：春秋时，楚国一善于偷窃者为楚将子发所礼遇。后来齐国伐楚，子发兵败。善偷者递次窃得齐国将军的帱帐、枕和簪。子发逐一使人归还，齐将军害怕楚人取他的人头，乃还师而去。事参见《淮南子·道应训》。

③鸡鸣之客：战国时，齐国孟尝君被秦国扣留。孟尝君深夜出逃，经函谷关，城门紧闭，他的一个门客学公鸡叫，骗开城门，才得脱险逃回齐国。事参见《史记·孟尝君列传》。

④子反（？—前575）：即公子侧，字子反，春秋时楚国将领。《淮南子·道应》作"子发"，子发为楚宣王时将领，与子反相去颇远，疑"发（發）"的草字，与"反"形近，传写遂误作"反"字。译文从之。

⑤孟尝：即田文，战国时齐国贵族，封于薛（今山东滕州南），称薛公，号孟尝君。为战国四公子之一，以善养士著称。

⑥伪客：善于弄虚作假的门客，这里指善于学鸡鸣的一类人。

⑦补：补益，好处。人君：君主。

⑧籍孺：据《史记·佞幸列传》，籍孺是汉高祖刘邦的男宠，汉惠帝的男宠是闳孺。此处据下文，当作"闳孺"。邓通：西汉南安（今四川乐山）人，西汉文帝的宠臣。

⑨孝惠（前210—前188）：名盈，西汉第二位皇帝，汉高帝刘邦嫡长子，母为高皇后吕雉。在位七年，谥孝惠皇帝。

⑩孝文（前202—前157）：名恒，汉高祖刘邦第四子，汉惠帝刘盈异母弟，母为薄姬。施政采黄老治术，尊行道家的无为而治。在位二十三年，谥孝文皇帝。

⑪细简之才：形容才识浅薄。细简，细小的竹简。此指浅薄。

⑫偶：双方一致，这里指符合君主心意。骨娴：体型优美。娴，文雅，优美。

⑬皮媚色称：皮肤细腻，容颜美丽。媚，美，好。称，好。

⑭称媚于上：被君主所宠爱。媚，爱。

⑮媢母：传说中黄帝之妻，貌极丑。后为丑女代称。无盐：战国时齐宣王后锺离春。因是无盐（今山东东平东南）人，故名。为人有德而貌丑。后亦常用为丑女的代称。

⑯进：奉上。此处指被选为妃子。黄帝：传说中古华夏部落联盟首领，姬姓，号轩辕氏，亦称有熊氏。五帝之首，被尊为中华"人文初祖"。

⑰纳：娶。齐王：即齐宣王（？—前324），战国时齐国国君。名辟疆，齐威王之子。曾击魏救韩，喜文学游说之士。在位十九年，卒谥宣。

⑱不肖：不贤，无才能。豫知：事先知道。豫，预先，事先。

⑲先图：预测。

⑳偶合：相合。

㉑适可：适合，适宜。

【译文】

有的人连小技都没有，只是胡乱地以不正当的手段去迎合君主的心意，也可以被赏识重用，偷窃发簪的小臣，学鸡叫的门客，就是这样。偷窃发簪的小臣，被子发亲近；会学鸡叫的门客，被孟尝君宠信。子发喜欢偷窃的小臣，孟尝君喜爱弄虚作假的门客。这是因为他们对主子有帮助，主子依赖他们，他们被赏识重用也是必然的。也有的人对君主并无助益，却被君主赏识，闳孺、邓通就是这样。闳孺被孝惠帝宠幸，邓通被孝文帝喜爱，他们都才识浅薄，才能平庸，只不过由于外表漂亮体型优美，皮肤细腻容颜美丽而博得了君主的欢心。美丽的容颜，是人们都喜好的，所以他们被赏识重用也是必然的。也有的人长相丑陋，却也被君主所宠爱，媢母、无盐就是这样。媢母被黄帝选为妃子，齐宣王娶了无盐为妻。所以有没有才能可以预先知道，能否受到君主的赏识却难以预测。为什么呢？君主的偏好时常变动，臣子要进献什么意见或技能才能符合君主心意，却不能预知，碰巧与君主的喜好相合就是对的，恰巧与君主的心意一致就算好的。被任用的未必贤能,隐退的未必愚钝;君主满意就被任用,不满意就被斥退。

世俗之议曰:贤人可遇①,不遇,亦自其咎也②。生不希世准主③,观鉴治内④,调能定说⑤,审词际会⑥,能进有补赡主⑦,何不遇之有? 今则不然,作无益之能⑧,纳无补之说,以夏进炉,以冬奏扇⑨,为所不欲得之事,献所不欲闻之语,其不遇祸,幸矣,何福祐之有乎?

【注释】

①可:应当。

②咎:过错。

③生:读书人。希世:阿附世俗。希,迎合。准主:揣摩君主的意图。准,推断,衡量。

④观鉴:观察。治内:君主辖境内的情况。

⑤调能:为了适应需要而调整、改变自己的专长。定说:确定自己的主张。

⑥审词:即"审司",详细周密地窥测。词,递修本作"司",可从。司,通"伺",窥测。际会:时机。

⑦进:进献。赡:供给财物。这里是给予帮助的意思。

⑧作:疑当作"进"字,形近而误。

⑨奏:进献。

【译文】

世俗认为:有才德的人应当被赏识重用,不被赏识,也是由于他自己的过错。读书人虽不用去迎合世俗风气揣摩君主的意图,但能观察君主辖境内的情况,适时调整、改变自己的专长和主张,仔细地窥测时机,能够进献对君主有所帮助的策略,怎么可能不被赏识重用呢?现在却不是这样,弄一些没有好处的技能,贡献一些没有补益的主张,就好比夏天进献火炉,冬天献上扇子一样,做君主不想做的事,说君主不想听的话,这样不遭逢灾祸,就已经是幸运的啦,怎么还能得福佑呢?

　　进能有益①,纳说有补,人之所知也;或以不补而得祐②,或以有益而获罪。且夏时炉以炙湿③,冬时扇以翼火④。世可希,主不可准也;说可转⑤,能不可易也⑥。世主好文⑦,己为文则遇;主好武,己则不遇。主好辩,有口则遇;主不好辩,己则不遇。文主不好武⑧,武主不好文;辩主不好行,行主不好辩。文与言,尚可暴习⑨;行与能,不可卒成⑩。学不宿习⑪,无以明名⑫。名不素著⑬,无以遇主⑭。仓猝之业,须臾之名⑮,日力不足⑯,不预闻⑰,何以准主而纳其说,进身而托其能哉⑱?昔周人有仕数不遇⑲,年老白首,泣涕于涂者⑳。人或问之:“何为泣乎?”对曰:“吾仕数不遇,自伤年老失时,是以泣也㉑。”人曰:“仕奈何不一遇也㉒?”对曰:“吾年少之时,学为文。文德成就,始欲仕宦,人君好用老。用老主亡,后主又用武,吾更为武。武节始就,武主又亡㉓。少主始立,好用少年,吾年又老,是以未尝一遇。”仕宦有时,不可求也。夫希世准主,尚不可为,况节高志妙㉔,不为利动,性定质成,不为主顾者乎㉕?

【注释】

①进能:贡献才能。

②不补:无益。

③炙湿：烘烤。

④翣（shà）：古代帝王仪仗中的大掌扇。这里是扇风的意思。

⑤转：改变。

⑥能：才能。易：改变。

⑦世主：当世的君主。

⑧主：底本作"王"，据文意，应为"主"字。

⑨暴习：很快熟悉。

⑩卒：同"猝"，仓促，急速。

⑪宿习：长久地学习积累。

⑫明名：显名。明，显。

⑬素著：一向显著。

⑭遇主：被君主重用。

⑮须臾：片刻，暂时。

⑯日力：一天的力气。

⑰不预闻：据文意，疑"不"前脱"名"字。

⑱进身：被录用或提升。

⑲仕：做官。数（shuò）：屡次。

⑳涂：道路。

㉑是以：因此。

㉒奈何：怎样，如何。

㉓武主又亡：此句与上文"用老主亡"句意相同，疑"武"前脱"用"字。

㉔妙（miǎo）：通"渺"，辽阔，远大。

㉕顾：顾惜，这里是重视的意思。

【译文】

　　贡献有益的才能，献纳有益的主张，这是人们的共识；有时候因无益却得福，有时候因有益却获罪。况且夏天可以用火炉来烘烤潮湿的东西，冬天可以用扇子来扇火。社会上的风气可以迎合，君主的意图却是猜测不到的;游说的主张是可以改换的,才能却是不能改变的。当时的君主好文,自己能文就会被赏识;君主好武,自己则不会被重用。君主好辩,有好的口才就会被赏识;君主不好辩,自己就不会被重用。重视文的君主不重视武,重视武的君主不重视文;重视辩的君主不重视行为,重视行为的君主不重视口才。文章和言辞,还可以很快地习得;行为和才能,却不可以仓促间习得。学问不经过长期学习和积累,就无以成就名望。没有一向显著的名望,就不会被君主赏识重用。匆忙中学到的本领,片刻间树立的名声,时间和功夫都不够,名望不能被君主预先知晓,怎能揣摩君主的意图而进献自己的主张,从而获得任用来发挥自己的才能呢?以前周朝有个人多次求官都没有被任用,年老发白时,在路上哭泣。有人问他:"你为什么哭泣?"回答说:"我多次求官都没有被任用,暗自悲伤年老错过了时机,因此哭泣。"人又问他:"你求官为何一次都得不到任用呢?"回答说:"我年少之时,学的是文。文化学好了,开始想做官了,君主喜欢任用年老之人。等到喜欢任用老人的君主死了,后继的君主又任用会武的人,我就转为习武。等武艺刚学好,任用会武的君主又死了。年少的君主刚继位,喜欢任用少年人,我的年纪又大了,因此一次也没有被任用过。"当官是有时运的,不可以强求。迎合世俗风气揣摩君主的意图,还不能达到目的,更何况节操高尚志向远大,不受利禄的诱惑,性格品质已经定型,不被君主重视的人呢?

　　且夫遇也^①,能不预设^②,说不宿具^③,邂逅逢喜^④,遭触上意^⑤,故谓之"遇"。如准推主调说^⑥,以取尊贵,是名为"揣"^⑦,不名曰"遇"。春种谷生,秋刈谷收^⑧,求物得物^⑨,作事事成,不名为"遇"。不求自至,不作自成,是名为"遇"。犹拾遗于涂^⑩,摭弃于野^⑪,若天授地生,鬼助神辅,禽息之精阴庆^⑫,鲍叔之魂默举^⑬,若是者,乃"遇"耳^⑭。今俗人既不能定遇不遇之论^⑮，又就遇而誉之^⑯，因不遇而毁之^⑰，是据见效^⑱，案成事^⑲，不能量操审才能也。

【注释】

①且夫：承接连词，表示更进一层。况且，再说。

②预设：预先安排设定。

③宿具：之前准备好的。

④邂逅（xiè hòu）：没有事先约定而偶然相遇。喜：指被君主喜爱。

⑤遭触：遭逢，遭遇。

⑥推：据文意，当为衍文。

⑦揣：揣测。

⑧刈（yì）：收割。

⑨得物：据文例，当作"物得"。

⑩拾遗：捡取他人遗失的东西。

⑪摭（zhí）：拾取，摘取。弃：遗失。

⑫禽息之精阴庆：禽息为春秋时秦国大夫，以死向秦缪公推荐贤人百里奚，后缪公用百里奚为相，秦国得以强盛。阴庆，庆，疑为"荐"之误。阴荐，暗中推荐。事参见《后汉书·循吏列传》注引《韩诗外传》。

⑬鲍叔之魂默举：鲍叔为鲍叔牙的别称。春秋时齐国大夫，以知人并笃于友谊称于世，曾荐管仲于桓公，佐助桓公成就霸业。默举，暗中举荐。

⑭乃"遇"耳：据文例，"遇"前脱"为"字。

⑮定：确定，判定。

⑯就：根据。誉：赞扬，称许。

⑰因：根据。毁：诋毁。

⑱见效：产生的结果。

⑲案：考查，依据。成事：已经完成的事情。

【译文】

　　况且受赏识和重用，才能不是预先练就的，游说的主张也不是提前准备好的，碰巧被君主喜爱，与君主的心意相符，所以叫"遇"。如果通过揣摩君主的意图变换自己的主张，来取得尊贵地位，这叫"揣"，不应叫"遇"。春天耕作谷物生长，秋天收割有了收成，求物物得，做事事成，这不叫"遇"。不求自至，不做自成，这才叫"遇"。如同在路上捡到他人遗失的财物，在野外拾到别人遗失的东西一样，就像是天给地生的，鬼助神辅的，禽息的神灵暗中推荐百里奚，鲍叔的魂魄暗中举荐管仲，像这样的才算是"遇"啊。现在一般的人既不能对遇和不遇的议论做出正确判断，又单凭被重用就加以称赞，根据不受赏识就进行诋毁，这是根据已经产生的结果，根据既成事实来评论是非的做法，是不能衡量操行和考察才能的。

累害篇第二

【题解】

累害，是毁伤损害的意思。本篇主要阐述才能卓绝品行高尚的人才之所以受压抑、被埋没，并不是他们品行恶劣才智低下，而是遭逢到外来毁伤，受到损害。

作者认为，累害主要来自乡里与朝廷两个方面，"乡里有三累，朝廷有三害。累生于乡里，害发于朝廷"。因为嫉妒之人常常进行诽谤和陷害，而君主与长官又很糊涂，是非不分，加之世人趋炎附势，使得善于乔装打扮弄虚作假的"邪伪之人"受到称赞，得到重用。而俊杰之士却遭到庸人的不解和指责，处于仕宦稽留不遇、行节毁伤不全、罪过累积不除、声名暗昧不明的境地。由于当时官场上"公侯已下，玉石杂糅"，而人才又往往"善恶相苞"，所以作者希望当权之士能够破石拔玉，弃恶取善，不拘一格选荐人才。

凡人仕宦有稽留不进[①]，行节有毁伤不全[②]，罪过有累积不除，声名有暗昧不明[③]，才非下，行非悖也[④]，又知非昏[⑤]，策非昧也[⑥]，逢遭外祸，累害之也[⑦]。非唯人行[⑧]，凡物皆然，生动之类[⑨]，咸被累害。累害自外，不由其内。夫不本累害所从生起，而徒归责于被累害者，智不明，暗塞于理者也⑩。物以春生，人保之；以秋成，人必不能保之。卒然牛马践根，刀镰割茎，生者不育，至秋不成。不成之类，遇害不遂，不得生也。夫鼠涉饭中⑪，捐而不食⑫。捐饭之味，与彼不污者钧⑬，以鼠为害，弃而不御⑭。君子之累害，与彼不育之物，不御之饭，同一实也，俱由外来，故为累害⑮。

【注释】

①稽留：停留。进：晋升，当官被提升。

②行节：品行节操。毁伤：诋毁中伤。全：完美。

③暗昧不明：隐晦不明。

④悖：违背。

⑤知：同"智"。昏：糊涂。

⑥策：计谋。昧：愚昧。

⑦累害：毁伤，损害。

⑧行（háng）：列，类。

⑨生动：生物。

⑩暗塞：愚昧不明。

⑪涉：入。此指爬入。

⑫捐：舍弃，抛弃。

⑬钧：通"均"，同样的。

⑭御：进。此指吃。

⑮为：谓，称为。

【译文】

大凡有人做官被迁延得不到晋升，品行节操遭诋毁中伤而不完美，罪行过失被累积而不得免除，名望声誉因此隐晦不明，这并非是因为才智低下，胡作非为，也不是因为头脑愚笨，缺少谋略，而是逢遭外祸，受到损害的缘故。不仅人是这样，大凡万物都会如此，有生命能活动的物类，都会受到损害。这种接连的损害来自外界，不是出自被害者自身。所以不去追究损害产生的原因，而仅仅指责那些被损害者，这是头脑糊涂，不明事理的人。让庄稼在春天生长，这是人力可以保证的；但是到秋天有好收成，却是人力不能保证的。突然间被牛马踩坏了根，被镰刀割断了茎，得不到正常发育，到了秋天就没有收成。庄稼没有收成，是因为遇到伤害，不能顺利生长。老鼠爬到了饭里，就把饭扔掉不吃。被扔掉的饭和未被弄脏的饭的味道是一样的，只是因为被老鼠弄脏，才扔掉不吃。品行正直的人遇到接连的损害，和那些没有收成的庄稼，被扔掉的饭食，是同一种情况，损害都是由外而来，所以被称为"累害"。

　　修身正行，不能来福①；战栗戒慎②，不能避祸。祸福之至，幸不幸也。故曰："得非己力，故谓之福；来不由我，故谓之祸。"不由我者，谓之何由？由乡里与朝廷也。夫乡里有三累，朝廷有三害。累生於乡里，害发於朝廷，古今才洪行淑之人遇此多矣③。

【注释】

①来：招来，招致，后多作"徕"。
②戒慎：警惕谨慎。
③才洪行淑：才能卓绝品行高尚。洪，大。淑，善良，美好。

【译文】

　　修养身心端正行为，不能招来福报；战战兢兢小心谨慎，不能躲避灾祸。祸福的到来，只是幸运与不幸运的事。所以说："得到福报不是靠自己的力量，因此说它是福；遇到灾祸不是由于自己的原因，所以说它是祸。"不因为自己，那是出于什么原因呢？是因为乡里与朝廷。在乡里有三累，在朝廷有三害。累产生在乡里，害发生于朝廷，古往今来才能卓绝品行高尚的人很多都遭遇过这种情况。

何谓三累三害？

凡人操行，不能慎择友。友，同心恩笃^①，异心疏薄^②，疏薄怨恨，毁伤其行，一累也。人才高下，不能钧同，同时并进^③，高者得荣，下者惭恚^④，毁伤其行，二累也。人之交游，不能常欢，欢则相亲，忿则疏远，疏远怨恨，毁伤其行，三累也。位少人众，仕者争进，进者争位，见将相毁^⑤，增加傅致^⑥，将昧不明，然纳其言^⑦，一害也。将吏异好^⑧，清浊殊操^⑨，清吏增郁郁之白^⑩，举涓涓之言^⑪，浊吏怀恚恨，徐求其过^⑫，因纤微之谤，被以罪罚，二害也。将或幸佐吏之身^⑬，纳信其言，佐吏非清节，必拔人越次^⑭。迕失其意^⑮，毁之过度；清正之仕^⑯，抗行伸志^⑰，遂为所憎，毁伤於将，三害也。夫未进也，身被三累^⑱；已用也，身蒙三害，虽孔丘、墨翟不能自免^⑲，颜回、曾参不能全身也^⑳。

【注释】

①恩笃：感情深厚。

②疏薄：疏远冷淡。

③并进：同时去做官。

④惭恚（huì）：羞惭怨恨。

⑤将：即郡守，因当时郡守兼领武事，故习惯上称"将"。

⑥傅致：附益而引致、罗织。傅，通"附"，附益，增益。致，达到。

⑦然纳：相信采纳。

⑧将吏：将的下级官吏。异好：爱好各异。

⑨清浊殊操：操行好坏不同。清，清高，此指品德好。浊，污浊，此指品德坏。殊，不同。

⑩郁郁：美好貌。

⑪涓涓：清白纯洁。

⑫徐：缓，慢慢地。

⑬幸：宠信。佐吏：地方长官的僚属。

⑭越次：不遵照常规，任意提拔。

⑮迕（wǔ）：违背。失：不符合。

⑯仕：此指官吏。

⑰抗：正直，高尚。伸：展开，此处引申为志向远大。

⑱被：遭受。

⑲孔丘（前551—前479）：即孔子，名丘，字仲尼，春秋时鲁国人。春秋末期思想家、教育家，儒家学派创始人。墨翟（dí，约前468—前376）：即墨子，名翟，战国时宋国人。著名思想家、政治家，墨家学派的创始人。

⑳颜回（前521—前490）：曹姓，颜氏，名回，字子渊，春秋时鲁国人。是孔子最得意的学生，后被尊为"复圣"。曾参（shēn）：即曾子，姒姓，曾氏，名参，字子舆，春秋末鲁国人。孔子的学生，以孝著称，后被尊为"宗圣"。

【译文】

什么叫三累三害？

就一个人的操守而言，在交友时往往不能谨慎地选择。朋友，思想一致情感就深厚，思想不一致就疏远淡薄，疏远淡薄就会产生怨恨，因此诋毁中伤他的行为，这是一累。人有才能高下之分，不可能一样，如果同时去做官，才能高的得到荣誉，才能低的就会感到羞惭怨恨，因此诋毁中

伤他的行为,这是二累。人们相互交往,不能总是保持融洽,融洽时就亲
爱,产生隔阂时就疏远,疏远就会产生怨恨,因此诋毁中伤他的行为,这
是三累。职位少而想要做官的人多,做官的人争着要晋升,升官的人又
要争势位,因此在郡守那里相互诋毁,捏造罗织罪名,郡守暗昧不明,听
信了这些话,这是一害。官吏喜好不同,操行好坏各异,品德高尚的官
吏名声愈加美好,不断提出高明的建议,品德低下的官吏心怀记恨,慢慢
地等待机会找到他的过错,利用一些小的诽谤,就给他加上罪名,这是
二害。有的郡守宠信僚属,听从他们的意见,僚属并不清白刚正,一定
会违反制度任意提拔亲近之人。对于不顺从他们心意的,一定会大肆诋
毁;清廉高尚的官吏,品行高尚,志向远大,于是为僚属所忌恨,在郡守那
里诋毁中伤他们,这是三害。还没有做官,就已经遭受三累;待到做了
官,又蒙受三害,即便是孔子、墨子也不能幸免,颜回、曾参也不能保全自
己啊。

动百行,作万事,嫉妒之人,随而云起[1],枳棘钩挂容
体[2],蜂虿之党[3],啄螫怀操[4],岂徒六哉?六者章章[5],世曾
不见[6]。夫不原士之操行有三累[7],仕宦有三害,身完全者
谓之洁,被毁谤者谓之辱[8];官升进者谓之善,位废退者谓之
恶。完全升进[9],幸也,而称之[10];毁谤废退,不遇也[11],而訾
之[12]。用心若此,必为三累三害也[13]。

【注释】

①云起:如云涌起,比喻大量出现。

②枳(zhǐ)棘:多刺的灌木。此句当与下句"蜂虿之党,啄螫怀操"
对文,故疑"枳棘"后有缺文。容体:容貌体态,身体。

③蜂虿(chài):泛指有毒刺的螫虫。虿,蝎子一类的毒虫。党:类。

④啄：叮咬。螫（shì）：蜂、蝎等毒虫用毒刺蜇刺人或动物。怀操：操守。怀，抱，守。

⑤六者：指三累三害。章章：昭著貌。章，明显，显著。

⑥曾：却。

⑦原：推求本源，推究分析。士：即处士，没做官的读书人。

⑧辱：污浊。

⑨完全：完美，完善。此指未曾受到毁伤。

⑩称：赞美。

⑪不遇：不得志，未被赏识。

⑫訾（zǐ）：诋毁。

⑬为：助长。

【译文】

　　只要是多出力，多做事，妒忌的人，就会如风起云涌般出现，像荆棘刮伤人的身体，像蜂蝎一类的毒虫蜇人一样，诋毁人的操守，又岂止三累三害这六种呢？这六种伤害再明显不过，人们却视而不见。不推本溯源地分析处士的操行会受到三累，做官的人会受到三害，对于没有遭到诽谤的就说他高洁，遭到诽谤的就说他污浊；职位晋升的就说他品行优良，职位降黜的就说他品行不端。没有遭受毁伤而升官的，是幸运，于是被赞美；受到诽谤被降黜的，是不得志，于是被诋毁。如果存心如此，必定会助长三累三害。

　　论者既不知累害所从生，又不知被累害者行贤洁也①，以涂搏泥②，以黑点缯③，孰有知之④？清受尘，白取垢，青蝇所污，常在练素⑤。处颠者危⑥，势丰者亏⑦，颓坠之类⑧，常在悬垂⑨。屈平洁白⑩，邑犬群吠，吠所怪也；非俊疑杰，固庸能也⑪。伟士坐以俊杰之才⑫，招致群吠之声。夫如是，岂宜更勉奴下^⑬，循不肖哉^⑭？不肖奴下，非所勉也，岂宜更偶俗全身以弭谤哉^⑮？偶俗全身，则乡原也^⑯。乡原之人，行全无阙^⑰，非之无举^⑱，刺之无刺也^⑲。此又孔子之所罪^⑳，孟轲之所愬也^㉑。

【注释】

①"论者既不知累害所从生"二句：此处原缺"所从生又不知被累害"九字，据《初学记》卷二十一引《论衡》文补。

②涂：粉刷物品。搏：通"傅"，附着。

③点：污。缯（zēng）：古代丝织品的总称。

④有：通"又"。

⑤练素：白绢。

⑥颠：高处。

⑦丰：满。

⑧頹坠：坠落。

⑨悬垂：吊挂下垂。

⑩屈平（约前340—前278）：即屈原，芈姓，屈氏，名平，字原，又名正则，字灵均。战国时楚国大夫，著名诗人。

⑪"邑犬群吠"几句：出自屈原《九章·怀沙》："邑犬群吠兮，吠所怪也。非俊疑杰兮，固庸态也。"邑犬群吠，指乡邑的狗成群地吠叫，比喻庸人对不理解的观点进行群起攻击。固，原本。庸能，即"庸态"，庸人的常态。

⑫伟士：才智卓异之人。坐：因，由于。

⑬奴下：才能低下之人。奴，通"驽"，愚笨。

⑭循：顺着。此指逢迎。不肖：不成材、不正派之人。

⑮偶俗：迎合世俗。全身：保全自身。弭（mǐ）：止，息。

⑯乡原：亦作"乡愿"，指乡里中貌似谨厚，而实与流俗合污的伪善者。

⑰阙：过错，缺点。

⑱举：提出。

⑲刺：斥责。

⑳孔子之所罪：典出《论语·阳货》："子曰：'乡原，德之贼也。'"罪，谴责。

㉑孟轲之所愆（qiān）：典出《孟子·尽心下》："同乎流俗，合乎污世。居之似忠信，行之似廉洁，众皆悦之，自以为是，而不可与入尧、舜之道，故曰'德之贼'也。"愆，罪过，此指怪罪。

【译文】

议论者既不知道累害之所以产生的原因，又不知道被累害的人操行的贤能纯洁，究竟是涂料抹在了泥巴上，还是黑色玷污了缯帛，又有谁知道呢？干净的东西容易沾染灰尘，洁白的东西容易被弄脏，被苍蝇污染的，常常是洁白的丝绢。处于高处的容易遇到危险，处于饱满状态的容易亏缺，坠落的物体，常常处于悬挂的状态。屈原品行高洁，就像村里的群犬狂吠，是因为它们看到了奇怪的东西；诽谤英雄怀疑豪杰，本就是庸人的惯伎。卓异之士因为拥有杰出的才智，所以招致庸人的诋毁。像这样，岂不是更加鼓励那些才能低下之人，逢迎那些不正派之人的吗？不正派没才能的人，是不能鼓励的，难道为了保全自身而要去迎合世俗以求制止诽谤吗？迎合世俗保全自身，这是乡原。乡原之人，看似行为完美无缺，想要批评他们又挑不出毛病，想要讥刺他们又无可指责。这就是被孔子谴责过的，被孟子认为有罪过的人。

古贤美极，无以卫身。故循性行以俟累害者①，果贤洁之人也！极累害之谤②，而贤洁之实见焉③。立贤洁之迹，毁谤之尘安得不生？弦者思折伯牙之指④，御者愿摧王良之手⑤。何则？欲专良善之名，恶彼之胜己也。是故魏女色艳，郑袖鼻之⑥；朝吴忠贞，无忌逐之⑦。戚施弥妒，蘧除多佞⑧。是故湿堂不洒尘⑨，卑屋不蔽风；风冲之物不得育⑩，水湍之岸不得峭。如是⑪，牖里、陈蔡可得知⑫，而沉江蹈河也⑬。以轶才取容媚于俗⑭，求全功名于将，不遭邓析之祸⑮，取子胥之诛⑯，幸矣。孟贲之尸⑰，人不刃者⑱，气绝也。死灰百斛⑲，人不沃者⑳，光灭也。动身章智㉑，显光气于世㉒；奋志敖党㉓，立卓异于俗㉔，固常通人所谗嫉也。以方心偶俗之累㉕，求益反损，盖孔子所以忧心，孟轲所以惆怅也。德鸿者招谤，为士者多口㉖。以休炽之声㉗，弥口舌之患㉘，求无危倾之害，远矣。

【注释】

①循：遵守，沿袭。性行：本性与行为。俟：等待。

②极：尽。

③见：同"现"，显露。

④弦者：弹琴之人。伯牙：传说中春秋时楚国人，善鼓琴，技艺高超。

⑤御者：驾车之人。王良：传说中春秋时晋国人，擅长驾驭马车。

⑥"魏女色艳"二句：战国时楚怀王得到一个魏国的美女，王后郑袖害怕失宠，设计陷害魏女，导致怀王下令将魏女的鼻子割掉。鼻，此处用作动词，即"劓"，古代的一种割去鼻子的刑罚。事参见《战国策·楚策四》《韩非子·内储说下·六微》。

⑦"朝吴忠贞"二句：春秋时蔡国大夫朝吴曾为楚平王效劳立功，遭楚国大夫费无忌嫉恨，他向楚平王进献谗言，朝吴被驱逐出楚国。事参见《左传·昭公十五年》。

⑧"戚施弥妒"二句：戚施与蘧除本指身有残疾而不能仰视和俯视

之人。此处皆比喻心怀嫉妒善于谄谀献媚之人。戚施，驼背。借指谄谀献媚的人。弥，充满，多。籧（qú）除，身有残疾不能俯视的人。佞，巧言谄媚。

⑨洒尘：洒水以浥尘。

⑩冲：冲击。

⑪如是：据上下文，疑"如"前脱"夫"字。

⑫牖（yǒu）里：即羑里，又名"羑都"，在今河南安阳汤阴北，羑水经城北东流。传说为商纣王囚禁周文王之地。牖，通"羑"。陈蔡：指孔子周游列国时被困于陈国、蔡国之间事。此处借牖里、陈蔡比喻人处于危难困顿之境。

⑬沉江：指战国时楚国大夫屈原投汨罗江之事。蹈河：指传说中的贤人申徒狄进谏未被听从，抱石投河而死之事。"河"字后疑有脱误。事见《庄子·盗跖》《淮南子·说山训》。

⑭轶才：亦作"轶材"，过人的才能。容：容纳。媚：喜爱。

⑮邓析（前545—前501）：春秋时郑国大夫。曾欲改旧制，私造《竹刑》，为郑国采用，后被郑国执政大夫驷歂处死。事见《左传·定公九年》。

⑯子胥（前559—484）：即伍子胥，名员，字子胥，亦称申胥，楚国人，春秋末期吴国大夫。曾助吴国打败楚国，后因多次劝谏吴王夫差，被夫差赐死。

⑰孟贲（bēn）：古代有名的勇士，相传其力大无穷，能生拔牛角。

⑱刃：杀，砍。

⑲死灰：完全熄灭的火灰。斛：古代容量单位，汉代十斗为一斛。

⑳沃：用水浇。

㉑动身：有所行动。章智：显露智慧。

㉒光气：光彩，光辉。此处形容人的才智。

㉓奋志敖党：奋发的心志在人群中显得孤傲不群。奋志，奋发的心

志。敖党，在人群中显得孤傲不群。敖，同"傲"。

㉔卓异：出众，高出于一般。

㉕方：正。偶俗：与俗人共处。

㉖士：这里指有才学的人。多口：多嘴，比喻遭受多方面的口舌攻击。

㉗休炽（chì）：美盛也。休，美好。炽，兴盛，昌盛。声：名声，声誉。

㉘弥：通"弭"，制止。

【译文】

古代有着极高操行的贤人，也无法保护自己。所以遵循自己的本性行事以等待累害到来的人，才真是纯洁贤良的人！极尽累害的毁谤，贤良高洁的品行才愈加显现。有了贤良高洁的行迹，怎能不生出诋毁诽谤的尘垢呢？弹琴的人都想要折断伯牙的手指，驾车的人都想要摧残王良的双手。这是为什么？想要独占美名，而厌恶别人超过自己。所以魏女容貌艳丽，就被郑袖陷害割了鼻子；朝吴忠诚坚贞，就被费无忌进谗言驱逐出国。戚施心怀嫉妒，蘦除巧言谄媚。所以潮湿的堂室不需要洒水除尘，矮小的屋子用不着遮风；被急风吹袭的作物不能正常生长，被湍水冲刷的河岸不会陡峭。如此，周文王被囚于羑里，孔子被困于陈蔡之间，屈原自沉于汨罗江，申徒狄抱石投河之事就可以理解了。凭借过人的才能求得世俗的接纳与欢喜，向郡守求取功名，不遇到像邓析那样的灾祸，不招致像伍子胥那般的诛杀，就算是幸运的了。孟贲的尸体，人们不再砍杀，是因为他已经断了气；燃尽后的火灰再多，人们不再往上面浇水，是因为火焰已经熄灭。有所行动就显露智慧，在社会中表现出超人的才智；奋发的志向在人群中显得孤傲不群，在俗众中显得卓越不凡，这本来就会遭到谗害嫉妒。以方正之心与俗人共处受到累害，想要求得好处却遭受损害，这是孔子之所以忧心，孟子之所以惆怅的原因。品德高尚的人容易招致毁谤，有学问的人容易遭到口舌的非议。想凭借美好的声誉，来制止别人口舌带来的祸患，以求避免倾覆的祸害，这太难了。

　　臧仓之毁未尝绝也①，公伯寮之愬未尝灭也②。垤成丘山③，污为江河矣④。夫如是，市虎之讹⑤，投杼之误⑥，不足怪；则玉变为石，珠化为砾，不足诡也⑦。何则？昧心冥冥之知使之然也⑧。文王所以为粪土⑨，而恶来所以为金玉也⑩，非纣憎圣而好恶也⑪，心知惑蔽⑫。蔽惑不能审⑬，则微子十去⑭，比干五剖⑮，未足痛也。故三监谗圣人⑯，周公奔楚⑰；后母毁孝子，伯奇放流⑱。当时周世孰有不惑乎？后《鸱鸮》作⑲，而《黍离》兴⑳，讽咏之者㉑，乃悲伤之。故无雷风之变，周公之恶不灭㉒；当夏不陨霜，邹衍之罪不除㉓。德不能感天，诚不能动变㉔，君子笃信审己也㉕，安能遏累害於人㉖？

【注释】

①臧仓之毁：臧仓，战国时鲁国人，鲁平公的宠臣。曾向鲁平公进谗诋毁孟子。后遂以臧仓比喻进谗害贤的小人。事见《孟子·梁惠王下》。

②公伯寮之愬：公伯寮，姓公伯，名寮，字子周。春秋时鲁国人，孔子的学生。曾向季桓子诽谤子路。愬，通"愬"，诋毁，诬陷。事见《论语·宪问》。

③垤（dié）：小土堆。

④污：停积不流的水，也指小水塘。

⑤市虎之讹：战国时，魏国人庞恭问魏王："如果有一人说市集上有老虎，你信吗？"魏王回答："我不信。"庞恭又问："两个人说呢？"王回答："我也不信。"庞恭再问："三个人说呢？"王回答："我信。"庞恭说："市集上本无老虎，三人言而成虎。"后以市虎比喻流言蜚语。讹，谣言。事见《韩非子·内储说上·七术》。

⑥投杼(zhù)之误：有个与曾参同名者杀了人，有人告诉曾参的母亲，说她儿子杀了人。她不信，继续织布。接连又有两个人来报信，她就相信了，于是扔下手中的梭子，跳墙逃跑。后以"投杼"比喻谣言众多，动摇了对最亲近者的信心。杼，织布机上的梭子。事见《战国策·秦策二》。

⑦诡：怪异，奇异。

⑧昧心：违背良心。冥冥：昏昧，形容无知。

⑨文王：即周文王，姬姓，名昌，周朝的奠基者。

⑩恶来：商纣王的大臣，以勇力而闻名，后被周武王处死。

⑪纣：即帝辛，子姓，名受，商朝末代君主，世称"纣"或"商纣王"。

⑫心知：心智。知，同"智"。惑蔽：因受蒙蔽而糊涂。

⑬审：明白，知悉。

⑭微子：子姓，名启，后世称微子、微子启、宋微子，商代贵族，纣王的庶兄。因见纣淫乱将亡，数谏，纣不听，遂出走。周灭商，被封于宋，为宋国之始祖。事见《史记·殷本纪》。

⑮比干：商代贵族，纣王的叔父。相传因屡谏纣王，被纣王剖心而死。事见《史记·宋微子世家》。

⑯三监：周武王灭商后，将商王旧地分给他的弟弟管叔、蔡叔、霍叔监管，称"三监"。圣人：此处指周公。名姬旦，一称叔旦，周武王之弟。西周初期杰出的政治家、军事家、思想家。因其封地在周，故称周公。

⑰周公奔楚：传说周武王死后，成王年幼，周公旦执政。管叔、蔡叔散布流言，成王怀疑其谋反，周公逃亡楚国。事见《史记·鲁周公世家》。

⑱"后母毁孝子"二句：伯奇，相传为西周宣王时重臣尹吉甫长子。因后母谮害，被父放逐。自伤无罪而见放逐，乃作琴曲《履霜操》以述怀。吉甫感悟，遂求伯奇，射杀后妻。事见《初学记》卷二引

汉蔡邕《琴操·履霜操》。

⑲《鸱鸮》(chī xiāo)：《诗经·豳风》中的一首诗,传说是周公遭谗
　言后为表白自己的忠诚而写。

⑳《黍离》：《诗经·王风》中一首诗,传说是伯奇被放逐后,其弟伯
　封想念他而写的。兴：作。

㉑讽咏：诵读吟咏。

㉒"故无雷风之变"二句：传说周武王病,周公祈祷,愿替武王死,祈
　毕将祷词收藏。周武王死后,周公摄政,成王因受流言影响,怀疑
　周公,周公惧谗言而奔楚,时天降风雷。成王发现周公祷词,知其
　忠心,于是召回周公。事见本书《感类篇》。

㉓"当夏不陨霜"二句：邹衍在燕国时,深受燕昭王敬重,后因受谗
　入狱,仰天长叹,感动上天,五月降霜。陨,降落。邹衍,战国末期
　齐国人,阴阳家的代表人物。事见本书《感虚篇》《变动篇》。

㉔动变：变动,变异。

㉕审己：严格要求自己。

㉖遏：阻止,制止。

【译文】

　　臧仓式的诋毁没有停止过,公伯寮式的诬陷也不曾消失。小土堆会
渐垒成高山,小池塘也会蓄积为江河。像这样,关于市虎的谣言,投杼的
误传,就不足为怪了;把美玉当作石头,视珠玑为砾石,也就不足为奇了。
这是为什么呢? 是因为背离了心性而无知昏昧所导致。把周文王当作
粪土,却将恶来视为金玉,并不是殷纣王厌憎圣人而喜欢坏人,而是心智
被蒙蔽。心智糊涂而不能明辨是非,就算微子出走十次,比干被剖心五
回,也不会感到痛心。所以三监造谣中伤周公,周公就逃亡楚地;后母诋
毁孝子,伯奇就遭到流放。当时周朝的人又有谁不被迷惑呢? 此后有了
《鸱鸮》的创作,《黍离》的产生,吟诵之人才哀悼他们。所以如果没有天
降风雷的变故,周公的恶名不会被消除;没有炎夏的霜降,邹衍的罪过也

得不到洗刷。德行不能感动上天,志诚不能产生自然的奇迹,君子又严格要求自己,那怎么能制止别人的累害呢?

　　圣贤不治名①,害至不免辟②,形章墨短③,掩匿白长④;不理身冤,不弭流言,受垢取毁⑤,不求洁完,故恶见而善不彰,行缺而迹不显⑥。邪伪之人,治身以巧俗⑦,修诈以偶众⑧。犹漆盘盂之工⑨,穿墙不见⑩;弄丸剑之倡⑪,手指不知也。世不见短,故共称之;将不闻恶,故显用之⑫。夫如是,世俗之所谓贤洁者,未必非恶;所谓邪污者,未必非善也。

【注释】

①治名:谋求虚名。

②辟:躲避。

③形章:彰显,张扬。墨短:缺点和短处。

④白长:优点和长处。

⑤受垢取毁:遭到污蔑和诽谤。垢,耻辱。毁,诽谤。

⑥迹:事迹。此指高尚的事迹。

⑦治身:修身。此指修饰自己。巧俗:伪装以迎合世俗。巧,矫饰,伪装。

⑧偶众:迎合大众。偶,迎合,投合。

⑨盂:盛水的器皿。工:工匠。

⑩穿墙不见:指盘盂的边壁上原来有洞,涂上漆就看不出来了。穿,洞,孔。墙,墙壁,此指"盘盂"的边壁。

⑪丸剑:古代杂技名,表演时使用铃和剑。倡:古代表演歌舞杂戏的艺人。

⑫显用:重用。

【译文】

圣贤不求取虚名,祸害来临时也不躲避,缺点和短处被宣扬,优点和长处却被掩盖起来;不辩护身负的冤屈,不制止流言非议,遭受诟病和毁谤,却不求恢复自己高尚完美的声誉,所以缺点被显露而优点却得不到张扬,只显出品行的缺陷,却看不见高尚的事迹。奸邪诈伪之人,善于装腔作势来迎合世俗,玩弄虚假手段来讨好众人。这就像给盘盂上漆的工匠,盘盂边壁上的孔洞涂上漆以后就看不出来了;像玩弄杂技的艺人,旁人看不出他们手指上的动作。人们看不到他们的缺点,所以一起称誉他们;郡守听不到他们的恶行,所以重用他们。如此看来,世俗所谓的贤能高尚的人,未必不是坏人;所谓邪恶污浊的人,未必不是好人。

或曰:"言有招患,行有召耻。"①所在常由小人②。夫小人,性患耻者也③,含邪而生,怀伪而游④,沐浴累害之中⑤,何招召之有? 故夫火生者不伤湿⑥,水居者无溺患。火不苦热,水不痛寒,气性自然焉。招之⑦,君子也,以忠言招患,以高行招耻,何世不然?

【注释】

①"言有招患"二句:出自《荀子·劝学》:"故言有召祸也,行有招辱也。"此处"招""召"二字系误倒。

②所在:原因,缘由。

③性:生,生来。

④游:交往,来往。

⑤沐浴:浸透。此处比喻沉浸在某种环境中。

⑥不伤:不怕。湿:据文意,疑为"燥"之误(刘盼遂说)。

⑦招之:据上下文,此"招"前夺一"召"字(黄晖说)。

【译文】

有人说："言语有时会招来祸患，行为有时会招致耻辱。"这往往是因为有小人存在。小人生来就带着祸患和耻辱，体含邪恶而降生，心怀虚伪与人交往，全身上下都浸透着累害，怎么谈得上招患惹耻？所以那些火里产生的东西不怕燥，水里生活的东西不怕淹。火不惧热，水不怕寒，性格秉性自然如此。招揽祸患的，是君子，因忠贞守信而招来祸患，因行为高尚而招致耻辱，哪个时代不是这样呢？

然而太山之恶①，君子不得名②；毛发之善，小人不得有也。以玷污言之③，清受尘而白取垢；以毁谤言之，贞良见妒④，高奇见噪⑤；以遇罪言之，忠言招患，高行招耻；以不纯言之，玉有瑕而珠有毁⑥。焦陈留君兄⑦，名称兖州⑧，行完迹洁，无纤芥之毁⑨，及其当为从事⑩，刺史焦康绌而不用⑪。何则？众好纯誉之人，非真贤也。公侯已下⑫，玉石杂糅；贤士之行，善恶相苞⑬。夫采玉者破石拔玉⑭，选士者弃恶取善。夫如是，累害之人负世以行⑮，指击之者从何往哉⑯？

【注释】

①太山之恶：形容罪大恶极。太山，即泰山，在今山东泰安北，为五岳中的东岳。

②名：占有。

③玷污：弄脏，污损。玷，玉石上的污点。

④见：被。

⑤高奇：高超杰出。噪：大声喧嚷。此指叫骂指责。

⑥瑕：玉上的斑点。毁：缺陷，残缺。

⑦焦陈留君兄：当作"陈留焦君贶"。陈留，郡名。西汉置，治所在陈

留县（今河南开封东南）。焦贶（kuàng），东汉人,曾做过博士和
河东太守,有门徒数百人。

⑧名称:声名称誉。此指出名。兖州:州名。西汉元封五年（前106）
置,为十三刺史部之一,在今山东西南部、河南东部。

⑨纤芥:亦作"纤介",形容细微。

⑩从事:官名。汉代刺史的佐吏,如别驾、治中等皆称为"从事史",
通称为"州从事",历代因其制。

⑪刺史:官名。自汉设立,本为监察郡县的官员,后变为地方军事
行政长官。焦康:人名。绌（chù）:通"黜",贬斥,废免。此句后
底本有"夫未进也,被三累,已用也,蒙三害,虽孔丘、墨翟不能自
免,颜回、曾参不能全身也",上文已出,疑为衍文,故不重出。

⑫已:同"以"。

⑬苞:草木丛生,这里指掺杂、杂糅。

⑭破石拔玉:剖开石头,取出美玉。

⑮负:违背,违反。

⑯指击:指责攻击。

【译文】

但是像泰山那样大的罪恶,君子是不会有的;像毛发那样小的好事,
小人是不会有的。就玉石上的污点来说,洁净的容易沾染尘灰而洁白的
容易被污染;就诋毁诽谤而言,忠贞良善被嫉妒,行止高尚遭到指责;就
遭遇罪责而言,忠直的话招来祸患,高尚的行为招致耻辱;就不完美而
言,美玉会有斑点而珍珠会有残缺。陈留郡的焦贶,名望称誉兖州,操行
完美事迹清白,没有一丝细小的差错,当他任刺史的佐吏时,刺史焦康却
将之斥退而不任用。这是为什么? 大家一致推崇的名声高洁的人,未必
是真正的贤人。公侯以下,人品好坏混杂不一;贤士的操行,善良与邪恶
相互掺杂。开采玉石的人剖开石头取出美玉,选拔官吏的人抛弃奸邪小
人而选取良善之士。如果真的能够这样,遭受累害的人不顾世俗的非议
而坚持自己,那些指责攻击他们的人又到哪里去施展自己的伎俩呢!

命禄篇第三

【题解】

本篇在《逢遇篇》与《累害篇》的基础上,从理论上探讨了一个人"逢遇"或"累害"的根本原因。

王充认为一个人的富贵贫贱从根本上取决于这个人"命"的好坏,且一个人应当富贵或贫贱的命一旦确定,便与人的道德与所作所为再无关系,是不可能再被改变的,所以他说"禄命有贫富,知不能丰杀;性命有贵贱,才不能进退","才高行厚,未必保其必富贵;智寡德薄,未可信其必贫贱"。而那些命当贫贱而欲通过才力致富贵的人,也会因"命禄不能奉持"而终归于贫贱。

王充在此篇中从根本上认同了命定论而否认了人一切作为的可能性与必要性,这或许与他长久以来沉沦下僚,不得重用的境况有着密切的关系。

凡人遇偶及遭累害①,皆由命也。有死生寿夭之命,亦有贵贱贫富之命。自王公逮庶人②,圣贤及下愚③,凡有首目之类④,含血之属⑤,莫不有命。命当贫贱,虽富贵之,犹涉祸患失其富贵矣⑥。命当富贵,虽贫贱之,犹逢福善离其贫贱矣⑦。故命贵从贱地自达⑧,命贱从富位自危⑨。故夫富贵若有神助，贫贱若有鬼祸[10]。命贵之人，俱学独达[11]，并仕独迁[12]；命富之人，俱求独得[13]，并为独成[14]。贫贱反此[15]，难达，难迁[16]，难成；获过受罪，疾病亡遗[17]，失其富贵，贫贱矣。是故才高行厚[18]，未必保其必富贵[19]；智寡德薄，未可信其必贫贱[20]。或时才高行厚[21]，命恶，废而不进[22]；知寡德薄，命善，兴而超逾[23]。故夫临事知愚[24]，操行清浊，性与才也；仕宦贵贱，治产贫富[25]，命与时也。命则不可勉[26]，时则不可力[27]，知者归之於天，故坦荡恬忽[28]。虽其贫贱，使富贵若凿沟伐薪[29]，加勉力之趋[30]，致强健之势[31]，凿不休则沟深[32]，斧不止则薪多，无命之人，皆得所愿，安得贫贱凶危之患哉？然则，或时沟未通而遇湛[33]，薪未多而遇虎。仕宦不贵，治产不富，凿沟遇湛、伐薪逢虎之类也。有才不得施，有智不得行，或施而功不立，或行而事不成，虽才智如孔子，犹无成立之功。

【注释】

①遇偶：指碰巧迎合了君主或上司的心意而受到赏识和重用。偶，合，一致。

②逮：到，及。庶人：泛指无官爵的平民百姓。

③下愚：最愚笨的人。

④首目：脑袋和眼睛，形容人类或其他动物。

⑤含血之属：含有血液，形容人类或其他动物。属，类。

⑥犹涉祸患失其富贵矣："失其富贵"四字底本无，《事文类聚》卷三九引《论衡》文"祸患"后有"失其富贵"四字，据补。涉，经历，经过。

⑦犹逢福善离其贫贱矣:"离其贫贱"四字底本无,《事文类聚》卷三 九引《论衡》文"善"后有"离其贫贱"四字,据补。

⑧贱地:贫贱的地位。达:得到显要富贵的地位。

⑨危:败亡,灭亡。这里指丧失显要富贵的地位。

⑩祸:祸害,危害。

⑪俱:一起。

⑫并:一起。仕:做官。迁:升迁,升职。

⑬得:得到,此处指发财。

⑭为:做,这里指从事经营某种事业。成:成功。

⑮反此:与此相反。

⑯难迁:据上下文意,"难迁"后似脱"难得"二字。

⑰亡:丧失。遗:丢失。

⑱才高行厚:才华出众,品行高洁。

⑲必:章录杨校宋本作"可"。

⑳信:相信,判断。

㉑或时:有时。

㉒废:废黜,罢官。进:任用,提拔。

㉓兴:起,这里指被起用。超逾:飞腾,跳过,这里指越级提升。

㉔临事:遇事或处事。

㉕治产:经营产业。

㉖勉:勉强,强求。

㉗力:凭借人力取得。

㉘恬(tián)忽:淡泊。

㉙凿沟:挖沟。伐薪:砍柴。

㉚加:施加。趋:催促。

㉛致:给予,施加。势:力量,威力。

㉜休:停止。

㉝湛：大水。

【译文】

　　凡是人因为迎合君主的心意受到赏识重用或者遭遇来自乡里或朝廷的损害，都是由于命。有死生寿夭的命，也有贵贱贫富的命。自王公贵族到普通百姓，自圣贤之人到一般民众，凡是有头脑眼目，以及体内含有血液的物类，没有谁是没有命的。命中应当贫贱，虽然现在富贵，也会遭遇祸患失掉富贵。命当富贵的，即便现在贫困，也会遇上福气摆脱贫贱。所以命当富贵的即使处于贫贱的地位也自然会得到富贵，命当贫贱的即便居于富贵的地位也自然会丧失富贵。所以富贵就好像有神明来帮助，贫贱就好像有鬼魅来祸害。命贵的人，和大家一起学习却只有他能做官，和别人一起做官却只有他能升迁；命富的人，和大家一起追求财富却只有他能发财，和别人一起做生意却只有他能成功。命当贫贱的人与此相反，难以被任用，难以升迁，难以发财，难以做成生意；有了过失会受到罪罚，得了疾病会丧失财产，失去了富贵，就贫贱了。所以才华出众品行高洁，未必保证就一定能富贵；智力低下品行恶劣，未必能断定就一定贫困。有时才华出众品行高洁的人，因为命不好，被斥退得不到提拔；智力低下品行恶劣的人，因为命好，被任用而越级提升。所以处理事情的聪明与愚钝，道德品行的高洁与污浊，是性和才的问题；做官的地位高低，经商的贫富差异，是命与时的问题。命不可以强求改变，时不可以凭努力取得，明白的人知道这是天自然而然的施放，所以淡泊平静。虽然贫贱，如果得到富贵像挖沟砍柴一样，用努力去驱动，给予强大的力量，挖掘不停沟就变深，斧砍不止柴火就多，即便是命不好的人，也能得其所愿，怎么会有贫贱凶祸危险的灾难呢？然而，有时沟没挖好就遇到发大水，柴没砍完就碰上老虎。做官不能显贵，经商不能发财，就好比挖沟时遇到发大水、砍柴时碰到老虎一样。有才能却得不到施展，有智慧却无法实施，或者施展了却没有功劳，或者实施了却不成功，即便才能智慧如孔子一样，也不能办好事情立下功劳。

　　世俗见人节行高①，则曰："贤哲如此②，何不贵？"见人谋虑深，则曰："辩慧如此③，何不富？"

【注释】

①节行：节操品行。

②贤哲：贤良明智。

③辩慧：机智而富于辩才。

【译文】

　　一般人看到别人节操高尚品行端正，就会说："这样贤良聪慧，怎么不当大官？"看见别人智谋深远，就会说："这样机智善辩，怎么不发大财？"

　　贵富有命福禄①，不在贤哲与辩慧。故曰："富不可以筹策得②，贵不可以才能成。"智虑深而无财，才能高而无官。怀银纡紫③，未必稷、契之才④；积金累玉，未必陶朱之智⑤。或时下愚而千金⑥，顽鲁而典城⑦。故官御同才⑧，其贵殊命⑨；治生钧知⑩，其富异禄。禄命有贫富⑪，知不能丰杀⑫；性命有贵贱⑬，才不能进退⑭。成王之才不如周公⑮，桓公之知不若管仲⑯，然成、桓受尊命⑰，而周、管禀卑秩也⑱。案古人君希有不学于人臣⑲，知博希有不为父师⑳。然而人君犹以无能处主位，人臣犹以鸿才为厮役㉑。故贵贱在命，不在智愚；贫富在禄，不在顽慧。

【注释】

①命福禄：福，疑为衍文。命禄，这里指禄命。

②筹策：筹划计策。

③怀银纡（yū）紫：指显贵。银，银印。纡，系结，垂挂。紫，紫绶。
　按照汉制，相国、丞相、太尉、公侯皆紫绶，秩二千石皆银印。

④稷：即后稷，参见本书《逢遇篇》注。契：传说中商人的始祖，舜的
　臣，助禹治水有功而封于商。

⑤陶朱：即"陶朱公"，春秋时越国大夫范蠡的别称。范蠡佐越王勾
　践灭吴，知越王不可共安乐，弃官远去，居于陶（今山东定陶），称
　"陶朱公"，以经商致巨富。

⑥或时：有时。

⑦顽鲁：顽劣愚钝。典城：主掌一城之事，指担任地方行政长官。
　典，掌管，主持，任职。

⑧官御：疑作"宦御"，形近而误。宦御，做官。

⑨殊命：不同的命运。

⑩治生：经营生产和贸易，指生财致富。钧：通"均"。知：同"智"。

⑪命：疑为衍文。

⑫丰杀：增减。丰，增加。杀，减少。

⑬性：疑为衍文。

⑭进退：晋升和贬斥。

⑮成王：即周成王，姬姓，名诵，武王之子，西周君主。年幼时即位，
　由周公摄政，制礼乐，立制度，营建东都雒邑，七年后还政成王。
　在位三十七年，谥曰成。

⑯桓公：即齐桓公（？—前643），姜姓，名小白，春秋时齐国的国君。
　任管仲为相，尊周室，攘夷狄，九合诸侯，一匡天下，而为五霸之
　首。在位四十二年，卒谥桓。管仲（？—前645）：一称管敬仲，名
　夷吾，字仲，春秋时齐国著名的政治家、思想家。辅佐齐桓公实行
　政治和社会改革，使齐桓公成为春秋时期第一个霸主。

⑰尊命：尊贵的"命"。

⑱卑秩：低微的职位或品级。

⑲案：查看，考察。希有：少有。

⑳知博：知识渊博。父师：即太师，上古三公之一，古代君主的辅臣，君主向他们学习统治经验。

㉑鸿才：大才，卓越的才能。厮役：供役使的人。此处指臣子。

【译文】

做官和发财是有禄命的，不在于是否贤良聪慧与机智善辩。所以说："发大财不靠筹划计策取得，做大官也不靠才能卓越获得。"智谋再深远也发不了财，才能再卓越也当不了官。纵然是怀揣银印腰系紫绶的显贵之官，也未必有稷、契那样的才能；即便有成堆的黄金宝玉的财富，也未必有陶朱那样的智慧。有时愚钝的人却有家财千金，顽劣的人却能掌管城邑。所以，做官的才能虽然相同，但是不同的命却使得地位高低不同；经商的智力虽然相同，但不同的禄却使得贫富不等。禄命有贫富之别，人的智慧不能使它增加或减少；性命有贵贱之分，人的才能不能使它升迁或是斥退。周成王的才干不如周公，齐桓公的智慧不如管仲，然而周成王、齐桓公禀受尊贵的命，而周公和管仲禀受卑贱的命。考察古代的君主很少有不向臣子学习的，知识渊博的人很少有不被封为"父师"的。即使如此，君主还是以没有能力而处于君位，臣子还是以卓越的才能供役使。所以贵贱在于命，不在聪明还是愚蠢；贫富在于禄，不在顽劣还是智慧。

　　世之论事者以才高当为将相，能下者宜为农商，见智能之士，官位不至，怪而訾之曰①："是必毁于行操。"行操之士，亦怪毁之曰②："是必乏于才知。"

【注释】

①訾（zǐ）：毁谤，非议。

②怪：责怪。毁：诋毁。

【译文】

社会上议论的人认为才能卓越的就应该去当将相，才能低下的适合去做农商。看见聪明能干的人，没有当上大官，就会责怪毁谤说："他一定是在操行方面有缺点。"对于操行高尚的人，也会责怪诋毁说："他一定是在才智方面有所不足。"

殊不知才知行操虽高，官位富禄有命①。才智之人，以吉盛时举事而福至②，人谓才智明审③；凶衰祸来，谓愚暗④。不知吉凶之命，盛衰之禄也。白圭、子贡⑤，转货致富⑥，积累金玉，人谓术善学明⑦。主父偃辱贱于齐⑧，排摈不用⑨；赴阙举疏⑩，遂用于汉，官至齐相⑪。赵人徐乐亦上书⑫，与偃章会⑬，上善其言，征拜为郎⑭。人谓偃之才，乐之慧，非也。儒者明说一经⑮，习之京师⑯，明如匡稚圭⑰，深如鲍子都⑱，初阶甲乙之科⑲，迁转至郎、博士⑳，人谓经明才高所得，非也。而说若范雎之干秦昭㉑，封为应侯；蔡泽之说范雎㉒，拜为客卿㉓。人谓雎、泽美善所致，非也。皆命禄贵富善至之时也㉔。

【注释】

①官位富禄有命：当作"官位有命禄"，与上文"贵富有命禄"一致（黄晖说）。

②吉盛：吉祥，繁盛。

③明审：精明仔细。

④愚暗：亦作"愚黯"，愚钝而不明事理。

⑤白圭：名丹，字圭，战国魏文侯时人。善于经商。子贡：参见本书《逢遇篇》注。

⑥转货：做买卖。

⑦术：办法。学：学问，这里指做买卖的诀窍。据文例，"明"字后当脱"非也"二字。

⑧主父偃：临淄（今山东临淄）人。出身贫寒，在齐受到儒生的排挤，后上书汉武帝刘彻，拜为郎中，后又迁为谒者、中郎、中大夫，一年中升迁四次，得到破格任用。

⑨排摈：排斥，摈弃。

⑩阙：古代官殿、祠庙和陵墓间的高建筑物。通常左右各一座，建成高台，台上起楼观。举疏：上疏，臣子向帝王进呈奏章。

⑪齐：西汉初分封的诸侯国，在今山东北部。相：这里指汉代诸侯国的主要官吏，地位相当于郡守。

⑫赵：西汉初分封的诸侯国，在今河北南部。徐乐：燕郡无终（今天津蓟州区）人，西汉武帝时大臣。曾上书汉武帝，拜为郎中，与主父偃、严安、司马相如等学侍左右，是武帝重要的文学侍臣之一。

⑬章：奏章，这里指上书。会：恰巧碰上。

⑭征拜：征召授官。郎：帝王侍从官侍郎、中郎、郎中等的通称。其职责原为护卫陪从、随时建议，备顾问差遣等侍从之职。

⑮明：了解，熟悉。说：解说，解释。

⑯习：熟习。之：到，往。

⑰匡稚圭：即匡衡，字稚圭，东海（今山东郯城）人。西汉经学家。少勤学，家贫，凿通邻家墙壁，引光读书。能文，善说诗。西汉元帝时为相，封安乐侯。事见《汉书·匡衡孔马传》。

⑱深：精通。鲍子都：底本作"赵子都"，据《汉书·王贡两龚鲍传》应为"鲍子都"。鲍子都，即鲍宣（？—3），字子都，渤海高城（今河北盐山东南）人。西汉大臣。好学精通经典，曾位郎、大夫、司隶校尉等职。王莽执政，鲍宣不依附，以事入狱，自杀。事见《汉书·王贡两龚鲍传》。

⑲阶：经过，通过。甲乙之科：甲科、乙科的并称，古代考试科目的名称。汉代课士分甲、乙、丙三科，考中甲科任郎中，乙科任太子舍人，丙科任文学掌故。

⑳迁转：官员升级。博士：职官名。起源于战国，秦、汉时设置。掌通古今，以备咨询，为学术顾问的性质。汉武帝时设五经博士，专掌经学传授。

㉑说：游说，用话劝说别人，使他听从自己的意见。范雎（？—前255）：字叔，魏人。战国时策士，善口辩，曾以远交近攻的策略游说秦昭王，官拜秦相，封应侯。干：求，这里指通过游说希望得到重用。秦昭：即秦昭襄王（前325—前251），又称秦昭王。嬴姓，名则，一名稷。战国时期秦国国君，秦惠文王之子，秦武王异母弟。曾用范雎远交近攻之策，积极东侵。在位五十六年中，发生了著名的伊阙之战、五国伐齐、鄢郢之战、华阳之战和长平之战，为秦国的统一奠定了基础。

㉒蔡泽：战国燕国纲成（今山东莘县西）人。善辩多智，因点破范雎狡兔死走狗烹而使其功成身退，被范雎推荐任秦昭襄王相。

㉓客卿：战国时授予非本国人而在本国担任高级官职的人。

㉔善至：好到了极点。

【译文】

岂不知才智和操行虽然很高，但官位的高低却靠的是命禄。有才能智慧的人，在命吉禄盛时做事就会得福，人们就说他才智高明；在命凶禄衰的时候做事就会招祸，人们就说他才智愚钝。这是不知道命有吉凶，禄有盛衰啊！白圭、子贡，都靠做买卖发财，积累了黄金宝玉，人们就说他们办法高经商有诀窍。主父偃在齐地地位低贱，受到排挤不被起用；于是到宫门前呈递奏章，被汉室任用，官做到齐国的相。赵地人徐乐也向皇帝上奏章，与主父偃上书恰巧碰到一起，汉武帝重视他们的意见，征召任命他为郎官。人们就说主父偃有才干，徐乐有智慧，这说的不对。

儒生熟习并且能解释一种经书，熟悉了以后到京城去，像匡稚圭那样精通，鲍子都那样深研，起初经过甲乙科的考试，转升为郎官和博士，人们就说这是他们精通经术才能卓越所获得的，这说的不对。而提到游说，像范雎那样去求见秦昭王，被封为应侯；蔡泽去游说范雎，被任用为客卿。人们就说这是范雎、蔡泽善于游说言辞美妙所得到的，这说的不对。这都是因为他们的命禄富贵而且遇到了最佳的时机。

　　孔子曰："死生有命，富贵在天。"①鲁平公欲见孟子，嬖人臧仓毁孟子而止。孟子曰："天也！"②孔子圣人，孟子贤者，诲人安道③，不失是非④。称言命者，有命审也⑤。《淮南书》曰："仁鄙在时不在行，利害在命不在智。"⑥贾生曰："天不可与期，道不可与谋，迟速有命，焉识其时？"⑦高祖击黥布⑧，为流矢所中⑨，疾甚⑩。吕后迎良医⑪，医曰："可治。"高祖骂之曰："吾以布衣提三尺剑取天下，此非天命乎！命乃在天，虽扁鹊何益⑫？"韩信与帝论兵，谓高祖曰："陛下所谓天授，非智力所得。"⑬扬子云曰："遇不遇，命也。"⑭太史公曰："富贵不违贫贱，贫贱不违富贵。"⑮是谓从富贵为贫贱，从贫贱为富贵也。

【注释】

①"孔子曰"几句：出自《论语·颜渊》，是孔子的弟子子夏说的话。

②"鲁平公欲见孟子"几句：事见《孟子·梁惠王下》。鲁平公，姬姓，名叔，战国时鲁国君主，在位二十年。臧仓是战国末年鲁国人，鲁平公男宠，曾向鲁君进谗诋毁孟子，使其不接见孟子，后因以臧仓指进谗害贤的小人。嬖人，地位卑微而受到宠幸的人。毁，诋毁。

③诲：教诲，教育。安：遵守。

④不失：不违背。是非：事理的对错。

⑤审：确实，真实。

⑥"《淮南书》曰"几句：见《淮南子·齐俗训》。淮南书，即《淮南子》，又名《淮南鸿烈》，西汉淮南王刘安及其门客所著，内容多糅合儒、法和阴阳五行家的观点。仁鄙，仁惠与贪吝。

⑦"贾生曰"几句：见《史记·屈原贾生列传》。贾生，即贾谊（前200—前168），洛阳（今河南洛阳东）人。西汉初年著名政论家、文学家，世称贾生。与期，预先期待。道，指天道。与谋，参与谋划。迟速，这里指生命的长短。

⑧高祖：即刘邦（前265—前195），字季，沛丰邑（今江苏沛县）人。汉代开国之君。初为泗水亭长，秦末群雄并起，刘邦亦起于沛县，故时人称之为"沛公"。刘氏先项羽入关中，降秦王婴，除秦苛法，与父老约法三章。项羽封刘为汉王。后刘邦俟时机成熟，灭项羽而有天下，国号汉，定都于长安。在位十二年。庙号高祖。黥布：即英布（？—前195），偃姓，英氏，名布，九江郡六县（今安徽六安）人。秦末汉初名将。秦末从项羽入咸阳，封九江王。后降汉，破项羽于垓下，封淮南王。及韩信、彭越相继为刘邦所诛，心生畏惧，遂起兵反叛，兵败被杀。因曾受黥刑，故也称为"黥布"。

⑨流矢：飞箭。

⑩疾甚：病重，这里指受伤很重。

⑪吕后：即吕雉（前241—前180），字娥姁（xū），通称吕后，或称汉高后、吕太后等，砀郡单父（今山东单县）人。汉高祖刘邦皇后，高祖死后，被尊为皇太后，是中国历史上有记载的第一位皇后和皇太后，也是实行皇帝制度之后，第一个临朝称制的女性。

⑫扁鹊：姬姓，秦氏，名缓，字越人，又号卢医，春秋战国时期名医。

因其医术高超，被时人借用传说中黄帝时神医"扁鹊"的名号来称呼他。以上事参见《史记·高祖本纪》。

⑬"韩信与帝论兵"几句：事见《史记·淮阴侯列传》。韩信（？—前196），淮阴（今江苏淮安淮阴区）人。秦末参加项羽部队，因不受重用，改投刘邦，被拜为大将，协助刘邦击败项羽。楚汉战争结束后，被解除兵权。又被诬告谋反，从楚王降为淮阴侯。后被吕后设计诱杀。帝，指汉高祖刘邦。陛下，对君主的尊称。

⑭"扬子云曰"几句：见《汉书·扬雄传》。扬子云，即扬雄（前53—18），字子云，蜀郡郫县（今四川成都郫都区）人。西汉末著名辞赋家、思想家，著有《法言》《太玄》等。

⑮"太史公曰"几句：司马迁的这两句话，不见今本《史记》。太史公，即司马迁，字子长，夏阳（今陕西韩城）人。西汉著名史学家、文学家和思想家。因继父职任太史令，故又称太史公。著有《太史公书》，后称《史记》，是中国最早的纪传体通史。违，排斥。

【译文】

孔子说过："生死听之命运，富贵由天安排。"鲁平公想要见孟子，因为男宠臧仓说孟子的坏话就没有见成。孟子说："这是天命啊！"孔子是圣人，孟子是贤者，他们都教育人们遵守道义，不要违背是非准则。他们都说有命，可见命是确实存在的。《淮南子》说："仁惠与贪客在于时运而不在于行为，得利和遭害在于命而不在于智慧。"贾谊说："天命是不可以预知的，天道是不可以事前谋划的，人的生命短长靠天决定，怎么能知道具体的期限呢？"汉高祖攻打黥布，被飞箭射中，伤得很重。吕后请了名医，医生说："可以医治。"高祖骂道："我以普通百姓的身份拿着三尺长的剑夺得天下，这难道不是天命吗？命决定于天，即便扁鹊来了又能如何？"韩信和汉高祖讨论军事，对高祖说："陛下是所说的天授，不是靠智慧和力量所能获得的。"扬雄说："被不被赏识重用，是命定的。"司马迁说："现在富贵保不定以后会贫贱，现在贫贱保不齐以后会富贵。"这就是说,命该贫贱,就会从富贵可以变为贫贱;命该富贵,就会从贫贱变为富贵。

　　夫富贵不欲为贫贱,贫贱自至;贫贱不求为富贵,富贵自得也。春夏囚死,秋冬王相①,非能为之也;日朝出而暮入,非求之也②,天道自然。代王自代入为文帝③,周亚夫以庶子为条侯④,此时代王非太子,亚夫非适嗣⑤,逢时遇会⑥,卓然卒至⑦。命贫以力勤致富,富至而死;命贱以才能取贵,贵至而免⑧。才力而致富贵,命禄不能奉持⑨,犹器之盈量⑩,手之持重也。器受一升⑪,以一升则平⑫,受之如过一升,则满溢也;手举一钧⑬,以一钧则平,举之过一钧,则蹶仆矣⑭。

【注释】

①囚、死、王、相:"王""相""死""囚""休",是汉代阴阳五行家特用的概念。他们认为木、火、土、金、水五行,在不同季节,兴衰的情况有变化,并用"王""相""死""囚""休"来描述上面的不同情况。"王"指君主,引申为旺盛;"相"指宰相,王的辅佐,引申为强壮;"死"指"王"之反对者死亡,引申为丧失生命力;"囚"指"王"所畏惧者被禁锢,引申为生命力极弱;"休"指"王"之父年老退休,引申为生命力衰退。例如春天木王、火相、土死、金囚、水休;秋天是金王、水相、土休、火囚、木死等等。王充在这里以五行交替兴衰做比喻,来说明贫富贵贱是"命""禄"决定的,不以人的意志为转移。

②非求之也:据文例,"非"后当脱"能"字。

③代王:代,汉初分封的诸侯王国,在今河北西部、山西东北部。汉文帝登基前,曾被封为代王。惠帝、吕后死后,大臣们拥立他为

帝。参见《史记·孝文本纪》

④周亚夫（前199—前143）：沛郡沛县（今江苏沛县）人。西汉时期
　名将，官至丞相。绛侯周勃次子，历仕汉文帝、汉景帝两朝，曾平
　定吴楚七国之乱。后被冤下狱，绝食自尽。庶子：嫡子以外的众
　子或妾所生的儿子。

⑤适嗣：即嫡嗣，正妻所生的长子。

⑥逢时遇会：逢遇时机。

⑦卓然卒至：代王非太子，初本绝望于为帝；亚夫非嫡嗣，初本绝望
　于袭侯，乃竟得嗣帝、续侯，故曰"卓然卒至"也（马宗霍语）。卓
　然，高远不可及。这里指断绝希望。卒，同"猝"，突然。

⑧免：罢免，这里指被免官。

⑨奉持：承受，保住。

⑩盈量：达到所能容纳或禁受的最大限度。

⑪受：容纳。

⑫平：齐平。

⑬钧：古代重量单位之一。《尚书·五子之歌》："关石和钧，王府则
　有。"孔颖达疏："《律历志》云：二十四铢为两，十六两为斤，三十
　斤为钧，四钧为石。"

⑭踬（zhì）仆：跌倒。踬，跌倒，绊倒。

【译文】

　　富贵之人不想变贫贱，贫贱却会自然到来；贫贱之人不去追求富贵，
富贵却自然得到。在春夏二季生命力变弱乃至丧失的东西，到了秋冬二
季就会旺盛起来，这不是能力所做得到的；太阳早晨初升傍晚落下，这也
不是能力所做得到的，而是天道自然的结果。代王自代地进入京城成为
汉文帝，周亚夫以庶子的身份受封为条侯，这时候代王不是太子，周亚夫
也不是嫡嗣，逢遇时机，在没有希望的情况下突然得以嗣帝续侯。命贫
的通过勤劳努力致富，等富有了却死了；命贱的靠才能求取尊贵，等尊贵

了却被罢免。通过才智和勤劳来求取富贵,而注定的命禄却保不住取得的富贵,就像器皿装得过量,手里拿的东西过重一样。器皿有一升的容量,装满一升就正合适,如果装得超过一升,就会盈溢漫出;手能举起一钧,举一钧就正合适,如果举的东西超过一钧,就会跌倒。

　　前世明是非^①,归之于命也,命审然也。今审知有富贵之命^②,则可幽居俟时^③,不须劳精苦形求索之也^④,犹珠玉之在山泽,不求贵价于人,人自贵之^⑤。

【注释】

①前世:前代。

②今审知有富贵之命:底本为"信命者",《太平御览》卷八百三引《论衡》文作"今审知有富贵之命",据改。

③幽居:隐居。俟(sì)时:等待时机。

④劳精苦形:耗尽精神,劳损身体。求索:寻找,搜寻。

⑤"不求贵价于人"二句:底本无,《太平御览》卷八百三引《论衡》文"山泽"之后,有"不求贵价于人,人自贵之"十字,据补。

【译文】

　　前代的人是善于明辨是非的,他们把一切都归之于命,可见命确实是这样的。确实知道有富贵之命,就可以隐居起来等待时机的到来,不需要耗尽精神劳损身体去追求,就像是珍珠玉石藏在深山大泽,不需要向人民求取高价,人们自然也会出高价购买一样。

　　天命难知,人不耐审^①,虽有厚命^②,犹不自信,故必求之也。如自知,虽逃富避贵,终不得离。故曰:"力胜贫,慎胜祸。"^③勉力勤事以致富,砥才明操以取贵^④;农夫力耕则

谷多,商贾远行则利深⑤。废时失务⑥,欲望富贵,不可得
也。虽云有命,当须索之。如信命不求,谓当自至,可不假
而自得⑦,不作而自成,不行而自至⑧? 夫命富之人,筋力自
强⑨;命贵之人,才智自高。若千里之马,气力自劲⑩,头目
蹄足自相副也。有求而不得者矣,未必不求而得之者也。
精学不求贵⑪,贵自至矣;力作不求富⑫,富自到矣。

【注释】

①耐:同"能",能够。

②厚命:好命。

③"故曰"几句:见《说苑·说丛》。

④砥(dǐ)才:磨炼才能。明操:培养德操。

⑤"农夫力耕则谷多"二句:底本无,《意林》引《论衡》文"取贵"
　后有"农夫力耕则谷多,商贾远行则利深"十四字,据补。

⑥废时:浪费光阴。失务:不务正业。

⑦假:借助,利用。

⑧不行而自至:据文意,疑"至"后脱"乎"字。

⑨筋力:筋骨之力。

⑩气力自劲:底本无,《意林》引《论衡》文"之马"后有"气力自劲"
　四字,据补。

⑪精学:专心学习。

⑫力作:努力劳作。

【译文】

天命难以知晓,人不能明白,即使有好命,还是不确定,所以一定要
去追求。如果能够知晓,即便想要逃避富贵,最终也不能摆脱。所以说:
"勤劳能够克服贫贱,谨慎能够避免灾祸。"通过勤勉努力来致富,通过

磨炼才能培养德操来求取尊贵;农夫努力耕作收获的粮食就多,商贾到远方经商获利就多。浪费光阴不务正业,想要富贵,是不可能得到的。虽然说有命,还是应当去追求的。如果相信命而不去追求,认为会自然到来,可以不借助外力就能自然得到,不干就能成功,不行动就能到达吗? 命富的人,筋骨自然强健有力;命贵的人,才能和智慧自然高超。就像千里马,气力自然强劲,头眼蹄都相称。有追求而得不到的,未必有不去追求就能得到的。专心学习即使不为求取尊贵,尊贵也会自然得到;努力经营即便不为追求财富,财富也会自然到来。

富贵之福,不可求致;贫贱之祸,不可苟除也①。由此言之,有富贵之命,不求自得。信命者曰:"自知吉,不待求也。天命吉厚②,不求自得;天命凶厚,求之无益。"夫物不求而自生,则人亦有不求贵而贵者矣。人情有不教而自善者,有教而终不善者矣,天性犹命也。越王翳逃山中,至诚不愿,自冀得代。越人熏其穴,遂不得免,强立为君③。而天命当然④,虽逃避之,终不得离,故夫不求自得之贵软⑤!

【注释】

①苟:随便,轻率。

②吉厚:非常吉利。

③"越王翳(yì)逃山中"几句:春秋时越国太子翳,因不愿意继承王位,逃到山洞中躲避,后来越人用火熏山洞,强迫他出来,立他为王。至诚,诚心诚意。冀,希望。事见《淮南子·原道训》。

④而:如。

⑤故夫:犹信夫,的确是这样啊。软(yú):文言助词,表示疑问、感叹、反诘等语气。

【译文】

富贵之命决定的福,不可以追求得来;贫贱之命决定的祸,也不可以随意地免除。如此说来,有了富贵的命,不用去追求自然就会得到。相信命的人说:"自己知道吉利,就不需要去追求了。天命非常吉利,不用追求自然就会得到;天命非常凶险,即便追求也没有好处。"农作物人们不贪图它也自己生长,所以人也有不追求尊贵而自然尊贵的。人的性情有不需要教育自然就善良的,有经过教育最终也不善良的,天性就是命。越王翳逃进了深山,诚心不愿意当国君,希望有人能替代他。越国人就用烟熏他躲藏的山洞,于是推脱不过,被强迫当了国君。如果天命注定如此,虽然想逃避它,最终也不能摆脱,这的确是不去追求而自然得到的尊贵啊!

气寿篇第四

【题解】

本篇论述了人的寿命长短与尚在胚胎时禀气薄厚的关系。王充认为人的寿命以百岁为准,但或寿或夭却是因人而异,而决定人寿命长短的首要因素是其胚胎于母体时所禀受气的厚薄。承受的气厚,则寿命长久;气薄,则体弱寿短。并以女子生产过多,就会导致孩子经常夭折的现象为例加以论证。

除此之外,王充同样认为天下的治乱与人的寿夭有着重要的关系,天下太平时,世间充满和气,因此"圣人禀和气,故年命得正数","气和为治平,故太平之世,多长寿人"。所以说在王充的观念中,人的寿夭是受个人与环境双重因素影响的。

凡人禀命有二品①,一曰所当触值之命②,二曰强弱寿夭之命③。所当触值,谓兵烧压溺也④;强寿弱夭,谓禀气渥薄也⑤。兵烧压溺,遭以所禀为命,未必有审期也⑥。若夫强弱夭寿,以百为数⑦,不至百者,气自不足也。

【注释】

①禀命:指受之于天的命运或体性。品:事物的种类。

②触值：遭遇。

③强弱：体质的强健与羸弱。寿夭：长寿与短命。

④兵烧压溺：被兵器杀死、火烧死、土压死、水淹死，指遭遇意想不到的外来灾祸。

⑤禀气：人先天的体质。气，又称元气。王充认为气是构成人和万物的物质元素，是天地星宿在不断运动中自然而然地施放出来的。渥（wò）：厚，重。

⑥审期：确切的日期。审，确定。

⑦以百为数：以一百岁为标准。

【译文】

人们承受的命有两种，一种叫偶然遭遇的命，一种叫因体质强弱造成的寿命长短的命。偶然遭遇，是说被兵器杀、火烧、土压、水淹这些意外的灾祸；因体质强弱造成的寿命长短，是指人先天体质的厚薄。被兵器杀、火烧、土压、水淹，只是遭逢了所承受的意外灾祸的命，未必有确定的日期。至于因体质强弱而造成的寿命长短，以一百岁为标准，活不到一百岁的，是因为承受的气本来不充足。

夫禀气渥则其体强，体强则其命长；气薄则其体弱，体弱则命短，命短则多病寿短。始生而死，未产而伤①，禀之薄弱也；渥强之人，不卒其寿②。若夫无所遭遇，虚居困劣③，短气而死，此禀之薄，用之竭也。此与始生而死，未产而伤，一命也，皆由禀气不足，不自致于百也。人之禀气，或充实而坚强，或虚劣而软弱。充实坚强，其年寿；虚劣软弱，失弃其身④。

【注释】

①产：出生。伤：死亡。

②卒：止。

③虚居：闲居。困劣：虚弱。

④失弃：丧失。

【译文】

　　承受的气充足身体就强健，身体强健寿命就长；承受的气不足身体就弱，身体弱寿命就短，寿命短就多病短寿。刚出生就死去，没出生就夭折，是因为承受的气不充足；承受气充足的人，不会终止他的寿限。至于说没有遭逢什么意外灾祸，只是闲居在家却虚弱无力，短气而死的，这是承受的气少，被耗尽了的缘故。这与刚出生就死去，没出生就夭折，同属于一种命，都是因为承受的气不足，不能达到百岁。人承受的气，有的充实而坚强，有的虚劣而软弱。充实坚强的，寿命就长；虚劣软弱的，就会丧失生命。

　　天地生物，物有不遂①；父母生子，子有不就②。物有为实③，枯死而堕；人有为儿，夭命而伤④。使实不枯⑤，亦至满岁；使儿不伤，亦至百年。然为实、儿而死枯者，禀气薄，则虽形体完⑥，其虚劣气少，不能充也⑦。儿生，号啼之声鸿朗高畅者寿⑧，嘶喝湿下者夭⑨。何则？禀寿夭之命，以气多少为主性也⑩。妇人疏字者子活⑪，数乳者子死⑫。何则？疏而气渥，子坚强；数而气薄，子软弱也。怀子而前已产子死⑬，则谓所怀不活。名之曰"怀"⑭，其意以为，已产之子死，故感伤之子失其性矣⑮。所产子死、所怀子凶者，字乳亟数⑯，气薄不能成也；虽成人形体，则易感伤⑰，独先疾病，病独不治。

【注释】

①遂：生长。

②就：完成，成就，这里指长大。

③为实：结出果实。

④夭命：短命。

⑤使：假使。

⑥完：完整，完好。

⑦充：满。

⑧鸿朗：洪亮。高畅：响亮流畅。

⑨嘶喝：声音沙哑无力。湿下：声音低微。

⑩主：主宰，决定。

⑪疏字：生育少。疏，少。字，怀孕，生育。

⑫数乳：生育多。数，多次。乳，生育。

⑬而：如果。

⑭怀：疑为"殰"字之讹。殰（dú），胎未出生而死。

⑮感伤之子：悲伤时所怀的胎儿。

⑯亟（qì）：屡次，多次。

⑰感伤：感染疾病。

【译文】

　　天地生就万物，万物中有的不能长成；父母生下孩子，孩子中有的不能长大。万物结出果实，有的枯萎坠落；人生下孩子，有的短命死亡。假使果实不枯萎，也可以长到成熟；假如孩子不死亡，也可以活到百岁。然而结出的果实、生下的孩子却枯萎死亡，是因为承受的气太稀薄，虽然形体完整，但是虚弱气少，不能充盈身体。婴儿出生，啼哭的声音洪亮流畅的就会长寿，嘶哑低沉的就会夭折。这是为什么呢？承受长寿夭折的命，是由气来决定生命的长短。妇女生育少，孩子就易成活；生育多，孩子易夭折。就像瓠瓜，开花多结实少一样。这是为什么呢？生育少气就充足，孩子体质强健；生育多气就稀薄，孩子体质软弱。怀孕的时候如果前一胎的孩子死了，人们就认为这次所怀的孩子也不能活。把这个称之为"殡"，意思是说，前一胎的孩子死了，所以母亲伤感时怀的胎儿就会失去他正常的寿命。生下来的孩子死了、腹中怀着的胎儿不吉利，这是因为生育频繁，胎儿承受之气稀薄而不能长成；即使是长成人的形体，也容易感染疾病受到伤害，而且唯独他比别人先得病，得了病唯独他治不好。

　　百岁之命，是其正也①。不能满百者，虽非正，犹为命也。譬犹人形一丈②，正形也，名男子为丈夫③，尊公妪为丈人④。不满丈者，失其正也，虽失其正，犹乃为形也。夫形不可以不满丈之故谓之非形，犹命不可以不满百之故谓之非命也。非天有长短之命，而人各有禀受也。由此言之，人受气命于天，卒与不卒⑤，同也。语曰："图王不成，其弊可以霸。"⑥霸者，王之弊也。霸本当至于王，犹寿当至于百也。不能成王，退而为霸；不能至百，消而为夭⑦。王霸同一业，优劣异名；寿夭或一气⑧，长短殊数⑨。何以知不满百为夭者百岁之命也？以其形体小大长短同一等也。百岁之身，五十之体，无以异也；身体不异，血气不殊；鸟兽与人异形，故其年寿与人殊数。

【注释】

①正：正常的寿命。

②譬犹：譬如。形：形状，形体，这里指人的身高。

③名：称。

④公：老年的男子。妪（yù）：老年的女子。

⑤卒：死亡，这里指年老寿终。

⑥"语曰"几句：见《新论·王霸》《后汉书·隗嚣列传》。王，王业。指像夏禹、商汤、周文王、武王所建立的功业。弊，败。这里是退一步、次一等的意思。霸，霸业。指像齐桓公等"五霸"所建立的功业。汉代一般认为"王业"比"霸业"高一等。

⑦消：减少。

⑧或：可作"有"解，"有"字有"为"的意思，故此处可释为"为"。

⑨殊：不同。

【译文】

　　百岁的寿命，是正常的寿限。活不满百岁的人，虽然没有达到正常的寿限，仍然是命。比如人身高一丈，是正常的体型，所以称男子为丈夫，尊称老汉老妇为丈人。身高不满一丈的，就不是标准的身高，虽然不是标准的身高，仍然是人体。不能因为人体高不满一丈就认为他不是人体，正如寿命不满一百岁就说他不是寿命一样。不是天给人的寿命有长短，而是人们所承受的气各有不同。由此看来，人从天那里承受气与命，不论是否活满百岁，都是一样。俗话说："求取王业不成，退一步可以完成霸业。"霸业，比王业次一等。霸业本来应当达成王业，就像人的寿命可以活到百岁一样。不能成就王业，退一步完成霸业；不能活到百岁，缩短而为夭折。王业霸业同是治国之业，只是优劣的不同名称；长寿与夭折皆为承受一种气，只是时间长短不同。怎么能知道寿命不满百岁夭折的人有能活百岁的命呢？这是由于人的身体大小高矮是接近的。百岁人的身体，与五十岁人的身体，没什么差异；身体没有差异，血与气就相同；鸟兽与人有不同的身体，所以生命长短就和人的不一样。

　　何以明人年以百为寿也①？世间有矣。儒者说曰："太平之时，人民侗长百岁左右②，气和之所生也③。"《尧典》曰④："朕在位七十载。"求禅得舜⑤，舜征三十岁在位⑥。尧退而老⑦，八岁而终⑧，至殂落⑨，九十八岁。未在位之时，必已成人⑩，今计数百有余矣。又曰："舜生三十，征用三十，在位五十载，陟方乃死⑪。"适百岁矣。文王谓武王曰："我百，尔九十，吾与尔三焉。"⑫文王九十七而薨⑬，武王九十三而崩⑭。周公，武王之弟也，兄弟相差，不过十年。武王崩，周公居摄七年⑮，复政退老⑯，出入百岁矣⑰。邵公⑱，周公之兄也，至康王之时⑲，尚为太保⑳，出入百有余岁矣。圣人禀和气㉑，故年命得正数㉒。气和为治平㉓，故太平之世，多长寿人。百岁之寿，盖人年之正数也，犹物至秋而死，物命之正期也㉔。物先秋后秋，则亦如人死，或增百岁，或减百也；先秋后秋为期，增百减百为数。物或出地而死，犹人始生而夭也；物或逾秋不死㉕，亦如人年多度百至于三百也。传称㉖：老子二百余岁㉗，邵公百八十。高宗享国百年㉘，周穆王享国百年㉙，并未享国之时㉚，皆出百三十四十岁矣。

【注释】

①明：知道。年：年龄，寿命。

②人民侗（tǒng）长百岁左右：犹言人大都长百岁左右。侗，大约。

③和：协调。

④《尧典》：《尚书》篇目之一，主要记叙尧舜的事迹。

⑤禅：禅让，帝王让位给别人。

⑥征：召用。三十岁：《史记·五帝本纪》作"二十岁"。

⑦退：退位。老：告老，因年老辞去职务。

⑧终：去世。

⑨殂（cú）落：死亡。

⑩成人：已成年的人。

⑪陟（zhì）方：天子出巡。

⑫"文王谓武王曰"几句：见《礼记·文王世子》。文王，周文王。
武王，周武王。尔，你。与，给。

⑬薨（hōng）：古代称诸侯或有爵位的人死去。

⑭崩：古称天子之死。

⑮居摄：臣下暂时摄行天子职权。

⑯复政：归还政权。

⑰出入：喘息，呼吸，这里指活的意思。

⑱邵公：一作"召公"，姬姓，名奭，又称召伯、召康公、召公奭，西周
宗室大臣。

⑲康王：即周康王，姬姓，名钊，西周君主，周成王之子，在位二十六
年，与父成王同称盛世，号成康之治，谥曰康。

⑳太保：官名，古三公之一，负责辅导君主。

㉑和气：王充指的是阴气、阳气协调和谐之气，他认为承受了这种气
就可以长寿。但有时他又认为这种气具有道德属性，"圣人"就
是承受过这种气的。

㉒正数：正常寿限，指一百岁。

㉓治平：政治清明，社会安定。

㉔正期：正常期限。

㉕逾：超过。

㉖传（zhuàn）：注释或阐释经义的文字或以描述人物故事为中心的
文学作品，这里泛指书籍。

㉗老子：李姓，名耳，字聃，亦称"老聃"，楚国苦县（今河南鹿邑东）
人。春秋时思想家、道家学派创始人。

㉘高宗：商朝君主武丁，子姓，名昭，商王盘庚之侄，商王小乙之子，
商朝第二十三任君主，世称为高宗。享国：君主在位的时间。

㉙周穆王：姬姓，名满，西周君主，周昭王之子，在位五十五年，谥
　　曰穆。

㉚并：加上。

【译文】

　　怎么证明人是以百岁为正常的寿限呢？世间是有的。儒者说过："太平之世的时候，人民的寿命长达百岁左右，这是由于禀气协调造成的。"《尧典》记载："我在位七十年。"尧找到舜禅位给他，舜被征召三十年后才即位。尧退位告老，八年后去世，到死，已有九十八岁。没在位的时候，一定已经成人，现在算起来一定活了一百多岁了。又说："舜到三十岁，被征召了三十年，又在位五十年，外出巡游时才死。"应该也过百岁了。周文王对周武王说："我一百岁，你九十岁，我给你三岁。"周文王九十七岁去世，周武王九十三岁去世。周公，是武王的弟弟，兄弟间年龄相差不超过十年。武王死后，周公摄政七年，还政告老，活到百岁上下了。邵公，是周公的兄长，到周康王的时候，还担任太保之职，也活了一百多岁。圣人承受和谐之气，所以年龄都达到了正常寿限。承受和谐之气就社会安定政治清明，所以太平之世，多长寿之人。百岁的寿命，是人的正常寿限，如同作物到了秋天就会死亡，是作物生命的正常期限一样。作物有的在秋天以前死，有的在秋天以后死，就如同人的死，有的超过百岁，有的不满百岁；作物在秋前和秋后死都是期限，人超过百岁和不满百岁都是寿限。有的作物刚一破土而出就死了，就像有的人一出生就夭折一样；有的作物过了秋天也不死，就如同有的人活过百岁达到三百岁一样。书上说：老子有二百多岁，邵公有一百八十岁。殷高宗在位一百年，周穆王在位一百年，算上即位前的时间，他们都超过一百三四十岁了。

卷第二

幸偶篇第五

【题解】

本篇在《逢遇篇》中"遇"基础上进一步提出了"幸"与"偶"的概念，欲以说明人不仅在官场中的"遇"是偶然的，实际上人与万物所遭受的祸福均是侥幸与偶然的。王充认为人和万物之所以会遭受祸福，都是因为"有幸有不幸"，"有偶有不偶"，也就是说所有祸福都是偶然发生的。而这种偶然之所以会发生，实际上也是因为禀气时厚薄不同所造成的。"俱禀元气，或独为人，或为禽兽。并为人，或贵或贱，或贫或富。富或累金，贫或乞食；贵至封侯，贱至奴仆。非天禀施有左右也，人物受性有厚薄也。"

可见从《气寿篇》开始，王充便一直强调"气"是决定人"命"的首要因素，且此种认识在之后的篇章中成为王充论述"命"这一概念的基础。

凡人操行，有贤有愚，及遭祸福，有幸有不幸①。举事有是有非②，及触赏罚③，有偶有不偶④。并时遭兵⑤，隐者不中；同日被霜，蔽者不伤。中伤未必恶⑥，隐蔽未必善。隐蔽幸，中伤不幸。俱欲纳忠⑦，或赏或罚；并欲有益，或信或疑。赏而信者未必真，罚而疑者未必伪。赏信者偶，罚疑不偶也。

【注释】

①幸：幸运。

②举事：做事情。

③触：遇到，遭受。

④偶：本篇中所说的"偶"有两个含义：一个是偶合，双方一致，受到赏识和重用；另一个是偶然、碰巧。这里是前一个含义。

⑤并时：同时。

⑥中伤：受伤。

⑦纳：献。

【译文】

人的操行，有贤能有愚钝，待到遇到灾祸或福禄的时候，有的幸运有的倒霉。做事情有对有错，待到受到赏赐或惩罚的时候，有的被赏识重用有的被贬斥罢黜。同时遭遇兵刃刺杀，有隐蔽的人就不会被击中；同一天遇上霜冻，有遮盖的作物就不会受伤。受伤的未必坏，隐蔽的也未必好。隐蔽的是幸运，受伤的是倒霉。都想给君主献忠心，有的受赏有的遭罚；都想为君主做贡献，有的受信任有的被怀疑。被赏赐信任的人未必真诚，被惩罚怀疑的人未必虚伪。被赏赐信任的人只是受到了君主的赏识重用，被惩罚怀疑的人只是没有受到君主的赏识重用罢了。

　　孔子门徒七十有余，颜回蚤夭①。孔子曰："不幸短命死矣！"②短命称不幸，则知长命者幸也，短命者不幸也。服圣贤之道③，讲仁义之业，宜蒙福祐。伯牛有疾④，亦复颜回之类，俱不幸也。蝼蚁行于地，人举足而涉之⑤。足所履，蝼蚁柞死⑥；足所不蹈⑦，全活不伤。火燔野草⑧，车辙所致⑨，火所不燔，俗或喜之，名曰"幸草"。夫足所不蹈，火所不及，未必善也，举火行道适然也⑩。由是以论，痈疽之发⑪，亦一实也。气结阏积^⑫，聚为痈，溃为疽，创^⑬，流血出脓，岂痈疽所发，身之善穴哉^⑭？营卫之行^⑮，遇不通也。蜘蛛结网，蜚虫过之^⑯，或脱或获；猎者张罗^⑰，百兽群扰，或得或失；渔者罾^⑱，江湖之鱼，或存或亡^⑲。或奸盗大辟而不知^⑳，或罚赎小罪而发觉^㉑。

【注释】

①颜回：孔子弟子。见本书《累害篇》注。蚤夭：短命，早死。蚤，通"早"。

②不幸短命死矣：见《论语·雍也》。

③服：遵从，遵守。

④伯牛：姓冉，名耕，字伯牛，春秋时鲁国人，孔子弟子。

⑤涉：行走。

⑥蝼蚁：蝼蛄和蚂蚁。笮：同"笮"(zé)，压。

⑦蹈：踩，践踏。

⑧燔(fán)：焚烧。

⑨轹(lì)：车轮碾过。

⑩行道：在路上行走。道，底本误作"有"，据递修本改。适然：偶然，恰巧。

⑪痈疽(yōng jū)：毒疮。大而浅者为痈，深者为疽，多长在脖子、背部或臀部等地方。

⑫气结：中医上指血气在体内留蓄不行，积结一处。阏(è)积：阻滞凝集。

⑬创：伤，这里指弄破。

⑭身之善穴哉：据文意，疑"身"脱"非"字。穴，中医指人体上可以针灸的部位。

⑮营卫：中医上指气血的作用。也作"荣卫"。

⑯蜚：通"飞"。

⑰罗：捕鸟兽的网。

⑱罾（zēng）：古代一种用木棍或竹竿做支架的方形渔网。这里指用网捕捞。

⑲亡：逃走。

⑳奸盗：为非作歹，劫盗财物。大辟：死刑。

㉑罚赎：纳钱以赎罪。

【译文】

　　孔子的弟子有七十多位，颜回早死。孔子说："不幸短命死了啊！"把短命的称为不幸，就知道长命的是幸，短命的是不幸。遵从圣贤的主张，追求仁义的事业，应该得到福佑。伯牛生有恶疾，也和颜回类似，都是遭遇不幸。蝼蚁在地上爬行，人抬脚走过去。脚踏过的地方，蝼蚁都被踩死，脚没踏到的地方，全都存活未受伤害。火烧野草，被车轮碾过的地方，火就烧不着，一般人喜欢它，起名叫"幸草"。脚踩不到，火烧不着，未必就是好的，因为火烧到哪儿和走路脚踩在哪里是偶然的。照此说来，毒疮的发作，也是这种情况。血气在体内阻滞积结，聚积在一起是痈，溃烂的是疽，弄破，就会流血流脓，难道痈疽发作的地方，原来不是身体上良好的部位吗？只是气血的运行，碰巧遇到阻碍不通罢了。这就像蜘蛛结网，飞虫飞过，有的逃脱有的被捕获；猎人张开罗网，野兽们四散奔逃，有的被捕获有的逃脱了；渔夫在江河湖泊中用网捕鱼，鱼有的被网到有的逃走了。有的人犯了劫盗财物的死罪没被发现，有的犯了纳钱可赎的小罪却被发觉。

　　灾气加人①，亦此类也。不幸遭触而死②，幸者免脱而生。不幸者，不徼幸也③。孔子曰："人之生也直，罔之生也幸。"④则夫顺道而触者，为不幸矣。立岩墙之下⑤，为坏所压;蹈圻岸之上⑥,为崩所坠,轻遇无端⑦,故为不幸。鲁城门久朽欲顿⑧,孔子过之,趋而疾行⑨。左右曰:"久矣!"孔子曰:"恶其久也⑩。"孔子戒慎已甚⑪,如过遭坏,可谓不幸也。

【注释】

①灾气:给人灾害、灾难之气。加:施加。

②遭触:逢上,遇到。

③徼:求。

④"孔子曰"几句:见《论语·雍也》。罔,不直,枉曲。

⑤岩墙:将要倒塌的墙。

⑥圻(chè)岸:开裂的堤岸。

⑦轻:贸然,随意,这里指无缘无故。无端:意外的灾祸。

⑧顿:倒下,跌倒,这里指倒塌。

⑨趋:快走。

⑩恶:讨厌,害怕。

⑪戒慎:警惕而审慎。

【译文】

灾害之气施加给人,也是如此。不幸的人遇上了就死亡,幸运的人逃脱而生。所谓不幸,就是指不能求得幸运。孔子说:"一个人活着是由于正直,不正直的人也可以活着那是他的幸运。"所以遵循道义却遭逢祸患的人,就是不幸了。站在快要倒塌的墙下,被倒塌的墙压住;在开裂的河堤上行走,因河堤崩塌坠落,无缘无故遇到意外灾祸,所以说是不幸。鲁国的城门长期朽坏将要倒塌,孔子经过时快步走过。身边的人说:"已经朽坏很久了!"孔子说:"就是害怕长期朽坏。"孔子已经非常警惕审慎了,如果经过时恰赶上倒塌,真可以说是不幸了。

故孔子曰："君子有不幸而无有幸，小人有幸而无不幸。"又曰："君子处易以俟命，小人行险以徼幸。"①佞幸之徒②，闳、籍孺之辈③，无德薄才，以色称媚，不宜爱而受宠，不当亲而得附④，非道理之宜，故太史公为之作传⑤，邪人反道而受恩宠⑥，与此同科⑦，故合其名谓之《佞幸》⑧。无德受恩，无过遇祸，同一实也。

【注释】

①"故孔子曰"几句：此几句不见今本《论语》，出处不详。

②佞幸：因善于谄媚而获君主宠幸。

③闳：即闳孺，西汉孝惠帝刘盈的男宠。籍孺：西汉高祖刘邦的男宠。

④附：依附。

⑤传：传记。

⑥反道：违反正道。

⑦同科：同等。

⑧《佞幸》：此指《史记》中的《佞幸列传》。

【译文】

所以孔子说："君子可能只遇到不幸却没有幸运，小人可能只遇到幸运而没有不幸。"又说："君子行正道听天由命，小人走险境求得幸运。"靠谄媚得宠之人，像闳孺、籍孺这样的，没有德行缺少才干，凭借长相好看而受宠，本不该受到宠爱的却受宠，不该亲近的却得到亲附，这是不合道理的，所以司马迁为他们写了传记，奸邪之徒违反正道却受到恩宠，与此同类，因此把他们统称为《佞幸》。没有品德的受恩宠，没有过失的却遭灾祸，是同一类情况。

俱禀元气①，或独为人，或为禽兽。并为人，或贵或贱，或贫或富。富或累金，贫或乞食；贵至封侯，贱至奴仆。非天禀施有左右也[2]，人物受性有厚薄也[3]。俱行道德，祸福不均；并为仁义，利害不同。晋文修文德[4]，徐偃行仁义[5]，文公以赏赐[6]，偃王以破灭。鲁人为父报仇，安行不走，追者舍之[7]；牛缺为盗所夺，和意不恐，盗还杀之[8]。文德与仁义同，不走与不恐等，然文公、鲁人得福，偃王、牛缺得祸者，文公、鲁人幸，而偃王、牛缺不幸也。

【注释】

①元气：即气，王充认为气是构成人和万物的物质元素，是天地星宿在不断运动中自然而然地施放出来的。

②左右：袒护，偏袒。

③性：性命，生命。这里指构成生命的元气。

④晋文：即晋文公（前697—前628），姓姬，名重耳，春秋晋国之君，继齐桓公为诸侯盟主，成为五霸之一。文德：礼乐教化。

⑤徐偃行仁义：徐偃，即徐偃王，周穆王时徐国君主。相传以仁义治国，穆王令楚伐之，偃王爱民不战，遂为楚败。

⑥文公以赏赐：指晋文公助周襄王平定王子带之乱，受到周天子赏赐。参见《左传·僖公二十八年》。

⑦“鲁人为父报仇”几句：据《淮南子·人间训》记载，有个鲁国人为父报仇，将仇人杀死，然后戴正帽子，换好衣服，从容离开。追赶的人看到这种情况，说他是“有节行之人”，就不再追杀他。

⑧“牛缺为盗所夺”几句：牛缺为战国时秦国的大儒。据《吕氏春秋·必己》记载，一次他去邯郸，路上遇上盗贼，把他的车马衣物都抢走了。他很镇定，没有惊恐可惜的样子。等他走后，盗贼害怕他去告诉赵国君主，追赶三十里把他杀了。和意，神态安详镇定。

还,反而。

【译文】

都禀受元气,有的唯独成为人,有的则成了禽兽。同为人,有的尊贵有的低贱,有的贫困有的富裕。富人常积累财富(金钱),穷人有的乞讨要饭;尊贵的受封侯爵,低贱的沦为奴仆。并不是天在施与元气的时候有所偏袒,而是人在承受元气的时候有厚有薄。同样施行道德,得到的祸与福却不一样;同样施行仁义,得到的利与害却不相同。晋文公提倡礼乐教化,徐偃王施行仁义,文公因此得赏赐,徐偃王由此遭灭亡。鲁人为父报仇,缓步徐行没有逃走,追赶的人就不再杀他;牛缺被强盗打劫,安详镇定,强盗反而杀了他。文德与仁义相同,不逃走与不害怕一样,然而文公、鲁人得福,偃王、牛缺遭祸,这是因为文公、鲁人幸运,而偃王、牛缺不幸。

　韩昭侯醉卧而寒,典冠加之以衣,觉而问之,知典冠爱己也,以越职之故,加之以罪①。卫之骖乘者,见御者之过,从后呼车,有救危之义,不被其罪②。夫骖乘之呼车,典冠之加衣,同一意也。加衣恐主之寒,呼车恐君之危,仁惠之情③,俱发于心。然而于韩有罪,于卫为忠,骖乘偶,典冠不偶也。

【注释】

①"韩昭侯醉卧而寒"几句:事见《韩非子·二柄》。韩昭侯(?—前333),姬姓,名武,战国时韩国国君。用申不害为相,内政修明,使得韩国国势强盛。典冠,掌管国君之冠的近侍。

②"卫之骖乘(cān shèng)者"几句:事见《说苑·善说》。骖乘,又作"参乘",古代乘车陪坐在右边的人。御者,驾驭车马的人。

过,错误。

③仁惠:仁慈,仁厚。

【译文】

韩昭侯喝醉后躺倒受寒,典冠拿衣服给他盖上,醒来后追问此事,知道是典冠爱护自己,却因为越职的原因,给他处罚。卫国的骖乘,看见驾车人有错误,从后面帮着叫喊赶车,有拯救危险的用意,没有被处罚。骖乘者叫喊赶车,典冠盖上衣服,同是一种动机。盖上衣服是担心君主着凉,叫喊赶车是担心君主危险,仁爱的情感,都发自内心。然而在韩国被认为有罪,在卫国却被当作尽忠,是因为骖乘被赏识,典冠不受赏识啊。

非唯人行,物亦有之。长数仞之竹①,大连抱之木②,工伎之人③,裁而用之,或成器而见举持④,或遗材而遭废弃。非工伎之人有爱憎也,刀斧如有偶然也⑤。蒸谷为饭,酿饭为酒。酒之成也,甘苦异味;饭之熟也,刚柔殊和⑥。非庖厨酒人有意异也⑦,手指之调有偶适也。调饭也⑧,殊筐而居⑨;甘酒也,异器而处。虫堕一器,酒弃不饮;鼠涉一筐,饭捐不食⑩。夫百草之类,皆有补益,遭医人采掇⑪,成为良药;或遗枯泽,为火所烁⑫。等之金也,或为剑戟,或为锋铦⑬。同之木也,或梁于宫,或柱于桥。俱之火也,或烁脂烛⑭,或燔枯草。均之土也,或基殿堂,或涂轩户⑮。皆之水也,或溉鼎釜,或澡腐臭⑯。物善恶同,遭为人用,其不幸偶,犹可伤痛,况含精气之徒乎⑰?虞舜,圣人也,在世宜蒙全安之福。父顽母嚣⑱,弟象敖狂⑲,无过见憎,不恶而得罪,不幸甚矣!孔子,舜之次也,生无尺土,周流应聘,削迹绝粮⑳。俱以圣才,并不幸偶。舜尚遭尧受禅,孔子已死于

阙里㉑。以圣人之才,犹不幸偶,庸人之中,被不幸偶祸㉒,
必众多矣!

【注释】

①仞:古代长度单位。周制八尺或七尺为一仞,周尺一尺约合二十
　三厘米。

②大连抱之木:连臂合抱之木。多形容树木之粗大。

③工伎之人:指工匠。

④见:被。举持:使用。

⑤如:疑作"加",形近而误,据下文例,"加"前脱"之"字。

⑥刚柔殊和:指做出的饭软硬程度不一。

⑦庖(páo)厨:厨房或厨师,这里指厨师。酒人:古官名,掌造酒。
　这里指造酒之人。

⑧调饭:指软硬适合的饭。

⑨殊筐而居:盛放在不同的竹筐里。

⑩捐:舍弃,放弃。

⑪遭:据文例,疑"遭"前脱"或"字。采掇:采摘,采集。

⑫烁:递修本作"燎"字。

⑬锋铦(xiān):犁锄之类农具。

⑭脂烛:古人用麻蒉灌以油脂,燃之照明,是为脂烛。

⑮轩户:门户,窗户。

⑯澡:洗涤。

⑰精气:人体的元气。王充认为,构成人和万物的物质元素的气,具
　体可分为阴气和阳气,阳气构成人的精神,所以有时又称为精气。

⑱顽:头脑迟钝,愚蠢。嚚(yín):愚蠢而顽固。

⑲象:传说中舜的弟弟。敖:同"傲"。

⑳"孔子"几句:传说孔子曾到卫国去游说,卫国人很厌恶他,当孔

　　子离开卫国时，就把他经过卫国留下的车轮痕迹铲掉了。事见
　　《庄子·天运》。削迹，削除车迹，谓不被任用。

㉑已：却。阙里：孔子故里。在今山东曲阜城内阙里街。因有两石
　　阙，故名。

㉒祸：疑为衍文。

【译文】

　　不仅人是如此，物也是这样。长达数仞的竹子，需要连臂合抱的大树，被有技艺的工匠剖开加工，有的被做成器具供使用，有的被剩下遭到废弃。不是工匠们有偏爱偏憎，而是刀斧向何处施加有偶然性。把谷物蒸成饭，把饭酿造成酒。酿成的酒，味道甘苦不同；蒸熟的饭，软硬程度不一。不是厨师和酿酒的人故意使它们有差异，而是手指的动作有偶然性。就是软硬适合的饭，也要盛在不同的饭筐里；美味的酒，也要放在不同的器皿里。虫子掉进了器皿，酒就被舍弃不喝；老鼠爬进饭筐，饭就被扔掉不吃。各种草类，都会对人有好处，有的被医生采摘，成为好药材；有的被遗弃在干涸的沼泽里，被火烧掉。同样的金属，有的被制成剑戟，有的制成犁锄。同样的木材，有的成为宫殿的大梁，有的成为桥下的支柱。同样的火，有的烧照明燃料，有的烧枯草。同样的土，有的用作宫殿的地基，有的用来涂抹门窗。同样的水，有的用来洗鼎釜，有的用来洗腐臭的东西。事物的好坏是一样的，被人使用，不受重视的情况，尚且应当悲伤痛心，更何况是有精神的人呢？虞舜，是圣人，活着的时候应该受到身体完全没有灾祸的福分。可是他的父亲顽劣母亲愚蠢，弟弟象傲慢任性，舜没有犯错也被憎恨，没有做坏事也要受惩罚，不幸得很！孔子，比舜差一点，生平没有得到一尺土地的封赐，到处奔走希望得到别人的聘任，在卫国被削除了车迹，在陈国、蔡国被断绝了粮食。他们都具有圣人的品德才能，同样地不幸。舜还能遇到尧而受禅让，孔子却死在了阙里。凭圣人的才能，尚且遭遇不幸，一般人之中，遭遇偶然不幸的祸患，一定很多啊！

命义篇第六

【题解】

　　本篇旨在阐述"命"的含义和内容,较为系统地阐明了人的死生寿夭、贫富贵贱以及吉凶祸福的成因,是反映王充命定论思想的重要文献。

　　王充认为人的死生寿夭、贫富贵贱以及吉凶祸福全是命中注定的,而一个人的命是人受孕于母体时禀受的上天与星宿所施放的气所形成的,因为天上星象有着贫富贵贱的差别,所以禀受到不同星象之气的人就有了生死寿夭、贫富贵贱不同的命。但是一个人的命能否实现,同样取决于外界的影响。人遭受到外来的灾难是偶然的,若能免除便是福,若不能免除便是祸。命与偶然遭受的灾难的关系就像水火一样,"水盛胜火,火盛胜水",命盛便可以脱难得福,反之则会遇祸,与个人的操行并不相干。

　　总而言之,人生在世有性命吉凶、福祸盛衰的同时,还会有遭、遇、幸、偶等各种意外情况,因此一个人要终其天命实际上是非常困难的。可见王充在强调命定论的同时,还注意到了客观环境因素对人的影响。

　　墨家之论,以为人死无命①;儒家之议,以为人死有命。言有命者,见子夏言"死生有命,富贵在天"②;言无命者,闻历阳之都,一宿沉而为湖③;秦将白起坑赵降卒于长平之下④，四十万众，同时皆死；春秋之时，败绩之军⑤，死者蔽草，尸且万数；饥馑之岁，饿者满道；温气疫疠⑥，千户灭门。如必有命，何其秦、齐同也？

【注释】

①人死无命：人的死亡不是由命决定的。参见《墨子·非命》。

②子夏：名卜商，字子夏，春秋时卫国人。孔子弟子，擅长文学、孔门诗学。孔子殁后，讲学于西河，魏文侯曾师事之。

③"言无命者"几句：相传历阳曾在一夜之间因地陷而变成湖。事见《淮南子·俶真训》。历阳，县名。秦置，治今安徽和县。宿，夜。

④白起（？—前257）：战国时期秦国名将，因功封为武安君。曾于长平之战坑杀赵降卒四十万，后与应侯范雎有嫌隙，被免官赐死。坑：同"坑"，活埋。长平：古地名，故址在今山西高平西北。

⑤败绩：战败。

⑥温：中医学病名，热病的总称。疫疠（lì）：传染病，瘟疫。

【译文】

墨家的学说，认为人的死亡不由命决定；儒家的学说，认为人生死有命。主张有命的，见于子夏所说"生死听之命运，富贵由天安排"；主张无命的，传闻历阳城一晚上沉为湖泊；秦将白起在长平坑杀赵国降卒，四十多万人同时死亡；春秋时期，战败的军队，死的人盖住了野草，尸首数以万计；饥荒的年月，饥民遍布道路；瘟疫流行时，千家死绝。如果说一定有命，为什么秦国和齐国人的命运是这样相同呢？

言有命者曰：夫天下之大，人民之众，一历阳之都，一长平之坑，同命俱死，未可怪也。命当溺死，故相聚于历阳；命当压死，故相积于长平。犹高祖初起，相工入丰、沛之邦①，多封侯之人矣，未必老少男女俱贵而有相也，卓砾时见②，往往皆然。而历阳之都，男女俱没；长平之坑，老少并陷。万数之中，必有长命未当死之人。遭时衰微，兵革并起，不得终其寿。人命有长短，时有盛衰，衰则疾病，被灾蒙祸之验也。宋、卫、陈、郑同日并灾③，四国之民，必有禄盛未当衰之人，然而俱灾，国祸陵之也④。故国命胜人命，寿命胜禄命。人有寿夭之相，亦有贫富贵贱之法，俱见于体。故寿命修短⑤，皆禀于天；骨法善恶⑥，皆见于体。命当夭折，虽禀异行，终不得长；禄当贫贱，虽有善性，终不得遂。项羽且死⑦，顾谓其徒曰⑧："吾败乃命，非用兵之过。"此言实也。实者项羽用兵过于高祖，高祖之起，有天命焉。

【注释】

① 相工：指以相面为业之人。刘邦尚未发迹时，曾有个老者给吕后相面，说她是"天下贵人"，又给吕后的儿子和女儿相面，也说他们都显贵。事见《史记·高祖本纪》。丰：丰邑，也称丰县。即今江苏丰县。沛：沛县，在今江苏沛县。邦：疑为"乡"之坏字。此句后疑有脱落。

② 卓砾（lì）：超绝出众。

③ 宋、卫、陈、郑同日并灾：指前524年周历五月十三日宋、卫、陈、郑四国同时发生火灾。事见《左传·昭公十八年》。

④ 陵：超越，逾越。

⑤ 修短：长短。

⑥ 骨法：指人的骨相特征。

⑦ 项羽（前232—前202）：名籍，字羽，楚国贵族出身。秦二世元年（前209）秦末起义军领袖之一。秦亡后称西楚霸王，后与刘邦争

做帝王,进行了四年的楚汉战争,前202年兵败,在垓下(今安徽灵璧东南)乌江边自杀。且:将要。

⑧顾:环视。徒:随从。事见《史记·项羽本纪》。

【译文】

认为有命来决定的人说:以天下之大,人民之多,一个历阳城,一个长平坑,同命的人都死在一起,没有什么可奇怪的。命当淹死,所以相聚在历阳城;命该压死,所以相积在长平坑。就像汉高祖起事时,相面之人来到丰邑和沛县,那里的很多人被封侯了,未必男女老少都有贵命而有贵相,杰出的人物同时出现,往往都是如此。历阳城中,男女都被淹没;长平的坑里,老少皆被掩埋。这数万人之中,一定有长命而不该死的。遇到了衰落的时代,战火四起,不能活满他的寿数。人的寿命有长有短,时代有盛有衰,衰乱时人就容易染病,这正是遭受灾祸的证明。宋、卫、陈、郑四国同一天发生火灾,四国的人民,一定有禄命旺盛而不该衰败的人,但是一起受灾,这是因为国家的灾祸凌驾其上啊。所以国命胜过人命,寿命胜过禄命。人有长寿或短命的相,也有贫富贵贱的相,都表现于人的形体外貌上。所以寿命的长短,都禀受于天;骨相上的好坏,都显现于身体。命该夭折,即使有与众不同的好操行,最终也不能长寿;禄当贫贱,虽然有好的本性,终究不能如愿。项羽将死时,回头对他的将士说:"我的失败是命,不是用兵的错误。"这话是确实的。之所以确实是因为项羽用兵强于汉高祖,汉高祖的兴起,是有天命佐助的。

国命系于众星①,列宿吉凶②,国有祸福;众星推移③,人有盛衰。人之有吉凶,犹岁之有丰耗④,命有衰盛⑤,物有贵贱。一岁之中,一贵一贱⑥;一寿之间⑦,一衰一盛。物之贵贱,不在丰耗;人之衰盛,不在贤愚。子夏曰"死生有命,富贵在天",而不曰"死生在天,富贵有命"者,何则?死生者,无象在天⑧,以性为主。禀得坚强之性,则气渥厚而体坚强,坚强则寿命长,寿命长则不夭死。禀性软弱者,气少泊而性羸窳⑨,羸窳则寿命短,短则蚤死⑩。故言"有命",命则性也。至于富贵所禀,犹性所禀之气,得众星之精⑪。众星在天,天有其象⑫。得富贵象则富贵,得贫贱象则贫贱,故曰"在天"。在天如何? 天有百官⑬,有众星。天施气而众星布精,天所施气,众星之气在其中矣。人禀气而生,含气而长,得贵则贵,得贱则贱;贵或秩有高下⑭,富或赀有多少⑮,皆星位尊卑小大之所授也。故天有百官,天有众星,地有万民、五帝、三王之精⑯。天有王梁、造父,人亦有之⑰,禀受其气,故巧于御。

【注释】

①系于:决定于。

②列宿:群星。

③推移:运转,变化。

④岁:一年的收成。丰耗:丰收和歉收。

⑤命:按上下文意,当作"人"。

⑥一贵一贱:或贵或贱。

⑦一寿:一生。

⑧象:此处指星象。

⑨泊:通"薄",稀薄。性:据上下文意,当作"体"。羸窳(léi yǔ):瘦弱。窳,羸弱。

⑩蚤:通"早"。

⑪精:精气,这里指星宿散发出来的气。

⑫其:指富贵贫贱。

⑬天有百官:指天上的星宿有尊卑大小的等级,如同地上有帝王将相各级官吏一样。

⑭秩:官职级别。

⑮赀(zī):通"资",货物,钱财。

⑯三王:指夏商周三代王朝的创建者,即夏禹、商汤、周文王和武王。

⑰"天有王梁、造父"二句:王梁,又作"王良"。星座名。紫微垣沿仙后座有五星呈W状,末为二等星,即王良(仙后β)。王良,同时也是古之善御者。《史记·天官书》:"王良策马,车骑满野。"造父,星官名。在紫微垣外,由五星组成,其中造父一是有名的变星。属仙王座。造父,同时也是西周时善御车者。传说他因善御受周穆王赏识,曾以骏马献王而御之西巡,使穆王乐而忘归。复载其兼程东还,平定乱事,以功封于赵(今山西洪洞北),成为战国时赵国国君之始祖。

【译文】

国家的命运决定于众多的星宿,各星宿出现吉凶的预兆,国家就会有灾祸或福祥;群星运行变化,人就会有兴盛或衰落。人有吉凶,就好像年成有丰收和歉收,人有衰落或兴盛,东西有昂贵有便宜。一年当中,作物有的昂贵有的便宜;一生当中,有的人衰落有的人兴盛。作物的昂贵或便宜,不在于丰收或歉收;人的衰落或兴盛,不在于贤能或愚钝。子夏说"生死听之命运,富贵由天安排",而不说"生死由天安排,富贵听之命运",为什么呢? 人的生或死,并没有星象在天上来决定,而是以人禀受的天性为主宰。禀受了坚强之性,那气就充沛而身体强壮,身体强壮寿命就长,寿命长就不会夭折。禀受了软弱之性,气就稀薄而身体瘦弱,身体瘦弱寿命就短,寿命短就会早死。所以说"有命",这个命就是"性"。至于决定富贵所禀受的气,犹如形成生命禀受的气,是得到了星宿施放出来的气。群星在天上,天上就有了星象。得到了富贵的星象就会富贵,得到了贫贱的星象就贫贱,所以说"在天"。富贵在天是怎样的呢?

天上的星宿分成大小百官,以及众多的群星。天施放气而众星也散布精气,天施放出来的气,众星散布的精气也包含其中。人禀受气而出生,包含气而成长,禀受了尊贵之气就尊贵,承受了卑贱之气就卑贱;尊贵也有品级的高低之差,富有也有资财的多少之别,这都是由群星的尊卑大小决定的。所以天上有大小百官,有众多星宿,地上就有区分万民、五帝、三王的精气。天上有王梁和造父两星,人间也有叫王梁、造父的人,禀受了星宿的精气,所以善于驾驭马车。

传曰:"说命有三:一曰正命,二曰随命,三曰遭命。"[①]正命,谓本禀之自得吉也。性然骨善[②],故不假操行以求福而吉自至[③],故曰正命。随命者,勠力操行而吉福至[④],纵情施欲而凶祸到,故曰随命。遭命者,行善得恶,非所冀望[⑤],逢遭于外而得凶祸[⑥],故曰遭命。

【注释】

①"传曰"几句:参见《白虎通义·寿命》。传,泛指儒家经书之外或解释经书的书籍。说,论述。

②性然:生性如此。然,如此。骨善:骨相好。

③假:借助,假借。

④勠(lù)力:尽力,努力。

⑤冀望:期望,希望。

⑥逢遭:遇到,碰到。

【译文】

书上说:"命有三种:第一种叫正命,第二种叫随命,第三种叫遭命。"正命,是指本身禀受命自然就能获得吉利。生来骨相好,因此不必借助好的操行求取福佑而吉利自来,所以叫正命。所谓随命,指努力端正操行福佑吉利就会到来，放纵情欲凶险灾祸就会降临，所以叫随命。所谓遭命，指做善事却得到恶报，结果不是自己所期望的，偶然碰到外来的事故遭受凶险灾祸，所以叫遭命。

　　凡人受命，在父母施气之时①，已得吉凶矣。夫性与命异②，或性善而命凶，或性恶而命吉。操行善恶者，性也；祸福吉凶者，命也。或行善而得祸，是性善而命凶；或行恶而得福，是性恶而命吉也。性自有善恶，命自有吉凶。使命吉之人，虽不行善，未必无福；凶命之人③，虽勉操行④，未必无祸。孟子曰："求之有道，得之有命。"⑤性善乃能求之，命善乃能得之。性善命凶，求之不能得也。行恶者祸随而至，而盗跖、庄蹻横行天下⑥，聚党数千，攻夺人物，断斩人身，无道甚矣，宜遇其祸，乃以寿终。夫如是，随命之说，安所验乎？遭命者，行善于内，遭凶于外也。若颜渊、伯牛之徒，如何遭凶？颜渊、伯牛，行善者也，当得随命，福祐随至，何故遭凶？颜渊困于学⑦，以才自杀；伯牛空居⑧，而遭恶疾。及屈平、伍员之徒，尽忠辅上，竭王臣之节，而楚放其身，吴烹其尸。行善当得随命之福，乃触遭命之祸，何哉？言随命则无遭命，言遭命则无随命，儒者三命之说，竟何所定？且命在初生，骨表著见⑨。今言随操行而至，此命在末⑩，不在本也。则富贵贫贱皆在初禀之时⑪，不在长大之后随操行而至也。

【注释】

①施气：指交合。

②性：这里指先天具有的道德属性。

③凶命：据上文，疑为"命凶"之误倒。

④勉：努力。

⑤"孟子曰"几句：参见《孟子·尽心上》。

⑥盗跖（zhí）：姬姓，展氏，名跖，又名"柳下跖""柳展雄"。传说中春秋时期的大盗。庄蹻（qiāo）：一作"庄豪"，战国时楚国人。楚庄王之苗裔，曾反楚起事。

⑦困：疲乏劳顿。

⑧空居：幽居，少与外界往来。

⑨骨表：骨相体貌。见：同"现"，显现。

⑩末：这里指出生之后。

⑪则："则"字前疑有脱文。

【译文】

凡是人得到生命，在父母交合之时，就已经注定了吉凶。性和命不同，有的人性善却命凶，有的人性恶但命吉。操行的好坏，是性；遭遇的祸福吉凶，是命。有的人操行好却遭遇灾祸，是性善而命凶；有的人操行恶劣却得到福佑，是性恶而命吉。性自然有善恶之分，命自然有吉凶之别。命吉的人，即使不做好事，未必没有福佑；命凶的人，即便努力修养操行，未必不遭灾祸。孟子说："寻求福佑有一定的途径，得到与否却听从命。"性善才能寻求，命善才能得到。性善而命凶，寻求也不能得到。如果说有人做了坏事灾祸就随之而来，那么盗跖、庄蹻横行天下，聚集数千人的党羽，攻打他人抢夺财物，残杀民众，残暴到了极点，理应遭遇灾祸，却寿终正寝。如果是这样，随命的说法，怎么能证实呢？所谓遭命，是自身做好事，却遭遇外来的灾祸。像颜渊、伯牛这样的人，为什么遭遇凶祸呢？颜渊、伯牛，是做好事的，应当得到随命，福佑随之而来，为什么却遭遇凶祸呢？颜渊努力学习劳累过度，因才学而丧失自己的生命；伯牛闲居在家，却得了恶性传染病。至于屈原、伍子胥这些人，竭尽忠诚辅佐君主,尽了做臣子的节操,但楚王却流放了屈原,吴王却烹煮了伍子胥的尸体。做好事应该获得随命的福佑,却遇到遭命的灾祸,这是为什么? 说随命就没有遭命,说遭命就没有随命,儒家三命的说法,究竟是根据什么提出来的? 况且命在人一出生时,就能从骨相体貌上清楚地看出来。现在说跟随操行而来,这样的命是在出生以后才有的,而不是在最初禀气的时候就有的。然则富贵贫贱都在最初禀受气的时候就决定了,不是长大之后随着操行而来的。

正命者,至百而死;随命者,五十而死。遭命者,初禀气时遭凶恶也,谓妊娠之时遭得恶也①,或遭雷雨之变②,长大夭死。

【注释】
①谓妊娠(rèn shēn)之时遭得恶也:此九字疑为旧注文,误入正文。
②变:突发的非常事件。

【译文】
正命的人,活到百岁才死;随命的人,活到五十岁就死了。遭命的人,在最初禀受气时就已遭遇凶祸,比如说怀孕的时候遭到了不吉利的事情,或者遇到打雷下雨这样的变故,长大后也会早死。

此谓三命。亦有三性:有正,有随,有遭。正者,禀五常之性也①;随者,随父母之性;遭者,遭得恶物象之故也。故妊妇食兔②,子生缺唇③。《月令》曰④:“是月也,雷将发声。有不戒其容者⑤,生子不备⑥,必有大凶。”喑聋跛盲⑦,气遭胎伤⑧,故受性狂悖⑨。羊舌似我初生之时,声似豺狼,长大性恶,被祸而死⑩。在母身时,遭受此性,丹朱、商均之类是也⑪。性命在本，故《礼》有胎教之法⑫：子在身时，席不正不坐，割不正不食⑬，非正色目不视，非正声耳不听。及长，置以贤师良傅，教君臣父子之道，贤不肖在此时矣⑭。受气时⑮，母不谨慎，心妄虑邪，则子长大，狂悖不善，形体丑恶。素女对黄帝陈五女之法⑯，非徒伤父母之身，乃又贼男女之性⑰。

【注释】

①五常：指仁、义、礼、智、信五种道德规范。又指父义、母慈、兄友、弟恭、子孝等五种伦常道德。

②妊妇：孕妇。

③缺唇：豁嘴，兔唇。

④《月令》：《礼记》篇名。记一年十二个月的时令、行政及相关事物。

⑤容：即容止，指人的行为。

⑥不备：不完备，身体有缺陷。

⑦喑（yīn）：哑，不能说话。

⑧遭：遭到恶物摧伤。

⑨狂悖：放诞而违背人情事理。

⑩"羊舌似我初生之时"几句：参见《左传·昭公二十八年》、本书《本性篇》。羊舌似我（？—前514），复姓羊舌，名食我，字伯石，也称杨食我、杨石。春秋时晋国大夫羊舌肸（xī）之子。

⑪丹朱：传说中尧的儿子，名朱，封于丹渊，故称为"丹朱"。因其不肖，尧禅位于舜。商均：传说中舜之子。因其不肖，舜乃使伯禹继位。伯，爵也。禹代鲧为崇伯，入为天子司空，以其伯爵，故称"伯禹"。

⑫《礼》：指《礼记》，儒家经典之一，战国至汉初儒家礼仪论著的总集。由西汉戴圣所辑，共四十九篇，又被称为《小戴礼记》。

⑬割不正：不以正当的方式宰杀或切割。

⑭此时：指在母体之时。

⑮受气：指父母交合。

⑯素女：相传为上古时代的女神。精于音乐，一说为知阴阳天道，擅长房中之术。五女之法：疑当作"御女之法"，指男女交合的方法。

⑰贼：伤害。男女：这里指子女。

【译文】

这就是所谓的三种命。也有三种性：有正性，有随性，有遭性。所谓正，是说禀受了五常的规范；所谓随，是说跟从了父母所得的性；所谓遭，是遭遇到不吉利的东西或形象这类突发变故所得的性。所以孕妇吃了兔子，生下的孩子就会豁嘴。《月令》说："这个月（指夏历二月），会打雷发声。夫妻同房不戒慎，生下孩子会有缺陷，一定有大凶险。"口哑耳聋脚跛眼瞎，是因为气碰上了不祥之物伤害到胎儿，所以受到的性狂乱不正常。羊舌似我刚出生时，哭声似豺狼嚎叫，长大以后秉性顽劣，遭遇灾祸而死。在母亲体内时，遭受了这种性，丹朱、商均就是这样的。性和命是在最初受气的时候形成的，所以《礼记》里有胎教的方法：孩子尚在母体时，席子不按规定摆放就不坐，牲畜不按正当的方式宰杀切割就不吃，不是纯正的颜色眼睛就不看，不正当的声音耳朵就不听。等孩子长大后，给他安排贤良的师傅，教他君臣父子的道德规范，贤能或不肖在母体时就形成了。父母交合时，如果母亲不谨慎，胡思乱想心怀邪念，那么孩子长大后，一定狂妄悖理行为恶劣，相貌体态丑陋。素女对黄帝说过男女交合的方法，这个不仅会伤到父母的身体，而且也会伤害子女的禀性。

人有命，有禄，有遭遇，有幸偶。命者，贫富贵贱也；禄者，盛衰兴废也。以命当富贵，遭当盛之禄，常安不危；以命当贫贱，遇当衰之禄，则祸殃乃至，常苦不乐。遭者，遭逢非常之变①，若成汤囚夏台②，文王厄羑里矣③。以圣明之德，而有囚厄之变，可谓遭矣。变虽甚大，命善禄盛，变不为害，故称遭逢之祸。晏子所遭④，可谓大矣，直兵指胸⑤，白刃加颈⑥，蹈死亡之地，当剑戟之锋，执死得生还⑦。命善禄盛，遭逢之祸不能害也。历阳之都，长平之坑，其中必有命善禄盛之人，一宿同填而死，遭逢之祸大，命善禄盛不能却也⑧。譬犹水火相更也⑨，水盛胜火，火盛胜水。

【注释】

①非常之变：突如其来的灾祸。

②夏台：夏代狱名，又名均台。传说商汤曾被夏桀囚禁在此。

③厄：被困，被囚。羑（yǒu）里：地名，也作"姜里"，在今河南汤阴北。相传为商纣囚禁周文王的地方。

④晏子所遭：指齐国大夫崔杼杀死齐庄公，另立齐景公，并持武器强迫晏婴等卿大夫服从之事。晏子（？—前500），即晏婴，字仲，谥平，春秋齐国大夫。尚俭力行，为当时名臣，后人尊称为"晏子"。参见《晏子春秋·内篇杂上》。

⑤直兵：指矛、剑一类的兵器。

⑥白刃：据上文"直兵"所对及《晏子春秋·内篇杂上》记载，疑作"曲刃"，指戈、戟一类有曲刃的兵器。

⑦执死：处于死地。

⑧却：去掉，免除。

⑨相更：相互交替。

【译文】

人有命，有禄，有遭遇，有幸偶。命，决定了人的贫富贵贱；禄，决定了人的盛衰兴废。以应当富贵的命，再加上应当兴盛的禄，就会长久安定没有危险；以应当贫贱的命，再加上应当衰废的禄，灾祸就会到来，长期痛苦没有欢乐。遭，是遇到突如其来的灾祸，就像成汤被囚禁在夏台，周文王被囚禁在牖里。具有圣贤的德行，却遭遇被囚禁的变故，可以说是遭了。虽遭遇大变故，但命好禄旺，变故未造成伤害，所以称之为碰上的灾祸。晏子遇上的变故，可以说是大的，被长剑抵着胸口，被大戟架在脖子上，陷入死亡的境地，面对剑戟的锋刃，处于死地而得生还。这是命好禄旺，遭遇灾祸而不为所害。历阳的城中，长平的坑里，其中一定有命好禄旺的人，一夜之间同被淹死或活埋而死，这是因为遇到大的灾祸，命好禄旺也不能幸免。比如水火交相更替，水势大就胜过火，火势大就胜过水。

　　遇其主而用也①。虽有善命盛禄，不遇知己之主，不得效验②。幸者，谓所遭触得善恶也。获罪得脱，幸也。无罪见拘③，不幸也。执拘未久④，蒙令得出⑤，命善禄盛，夭灾之祸不能伤也。偶也⑥，谓事君有偶也⑦。以道事君，君善其言，遂用其身，偶也；行与主乖⑧，退而远⑨，不偶也。退远未久，上官录召⑩，命善禄盛，不偶之害不能留也。

【注释】

①遇其主而用也：据文例，"遇"前脱"遇者"二字。

②效验：验证。

③见：被。

④执拘：拘拿，拘捕。

⑤令：这里指赦令。

⑥偶也：据上下文例当作"偶者"。

⑦谓事君有偶也："有偶"二字底本无，据递修本补。

⑧乖：违背。

⑨退：斥退。远：疏远。

⑩上官：上司。召：召回。

【译文】

遇，是被君主赏识重用。虽然命好禄旺，遇不到知己的君主，好的命禄也无法实现。幸，是指碰巧得到的好坏不同的结果。有罪得以逃脱，就是幸。无罪却被拘捕，就是不幸。被拘捕不久，得到赦令被释放，就是命好禄旺，夭折的灾祸不能伤害。偶，是指事奉君主能得到重用。用正道事奉君主，君主欣赏他的意见，就重用这个人，这是偶；行为与君主不一致，君主斥退疏远他，这是不偶。斥退疏远不久，被上司召回任用，这是命好禄旺，不偶的祸害不能在他身上滞留。

　　故夫遭、遇、幸、偶，或与命禄并①，或与命离②。遭遇幸偶，遂以成完③；遭遇不幸偶，遂以败伤，是与命并者也④。中不遂成⑤，善转为恶，若是与命禄离者也⑥。故人之在世，有吉凶之性命⑦，有盛衰之祸福⑧，重以遭遇幸偶之逢⑨，获从生死而卒其善恶之行⑩，得其胸中之志，希矣。

【注释】

①并：一致。

②或与命离：据文例，疑“命”后脱“禄”字。

③成：成就。完：完好。据文意，下文“是与命并者也”疑应置于“遂以成完”之后。

④是与命并者也：据文例，疑“命”后脱“禄”字。

⑤中：中途。

⑥若：疑为衍文。

⑦有吉凶之性命：据文意，疑“性”字为衍文。

⑧祸福:据文意,疑为"禄"字之误。

⑨重(chóng):加上。

⑩获从生死而卒其善恶之行:据文意,疑"生"后脱"至"字。卒,终于。

【译文】

所以遭、遇、幸、偶,有时与命禄一致,有时与命禄背离。碰上幸偶,由命中注定的贫富贵贱得以实现,这是与命禄相一致的情况;碰上不幸不偶,于是因此失败受损。中途不能实现,好事变成坏事,这是与命禄背离的情况。所以人活在世上,有吉利或凶险的命,有兴旺或衰微的禄,再加上遭遇幸偶的各种因素,能够从生到死始终保持自己善恶分明的操行,实现自己胸中抱负,是很少有的。

无形篇第七

【题解】

本篇意在通过人的外形不可改变这一现实,来论述人的寿命不可延长这一观点。

王充认为人的形体以及寿命,都是承受上天与星辰施放的气所形成的,因为每个人于胚胎时禀气的厚薄、多少有差异,所以就造成了每个人体型与寿命有所不同。且因为"天地不变,日月不易,星辰不没",所以气造就的人体不可能产生变化。同时王充认为"体气与形骸相抱,生死与期节相须。形不可变化,命不可减加",承载人性命之气的形体不能发生变化,那么人的寿命也就不可能产生变化。而那些"男化为女,女化为男","老父化为黄石"之类的事件,并不是因为上天要为其增寿而使其形体变化,而是将此种变化作为政治好坏的一种灾祥预兆。至于蚕化为蛾,是因为其本性如此,且变化后并未能获得额外的寿命。因此王充认为那些宣扬修道服药可以变易形体而为仙人的说法,均是"虚语妄言"。

人禀元气于天,各受寿夭之命^①,以立长短之形^②,犹陶者用埴为簋庑^③,冶者用铜为柈杅矣^④。器形已成,不可小大^⑤;人体已定,不可减增。用气为性^⑥,性成命定。体气与形骸相抱⑦,生死与期节相须⑧。形不可变化,命不可减加。以陶冶言之,人命短长,可得论也。

【注释】

①寿夭之命:寿命。

②立:形成。长短之形:指人体高矮胖瘦的形体。

③埴(zhí):黏土。簋(guǐ):古代盛食物的圆口器具。甒(wǔ):同"甒",古代盛酒的瓦器。甒,底本作"庑",形似而误。

④柈(pán):同"盘",盘子。杅(yú):同"盂",盛汤浆的器皿。

⑤小大:缩小放大。

⑥用:凭借。

⑦形骸(hái):人的形体。抱:存。

⑧期节:期限。相须:亦作"相需",互相依存,相互等待。

【译文】

人从天那里禀受元气,各自接受了或长寿或夭折的寿命,确定了或高或矮的形体,就像制陶工人用黏土做成簋与甒,冶金工人用铜做成盘和杅一样。器皿的形体已经做成,不可以缩小或扩大;人的形体已经确定,高矮不可以增减。人禀受气形成性,性形成了命也就确定。人体所具备的气与形体相互依存,生死和寿命的期限相一致。形体不能变化,寿命不能增减。按照制陶和冶金的道理来推论,人的寿命有长有短,就可以说明了。

或难曰①:陶者用埴为簋庑,簋庑壹成②,遂至毁败③,不可复变。若夫冶者用铜为柈杅,柈杅虽已成器,犹可复烁④。柈可得为尊⑤,尊不可为簋⑥。人禀气于天,虽各受寿夭之命,立以形体,如得善道神药⑦,形可变化,命可加增。

【注释】

①难（nàn）：反驳，争辩。

②壹：一旦。成：制成。

③遂至：直至，直到。毁败：毁坏。

④烁（shuò）：通"铄"，熔化。

⑤尊：盛酒器。

⑥不：据上下文意，疑作"亦"字，形近而误。

⑦善道：指可以使人延年益寿，长生不老的方法。

【译文】

有人反驳说：制陶工人用黏土做簋和甂，簋和甂一旦制成，直到毁坏，不可以再改变。如果冶炼工人用铜做盘和盂，盘和盂虽然已经铸造成器，还可以再熔化。盘可以做成尊，尊却不能做成簋。人从天那里禀受气，各自接受了或长寿或夭折的寿命，确定了形体，如果得到好的道术和神丹妙药，形体可以变化，寿命可以增加。

曰：冶者变更成器，须先以火燔烁①，乃可大小短长。人冀延年②，欲比于铜器，宜有若炉炭之化乃易形③。形易，寿亦可增。人何由变易其形，便如火烁铜器乎④？《礼》曰："水潦降，不献鱼鳖。"⑤何则？雨水暴下，虫蛇变化，化为鱼鳖。离本真暂变之虫⑥，臣子谨慎，故不敢献。人愿身之变，冀若虫蛇之化乎？夫虫蛇未化者⑦，不若不化者。虫蛇未化，人不食也；化为鱼鳖，人则食之。食则寿命乃短⑧，非所冀也。岁月推移，气变物类⑨，虾蟆为鹑⑩，雀为蜃蛤⑪。人愿身之变，冀若鹑与蜃蛤、鱼鳖之类也？人设捕蜃蛤，得者食之。虽身之不化⑫，寿命不得长，非所冀也。鲁公牛哀寝疾，七日变而成虎⑬。鲧殛羽山，化为黄能⑭。愿身变者，冀牛哀之为虎^⑮，鲧之为能乎？则夫虎能之寿^⑯，不能过人。天地之性，人最为贵。变人之形，更为禽兽，非所冀也。凡可冀者，以老翁变为婴儿，其次，白发复黑，齿落复生，身气丁强^⑰，超乘不衰^⑱，乃可贵也。徒变其形，寿命不延，其何益哉？

【注释】

①燔（fán）烁：用火焚烧金属使之熔化。燔，烧。

②冀：希望。延年：延长寿命。

③宜：应该。易：变化，改变。

④便：疑作"使"，形近而误。

⑤"《礼》曰"几句：《礼》，此处指《礼记·曲礼》。《曲礼》是《礼记》篇名，以其委曲说吉、凶、宾、军、嘉五礼之事，故名《曲礼》。水潦（lǎo），大雨。

⑥本真：原来的样子。暂：突然。虫：这里指动物的统称。

⑦未：据上下文意，疑作"之"字。

⑧食则寿命乃短：据文意，疑"食"前有"见"字。

⑨气：节气。

⑩虾蟆：蛤蟆。鹑（chún）：鹌鹑的简称，古称羽毛无斑者为鹑，有斑者为鹌，后混称为鹌鹑。

⑪蜃蛤（shèn gé）：大蛤和蛤蜊。

⑫不：据文意，疑为衍文。

⑬"鲁公牛哀寝疾"二句：公牛哀，又称牛哀，春秋鲁国人，一说韩国人。传说病七日变虎，把去看他的哥哥吃了。寝疾，卧病。事参见《淮南子·俶真训》。

⑭"鲧（gǔn）殛（jí）羽山"二句：传说是夏禹的父亲鲧，因治水无功，被舜杀死在羽山，死后精魄化作黄熊。事参见《左传·昭公

七年》。殛，杀死。羽山，传说中舜殛鲧之处，一说在今江苏东海
县西北，一说在今山东蓬莱东南。黄能，即黄熊，神话中的动物。

⑮冀牛哀之为虎：据文例，疑"冀"后脱"若"字。

⑯则：然而。

⑰丁强：健壮。

⑱超乘：跳跃上车，这里形容勇猛敏捷。

【译文】

我认为：冶炼工人要想变更器皿的原状做成另一种器皿，必须先用
火焚烧使之熔化，才可以放大、缩小、改短、加长。人希望延长寿命，想
和铜器相比，就应该有像炉火熔炼那样才能改变形体。形体改变了，寿
命也就延长了。人怎样才能改变形体，就像用火熔化铜器那样呢？《礼》
说："下大雨，就不进献鱼鳖。"为什么？因为雨水猛降，虫蛇改变形体，
变成鱼鳖。脱离原来的样子突然变化的动物，臣子对于它们很小心，所
以不敢进献。难道人愿意身体的改变，是希望像虫蛇那样的变化吗？变
化了的虫蛇，不如不变化的。没有变化的虫蛇，人们不吃它；变化成鱼
鳖，人们就要吃它。被人吃了寿命就短，这不是它所希望的。随着岁月
推移，节气改变万物也跟着变化，蛤蟆变成鹌鹑，鸟雀变成大蛤和蛤蜊。
难道人愿意身体的改变，是希望像鹌鹑和大蛤、蛤蜊、鱼鳖之类一样吗？
如果人们捕捉大蛤和蛤蜊，捕到的就吃了它。即使本身发生变化，它们
的寿命也不会延长，这也不是它们所希望的。鲁国的公牛哀卧病在床，
七天后变成老虎。鲧在羽山被杀，变成黄熊。愿意改变身体的人，难道
是希望像牛哀一样变成老虎，像鲧一样变成熊吗？然而虎和熊的寿命，
不会超过人。天地间的生命，人最为尊贵。改变人的形体，变成禽兽，这
不是人所希望的。凡是希望形体能变化的，是从老头变成婴儿，其次，是
白发变成黑发，牙齿脱落又重新长上，身体健壮体气强固，行动敏捷不
衰，这才是可贵的。只是改变形体，寿命不会延长，那有什么好处呢？

　　且物之变，随气，若应政治①，有所象为②，非天所欲寿长之故，变易其形也，又非得神草珍药食之而变化也。人恒服药固寿③，能增加本性，益其身年也④。遭时变化⑤，非天之正气，人所受之真性也。天地不变，日月不易，星辰不没，正也。人受正气，故体不变。时或男化为女⑥，女化为男，由高岸为谷⑦，深谷为陵也⑧，应政为变。为政变，非常性也。汉兴，老父授张良书⑨，已化为石⑩，是以石之精，为汉兴之瑞也⑪。犹河精为人持璧与秦使者⑫，秦亡之征也。蚕食桑，老，绩而为茧⑬，茧又化而为蛾，蛾有两翼，变去蚕形。蛴螬化为复育⑭，复育转而为蝉，蝉生两翼，不类蛴螬。凡诸命蠕蜚之类⑮，多变其形，易其体；至人独不变者，禀得正也。生为婴儿，长为丈夫，老为父翁，从生至死，未尝变更者，天性然也。天性不变者，不可令复变；变者，不可不变⑯。若夫变者之寿，不若不变者⑰，人欲变其形，辄增益其年⑱，可也；如徒变其形⑲，而年不增，则蝉之类也，何谓人愿之？龙之为虫，一存一亡⑳，一短一长；龙之为性也，变化斯须㉑，辄复非常㉒。由此言之，人，物也，受不变之形，不可变更㉓，年不可增减。

【注释】

①应：应和。

②象：预兆，征兆。

③恒：经常。固：增强。

④身年：年龄，年纪。

⑤遭时：碰巧。

⑥时或:有时。

⑦由:通"犹",如同。

⑧为:变成。陵:大土山。

⑨老父:老人。张良(?—前189):字子房,颍川城父(今安徽亳
　州)人。西汉开国功臣,政治家,因功被封为"留侯"。据《史
　记·留侯世家》记载,张良年轻时曾遇到一位老人送他一部《太
　公兵法》,张良靠此书辅佐刘邦统一天下。传说这位老人就是黄
　石公,是一块石头变的,后来又复原为石头。

⑩已:随后,不久。

⑪瑞:祥瑞,吉利的征兆。

⑫河精为人持璧与秦使者:据《史记·秦始皇本纪》记载,秦始皇三
　十六年(前211)秋,有人手捧玉璧拦住秦的使者,说"今年祖龙
　死"。

⑬绩:把麻搓捻成线或绳,这里指吐丝。

⑭蛴螬(qí cáo):金龟子的幼虫。复育:亦作"复蜟"或"蝮蜟",蝉
　的幼虫。限于当时的认识,王充分不清这是两种昆虫的幼虫,而
　认为复育是蛴螬变的。

⑮诸命:各种有生命的。蠕蜚(rú fēi):各种爬行和飞翔的虫类。
　蜚,通"飞"。

⑯不可不变:据文例,疑"不可"后脱"令"字。

⑰"若夫变者之寿"二句:据文意,疑此句当作"若夫不变者之寿,
　不若变者"。

⑱辄(zhé):总是,就。

⑲徒:仅仅。

⑳一存一亡:指时隐时现。一,或。

㉑斯须:片刻,短暂的时间。

㉒复:往来反复,这里指变化。

㉓不可变更：据文意，疑"不可"前脱"形"字。

【译文】

况且万物的变化，是随着节气，有时是应和国家的政治，作为吉凶的预兆出现的，不是天想延长它的寿命，才改变它的形体，也不是得到神草珍药吃了后才变化的。人经常服药能延长生命，因为能增加其固有的性命，而增益其年寿。这只是碰巧发生的变化，不是天正常施放之气，也不是人禀受气而形成的正常生命。天地不发生变化，日月不改变形状，星辰不隐没消失，这是正常现象。人禀受正常之气，所以形体不发生变化。有时男人变成女人，女人变成男人，就像高地变成深谷、深谷变成丘陵一样，这是应和政治发生的变化。应和政治发生变化，这不是人的正常生命现象。汉朝兴起时，老翁把兵书授予张良，随后变成石头，所以石精，是汉朝兴起的吉兆。犹如河精变成人拿着玉璧给秦朝的使者，这是秦朝将亡的征兆。蚕吃桑叶，衰老后，吐丝成茧，茧又变化成蛾子，蛾子有两个翅膀，改变了蚕的形体。蛴螬变成复育，复育转变为蝉，蝉长出两个翅膀，不像蛴螬。凡是各种有生命的爬行或飞翔的虫类，大多能变化外形，改变身体；至于人类唯独不改变，是因为禀受的是正常之气。出生时是婴儿，长大后是丈夫，年老了是老翁，从出生到死亡，不曾改变形体，这是因为天生的本性如此。天生的本性不变，就不可能使它再变化；天生的本性变化的，就不可能让它不变化。至于不能改变形体的，其寿命还比不上能改变形体的，人想要改变形体，就能延长他的寿命，那还可以；如果仅仅是改变形体，而寿命不能延长，那就和蝉一样，怎么说人希望那样呢？龙作为生物，时而显现时而隐没，时而变短时而变长；龙所禀受的天性，变化很快，反复无常。由此说来，人，就像万物一样，禀受了不能变化的形体，形体就无法改变，寿命也不能增减。

　　传称高宗有桑穀之异，悔过反政，享福百年①，是虚也。传言宋景公出三善言，荧惑却三舍，延年二十一载②，是又虚也。又言秦缪公有明德，上帝赐之十九年③，是又虚也。称赤松、王乔好道为仙，度世不死④，是又虚也。假令人生立形谓之甲，终老至死，常守甲形。如好道为仙，未有使甲变为乙者也。夫形不可变更，年不可减增。何则？形、气、性，天也。形为春，气为夏。人以气为寿，形随气而动⑤。气性不均，则于体不同。牛寿半马，马寿半人，然则牛马之形与人异矣。禀牛马之形，当自得牛马之寿，牛马之不变为人，则年寿亦短于人。世称高宗之徒，不言其身形变异，而徒言其增延年寿⑥，故有信矣⑦。

【注释】

① "传称高宗有桑穀（gǔ）之异"几句：传说商朝君主武丁当政时，桑穀共生于朝，被认为是灾难的预兆，武丁感到害怕，悔过并改正错误，桑穀于是消失。桑，桑树。穀，即构树，亦称"构"或"楮"，落叶乔木。反，反省。事参见《说苑·敬慎》。另说此事发生在殷太宗太戊时。事参见本书《顺鼓篇》《感类篇》。

② "传言宋景公出三善言"几句：宋景公（？—前452），春秋末宋国国君。宋景公三十七年（前480），火星运行到心宿的位置，火星犯"心宿"，被认为是天将罚宋的预兆。负责占星的司星让宋景公将灾难转移给丞相，让其一人承担。宋景公却说：宰相就像我的腿和胳膊，我不能伤害他。司星又建议将灾难转移给百姓，宋景公拒绝说：我身为国家的君主，责任就是保护百姓。最后司星建议将灾难转移到五谷收成上，宋景公再次拒绝说：五谷的收成不好，百姓就会陷入困境，我不能做这样的无情之人。宋景公说出以上三句话后，此时火星竟神奇地离开了心宿，而宋景公最终在位六十四年而卒。事参见《吕氏春秋·制乐》《史记·宋微子

世家》。荧惑，火星。却三舍，指火星离开"心宿"时移动了三次
位置。据说每移动一次位置要经过七个星宿，移动三次位置共经
过二十一个星宿。却，退避，离开。舍，古人认为二十八宿是日、
月、行星运行时停留、休息的地方，每一星宿叫一舍。人们通常又
称二十八宿为二十八舍。

③"秦缪公有明德"二句：据《墨子·明鬼》记载：秦穆公大白天在
庙堂里，看到有位长着方脸鸟身、穿戴白衣白帽的神明进来。神
明对秦穆公说："别怕！上帝享用你的明德，让我赐给你十九年阳
寿，使你的国家繁荣昌盛，子孙兴旺，永不丧失秦国。"穆公询问
神明的名氏，神告诉他自己是句芒。秦缪公（前683—前621），
即秦穆公，嬴姓，名任好，谥穆，春秋时代秦国国君，春秋五霸之
一。缪，同"穆"。明德，美德。

④"称赤松、王乔好道为仙"二句：据文例，疑"称"前有"传"字。
赤松，即赤松子，亦称"赤诵子""赤松子舆"，传说中上古的仙
人。王乔，亦称"王子乔"，传说中的仙人，一说为周灵王太子晋。
度世，超脱尘世而仙去。

⑤动：变动，这里指发育成长。

⑥徒：但，只，仅。

⑦有：据文意，当作"不"字。

【译文】

传书上说殷高宗时有宫廷里长出桑树和穀树的奇异事件，殷高宗就
悔过并反思治国策略，于是享受了百年的福寿，这是虚妄的。说宋景公
说了三句怜惜臣民的好话，火星就从心宿推移了三次位置，因此寿命延
长了二十一年，这又是虚妄。又说秦穆公有美德，上帝赐予他十九年寿
命，这也是虚妄的。传书上说赤松子、王子乔喜好道术成为神仙，超脱尘
世而不死，这还是虚妄。假使把人生下来的形体叫作甲，一直到老死，都
会保持甲的形体。如果喜好道术成为神仙，也没有使甲形变为乙形的。

形体不能改变，寿命也不能增减。为什么呢？人的形体、气和生命，都是天施气决定的。形体就像春天，气就像夏天。人寿命长短是由禀受气的多少决定的，人的形体是随个人禀气的不同而发育成长的。禀受的气和生命各不相同，所以表现在形体上也不一样。牛的寿命是马的一半，马的寿命是人的一半，然而牛马的形体和人是不一样的。禀受牛马的形体，自然就会有牛马的寿命，牛马不能变成人，那么寿命也就比人短。世人说到殷高宗这类人，却不说他们身体形态有无变化，而只是说他们延年益寿，所以不可信。

　　形之血气也①，犹囊之贮粟米也②。一石③，囊之高大，亦适一石。如损益粟米④，囊亦增减。人以气为寿，气犹粟米，形犹囊也。增减其寿，亦当增减其身，形安得如故？如以人形与囊异，气与粟米殊，更以苞瓜喻之⑤。苞瓜之汁，犹人之血也；其肌，犹肉也。试令人损益苞瓜之汁，令其形如故，耐为之乎⑥？人不耐损益苞瓜之汁，天安耐增减人之年？人年不可增减，高宗之徒，谁益之者，而云增加？如言高宗之徒，形体变易，其年亦增，乃可信也。今言年增，不言其体变，未可信也。何则？人禀气于天，气成而形立，则命相须⑦，以至终死。形不可变化，年亦不可增加。以何验之？人生能行，死则僵仆⑧，死则气灭⑨，形消而坏。禀生人⑩，形不可得变，其年安可增？

【注释】

①血：据文意，疑为"盈"字之讹。

②囊：口袋。

③一石：据文意，疑"一石"前脱"粟米"二字。

④损益：增减。

⑤苞瓜：即"匏（páo）瓜"，葫芦的一种。苞，通"匏"。

⑥耐：同"能"，能够。

⑦则：据文意，疑作"形"。"形"同"刑"，形近故讹。

⑧僵仆：僵硬而倒下。

⑨灭：底本作"减"，递修本作"灭"，据改。

⑩禀生人：据文意，疑"禀"后脱"气"字。

【译文】

形体贮藏气，就像口袋里装有粟米一样。一石粟米，口袋鼓起的大小，也正好是一石那么大。如果增减粟米，口袋的大小也随之增减。人寿命长短由禀受气的多少决定，气就像粟米，形体就像口袋。增加或减少寿命，也应当改变形体的大小，形体怎么能和原来一样呢？如果认为人的形体与口袋不一样，气与粟米不一样，那么再拿匏瓜来作比喻。匏瓜的汁液，好比人体的血液；它的瓜瓤，如同人体的肌肉。假使令人增加或减少匏瓜的汁液，却要让它的形体保持原样，能做得到吗？人不能增加或减少匏瓜的汁液，天怎么能增加或减少人的寿命？人的寿命不可以增减，像殷高宗他们，有谁长寿？却要说成是增加呢？如果说殷高宗那类人，形体改变了，寿命也增加了，才是可信的。现在说寿命增加，不说形体改变，这不可信。为什么呢？人从天那里禀受气，等到气形成形体，形体与生命相互依存，直到寿终人死。形体不能变化，寿命也不能增加。用什么来证明呢？人活着就能行走，死去则僵硬倒下，死后气就断绝形体腐烂消亡。禀受气而生成人，形体不可以改变，他的寿命怎能增加？

　　人生至老，身变者，发与肤也。人少则发黑，老则发白，白久则黄。发之变，形非变也。人少则肤白，老则肤黑，黑久则黯①，若有垢矣②。发黄而肤为垢，故《礼》曰③："黄耇无疆。"④发变异⑤,故人老寿迟死⑥,骨肉不可变更,寿极则死矣⑦。五行之物⑧,可变改者,唯土也。埏以为马⑨,变以为人,是谓未入陶灶更火者也⑩。如使成器,入灶更火,牢坚不可复变。今人以为天地所陶冶矣⑪,形已成定,何可复更也?

【注释】

①黯:深黑。

②垢:污垢。

③《礼》:此处指《仪礼》。《仪礼》是儒家经典之一,为春秋战国时代的礼制汇编。共十七篇,内容记载周代的冠、婚、丧、祭、乡、射、朝、聘等各种礼仪。

④黄耇(gǒu)无疆:高龄无边。黄耇,泛指老人。黄,指老人头发发黄。耇,老人面部的寿斑。无疆,长寿。引文参见《仪礼·士冠礼》。

⑤发变异:据文意,疑"发"后脱"肤"字。

⑥老寿:高寿。

⑦极:终极,尽头。

⑧五行:指金、木、水、火、土五种物质。

⑨埏(shān):用水和泥。

⑩更(gēng):经历。

⑪以:通"已",已经。

【译文】

　　人从出生一直到老,身体发生变化的,是头发和皮肤。人年轻头发就黑,年老头发就白,白的久了就变黄。头发变了,形体并没有变。人年轻皮肤就白,年老皮肤就黑,黑的久了就黯淡无光,像是积有污垢一样。头发发黄而皮肤如有污垢,所以《礼》说:"黄耇无疆。"只是头发和皮肤发生改变，所以人高寿晚死，骨肉的形态也不会改变，直到寿数终了才死去。属于五行的东西，可以改变的，唯有土而已。用糅和黏土做成的马，可以改变形状再做成人，这是指没有进入陶窑经历火烧的情况。如果做成了器物，放进陶窑经过火烧，形体就会坚固而不得再改变。现在人体已经被天地陶冶过了，形体已经固定，又怎么能再改变呢？

图仙人之形①，体生毛，臂变为翼，行于云，则年增矣，千岁不死。此虚图也。世有虚语，亦有虚图。假使之然，蝉蛾之类，非真正人也。海外三十五国②，有毛民、羽民，羽则翼矣。毛羽之民，土形所出③，非言为道身生毛羽也④。禹、益见西王母⑤，不言有毛羽。不死之民⑥，亦在外国，不言有毛羽。毛羽之民，不言不死；不死之民，不言毛羽。毛羽未可以效不死⑦，仙人之有翼，安足以验长寿乎？

【注释】

①图：画。

②海外三十五国：参见《山海经·海外东经》《山海经·海外南经》。

③土形：这里指地理条件。

④为道：修炼，修道。

⑤益：即"伯益"，见前注。西王母：传说中住在西方的女神。

⑥不死之民：传说中海外能长生不老的人。参见《山海经·海外南经》《淮南子·地形训》。

⑦效：验证。

【译文】

画仙人的图像，身体长毛，手臂变成翅膀，飞行于云上，于是寿命增加，活千年而不死。这是虚妄的图。世间有虚妄的话，也有虚妄的图。

假定是这样子的话,那么这只是蝉蛾一类的虫子,不是真正的人。海外有三十五个国家,有长毛的人,有生羽的人,生羽就是长翅膀了。长毛或生羽的人,是地理条件造成的,不能说是因为修道才长毛生羽。夏禹和伯益去见西王母,并没说她长毛生羽。有不会死的人,也是在外国,没说过他们长毛生羽。长毛生羽的人,没有说他们能长生不死;不会死的人,没有说他们长毛生羽。长毛生羽不能用来证明长生不死,仙人长有翅膀,又怎能足以验证长寿呢?

率性篇第八

【题解】

　　本篇意在论述人的本性可以通过后天的引导教化而变恶为善这一观点。王充认为人性之所以有善恶是因为"禀气有厚泊，故性有善恶也"。但是因为"人受五常，含五脏，皆具于身"，人与其余生物不同的一点是人全面禀受了仁、义、礼、智、信五常之气，只是因为所禀受气的多少有所不同，故而表现出性有善恶，因此人性是可以通过正确的引导而化恶为善的。而这种转变的关键就在于"教告率勉"，因此王充十分重视后天教化与法制的作用，要求"学校勉其前，法禁防其后"。

　　同时王充提出"圣主之民如彼，恶主之民如此，竟在化，不在性也"的观点，可见在王充所设想的理想教化模式中，是从君主开始，由上及下地施行教化，但这就对统治者的道德水平提出了极高的要求，这在现实中又是难以实现的目标。

　　论人之性，定有善有恶。其善者，固自善矣①；其恶者，故可教告率勉②，使之为善。凡人君父，审观臣子之性③，善则养育效率④，无令近恶；近恶则辅保禁防⑤，令渐于善⑥。善渐于恶，恶化于善，成为性行。

【注释】

①固：固然。

②教告：教导，教诲。率（lǜ）勉：劝勉。

③审观：仔细观察。

④劝率：劝勉。

⑤近：据文意，疑为衍文。辅保：辅导。禁防：禁止，防范。

⑥渐：薰陶感染。

【译文】

　　研究人的先天道德属性，一定有善有恶。性善的人，固然开始就善；性恶的人，可以通过教诲劝勉，使他们成为善的。凡是做君主或父亲的人，仔细观察大臣或儿子的德性，善的就培养劝勉，让他们不要接近恶的；恶的就辅导防范，让他们转化为善的。善的转化为恶的，恶的转化为善的，就会形成品行。

　　召公戒成王曰①："今王初服厥命②，於戏③！若生子④，罔不在厥初生⑤。""生子"谓十五子⑥，初生意于善⑦，终以善；初生意于恶，终以恶。《诗》曰："彼姝者子，何以与之？"⑧传言⑨："譬犹练丝⑩，染之蓝则青⑪，染之丹则赤⑫。"十五之子，其犹丝也，其有所渐化为善恶，犹蓝丹之染练丝，使之为青赤也。青赤一成，真色无异。是故杨子哭歧道⑬，墨子哭练丝也⑭。盖伤离本，不可复变也。人之性，善可变为恶，恶可变为善，犹此类也。蓬生生麻间⑮，不扶自直；白纱入缁⑯，不练自黑⑰。彼蓬之性不直，纱之质不黑，麻扶缁染，使之直黑。夫人之性犹蓬纱也，在所渐染而善恶变矣。

【注释】

①召公戒成王曰：递修本"成"后有"王"字，据补。

②服：担负，这里指接受。厥：其。命：指天命。

③於戏（wū hū）：同"呜呼"，感叹词。

④生子：出生的孩子。

⑤罔：无，没有。引文参见《尚书·召诰》。

⑥"生子"谓十五子：一说"生子"指刚开始独立生活的十五岁的君主。一说"十五子"当作"十五生子"，下文"十五之子"亦作"十五生子"，指君主十五岁所生的孩子，"之""生"形近而讹。十五子，古礼规定，君主十二岁行冠礼，十五岁生孩子。参见《淮南子·氾论训》。

⑦意：志。

⑧"《诗》曰"几句：引文参见《诗经·鄘风·干旄》。《诗》，即《诗经》，中国古代第一部诗歌总集。收集了西周到春秋中期的诗歌305篇。分"风""雅""颂"三大类。汉代将《诗》列入儒家经典，称为《诗经》，为"五经"之一。彼，那个。姝（shū），美好。子，人的通称。与，给予。

⑨传：这里指对《诗经》的注释。汉代《诗》说，除属于古文经派的《毛诗》外，还有属于今文经派的齐、鲁、韩三家《诗》，此处引文不见《毛诗传》，而《鲁诗》无《传》，所以王充引的《传》很可能出自《齐诗》的《后氏传》《孙氏传》或者《韩诗内传》。

⑩譬犹：譬如。练丝：未染色的熟丝。

⑪蓝：蓼科一年生草本植物，可加工成靛青，作染料。

⑫丹：即"丹砂"，一种赤色的矿物，为炼汞的主要原料，可以制成颜料。

⑬杨子哭歧道：杨子走到十字路口说："错走半步，等到觉悟后就已差之千里了。"并为此而哭泣。杨子，即杨朱，字子居，战国时魏

国（一说秦国）人。主张"贵己""重生""人人不损一毫"的思想，为道家杨朱学派的创始人。歧道，歧路，岔道。事参见《荀子·王霸》《淮南子·说林训》。后常引作典故，用来表达对世道崎岖，担心误入歧途的感伤忧虑，或在歧路的离情别绪。

⑭墨子哭练丝：墨子见人染丝发出感叹，认为白丝可以染上各种颜色，成为五色彩丝。后比喻环境对人产生影响之深。事参见《墨子·所染》《淮南子·说林训》。

⑮蓬：草名，菊科飞蓬属，一种易倒伏的多年生草本植物。生生：据文意，"生"字当不重出，疑作"生"。

⑯缁：黑色。

⑰练：此处指染色。

【译文】

召公告诫成王说："现在王初理政事，呜呼！就像出生的孩子，没有不在他初生时就开始教导的。""生子"是说君主十五岁生孩子，孩子初生时立志向善的方向发展，最终就会是善的；初生时立志向恶的方向发展，最终便会是恶的。《诗经》说："那位美好的人，拿什么来给予他？"传说："就好像未染色的熟丝，用蓝草染它就变成青色，用丹砂染它就变成红色。"君主十五岁生的孩子，就像是丝一样，会逐渐转化为善的或恶的，就像蓝草、丹砂给丝染色，使之变成青色或红色一样。一旦染成青色、红色，就跟真的颜色没有区别。所以杨朱因走到岔路口而哭泣，墨子因看到染丝而哭泣。这大概是伤心一旦离开了正道或本色，就不能再改变。人的德性，善的可以变成恶的，恶的可以变成善的，就像这种情况。飞蓬长在麻中间，不用扶持自然会直；白纱放进黑色的染缸里，不需要染色自然变黑。那飞蓬的生性不直，白纱的质地不黑，依靠麻的扶植和缁的浸染，使它们变直变黑。人的德性就像飞蓬和白纱一样，在逐渐浸染中善恶会发生改变。

王良、造父称为善御，不能使不良为良也①。如徒能御良②，其不良者不能驯服，此则驵工庸师服驯技能③，何奇而世称之？故曰："王良登车，马不罢驽④；尧、舜为政，民无狂愚⑤。"传曰："尧、舜之民可比屋而封，桀、纣之民可比屋而诛。"⑥"斯民也，三代所以直道而行也⑦。"圣主之民如彼，恶主之民如此，竟在化⑧，不在性也。闻伯夷之风者⑨，贪夫廉而懦夫有立志；闻柳下惠之风者⑩，薄夫敦而鄙夫宽⑪。徒闻风名⑫，犹或变节⑬，况亲接形面相敦告乎⑭？

【注释】

①不能：据文意，疑"不"字为衍文。

②徒：仅仅。

③驵（zǎng）工庸师：指平庸的马夫。庸，平庸。服驯技能：驾驭车马的本领。

④罢驽（pí nú）：低劣的马。这里指马儿因疲劳而跑不快。

⑤狂愚：狂妄愚昧。

⑥"传曰"几句：引文参见陆贾《新语·无为》。比屋而封，家家户户皆受封赏。比屋，屋挨着屋。比喻教化成功，贤人很多。封，封爵。比屋而诛，家家户户皆受诛罚。比喻教化失败，恶人众多。

⑦"斯民也"二句：参见《论语·卫灵公》。斯，这样。三代，指夏、商、周三代。

⑧竟：到底，终于。化：教化。

⑨风：风范，气度。

⑩柳下惠：展氏，名获，字禽。春秋时鲁国大夫。因食邑在柳下，谥惠，故称"柳下惠"。以知礼守礼著称，为儒家赞颂的道德楷模。

⑪薄夫：刻薄的人。敦：敦厚。鄙夫：见识浅薄的人。

⑫风名：风操声名。

⑬变节：这里指改变旧有的志向或作为。

⑭接：接触。敦告：谆谆教导。

【译文】

　　王良和造父以善于驾车著称，能够使驽马变成良马。如果仅仅是能驾驭良马，而不能驯服驽马，这是平庸的马夫驾驭车马的本领，有什么奇特的地方值得世人称赞呢？所以说："王良登上马车，马就不会疲顿跑不快；尧、舜治理国家，老百姓就不会狂妄愚昧。"传书说："尧、舜治下的百姓可以挨家挨户地封爵，桀、纣治下的百姓可以挨家挨户地被诛杀。""有这样的百姓，所以夏商周三代能够按照正道而行。"圣明君主的百姓像那样，凶残君主的百姓如这般，归根结底在于教化，而不在于本性如何。听到伯夷品格的人，贪婪的会变廉洁，懦弱的会树立志向；听到柳下惠风范的人，刻薄的会变得敦厚，见识浅薄的人会变得度量宽宏。只是听到风操声名，尚且能够改变志向作为，更何况亲自接触面对面地接受谆谆教导呢？

　　孔门弟子七十之徒，皆任卿相之用①，被服圣教②，文才雕琢③，知能十倍④，教训之功而渐渍之力也⑤。未入孔子之门时，闾巷常庸无奇⑥，其尤甚不率者⑦，唯子路也⑧。世称子路无恒之庸人⑨，未入孔门时，戴鸡佩豚⑩，勇猛无礼；闻诵读之声，摇鸡奋豚，扬唇吻之音⑪，聒贤圣之耳⑫，恶至甚矣。孔子引而教之，渐渍磨砺⑬，阘导牖进⑭，猛气消损，骄节屈折⑮，卒能政事，序在四科⑯。斯盖变性使恶为善之明效也⑰。

【注释】

①用：才能。

②被服：比喻亲身体会实行。

③雕琢：这里指精心培养。

④知：同"智"。十倍：指超过常人十倍。

⑤渐渍：渍染，感化。

⑥闾（lú）巷：街巷，这里泛指乡里民间。常庸：平凡。

⑦尤甚：尤其，更加。不率：不服从，不遵循。

⑧子路（前542—前480）：姓仲，名由，字子路，一字季路，春秋鲁国卞（今山东泗水东）人。孔子弟子，性爽直勇敢，在孔门四科中，列于政事科。

⑨无恒：没有恒心，不能持久。

⑩戴鸡佩豚：戴公鸡形的帽子，佩野猪牙的饰物。因公鸡、野猪性好斗，古人作为勇猛的象征。

⑪扬唇吻之音：噘起嘴唇，发出怪声。

⑫聒（guō）：喧哗，吵闹。

⑬磨砺（lì）：磨炼。

⑭闿（kǎi）导：同"开导"。闿，开启。闿，底本作"闓"，宋本作"闿"，据改。牖（yǒu）进：启发促进。牖，通"诱"，开导，教导。

⑮骄节：骄傲的性格和表现。屈折：这里指收敛。

⑯四科：孔门四种科目，指德行、言语、政事、文学。

⑰效：证明。

【译文】

孔门弟子七十人，都有堪当卿相的才能，他们蒙受圣人的教导，文才得到精心地培养，智慧和才能超过常人十倍，这是教育训导的结果和逐渐感化的功劳。没有进入孔子门下学习之时，他们都是乡里民间平庸无奇的人，其中最不顺服的是子路。世人说子路是一个没有恒心庸碌无为的人，没有进入孔子门下时，戴公鸡形的帽子，佩野猪牙的饰物，凶猛无礼；听到读书声，就摇头摆尾，噘嘴怪叫，在圣贤耳边吵闹，可恶至极。孔子引导教育他,逐渐感化磨炼,启发促进,使之凶暴之气消失,傲慢的性格收敛,最终能长于政事,列入孔门四科之中。这就是改变本性把恶变成善的明证。

夫肥沃硗埆①,土地之本性也。肥而沃者性美,树稼丰茂②。硗而埆者性恶,深耕细锄,厚加粪壤③,勉致人功④,以助地力,其树稼与彼肥沃者相似类也。地之高下,亦如此焉。以镢锸凿地⑤,以埤增下⑥,则其下与高者齐。如复增镢锸,则夫下者不徒齐者也,反更为高,而其高者反为下。使人之性有善有恶,彼地有高有下⑦,勉致其教令,之善则将善者同之矣⑧。善以化渥⑨,酿其教令⑩,变更为善,善则且更宜反过于往善⑪。犹下地增加镢锸,更崇于高地也⑫。

【注释】

①硗埆(qiāo què):土地贫瘠。硗,瘠薄的田地。埆,土地不平而贫瘠。

②树:种植。

③厚:多。

④勉:努力。

⑤镢锸(jué chā):两种掘土的工具。

⑥埤(pí)增:增益,加高。埤,增。

⑦彼:疑作"譬",音近而讹。譬,譬如。

⑧之善则将善者同之矣:据文意,疑"之"为"不"字之讹。将,与。

⑨以:通"已",已经。化:变。渥:厚。

⑩酿:酝酿,培养。

⑪往:过往,以前。

⑫崇:高。

【译文】

肥沃或者贫瘠，是土地的本性。肥沃的土地本性美好，种庄稼就长得茂盛。贫瘠的土地本性恶劣，深耕细作，多加粪肥，加之人的辛勤劳作，以增加地力，种得的庄稼就和肥沃的土地相类似。地的高低，也是如此。用镢和锸挖高处的土，以加高低处的地，那低处就会与高处齐平。如果用镢和锸继续填土，那么低处不仅会与高处齐平，反而会变得更高，而高处反倒成了低处。假使人的德性有善有恶，就像地有高有低，如果努力使他接受教化，不善的就会和性善的人一样。善性因教化而变得深厚，再培养政教风化，使他变得性善，那么这种善应该更超出过去的善。就像低处增加镢和锸填土，就会比高处更高一样。

"赐不受命而货殖焉①。"赐本不受天之富命，所加货财积聚②，为世富人者，得货殖之术也③。夫得其术，虽不受命，犹自益饶富④。性恶之人，亦不禀天善性，得圣人之教，志行变化。世称利剑有千金之价。棠溪、鱼肠之属⑤，龙泉、太阿之辈⑥，其本铤⑦，山中之恒铁也⑧。冶工锻炼⑨，成为铦利⑩，岂利剑之锻与炼，乃异质哉⑪？工良师巧，炼一数至也⑫。试取东下直一金之剑⑬，更熟锻炼⑭，足其火齐⑮，其铦犹千金之剑也。夫铁石天然，尚为锻炼者变易故质，况人含五常之性，贤圣未之熟锻炼耳，奚患性之不善哉⑯？古贵良医者⑰，能知笃剧之病所从生起⑱，而以针药治而已之⑲。如徒知病之名而坐观之，何以为奇？夫人有不善，则乃性命之疾也，无其教治，而欲令变更，岂不难哉？

【注释】

①赐不受命而货殖焉：参见《论语·先进》。赐，即子贡，姓端木，名赐，字子贡。命，天命。货殖，经商。

②加：疑为"以"字，形近而讹。

③术：方法。

④益：更加。饶富：丰厚，富裕。

⑤棠溪：古代的一种名剑，因出产于棠溪（今河南西平西），故以此为名。鱼肠：春秋时代的宝剑，一说吴国公子光曾使专诸置此剑于鱼腹中，刺杀王僚，故称"鱼肠剑"。一说因此剑身上花纹犹如鱼肠，故名。

⑥龙泉：古宝剑名，又称"龙渊"。太阿：古宝剑名，相传为春秋时欧冶子、干将所铸。

⑦铤（dìng）：未经冶铸的铜铁。

⑧恒：普通的。

⑨冶工：镕铸金属的工匠。

⑩铦（xiān）利：锋利，锐利。铦，锋利。

⑪异质：特异的质地。

⑫一：据文意，疑为衍文。数：术，技艺。

⑬东：疑为"束"字，形近而讹。束，束带，腰带。直：价值。一金之剑：这里指普通的剑。

⑭更熟：反复加工。

⑮火齐：火候。齐，同"剂"。

⑯奚：文言疑问代词，相当于"胡""何"。

⑰贵：看重，尊重。

⑱笃剧之病：常谓病之危急。笃剧，十分严重。

⑲已：停止，这里指治好的意思。

【译文】

"端木赐没有禀受发财的禄命却去做生意。"端木赐本来没有禀受天给予的富命，之所以能积累财富，成为世上的富人，是因为掌握了经商的一套方法。掌握了这套方法，即使没有禀受禄命，也可以越来越富裕。性恶的人，也没有禀受天给予的善性，得到圣人的教化，志向和操行也能改变。世人说利剑价值千金。像棠溪、鱼肠之类，龙泉、太阿那样的宝剑，它们本是未经冶铸的，山中一般的铁矿。经过冶炼工人的锻造冶炼，就成为利剑，难道利剑的冶炼锻造，用的是特殊材料吗？是因为良工巧师，反复冶炼的缘故。试着拿佩在腰带下的一柄普通的剑，反复加工锻造，加足火候，它的锋利就如同一柄价值千金的剑了。铁矿石是天然的，尚可被锻造者改变原来的质地，更何况人包含五常的德性，只是圣贤还没有对他们加以锻炼罢了，何必要担心他们的天性不善呢？古代尊重良医，是因为他们知道危重的病从何而来，并且用针石和药物治好它。如果仅是知道病的名称而坐等病愈，那有什么稀奇的呢？人有不好的德性，那是性与命的疾病，不进行教化和救治，就想让他们改变，岂不是太难了吗？

天道有真伪①。真者固自与天相应，伪者人加知巧②，亦与真者无以异也。何以验之？《禹贡》曰"璆琳琅玕"者③，此则土地所生真玉珠也。然而道人消烁五石④，作五色之玉，比之真玉，光不殊别。兼鱼蚌之珠⑤，与《禹贡》璆琳，皆真玉珠也。然而随侯以药作珠⑥，精耀如真⑦，道士之教至⑧，知巧之意加也。阳遂取火于天⑨，五月丙午日中之时⑩，消炼五石⑪，铸以为器，磨砺生光，仰以向日，则火来至，此真取火之道也。今妄以刀剑偃月之钩⑫，摩拭朗白⑬，仰以向日，亦得火焉。夫钩月非阳遂也⑭，所以耐取火者⑮，摩拭之所致也。今夫性恶之人，使与性善者同类乎，可率勉之，令其为善；使之异类乎，亦可令与道人之所铸玉、随侯之所作珠、人之所摩刀剑偃月钩焉⑯，教导以学，渐渍以德，亦将日有仁义之操⑰。

【注释】

①天：疑作"夫"字，形近而讹。道：这里指万事万物产生的原理和法则。真：天然的。伪：人为的。

②知巧：智慧技巧。知，同"智"。

③《禹贡》：《尚书》中的一篇，记载各地山川、地形、土壤、物产等情况。璆琳琅玕（qiú lín láng gān）：泛指美玉。璆，美玉。可制磬。琳，青碧色的玉。琅玕，似珠玉的美石。

④道人：修道或得道的人。消烁：熔化。五石：指丹砂、雄黄、白矾、曾青和磁石五种石料，后被道教用以炼丹。

⑤兼：还有。

⑥随侯：随国的国君。随，西周在汉水东岸分封的一个诸侯国，故地在今湖北随州一带。

⑦精耀：精光辉耀。

⑧教：法术。

⑨阳遂：亦作"阳燧"，古代利用日光取火的凹面镜。

⑩五月丙午：按阴阳五行说，丙、午皆属火，认为"五月丙午"这天是一年中阳气、火气最盛的日子。五月，夏历五月，古人认为是一年中阳气最盛的时候。丙午，古人用天干和地支相配纪日。

⑪消烁五石：一说古时炼铜铸器要加入五石。一说王充讲的是一种玻璃制品。消烁，销熔，冶炼。

⑫今妄以刀剑偃月之钩：底本作"今妄以刀剑之钩月"，据本书《乱

龙篇》"今妄取刀剑偃月之钩"句,知此句脱"偃"字,"之钩"二
字错入"月"字前。妄,任意。偃月之钩,指钩镶一类带钩的兵
器,因其形如半月,故称偃月之钩。偃月,半弦月,借指半月形的
器物。

⑬摩拭:摩擦。朗白:雪亮。

⑭钩月:指"偃月钩"。

⑮耐:同"能"。

⑯刀剑偃月钩:底本作"刀剑钩",据本书《乱龙篇》"刀剑偃月钩"
句改。

⑰日:逐步。

【译文】

　　万物产生的原理有天然的也有人为的。天然形成的本就与天意相
符合,人为的则是人施加了智慧技巧,也是与天然形成的差别不大。用
什么证明呢?《禹贡》说"璆琳琅玕",这是土地里形成的天然的美玉。
然而道人熔炼五石,作成五色之玉,比起天然形成的玉石,光润没有什么
差别。还有蚌壳里的珍珠,与《禹贡》里的璆琳,都是天然形成的珠玉。
然而随侯用药制作珍珠,精光辉耀的像天然的一样,这是道士的法术所
致,人的智慧精巧所施加的。阳燧是从天上取火,五月丙午这天正午之
时,熔炼五石,铸成凹面镜,反复摩擦生亮,然后把镜面朝上向着太阳,就
可以引火,这是自然取火的方法。现在随便用刀剑和半月形的钩,把它
们摩擦得雪亮,朝上对着太阳,也可以引火。半月形的钩不是阳燧,之所
以能取火,是磨砺擦拭所致。现在性恶的人,假使他们与性善的人同类,
可以引导勉励他们,使他们变得性善;假如他们不同类,也可以像道士熔
铸美玉、随侯制作宝珠、人们磨拭刀剑和半月形的钩一样,通过学习来教
育引导,用道德去浸染感化,他们也将逐渐具有仁义的操行了。

　　黄帝与炎帝争为天子①,教熊、罴、貔、虎以战于阪泉之

2

野②，三战得志③，炎帝败绩④。尧以天下让舜，鲧为诸侯，欲得三公而尧不听⑤，怒其猛兽⑥，欲以为乱，比兽之角可以为城⑦，举尾以为旌⑧，奋心盛气，阻战为强⑨。夫禽兽与人殊形，犹可命战，况人同类乎？推此以论，"百兽率舞""潭鱼出听""六马仰秣"⑩，不复疑矣。异类以殊为同，同类以钧为异⑪，所由不在于物，在于人也。

【注释】

①炎帝：传说中上古姜姓部落首领，号神农氏，又号烈山氏、厉山氏。相传原居姜水流域，曾与黄帝部落在阪泉大战。战败后两部落结成联盟，由黄帝率领在涿鹿大战南方九黎族，击杀其首领蚩尤。炎黄两部结合成为中原各族的主干，故炎帝亦与黄帝并称为中原各族的共同祖先。

②罴（pí）：棕熊。貔（pí）：传说中的一种猛兽。阪泉：古地名，传说在今河北涿鹿东南。

③得志：这里指获胜。

④败绩：大败。

⑤三公：最高的三个官位，一说周代以太师、太傅、太保，一说以司马、司徒、司空为三公。听：听任，同意。

⑥怒：激怒。

⑦比：排列。

⑧旌（jīng）：古代用羽毛装饰的旗子。

⑨阻：凭借。为强：逞强。

⑩百兽率舞：据《尚书·舜典》记载，舜命夔（kuí）掌管音乐，奏乐时，百兽能跟着起舞。率舞，一起舞蹈。潭鱼出听：据《荀子·劝学》记载，古代有个叫瓠（hù）巴的人，善弹瑟。弹瑟时，连水潭

里的鱼也会浮到水面上来听。六马仰秣（mò）：据《荀子·劝学》记载，伯牙善弹琴，弹琴时，连马都辍食仰首倾听。秣，喂牲口的饲料。

⑪钧：通"均"，等同，相同。

【译文】

黄帝与炎帝争当天子，驯化熊、罴、貔、虎等猛兽在阪泉的郊外与炎帝作战，三战得胜，炎帝大败。尧把天下让给舜，鲧是诸侯，想要当三公但尧不答应，于是就激怒自己养的猛兽，想以此作乱，排起兽角可以当城墙，竖起兽尾做旗帜，激发士气，凭借作战争强。禽兽和人体型不同，尚且能命令它们打仗，何况人们是同类呢？由此推论，所谓"百兽率舞""潭鱼出听""六马仰秣"，就不值得再怀疑了。异类由不同转为相同，同类由相同变为不同，道理不在于事物本身，而在于人的作用。

凡含血气者①，教之所以异化也。三苗之民②，或贤或不肖，尧、舜齐之③，恩教加也。楚、越之人，处庄、岳之间④，经历岁月，变为舒缓⑤，风俗移也。故曰："齐舒缓，秦慢易⑥，楚促急⑦，燕戆投⑧。"以庄、岳言之，四国之民，更相出入⑨，久居单处⑩，性必变易。夫性恶者，心比木石，木石犹为人用，况非木石！在君子之迹⑪，庶几可见⑫。

【注释】

①含血气者：有血气、有生命的动物，这里指人。

②三苗：亦称"有苗""苗民"，传说中黄帝至尧舜禹时代的古部落名。

③齐：整齐，整治。

④庄、岳：齐国国都临淄城里的两条街。

⑤舒缓：从容和缓。

⑥慢易：傲慢。

⑦促急：急躁。

⑧戆（gàng）投：鲁莽。

⑨更相：轮番。

⑩单：独。

⑪迹：业绩，功劳。

⑫庶几：差不多。

【译文】

凡是含有血气的人，教育是他们之所以发生改变的原因。三苗的百姓，有的贤良有的不肖，尧、舜使他们变得贤良，是施恩教化的结果。楚国、越国的人，住在齐国的庄、岳大街之间，经过长时间，心情变得从容和缓，这是风气习俗改变的结果。所以说："齐人性子从容和缓，秦人性子傲慢，楚人性子急躁，燕人性子鲁莽。"从楚国和越国百姓住在庄、岳之间而改变了性情这个例子来看，与四国的百姓，相互往来，长期独居异国，性情一定会改变。性恶的人，心好比木头和石头一样，木头和石头尚且能为人所用，更何况他们不是木头和石头呢！关键在于君子的教化，这大体可以清楚了。

有痴狂之疾①，歌啼于路②，不晓东西，不睹燥湿③，不觉疾病，不知饥饱，性已毁伤，不可如何④。前无所观⑤，却无所畏也⑥。是故王法不废学校之官⑦，不除狱理之吏⑧，欲令凡众见礼义之教⑨。学校勉其前，法禁防其后，使丹朱之志，亦将可勉。何以验之？三军之士⑩，非能制也，勇将率勉，视死如归。且阖庐尝试其士于五湖之侧⑪，皆加刃于肩，血流至地。句践亦试其士于寝宫之庭，赴火死者，不可胜数⑫。夫刃、火，非人性之所贪也，二主激率⑬，念不顾生⑭。是故军之法轻刺血⑮。孟贲勇也,闻军令惧。是故叔孙通制定礼仪⑯,拔剑争功之臣,奉礼拜伏,初骄倨而后逊顺⑰,教威德⑱,变易性也。不患性恶,患其不服圣教,自遇而以生祸也⑲。

【注释】

①痴狂之疾:这里指精神疾病。

②啼:哭。

③睹:看,这里指明白,懂得。

④如何:奈何,怎样。

⑤观:观望,这里指希望、盼头。

⑥却:后退。

⑦学校之官:管理教育的官署。学校,讲学研习的教育机构,汉时郡国曰"学",县、道、邑、侯国曰"校"。

⑧狱理之吏:负责司法的官吏。

⑨凡众:大众。

⑩三军:周制,诸侯大国设中、上、下或左、中、右三军,后为军队的通称。

⑪阖庐:亦作"阖闾",名光,春秋末期吴国的国君,前514—前496年在位。五湖:太湖。

⑫"句践亦试其士于寝宫之庭"几句:据《韩非子·内储说上》记载,越王句践准备灭吴,叫人在台上点起火,下令奖赏冲向火的人。于是当进军鼓响后,士兵都奋不顾身地向火冲去。

⑬激:激励。

⑭念:思考,考虑。

⑮是故军之法轻刺血:据文意,疑此句有脱文,可作"教军之法,轻则刺血,重则决脰"。刺血,刺伤流血。决脰(dòu),砍头。脰,脖子。

⑯叔孙通:名通,薛县(今山东滕州东南)人。曾为秦博士,西汉初任太子太傅、太常,曾根据秦法替汉高祖刘邦制定朝仪,整顿朝廷

秩序。事参见《史记·刘敬叔孙通列传》。

⑰骄倨：亦作"骄踞"，傲慢不恭。

⑱教威德：据下文"不服圣教"，疑此句"教"前脱一"圣"字。

⑲自遇：自负。

【译文】

有精神错乱的疾病，在路上歌唱号哭，分不清东西方向，搞不懂是干是湿，不知道自己有病，感觉不到是饿是饱，性情已经受到了损伤，拿他无可奈何。因为他向前没有希望，后退也无所畏惧。所以国家的法律不废除管理教育的官署，不废除负责司法的官吏，是想让大众接受礼仪的教化。学校教化勉励在前，法律禁止防范在后，即使像丹朱那样性情的人，也可以勉励从善。怎样证明呢？军队的士兵，是不容易控制的，如果用勇猛的精神加以引导勉励，就会视死如归。阖庐曾经在太湖边训练他的士兵，命令他们用刀剑砍在自己肩上，让血直流到地。句践也曾在寝宫的庭院里训练过他的士兵，结果跳进火里死的人，多得数不清。刀割、火烧，不是人性所贪图的，由于这二位君主的激励引导，士兵们就不顾念自己的生命。所以，军法最轻的处分是用刀刺出血来。即使是像孟贲那样勇猛的人，听到军令也会害怕。所以叔孙通为朝廷制定了礼仪，那些拔剑争功的大臣，都尊奉礼仪跪拜俯伏，起初傲慢的到后来也恭顺了，这是圣人的教化和皇帝的威严，改变了他们的性情。所以不必担心性恶，担心的是不服从圣人的教化，因自以为是而生出祸端。

豆麦之种，与稻粱殊，然食能去饥。小人君子，禀性异类乎？譬诸五谷皆为用①，实不异而效殊者②，禀气有厚泊③，故性有善恶也。残则授不仁之气泊④，而怒则禀勇渥也。仁泊则戾而少慈⑤，勇渥则猛而无义，而又和气不足⑥，喜怒失时，计虑轻愚⑦。妄行之人，罪故为恶⑧。人受五常，含五脏，皆具于身。禀之泊少，故其操行不及善人，犹或厚或泊也⑨。非厚与泊殊其酿也，曲蘖多少使之然也⑩。是故酒之泊厚，同一曲蘖；人之善恶，共一元气。气有少多，故性有贤愚。西门豹急⑪，佩韦以自缓⑫；董安于缓⑬，带弦以自促⑭。急之与缓，俱失中和，然而韦弦附身，成为完具之人。能纳韦弦之教，补接不足，则豹、安于之名可得参也⑮。贫劣宅屋，不具墙壁宇达⑯，人指訾之⑰。如财货富愈⑱，起屋筑墙，以自蔽鄣⑲，为之具宅⑳，人弗复非。

【注释】

①譬：比。诸："之""于"的合音。

②效：效果，这里指味道。

③泊：通"薄"。

④不：据文意，疑为衍文。

⑤戾：凶狠。慈：底本作"愈"，据递修本改。

⑥和气：此处指天地间阴阳调和而成之气。

⑦计虑：思考。轻愚：轻率愚蠢。

⑧罪：据文意，疑为"非"之讹。

⑨犹或厚或泊也：据文意，疑"犹"后脱"酒"字。

⑩曲蘖（niè）：酒曲。蘖，通"蘖"。

⑪西门豹：战国时期魏国人，魏文侯时任邺令，曾破除当地"河伯娶妇"的迷信，兴修水利，发展农业生产。

⑫佩韦以自缓：韦者熟皮，因其性柔韧，故性急者佩之以自警。

⑬董安于：春秋时晋国人，晋卿赵鞅的家臣。

⑭弦：弓弦，因弓弦常紧绷，故性缓者佩以自警。以上事参见《韩非子·观行》。

⑮参（sān）：同"叁"。

⑯宇达：屋檐和窗户。达，窗户。

⑰訾（zǐ）：诋毁。

⑱愈：益，充足。

⑲蔽鄣：遮蔽。鄣，同"障"。

⑳具：备，完全。

【译文】

　　豆麦的种子，与稻谷、小米不同，然而吃了能消除饥饿。小人与君子，是天性有所不同吗？拿他们与五谷相比，五谷都可食用，充饥的作用没有不同但味道却不一样，人禀受的元气有厚有薄，所以德性有善有恶。残暴的人禀受仁的气少，而易怒的人禀受勇的气多。仁气少就凶狠而缺少慈爱，勇气多则凶猛没有仁义，而且阴阳和谐之气不足，喜怒无常，思考问题轻率愚蠢。胡作非为的人，并未故意作恶。人禀受仁义礼智信五常之气，包容在五脏里，都具备在人体内。因为禀受的气少，所以操行不如善人，就像酒的味道有浓有淡。味浓与味淡不是酿造方法不同，是加入酒曲的多少使它们变成这样。所以酒味有浓淡之别，使用的是同样的酒曲；人有善恶之分，禀受的是同样的元气。禀受的气有多有少，所以性情有贤有愚。西门豹性格急躁，就佩戴熟皮提醒自己变得缓和些；董安于性格缓慢，就佩戴弓弦督促自己变得急促些。急躁与缓慢，都失去中和，然而把熟皮弓弦佩戴在身上，使他们成为完美的人。如果能采纳佩韦佩弦的教化，补充自己的不足，那么与西门豹、董安于齐名的就可能有第三个人啦。破房烂屋没有完整的墙壁、屋檐和窗户，人们就会指责非议。如果钱财充裕，起屋筑墙，用以遮蔽自身，成为完备的住宅，人们就不会再指责非议了。

　　魏之行田百亩①，邺独二百②，西门豹灌以漳水③，成为膏腴④，则亩收一钟⑤。夫人之质犹邺田，道教犹漳水也⑥。

患不能化，不患人性之难率也。雒阳城中之道无水⑦，水工激上洛中之水⑧，日夜驰流，水工之功也。由此言之，迫近君子，而仁义之道数加于身⑨，孟母之徙宅⑩，盖得其验。

【注释】

①行田：分配田地。百亩：指魏国将无主荒地，按每个劳动力一百亩的办法进行分配。

②邺：古地名，在今河北临漳西南。

③漳水：有清漳水、浊漳水二源，均出山西东南部，在河北南部边境汇合后称漳河。

④膏腴（yú）：肥沃的土地。

⑤钟：古代容量单位，有合六斛四斗者，亦有合八斛及十斛之制。

⑥道：引导。

⑦雒阳：即东汉都城洛阳，在今河南洛阳北。道：指水道，河道。

⑧激上：通过截断水流来提高水位。洛：指洛河，在今河南西部。

⑨数（shuò）：多次。

⑩孟母之徙宅：指孟子的母亲为选择良好的环境教育孩子，曾多次迁居。事见刘向《列女传》。

【译文】

魏国每个劳力分配荒田一百亩，唯独邺县要分配二百亩，西门豹引来漳水灌溉，使之成为肥沃的土地，每亩可以收获一钟的粮食。人的本质就像邺县的荒田，引导教化犹如漳水。担心的是不能变化，而不是担心人性难以引导。洛阳城中的水道里没有水，治水工人们就用截断洛河水流提高水位的办法，使水道里的水日夜奔流，这是治水工人的功劳。这样说来，接近君子，仁义之道就会多次施加在自己身上，孟子母亲搬家的事，大概就能证明。

人间之水污浊①，在野外者清洁，俱为一水，源从天涯②，或浊或清，所在之势使之然也③。南越王赵他④，本汉贤人也，化南夷之俗⑤，背畔王制⑥，椎髻箕坐⑦，好之若性。陆贾说以汉德⑧，惧以圣威，蹶然起坐⑨，心觉改悔，奉制称蕃⑩，其于椎髻箕坐也，恶之若性。前则若彼，后则若此。由此言之，亦在于教，不独在性也。

【注释】

①人间：此处指人群聚集的地方。

②天涯：天边，这里指很远的地方。

③势：地势，这里指环境。

④赵他（tuó，？—前137）：又作"赵佗"，恒山郡真定（今河北石家庄东北）人。南越国创建者。原为秦朝将领，帅军攻打百越。秦末大乱时，割据岭南，建立南越国。

⑤南夷：古代南方各族的统称。

⑥畔：通"叛"。

⑦椎髻箕坐：发髻如椎形，坐时两腿张开，形似簸箕。指古代南越一带人的风俗。

⑧陆贾（？—前170）：西汉思想家、政治家、外交家。早年追随刘邦，因能言善辩常出使诸侯。曾两次出使南越，说服赵佗臣服汉朝。

⑨蹶（jué）然：忽然，猛然。

⑩奉制：奉行汉朝制度。称蕃：自称藩属，向汉朝承认自己的附庸地位。

【译文】

人聚居的地方水就污浊，在野外的水就清洁，同样是水，都源自远方，有的污浊有的清洁，这是所处的环境使其如此的。南越王赵他，本来是汉朝的贤人,被南夷的风俗同化,背离了汉朝的制度,梳着椎形发髻两腿张开坐着,就像天生喜欢如此一样。陆贾用汉朝的道德劝说,用皇帝的威严恐吓,他立刻就坐起来,内心觉得应该改悔,于是奉行汉朝制度,改称属国,他对于梳着椎形发髻两腿张开坐着,又像是天生厌恶了。之前像那样,之后却又像这样。如此说来,还是在于教化,不只是在本性。

吉验篇第九

【题解】

本篇意在说明圣王贤臣的出现皆为天命,故在他们的活动中总有吉祥的征兆相伴。此篇可以视作是王充对其命定论思想的补充。他在本篇中依次列举了从黄帝至于汉光武帝刘秀身上发生的各种奇怪事件,以说明他们皆是受天命而生的帝王圣贤,从而表达其"凡人禀贵命于天,必有吉验见于地,见于地,故有天命也"的观点。

凡人禀贵命于天,必有吉验见于地^①,见于地,故有天命也。验见非一,或以人物,或以祯祥^②,或以光气^③。

【注释】

①吉验:吉兆。验,征兆,效验。见:同"现",出现,显露。

②祯(zhēn)祥:吉祥的征兆。

③光气:灵异之气。

【译文】

大凡人从天那里禀受了富贵之命,一定有吉兆在地上出现,在地上出现,所以有天命。征兆的出现不止一种,有的是人和物,有的是吉祥征兆,有的是灵异之气。

传言黄帝妊二十月而生①，生而神灵②，弱而能言③。长大率诸侯，诸侯归之；教熊罴战④，以伐炎帝，炎帝败绩⑤。性与人异，故在母之身，留多十月；命当为帝，故能教物，物为之使⑥。

【注释】

①妊（rèn）：怀孕。

②神灵：神奇。

③弱：年幼，这里指一生下来。

④熊罴（pí）：熊和罴，两种猛兽。罴，熊的一种，即棕熊，又叫马熊。

⑤败绩：大败。以上事参见《史记·五帝本纪》。

⑥使：驱使。

【译文】

传说黄帝在母胎中二十个月才出生，生下来就很神奇，从小就能说话。长大后统率诸侯，诸侯都归附于他；驯化熊罴作战，用来讨伐炎帝，炎帝大败。生性与常人不同，所以在母体内多留了十个月；命该做帝王，所以能驯化猛兽，让猛兽任他驱使。

尧体，就之如日①，望之若云。洪水滔天，蛇龙为害，尧使禹治水，驱蛇龙，水治东流，蛇龙潜处②。有殊奇之骨③，故有诡异之验④；有神灵之命，故有验物之效⑤。天命当贵，故从唐侯入嗣帝后之位⑥。

【注释】

①就：接近。

②"洪水滔天"几句：参见《史记·五帝本纪》。潜处，隐藏不出。

③殊奇：奇特。骨：骨相。

④诡异：奇异。

⑤效：应验。

⑥唐侯：官名。尧曾被封为唐侯，故尧亦称唐尧。嗣：继承。帝后：
君主，帝王。

【译文】

尧的身体，靠近了有如太阳，远望去就像云彩。洪水滔天，蛇龙为害，尧派禹去治水，驱赶蛇龙，洪水被治理向东流去，蛇龙都潜藏不出。有奇特的骨相，所以有奇异的征兆；有神奇的命，所以有应验的事物。从天禀受的命当尊贵，所以尧由唐侯继承了帝王之位。

舜未逢尧，鳏在侧陋①，瞽瞍与象谋欲杀之②。使之完廪③，火燔其下④；令之浚井⑤，土掩其上。舜得下廪，不被火灾；穿井旁出，不触土害⑥。尧闻征用，试之于职。官治职修⑦，事无废乱。使入大麓之野，虎狼不搏⑧，蝮蛇不噬⑨；逢烈风疾雨，行不迷惑。夫人欲杀之，不能害，之毒螫之野⑩，禽虫不能伤。卒受帝命，践天子祚⑪。

【注释】

①鳏（guān）：无妻或丧妻的男子。侧陋：地位微贱。

②瞽瞍（gǔ sǒu）：传说中舜的父亲。象：传说中舜的弟弟。

③完：修缮，整修。廪（lǐn）：谷仓。

④燔（fán）：焚烧。

⑤浚（jùn）：疏通，挖深。

⑥触：遇到，遭受。

⑦修：治。

⑧搏：扑。

⑨蝮蛇：毒蛇。噬（shì）：咬。

⑩之：到。

⑪践天子祚（zuò）：登临帝位。

【译文】

舜在遇到尧之前，是一个地位低贱的鳏夫，瞽瞍与象合谋要杀他。让他修理谷仓，在下面放火烧他；让他去挖井，从上面用土埋他。舜却能跳下谷仓，没有被火烧到；凿穿井壁从旁逃出，没有被土掩埋。尧听说后把他招来做官，任以职务来考验他。结果官署的工作完成得很好，政事没有荒废和混乱。派他到山麓旷野中去，虎狼不扑他，毒蛇不咬他；碰到疾风暴雨，走道不会迷路。有人想杀他，不能加害，到满是猛兽毒虫的野外，禽兽毒虫不能伤害。最终禀受帝命，登上了天子的宝座。

后稷之母，履大人迹①，或言衣帝喾之服②，坐息帝喾之处，妊身。怪而弃之隘巷③，牛马不敢践之；置之冰上，鸟以翼覆之，庆集其身④。母知其神怪，乃收养之。长大佐尧，位至司马⑤。

【注释】

①履：踩。大人：巨人。迹：足迹，脚印。

②衣：穿。帝喾（kù）：传说中的古代帝王名，即高辛氏，是黄帝的曾孙。

③隘巷：狭窄的巷子。

④庆：疑作"麇"，"麇"与"慶"（庆）形近而误。麇（qún）集，群居，聚集。麇，成群。

⑤司马：官名。掌管军政，西周始设，尧时无司马之官，是后人妄加，王充据以为说。以上事参见《史记·周本纪》。

【译文】

后稷的母亲，踩到了巨人的脚印，也有说是穿了帝喾的衣服，坐在帝喾的位子上休息，就怀孕了。后稷生下来，母亲以为是妖怪就把他扔到狭窄的巷子里，牛马路过都避开不敢践踏他；又把他丢在冰上，飞鸟用翅膀遮盖他，成群地聚集在他身上。母亲知道他的神奇，于是收养他。长大后辅佐尧，官做到了司马。

乌孙王号昆莫①，匈奴攻杀其父②，而昆莫生，弃于野，乌衔肉往食之③。单于怪之④，以为神而收长⑤。及壮，使兵，数有功。单于乃复以其父之民予昆莫，命令长守于西城⑥。

【注释】

①乌孙：古代西域国名，地在今伊犁河谷。昆莫：乌孙对其国君的称呼，犹匈奴之称单于。

②匈奴：我国秦汉时北方的游牧民族。先秦时或称为"獯鬻""猃狁"。秦朝时，为大将蒙恬所败而北徙。楚汉之际，统治大漠南北。东汉时，分为南、北二匈奴。

③乌：乌鸦。食（sì）：喂食。

④单于：匈奴对其君主的称呼。

⑤长：养育。

⑥命：疑涉"令"字而衍。《史记·大宛列传》无"命"字。长：当君长。西城：汉代西域城名，又称"西山城"，曾为于阗国都城，在今新疆和田附近。以上事参见《史记·大宛列传》。

【译文】

乌孙的君主叫昆莫，匈奴攻打杀害了他的父亲，而昆莫刚出生，被丢弃在荒野，乌鸦叼着肉去喂他。单于觉得很奇怪，认为他很神奇，就收留并把他养大。等他到了壮年，派他带兵，屡次立功。于是单于重新把他父亲的百姓交给昆莫,令他做君长驻守在西城。

夫后稷不当弃,故牛马不践,鸟以羽翼覆爱其身^①;昆莫不当死,故乌衔肉就而食之^②。

【注释】

①爱:通"薆",隐蔽,遮蔽。

②就:凑近,靠近。

【译文】

后稷不该被遗弃,所以牛马不践踏他,飞鸟用羽翼覆盖遮蔽他的身体;昆莫不该死,所以乌鸦叼肉到他身边去喂他。

北夷橐离国王侍婢有娠^①,王欲杀之。婢对曰:"有气大如鸡子^②,从天而下我,故有娠。"后产子,捐于猪溷中^③,猪以口气嘘之^④,不死;复徙置马栏中,欲使马藉杀之^⑤,马复以口气嘘之,不死。王疑以为天子,令其母收取,奴畜之,名东明,令牧牛马。东明善射,王恐夺其国也,欲杀之。东明走,南至掩淲水^⑥,以弓击水,鱼鳖浮为桥,东明得渡,鱼鳖解散,追兵不得渡。因都王夫余^⑦,故北夷有夫余国焉。东明之母初妊时,见气从天下。及生,弃之,猪马以气呴之而生之^⑧。长大,王欲杀之,以弓击水,鱼鳖为桥。天命不当死,故有猪马之救;命当都王夫余,故有鱼鳖为桥之助也。

【注释】

①北夷:古代对北方少数民族的泛称。橐(tuó)离:东北古国名、古族名,又作"高丽""索离""稿离",在今嫩江以东,松花江以北的

松嫩平原一带。侍婢：婢女。娠（shēn）：怀孕。

②鸡子：鸡蛋。

③捐：抛弃。猪溷（hùn）：猪圈。

④嘘：呵气。

⑤藉（jí）：践踏。

⑥掩淲（biāo）水：即掩㴲（sī）水，东北古水名，夫余语"大水"之意，约在今松花江中游、嫩江下游一带。

⑦夫余：东北古国名、古族名。在今松花江中游平原一带。

⑧吁（xū）：呵气。

【译文】

北夷橐离国王的婢女怀孕了，国王想杀她。婢女解释说："有一团气大如鸡蛋，从天而降落我身，所以我怀了孕。"之后生下孩子，被丢在猪圈里，猪用口气呵他，没有死；又移放到马栏里，想让马踏死他，马也用口气呵他，没有死。国王疑心他是上天的儿子，命令他的母亲取回他，把他当作奴隶收养，起名叫东明，派他放牧牛马。东明善于射箭，国王害怕他夺去自己的国家，想杀他。东明逃跑，往南到了掩淲水，用弓击打河水，鱼鳖浮出水面排列成桥，东明得以渡河，之后鱼鳖解散，追兵无法渡河。于是在夫余建都称王，所以北夷有个夫余国。当初东明的母亲怀孕时，看见气团从天而降。等出生了，丢弃了他，猪和马用口气呵护让他存活。长大后，国王想杀他，用弓击打河水，鱼鳖排列成桥。天命不该死，所以有猪马的救护；命当在夫余建都称王，所以有鱼鳖列桥的援助。

伊尹且生之时①，其母梦人谓己曰："臼出水②，疾东走③，毋顾④！"明旦⑤，视臼出水，即东走十里。顾其乡，皆为水矣⑥。伊尹命不当没，故其母感梦而走。推此以论，历阳之都，其策命若伊尹之类⑦，必有先时感动在他地之效⑧。

【注释】

①且：将要。

②臼：春米的器具，用石或木制成，中间凹下。

③疾：快。

④顾：回头看。

⑤明旦：第二天早上。

⑥皆为水矣：以上事参见《吕氏春秋·本味》。

⑦策命：数命，命运。策，数。

⑧在：据文意，疑为"去"（厺）字，形近而讹。

【译文】

伊尹将要出生的时候，他母亲梦见有人对自己说："臼里流出水，赶快往东跑，不要回头看！"第二天早晨，看见臼里流出了水，立即往东跑了十里。回头看住的地方，都被淹没在水里了。伊尹命不该被水淹，所以他母亲得到梦的启示而逃走。以此推论，在历阳城中，那些命运像伊尹一样的人，一定会有事先的预兆来感应让他躲到别处。

齐襄公之难①，桓公为公子，与子纠争立②。管仲辅子纠，鲍叔佐桓公。管仲与桓公争，引弓射之③，中其带钩④。夫人身长七尺，带约其要⑤，钩挂于带，在身所掩，不过一寸之内，既微小难中，又滑泽铦靡⑥，锋刃中钩者，莫不蹉跌⑦。管仲射之，正中其钩中，矢触因落，不跌中旁肉⑧。命当富贵，有神灵之助，故有射钩不中之验。

【注释】

①齐襄公（？—前686）：春秋时期齐国第十四位国君，姜姓，名诸儿，前698—前686年在位。在位期间荒淫无道，后被臣下所杀。

难：遇难，被杀。

②子纠（？—前685）：即公子纠，齐襄公之弟，齐桓公之兄，齐襄公
　　死后，与桓公争夺齐国君位，失败后被杀。

③引弓：拉弓。

④带钩：束腰革带上的钩，一端曲首，背有圆钮，或作动物形，或铸有
　　花纹，多用金属制或玉制。

⑤约：束。要：同"腰"。

⑥滑泽铦（xiān）靡：形容非常光滑。滑泽，光滑润泽。铦，锋利。
　　靡，细腻。

⑦蹉跌：跌倒，这里指滑开。

⑧跌：即"蹉跌"。

【译文】

　　齐襄公遇难被杀，齐桓公作为公子，与子纠争夺君位。管仲辅佐子
纠，鲍叔辅佐桓公。管仲与桓公争斗，拉弓射桓公，正中他的带钩。人身
高七尺，带子束在腰上，钩在腰带上挂着，带钩在人身上能掩护的地方，
不超过一寸见方，既微小难以射中，又光滑细腻，锋锐的箭头射中带钩
的，没有不滑落开去的。管仲箭射桓公，正中他的带钩，箭头碰到带钩于
是滑落在地，没有划到钩旁的肉。命该富贵，就有神灵的佑助，所以有被
射中带钩而没有射中身体的应验。

　　楚共王有五子①：子招、子围、子干、子皙、弃疾②。五
人皆有宠，共王无适立③，乃望祭山川④，请神决之。乃与巴
姬埋璧于太室之庭⑤，令五子齐而入拜⑥。康王跨之⑦；子围
肘加焉；子干、子皙皆远之；弃疾弱，抱而入，再拜皆压纽⑧。
故共王死，招为康王，至子失之；围为灵王，及身而弑⑨；子
干为王，十有余日；子皙不立，又俱诛死，皆绝无后。弃疾后

立,竟续楚祀,如其神符⑩。其王日之长短,与拜去璧远近相应也⑪。夫璧在地中,五子不知,相随入拜,远近不同,压纽若神将教跽之矣⑫。

【注释】

①楚共王:名审,楚庄王之子。春秋时楚国国君,前590—前560年在位。

②子招:又作"子昭",即楚康王。前559—前545年在位。围:《史记·楚世家》和《十二诸侯年表》皆作"围"。子围,即楚灵王。前540—前529年在位。子干:又称"子比",灵王死后,被立为王,很快被其弟弃疾逼迫自杀。子晳:曾作楚国令尹,后被其弟弃疾逼迫自杀。弃疾:名居,即楚平王。前528—前516年在位。

③适:同"嫡",正妻所生的儿子。这里指继承人。

④望祭:古代祭祀日月、山川、星辰。

⑤巴姬:楚共王宠妾。太室:太庙的中室,也作"大室"或"世室"。

⑥齐:同"斋",古人在祭祀或举行重大典礼前,要沐浴更衣,清心洁身,以表示庄敬。

⑦康王:即子招。跨:跨越。

⑧再:两次。纽:指玉璧上穿丝绳的纽。

⑨弑(shì):古时称臣杀君、子杀父母。

⑩符:符瑞,吉祥的征兆。以上事参见《史记·楚世家》。

⑪去:距离。

⑫将:扶,持。跽(jì):跪。

【译文】

楚共王有五个儿子:子招、子围、子干、子晳、弃疾。五个人都受宠爱,共王没有立继承人,于是祭祀山川,请神来决定。于是共王和巴姬把玉璧埋在太庙的院子里,让五个儿子斋戒后进去朝拜。康王跨过了玉璧;子围的手肘压在埋玉璧的地方;子干、子皙都离玉璧很远;弃疾年幼,被抱着进去,两次下拜都压在埋玉璧纽的地方。所以共王一死,子招就做了康王,到他儿子的时候就失去了王位;子围做了灵王,在他在位时就被杀了;子干作王,只当了十几天;子皙还没有做王,就一起被杀死,都绝了后代。弃疾最后被立为王,终于延续了楚国的祭祀,正与他得到的神降的征兆符合。他们五人做王日子的长短,与下拜时距离玉璧的远近相应。玉璧埋在地中,五个儿子不知道,相跟着进去下拜,距离玉璧的远近不同,弃疾压在玉璧的纽上,就像神扶持着教他跪在那里似的。

晋屠岸贾作难①,诛赵盾之子②。朔死③,其妻有遗腹子。及岸贾闻之,索于宫④,母置儿于袴中,祝曰⑤:“赵氏宗灭乎? 若当啼⑥;即不灭⑦,若无声。”及索之,而终不啼,遂脱得活。程婴齐负之⑧,匿于山中。至景公时⑨,韩厥言于景公⑩,景公乃与韩厥共立赵孤⑪,续赵氏祀,是为文子⑫。当赵孤之无声,若有掩其口者矣。由此言之,赵文子立,命也。

【注释】

①屠岸贾:相传为春秋时晋国大夫,初有宠于晋灵公,至晋景公时为司寇。以晋灵公被赵穿所杀为由,治罪赵氏,举兵尽灭其族。作难:作乱。

②赵盾:即赵宣子,春秋时晋国执政。

③朔:赵朔,即赵庄子,赵盾之子。

④索:搜索。宫:晋国的公宫。据《史记·赵世家》记载,赵朔的妻子是晋成公的姐姐,屠岸贾起兵灭赵氏时,赵朔的妻子逃入晋国宫中躲藏,生下赵武。屠岸贾得知就到宫中来搜索。

⑤祝:祷告。

⑥若：你。

⑦即：如果。

⑧程婴：相传为春秋晋国人，赵朔之友。齐：疑为衍文。负：背着。

⑨景公：即晋景公，名据，一作"獳"。春秋时晋国国君，前599—前581年在位。

⑩韩厥：又称韩献子，春秋时晋国大夫。

⑪赵孤：赵氏的孤儿，即赵朔之子赵武。

⑫文子：赵武的谥号。

【译文】

晋国的屠岸贾作乱，杀了赵盾的儿子。赵朔死后，他的妻子有了遗腹子。屠岸贾知道后，到宫里搜查，赵朔的妻子把婴儿放在裤中，祷告道："赵氏的宗族该灭的话，你就哭；如果不当灭的话，你就别出声。"等到搜查的时候，始终没有啼哭，于是逃脱得活。程婴背着他，隐藏在山中。到了晋景公的时候，韩厥把这件事告诉了景公，景公于是与韩厥一起立赵氏孤儿为大夫，延续了赵氏的后代，这就是赵文子。当时赵氏孤儿没出声，就像有个人掩住了他的口。如此说来，赵文子被立，是命啊。

高皇帝母曰刘媪①，尝息大泽之陂②，梦与神遇③。是时雷电晦冥④，蛟龙在上。及生而有美⑤。性好用酒，尝从王媪、武负贳酒⑥，饮醉止卧⑦，媪、负见其身常有神怪。每留饮醉，酒售数倍。后行泽中，手斩大蛇，一妪当道而哭云⑧："赤帝子杀吾子⑨。"此验既著闻矣⑩。秦始皇帝常曰："东南有天子气。"于是东游以厌当之⑪。高祖之气也⑫，与吕后隐于芒、砀山泽间⑬。吕后与人求之，见其上常有气直起，往求，辄得其处⑭。后与项羽约，先入秦关⑮，王之。高祖先至，项羽怨恨。范增曰⑯："吾令人望其气⑰，气皆为龙，成五采。此皆天子之气也,急击之。"高祖往谢项羽[18],羽与亚父谋杀高祖[19],使项庄拔剑起舞[20]。项伯知之[21],因与项庄俱起,每剑加高祖之上,项伯辄以身覆高祖之身[22],剑遂不得下,杀势不得成。会有张良、樊哙之救[23],卒得免脱,遂王天下[24]。初妊身,有蛟龙之神;既生,酒舍见云气之怪;夜行斩蛇,蛇妪悲哭;始皇、吕后望见光气;项羽谋杀,项伯为蔽,谋遂不成,遭得良、哙,盖富贵之验,气见而物应,人助辅援也。

【注释】

①高皇帝:即汉高祖刘邦。刘媪(ǎo):刘邦母亲史失其名或本无正式的名字,故称刘媪。媪,老妇人的通称。

②尝:通"常",经常。陂(bēi):水边,水岸。

③遇:遭遇,这里指交媾。

④晦冥:天色昏暗。

⑤及生而有美:据文意,疑"美"后脱"质"字。

⑥尝:曾经。王媪:姓王的老妇。武负:姓武的妇人。负,通"妇"。贳(shì)酒:赊酒。贳,赊欠。

⑦止:停留,止息。

⑧妪(yù):老妇。

⑨赤帝子:赤帝的儿子,指刘邦。按五行说,汉以火德王,火赤色,因谓刘邦为赤帝子。赤帝子斩蛇的神话,为汉代秦制造舆论。赤帝,中国古代神话中的五位天帝之一。这五天帝指东方苍帝,名灵威仰;南方赤帝,名赤熛怒;中央黄帝,名含枢纽;西方白帝,名招拒;北方黑帝,名汁光纪。

⑩既:已经。著闻:众所周知。

⑪游:巡视,视察。厌(yā)当:以迷信的方法镇服或驱避可能出现

的灾祸。

⑫气：此处同"起"。

⑬吕后（前241—前180）：名雉，字娥姁，汉高祖刘邦之妻。芒、砀（dàng）：芒山和砀山，在今河南永城北。

⑭辄：总是，每次。

⑮秦关：指函谷关，在今河南灵宝东北。

⑯范增（前277—前204）：居鄛（今安徽桐城南）人。项羽的主要谋士，善于计谋。

⑰望其气：望气是古代的一种占候之术，以观察天上云气来测卜吉凶或事物征兆。

⑱谢：谢罪。

⑲亚父：项羽对范增的尊称。

⑳项庄：项羽的从弟。

㉑项伯：项羽的叔父，名缠，字伯。

㉒辄：立即，即刻。

㉓会：碰到。樊哙（kuài，？—前189）：汉初开国功臣，沛县（今江苏沛县）人。在鸿门宴上，凭其直勇，救出险遭谋害的刘邦。

㉔"卒得免脱"二句：以上事参见《史记·项羽本纪》《史记·高祖本纪》。

【译文】

汉高祖的母亲叫刘媪，曾经在大湖边上休息，梦到和神交媾。当时电闪雷鸣天昏地暗，蛟龙腾飞在上。等高祖生下来就有美好的体形。高祖生性喜好喝酒，经常到王媪、武负那里赊酒，喝醉了就躺下休息，王媪、武负看见他身上常有异象。每次喝醉留在店里，酒就会卖出好几倍。后来行走在泽中，亲手斩杀了大蛇，一位老妇在路中间哭泣着说："赤帝的儿子杀了我的儿子。"这个征验已是众所周知的了。秦始皇经常说："东南方向有天子气。"于是向东巡游以便压服它。当高祖起事时，和吕后隐匿在芒、砀的山泽之间。吕后和其他人找他，看见哪儿上空常有气直起，就去那里寻找，总是能找到他所在的地方。后来与项羽约定，先进入函谷关的，就尊他为王。高祖先到，项羽怨恨。范增说："我让人观察他的云气，云气都是龙形，呈现出五种色彩。这都是天子的气象啊，要赶快攻打他。"高祖去向项羽谢罪，项羽和范增谋划杀害高祖，让项庄拔剑起舞。项伯知道了，于是和项庄一起舞剑，每逢项庄的剑要刺向高祖，项伯就立即用身体遮挡住高祖的身子，项庄的剑始终不能刺下，杀高祖的机会无法得到。正好有张良、樊哙来救，最终得以免祸逃脱，于是统一了天下。刚怀孕之时，有蛟龙的神奇；出生后，酒店出现云气的异象；夜里走道斩杀大蛇，蛇母悲痛哭泣；秦始皇、吕后望见灵异之气；项羽密谋刺杀，项伯为之遮挡，谋杀最终没有成功，又遇上张良、樊哙来救，这就是富贵的征兆，云气出现而事情应验，又有人来辅助救援。

　　窦太后弟名曰广国①，年四五岁，家贫，为人所掠卖。其家不知其所在。传卖十余家②，至宜阳③，为其主人入山作炭④。暮寒，卧炭下百余人，炭崩尽压死，广国独得脱。自卜数日当为侯。从其家之长安⑤，闻窦皇后新立，家在清河观津⑥，乃上书自陈⑦。窦太后言于景帝⑧，召见问其故⑨，果是，乃厚赐之。文帝立⑩，拜广国为章武侯⑪。夫积炭崩，百余人皆死，广国独脱，命当富贵，非徒得活，又封为侯。

【注释】

①窦太后（？—前135或前129）：西汉文帝皇后，汉景帝的母亲。广国：窦广国，字少君，文帝窦皇后弟，后封章武侯。

②传卖：转卖。

③宜阳：县名。战国韩置，治所在今河南宜阳西。

④作炭：烧炭。

⑤其家：指主人家。之：往。

⑥清河：汉郡国名。汉高祖置，治所在清阳县（今河北清河县东南）。观津：县名。西汉置，治所在今河北武邑东。

⑦陈：陈述。

⑧窦太后言于景帝：据《史记·外戚世家》，"太"当作"皇"，"景"当作"文"。

⑨故：往事。

⑩文帝立：据《史记·外戚世家》，"文"当作"景"。

⑪章武：县名。西汉置，治所在今河北黄骅西南。

【译文】

窦太后的弟弟名叫广国，四五岁之时，因为家庭贫困，被人拐卖。家里人不知道他在哪里。被转卖了十多家后，到了宜阳县，为他的主人进山烧炭。夜里冷，睡在炭下面的有一百多人，结果炭堆崩塌都被压死，唯独广国得以逃脱。广国自己占卜过不了多久就能封侯。跟着主人家到了长安，听说窦皇后刚被册立，家住在清河观津县，于是上书自我陈述。窦皇后对文帝说了这事，召见他问起往事，果然是这样，于是重重地赏赐他。景帝即位，封广国为章武侯。堆积的炭崩塌，一百多人都死了，唯独广国逃脱，命该富贵，不只是得以活命，还被封为侯。

虞子大①，陈留东莞人也②。其生时以夜③，适免母身④，母见其上若一疋练状⑤，经上天⑥。明以问人⑦，人皆曰："吉，贵。"气与天通，长大仕宦，位至司徒公⑧。

【注释】

①虞子大：虞延，汉光武帝刘秀时任司徒。

②陈留：郡名。西汉置，治所在陈留县（今河南开封东南）。东莞：

《后汉书·虞延传》作"东昏"。东昏,县名。西汉置,治所在今
河南兰考东北。

③以:在。

④适:刚。免:通"娩",分娩。

⑤疋(pǐ):"匹"的讹变,古代计算布帛的单位,四丈为匹。练:熟绢。

⑥经:通"径",径直。

⑦明:早上。

⑧司徒公:司徒之尊称。

【译文】

虞子大,是陈留郡东昏县人。他出生的时间在夜里,刚从母体内分
娩出来,母亲就看见他身体上有像一匹白绢一样的光亮,径直上达天空。
天亮后问人,人们都说:"吉祥,富贵。"气与天相通,长大做官,官位直到
司徒。

广文伯①,河东蒲坂人也②,其生亦以夜半时,适生,有
人从门呼其父名。父出应之,不见人,有一木杖,植其门
侧③,好善异于众。其父持杖入门以示人,人占曰"吉"。文
伯长大学宦④,位至广汉太守⑤。文伯当富贵,故父得赐杖,
其占者若曰杖当子力矣⑥。

【注释】

①广文伯:人名。

②河东:郡名。战国魏置,后属秦,治所在安邑县(今山西夏县西北
十五里禹王城)。蒲坂:县名。战国时魏置,后入秦,属河东郡,
治所在今山西永济西南蒲州镇。

③植:立。

④学宦：学习做官的本领。

⑤广汉：郡名。西汉初置，治所在乘乡（一作"绳乡""沈乡"，今四川金堂东）。

⑥其占者若曰杖当子力矣：此句难通，《太平御览》卷三百六十一引《论衡》作"以杖当得子之力矣"，可参。

【译文】

广文伯，是河东郡蒲坂县人，他出生的时间也是在半夜，刚生下来，有人从门外喊他父亲的名字。父亲出门答应，不见人，有一根木杖，立在门边，质量特好不同一般。他父亲拿着木杖进门来给大家看，有人占测说"吉利"。文伯长大后学做官，官位做到广汉太守。文伯命当富贵，所以他父亲能得赐木杖，占卜者说木杖预示他会得力于儿子。

光武帝①，建平元年十二月甲子生于济阳宫后殿第二内中②，皇考为济阳令③，时夜无火，室内自明。皇考怪之，即召功曹吏充兰④，使出问卜工⑤。兰与马下卒苏永俱之卜王长孙所⑥。长孙卜，谓永、兰曰："此吉事也，毋多言。"是岁，有禾生景天备火中⑦，三本一茎九穗⑧，长于禾一二尺，盖嘉禾也。元帝之初⑨，有凤凰下济阳宫，故今济阳宫有凤凰庐。始与李父等俱起⑩，到柴界中⑪，遇贼兵⑫，惶惑走济阳旧庐。比到，见光若火，正赤，在旧庐道南，光耀憧憧上属天⑬，有顷，不见。王莽时⑭，谒者苏伯阿能望气⑮，使过舂陵⑯，城郭郁郁葱葱。及光武到河北⑰，与伯阿见，问曰："卿前过舂陵，何用知其气佳也⑱？"伯阿对曰："见其郁郁葱葱耳。"盖天命当兴，圣王当出，前后气验，照察明著⑲。

【注释】

①光武帝：汉光武帝刘秀（前6—57），字文叔，南阳蔡阳（今湖北枣阳西南）人。东汉王朝建立者，25—57年在位。

②建平元年：前6年。建平，西汉哀帝年号。十二月甲子：夏历十二月初六。济阳宫：汉武帝出巡时在济阳县所住的行宫，平时封闭，因刘秀将生时，其父嫌住所湿冷，开宫后殿居之。济阳，县名。战国秦置，汉属陈留郡，治所在今河南兰考东北。内中：宫廷后院的房屋。

③皇考：对亡父的尊称，这里指刘秀的父亲刘钦。令：县的最高行政长官。汉制，万户以上县的长官称"令"，万户以下称"长"。

④功曹吏：当作"功曹史"。《后汉书·百官志》有"郡有功曹史，主选署功劳。县邑诸曹，略如郡员"。本书《初禀篇》亦作"功曹史"。功曹史，官名，汉代郡国州县佐吏，掌管考查记录功劳等，简称功曹。充兰：人名。

⑤卜工：专门从事占卜的人。

⑥马下卒：县令出行时充当护卫和开道的士兵。苏永：人名。王长孙：人名。所：住所。

⑦有禾生景天备火中：疑"生"下脱一"屋"字。本书《奇怪篇》云"嘉禾生于屋"，《恢国篇》云"嘉禾滋于屋"；《宋书·符瑞志》"嘉禾生产屋景天中"，皆可证。景天，多年生草本植物，古人认为庭院中种植景天能避火灾。备火，景天的别称，疑为后人旁注误入正文。

⑧本：株。

⑨元帝：《宋书·符瑞志》作"哀帝"。本书《指瑞篇》亦言"光武皇帝生子成、哀之际"。哀帝（前25—前1）：即西汉哀帝刘欣，前7—前1年在位。

⑩李父：即李通（？—42），字次元，南阳宛（今河南南阳）人。刘秀

妹婿，与刘秀共同起事。父，男子的美称。

⑪柴界：地名，不详。

⑫贼兵：这里指王莽的军队。

⑬憧憧（chōng）：摇曳不定貌。属（zhǔ）：连接。

⑭王莽（前45—23）：字巨君，元城（今河北大名东）人。西汉元帝王
　　皇后侄。初始元年（8），代汉称帝，改国号为新。更始元年（23），
　　为起义军推翻，在长安被杀。

⑮谒者：官名。为郎中令的下属官员，主要负责臣下谒见帝王的引
　　见及传达帝王诏敕等事。苏伯阿：人名。

⑯舂陵：县名。西汉元朔五年（前124）置，治所在今湖北宁远北。

⑰河北：黄河以北。

⑱何用：何以。

⑲照察：照见，明察。明著：鲜明显著。

【译文】

　　光武帝，建平元年十二月甲子日生于济阳宫后殿第二间屋中，他的父亲是济阳县令，当晚没有灯火，室内却自然明亮。他父亲感到奇怪，就召来功曹史充兰，派他去问卜工。充兰与马下卒苏永一起去卜工王长孙家。王长孙占卜，对充兰和苏永说："这是吉利的事情，不用多说了。"这一年，有禾苗长在屋前的景天草中，共有三株，每株一根茎九个穗，比一般的谷子要长一二尺，是美好吉祥的谷子。汉哀帝初年，有凤凰落在了济阳宫，所以今天济阳宫里还有凤凰庐。最初光武帝与李通等人一起起兵，走到柴界，遇到了王莽的军队，惊慌失措地逃回了济阳的旧宅。等到了那里，看见光气如火一样正红，在旧宅靠路的南边，光辉摇曳上接于天，过了一会，就不见了。王莽的时候，谒者苏伯阿会望气，出使路过舂陵，望见外城草木郁郁葱葱。等到光武帝到了河北，和苏伯阿相见，问他说："您此前路过舂陵，怎么知道那里的气象好呢？"苏伯阿回答道："看见那里郁郁葱葱而已。"天命当兴起，圣王该出现，事前事后总有气象应

验,清楚明白。

继体守文[①],因据前基[②],禀天光气,验不足言[③]。创业龙兴[④],由微贱起于颠沛[⑤],若高祖、光武者,曷尝无天人神怪光显之验乎[⑥]?

【注释】

①继体:继承君位。守文:遵循先王典章法度。

②因据:凭借。前基:前人奠定的基础。

③不足言:不值得说。

④龙兴:喻王者兴起。

⑤颠沛:动荡,纷乱。

⑥曷:何。

【译文】

继承君位遵循典章,凭借前人奠定的基业,禀受上天光气的,其应验就不用多说了。王者兴起创立基业,以卑贱的出身在动荡中崛起,像汉高祖、光武帝那样的人,何曾没有天人神怪显现的征兆呢?

卷第三

偶会篇第十

【题解】

本篇在《逢遇篇》《幸偶篇》的基础上,试图证明所有事物发展的结果全部都是由其所禀受的命而不假于外物所造成的。王充认为人的生死祸福全部都根源于其出生时所禀受的命,"非有他气旁物厌胜感动使之然也"。人的命一定会实现,而那些表现为因外人、外物的影响而产生的结果,实际上也是因为其本身的命在实现的过程中出现的巧合所造成的。

命,吉凶之主也^①。自然之道,适偶之数^②,非有他气旁物厌胜感动使之然也^③。

【注释】

①主:主宰。

②适偶之数:偶然巧合的定数。数,定数,气数。

③厌(yā)胜:古代的一种巫术,用诅咒或其他法术来厌服人或物,这里指压制、制约。厌,通"压"。感动:激发,感应。

【译文】

命,是吉凶的主宰。是自然而然的过程,偶然巧合的定数,不是有别的气或别的事物制约影响而使它这样的。

世谓子胥伏剑①，屈原自沉②，子兰、宰嚭诬谗③，吴、楚之君冤杀之也。偶二子命当绝④，子兰、宰嚭适为谗，而怀王、夫差适信奸也⑤。君适不明，臣适为谗，二子之命，偶自不长。二偶三合⑥，似若有之⑦，其实自然，非他为也。

【注释】

①伏剑：用剑自杀。

②自沉：投水自尽。

③子兰：芈姓，熊氏，名子兰，战国时楚国人。楚怀王幼子，顷襄王弟。秦攻楚，取汉中之地，复诱怀王入秦，屈原劝怀王毋行，子兰力劝怀王入秦，结果怀王被扣留，死于秦。顷襄王立，任令尹，与上官大夫诬害屈原，将屈原放逐江南。诬谗：诬陷，诽谤。

④偶：偶然，正好。

⑤怀王：楚怀王（？—前296），芈姓，熊氏，名槐，一作"相"，谥怀王。战国时楚国国君，前328—前299年在位。

⑥二偶：指屈原、伍子胥二人之命"偶自不长"。三合：指"君适不明""臣适为谗"与"二子之命，偶自不长"这三个因素偶然巧合在一起。

⑦似若有之：指上文所说"他气""旁物"的作用。

【译文】

世人认为伍子胥用剑自杀，屈原投水自尽，是由于子兰、伯嚭诬陷诽谤，才被吴国、楚国的国君冤枉杀害的。其实二人命当该绝，子兰、伯嚭恰巧进献谗言，而楚怀王、夫差恰好听信奸佞。国君恰巧不贤明，臣子恰好进谗言，他二人的命，又正好自己不长。二人碰巧命当该绝，三种因素合在一起，似乎有"他气""旁物"的影响，其实是自然如此，并非它们的作用。

　　夏、殷之朝适穷^①,桀、纣之恶适稔^②,商、周之数适起^③,汤、武之德适丰。关龙逢杀^④,箕子、比干囚死,当桀、纣恶盛之时,亦二子命讫之期也^⑤。任伊尹之言^⑥,纳吕望之议^⑦,汤、武且兴之会^⑧,亦二臣当用之际也^⑨。人臣命有吉凶,贤不肖之主与之相逢。文王时当昌,吕望命当贵;高宗治当平^⑩,傅说德当遂^⑪。非文王、高宗为二臣生,吕望、傅说为两君出也。君明臣贤,光曜相察^⑫,上修下治^⑬,度数相得^⑭。

【注释】

①穷:尽,灭亡。

②稔(rěn):谷物成熟,这里指事物积久养成。

③数:气数,命运。

④关龙逢:一作豢龙逢,或称龙逢,夏代贤臣。夏桀无道,关龙逢进谏,桀囚而杀之。

⑤讫(qì):完结,终止。

⑥任:听任,听信。

⑦吕望:即姜太公,姜姓,吕氏,名望,一说字子牙,号称"太公望"。

⑧且:将要。会:时机,机会。

⑨际:时候,时机。

⑩平:太平。

⑪傅说:商王武丁大臣。相传原是傅岩地方从事版筑的奴隶,后被武丁任用,治理国政,从此国势强盛。遂:成功,实现。

⑫光曜:同"光耀",光辉照耀。相察:相互辉映。察,明显。

⑬修:整治。

⑭度数:运数,定数。相得:相合,相一致。

【译文】

夏朝和殷朝刚好气数穷尽，夏桀和殷纣正好恶贯满盈，商朝和周朝恰好气数将兴，商汤和武王正巧明德丰厚。关龙逢被杀，箕子、比干被囚禁而死，恰逢夏桀、殷纣作恶最盛之时，也是这二人寿命当尽的时候。听信伊尹的话，采纳吕望的建议，是商汤、武王将要兴起的时机，也是这两个臣子命该受重用的时候。作臣子的命有吉有凶，贤明或昏庸的君主与他们相遇。周文王时运当昌盛，吕望的命就该富贵；殷高宗治理时注定太平，傅说的才德注定会实现。并不是周文王、殷高宗为了二位臣子而出生，吕望、傅说为了两位君王而出现。君主英明臣子贤能，光彩相互辉映，君主和臣子都善于治理国家，他们出现的时机恰好一致。

颜渊死，子曰"天丧予"①。子路死，子曰"天祝予"②。孔子自伤之辞，非实然之道也③。孔子命不王，二子寿不长也。不王不长，所禀不同，度数并放④，适相应也。

【注释】

①丧：灭亡。予：我。以上事参见《论语·先进》。

②祝：断绝。以上事参见《公羊传·哀公十四年》。

③实然：确实。

④放：去，遗弃，这里指命运不好。

【译文】

颜渊死了，孔子说"这是天要亡我啊"。子路死了，孔子说"这是天要绝我啊"。这是孔子自己伤心时说的话，不是确实的道理。孔子命中注定不能当王，颜渊、子路命中注定活不长。不能当王，活不长，他们所禀受的气不一样，但命运都不好，碰巧相互应验。

二龙之祆当效,周厉适闿椟①;褒姒当丧周国②,幽王禀性偶恶。非二龙使厉王发孽③,褒姒令幽王愚惑也。遭逢会遇④,自相得也。

【注释】

①"二龙之祆（xiān）当效"二句:据《国语·郑语》记载,夏朝末年,有二龙在王庭聚集,说:"我们是褒国的二位君主。"夏王占卜问是杀掉还是放走或是留下,结果都不吉利。最后夏王按占卜人的话,把龙的唾液收在匣子里。到周厉王时打开来看,唾液流出,变成一只黑鼋,与后宫一个年幼的宫女相遇,宫女就怀孕,生下一女孩就是褒姒。祆,同"妖",鬼异怪诞之事。效,应验。周厉,周厉王,姬姓,名胡,西周君主。在位期间,实行暴政,激起人民反抗。前841年,国人暴动,他逃往彘（今山西霍州）,十四年后死于彘。闿（kǎi）,开启。椟（dú）,匣子。

②褒姒（sì）:周幽王之妃。褒国（今陕西勉县东褒城镇）之女,姒姓。褒人献于周,为幽王宠爱。幽王废申后及太子宜臼,立之为后,以其子伯服为太子。后申侯联合缯国、犬戎,攻杀幽王,她为犬戎所虏。

③发:打开。孽:妖孽。此指装龙唾液的匣子。

④会遇:相逢,碰到。

【译文】

二龙的妖像应当应验,周厉王恰好打开了盒子;褒姒本就会使西周亡国,周幽王禀性恰好恶劣。这不是二龙驱使周厉王打开匣子,褒姒让周幽王愚昧迷乱。这是二者偶然遇到一起,自然相一致的结果。

僮谣之语当验①,斗鸡之变适生②;鹳鹆之占当应③,

鲁昭之恶适成④。非僮谣致斗竞⑤，鸲鹆招君恶也，期数自至⑥，人行偶合也。

【注释】

①僮谣之语：相传鲁昭公即位前，有童谣说如果鸲鹆到鲁国来搭窝，鲁君将被赶走死在国外。昭公二十五年（前517），果然有"鸲鹆来巢"，结果鲁昭公被季平子赶走，死在晋国。僮，同"童"。

②斗鸡之变：鲁昭公二十五年（前517），季平子因斗鸡与郈（hòu）昭伯结怨，鲁昭公用武力袒护郈昭伯，季平子就把鲁昭公驱逐出国。以上事参见《左传·昭公二十五年》。

③鸲鹆（qú yù）：鸟名，俗称"八哥"。占：占卜，这里指预言。

④鲁昭：鲁昭公（？—前510），姬姓，名裯，一作"稠""裯"，春秋时鲁国国君。前541—前510年在位。

⑤斗竞：争斗，这里指季平子因斗鸡与郈昭伯争斗之事。

⑥期数：气数，命运。

【译文】

孩童的谣谚本当应验，斗鸡的事变正好发生；鸲鹆的预言应该应验，鲁昭公的恶行恰好酿成。并不是童谣引起了争斗，鸲鹆引发了君主的恶行，而是气数自然到了，与人的行为恰好碰到一起。

尧命当禅舜，丹朱为无道；虞统当传夏①，商均行不轨②。非舜、禹当得天下，能使二子恶也③。美恶是非，适相逢也。

【注释】

①虞：虞舜。统：帝位。夏：夏禹。

②不轨：越出常轨，不遵守法度。

③能：而。

【译文】

　　尧命中注定要把帝位禅让给舜，所以丹朱胡作非为；舜的帝位应该传给禹，所以商均行为放荡。并不是舜和禹该得天下，而是这两个人为恶，使美恶是非刚好碰到了一起。

　　火星与昴星出入①，昴星低时火星出②，昴星见时火星伏③，非火之性厌服昴也，时偶不并，度转乖也④。

【注释】

　　①火星：又名"商星""大辰""大火"，是二十八宿中的心宿二。昴（mǎo）星：星名，二十八宿之一。

　　②低：落下。

　　③见：同"现"，出现。伏：隐没。

　　④度转乖也：运转的度数相反。身处北半球的古人在天文观察时发现，北半球天上所有的星星，都会绕着北天极旋转，因此认为天是绕着北极转动的，而所有星星也都是附在天上随天运转。度转，指运转的度数。度，古人把一周天分为三百六十五度多，作为观测星球运行的标准。转，运转。乖，相反。

【译文】

　　大火星与昴星出没的时间不一样，昴星落下去后大火星升起，昴星出现的时候大火星隐没，不是大火星的秉性压制了昴星，而是因为它们出没的时间恰好不一样，运转的度数相反。

　　正月建寅①，斗魁破申②，非寅建使申破也，转运之衡③，偶自应也。

【注释】

①正月建寅:正月时北斗星斗柄正指向寅辰区域。建,古人将北斗星周围的区域划分为十二等份,分别用子、丑、寅、卯、辰、巳、午、未、申、酉、戌、亥十二辰命名。将北斗七星中成方形的四颗叫"斗魁",另三颗叫"斗柄",将斗柄所指叫"建",斗柄一年内旋转一周,所指在某个辰位的区域,就叫建某之月。

②斗魁破申:北斗星的斗魁正好指向申辰区域。

③衡:指北斗星。

【译文】

正月时北斗星的斗柄指向寅辰,斗魁指向申辰,并非是斗柄指向寅辰而使斗魁冲着申辰,而是运转着的北斗星,碰巧与自然相应。

父殁而子嗣①,姑死而妇代②,非子妇代代③,使父姑终殁也④,老少年次自相承也。

【注释】

①殁(mò):死。嗣:继承。

②姑:婆婆。妇:儿媳。

③代代:据前文"子嗣""妇代",疑"代代"当作"嗣代"。

④终殁:寿终。

【译文】

父亲死了儿子继承,婆婆死了儿媳代替,这不是儿子继承、儿媳代替,使父亲、婆婆死去,而是老与少按年龄次序自然地相继。

世谓秋气击杀谷草①,谷草不任②,凋伤而死③。此言失实。夫物以春生夏长,秋而熟老,适自枯死,阴气适盛,与之会遇。何以验之？物有秋不死者，生性未极也④。人生百岁而终，物生一岁而死，死谓阴气杀之，人终触何气而亡？论者犹或谓鬼丧之。夫人终鬼来，物死寒至，皆适遭也。人终见鬼，或见鬼而不死；物死触寒，或触寒而不枯。

【注释】

①秋气：秋天寒冷肃杀之气。

②不任：不堪，无法承受。

③凋伤：凋零，草木零落枯萎。

④生性：生命。极：尽。

【译文】

世人认为秋天的寒气击杀了五谷百草，谷物草类无法忍受，结果凋零枯萎而死。这话不符合实际。植物春天发芽夏天成长，秋天成熟老去，正好自然枯萎而死，这时寒阴之气恰好旺盛，与它碰到一起。用什么来证明呢？植物有秋天不枯死的，是因为生命没有到尽头。人活到一百岁而寿终，植物生一岁而死，植物死了说是阴寒之气杀的，那么人死又是遇到了什么气而亡的呢？议论的人还可能说是鬼使人丧命的。人死是遇到鬼，植物死是遭受寒气，这都是恰巧碰上的。人死是见到了鬼，可有的人见到鬼却没死；植物遭受寒气，可有的植物遭受寒气却没枯萎。

坏屋所压，崩崖所坠，非屋精崖气杀此人也。屋老崖沮①，命凶之人，遭居适履②。

【注释】

①沮：败坏，这里指松垮。

②居：居住。履：践踏，走过。

【译文】

被倒塌的房屋压埋,从崩塌的山崖上坠落,不是房屋和山崖的精气有意杀害这个人。是因为房屋陈旧山崖松动,命运凶险的人,恰好住进这房屋和走过这山崖的缘故。

月毁于天①,螺消于渊②。风从虎③,云从龙④。同类通气,性相感动。若夫物事相遭⑤,吉凶同时,偶适相遇,非气感也。

【注释】

①毁:亏缺。

②螺消于渊:阴阳五行家认为,同一种阴气或阳气构成的东西就属同类,同类的东西可以相互感应。如月亮与螺蚌同属阴类,所以月亮亏缺,螺蚌的肉就相应萎缩变小。消,消缩。渊,水潭。

③风从虎:风和虎同属阴,所以风随着虎出现。从,随。

④云从龙:云和龙同属阳,所以云随着龙出现。

⑤若夫:至于。

【译文】

天上的月亮亏缺,水潭里的螺蚌的肉就变小。风随着虎出现,云伴着龙出现。同类事物气能相通,性能相互感应。至于说物与事相遭遇,吉与凶同时发生,只不过是偶然碰巧相遇,不是同气相感造成的。

杀人者罪至大辟①。杀者罪当重,死者命当尽也。故害气下降②,囚命先中③;圣王德施,厚禄先逢。是故德令降于殿堂④,命长之囚,出于牢中。天非为囚未当死,使圣王出德令也,圣王适下赦,拘囚适当免死。犹人以夜卧昼起矣,夜月光尽⑤，不可以作，人力亦倦，欲壹休息⑥；昼日光明，人卧亦觉，力亦复足。非天以日作之，以夜息之也，作与日相应，息与夜相得也。

【注释】

①大辟：死刑。

②害气：造成灾害之气。

③囚：疑作"凶"字，涉下文"囚"字而误。

④德令：施恩的命令，即赦令。

⑤月：据文意，疑为"日"字。

⑥壹：专一，专心。

【译文】

杀人的人罪至死刑。杀人的罪该重刑，被杀的也命当终结。所以灾害之气下降，命凶的就先碰上；圣明的君主施恩，有富贵之命的先遇到。所以施恩的赦令从朝廷降下，命长的囚徒，从牢中放出来。上天不是认为囚犯不该死，才让圣明的君主发出施恩的命令，而是圣明的君主恰好下发赦令，拘禁的囚犯正好得以免去死罪。就像人晚上睡觉白天起来一样，晚上日光消逝，不能劳作，人也很疲倦，想专心休息；白天日光明亮，人也已醒来，精力又恢复充足。不是上天安排人在日出劳作，在夜晚休息，而是劳作与日出相一致，休息与夜晚相一致的缘故。

雁鹄集于会稽①，去避碣石之寒②，来遭民田之毕③，蹈履民田④，啄食草粮⑤。粮尽食索⑥，春雨适作，避热北去，复之碣石。象耕灵陵⑦，亦如此焉。传曰："舜葬苍梧⑧，象为之耕；禹葬会稽，鸟为之佃⑨。"失事之实，虚妄之言也。

【注释】

①鹄（hú）：天鹅。会稽：山名。在今浙江绍兴东南，相传大禹会诸
　侯江南计功，故名。

②碣石：山名。在今河北昌黎西北。

③民田之毕：指庄稼收割完毕。毕，结束。

④蹈履：践踏。

⑤草粮：收割后掉在地上的谷物。

⑥索：尽。

⑦象耕灵陵：相传舜南巡死在苍梧之野，是为零陵，大象在他的墓地
　为他耕田。灵陵，即"零陵"，古地名，在今湖南宁远东南。

⑧苍梧：山名，即今湖南宁远的九嶷山。

⑨佃（diàn）：耕作。

【译文】

　　大雁和天鹅在会稽山聚集，离开碣石是为了躲避寒冷，飞到会稽正
赶上庄稼收割完毕，在田里踩踏，啄食掉在地上的谷物。等把粮食吃完
了，春天的雨水刚好降下，为了躲避暑热向北飞去，又回到碣石。大象在
灵陵耕地，也是这样。书上说："舜葬在苍梧，象为他耕地；禹葬在会稽，
鸟为他种田。"这是违背实际情况，虚假的妄言。

　　丈夫有短寿之相，娶必得早寡之妻；早寡之妻，嫁亦遇
夭折之夫也。世曰："男女早死者，夫贼妻①，妻害夫。"非相
贼害，命自然也。使火燃，以水沃之②，可谓水贼火。火适
自灭，水适自覆，两名各自败③，不为相贼。今男女之早夭，
非水沃火之比，适自灭覆之类也。贼父之子，妨兄之弟④，与
此同召⑤。同宅而处，气相加凌，赢瘠消单⑥，至于死亡，何
谓相贼⑦。或客死千里之外⑧，兵烧厌溺，气不相犯，相贼如

何？王莽姑姊正君⑨，许嫁二夫，二夫死，当适赵而王薨⑩。气未相加，遥贼三家，何其痛也！黄公取邻巫之女，卜谓女相贵，故次公位至丞相⑪。其实不然。次公当贵，行与女会⑫；女亦自尊，故入次公门。偶适然自相遭遇，时也。

【注释】

①贼：危害，残害。

②沃：浇。

③两名：这里指水与火。名，泛指事物。

④妨：妨碍，危害。

⑤召：招致，引来。

⑥赢瘵：瘦弱疲病。消单：消减净尽。单，通"殚"，尽，竭尽。

⑦何：疑作"可"，形近而误。

⑧客死：死于外乡。

⑨姊：据《汉书·元后传》及本书《骨相篇》，疑为衍文。正君：王政君（前71—13），名政君，魏郡元城（今河北大名东）人。西汉孝元皇后，王莽之姑。年少时，曾许嫁未行，所许者死。十八岁入宫，为太子（元帝）妃。元帝即位，封为婕妤，三日后立为皇后。元帝卒，成帝立，尊为皇太后。先后历汉四世，飨国六十余年。

⑩适：出嫁。薨：古代诸侯、天子妃嫔及高级官员死亡的代称。

⑪"黄公取邻巫之女"几句：事参见《汉书·循吏传》。黄公，据后文及《汉书·循吏传》，当作"黄次公"。黄次公，即黄霸（前130—前51），字次公，淮阳阳夏（今河南太康）人。宣帝时曾任丞相，封建成侯。取，同"娶"。巫，以从事降神、祈祷、占卜等活动为职业的人。

⑫行：正好。会：相遇。

【译文】

男子有短命的相，娶亲一定得到一个早寡的妻子；早寡的妻子，出嫁也会碰上夭折的夫君。世人说："男人女人早死的，要么是丈夫害死了妻子，要么是妻子克死了丈夫。"其实这不是相互危害，而是命中自然如此。把火点燃，用水来浇它，可以说是水灭火。火恰好自然熄灭，水正好自然倒翻，二者各自毁灭，不能算是相互残害。现在男人女人过早死亡，不是用水泼火可比，而是正好自己熄灭倒翻之类。所谓贼害父亲的儿子，克死兄长的弟弟，是同样道理造成的。同住在一起，一方的气压制了另一方，使对方瘦弱疲病消耗殆尽，直至死亡，这才可以说是相互危害。有人死在千里之外的异地他乡，或战死、或烧死、或压死、或淹死，其气不相触犯，怎么能是相互危害？王莽的姑母王政君，许嫁过两个男人，两个男人都死了，正当要嫁给赵王的时候赵王也死了。她的气并没有加于对方，远远地危害了三家，怎么可能那样厉害呢？黄次公娶了邻居巫师的女儿，占卜说她骨相尊贵，所以黄次公官做到了丞相。其实不是这样。黄次公命当富贵，正好与那个女人相遇；女人本身也命该尊贵，所以嫁入了黄次公家门。偶然碰巧如此自然相遇，这是时运。

无禄之人①，商而无盈②，农而无播③，非其性贼货而命妨穀也④。命贫，居无利之货⑤；禄恶，殖不滋之穀也⑥。世谓宅有吉凶，徙有岁月⑦，实事则不然。天道难知，假令有⑧，命凶之人，当衰之家，治宅遭得不吉之地⑨，移徙适触岁月之忌。一家犯忌，口以十数，坐而死者⑩，必禄衰命泊之人也⑪。

【注释】

①禄：指禄命。

②盈：盈利。

③播：通"蕃"，繁茂。

④穀（gǔ）：稻谷，粮食。

⑤居：囤积。

⑥殖：种植。滋：生长。

⑦徙：迁徙，这里指搬家。岁月：指时令上的禁忌。

⑧假令有：据文意，疑"有"字后脱"之"字。

⑨治宅：盖房子。

⑩坐：定罪，因……而获罪。

⑪泊：通"薄"。

【译文】

没有禄命的人，经商不能盈利，务农不获丰收，不是他禀性危害财物命中要妨害谷物。命该贫困，囤积了不能盈利的货物；禄该凶险，种植了不能生长的谷物。世人说住宅有吉有凶，搬家有时令禁忌，事实却不是这样。天道难以知晓，假使有的话，天命凶险的人，该当衰败的家庭，把房子盖到了不吉利的地方，搬家时碰巧触犯了时令的禁忌。一家人都触犯禁忌，人口以十计算，因触犯而死的人，一定是禄弱命薄的人。

　　推此以论，仕宦进退迁徙①，可复见也。时适当退，君用谗口；时适当起，贤人荐己。故仕且得官也②，君子辅善；且失位也，小人毁奇③。公伯寮诉子路于季孙，孔子称命；鲁人臧仓谗孟子于平公，孟子言天。道未当行，与谗相遇；天未与己，恶人用口④。故孔子称命，不怨公伯寮；孟子言天，不尤臧仓⑤，诚知时命当自然也。

【注释】

①进退：指做官和退隐。迁徙：职务调动，升官或贬职。

②且：将。

③毁:诽谤。奇:奇才,有才能的人。

④用口:说坏话。

⑤尤:责怪。

【译文】

由此推论,做官的升迁隐退和调任,就能重新看待了。时运正当隐退,君主就会采纳谗言;时运该当起用,就有贤人举荐。所以出仕将要得到官职,就会有君子助成美德;将要失去官位,就会有小人诽谤奇才。公伯寮在季孙氏那里控告子路,孔子说是命中注定;鲁国人臧仓在鲁平公面前诽谤孟子,孟子说是天意如此。理想主张注定不能实行,就会遭遇谗言;上天没有给予自己,恶人就会说坏话。所以孔子说命注定,而不怨恨公伯寮;孟子说天注定,而不责怪臧仓,他们确实知道时和命该当如此啊。

推此以论,人君治道功化①,可复言也。命当贵,时适平②;期当乱,禄遭衰。治乱成败之时,与人兴衰吉凶适相遭遇。因此论圣贤迭起,犹此类也。

【注释】

①治道:治理国家的方针政策。功化:功业与教化。

②平:太平。

【译文】

由此推论,君主治理国家的方针政策与功业教化,就能重新看待了。命当尊贵,时运就正好平安;治期当动乱,禄命就恰好衰弱。治乱兴衰的时机,与人的兴衰吉凶正巧遭逢相遇。照这样说圣贤一个接一个兴起,就好比是这一类情况了。

圣主龙兴于仓卒①,良辅超拔于际会②。世谓韩信、张良辅助汉王,故秦灭汉兴,高祖得王。夫高祖命当自王,信、良之辈时当自兴,两相遭遇,若故相求。是故高祖起于丰、沛,丰、沛子弟相多富贵,非天以子弟助高祖也,命相小大③,适相应也。赵简子废太子伯鲁④,立庶子无恤⑤,无恤遭贤,命亦当君赵也⑥。世谓伯鲁不肖,不如无恤;伯鲁命当贱,知虑多泯乱也⑦。韩生仕至太傅⑧,世谓赖倪宽⑨。实谓不然,太傅当贵,遭与倪宽遇也。赵武藏于裤中,终日不啼,非或掩其口,阕其声也⑩;命时当生,睡卧遭出也⑪。故军功之侯,必斩兵死之头;富家之商,必夺贫室之财。削土免侯,罢退令相⑫,罪法明白,禄秩适极⑬。故厉气所中,必加命短之人⑭;凶岁所著⑮,必饥虚耗之家矣⑯。

【注释】

①龙兴:喻王者兴起。仓卒:同"仓猝",非常事变。

②良辅:贤良的辅弼,好的助手。超拔:提升,提拔。际会:机遇,时机。

③小大:好坏。

④赵简子(?—前477):即赵鞅,又名志父,亦称"赵孟"。春秋末年晋国之卿。

⑤庶子:嫡子以外的众子或妾所生的儿子。无恤(?—前425):即赵襄子,一作"赵毋恤"。春秋末年晋国正卿,赵鞅次子,战国时赵国的奠基者。

⑥君赵:当赵地的君主。

⑦泯乱:昏乱,混乱。

⑧韩生:西汉人,事迹不详。太傅:官名,西周始设,为国君辅弼之臣。汉高后元年(前187)亦设此职,位次于太师,在太保之上,与太师、太保合称三公。

⑨赖:依靠,依赖。倪宽:亦作"兒宽",西汉大臣、经学家,千乘(今

山东高青）人。以治《尚书》著称。据说与韩生是同学，友谊很深，做御史大夫后便推荐韩生当官。

⑩阏（è）：阻塞。

⑪出：这里指免于灾难。

⑫令相：汉代县令、诸侯王国相的连称。

⑬禄秩：官吏的俸禄等级。

⑭加：施加。

⑮著：附着。

⑯虚耗之家：指贫困的人家。虚耗，白白地消耗。

【译文】

圣明的君主兴起于非常的时期，贤良的辅弼提拔于偶然的时机。世人说韩信、张良辅助汉王刘邦，所以秦朝灭亡汉朝兴起，汉高祖得以称王。汉高祖命该称王，韩信、张良这些人自己的时运该当兴起，双方恰好遭逢，就像本就要相互寻找一样。所以汉高祖在丰邑、沛县兴起，丰邑、沛县的年轻人骨相多富贵，并不是上天让年轻人来帮助汉高祖，而是他们禄命与骨相的好坏，恰好与取得的富贵相适应。赵简子废除太子伯鲁，立了庶子无恤，无恤恰好贤明，命中也注定要当赵地的君主。世人说伯鲁不贤明，不如无恤；其实是伯鲁命该卑贱，心智很糊涂。韩生做官做到太傅，世人认为这是依靠了倪宽的缘故。其实不是这样，太傅命当富贵，才恰好与倪宽相遇。赵武被藏在裤子里，一整天不啼哭，这不是有人掩住他的嘴，堵住不让出声；命和时注定他该活下来，碰巧睡着而得免于难。所以注定立军功得封侯的人，一定会斩了注定该被兵器杀死的人的头；注定要成为富家的商人，必定会剥夺贫困人家的财物。注定要被消除封地免去爵位，罢黜县令、国相的人，犯罪触法事实确凿，这是俸禄官秩恰巧到了尽头。所以瘟疫之气所中伤的，一定会加在命短的人身上；荒年所伤害的，一定是受饥饿而注定贫困的人家。

骨相篇第十一

【题解】

　　本篇意在通过列举历史事例来论述人的性、命与骨相的关系。王充认为"人命禀于天,则有表候于体",即人的性、命可以通过他的体态以及相貌表现出来,因此"案骨节之法,察皮肤之理,以审人之性命,无不应者"。且因每个人所禀受的富贵贫贱、寿命长短、操行好坏、性情善恶之命均不同,表现于外就是他们的骨相也不相同,所以王充说"富贵之骨,不遭贫贱之苦;贫贱之相,不遭富贵之乐"。

　　同时,王充也针对骨相之法不应验的事例进行了辩解,认为这是因为骨相之法精微而相面之人失于不审,"相或在内,或在外,或在形体,或在声气。察外者,遗其内;在形体者,亡其声气"。本篇虽然是在论述骨相之学,但实际上仍旧是王充对其命定论观念的补充。

　　人曰命难知。命甚易知,知之何用①? 用之骨体②。人命禀于天,则有表候于体③。察表候以知命,犹察斗斛以知容矣④。表候者,骨法之谓也⑤。

【注释】

　　①用:由。

②之:于。

③"人命禀于天"二句:据本书《命义篇》"寿命修短,皆禀于天;骨法善恶,皆见于体",《吉验篇》"人禀贵命于天,必有吉验见于地",疑此处"候"后脱"见"字。表候,形体外部的征候。

④斗斛:斗与斛。两种量器。亦泛指量器。容:容量。

⑤骨法:又名"骨格",相术家称人的骨相特征,谓其好坏关乎寿夭贵贱。

【译文】

人们说命难以知晓。其实命很容易知晓,由什么来知道命呢? 由于人的骨骼形体。人的命从上天禀受了气,就会在身体上形成征候。考察这些征候就能知道命,好比看斗与斛就可以知道容量一样。表现出的征候,说的就是骨相。

传言黄帝龙颜①,颛顼戴午②,帝喾骈齿③,尧眉八采④,舜目重瞳⑤,禹耳三漏⑥,汤臂再肘⑦,文王四乳,武王望阳⑧,周公背偻⑨,皋陶马口⑩,孔子反羽⑪。斯十二圣者,皆在帝王之位,或辅主忧世,世所共闻,儒所共说⑫,在经传者,较著可信⑬。

【注释】

①龙颜:眉骨突起似龙。

②颛顼(zhuān xū):传说中的上古帝王,号高阳氏,为黄帝之孙。戴午:午,当作"干",形近而误。戴干,即"鸢肩","戴"当作"戴",形近而误,"戴"同"鸢","干"即"肩"之假字。鸢肩,指两肩上耸,像鸢鸟栖止时的样子。

③骈(pián)齿:前齿并两为一,连成一边,是一种奇异之相。

④八采：八种颜色。

⑤重瞳：眼睛有两个瞳仁。

⑥三漏：耳朵上长有三个耳孔。

⑦再肘：一臂有两肘。

⑧望阳：眼睛朝上长，不用抬头就可以看到太阳。

⑨背偻(lǚ)：脊背弯曲，驼背。

⑩马口：口裂过大似马。

⑪反羽：亦作"反宇"，四周向上仰起的屋檐，比喻头顶中间低四周高。

⑫说：谈论。

⑬较著：显著，明白。

【译文】

传言黄帝长有龙一般的面孔，颛顼两肩上耸像鸢鸟一样，帝喾的前齿连成一边，尧的眉毛分为八种颜色，舜的眼睛有两个瞳仁，禹的耳朵有三个耳孔，商汤的胳膊上长着两个肘，周文王生有四个乳房，周武王眼睛朝上长可以看见太阳，周公旦驼背，皋陶嘴似马口，孔子的头顶中间低四周高。这十二位圣人，都是在帝王的位置上，有的辅助君主为世事操心，这是世人都听到过的，儒者都谈论过的事，而且记录在经传上，明白可信。

若夫短书俗记①，竹帛胤文②，非儒者所见，众多非一。苍颉四目③，为黄帝史。晋公子重耳仳胁④，为诸侯霸。苏秦骨鼻⑤，为六国相。张仪仳胁⑥，亦相秦、魏。项羽重瞳，云虞舜之后，与高祖分王天下。陈平贫而饮食不足，貌体佼好，而众人怪之，曰："平何食而肥？"⑦及韩信为滕公所鉴，免于铁质，亦以面状有异⑧。面状肥佼，亦一相也。

【注释】

① 若夫：至于。短书俗记：指杂说别纪之类的书籍。短书，古时以短
　简编联而成的书册。秦汉时经书简长皆二尺四寸，称长书；诸子、
　传记、书信等，简长六寸至一尺二寸，称短书。

② 胤文：谱牒，记录氏族或宗族世系的书。

③ 苍颉（jié）：也作"仓颉"，传说中黄帝的史官，汉字的创造者。

④ 重耳：即晋文公（前697—前628）。春秋时晋国国君，晋献公之
　子，春秋五霸之一。前636—前628年在位。仳（pǐ）胁：骈胁，肋
　骨长成一片。仳，通"比"。

⑤ 苏秦：字季子，东周洛阳（今河南洛阳东）人。战国时纵横家，合
　纵策略的倡导者。骨鼻：《史记·范雎蔡泽列传》有"曷鼻"的记
　载，故疑此处"骨鼻"当为"曷鼻"，"骨""曷"形近而误。曷鼻，
　即"遏鼻"，也称"仰鼻"，一种鼻孔上翻的鼻相。

⑥ 张仪：战国时期纵横家，魏国贵族后裔，连横策略的倡导者。

⑦ "陈平贫而饮食不足"几句：事参见《史记·陈丞相世家》。陈平
　（？—前178），阳武（今河南原阳东南）人。汉惠帝、吕后、文帝
　时任丞相。佼好，美好。

⑧ "及韩信为滕公所鉴"几句：据《史记·淮阴侯列传》记载，韩信
　年轻时犯罪当斩，同犯者已被斩十三人，至韩信，夏侯婴见其相貌
　出奇，就把他放了。滕公，即夏侯婴（？—前172），沛县（今江苏
　沛县）人。因其曾任过滕令，楚人称令为公，故被称为"滕公"。
　鉴，赏识。铁（fū）质，也作"铁锧"。古时腰斩人的工具。铁，通
　"斧"。质，垫在下面的砧板。

【译文】

　　至于用短简编成的杂说别纪类的书籍，在竹简绢帛上记载的谱牒
世系的文字，虽不是儒者所看的东西，上面有关这类事例的记载还很多。
苍颉生有四只眼睛，做了黄帝的史官。晋公子重耳肋骨长成一片，成为

诸侯霸主。苏秦的鼻孔上翻，当了六国的国相。张仪肋骨长成一片，也当了秦国和魏国的国相。项羽眼睛里有两个瞳仁，据说是虞舜的后代，与汉高祖分治天下。陈平家境贫寒饮食不足，身体容貌却美好，因此大家感到奇怪，说："陈平是吃了什么长得这样胖？"至于韩信被滕公所赏识，免于遭受腰斩的酷刑，也是因为相貌出奇。面貌肥胖好看，也是一种好骨相。

　　高祖隆准、龙颜、美须①，左股有七十二黑子。单父吕公善相②，见高祖状貌，奇之，因以其女妻高祖，吕后是也，卒生孝惠王、鲁元公主③。高祖为泗上亭长④，当去归之田⑤，与吕后及两子居田。有一老公过，请饮⑥，因相吕后，曰："夫人，天下贵人也。"令相两子。见孝惠，曰："夫人所以贵者，乃此男也。"相鲁元，曰："皆贵。"老公去，高祖从外来，吕后言于高祖。高祖追及老公，止使自相。老公曰："乡者夫人婴儿相皆似君⑦，君相贵不可言也。"后高祖得天下，如老公言。推此以况一室之人⑧，皆有富贵之相矣。

【注释】

①隆准：高鼻梁。隆，高。准，鼻子。

②单父：县名。秦置，治所在今山东单县。吕公：汉高祖皇后吕雉父，名佚。

③卒：终于。孝惠王：当作"孝惠帝"。鲁元公主：汉高祖刘邦长女，名佚，因食邑于鲁，故称鲁元公主。

④泗上：泗水之滨。亭长：亭的主管吏。秦汉时官制，每十里为一亭，设亭长一人，掌治安及逐捕盗贼等事。

⑤当：通"尝"，曾经。去归：去，当作"告"，疑形近而误。告归，官吏

告假还乡。

⑥请饮：要水喝。

⑦乡者：刚才，先前。

⑧况：比拟，比方。

【译文】

汉高祖高鼻梁、眉骨突起似龙、胡须漂亮，左大腿上有七十二颗黑痣。单父县的吕公善于相面，见到高祖的体型相貌，觉得奇怪，就把自己的女儿嫁给汉高祖，这就是吕后，最终生下了孝惠帝和鲁元公主。汉高祖做泗水边上的一个亭长，曾经告假归家去种田，与吕后和两个孩子住在乡下。有一位老人经过，讨水喝，于是看了吕后的相，说："夫人，你是天下的贵人。"让他给两个孩子看相。看见孝惠帝，说："夫人之所以富贵，是因为有这个儿子。"给鲁元公主看相，说："一样富贵。"老人离开，汉高祖从外归来，吕后就把这件事告诉了汉高祖。汉高祖追赶上老人，拦住他让他看相。老人说："刚才夫人和小孩的骨相都像你，你的骨相富贵不可言。"后来高祖取得天下，正如老人所说。据此推断同一家的人，都有富贵的骨相。

类同气钧①，性体法相固自相似②。异气殊类，亦两相遇③。富贵之男娶得富贵之妻，女亦得富贵之男。夫二相不钧而相遇，则有立死；若未相适④，有豫亡之祸也⑤。王莽姑正君许嫁，至期当行时，夫辄死⑥。如此者再⑦，乃献之赵王，赵王未取又薨。清河南宫大有与正君父稺君善者⑧，遇相君曰⑨："贵为天下母。"是时，宣帝世⑩，元帝为太子⑪，稺君乃因魏郡都尉纳之太子⑫，太子幸之⑬，生子君上。宣帝崩，太子立，正君为皇后，君上为太子。元帝崩，太子立，是为成帝⑭，正君为皇太后，竟为天下母⑮。夫正君之相当为天下母,而前所许二家及赵王,为无天下父之相⑯,故未行而二夫死,赵王薨。是则二夫、赵王无帝王大命,而正君不当与三家相遇之验也。

【注释】

①钧:通"均"。

②性:天生的。固自:本来。

③相遇:双方碰到一起,这里指结婚。

④适:女子出嫁。

⑤豫:通"预",预先。

⑥辄(zhé):总是,就。

⑦再:再次,两次。

⑧南宫大有:人名,姓南宫,名大有。稺(zhì)君:王莽的祖父,名禁,字稺君。《汉书·元后传》作"稚君"。善:友好。

⑨遇相君曰:据上下文意,疑"君"前脱一"正"字。遇,疑为"过"字之讹。过,造访。

⑩宣帝:即西汉宣帝(前91—前49),原名刘病已,后改名刘询,字次卿。前74—前49年在位。

⑪元帝:西汉元帝(前76—前33),宣帝子,名奭。前49—前33年在位。

⑫因:通过。魏郡:郡名。西汉高帝十二年(前195)置,治所在邺县(今河北临漳西南邺镇)。都尉:武官名。西汉景帝时改郡尉为都尉,辅佐太守掌全郡军事。

⑬幸:宠爱。

⑭成帝:西汉成帝(前51—前7),名骜,字太孙。前33—前7年在位。

⑮竟:最终。以上事参见《汉书·元后传》。

⑯天下父:指皇帝。

【译文】

同一类命的人禀受的气相同，天生的形体、骨法、相貌本来是相似的。禀受的气不同，不是同一类命的人，也有结成夫妻的。命富贵的男子娶了命富贵的妻子，命富贵的女子也嫁了命富贵的丈夫。要是二人骨相不同却结合，就会有人立即死亡；如果还没有出嫁，就会有先死的灾祸。王莽的姑母王正君已经许配人家，到了出嫁的日子要动身时，丈夫就死了。这种情况发生了两次，于是把她献给赵王，赵王还没有迎娶就又死了。清河郡的南宫大有和王正君的父亲王稺君交情好，到家中造访时给王正君相面说："命贵当为天下母。"这时，汉宣帝在世，元帝是太子，王稺君于是通过魏郡的都尉关系把王正君献给太子，太子宠爱她，生了个儿子就是君上。宣帝死后，太子即位，王正君成为皇后，君上被立为太子。元帝死后，太子即位，这就是汉成帝，王正君成为皇太后，最终成为天下母。王正君的骨相该当成为天下母，而之前许嫁的两家和赵王，没有天下父的骨相，所以未及出嫁两个丈夫和赵王就都死了。这就是之前两个丈夫和赵王没有当帝王的贵命，而王正君不该与他们三家结婚的证明。

　　丞相黄次公，故为阳夏游徼①，与善相者同车俱行，见一妇人，年十七八。相者指之曰："此妇人当大富贵，为封侯者夫人。"次公止车，审视之。相者曰："今此妇人不富贵②，卜书不用也。"次公问之，乃其旁里人巫家子也，即娶以为妻。其后次公果大富贵，位至丞相，封为列侯③。夫次公富贵④，妇人当配之，故果相遇，遂俱富贵。使次公命贱⑤，不得妇人为偶⑥，不宜为夫妇之时，则有二夫、赵王之祸。

【注释】

①阳夏：县名。战国秦置，治所在今河南太康。游徼（jiào）：官名。

秦朝置，汉朝因之。掌管一乡的巡察、捕盗等事。

②今：若，如果。

③列侯：爵位名。汉沿秦制设二十等爵，以彻侯为最高一级。因避武帝讳，改为通侯，后又改称列侯。以上事参见《汉书·循吏传》。

④夫次公富贵：本书《偶会篇》："次公当贵，行与女会；女亦自尊，故入次公门。"疑此处"富"字应为"当（当）"字，形近而讹。

⑤使：假如，假使。

⑥得：应当。偶：配偶。

【译文】

　　丞相黄次公，过去做过阳夏县的游徼，与一个擅长相面的人同车一起出行，看见一个女子，年龄有十七八岁。相面的人指着说："这个女子该当大富大贵，将会成为封侯者的夫人。"黄次公停下车，仔细地观察她。相面的人说："如果这个女子不富贵，那么占卜的书就没用了。"黄次公问她，原来是他邻里巫卜人家的女儿，于是娶来作为妻子。此后黄次公果然大富大贵，做官位至丞相，受封为列侯。黄次公命当富贵，那女子命该匹配，所以最终相遇结合，于是共同富贵。假如黄次公命该贫贱，不该与这个女子为配偶，不该成为夫妻时，就会有上述那两个男人和赵王的灾祸。

　　夫举家皆富贵之命①，然后乃任富贵之事②。骨法形体有不应者，则必别离死亡，不得久享介福③。故富贵之家，役使奴僮④，育养牛马，必有与众不同者矣。僮奴则有不死亡之相⑤，牛马则有数字乳之性⑥，田则有种孳速熟之谷⑦，商则有居善疾售之货⑧。是故知命之人，见富贵于贫贱，睹贫贱于富贵。案骨节之法⑨，察皮肤之理⑩，以审人之性命，无不应者。

【注释】

①举家:全家。

②任:负担,担当。

③介:大。

④奴僮:奴婢。

⑤不死亡:这里指寿命长。

⑥字乳:生育。

⑦田:种田。孳(zī):滋生,繁殖。

⑧居善:囤积的货物好。疾售:卖得快。

⑨案:考察。

⑩理:纹理。

【译文】

全家都有富贵的禄命,然后才能担当富贵的事物。骨法和形体有和富贵的命不相符合的,则必然有别离、死亡的事发生,不能长久享受大福。所以富贵人家,差役使唤奴婢,繁殖饲养牛马,一定有与众不同的地方。奴婢有寿命长的骨相,牛马有生育多的特性,种田有分枝多成熟快的谷物,经商有囤积好卖得快的货物。所以懂得命的人,可以从贫贱中看出富贵,从富贵中看出贫贱。考察骨节的构造,观察皮肤的纹理,来判定人的禀性和禄命,没有不应验的。

赵简子使姑布子卿相诸子①,莫吉,至翟婢之子无恤而以为贵②。无恤最贤,又有贵相,简子后废太子③,而立无恤,卒为诸侯,襄子是矣。

【注释】

①姑布子卿:春秋时相术家。姓姑布,字子卿。

②翟婢:狄族婢女。翟,同"狄",北方少数民族的统称。无恤:即赵

襄子，参见前注。而：却。

③太子：指赵简子之子伯鲁。以上事参见《史记·赵世家》。

【译文】

赵简子让姑布子卿给他的儿子们看相，没有吉利的，轮到狄族婢女所生的孩子无恤时却认为他有富贵之命。无恤最为贤明，又有富贵之相，赵简子后来废了太子，而立无恤为继承人，无恤最终成为诸侯，就是赵襄子。

相工相黥布，当先刑而乃王①，后竟被刑乃封王②。

【注释】

①乃：然后。

②竟：最终。

【译文】

相面的人看黥布，应该先受刑然后才能封王，后来终于是受刑后才封的王。

卫青父郑季与杨信公主家僮卫媪通①，生青。在建章宫时②，钳徒相之③，曰："贵至封侯。"青曰："人奴之道，得不笞骂足矣④，安敢望封侯？"其后青为军吏，战数有功，超封增官⑤，遂为大将军⑥，封为万户侯⑦。

【注释】

①卫青（？—前106）：字仲卿，河东平阳（今山西临汾西南）人。卫皇后弟。本平阳公主家奴。后为汉武帝重用，曾先后7次率兵北击匈奴，卓有功勋，官至大将军，封长平侯。郑季：西汉大臣。初为县吏，给事平阳侯家，与平阳侍妾卫媪私通，生下卫青。杨信

公主：杨，《汉书》本传作"阳"。汉景帝与王皇后长女，汉武帝的姐姐。始嫁于平阳侯曹寿，后嫁大将军卫青。家僮：私家奴仆。卫媪（ǎo）：卫青的母亲，史失其名或本无正式的名字，故称"卫媪"。媪，老妇人的通称。通：私通。

②建章宫：汉代官室名。建于汉武帝太初元年，号称有千门万户，遗址位于今陕西西安西北10公里处。《史记·卫将军列传》作"甘泉居室"。

③钳（qián）徒：受钳刑（用铁圈束颈的刑罚）的囚犯。

④笞（chī）：用鞭、杖、竹板抽打。

⑤超封：越级封爵。增官：升官。

⑥大将军：官名。汉武帝元狩四年（前119）废太尉，置大司马大将军，在内朝执掌政务。因卫青征讨匈奴有功，冠之以大将军称号。

⑦万户侯：享有万户食邑的侯，后泛指高级官爵。

【译文】

卫青的父亲郑季和阳信公主的家奴卫媪私通，生下了卫青。在建章宫时，一个受钳刑的囚犯给他看相，说："命富贵到封侯。"卫青说："做人家的奴仆，只要能不挨打受责骂就够了，怎敢奢望封侯？"此后卫青做了军官，打仗多次立功，越级封爵升官，于是成为大将军，受封为万户侯。

周亚夫未封侯之时，许负相之①，曰："君后三岁而入将相②，持国秉③，贵重矣，于人臣无两。其后九岁而君饿死。"亚夫笑曰："臣之兄已代侯矣，有如父卒，子当代，亚夫何说侯乎？然既已贵，如负言，又何说饿死？指示我！"许负指其口，有纵理入口，曰："此饿死法也④。"居三岁，其兄绛侯胜有罪⑤，文帝择绛侯子贤者，推亚夫，乃封条侯⑥，续绛侯后。文帝之后六年⑦，匈奴入边，乃以亚夫为将军。至景帝之时,亚夫为丞相,后以疾免。其子为亚夫买工官尚方甲盾五百被可以为葬者⑧,取庸苦之⑨,不与钱。庸知其盗买官器⑩,怨而上告其子。景帝下吏责问,因不食五日,呕血而死⑪。

【注释】

①许负:西汉河内温地(今河南温县)老妇人,善于为人看相。负,通"妇"。

②君后三岁而入将相:《史记·绛侯周勃世家》作"后三岁而侯,侯八岁为将相"。或传抄有脱漏,或王充另有所据。

③国秉:亦作"国柄",国家的大权。

④法:骨相。

⑤绛:县名。西汉置,东汉改为绛邑县,属河东郡,治所在今山西侯马东北。西汉高帝封周勃为绛侯,即此,后改为县。胜:《史记·绛侯周勃世家》作"胜之"。

⑥乃封条侯:汉文帝后元二年(前162)封周亚夫为条侯,置条侯国,故治在今河北景县。

⑦后六年:指汉文帝后元六年,即前158年。

⑧工官:汉时管理官府手工业的官署。尚方:官署名。汉时属少府。主造皇室所用刀剑等兵器及玩好器物。被:套。

⑨取:雇佣。庸:受雇的人。苦:虐待。

⑩盗买:非法购买。

⑪呕血而死:以上事参见《史记·绛侯周勃世家》。

【译文】

周亚夫还没有被封侯的时候,许负给他相面,说:"您三年后将进入将相的行列,操控国家大权,贵重极了,在臣子中没有第二个。此后九年你会饿死。"周亚夫笑着说:"我的哥哥已经承袭父亲的侯爵,如果他死了，他的儿子应当继承，我周亚夫怎说得上封侯呢？即便是富贵了，像妇人你说的，又怎么说得上饿死呢？指给我看！"许负指着他的嘴，有一条直纹通向口中，说："这就是饿死的骨相。"过了三年，他的哥哥绛侯周胜有罪，汉文帝要挑选绛侯周勃儿子中贤能的人，推举周亚夫，于是被封为条侯，承续绛侯的爵位。汉文帝后元六年，匈奴入侵边境，于是任用周亚夫为将军。到汉景帝之时，周亚夫当了丞相，后来因为生病而免官。他的儿子为周亚夫买工官和尚方制造的五百套可以作为陪葬品的铠甲和盾牌，家里请了雇工，却虐待他们，不给工钱。雇工知道他家非法购买官器，由于怨恨就向上告发了他的儿子。汉景帝把这事交给司法的官吏查办，周亚夫因此五天没吃东西，最后吐血而死。

　　当邓通之幸文帝也，贵在公卿之上，赏赐亿万，与上齐体①。相工相之，曰："当贫贱饿死。"文帝崩，景帝立，通有盗铸钱之罪②，景帝考验③，通亡④，寄死人家⑤，不名一钱⑥。

【注释】

①上：皇帝的称谓。这里指汉文帝。齐体：如同一体。

②盗铸钱：私自铸造钱币。

③考验：查问。

④亡：逃走，逃亡。

⑤寄：寄居。

⑥名：占有。以上事参见《史记·佞幸列传》。

【译文】

　　当邓通被汉文帝宠幸时，富贵超过了一众卿相，受到的赏赐亿万，和皇帝如同一体。相面的人看了他的相，说："命该贫贱饿死。"文帝死后，景帝即位，邓通犯有私铸钱币之罪，景帝查问，邓通逃亡，最终寄居并死在了别人家里，身无分文。

　　韩太傅为诸生时①，借相工五十钱②，与之俱入璧雍之中③，相璧雍弟子谁当贵者。相工指倪宽曰："彼生当贵，秩至三公。"韩生谢遣相工④，通刺倪宽⑤，结胶漆之交⑥，尽筋力之敬，徙舍从宽，深自附纳之⑦。宽尝甚病⑧，韩生养视如仆状⑨，恩深逾于骨肉⑩，后名闻于天下。倪宽位至御史大夫⑪，州郡丞旨召请⑫，擢用举在本朝⑬，遂至太傅。

【注释】

①诸生：东汉博士弟子、太学生的通称。

②借：借给。这里指帮助，送给。

③璧雍：天子所设的太学。以太学前有池如璧之圆，雍之以水，象教化之流行而得名。亦称为"辟雍"。

④谢遣：道谢并送走。

⑤通刺：交换名帖，表示结交。刺，名帖。

⑥胶漆之交：胶和漆，比喻友谊密切。

⑦附纳：交结依附。

⑧甚病：病得很厉害。

⑨养视：养育照看。仆：奴仆。

⑩逾：超过。

⑪御史大夫：官名。秦朝置，汉朝沿用，位上卿，其位仅次于丞相，与丞相（大司徒）、太尉（大司马）合称三公。主要职务是监察、弹劾，兼管重要的图籍秘书。

⑫丞：通"承"，秉承。旨：意。召请：召唤邀请。

⑬擢（zhuó）用：选拔任用。擢，举拔，提升。举：推选，推荐。本朝：朝廷。这里是汉代郡守属官用以称其郡治的称谓。

【译文】

韩太傅做太学生时，给相面人五十文钱，带着他一起进入太学之中，看太学生中谁命该富贵。相面人指着倪宽说："那个学生该富贵，职位会做到三公。"韩生道谢并打发走了相面人，就和倪宽交换名帖，由此结成如胶似漆的友谊，竭尽全力地来敬事倪宽，把住处搬到倪宽附近，刻意地去交结依附。倪宽曾病得很厉害，韩生就像奴仆一样伺候照看他，恩情超过了亲骨肉，后来以此闻名于天下。倪宽官至御史大夫，州郡秉承倪宽之意召请韩生做官，在郡上被提拔重用，最终做到了太傅。

　　夫钳徒、许负及相邓通、倪宽之工①，可谓知命之工矣。故知命之工，察骨体之证，睹富贵贫贱，犹人见盘盂之器，知所设用也②。善器必用贵人，恶器必施贱者，尊鼎不在陪厕之侧③，匏瓜不在堂殿之上④，明矣。富贵之骨，不遇贫贱之苦；贫贱之相，不遭富贵之乐，亦犹此也。器之盛物，有斗石之量，犹人爵有高下之差也⑤。器过其量，物溢弃遗；爵过其差，死亡不存。论命者如比之于器，以察骨体之法，则命在于身形，定矣。

【注释】

①工：指相工。

②设用：使用。

③陪厕：正屋两侧的厢房。

④匏（hù）瓜：葫芦的一种，老熟后可剖制成器具。

⑤差：等级。

【译文】

受钳刑的囚犯、许负以及给邓通、倪宽看相的人，可以说是知道禄命的人了。所以知道禄命的相面之人，观察人的骨法形体的表征，就能看出贫富贵贱，就像人看到盘盂之类的器物，就知道他们的用途一样。精美的器物一定用于富贵之人，粗劣的器物一定用于贫贱之人，尊和鼎不会摆在正屋两侧的厢房，葫芦做的器具不会放在殿堂上，这是很明显的。富贵的骨相，不会遭遇贫贱的痛苦；贫贱的骨相，不会得到富贵的快乐，也是如此。器皿盛东西，有斗与石的容量差别，就像人的爵位有高低的等级。器皿的容积要是超过了，东西就会溢满而流失；爵位如果超过命中注定的等级，就会死亡而不存在。谈论禄命的人如果拿禄命和器皿相比，来考察骨法和形体的道理，那么禄命存在于身体形貌，是肯定的了。

非徒富贵贫贱有骨体也①，而操行清浊亦有法理②。贵贱贫富，命也；操行清浊，性也。非徒命有骨法，性亦有骨法。惟知命有明相③，莫知性有骨法，此见命之表证④，不见性之符验也⑤。

【注释】

①非徒：不仅。

②法理：骨法和皮肤的纹理。

③唯：只。明相：明显的骨相。

④表证：表征，显露于外的征象。

⑤符验：检验而得证实。

【译文】

不仅富贵贫贱有骨法和形体，而且操行的好坏也有骨法和皮肤的纹理。贵贱贫富，是命中注定的；操行的好坏，是禀性决定的。不仅是命有骨法，性也有骨法。只知道命有明显的骨相，不知道性也有骨相，这是看得见命的表征，看不到性的征象啊。

范蠡去越①，自齐遗大夫种书②，曰："飞鸟尽，良弓藏，狡兔死，走犬烹。越王为人，长颈鸟喙③，可与共患难，不可与共荣乐④。子何不去？"大夫种不能去，称病不朝，赐剑而死⑤。

【注释】

①去：离开。

②遗（wèi）：给。大夫种：即文种，字会、伯禽，一作子禽，原为楚国郢（今湖北江陵附近）人，后定居越。春秋末期越国大夫，人称大夫种。助越王勾践灭吴，后受勾践疑忌，被逼自杀。书：书信。

③鸟喙（huì）：鸟嘴。这里形容勾践嘴尖。

④荣乐：荣华逸乐。

⑤赐剑而死：以上事参见《史记·越王勾践世家》。

【译文】

范蠡离开越国，从齐国给大夫文种写信，说："飞鸟灭绝，良弓收藏，狡兔死亡，猎犬烹煮。越王的长相，脖子长嘴巴尖，可以和他共患难，不可以与他共荣华。您为什么还不离开？"文种舍不得离开越国，称病不去上朝，结果被赐剑自杀。

大梁人尉缭①，说秦始皇以并天下之计，始皇从其册②，与之亢礼③，衣服饮食，与之齐同。缭曰："秦王为人，隆准长目④，鸷膺豺声⑤，少恩，虎视狼心。居约⑥，易以下人；得志，亦轻视人⑦。我布衣也，然见我，常身自下我。诚使秦王须得志⑧，天下皆为虏矣⑨。不可与交游。"乃亡去⑩。

【注释】

①大梁：战国时魏都城，在今河南开封。尉缭：名缭，其姓氏不详，因

入秦为国尉,故名尉缭。曾著有《尉缭子》传世。

②册:通"策",计策。

③亢礼:亦作"抗礼""伉礼"。行对等之礼。

④长目:细长的眼睛。

⑤鸷(zhì)膺:胸部像鸷鸟一样突起。鸷,猛禽。豺声:声音像豺狼的嚎叫。

⑥约:穷困。

⑦视:通"蚀",伤害。

⑧须:终于。

⑨虏:奴隶。

⑩乃亡去:以上事参见《史记·秦始皇本纪》。

【译文】

大梁人尉缭,用兼并天下的策略游说秦始皇,秦始皇听从了他的计策,与他行对等之礼,穿的吃的,都和他一样。尉缭说:"秦王的为人,高鼻子细长眼,胸如鸷鸟声若豺狼,没有恩情,像老虎一样凶猛地看人和狼一样心狠。处在不得意的时候,容易屈己尊人;得意时,又会伤害人。我是平头百姓,但是见到我,经常降低自己的身份谦卑地对待我。假使秦王终于得志,天下人都要成为奴隶了。不可与他结交。"于是就逃走了。

故范蠡、尉缭见性行之证,而以定处来事之实①,实有其效,如其法相。由此言之,性命系于形体,明矣。

【注释】

①定处:判断,确定。

【译文】

所以范蠡、尉缭看到越王、秦始皇天性品行的征象,就用来判断未来之事的实情,而且确实有那种效验,同他们的骨相一样。如此说来,一个人的禀性和禄命与他们的形体相貌相关联,这是很明显的。

以尺书所载①,世所共见,准况古今②,不闻者必众多非一,皆有其实。禀气于天,立形于地③,察在地之形,以知在天之命,莫不得其实也。

【注释】

①尺书:即"短书"。

②准况:据此推断。

③立形:成形。

【译文】

根据尺书上记载的,和世人所共同见到的,去推断古代和今世,还未曾听说过的一定很多,但都有其事实。人从上天禀受了气,在地上形成躯体,考察在地上的形体,由此推知从天上禀受的禄命,没有不能了解实情的。

有传孔子相澹台子羽、唐举占蔡泽不验之文①,此失之不审。何隐匿微妙之表也? 相或在内,或在外,或在形体,或在声气。察外者,遗其内;在形体者,亡其声气。孔子适郑②,与弟子相失,孔子独立郑东门。郑人或问子贡曰:"东门有人,其头似尧,其项若皋陶③,肩类子产④。然自腰以下,不及禹三寸,儡儡若丧家之狗⑤。"子贡以告孔子,孔子欣然笑曰:"形状末也。如丧家狗,然哉! 然哉!"⑥夫孔子之相,郑人失其实。郑人不明,法术浅也。孔子之失子羽,唐举惑于蔡泽,犹郑人相孔子,不能具见形状之实也⑦。以貌取人,失于子羽;以言取人,失于宰予也⑧。

【注释】

①澹(tán)台子羽:即澹台灭明,澹台氏,字子羽,鲁国武城(今山东费县)人。孔丘弟子。其因貌丑,孔子以为才薄。后子羽南游至江淮,有弟子三百,以德行著称,孔子闻之感叹不已,说:"以貌取人,失之子羽。"唐举:一作"唐莒",梁(今河南开封)人。战国时相术家,曾给蔡泽占卜,讥笑其相貌不好。蔡泽:战国时燕人。初为策术士,游说诸侯,后入秦国,任秦昭王的相国。

②适:到。郑:春秋时郑国的国都,在今河南新郑。

③皋陶:尧舜时代的贤臣。

④子产(? —前522):即公孙侨、公孙成子,字子产,又字子美。春秋时期郑国著名政治家,外交家。

⑤儽儽(léi):颓丧失意貌。

⑥然哉:以上事参见《史记·孔子世家》。

⑦具:都。

⑧宰予(前522—前458):一名宰我,字我,春秋时鲁国人。孔子弟子,以擅长言语著称。"以貌取人,失于子羽,以言取人,失于宰予也"四句疑为注文,误入正文。

【译文】

有传说孔子给澹台子羽相面、唐举为蔡泽占卜而不应验的文字,这都错在不仔细。为什么精微奥妙的征兆被隐藏起来了呢?骨相有的表现在人体内部,有的存在于人体外表,有的在形体,有的在声音气息。观察外表的,忽略了内部;看到形体的,遗漏了声音气息。孔子到郑国去,和弟子们走散了,孔子一个人站在郑国的东门。有郑国人问子贡说:"东门有一个人,他的头长得像尧,脖子长得像皋陶,肩膀和子产类似。然而自腰以下,比禹短三寸,颓丧失意就像一只丧家狗一样。"子贡把这话告诉了孔子,孔子很高兴地说:"形状未必像。像只丧家狗,是这样,是这样啊!"孔子的相貌,郑国人没看对。郑国人没看对,是因为相术不高明。孔子错看了澹台子羽,唐举被蔡泽所迷惑,就像是郑国人看孔子,不能够把他的形状的真相都看清楚一样。凭相貌判断人,则看错了澹台子羽;凭言论判断人,则看错了宰予。

初禀篇第十二

【题解】

本篇意在说明人之性、命均是胚胎于母体中时一同禀气而成的，因此王者之兴是其命运使然，非为后天行善所致。汉儒将人之性与命分为两端，认为"修己行善，善行闻天，天乃授以帝王之命也"。王充则认为"人生受性，则受命矣。性命俱禀，同时并得，非先禀性，后乃受命也"，决定一个人富贵贫贱的命，是人最初胚胎于母体之中时便禀受自然之气而获得的，因此"上天壹命，王者乃兴，不复更命也"，王者之命与其后天的作为并无关联。至于汉儒认为代表着上天授命的祥瑞，王充认为"自然无为，天之道也"，上天不会因王者之兴而降下祥瑞。帝王兴起时之所以会遇见祥瑞，是因为"吉人举事，无不利者。人徒不召而至，瑞物不招而来，黯然谐合，若或使之"，也只是一种自然巧合。

本篇名为《初禀》，实际上就是为了表示王者之命于其在最初禀气之时便已具备，与其后天的作为无关，因此此篇的的核心内容仍旧是王充认为的命定论。

人生性命当富贵者，初禀自然之气，养育长大，富贵之命效矣。

【译文】

人生下来性与命就该富贵的，最初禀受了自然之气，抚育成长以后，富贵的命就体现出来了。

文王得赤雀[1]，武王得白鱼、赤乌[2]。儒者论之，以为雀则文王受命，鱼、乌则武王受命；文、武受命于天，天用雀与鱼、乌命授之也。天用赤雀命文王，文王不受[3]，天复用鱼、乌命武王也。

【注释】

①文王得赤雀：据《太平御览》卷二十四引《尚书中侯》记载，周文王时，有一只赤色的鸟衔着朱砂写的天书飞到宫门口，书的内容是周当兴，殷将亡。

②武王得白鱼、赤乌：据《史记·周本纪》记载，周武王伐纣，在孟津渡黄河时，有一条白鱼跃入船中。渡河后，一团火降在屋顶上，化作一只红色的乌鸦。预示了武王将灭殷统一天下。

③文王不受：指周文王没来得及伐殷就死了。

【译文】

周文王得到赤雀，周武王得到白鱼、赤乌。儒者说到这些，认为赤雀就是文王受天命的象征，白鱼、赤乌就是武王受天命的象征；文王、武王受命于上天，上天就用赤雀和白鱼、赤乌授命给他们。上天用赤雀授命给文王，文王没来得及伐殷就死了，上天才又用白鱼、赤乌授命给武王。

若此者，谓本无命于天，修己行善[1]，善行闻天[2]，天乃授以帝王之命也，故雀与鱼、乌，天使为王之命也。王所奉以行诛者也[3]。如实论之，非命也。命，谓初所禀得而生也。

人生受性，则受命矣。性命俱禀，同时并得，非先禀性，后乃受命也。何以明之？

【注释】

①修己：修养自身。

②闻天：被天所闻知。

③行诛：讨伐。

【译文】

如此看来，可说本来就不是从上天受命，是靠修养自己的德行做好事，好事被上天得知，天才把帝王的命授给他，所以赤雀与白鱼、赤乌，是天让文王、武王成为帝王的象征。文王和武王就是奉行这种天命来征讨的。按照实情分析，这不是天命。命，是由最初禀受的自然之气而生成的。人生下来得到性时，也就得到了命。性与命一起禀受，同时得到，不是先禀受性，然后才禀受命。怎样证明呢？

弃事尧为司马①，居稷官②，故为后稷。曾孙公刘居邰③，后徙居邠④。后孙古公亶甫三子⑤：太伯、仲雍、季历⑥，季历生文王昌。昌在襁褓之中⑦，圣瑞见矣⑧。故古公曰："我世当有兴者，其在昌乎⑨！"于是太伯知之，乃辞之吴⑩，文身断发⑪，以让王季。文王受命，谓此时也，天命在人本矣⑫，太王古公见之早也。

【注释】

①弃：周人始祖后稷之名。事：侍奉。

②稷官：掌管农业的官。

③公刘：相传为后稷的曾孙。稷子不窋失官，奔戎狄，传至公刘，迁

于邰，始兴周室。邰（tái）：古地名，在今陕西武功西南。

④邠（bīn）：古同"豳"，古地名，在今陕西旬邑西。

⑤古公亶（dǎn）甫：公刘九世孙。初居豳，为戎狄所侵，迁于岐山之下，定国号为周，武王灭商后，追尊为"太王"。

⑥太伯：古公亶甫长子。仲雍：古公亶甫次子，相传他与太伯为了让位给季历，逃到了南方吴越地区。季历：古公亶甫三子，周文王的父亲，武王灭商后，追尊为"王季"。

⑦襁褓（qiǎng bǎo）：背负幼儿的布条和小被，后泛指婴儿。

⑧圣瑞：圣人的吉兆。见：同"现"。

⑨其：也许，大概。

⑩辞：辞别，离开。之：去。

⑪文身断发：古代荆楚、南越一带的习俗。身刺花纹，截短头发，以为可避水中蛟龙的伤害。后常用以指较落后地区的民俗。

⑫本：始，这里指初生之时。

【译文】

弃侍奉尧做了司马，当了稷官，所以被称为后稷。他的曾孙公刘住在邰，后来迁居到邠。其后孙古公亶甫有三个儿子：太伯、仲雍、季历，季历生了文王姬昌。姬昌尚在婴儿时，他要成为圣人的吉兆就已显现了。所以古公说："我们这一代应该有兴盛发达的人，大概就是姬昌吧！"这时候太伯知道了，于是就离家去往吴地，身刺花纹截短头发，以便让位给季历。文王得到天命，说的就是这个时候，禀受天命是在人初生之时，所以太王古公亶甫早就知道了。

　　此犹为未①，文王在母身之中已受命也。王者一受命②，内以为性，外以为体。体者，面辅骨法③，生而禀之。吏秩百石以上④，王侯以下⑤，郎将、大夫⑥，以至元士⑦，外及刺史、太守⑧，居禄秩之吏，禀富贵之命，生而有表见于面，故许负、姑布子卿辄见其验。仕者随秩迁转⑨，迁转之人，或至公卿⑩，命禄尊贵，位望高大⑪。王者尊贵之率⑫，高大之最也。生有高大之命，其时身有尊贵之奇⑬，古公知之，见四乳之怪也⑭。夫四乳，圣人证也，在母身中，禀天圣命，岂长大之后，修行道德，四乳乃生？以四乳论望羊⑮，亦知为胎之时已受之矣。刘媪息于大泽，梦与神遇，遂生高祖，此时已受命也。光武生于济阳宫，夜半无火，内中光明。军下卒苏永谓公曹史充兰曰⑯："此吉事也，毋多言！"此时已受命。独谓文王、武王得赤雀、鱼、乌乃受命，非也。

【注释】

①犹：还。未：不够。

②一：一旦。

③面辅：面颊。辅，人的颊骨。

④吏秩：官吏的俸禄。百石：年俸一百石谷。这里泛指小官。石，古代容积或重量单位，十斗或一百二十市斤为一石。

⑤王：指汉代分封的诸侯王。

⑥郎将：皇帝的侍从武官，负责宿卫、车骑，即郎中令所辖三署的官中郎将、左中郎将、右中郎将，后属光禄勋。大夫：指皇帝的侍从文官，如御史大夫、谏大夫等。

⑦元士：周代称天子之士，为了在名称上区别于诸侯之士，故名元士。这里泛指在朝廷中央任职的低级官吏。

⑧外：京都之外，这里指地方。

⑨秩：次序。迁转：官员升级。

⑩公卿：三公九卿，这里泛指中央机构的高级官员。

⑪位望：地位和声望。

⑫率：表率。

⑬其时：指周文王生下来的时刻。

⑭四乳：四个乳头。传说周文王生有四个乳头。

⑮望羊：同"望阳"。参见《骨相篇》前注。

⑯军下卒：本书《吉验篇》作"马下卒"，参见前注。公曹史：即"功曹史"。公，通"功"。参见本书《吉验篇》注。

【译文】

这样说还不够，其实文王在他母亲体内就已经禀受天命了。王者一旦禀受天命，在内形成性在外形成躯体。躯体，是指面部容貌与骨骼的形状，人生下来就已经禀气形成了。官吏俸禄在一百石以上，王和侯以下，郎将、大夫，直到中央各级官吏，地方上到刺史、太守，凡是吃俸禄的官吏，都禀受了富贵的命，生下来就有表征呈现在面部，所以许负、姑布子卿往往能看出他们的应验之处。做官的人按次序升迁，升迁的人，有的做到了三公九卿，命尊禄贵，地位声望最为崇高。帝王就是命禄尊贵的表率，最为高大。天生有位高名大的命，出生时身体就会显示尊贵奇异之处，古公知道姬昌有尊贵的命，是见到他有四个乳头的奇异现象。四个乳头，就是圣人的预兆，在母体中，禀受上天做圣人的命，哪里是长大之后，修行道德，才长出四个乳头？从文王有四个乳头说到武王眼睛朝上长可以看见太阳，也就知道在怀胎的时候已经禀受天命了。刘媪在大泽边休息，梦见与神交媾，于是生下了汉高祖，这时候就已经受命于天了。汉光武帝生在济阳宫，夜半没有灯火，宫内却一片光明。军下卒苏永对功曹史充兰说："这是吉利的事，不要多说！"这时候就已经受命于天了。只说文王、武王得到赤雀、白鱼、赤乌之后才受命于天，是不对的。

上天壹命，王者乃兴，不复更命也。得富贵大命，自起王矣①。何以验之？富家之翁，赀累千金②，生有富骨，治生积货③,至于年老,成为富翁矣。夫王者,天下之翁也,禀命定于身中④,犹鸟之别雄雌于卵壳之中也⑤。卵壳孕而雌雄生,日月至而骨节强,强则雄,自率将雌⑥。雄非生长之后,或教使为雄,然后乃敢将雌,此气性刚强自为之矣。夫王者,天下之雄也,其命当王,王命定于怀妊⑦,犹富贵骨生,有鸟雄卵成也⑧。非唯人、鸟也,万物皆然。草木生于实核⑨,出土为栽蘖⑩,稍生茎叶,成为长短巨细,皆由实核。王者,长巨之最也。朱草之茎如针⑪,紫芝之栽如豆⑫,成为瑞矣。王者禀气而生,亦犹此也。

【注释】

①起:兴。

②赀(zī):通"资",财产。

③治生:经营产业。

④身:母身,娘胎。

⑤别:区分,决定。

⑥率将:带领。

⑦怀妊:怀胎,妊娠。

⑧有:若,犹。

⑨实核:种子。

⑩栽蘖(niè):幼苗,嫩芽。栽,幼苗,秧子。蘖,草木的嫩芽。

⑪朱草:一种红色的草,古人以为祥瑞之物。

⑫紫芝:真菌的一种,也称木芝,似灵芝,菌盖半圆形。

【译文】

上天授一次命,帝王就兴起了,不再另外受命。得到富贵的大命,自然就兴起做王了。如何证明呢? 富家的老翁,财产累计千金,生来就有富贵的骨相，经营产业囤积货物，到了老年，就成为富翁了。帝王，是天下的主人，禀受天命在母体之中，就像鸟儿在蛋壳中就已经决定了雌雄。鸟在蛋壳里孕育产生雌雄，日月照耀而骨节坚强，雄鸟刚强，就带领雌鸟。雄鸟并不是长大后，有谁指点使它成为雄鸟，然后才敢带领雌鸟，这是气性刚强自然造成的。帝王，是天下杰出的雄性，他命该当帝王，帝王的命在怀孕时就已决定了，就像富贵由骨相生成，若雄鸟在蛋壳中形成一样。不仅人和鸟，万物都是如此。草木由种子长出，出土后成为幼苗，逐渐长出茎叶，长得长短粗细不一，这都是由种子决定的。帝王，好比草木中最长最粗的。朱草在茎细如针，紫芝在苗小如豆之时，就已经成为祥瑞之物了。帝王禀受自然之气出生的时候，也就像它们一样了。

或曰："王者生禀天命，及其将王^①，天复命之。犹公卿以下，诏书封拜^②，乃敢即位。赤雀、鱼、乌，上天封拜之命也。天道人事，有相命使之义^③。"

【注释】

①王（wàng）：做帝王，称王。

②封拜：封爵拜官。

③使：任用，使用。

【译文】

有人说："帝王生下来就禀受了天命，等到他要称王时，天又授命给他。就像公卿以下的官员，有了皇帝诏书封爵拜官，才能就位。赤雀、白鱼、赤乌，就是上天封爵拜官的命令。天道如人事，天对人本就有授命和任用的道理。"

自然无为，天之道也。命文以赤雀，武以白鱼，是有为也。管仲与鲍叔分财，取多，鲍叔不与，管仲不求^①。内有以相知，视彼犹我，取之不疑^②。圣人起王^③，犹管之取财也。朋友彼我，无有授与之义，上天自然，有命使之验，是则天道有为，朋友自然也。当汉祖斩大蛇之时^④，谁使斩者？岂有天道先至，而乃敢斩之哉？勇气奋发，性自然也。夫斩大蛇，诛秦杀项^⑤，同一实也。周之文、武受命伐殷，亦一义也。高祖不受命使之将^⑥，独谓文、武受雀、鱼之命，误矣。

【注释】

①"管仲与鲍叔分财"几句：据《史记·管晏列传》记载，管仲与鲍叔是好友，一起经商，分利时，管仲因为家贫而多拿，鲍叔并不介意，不认为他贪心。与，给予。

②不疑：不在意。

③起王：兴起为王。

④汉祖：即汉高祖。

⑤诛、杀：灭。项：项羽。

⑥之：这里指汉高祖。将：领兵打仗。

【译文】

自然无为，是天道。用赤雀授命文王，以白鱼授命武王，这就是有为了。管仲与鲍叔牙分财物，拿得多了，鲍叔牙没有表示要多给，管仲没有征求他的同意就径自拿走。内心相互理解，看待对方就像看待自己一样，所以管仲多拿了鲍叔牙也不在意。圣人兴起为王，就像管仲多拿财物一样。朋友有你我之分，却没有给予对方东西的道理，上天是自然无为，反而有授命和任使的效验，这就成了天道是有为的，朋友之道却成了自然无为的了。当汉高祖斩杀大蛇的时候，是谁叫他斩杀的？难道有天道先去授命，然后才敢去斩杀？这是他勇气奋发，本性自然如此！斩杀大蛇，灭亡秦朝和项羽，是同样一回事。周朝的文王、武王接受天命讨伐殷商，也是同一个道理。汉高祖不是接受天命让他带兵打仗，却说文王、武王是接受了赤雀、白鱼的天命，这是不对的。

难曰："《康王之诰》曰①：'冒闻于上帝②，帝休③，天乃大命文王。'如无命史④，经何为言'天乃大命文王'⑤？"

【注释】

①《康王之诰》：即《尚书》中的《康诰》，记载康叔受封去卫国前，周公勉励告诫他要治理好国家。康王，周文王第九子，周武王之弟，卫国第一任国君。

②冒：通"懋"，勉力。上帝：即天帝，殷周时期的最高至上神。

③休：喜欢。

④史：同"使"。

⑤经：这里指《尚书》。

【译文】

有人责难说："《康诰》上说：'文王的勤勉上闻于天帝，天帝很高兴，就降大命给文王。'如果没有天的授命和任用，经书为什么说'天就降大命给文王'？"

所谓"大命"者，非天乃命文王也，圣人动作①，天命之意也，与天合同，若天使之矣。《书》方激劝康叔②，勉使为善，故言文王行道，上闻于天，天乃大命之也。《诗》曰："乃眷西顾，此惟予度③。"与此同义。天无头面，眷顾如何？人有顾睨④，以人效天⑤，事易见，故曰"眷顾"。"天乃大命文王"，眷顾之义，实天不命也。何以验之？"夫大人与天地合其德，与日月合其明，与四时合其序，与鬼神合其吉凶，先天而天不违，后天而奉天时⑥。"如必须天有命⑦，乃以从事，安得先天而后天乎？以其不待天命，直以心发，故有"先天""后天"之勤⑧。言合天时，故有"不违""奉天"之文。《论语》曰："大哉！尧之为君！唯天为大，唯尧则之⑨。"王者则天不违，奉天之义也。推自然之性，与天合同，是则所谓"大命文王"也。自文王意，文王自为，非天驱赤雀，使告文王，云当为王，乃敢起也。然则文王赤雀及武王白鱼，非天之命，昌炽祐也⑩。

【注释】

①动作：行为举止，一举一动。

②方：正。激劝：激发鼓励。

③"《诗》曰"几句：今本《诗经·大雅·皇矣》作"乃眷西顾，此惟与宅"。眷，眷念，关心。顾，看。惟，语助词。予，我。度（duó），思忖，考虑。

④顾睨（nì）：回视，环视。睨，斜着眼睛看。

⑤效：证明，说明。

⑥"夫大人与天地合其德"几句：参见《周易·乾卦·文言》。大人，这里指圣王。序，次序。

⑦须：等待。

⑧勤：疑为"动（動）"字，形近而误。

⑨"《论语》曰"几句：参见《论语·泰伯》。则，效法。

⑩昌炽：兴旺，昌盛。祐：福佑，这里指祥瑞。

【译文】

所谓"大命"，并不是天有意授命文王，圣人的一举一动，本来就是天命的内容，因为与天一致，所以看起来就像是天有意指使一样。《尚书》正是激发鼓励康叔，勉励他做好事，所以说文王施行道义，上达于天，天就降大命给他。《诗经》说："上帝关心地向西注视，认为这才是我考虑授命的地方。"这与《尚书》说的是一个意思。天没有头，没有脸，怎么能关心地注视呢？人可以环视左右，用人来比喻天，事情容易弄明白，所以说"眷顾"。"天就降大命给文王"，是"眷顾"的意思，实际上天是不能有意授命的。怎样来证明呢？"圣王的德性与天地相合，贤明与日月相配，政令与四季相顺，赏罚与神鬼相一致，先于天意行动而与天不违背，后于天意行动而能遵循天时。"如果一定要等待天来授命，才有所行动，哪还说得上先于天意或后于天意呢？因为他不等待天来授命，直接发自内心，所以才有"先于天意"或"后于天意"的行动。说他的行动符合天时，所以才有"不违背天""遵循天时"的文字记载。《论语》说："伟大啊，尧这样的君主！只有天是最伟大的，只有尧能效法它。"帝王效法天而不违背天意，这是遵循天的道理。推行自然的本性，和天道相合，这就是所谓的"降大命给文王"。这是文王根据自己的意愿，文王自己的行动，并不是上天驱使赤雀，让它告诉文王，说你该当王了，他才敢兴起当王。这样说来文王的赤雀以及武王的白鱼，并不是天有意授命，而是象征兴旺昌盛的祥瑞啊。

　　吉人举事①，无不利者。人徒不召而至②，瑞物不招而来③，黯然谐合④，若或使之。出门闻告⑤，顾睨见善，自然道也。文王当兴，赤雀适来⑥；鱼跃乌飞，武王偶见。非天使雀至、白鱼来也，吉物动飞，而圣遇也。白鱼入于王舟，王阳曰⑦："偶适也。"光禄大夫刘琨⑧，前为弘农太守，虎渡河⑨。光武皇帝曰："偶适自然，非或使之也。"故夫王阳之言"适"，光武之曰"偶"，可谓合于自然也。

【注释】

①举事：做事。

②人徒：民众。

③瑞物：象征吉祥之物。

④黯：同"暗"，暗中。谐合：和合。

⑤告：疑为"吉"字，形近而误。

⑥适：刚好。

⑦王阳：名吉，字子阳，汉皋虞（今山东即墨东北）人。西汉宣帝时任博士、刺史。

⑧光禄大夫：官名。始于西汉，汉武帝改秦之中大夫为光禄大夫，掌议论应对，为朝廷之顾问官。刘琨：字桓公，两汉之际陈留东昏（今河南兰考北）人。《后汉书·儒林列传》作"刘昆"。

⑨虎渡河：据《后汉书·儒林列传》记载，刘琨在弘农太守任上，行仁政，感动老虎负子渡河离境。

【译文】

吉祥的人做事情，没有不顺利的。民众不用召唤就会来到，祥瑞不用招致就会来，暗中和谐一致，就像有人指使一样。出门就能听到吉利的消息，环顾四周就能看到好的事物，这是自然而然的道理。周文王该当兴起，赤雀恰好飞来；白鱼跳上船赤乌飞上屋，周武王刚好碰上。这不是上天指使赤雀、白鱼到来，而是这些吉祥之物走动飞行，圣人刚好遇到了。白鱼跳进武王的舟中，王阳说："这是偶然。"光禄大夫刘琨，以前做弘农太守时行仁政，感动老虎背着虎仔渡河离境。汉光武皇帝说："碰巧自然这样，并非有人驱使它们。"所以王阳说的"偶然"，汉光武帝说的"碰巧"，这可以说与自然完全符合。

本性篇第十三

【题解】

本篇意在论述王充自己关于人性的看法。王充在本篇中剖析了历代学者对于人性的论说，认为不论是孟子的性善论，荀子的性恶论，告不害的人性无善无恶论，扬雄的人性善恶相混论，对于人性的本质都"莫能实定"。而王充自己则根据孔子"惟上智与下愚不移"，"中人以上，可以语上也；中人以下，不可以语上也"的说法，认为"人性有善有恶，犹人才有高有下也"。而孟子、告不害与荀子是因为仅关注到三品之性中的"上智"、"中人"或"下愚"的一个部分，才会得出片面的结论。

但王充在此对于人性论的看法，正与其在《率性篇》中提出的"其恶者，故可教告率勉，使之为善"，即性恶之人可教化为善的观点相冲突，所以说王充看似是调和诸家，实则是陷入了自相矛盾的境地。

情性者①，人治之本②，礼乐所由生也。故原情性之极③，礼为之防④，乐为之节⑤。性有卑谦辞让，故制礼以适其宜⑥；情有好恶喜怒哀乐，故作乐以通其敬⑦。礼所以制，乐所为作者，情与性也。昔儒旧生，著作篇章，莫不论说，莫能实定。

【注释】

①情:指人的喜怒哀乐等情感。性:指人先天具有的道德属性。王充认为,情和性都是人在母体内由于承受了厚薄不同的气所形成的。

②人治:即"治人",治理人。本:根据。

③原:考察。极:根本。

④防:防范。

⑤节:节度,制约。以上参见《白虎通义·礼乐》。

⑥适:切合,相合。宜:通"仪",法度,标准。

⑦通:引导,达到。敬:恭敬,端肃。

【译文】

性情,是治理人的根据,礼乐制度由此制定产生。所以考察情性的根本,用礼作为防范,用乐作为节制。性有卑谦辞让,所以制定礼来使它符合标准;情有好恶喜怒哀乐,所以制定乐来使之达到恭敬端肃。礼之所以创制,乐之所以创作的根据,就是情和性。过去的儒生,写文章,没有不讨论的,却没有谁能得出正确的答案。

周人世硕以为①,"人性有善有恶,举人之善性②,养而致之则善长③;恶性④,养而致之则恶长"。如此,则性各有阴阳⑤,善恶在所养焉。故世子作《养性书》一篇⑥。密子贱、漆雕开、公孙尼子之徒⑦,亦论情性,与世子相出入⑧,皆言性有善有恶。

【注释】

①世硕:孔子弟子,亦称世子。

②举:拿,取。

③养:培养。致:成。长:滋生。

④恶性：底本作"性恶"，《玉海》卷五十三引《论衡》文作"恶性"，据改。

⑤则性各有阴阳：《玉海》卷五十三引《论衡》文"性"前有"情"字。阴阳，指事物正反两个方面，这里指情性的善恶。

⑥世子：指世硕。《养性书》：底本作"《养书》"，《玉海》卷五十三引《论衡》文作《养性书》，据补。《养性书》，世硕著作，今已失传。

⑦密子贱：亦作"宓（fú）子贱"，宓姓，名不齐，字子贱，春秋时鲁人。孔子弟子。漆雕开：姓漆雕，名开，字子开。本名为启，汉人避讳改启为开。春秋末鲁国人，一说为蔡人。孔子弟子。公孙尼子：孔子的再传弟子，战国初人。

⑧出入：不一致，不相符。

【译文】

周朝人世硕认为，"人的本性有善的一面也有恶的一面，取人善良的本性，加以培养完成，善良的本性就会滋长；取人恶的本性，加以培养和引导，恶的本性就会滋长"。这样说来，情性各有正反两面，是善还是恶在于如何培养。所以世硕作《养性书》一篇。密子贱、漆雕开、公孙尼子这些人，也论述过情性，和世子不一致，但都说人性有善恶两个方面。

孟子作《性善》之篇①，以为"人性皆善，及其不善②，物乱之也"。谓人生于天地，皆禀善性，长大与物交接者，放纵悖乱③，不善日以生矣。

【注释】

①《性善》：据说是《孟子》中的一篇，一般被认为是后人的伪作，今已失传。这里王充引用的内容与今本《孟子》中关于性善的思想是一致的。

②及：至于。

③悖乱：违逆作乱。

【译文】

　　孟子作《性善》篇，认为"人的本性都是善的，至于不善的地方，都是受到了外界事物的扰乱"。说人由天地所生，都禀受了善良的本性，长大后与外界事物相接触，才放纵胡为，恶劣品质日渐滋长。

　　若孟子之言，人幼小之时，无有不善也。微子曰："我旧云孩子，王子不出①。"纣为孩子之时，微子睹其不善之性，性恶不出众庶②，长大为乱不变，故云也。羊舌食我初生之时③，叔姬视之④，及堂⑤，闻其啼声而还，曰："其声，豺狼之声也。野心无亲⑥，非是莫灭羊舌氏。"遂不肯见。及长，祁胜为乱⑦，食我与焉⑧。国人杀食我，羊舌氏由是灭矣⑨。纣之恶，在孩子之时；食我之乱，见始生之声。孩子始生，未与物接，谁令悖者？丹朱生于唐宫，商均生于虞室。唐、虞之时，可比屋而封，所与接者，必多善矣。二帝之旁，必多贤也。然而丹朱傲⑩，商均虐，并失帝统⑪，历世为戒⑫。且孟子相人以眸子焉⑬，心清而眸子瞭⑭，心浊而眸子眊⑮。人生目辄眊瞭⑯，眊瞭禀之于天，不同气也，非幼小之时瞭，长大与人接乃更眊也。性本自然，善恶有质⑰。

【注释】

①"微子曰"几句：参见《尚书·微子》。旧，过去。云，说，评论。
　王子，指殷纣王。出，出众。

②众庶：一般人。

③羊舌食我（？—前514）：姓羊舌，名食我，字伯石，也称杨食我、杨

石,春秋时晋国大夫羊舌肸(叔向)之子。

④叔姬:春秋时晋国大夫羊舌子妻,叔向母。

⑤堂:堂屋,正房。

⑥野心:犹言野性,放纵不可制伏的性子。无亲:六亲不认。

⑦祁胜:春秋时晋国大夫祁盈的家臣。鲁昭公二十八年(前514)晋
国执政大夫魏献子(舒)将祁氏、羊舌氏之田分而设县,重新任命
官吏。这年夏,晋大夫祁盈因家臣祁胜与邬臧通室(换妻),欲执
祁胜,反被祁胜诬告,晋侯执祁盈。为此祁盈的家臣杀了祁胜、邬
臧,晋侯杀祁盈与其同党羊舌食我。经过这场变乱,祁氏、羊舌氏
两家就此被灭。

⑧与:参与。

⑨由是:因此。以上事参见《左传·昭公二十八年》。

⑩慠(ào):同"傲",傲慢。

⑪帝统:帝位。

⑫历世:世世代代。

⑬相:看,观察。眸子:瞳仁。

⑭瞭:眼睛明亮。

⑮眊(mào):眼睛浑浊。

⑯辄:就。

⑰质:质地。这里指人生来所禀受的气的性质。

【译文】

像孟子说的,人在幼儿时期,没有不性善的。微子却说:"我过去评
论孩子时说过,王子并不比一般孩子好。"纣王还是孩子的时候,微子就
看出了他不良的本性,禀性恶劣不比一般人好,长大后胡作非为没有改
变,所以微子这样说。羊舌食我刚出生时,祖母叔姬去看他,刚走到正
房,听到他的哭声就往回走,说:"他的哭声,是豺狼的叫声。放纵不驯
六亲不认,除了他没有谁能灭亡羊舌氏的。"于是不肯见他。等长大后,

祁胜作乱,羊舌食我参与其中。国人杀了羊舌食我,羊舌氏因此灭亡了。纣王的恶劣品质,表现在孩子的时候;羊舌食我参与作乱,表现在出生时的哭声。孩子刚生下来,没有和外界事物接触,谁会让他乱来?丹朱出生于尧的宫里,商均生在舜的屋里。尧、舜的时代,可以挨家挨户地封爵,和他们接触的人,一定大多是善良的人。尧、舜二帝身旁,必定有很多贤人。然而丹朱傲慢,商均暴虐,他们都失去了帝位,成为历代人们的鉴戒。况且孟子是根据人的瞳仁来观察人,认为心地清明的人瞳仁就清澈,内心污浊的人瞳仁就浑浊。人生下来眼睛就有清澈或浑浊,清澈或浑浊是从上天禀受而来,是承受了不同的气形成的,不是幼小的时候就清澈,长大后与人交往才变得浑浊的。天性本是自然的,善恶是由承受的气的性质决定的。

孟子之言情性,未为实也。然而性善之论,亦有所缘①。一岁婴儿②,无争夺之心,长大之后,或渐利色③,狂心悖行,由此生也。

【注释】

①缘:缘故,依据。

②一岁婴儿:此句之前有"或仁或义,性术乖也。动作趋翔,性识诡也。面色或白或黑,身形或长或短,至老极死,不可变易,天性然也。皆知水土物器形性不同,而莫知善恶禀之异也",其中"或仁或义……天性然也"四十字,与本篇末端重复,此句之后"皆知水土物器……禀之异也"十九字,相应随上句移至本篇末段。

③渐:浸染。

【译文】

孟子论说的情性,并不符合实际情况。然而人本性善良的观点,也有所依据。一岁大的婴儿,没有争夺的心思,长大以后,有的浸染了自私与色欲,放纵的思想和胡乱的行为,便由此产生。

　　告子与孟生同时①,其论性无善恶之分,譬之湍水②,决之东则东③,决之西则西,夫水无分于东西,犹人无分于善恶也。

【注释】

　　①告子:名不害,战国时思想家,约与孟子同时,主张人之性无善恶。

　　②譬:比喻。湍水:流得很快的水。

　　③决:疏通水道,使水流出。

【译文】

　　告子和孟子生于同一个时代,他论述人性没有善恶的区分,比如湍急的流水,在东边挖个缺口就往东边流,往西边挖个缺口就往西边流,水本来是没有东流和西流的区别的,就像是人性不分善恶一样。

　　夫告子之言,谓人之性与水同也。使性若水①,可以水喻性,犹金之为金,木之为木也。人善因善,恶亦因恶,初禀天然之姿②,受纯壹之质③,故生而兆见④,善恶可察。无分于善恶,可推移者⑤,谓中人也⑥。不善不恶,须教成者也⑦。故孔子曰:"中人以上,可以语上也;中人以下,不可以语上也。"⑧告子之以决水喻者,徒谓中人⑨,不指极善极恶也。孔子曰:"性相近也,习相远也。"⑩夫中人之性,在所习焉。习善而为善,习恶而为恶也。至于极善极恶,非复在习。故孔子曰:"惟上智与下愚不移。"⑪性有善不善,圣化贤教,不能复移易也。孔子,道德之祖,诸子之中最卓者也,而曰"上智下愚不移",故知告子之言,未得实也。

【注释】

①使:假使。

②姿:天资,资质。

③纯壹:精纯不杂。

④兆:征兆,迹象。

⑤推移:变迁,转换。

⑥中人:平常人,普通人。

⑦须:等待。教:教化。

⑧"故孔子曰"几句:参见《论语·雍也》。

⑨徒:仅仅。

⑩"孔子曰"几句:参见《论语·阳货》。

⑪"故孔子曰"二句:参见《论语·阳货》。

【译文】

　　告子的话,是说人的本性与水相同。假使人性像水,可以用水来比喻人性的话,那么就像金之成为金是由于本性是金,木之成为木是由于本性是木一样。人善是由于本性是善的,人恶也是由于本性是恶的,人在一开始禀受自然的天性,接受精纯的资质,所以生下来就有征兆呈现,善恶可以辨识。人性没有善恶的区分,而可以被改变的,是普通人。他们无所谓善恶,要等待教化才能成为性善的人。所以孔子说:"中等水平以上的人,可以和他讲高深的学问;中等水平以下的人,不可以和他讲高深的学问。"告子用决水所比喻的性,仅仅是指普通人的性,不是指最善或最恶的人。孔子说:"人的本性是相近的,而后天养成的习性差异很大。"普通人的本性,在于后天的习性。学好就成为好人,学坏就成为坏人。至于最善或最恶的人,那就不再决定于习气。所以孔子说:"只有上等的智者与下等的愚人是改变不了的。"人性有善有恶,即使有圣贤教化,也不能再改变。孔子,是道德的宗师,诸子中最卓越的人,他都说"上等的智者与下等的愚人改变不了",可见告子的话,不符合实际。

夫告子之言,亦有缘也。《诗》曰:"彼姝之子,何以与之?"①其传曰②:"譬犹练丝③,染之蓝则青④,染之朱则赤⑤。"夫决水使之东西,犹染丝令之青赤也。丹朱、商均已染于唐、虞之化矣,然而丹朱傲而商均虐者,至恶之质,不受蓝朱变也。

【注释】

①"《诗》曰"几句:参见《诗经·鄘风·干旄》。姝(shū)之,今本《诗经》作"姝者"。

②传:这里指对《诗经》的注释。

③练丝:未染色的熟丝。

④蓝:一种制造靛青染料的草。

⑤朱:朱砂,可以作为红色的染料。

【译文】

告子的话,也有原因。《诗经》说:"那位忠顺的贤士,拿什么去回报他呢?"其注释说:"比如像熟白丝,用靛青来染就成为青色,用朱砂来染就成为红色。"挖个缺口让水往东或往西流,就像染丝使它变成青色或红色一样。丹朱和商均都已经浸染于尧、舜的教化,但是丹朱傲慢而商均暴虐,可见最恶劣的本质,是不会接受像白丝被染成青色或红色那种改变的。

孙卿有反孟子①,作《性恶》之篇②,以为"人性恶,其善者,伪也"③。性恶者,以为人生皆得恶性也;伪者,长大之后,勉使为善也④。

【注释】

①孙卿：即荀况，战国赵人。战国末期著名思想家、教育家。世称荀卿，汉时为避汉宣帝刘询讳谓之孙卿。有：通"又"。

②《性恶》：《荀子》中的一篇。荀子认为人性本来是恶的，必须以礼仪刑法治之，才能使之改恶从善。

③伪：人为。

④勉：努力。

【译文】

荀子又与孟子相反，写了《性恶》篇，认为"人性本来是恶的，有好的品性，是人为的结果"。性恶的观点，认为人生来都有恶劣的本性；所谓人为，是指长大以后，努力使自己行为善良。

　　若孙卿之言，人幼小无有善也。后稷为儿①，以种树为戏；孔子能行②，以俎豆为弄③。石生而坚，兰生而香。禀善气，长大就成④。故种树之戏，为唐司马⑤；俎豆之弄，为周圣师。禀兰石之性，故有坚香之验。夫孙卿之言，未为得实。

【注释】

①后稷为儿：底本无"后"，据《太平御览》卷八百二十三引《论衡》文补。

②能行：指刚会走路。

③俎（zǔ）豆：古代祭祀用的器具。俎，方形，载牲之具，青铜制，也有木制漆饰的。豆，圆形高足的盘，用以盛食物。弄：游戏。

④就成：造就，养成。

⑤唐：唐尧。

【译文】

如果像荀子所说，人幼小的时候没有善性。后稷还是孩子时，把种植当游戏；孔子刚会走路的时候，以摆设祭器为游戏。石头生来坚硬，兰草生来芳香。人生下来就已禀受善良之气，长大以后就成为善人。所以种植的游戏，让后稷做了尧的司马；摆设祭器的游戏，让孔子成为周的圣贤之师。禀受兰草和石头的本性，所以有坚硬和芳香的表现。所以荀子的说法，不符合事实。

　　然而性恶之言，有缘也。一岁婴儿，无推让之心^①，见食，号欲食之^②；睹好，啼欲玩之。长大之后，禁情割欲，勉厉为善矣。刘子政非之曰^③："如此，则天无气也。阴阳善恶不相当^④，则人之为善，安从生？"

【注释】

①推让：逊让，推辞。

②号（háo）：大声哭。

③刘子政（约前77—前6）：即刘向，字子政，本名更生，汉沛县（今江苏沛县）人。汉高祖弟楚元王刘交的第四代孙。著名经学家、文学家。

④相当：相应。

【译文】

　　然而性恶的说法，也是有缘由的。一岁大的婴儿，没有逊让推辞的思想，一看见食物，就哭叫着想吃它；一看见好玩的，就啼哭着想玩它。长大以后，克制情感去掉私欲，努力磨炼成为善良的人。刘向指责说："像这样，那么天就没有正常的气。阴与阳、善与恶根本不相对应，那么人表现出来的善良，又是从哪里来的呢？"

　　陆贾曰："天地生人也，以礼义之性。人能察己所以受命则顺,顺之谓道。"夫陆贾知人礼义为性,人亦能察己所以受命。性善者,不待察而自善①;性恶者,虽能察之,犹背礼畔义②。义挹于善③,不能为也。故贪者能言廉,乱者能言治。盗跖非人之窃也④,庄跷刺人之滥也⑤。明能察己,口能论贤,性恶不为,何益于善? 陆贾之言,未能得实。

【注释】

①待:需要。

②畔:通"叛"。

③挹(yì):汲取。

④非:指责,责备。

⑤刺:讥讽。滥:贪婪。

【译文】

陆贾说:"天地产生了人,就赋予他礼义的本性。人能认识到自己的礼义之性是从天地那里得到的就能顺应它,能顺应它就叫道。"陆贾知道人生下来就有礼义之性,人也能认识到自己是从天地那里接受的礼义之性。性善的人,不必认识就能自然从善;性恶的人,即便认识到了,仍然会违背礼义。礼义来自人的善性,不是靠人为得到的。所以贪婪的人会谈论廉洁,作乱的人能谈论安定。盗跖会指责偷窃行为,庄跷会斥责别人贪婪。他们都能够明察自己,嘴里会谈论圣贤的道理,却因为本性恶劣自己不能实行,这对于从善有什么好处呢? 可见陆贾的话,不能符合实际。

　　董仲舒览孙、孟之书①,作情性之说曰:"天之大经,一阴一阳。人之大经,一情一性。性生于阳,情生于阴。阴气鄙,阳气仁。曰性善者,是见其阳也;谓恶者,是见其阴者也。"②若仲舒之言,谓孟子见其阳,孙卿见其阴也。处二家各有见,可也。不处人情性情性有善有恶③,未也。夫人情性,同生于阴阳,其生于阴阳,有渥有泊。玉生于石,有纯有驳④,情性于阴阳⑤,安能纯善? 仲舒之言,未能得实。

【注释】

①董仲舒(前179—前104):广川(今河北枣强东)人。西汉名儒,提倡独尊儒术,著有《春秋繁露》等书。

②"作情性之说曰"几句:引文不见于现存董仲舒的书,大意可参见《春秋繁露·深察名号》。大经,根本。鄙,低劣,卑下。

③不处人情性情性有善有恶:"情性"二字重出,疑为衍文。

④驳:驳杂,不纯。

⑤情性于阴阳:上文言"情性生于阴阳",疑此处"于"字前脱"生"字。

【译文】

董仲舒看了荀子、孟子的书,提出了情性的观点,说:"天的常道,是一阴一阳。人的常道,是有情有性。人性生于阳,人情生于阴。阴气卑劣,阳气仁义。说性善的人,是看见了它阳的一面;说性恶的人,是看到了它阴的一面。"按照董仲舒的说法,认为孟子只看到阳的一面,荀子只看到阴的一面。判定他们两家各有所见,是可以的。但不分析人的情性有善有恶,是不对的。人的情性,同时产生于阴阳,但它产生于阴阳有厚有薄。像玉石生于石中,有的纯一有的斑驳,人的情性生于阴阳,怎么能是纯粹善良的呢? 董仲舒的话,不符合实际。

刘子政曰:"性,生而然者也,在于身而不发①;情,接于物而然者也②,出形于外③。形外则谓之阳,不发者则谓之阴。"夫子政之言,谓性在身而不发。情接于物,形出于外,故谓之阳;性不发,不与物接,故谓之阴。夫如子政之言,乃谓情为阳、性为阴也。不据本所生起,苟以形出与不发见定阴阳也。必以形出为阳,性亦与物接,造次必于是④,颠沛必于是⑤。恻隐不忍⑥,不忍仁之气也;卑谦辞让,性之发也,有与接会,故恻隐卑谦,形出于外。谓性在内,不与物接,恐非其实。不论性之善恶,徒议外内阴阳,理难以知。且从子政之言,以性为阴,情为阳,夫人禀情⑦,竟有善恶不也⑧?

【注释】

①发:表露。

②接:接触。

③出形于外:据下文"形出于外"疑此处"出形"为"形出"之误倒。出,显现。

④造次:仓猝,匆忙。

⑤颠沛:受磨难、挫折。

⑥恻隐:怜悯。不忍:不忍心。

⑦夫人禀情:据文意,疑"情"字当为"性"字之误。

⑧不:同"否"。

【译文】

刘向说:"人性,是生下来就如此,存在于身体里而不表露出来;人情,是和外界事物接触而形成的,显现在身体外面。显现在身体外面所以叫阳,存在于身体里不表露出来所以叫阴。"照刘向的说法,认为人性存在于身体里而不表露出来。人情和外界事物接触,显现在身体外面,所以叫阳;人性不外露,不与外界事物接触,所以叫阴。照刘向所说,是称人情为阳,人性为阴。这是不根据情性所产生的根源,只根据外露或不外露来判定是阴是阳。一定要把外露说成是阳,人性也与外界事物接触，仓促匆忙间与它同在，困顿挫折时也与它同在。怜悯不忍心，是秉承仁之气的表现；谦卑辞让，是人性的表现，由于有外界事物与它接触，所以怜悯谦卑，在身体外部表现出来。说人性在身体里存在，不与外界事物接触，恐怕不是事实。不说人性的善与恶，而只是谈论它的内藏外露是阴是阳，道理很难弄清楚。况且按刘向的说法，以人性为阴，人情为阳，那么人禀受自然之气形成的本性，究竟还有没有善恶呢？

　　自孟子以下至刘子政，鸿儒博生①，闻见多矣，然而论情性，竟无定是。唯世硕儒、公孙尼子之徒②，颇得其正。由此言之，事易知，道难论也。酆文茂记③，繁如荣华④；恢谐剧谈⑤，甘如饴蜜，未必得实。

【注释】

①鸿儒博生：学问渊博的儒生。

②唯世硕儒：据文意，疑"儒"字当为衍文。

③酆文茂记：内容丰富的文章和书籍。酆，通"丰"。

④荣华：茂盛的花朵。华，花。

⑤恢谐：谈吐幽默风趣。恢，同"诙"。剧谈：畅谈。

【译文】

从孟子以下到刘向，都是学问渊博的儒生，见闻广博得很，然而论说人的情性，竟然没有判断准确。唯有世硕、公孙尼子这些人，比较接近正确。由此说来，事情容易了解，道理却难说清。内容丰富的文章和书籍，多得像盛开的花朵一样；诙谐流畅的谈论，甜得像饴糖蜂蜜一样，却不见得符合事实。

　　实者①，人性有善有恶，犹人才有高有下也。高不可下,下不可高。谓性无善恶,是谓人才无高下也。禀性受命,同一实也①。命有贵贱,性有善恶。谓性无善恶,是谓人命无贵贱也。九州田土之性②,善恶不均③。故有黄赤黑之别,上中下之差;水潦不同④,故有清浊之流,东西南北之趋。人禀天地之性,怀五常之气,或仁或义,性术乖也⑤;动作趋翔⑥,或重或轻,性识诡也⑦。面色或白或黑,身形或长或短,至老极死,不可变易,天性然也。皆知水土物器形性不同,而莫知善恶禀之异也。

【注释】

①实者:实际上。

②九州:我国古代分天下为九个行政区,称为"九州",后用作中国的代称。

③善恶:这里指好坏。

④水潦:地面的积水,这里指水源。

⑤性术:情性的表现形式。乖:不同。

⑥趋翔:此指动作的快慢。趋,快步走。翔,回翔,这里指缓慢的意思。

⑦识:识别,觉察。这里指判断能力。诡:不同。

【译文】

实际上,人性有善有恶,就像人的才能有高有低一样。高超的不能说他低下,低下的不能说他高超。认为人性没有善恶,等于说人的才能没有高低一样。禀承天性接受天命,实际上是一样的。命有贵有贱,性有善有恶。认为人性没有善与恶,等于说人的命没有贵贱。九州大地田土的性质,好坏不同。所以有黄、赤、黑的土色分别,上、中、下土质的差别;水源不同,所以有或清或浊的水流,有东西南北不同的流向。人禀受天地之性,心怀仁、义、礼、智、信五常之气,有的人仁有的人义,那是情性的表现形式不同；遇事动作或机警或迟缓，有人严重有人轻微，是天生判断力不同。脸上的颜色有的白有的黑，身材有的高有的矮，到老到死都不会改变，这是因为天性如此。人们都知道水、土、物、器的形状与特性不同，却不知道人性的善恶是由于禀受的气有所不同。

余固以孟轲言人性善者^①，中人以上者也；孙卿言人性恶者，中人以下者也；扬雄言人性善恶混者，中人也。若反经合道^②，则可以为教；尽性之理^③，则未也。

【注释】

①固：本，原来。

②反：同"返"，回到，符合。

③尽：穷尽，充分阐明。

【译文】

我本就认为孟子所说的性善的人，是具有中等才智以上的人；荀子所说的性恶的人，是中等才智以下的人；扬雄说一个人身上同时具有善和恶两个方面，是中等才智的人。如果是为了让人们的行为与经书、道义相符合，那么以上诸说都可以用作施行教化的依据；但是就充分阐明人性的道理而言，以上的说法都是不够的。

物势篇第十四

【题解】

本篇意在驳斥儒生提出的天地是有意识地创造万物这一说法。"物"指人与自然界的万物,"势"指人与万物由于自然禀赋不同而在相对情况下具有的优势或劣势。汉儒认为"天地故生人"。不仅如此,上天还有意用"五行之气生万物",人则可以通过五行相胜的原理,使万物"相贼害",从而"用万物作万事"。王充则在文中通过列举大量事例证明"天地合气,物偶自生",而万物与人"皆一实也"。至于万物相制服、相吞食、相残害,则是因为它们自身的禀赋存在差异,"物之相胜,或以筋力,或以气势,或以巧便",并非是上天以五行相胜的原理有意安排的。

儒者论曰:"天地故生人①。"此言妄也。夫天地合气,人偶自生也②;犹夫妇合气,子则自生也。夫妇合气,非当时欲得生子,情欲动而合,合而生子矣。且夫妇不故生子,以知天地不故生人也。然则人生于天地也,犹鱼之于渊③,虮虱之于人也④。因气而生⑤,种类相产⑥,万物生天地之间,皆一实也。

【注释】

①故：有意地，有意识地。

②偶：偶然地。

③之：《太平御览》卷九百一十一引《论衡》文作"生"，疑"之"为
"生"字之误。下句"之"字亦同。

④虮（jǐ）虱：虱子。虮，虱子卵。

⑤因：凭借。

⑥产：繁殖。

【译文】

儒生谈论说："天地是有意识地创造人。"这话虚妄不实。天上的地下的气相互结合，人就偶然自己产生了；就像丈夫和妻子的气相结合，孩子就自然出生一样。丈夫与妻子的气相结合，并不是当时想要生孩子，而是因情欲的催动而交合，交合就生下孩子。夫妻不是有意地生孩子，由此可知天地也不是有意地创造人。那么人生于天地之间，就像鱼生在深水里，虮虱长在人身上一样。凭借气而产生，同种类相繁殖，万物生于天地之间，都是同样的情况。

传曰①："天地不故生人，人偶自生。若此，论事者何故云'天地为炉，万物为铜，阴阳为火，造化为工'乎②？案陶冶者之用火烁铜燔器③，故为之也；而云天地不故生人，人偶自生耳，可谓陶冶者不故为器，而器偶自成乎？夫比不应事④，未可谓喻⑤；文不称实，未可谓是也。"

【注释】

①传：据文例，疑为"或"字之误。

②"天地为炉"几句：参见贾谊《鵩鸟赋》。原文作"天地为炉，造化

为工，阴阳为炭，万物为铜"。造化，化育万物的大自然。

③用火烁铜燔（fán）器：用火铸造铜器烧制陶器。烁，通"铄"，销毁，熔化。燔，焚烧。

④比：比喻，打比方。应：符合。

⑤喻：明白，清楚。

【译文】

有人说："天地不是有意地创造人，人是自己偶然产生的。如果是这样，讨论这类事情的人为何要说'天地像熔炉，万物如炼出来的铜，阴阳二气像火，大自然是工匠'呢？考察制陶和冶金工人用火铸造铜器烧制陶器，是有意做成的；却说天地不是有意创造人，人是自己偶然产生的，难道说制陶和冶金工人不是有意制造器物，而器物是自己偶然产生的吗？打比方与事实不相符，不能算讲清楚了；写文章与事实不相称，不能说是正确的。"

曰①：是喻人禀气不能纯一②，若烁铜之下形③，燔器之得火也，非谓天地生人与陶冶同也。兴喻④，人皆引人事。人事有体，不可断绝。以目视头，头不得不动；以手相足⑤，足不得不摇。目与头同形，手与足同体。今夫陶冶者，初埏埴作器⑥，必模范为形⑦，故作之也；燃炭生火，必调和炉灶，故为之也。及铜烁不能皆成，器燔不能尽善，不能故生也。夫天不能故生人，则其生万物，亦不能故也。天地合气，物偶自生矣。夫耕耘播种⑧，故为之也；及其成与不熟，偶自然也。何以验之？如天故生万物，当令其相亲爱，不当令之相贼害也。

【注释】

①曰：本篇凡用"曰"字开始的段落都是王充的议论。

②是：指上面的比喻。喻：说明。

③下形：熔化铜注入模子。下，入。形，通"型"，铸造器物用的模子。

④兴喻：打比方。

⑤相：看，这里指测量。

⑥埏（shān）埴（zhí）作器：调和黏土制作器物。埏，以水和土。埴，黏土。

⑦模范：制造器物的模型。

⑧耕耘：犁地除草。泛指农耕之事。耘，除草。

【译文】

我认为：这些比喻只是说明了人禀受的自然之气不可能完全一样，就像熔化的铜注入模子，烧制的陶器所得到的火各不相同一样，并不是说天地创造人和制陶冶金一样。打比方，人们都引用人和事。人和事都是一个整体，不能把它们割裂开来。用眼睛看头，头不能不动；用手测量脚，脚不能不动。这是因为眼睛和头同在一个身体上，手与脚也在同一个身体上。现在制陶和冶金工人，一开始调和黏土制作器物，必须按模子做出一定的器形，这是有意做的；烧炭生火，必须调节好灶窑的火候，这也是有意做的。至于铜器不能都铸造成功，陶器不能都烧制精美，这是不能由人有意产生出来。天不能有意识地创造人，那么他创造万物，也不是有意识的。天地之气相交合，万物便偶然地自己产生了。犁地除草播种，是有意识做的；至于庄稼能不能成熟，是偶然自己如此。怎样证明呢？如果天是有意识地创造万物，就应当让它们相亲相爱，不应当让它们相互残害。

或曰："五行之气，天生万物。以万物含五行之气，五行之气更相贼害①。"

【注释】

①更：轮流。贼害：指五行间相胜、相克的关系，即水胜火，火胜金，金胜木，木胜土，土胜水。

【译文】

有人说："五行之气，是天用来创造万物的。因为万物中包含五行之气，因为这五种气相胜相克更迭循环所以万物间也相互残害。"

曰：天自当以一行之气生万物^①，令之相亲爱，不当令五行之气反使相贼害也。

【注释】

①一行之气：指五行之气中的任何一种气。

【译文】

我认为：如果天是有意识地创造万物，就应当用一种气造就万物，让它们相亲相爱，不应当让五行之气反过来相互克制伤害。

或曰：欲为之用，故令相贼害；贼害相成也^①。故天用五行之气生万物，人用万物作万事。不能相制，不能相使，不相贼害，不成为用。金不贼木，木不成用；火不烁金，金不成器，故诸物相贼相利^②。含血之虫^③，相胜服、相啮噬、相啖食者^④，皆五行气使之然也。

【注释】

①相成：互相依存，互相成全。

②相贼相利：万物相互克制的原理为人所用，从而产生有利于人的结果。

③含血之虫：泛指各种动物。

④胜服：取胜，制服。啮噬（niè shì）：咬。啖（dàn）食：吃，吞食。

【译文】

有人说：天为了使万物成为可用的东西，所以才让它们相互残害；相互残害就是相互依存。所以天用五行之气造就万物，人用万物来做各种各样的事。不能相互制约，就不能相互为用，不能相互残害，就不能各自成为有用之物。金不伤害木，木就不能成为有用的东西；火不熔化金，金就不能成为器皿，所以各种物体相互伤害又相互有利。有血的动物，相互取胜制服，相互撕咬，相互吞食，都是五行之气使它们如此的。

曰：天生万物，欲令相为用，不得不相贼害也，则生虎狼、蝮蛇及蜂虿之虫①，皆贼害人，天又欲使人为之用邪？且一人之身，含五行之气，故一人之行，有五常之操②。五常，五常之道也。五藏在内③，五行气俱④。如论者之言，含血之虫，怀五行之气，辄相贼害；一人之身，胸怀五藏，自相贼也？一人之操，行义之心⑤，自相害也？且五行之气相贼害，含血之虫相胜服，其验何在？

【注释】

①蝮蛇：毒蛇。蜂虿（chài）：泛指有毒刺的螫虫。虿，蝎子一类的毒虫。

②五常：指仁、义、礼、智、信五种道德规范，汉儒把五常与五行相配，认为仁属木，智属火，信属土，义属金，礼属水。

③五藏：指人体内心、肝、脾、肺、肾五个脏器。藏，同"脏"。

④五行气俱：指人体具备五行之气，肝属木，心属火，脾属土，肺属金，肾属水。

⑤行义之心:据文意,疑"行"为"仁"字之讹,形近而误。

【译文】

我要问:天创生万物,想使它们相互成为有用的东西,不能不相互伤害,那么天生出虎、狼、毒蛇以及马蜂、蝎子之类的动物,它们都伤害人,难道天是有意要让人供它们享用吗?况且一个人的身体里,含有五行之气,所以一个人的行为,具有仁、义、礼、智、信五种操行。这五种操行,是五行的道义。五脏在人体内,所以人体内五行之气都存在。按照谈论者的说法,有血的动物,怀有五行之气,就会相互伤害;一个人的身体内,怀有五脏,难道五脏各自会相互伤害吗?一个人的操行,具有仁义诸种道德规范,难道它们各自也会相互伤害吗?再说五行之气相互伤害,有血的动物相互取胜制服,其证明又在哪里呢?

曰:寅,木也①,其禽虎也②。戌,土也,其禽犬也。丑、未,亦土也,丑禽牛,未禽羊也。木胜土,故犬与牛羊为虎所服也。亥,水也,其禽豕也。巳,火也,其禽蛇也。子亦水也,其禽鼠也。午亦火也,其禽马也。水胜火,故豕食蛇;火为水所害,故马食鼠屎而腹胀。

【注释】

① "曰"几句:按照阴阳五行的说法,十二地支分别配属于五行,寅、卯属木,巳、午属火,辰、未、戌、丑属土,申、酉属金,亥、子属水。参见《淮南子·天文训》。按文例,"曰"前脱一"或"字。

② 禽:这里指动物。虎:汉代把十二地支分别配属十二种动物,即子鼠、丑牛、寅虎、卯兔、辰龙、巳蛇、午马、未羊、申猴、酉鸡、戌狗、亥猪。这种完整的配属,在现有文献中最早见于本篇。关于龙,参见本书《言毒篇》:"辰为龙,巳为蛇。"

【译文】

有人说：寅属木，其相配的动物是虎。戌属土，其相配的动物是犬。丑、未也属土，和丑相配的动物是牛，和未相配的动物是羊。木胜土，所以犬与牛羊被虎所制服。亥属水，其相配的动物是猪。巳属火，其相配的动物是蛇。子也属水，其相配的动物是鼠。午也属火，其相配的动物是马。水克制火，所以猪吃蛇；火被水害，所以马吃了鼠屎就会腹胀。

曰：审如论者之言①，含血之虫，亦有不相胜之效。午，马也。子，鼠也。酉，鸡也。卯，兔也。水胜火，鼠何不逐马？金胜木，鸡何不啄兔？亥，豕也。未，羊也。丑，牛也。土胜水，牛羊何不杀豕？巳，蛇也。申，猴也。火胜金，蛇何不食猕猴②？猕猴者，畏鼠也。啮猕猴者，犬也。鼠，水。猕猴，金也。水不胜金，猕猴何故畏鼠也？戌，土也。申，猴也。土不胜金，猴何故畏犬？

【注释】

①审：果真，的确。

②猕猴：猴类的一种，面赤色，毛灰褐，臀部有红色臀疣。

【译文】

我认为：果真像议论者所说，有血的动物，也有不相克胜的证明。午，属马。子，属鼠。酉，属鸡。卯，属兔。水克火，鼠为什么不追逐马？金克木，鸡为什么不啄兔？亥，属猪。未，属羊。丑，属牛。土克水，牛羊为什么不杀死猪？巳，属蛇。申，属猴。火克金，蛇为什么不吃猕猴？猕猴，害怕鼠。咬猕猴的，是犬。鼠，属水。猕猴，属金。水不能克金，那猕猴为什么害怕老鼠？戌，属土。申，属猴。土不能克金，猴又为什么怕犬呢？

东方,木也,其星仓龙也①。西方,金也,其星白虎也②。南方,火也,其星朱鸟也③。北方,水也,其星玄武也④。天有四星之精⑤,降生四兽之体⑥,含血之虫,以四兽为长。四兽含五行之气最较著⑦。案龙虎交不相贼⑧,鸟龟会不相害⑨。以四兽验之,以十二辰之禽效之⑩,五行之虫以气性相刻⑪,则尤不相应。

【注释】

①仓龙:即苍龙。仓,通"苍",青色。按阴阳五行的说法,五色与五方相配属,青色属东方,赤色属南方,黄色属中央,白色属西方,黑色属北方。古代星象家将二十八宿分为四官,又称"四象",东方七宿合称为苍龙,即角、亢、氐、房、心、尾、箕七宿。古人将此七宿想象连线成龙形,阴阳五行家配以青色,故名。古代春分前后的黄昏,苍龙七宿正在东方,故又称"东方七宿"、东宫苍龙。

②白虎:二十八宿中西方七宿的合称,即奎、娄、胃、昴、毕、觜、参七宿。古人将此七宿想象连线成虎形,以西方为白色,故名。

③朱鸟:亦称"朱雀",二十八宿中南方七宿的合称,即井、鬼、柳、星、张、翼、轸七宿。古人将此七宿想象连线似鸟形,以南方为赤色,故名。

④玄武:二十八宿中北方七宿之总称,即斗、牛、女、虚、危、室、壁七宿。古人将此七宿想象连线似龟形而得名。以其位在北方,因而称玄,因龟身有鳞甲,故而名武。

⑤四星之精:指苍龙、白虎、朱鸟、玄武施放出来的气。

⑥四兽:指龙、虎、鸟、龟四种动物。

⑦较著:明显。

⑧交:相遇。

⑨会：相会，遇到。

⑩十二辰：即子、丑、寅、卯、辰、巳、午、未、申、酉、戌、亥十二地支，古人用来记年、月、日、时，称为"十二辰"。

⑪气性：五行之气的性质。刻：克，制服。

【译文】

东方，属木，它的星宿属苍龙。西方，属金，它的星宿属白虎。南方，属火，它的星宿属朱鸟。北方，属水，它的星宿属玄武。天上有苍龙、白虎、朱鸟、玄武四星施放精气，降在地上就产生龙、虎、鸟、龟四兽，有血的动物，都以四兽为首领。四兽所含五行的气最显著。考察龙和虎相遇不互相伤害，鸟和龟碰到也不会互相伤害。用四兽来检验，用十二辰代表的动物来考察，具有五行之气的动物是按照五行的性质相胜相克的观点，就更不符合事实了。

　　凡万物相刻贼，含血之虫则相服①，至于相啖食者，自以齿牙顿利②，筋力优劣，动作巧便③，气势勇桀④。若人之在世，势不与适⑤，力不均等，自相胜服。以力相服，则以刃相贼矣。夫人以刃相贼，犹物以齿角爪牙相触刺也⑥。力强角利，势烈牙长⑦，则能胜；气微爪短，诛胆小距顿⑧，则服畏也。人有勇怯，故战有胜负，胜者未必受金气，负者未必得木精也。孔子畏阳虎⑨，却行流汗⑩，阳虎未必色白⑪，孔子未必面青也。鹰之击鸠雀，鸷之啄鹄雁⑫，未必鹰鸷生于南方，而鸠雀鹄雁产于西方也，自是筋力勇怯相胜服也。

【注释】

①含血之虫则相服：据文例，疑"服"前脱一"胜"字。

②顿：通"钝"。利：锋利。

③巧便：敏捷，灵巧。

④勇桀：勇猛，凶悍。

⑤适：通"敌"，匹敌，相当。

⑥触刺：抵触刺杀。

⑦烈：猛。

⑧诛胆小距顿：据文意，疑"诛"字为衍文。距，公鸡、雄雉等脚上跗骨后上方突出像脚趾的部分，中有硬骨，外包角质，打斗时可做武器。这里泛指脚爪。

⑨阳虎：又称阳货，春秋时鲁国季孙氏家臣。

⑩却行：倒退着走，表示对人恭敬。

⑪色白：按照阴阳五行的说法，白色属金，青色属木。金克木，则青畏白。

⑫鸮（xiāo）：猫头鹰。鹄（hú）：通称天鹅。通常羽毛洁白，亦有黄、红者。

【译文】

大凡万物相互克制伤害，有血的动物相互取胜制服，至于那些相互吞食的动物，则是由牙齿的顿与利，筋骨体力的优与劣，动作的灵巧，气势的勇猛决定的。像人在社会上，势力不相当，力量不均等，自然会相互取胜制服。以力量相互征服，就会用刀相互伤害。人用刀相互伤害，就像动物用牙齿、犄角、利爪相互抵触刺杀一样。力量大犄角利，气势猛牙齿长，就能取胜；力气小爪子短，胆子小爪子钝，只好畏惧屈服。人有的勇敢有的怯懦，所以打仗有的胜利有的失败，胜利者未必禀受了金气，失败者也未必承受了木气。孔子害怕阳虎，见到他就汗流浃背倒退着走，阳虎未必脸白，孔子也未必脸青。老鹰攻击斑鸠小鸟，鸮鹄啄食天鹅大雁，未必老鹰鸮鹄生在南方，而斑鸠小鸟天鹅大雁产自西方，这是筋骨气力、勇敢怯懦相互取胜制服的结果。

一堂之上①，必有论者②；一乡之中，必有讼者③。讼必有曲直，论必有是非，非而曲者为负，是而直者为胜。亦或辩口利舌④，辞喻横出为胜⑤；或诎弱缀踬⑥，踚蹇不比者为负⑦。以舌论讼⑧，犹以剑戟斗也。利剑长戟，手足健疾者胜⑨；顿刀短矛，手足缓留者负⑩。夫物之相胜，或以筋力，或以气势，或以巧便。小有气势，口足有便，则能以小而制大；大无骨力，角翼不劲，则以大而服小。鹊食猬皮⑪，博劳食蛇⑫，猬、蛇不便也。蚊虻之力⑬，不如牛马，牛马困于蚊虻，蚊虻乃有势也。鹿之角，足以触犬⑭；猕猴之手，足以搏鼠⑮。然而鹿制于犬，猕猴服于鼠，角爪不利也。故十围之牛⑯，为牧竖所驱⑰；长仞之象⑱，为越僮所钩⑲，无便故也。故夫得其便也，则以小能胜大；无其便也，则以强服于羸也⑳。

【注释】

①堂：正房。

②论：争论。

③讼：诉讼，打官司。

④辩口利舌：能言善辩，伶牙俐齿。

⑤横出：充分表露，流畅。

⑥诎（qū）弱：言辞软弱无力。缀踬（jiá）：跌倒，比喻辩论时突遭窒碍。

⑦踚（lián）蹇：亦作"连蹇"，口吃貌。不比：语言不连贯。

⑧以舌论讼：据文例，疑"舌"前脱"口"字。

⑨健疾：强健敏捷。

⑩缓留：缓慢迟滞。留，迟。

⑪猬：刺猬。

⑫博劳：即伯劳，一种小型鸟类，性凶猛。

⑬蚊虻（méng）：亦指蚊子。一种危害牲畜的虫类。以口尖利器刺入牛马等皮肤，使之流血，并产卵其中。

⑭触：抵触，触伤。

⑮搏：抓，争斗。

⑯十围之牛：底本"围"作"年"字，《太平御览》卷八百九十九引《论衡》作"围"，据改。围，计量周长的约略单位。旧说尺寸长短不一，现多指两手或两臂之间合拱的长度。

⑰牧竖：牧牛羊的童子。

⑱仞：古代计量单位，古代以八尺或七尺为一仞。

⑲越：古代南方少数民族的统称。僮：同"童"。钩：管制，约束。

⑳羸（léi）：瘦弱，弱小。

【译文】

在一间正房里，必定有争论的人；在一乡当中，必定有打官司的人。打官司肯定有曲直，争论一定有对错，错了而理亏的人为败，对了且理直的人为胜。也可能因为能言善辩伶牙俐齿，言辞清楚流畅而取胜；有的却因为言语无力，说话结巴不连贯而失败。以口舌争论或打官司，就像用剑戟打仗一样。拿着利剑长戟，手脚强健敏捷者会取胜；拿着钝刀短矛，手脚迟缓者就会失败。万物相互制胜，有的凭筋骨力量，有的靠勇气声势，有的靠机巧敏捷。小动物有气势，齿尖爪利，就能以小制大；大动物没有力量，犄角和翅膀不够强劲，只好顺服小的。喜鹊能吃掉刺猬的皮，伯劳能捕食蛇，是因为刺猬和蛇不敏捷。蚊虻的力量，不如牛马，牛马却被蚊虻困扰，是因为蚊虻有气势。鹿的犄角，足以触伤犬；猕猴的指爪，足以抓住老鼠。然而鹿却被犬制服，猕猴却被老鼠制服，是因为它们的犄角和指爪不锋利。所以十围大的牛，为牧童所驱赶；一仞长的象，为越族儿童所管制，是因为它们身体不灵活的缘故。因此有了灵便的身体，就能够以小胜大；没有灵便的身体，即便强壮也会屈服于瘦弱的。

奇怪篇第十五

【题解】

本篇意在驳斥"圣人感生"这一说法。汉儒认为圣人降生"不因人气，更禀精于天"，像是"禹母吞薏苡而生禹"，"后稷母履大人迹而生后稷"，这些圣人均是其母受神奇怪异之物施放出的精气而诞生的。

王充则认为这一说法实为妄言，他认为人不可能与人以外的东西成为配偶，"天地之间，异类之物，相与交接，未之有也"，"含血之类，相与为牝牡，牝牡之会，皆见同类之物。"他明确提出"物生自类本种"，如果帝王、圣人均是禀神奇怪异之物的精气所生，那么帝王、圣人也就不可能以人的形态降生了，因此帝王、圣人必是禀人气所生。

但是王充在驳斥"圣人感生"的同时，却又认为"圣人自有种世族"，"五帝、三王皆祖黄帝"，认同了汉儒提出的"圣人同祖"这一说法。可见王充仍旧认同"帝王之生，必有怪奇"这一观点，本篇也只是从另一角度论证这一观点罢了。

儒者称圣人之生，不因人气①，更禀精于天②。禹母吞薏苡而生禹③，故夏姓曰姒④；禼母吞燕卵而生禼⑤，故殷姓曰子⑥。后稷母履大人迹而生后稷，故周姓曰姬⑦。《诗》曰

"不坼不副"⑧,是生后稷。说者又曰:"禹、卨逆生⑨,闿母背而出⑩;后稷顺生,不坼不副。不感动母体⑪,故曰'不坼不副'。逆生者,子孙逆死⑫;顺生者,子孙顺亡。故桀、纣诛死,赧王夺邑⑬。"言之有头足⑭,故人信其说;明事以验证⑮,故人然其文。谶书又言:"尧母庆都野出,赤龙感己,遂生尧。"⑯《高祖本纪》言⑰:"刘媪尝息大泽之陂,梦与神遇。是时雷电晦冥,太公往视⑱,见蛟龙于上。已而有身⑲,遂生高祖。"其言神验,文又明著,世儒学者,莫谓不然。如实论之,虚妄言也。

【注释】

①因:依赖。

②更:另外。精:精气,即气。

③薏苡(yì yǐ):一种草本植物,茎直立,颖果卵形,淡褐色,籽粒含淀粉,可食用、酿酒。

④姒(sì):姓。汉儒认为"姒"与"苡"发音相近,故将二者附会。

⑤卨(xiè):同"偰",传说中的商族始祖。燕卵:本书《诘术篇》《进瑞篇》《恢国篇》皆作"燕子"。

⑥殷姓曰子:因卨母吞燕卵(即燕子)生卨,所以卨姓"子"。

⑦周姓曰姬:"迹"与"姬"同音,所以后稷姓"姬"。

⑧《诗》曰"不坼(chè)不副(pì)":参见《诗经·大雅·生民》。不坼不副,指分娩时,产门不破不裂,顺利生产。坼,裂开,分裂。副,破裂。

⑨逆生:倒着出生,即难产。

⑩闿(kǎi):开。以上说法参见《春秋繁露·三代改制》《淮南子·修务训》。

⑪感动：撼动，动摇，这里指伤害。感，通"撼"。

⑫逆死：不正常死亡，不得好死。

⑬赧（nǎn）王：即周赧王（？—前256），姓姬名延，周朝最后一任君主，前314—前256年在位。因与诸侯约从攻秦，为秦所破，周室遂亡。

⑭有头足：指有头有尾。

⑮明事：摆出事实。

⑯"谶（chèn）书又言"几句：参见《淮南子·修务训》。谶书，专门记载谶语的书籍。谶，能够应验预言。庆都，传说中尧母之名。野出，到野外去。感，接触，这里指交配。

⑰《高祖本纪》：指《史记·高祖本纪》。

⑱太公：刘邦的父亲，本无名或史失其名，故尊称"太公"。

⑲已而：后来。有身：怀孕。

【译文】

　　儒生称圣人出生，不依赖于从天上承受而形成人的气，而是另外从天上秉承了一种精气。禹的母亲吃了薏苡就生下了禹，所以夏人姓姒；高的母亲吞食了燕子生的蛋就生下了高，所以殷人姓子。后稷的母亲踩了巨人的脚印就生下后稷，所以周人姓姬。《诗经》说"产门不破也不裂"，这是说顺利生下了后稷。谈论的人又说："禹和高难产，是破开他们母亲的背才生出来的；后稷是顺产，产门没有破裂。母体没有受到伤害，所以说'产门不破也不裂'。难产的，子孙就不得好死；顺产的，子孙就正常死亡。所以夏桀、殷纣被杀死，周赧王只是被夺去城邑。"说得有头有尾，所以人们相信他们的说法；又摆出事实来证明，所以人们就相信他们写的东西。谶书又说："尧的母亲庆都在野外，遇上赤龙与她交配，于是生下了尧。"《史记·高祖本纪》说："刘媪曾经在大湖边上休息，梦到和神交媾。当时电闪雷鸣天昏地暗，太公去看时，见到蛟龙在她身上。以后她就怀了孕，于是生下汉高祖。"这些话似乎神奇而灵验，文字又记载得明明白白,世上的儒生学者,没人说它不对。如实评论这些话,其实都是没有事实根据的说法。

彼《诗》言"不坼不副",言其不感动母体,可也;言其闾母背而出,妄也。夫蝉之生于复育也①,闾背而出。天之生圣子,与复育同道乎②?兔吮毫而怀子③,及其子生,从口而出。案禹母吞薏苡,卨母咽燕卵,与兔吮毫同实也④。禹、卨之母生,宜皆从口,不当闾背。夫如是,闾背之说,竟虚妄也⑤。世间血刃死者多⑥,未必其先祖初为人者,生时逆也。秦失天下,阎乐斩胡亥⑦,项羽诛子婴⑧。秦之先祖伯翳⑨,岂逆生乎?如是,为顺逆之说,以验三家之祖,误矣。

【注释】

① 夫蝉之生于复育也:底本无"于"字,《太平御览》卷九百五十一引《论衡》文"生"下有"于"字,据补。复育,蝉之幼虫。

② 同道:相同的道理。

③ 兔吮毫而怀子:吮,疑作"舐",《初学记》卷二十九、《太平御览》卷九百七引《论衡》文皆作"舐"。下同。据《博物志》卷四记载,古人认为母兔舐公兔的毛而怀孕,从口中吐出小兔来。

④ 同实:同一种情况。

⑤ 竟:毕竟,终于。

⑥ 血刃:血染刀刃,指杀戮,这里指前文所说的"逆死"。

⑦ 阎乐:秦朝人,赵高的女婿,曾任咸阳县令,奉赵高之令,逼迫胡亥自杀。胡亥:嬴姓,名胡亥(前230—前207),秦始皇第十八子,秦朝第二位皇帝,即秦二世,亦称二世皇帝,前210—前207年在位。

⑧ 子婴(?—前206):嬴姓,名子婴或婴,秦二世胡亥的侄子,秦朝

最后一位统治者,在位46天,后为项羽所杀,史称秦王子婴。

⑨伯翳(yì):即"伯益",传说中舜时东夷部落的首领,为嬴姓各族的祖先。

【译文】

《诗经》说"不坼不副"的话,是说他出生没有损伤母亲的身体,是可信的;若说他是破开母亲的后背出生的,则是荒谬的。蝉从复育变来,是破开背出来的。天生圣子,难道和复育是同一个道理吗?母兔舔公兔的毛就怀孕,等小兔子出生,就从口中吐出来。考察禹的母亲吞食薏苡,高的母亲咽下燕子蛋,和母兔舔毛是同一种情况。禹和高的母亲生子,应该都是从口中吐出,不应该开背。照这样,开背的说法,最终也是虚妄。世上被杀死的人多了,未必他们的祖先在最初成人时,出生的时候都难产。秦朝失去天下,阎乐杀了胡亥,项羽诛杀子婴。秦人的祖先伯翳,难道也是难产而生吗?这样看来,顺生逆亡的这套说法,用夏、商、周三家先祖的事一验证,就知道是错误的了。

且夫薏苡,草也;燕卵,鸟也;大人迹,土也,三者皆形,非气也,安能生人?说圣者,以为禀天精微之气①,故其为有殊绝之知②。今三家之生,以草、以鸟、以土,可谓精微乎?天地之性③,唯人为贵,则物贱矣。今贵人之气④,更禀贱物之精,安能精微乎?夫令鸠雀施气于雁鹄,终不成子者,何也?鸠雀之身小,雁鹄之形大也。今燕之身不过五寸,薏苡之茎不过数尺,二女吞其卵、实,安能成七尺之形乎?烁一鼎之铜,以灌一钱之形⑤,不能成一鼎,明矣。今谓大人天神,故其迹巨。巨迹之人,一鼎之烁铜也;姜原之身⑥,一钱之形也。使大人施气于姜原,姜原之身小,安能尽得其精?不能尽得其精,则后稷不能成人。

【注释】

①精微：精致，微妙。

②故其为有殊绝之知：据文意，疑"为"字后脱一"人"字。殊绝，特出，超绝。知，同"智"。

③性：生，生命。

④今：据文意，疑为"舍"字之讹。

⑤形：通"型"，铸造器物用的模子。

⑥姜原：传说中周人始祖后稷的母亲。

【译文】

况且薏苡，是草；燕子蛋，是鸟生的；巨人的脚印，是印在土上的，三者都是有形的实体，不是气，怎么能生出人呢？谈论圣人的人，以为他们禀受了上天精妙的气，所以有卓越的智慧。现在把夏、商、周三家先祖的出生，说成是由于草、由于鸟、由于土，这能够说是精妙吗？天地间的生物，唯有人最高贵，那么其他物体都是卑贱的。舍弃成为高贵人的精气，另外接受了卑贱物体的精气，怎么说得上精妙呢？让斑鸠小鸟施放气给大雁天鹅，始终不会形成幼子，为什么呢？斑鸠小鸟的身体小，大雁天鹅的体型大。现在燕子的身体不过五寸长，薏苡的茎不过数尺高，两个女子吞食了燕子蛋和薏苡的果实，怎么就能形成七尺高的身体呢？熔化能铸造一个鼎的铜，灌进一个铜钱大小的模子里，无法铸成一个鼎，这是明摆着的道理。现在说是巨人天神，所以他的脚印巨大。大脚印的巨人，就像是可以铸一个鼎的铜水；姜原的身体，就像是一个铜钱大小的模子。让巨人给姜原施气，姜原的身体小，怎么能全部接受他的精气呢？不能全部接受他的精气，那么后稷就不能形成人。

尧、高祖审龙之子①，子性类父，龙能乘云，尧与高祖亦宜能焉。万物生于土，各似本种。不类土者，生不出于土②，土徒养育之也③。母之怀子，犹土之育物也。尧、高祖之母，受龙之施,犹土受物之播也④。物生自类本种,夫二帝宜似龙也。且夫含血之类,相与为牝牡⑤,牝牡之会⑥,皆见同类之物。精感欲动,乃能授施。若夫牡马见雌牛,雄雀见牝鸡⑦,不相与合者,异类故也。今龙与人异类,何能感于人而施气?

【注释】

①审:果真。

②生:性,本性。

③徒:仅仅。

④播:播种。

⑤牝(pìn):雌性动物。牡:雄性动物。

⑥会:交配。

⑦雄雀见牝鸡:底本作"雀见雄牝鸡",递修本"雄"字在"雀"字前,据改。

【译文】

尧与汉高祖果真是龙的儿子,儿子的禀性类似父亲,龙能腾云,那么尧和汉高祖也应该能。万物从土里长出,各自像本来的物种。它们之所以不像土,是因为它们的本性不是从土那里得到的,土地仅仅是养育了它们。母亲怀孩子,就像土地孕育万物一样。尧、汉高祖的母亲,接受了龙施放的气,就像土地接受了万物的播种一样。万物生长各自像原来的物种,尧和汉高祖应该像龙。况且有血的动物,相互成为雌雄,雌雄交配,都只见于同类动物。精气感染情欲冲动,才能够施授。至于说公马遇到母牛,公雀遇到母鸡,不相互交配,是因为种类不同的缘故。现在龙与人种类不同,怎么能使人感动交配而施放气呢?

或曰:"夏之衰,二龙斗于庭,吐漦于地①。龙亡漦在②,

椟而藏之③。至周幽王发出龙漦④，化为玄鼋⑤，入于后宫，与处女交，遂生褒姒⑥。玄鼋与人异类，何以感于处女而施气乎？"夫玄鼋所交非正，故褒姒为祸，周国以亡。以非类妄交，则有非道妄乱之子。今尧、高祖之母，不以道接会⑦，何故二帝贤圣，与褒姒异乎？

【注释】

①漦（chí）：龙的涎沫。

②亡：消失，离开。

③椟（dú）：匣子。

④周幽王：《国语·郑语》《史记·周本纪》皆作"周厉王"。发：开，打开匣子。

⑤玄鼋（yuán）：黑色的大鳖。

⑥褒姒：周幽王的宠妃，为褒人所献，姓姒，故称为"褒姒"。以上事参见《国语·郑语》《史记·周本纪》。

⑦不以道：不按照正常情况。接会：交配。

【译文】

有人说："夏朝末年，有两条龙在宫廷里争斗，吐出涎水流在地上。龙消失了涎水还在，于是就用匣子装了收藏起来。到了周幽王时打开装有龙涎的匣子，就化作一只黑色的大鳖，进入后宫，与处女交配，于是生下了褒姒。黑鳖与人不同类，为什么能使处女感动交配而施放气呢？"黑鳖的交配不符合正常情况，所以褒姒成了祸害，西周因此灭亡。不是同类胡乱交配，就会生出胡作非为的孩子。现在尧、汉高祖的母亲，不按照正常情况交配，为什么尧和汉高祖二帝贤良圣明，与褒姒不一样呢？

或曰："赵简子病，五日不知人。觉言，我之帝所①，有熊来,帝命我射之,中熊,死;有罴来,我又射之,中罴,罴死。后问当道之鬼,鬼曰:'熊罴,晋二卿之先祖也②。'熊罴,物也,与人异类,何以施类于人③,而为二卿祖?"夫简子所射熊罴,二卿祖当亡④,简子当昌之秋也⑤。简子见之,若寝梦矣⑥。空虚之象,不必有实。假令有之,或时熊罴先化为人,乃生二卿。鲁公牛哀病化为虎。人化为兽,亦如兽为人⑦。玄鼋入后宫,殆先化为人。天地之间,异类之物,相与交接,未之有也。

【注释】

①之:到。帝所:上帝的住处。

②晋二卿:指晋国的大夫范氏和中行氏。卿,古时高级长官或爵位的称谓。

③何以施类于人:据文意,疑"类"为"气"字之误。

④二卿祖当亡:据文意,疑"祖"为衍文。

⑤简子当昌之秋也:据文意,疑"秋"当为"祅"字,形近而误。祅,同"妖",怪异反常的事物或现象。

⑥寝梦:睡梦。

⑦"人化为兽"二句:据文例,疑"兽"后脱一"化"字。

【译文】

有人说:"赵简子病了,五天不省人事。醒来后说,我到了天帝居住处,看见有熊来,天帝命令我射它,我射中了熊,熊死了;看见有罴来,我又射中了罴,罴也死了。后来问路上的鬼,鬼说:'熊和罴,是晋国荀氏、中行氏二卿的祖先。'熊和罴,是动物,和人不同类,怎么能施放气给人,而成为二卿的先祖呢?"赵简子射死的熊和罴,是晋国二卿该当灭亡,赵简子要昌盛的预兆。赵简子看见它们,就像在睡梦里一样。是空虚的现象，不一定有其事。假使真有其事，或许是熊和罴先变成人，才生下二卿。鲁国的公牛哀生病变成老虎。人变成兽，就像兽变成人一样。大黑鳖进入后宫，大概是先变成人。天地之间，不同种类的动物，相互交配，是没有的。

天人同道，好恶均心。人不好异类，则天亦不与通[1]。人虽生于天，犹虮虱生于人也。人不好虮虱，天无故欲生于人[2]。何则？异类殊性，情欲不相得也[3]。天地，夫妇也，天施气于地以生物。人转相生，精微为圣，皆因父气，不更禀取。如更禀者为圣，禼、后稷不圣[4]？如圣人皆当更禀，十二圣不皆然也[5]。黄帝、帝喾、帝颛顼、帝舜之母，何所受气？文王、武王、周公、孔子之母，何所感吞？

【注释】

①通：交配。

②无故：没有原因和理由。故，缘故，原因。

③相得：相互投合。

④禼、后稷不圣：因为禼和后稷没有被列入儒家十二圣当中，所以王充借此反问。

⑤十二圣：即黄帝、颛顼、帝喾、尧、舜、禹、皋陶、汤、周文王、周武王、周公、孔子。参见《白虎通义·圣人》。

【译文】

天和人遵循同样的道理，喜好和厌恶之心也相同。人不喜欢异类的东西，那么天也不与异类相交配。人虽然是从天禀受气而降生，就像虱子生长在人身上一样。人不喜欢虱子，天也不会有意对人产生欲望。为什么呢？因为不同类的东西有不同的本性，性情欲望不相互投合。天地,就像夫妇一样,天施放气给地因而产生万物。人类辗转世代繁衍,禀受精微之气的成为圣人,都是靠禀受了父亲的气,并不是另外禀受了别的异类的气。如果禀受了别的异类之气才能成为圣人,那高、后稷为什么不是圣人? 如果圣人都该禀受别的异类之气,那么十二圣并不全都是这样。黄帝、帝喾、帝颛顼、帝舜的母亲,是禀受了什么气呢? 文王、武王、周公、孔子的母亲,又是感应了什么吞食了什么呢?

此或时见三家之姓,曰姒氏、子氏、姬氏,则因依放①,空生怪说,犹见鼎湖之地,而著黄帝升天之说矣②。失道之意③,还反其字④。苍颉作书,与事相连。姜原履大人迹,"迹"者基也,姓当为"其"下"土",乃为"女"旁"臣"⑤,非基迹之字。不合本事,疑非实也。以周"姬"况夏、殷⑥,亦知"子"之与"姒",非燕子、薏苡也。或时禹、契、后稷之母,适欲怀妊⑦,遭吞薏苡、燕卵⑧,履大人迹也。世好奇怪,古今同情⑨,不见奇怪,谓德不异,故因以为姓。世间诚信⑩,因以为然。圣人重疑⑪,因不复定⑫。世士浅论⑬,因不复辨。儒生是古⑭,因生其说。

【注释】

①放:仿效,模仿。

②"犹见鼎湖之地"二句:鼎湖,地名。传说黄帝在此处铸鼎并乘龙升天。

③道:道理。意:事情。

④还反:反而。

⑤臣:据文意,当作"臣"字。

⑥况:类比,类推。

⑦适：恰好。

⑧遭：碰巧。

⑨同情：同一性质。

⑩诚信：真诚地相信。

⑪重疑：不轻易怀疑。

⑫复定：另定，改定。

⑬浅论：见识浅薄。

⑭是古：崇古。

【译文】

这或许是夏、商、周三家的姓氏，叫姒氏、子氏、姬氏，就因此依照仿造，凭空生出奇怪的说法，就像看见了鼎湖之地，就捏造出黄帝升天的说法。对于没有道理的事情，反而求证于它们的字意。苍颉造字，要与具体事物相关联。姜原踩巨人的足迹，"迹"就是"基"，姓应当是"其"字下面加个"土"字，现在却是"女"字旁边加个"臣"字，而不是有着足迹意思的"基"字。不符合原来的事实，所以怀疑不是事实。以周的姬姓类推夏和殷的姓，就知道"子"姓与"姒"姓，不是来源于燕子和薏苡。或许是禹、契、后稷的母亲，恰好要怀孕，碰巧吞食了薏苡、燕子蛋，踩了巨人的足迹。世人都喜欢奇怪的事物，古今都一样，没看到奇怪的事物，就认为德不独特，所以就用奇怪的事物作姓。世上的人真诚相信，于是认为它就是如此。圣人重视多闻阙疑之义，因此对不确定的事不轻易加以改定。一般的读书人见识浅薄，因此不会再去考辨这些说法的真伪。儒生由于崇古，因而又创造出他们的说法。

彼《诗》言"不坼不副"者，言后稷之生，不感动母身也。儒生穿凿，因造禹、契逆生之说。感于龙，梦与神遇，犹此率也①。尧、高祖之母，适欲怀妊，遭逢雷龙载云雨而行，人见其形，遂谓之然。梦与神遇，得圣子之象也^②。梦见鬼合之，非梦与神遇乎？安得其实？野出感龙，及蛟龙居上，或尧、高祖受富贵之命。龙为吉物，遭加其上，吉祥之瑞，受命之证也。光武皇帝产于济阳宫，凤皇集于地，嘉禾生于屋。圣人之生，奇鸟吉物之为瑞应^③。必以奇吉之物见而子生^④，谓之物之子，是则光武皇帝嘉禾之精，凤皇之气欤？

【注释】

①率：类。

②象：征兆。

③瑞应：祥瑞，吉祥的征兆。

④见：同"现"，出现。

【译文】

《诗经》中那首诗说"不坼不副"，是说后稷出生时，没有损伤母亲的身体。儒生穿凿附会，于是造出了禹、契逆生的说法。尧的母亲和龙交配，汉高祖的母亲梦见与神交合，也是这一类说法。尧和汉高祖的母亲，恰好要怀孕，正巧碰上雷与龙乘着云雨而行，人们看到那种情况，于是认为确实如此。梦到与神交合，是要得圣子的预兆。梦到与鬼交合，不就是梦见与神交合吗？怎能证明它的真实？尧的母亲到野外去被龙感应交配，以及蛟龙附在汉高祖母亲身上，也许是尧和汉高祖禀受了富贵之命。龙是祥瑞，碰巧附在他们身上，这是吉祥的征兆，接受天命的证明。汉光武帝生在济阳宫，当时凤凰聚集在地上，嘉禾生长在屋前。圣人出生，奇鸟和吉物就作为祥瑞征兆。如果一定要把奇异吉祥东西出现时生下的孩子，当作是奇异吉祥东西的孩子，那么汉光武帝难道是禀受了嘉禾、凤凰的精气而出生的吗？

　　案《帝系》之篇①，及《三代世表》②，禹，鲧之子也；卨、稷皆帝喾之子，其母皆帝喾之妃也，及尧，亦喾之子。帝王之妃，何为适草野③？古时虽质④，礼已设制⑤，帝王之妃，何为浴于水？夫如是，言圣人更禀气于天，母有感吞者，虚妄之言也。

【注释】

①《帝系》：西汉中期戴德所编《大戴礼记》中的一篇。

②《三代世表》：即《史记·三代世表》。

③适：去。

④质：质朴。

⑤设制：制定。

【译文】

　　考察《帝系》，以及《三代世表》，禹，是鲧的儿子；卨和稷，都是帝喾的儿子，他们的母亲都是帝喾的妃子，至于尧，也是帝喾的儿子。帝王的妃子，为什么会去野外呢？上古虽然质朴，但礼仪已经制定，帝王的妃子，为什么会在河里洗浴？像这样，说圣人是另外从天禀受了异类之气，或因母亲吞食了异类而受感应，是虚妄不实的说法。

　　实者，圣人自有种世族①，仁如文、武各有类②。孔子吹律，自知殷后③；项羽重瞳，自知虞舜苗裔也④。五帝、三王皆祖黄帝。黄帝圣人，本禀贵命，故其子孙皆为帝王。帝王之生，必有怪奇，不见于物，则效于梦矣。

【注释】

①圣人自有种世族：据文意，疑"世"为衍文。

②仁如文、武各有类：据文意，疑"仁"为衍文。

③"孔子吹律"二句：据谶书记载，孔子从小不知道父亲是谁，通过吹律管才知道自己是殷贵族的后裔。参见本书《实知篇》。律，律管。古代用来校正乐音标准的管状仪器，以管的长短来确定音阶，从低音算起，成奇数的六个管叫律，成偶数的六个管叫吕，统称十二律。

④苗裔：后代。

【译文】

真实的情况是，圣人各有自己的种族，像周文王、周武王一样各有族类。孔子吹律管，知道自己是殷人的后代；项羽眼睛有两个瞳仁，知道自己是虞舜的后裔。五帝、三王都以黄帝为祖先。黄帝是圣人，本就禀受富贵之命，所以他的子孙都是帝王。帝王降生，一定有奇异古怪的事出现，不在事物里出现，就在梦中表现。

卷第四

书虚篇第十六

【题解】

从本篇开始到《艺增篇》，共十二篇文章，王充称之为"九虚三增"。在解释这十二篇文章的写作目的时，王充说："汉有实事，儒者不称；古有虚美，诚心然之。信久远之伪，忽近今之实，斯盖三增、九虚所以成也。"（参见《须颂篇》）"九虚三增，所以使俗务实诚也。"（参见《对作篇》）。可见在这十二篇文章中，王充均是以"疾虚妄"为原则，对当时经传书记中的各种庸俗杂说进行批驳，希望以此使世俗归于实诚。

本篇便是针对"传书"中的虚妄之言而作。王充明确指出世俗之人均"信虚妄之书，以为载于竹帛上者，皆贤圣所传，无不然之事"，因此"信而是之，讽而读之"。但实际上"传书之言，多失其实"，这些虚妄之言是一些儒生为"立奇造异，作惊目之论，以骇世俗之人；为诵诡之书，以著殊异之名"为目的而编造的。而世俗之人之所以会相信这些言论，也是因为"用精不专，无思于事"，因此才会导致这些虚妄之说流传泛滥。因此王充于本篇中共列举十二条传书中虚妄失实的事例，逐一加以驳斥。但王充在批驳这些虚妄之言时，往往只是以经验为主，就事论事，并未能上升到理论层面，而这也是"九虚三增"中共有的缺陷。

世信虚妄之书，以为载于竹帛上者，皆贤圣所传，无不然之事①,故信而是之,讽而读之②;睹真是之传③,与虚妄之书相违,则并谓短书不可信用。夫幽冥之实尚可知④,沉隐之情尚可定⑤,显文露书⑥,是非易见,笼总并传非实事⑦,用精不专⑧,无思于事也⑨。

【注释】

①不然:不对。

②讽:背诵,朗读。

③真是之传:真实正确的一般书籍。

④幽冥之实:隐秘的事情。幽冥,昏暗,暗昧。

⑤沉隐:隐晦不明显。

⑥显文:浅显明白的文章。露书:明白清楚的文字记载。

⑦笼总:笼统含混,不加分析。

⑧用精:专心一意。

⑨无思于事:没有认真思考。无,不。

【译文】

世人相信荒诞无稽的书,认为记载在竹简帛书上的,都是圣贤传下来的,没有不对的事,所以信以为是,背诵且朗读它;看到真实正确的一般书籍,与内容荒诞无稽的书籍不一致,就把前者叫"短书",并认为不足凭信。隐秘的事情尚且能够知晓,隐晦的情况尚且可以确定,何况浅显清楚的记载,是非对错显而易见,笼统而不加分析地一并传言它们不符合事实,这是因为用心不专一,对事情没有认真思考的缘故。

夫世间传书诸子之语①,多欲立奇造异,作惊目之论②,以骇世俗之人③;为谲诡之书④,以著殊异之名⑤。

【注释】

①传书：指解释儒家经书的书籍。

②惊目：使人见而惊奇，引人注目。

③骇：吓唬。

④谲（jué）诡：怪诞古怪。

⑤著：显示，彰显。殊异：特别，特异。

【译文】

　　社会上解释儒家经典的书和诸子百家的言论，大多是想要标新立异，故作令人惊奇之论，用来吓唬社会上一般的人；写出怪诞古怪的书，以彰显自己不同寻常的名声。

　　传书言：延陵季子出游①，见路有遗金②。当夏五月，有披裘而薪者③，季子呼薪者曰："取彼地金来。"薪者投镰于地，瞋目拂手而言曰④："何子居之高⑤，视之下；仪貌之壮⑥，语言之野也！吾当夏五月，披裘而薪，岂取金者哉？"季子谢之⑦，请问姓字⑧。薪者曰："子皮相之士也⑨！何足语姓名！"遂去不顾⑩。世以为然，殆虚言也⑪。

【注释】

①延陵季子：春秋时吴国公子季札，为吴王寿梦第四子，为避王位"弃其室而耕"，封于延陵，故称"延陵季子"。

②遗金：遗落的金子。

③薪：砍柴。

④瞋（chēn）目：怒目而视。拂手：挥手，表示轻蔑和愤怒。

⑤子：你。

⑥壮：通"庄"，庄严，庄重。疑为避汉明帝刘庄讳改"庄"为"壮"。

⑦谢:道歉,谢罪。

⑧姓字:姓氏和名字,姓名。

⑨皮相:以貌取人。

⑩遂去不顾:以上参见《韩诗外传》卷十。

⑪殆:大概。

【译文】

传书上说:延陵季子外出游玩,看见路上有遗落的金子。正值夏季五月,有个穿着皮衣的砍柴人,季子就对砍柴人喊道:"把那块金子给我捡过来。"砍柴人把镰刀扔在地下,瞪眼挥手说:"为什么你这个人地位很高,见识却那么短浅;仪表庄严,言语却那么粗鄙!我正当夏季五月,穿着皮衣来砍柴,难道是为你捡金子的吗?"季子向他道歉,请问他的姓名。砍柴人说:"你以貌取人!哪里值得我把名字告诉你!"于是离开不再理睬季子。一般人都认为是这样,依我看这大概是假话。

　　夫季子耻吴之乱①,吴欲共立以为主,终不肯受,去之延陵②,终身不还,廉让之行,终始若一。许由让天下,不嫌贪封侯③;伯夷委国饥死④,不嫌贪刀钩⑤。廉让之行,大可以况小⑥,小难以况大。季子能让吴位,何嫌贪地遗金?季子使于上国⑦,道过徐⑧。徐君好其宝剑⑨,未之即予。还而徐君死,解剑带冢树而去⑩。廉让之心,耻负其前志也。季子不负死者,弃其宝剑,何嫌一叱生人取金于地⑪?季子未去吴乎,公子也;已去吴乎,延陵君也。公子与君,出有前后⑫,车有附从,不能空行于涂⑬,明矣。既不耻取金,何难使左右?而烦披裘者?世称柳下惠之行,言其能以幽冥自修洁也⑭。贤者同操,故千岁交志⑮。置季子于冥昧之处⑯,

尚不取金,况以白日,前后备具,取金于路,非季子之操也。或时季子实见遗金^⑰,怜披裘薪者,欲以益之;或时言取彼地金,欲以予薪者,不自取也。世俗传言,则言季子取遗金也。

【注释】

①吴之乱:据《公羊传·襄公二十九年》记载,吴王寿梦有四子,长子诸樊、次子余祭、三子夷昧、四子季札。季札最贤能。三位兄长愿意让他继承王位,约定死后王位传弟不传子。王位传至夷昧,他死后,其子僚自立为王,诸樊的儿子公子光不服,派人刺杀吴王僚,表示要拥戴季札当吴王,季札不受,于是公子光自立为王。"吴之乱"指的就是公子光派人刺杀吴王僚之事。

②之:到,往。

③不:没有。嫌:可能,会。

④委国:将国家委托他人治理。

⑤刀钩:小利。

⑥况:比方。

⑦上国:春秋时南方吴、楚诸国对中原诸侯国的称呼。

⑧徐:徐族为古代九夷之一,分布在淮河中下游地区。周初建立徐国,春秋时国都约在今江苏泗洪南,后为吴国所灭。

⑨好(hào):喜欢。

⑩带:挂。冢:坟墓。以上事参见《史记·吴太伯世家》。

⑪一:据文意,疑为衍文。

⑫前后:指前后护卫的护从。

⑬空:单独。涂:道路。

⑭幽冥:暗地里。

⑮交志:心意相通。

⑯冥昧:昏暗。

⑰或时：或者。

【译文】

季子以吴国争夺王位的动乱为耻，吴国公子们想一起立他为君主，他始终不肯接受，离开去了延陵，一辈子不回来，廉洁谦让的操行，始终如一。许由辞让天下，不可能贪图封侯；伯夷放弃君位饥饿而死，不会贪图小利。廉洁谦让的行为，大事可以说明小事，小事难以比喻大事。季子能辞让吴国君位，怎么能贪图地上遗落的金子？季子出使中原各国，途径徐国。徐国国君喜欢他的宝剑，季子没有立即送给他。回来的时候徐君已经去世，季子解下宝剑把它挂在徐君墓地的树上而离去。廉洁谦让的心，认为背弃自己以前许下的心愿是可耻的。季子不辜负死去的人，能抛舍自己的宝剑，怎么会呵斥陌生人为他在地上去拣被人遗失的金子呢？季子在未离开吴国时，是公子；离开吴国后，是延陵的封君。作为公子与封君，外出前后有护从，坐车有随从，不会独自一人在路上行走，这是很清楚的了。既然不以得到遗失的金子为耻，派左右护从去捡又有什么困难？却要劳烦那个穿着皮衣的人？世人都称颂柳下惠的操行，说他在暗地里也能修养自身保持清白。贤良的人都具有相同的操行，所以虽然时隔千年也能心意相通。即使把季子放在无人的暗处，尚且不会去拣丢失的金子，何况是在大白天，前后护从齐备，拣取路上丢失的金子，这不是季子的操行。或者是季子确实看见了丢失的金子，可怜穿皮衣的砍柴人，想用地上的金子让他获得好处；或者当时说要捡那地上的金子，想把它送给砍柴人，不是自己想要。世俗传言，则说季子要捡别人丢失的金子。

传书或言：颜渊与孔子俱上鲁太山①，孔子东南望，吴阊门外有系白马②，引颜渊指以示之，曰："若见吴昌门乎③？"颜渊曰："见之。"孔子曰："门外何有？"曰："有如系练之状④。"孔子抚其目而正之，因与俱下⑤。下而颜渊发白齿落，遂以病死。盖以精神不能若孔子，强力自极⑥，精华竭尽，故早夭死。世俗闻之，皆以为然。如实论之，殆虚言也。

【注释】

①太山：即泰山。

②吴：春秋时吴国。阊（chāng）门：即昌门，吴国国都（今江苏苏州）之西门。

③若：你。

④练：熟绢，把生丝煮熟，使柔软洁白。

⑤因：于是。

⑥极：尽，极限。

【译文】

传书有的说：颜渊和孔子一起登上鲁国的泰山，孔子向东南方向远望，看见吴国阊门外有一匹拴着的白马，于是就指给颜渊看，问："你看见吴国的昌门了吗？"颜渊回答道："看见了。"孔子问："门外有什么？"颜渊回答道："好像挂着一块白绢的样子。"孔子揉了揉颜渊的眼睛纠正了他的说法，于是与他一起下山。下山之后颜渊的头发白了牙齿落了，于是因病死去。大概因为精神不如孔子，勉强使用眼力到了自己的极限，精华用尽，所以早早死去。世俗之人听到这事，都以为是这样。要是真实地评论它，大概是假话。

案《论语》之文，不见此言；考六经之传①，亦无此语。夫颜渊能见千里之外，与圣人同，孔子、诸子，何讳不言②？盖人目之所见，不过十里；过此不见，非所明察，远也。传曰："太山之高巍然，去之百里，不见蝳蝼，远也。"③案鲁去吴,千有余里,使离朱望之④,终不能见,况使颜渊,何能审之⑤?如才庶几者⑥,明目异于人,则世宜称亚圣⑦,不宜言离朱。人目之视也,物大者易察,小者难审。使颜渊处昌门之外,望太山之形,终不能见。况从太山之上,察白马之色?色不能见,明矣。非颜渊不能见,孔子亦不能见也。何以验之?耳目之用,均也。目不能见百里,则耳亦不能闻也。陆贾曰:"离娄之明,不能察帷薄之内⑧;师旷之聪⑨,不能闻百里之外。"昌门之与太山,非直帷薄之内⑩,百里之外也。秦武王与孟说举鼎不任⑪,绝脉而死⑫。举鼎用力,力由筋脉,筋脉不堪,绝伤而死,道理宜也。今颜渊用目望远,望远目睛不任,宜盲眇⑬,发白齿落,非其致也。发白齿落,用精于学,勤力不休,气力竭尽,故至于死。伯奇放流⑭,首发早白。《诗》云"惟忧用老"⑮。伯奇用忧,而颜渊用睛,暂望仓卒⑯,安能致此?

【注释】

①六经之传:解释六经的书籍。六经,指《诗经》《尚书》《礼记》《乐经》《周易》《春秋》六部儒家典籍。

②讳:避忌。

③"传曰"几句:参见《淮南子·说山训》。蜇螺,据《淮南子·说山训》作"埵堁"。埵堁(duǒ kè),亦作"埵块",土堆,土块。

④离朱:即"离娄",传说中的视力特强的人。

⑤审:看清楚。

⑥才庶几者:才能和孔子差不多,指颜渊。庶几,差不多。

⑦亚圣:仅次于孔子的圣人,这里指颜渊。

⑧帷薄：帐幔与帘子。

⑨师旷：春秋晋国乐师，以善辨音律著名。聪：听觉灵敏。

⑩非直：不仅。

⑪秦武王（前330—前307）：嬴姓，名荡，战国时期秦国国君，前311—前307年在位。孟说：即孟贲，战国时的大力士。不任：不能胜任。

⑫绝脉：筋脉崩断。以上事参见《史记·秦本纪》。

⑬盲眇（miǎo）：眼瞎。

⑭伯奇：古代孝子。相传为周宣王时重臣尹吉甫长子。母死，后母欲立其子伯封为太子，乃谮伯奇，吉甫怒，放伯奇于野。后吉甫感悟，遂求伯奇，射杀后妻。参见《初学记》卷二引蔡邕《琴操·履霜操》。

⑮《诗》云"惟忧用老"：参见《诗经·小雅·小弁》。惟，发语词。用，乃，因。

⑯暂：短暂。仓卒：亦作"仓猝"，匆忙急促。

【译文】

考察《论语》的文字，不见这些话；考察六经的注释，也没有这些话。颜渊能望见千里之外，与圣人一样，孔子和诸子，为什么避讳不说呢？大概人眼能看到的距离，不超过十里；超过这个距离就看不见，就不是眼力所能看清楚的了，这是因为距离太远的缘故。传书上说："泰山虽然高大巍峨，但相隔百里，连土块大小都看不清，因为太远了。"考察鲁国离吴国，有一千多里，假使让离朱来看，最终不能看见，何况是颜渊，他怎么能看清楚呢？如果才能和孔子差不多的人，明亮的眼睛与众不同，那么世人就应该称他为亚圣，而不应该说离朱。人用眼睛看，物体大的容易看清楚，小的就难看清楚。即使让颜渊站在昌门外，去看泰山的形状，最终不能看见。何况是从泰山之上，观察白马的颜色？颜色是不能看到的，这是很明显的。不仅颜渊不能看见，孔子也不能看见。怎样来验证呢？

耳朵和眼睛的功能，是相同的。眼睛看不到百里之外，那么耳朵也听不见百里之外的声音。陆贾说："离娄的视力再好，也无法看清帐幔与帘子后的东西；师旷的听觉再好，也不能听到百里之外的声音。"昌门与泰山的距离，不只是帐幔与帘子之后，或百里之外。秦武王与孟说举鼎不能胜任，崩断筋脉而死。举鼎要用力，力由筋脉产生，筋脉承受不住，崩断筋脉而死，从道理上讲是合适的。现在颜渊用眼睛看远方，看远方眼力不能胜任，应该眼瞎，头发变白牙齿脱落，不是望远导致的。头发变白牙齿脱落，是他把精力用在学习上，辛勤努力不知休息，气力用尽，所以才最终死去。伯奇被流放，头发很早就白了。《诗经》说"忧伤使人衰老"。伯奇是因为忧伤，而颜渊是用眼睛，短暂远望时间仓促，怎么会造成这样的结果呢？

　　儒书言：舜葬于苍梧，禹葬于会稽者，巡狩年老①，道死边土。圣人以天下为家，不别远近，不殊内外②，故遂止葬③。夫言舜、禹，实也；言其巡狩，虚也。

【注释】

①巡狩：古代帝王出行视察。

②殊：区分。

③止：停，留下。

【译文】

　　儒生的书上说：舜葬在苍梧，禹葬在会稽，是由于他们出行巡视的时候年纪大了，中途死在边远的地方。圣人以天下为家，不论远近，不别内外，所以就留葬在那里。说舜葬在苍梧，禹葬在会稽是事实；说他们是因为外出巡视而死，是没有根据的。

　　舜之与尧，俱帝者也，共五千里之境，同四海之内①；二帝之道,相因不殊。《尧典》之篇,舜巡狩东至岱宗②,南至霍山③,西至太华④,北至恒山⑤。以为四岳者,四方之中,诸侯之来,并会岳下,幽深远近⑥,无不见者⑦,圣人举事⑧,求其宜适也。禹王如舜,事无所改,巡狩所至,以复如舜⑨。舜至苍梧,禹到会稽,非其实也。实舜、禹之时,鸿水未治⑩。尧传于舜,舜受为帝,与禹分部⑪,行治鸿水⑫。尧崩之后,舜老,亦以传于禹。舜南治水,死于苍梧;禹东治水,死于会稽。贤、圣家天下,故因葬焉。

【注释】

①四海之内:古代认为中国四周环海,故称四方为“四海”,泛指天下各处。

②岱宗:即泰山,古代称为“东岳”。

③霍山:天柱山的别名,在安徽潜山县。汉武帝以衡山辽旷,移岳祠于天柱山,故又呼之为“南岳”。

④太华:即华山,在今陕西华阴南,古代称为“西岳”。

⑤恒山:古代称为“北岳”,在今河北曲阳西北。

⑥幽深:幽僻的地方。

⑦见:朝见。

⑧举事:做事情。

⑨以:因,因此。

⑩鸿水:洪水,大水。

⑪分部:划分区域。

⑫行:走,到各地去。

【译文】

舜和尧,都是帝王,同样治理着方圆五千里的地域,一样统治着天下；二位帝王治理国家的方法，前后因循没有差别。《尧典》记载，舜巡行视察东到泰山，南到霍山，西到华山，北到恒山。认为四岳，各自处于四方的中心，诸侯来朝，都聚集在四岳之下，无论偏远的还是近的，没有不来朝见的，圣人做事情，讲求适宜便利。禹王像舜一样，治理方式没有改变，巡行视察所到之地，因此也和舜一样。说舜到了苍梧，禹到了会稽，不符合事实。实际上在舜、禹的时候，洪水还没有治理好。尧传位给舜，舜接受成为帝王，与禹划分区域，分别到各地去治理洪水。尧死了之后，舜已经老了，也把帝位传给了禹。舜在南方治水，死在了苍梧；禹在东方治水，死在了会稽。贤者、圣人以天下为家，所以就地埋葬在那里。

　　吴君高说^①：会稽本山名，夏禹巡守，会计于此山^②，因以名郡，故曰会稽。夫言因山名郡，可也；言禹巡狩，会计于此山，虚也。巡狩本不至会稽，安得会计于此山？宜听君高之说^③，诚"会稽"为"会计"，禹到南方，何所会计^④？如禹始东，死于会稽，舜亦巡狩，至于苍梧，安所会计？百王治定则出巡^⑤，巡则辄会计，是则四方之山皆会计也。百王太平^⑥，升封太山^⑦。太山之上，封可见者七十有二，纷纶湮灭者不可胜数^⑧。如审帝王巡狩则辄会计，会计之地如太山封者，四方宜多。夫郡国成名，犹万物之名，不可说也。独为会稽立欤？周时旧名吴越也，为吴越立名，从何往哉^⑨？六国立名^⑩，状当如何^⑪？天下郡国且百余，县邑出万^⑫，乡亭聚里^⑬，皆有号名，贤圣之才莫能说。君高能说会稽，不能辨定方名^⑭。会计之说，未可从也。巡狩考正法度^⑮，禹时吴为裸国^⑯，断发文身^⑰，考之无用，会计如何？

【注释】

①吴君高:吴平,字君高,东汉会稽人,王充的同乡。与袁康合著《越纽录》,即今《越绝书》。

②会计:大会诸侯,计功行赏。

③宜:若,如果。

④所:地方。

⑤治定:政治安定。

⑥太平:宋、元本作"承平"。

⑦升:登。封:帝王筑坛祭天。

⑧纷纭:纷乱。湮(yān)灭:埋没。

⑨往:出。

⑩六国:指战国时齐、楚、燕、韩、赵、魏六国。

⑪状:情况,情形。

⑫出:超过。

⑬乡亭:汉代县以下的地方单位为乡,乡以下为亭,十亭一乡。聚:村落。里:汉代地方基层单位,百户为一里,十里一亭。

⑭方名:四方之名,指辨识方向。

⑮考正:考查修正。

⑯裸国:传说中的古国名,其民皆不穿衣,故称。

⑰断发文身:古代吴越等地的一种风俗,把头发剪短,在身上刺花纹。

【译文】

吴君高说:会稽本来是山的名称,夏禹巡行视察,在这座山大会诸侯计功行赏,因此就用它作为郡的名称,所以叫会稽。说以山名给郡命名,是可以的;说禹巡行视察,大会诸侯计功行赏,则没有根据。巡行视察本来不到会稽,怎么能在这座山大会诸侯计功行赏呢?如果听信吴君高的说法,"会稽"的确是"会计"的意思,如果禹去南方巡视,又是在什么地方大会诸侯计功行赏呢?假如禹一开始往东巡视,死在会稽,那么舜也巡行视察,到了苍梧,他又是在什么地方大会诸侯计功行赏的呢?历代帝王政治安定后就会巡行视察,巡行视察总是要大会诸侯计功行赏,这样四方的大山都应该叫会稽山了。历代帝王当太平之时,都要上泰山封坛祭天。在泰山上,可以看到的祭天遗迹有七十二处,至于纷乱湮没的就不可胜数了。假使帝王们巡察确实要大会诸侯计功行赏,那么像泰山上的祭天遗迹一样,天下四方应该有很多。郡和国取名,就像万物的名称一样,是无法解释的。怎么单单为会稽郡取这样一个名字呢?会稽郡在周代原来叫吴越,那么吴越这个名字,出自哪里呢?六国的起名,情况又是如何呢?天下的郡和国一百多,县和城邑过万,乡亭村里,都有名称,即便有贤圣才能之人也不能解释。吴君高能解释会稽郡的名称,却不能辨别判定四方各地的名称。"会计"的说法,不可信从。巡察是为了考查修正地方的法度,禹的时代,吴是个不穿衣服的国家,人们剪短头发,身刺花纹,考察这样的地方没有丝毫用处,又为什么要到那里去大会诸侯计功行赏呢?

传书言:舜葬于苍梧,象为之耕;禹葬会稽,鸟为之田①。盖以圣德所致,天使鸟兽报祐之也②。世莫不然。考实之,殆虚言也。

【注释】

①"传书言"几句:以上参见刘赓《稽瑞》引《墨子》佚文。

②报祐:谓神享其祭祀而加以佑助。

【译文】

传书上说:舜葬在苍梧,大象为他耕地;禹葬在会稽,鸟为他耕田。大概因为是圣人的德操所导致的,上天让鸟兽来回报佑助他们。世人对此没有不相信的。如果考察核实一下,这恐怕是没有根据的说法。

　　夫舜、禹之德不能过尧。尧葬于冀州[1]，或言葬于崇山[2]。冀州鸟兽不耕，而鸟兽独为舜、禹耕，何天恩之偏驳也[3]？或曰："舜、禹治水，不得宁处[4]，故舜死于苍梧，禹死于会稽。勤苦有功，故天报之；远离中国[5]，故天痛之[6]。"夫天报舜、禹，使鸟田象耕，何益舜、禹？天欲报舜、禹，宜使苍梧、会稽常祭祀之。使鸟兽田耕，不能使人祭，祭加舜、禹之墓，田施人民之家，天之报祐圣人，何其拙也？且无益哉！由此言之，鸟田象耕，报祐舜、禹，非其实也。实者，苍梧多象之地，会稽众鸟所居。《禹贡》曰："彭蠡既潴[7]，阳鸟攸居[8]。"天地之情，鸟兽之行也。象自蹈土，鸟自食草[9]。土蹶草尽[10]，若耕田状，壤靡泥易[11]，人随种之，世俗则谓为舜、禹田。海陵麋田[12]，若象耕状，何尝帝王葬海陵者邪？

【注释】

①冀州：古九州之一，包括今河北、山西两省，及河南黄河以北、辽宁辽河以西之地。

②或言葬于崇山：此六字疑为后人旁注，误入正文。崇山，即嵩山，在今河南登封北。

③偏驳：偏袒，不公正。

④宁处：安处，安居。

⑤中国：中原地区。

⑥痛：痛惜，怜惜。

⑦彭蠡（lǐ）：湖泊名，在江西北境，长江以南，即今鄱阳湖。潴（zhū）：水积聚。

⑧阳鸟：称鸿雁之类会随季节变换而南北迁移的候鸟。攸：所。居：

栖息。

⑨鸟自食草：草，底本作"苹"，递修本作"草"，据改。

⑩蹶（jué）：挖，刨。

⑪靡：散乱。易：整治。

⑫海陵麋田：海陵，古地名，在今江苏泰州。海陵县因扶江接海，多
　　麋鹿，麋鹿有成群掘食草根的习惯，土被掘松之后，当地人就在上
　　面种稻，不耕而获其利，所收百倍，故称为麋田。

【译文】

　　舜和禹的德操不能超过尧。尧葬在冀州，也有说葬在崇山。冀州的
鸟兽没有为尧耕田，却唯独为舜、禹耕田，为何上天的恩施如此偏颇呢？
有人说："舜、禹治水，不能安定地住在一个地方，所以舜死在苍梧，禹死
在会稽。因为勤劳有功，所以上天回报他们；因为远离中原地区，所以上
天怜惜他们。"天回报舜、禹，让飞鸟种田大象耕地，对舜、禹有什么好处
呢？如果上天想回报舜、禹，应该让苍梧、会稽的人经常祭祀他们。让鸟
兽为他们种田耕地，却不能让人们去祭祀他们，祭祀的贡品可以直接放
在舜、禹的墓上，而耕田却只对当地的民户有好处，上天回报圣人，为什
么如此笨拙呢？而且对舜、禹没有一点好处。如此说来，飞鸟种田大象
耕地，是报答护佑舜、禹，并不是事实。真实的情况是，苍梧是多象的地
方，会稽是候鸟栖息的地方。《禹贡》说："彭蠡积聚了水，候鸟就到这里
栖息。"这是自然现象，鸟兽活动的规律。大象自然会踩踏土地，鸟自然
要吃草。土被刨散草被吃尽，就像田地被耕过一样，土壤变松散泥块被
整治，人们随之栽种，世俗之人就说是为舜、禹耕田。海陵被麋群掘食踩
踏过的田地，好像被大象耕过一样，何曾有帝王葬在海陵呢？

传书言：吴王夫差杀伍子胥，煮之于镬①，乃以鸱夷橐
投之于江②。子胥恚恨③，驱水为涛④，以溺杀人。今时会稽

丹徒大江⑤，钱唐浙江⑥，皆立子胥之庙。盖欲慰其恨心，止其猛涛也。夫言吴王杀子胥，投之于江，实也；言其恨恚驱水为涛者，虚也。

【注释】

①镬（huò）：无足鼎。古时煮肉及鱼、腊之器。亦用以为烹人的刑器。

②鸱（chī）夷：皮囊。橐（tuó）：口袋。

③恚（huì）恨：怨恨。

④涛：波涛，这里指潮水。

⑤丹徒：县名。战国秦置，属会稽郡，治所在今江苏镇江丹徒区。大江：这里指流经丹徒一带的长江。

⑥钱唐：县名。秦置，属会稽郡，治所在今浙江杭州。浙江：指今钱塘江及其上游新安江、富春江一系。

【译文】

传书上说：吴王夫差杀了伍子胥，把他放在大锅里煮，然后装进皮口袋里投入了江中。伍子胥怨恨，就搅动江水掀起潮水，把人淹死。如今会稽郡丹徒县沿长江一带，钱唐县沿浙江一带，都立有伍子胥的庙。大约是为了抚慰他的怨恨之心，制止汹涌的潮水。说吴王杀死伍子胥，把他投入江中，这是事实；说他因为怨恨而搅动江水掀起潮水，则是没有根据的。

屈原怀恨，自投湘江①，湘江不为涛；申徒狄蹈河而死②，河水不为涛。世人必曰："屈原、申徒狄不能勇猛，力怒不如子胥。"夫卫菹子路③，而汉烹彭越④，子胥勇猛，不过子路、彭越。然二士不能发怒于鼎镬之中，以烹汤菹汁渖溢旁人⑤。子胥亦自先入镬，乃入江⑥。在镬中之时，其神安居？岂怯于镬汤，勇于江水哉？何其怒气前后不相副也⑦？且投于江中，何江也？有丹徒大江，有钱唐浙江，有吴通陵江⑧。或言投于丹徒大江，无涛。欲言投于钱唐浙江，浙江、山阴江、上虞江皆有涛⑨。三江有涛，岂分囊中之体，散置三江中乎？人若恨恚也，仇雠未死⑩，子孙遗在，可也。今吴国已灭，夫差无类⑪，吴为会稽，立置太守，子胥之神，复何怨苦？为涛不止，欲何求索？吴、越在时，分会稽郡，越治山阴⑫，吴都今吴。余暨以南属越⑬，钱唐以北属吴。钱唐之江，两国界也。山阴、上虞在越界中⑭，子胥入吴之江为涛，当自上吴界中⑮，何为入越之地？怨恚吴王，发怒越江，违失道理，无神之验也。且夫水难驱，而人易从也⑯。生任筋力，死用精魂。子胥之生，不能从生人营卫其身⑰，自令身死，筋力消绝，精魂飞散，安能为涛？使子胥之类数百千人，乘船渡江，不能越水。一子胥之身，煮汤镬之中，骨肉糜烂，成为羹菹⑱，何能有害也？

【注释】

①湘江：河名，源出广西灵川东的海阳山，东北流入湖南境内注入洞庭湖，为湖南最大河流。屈原自投汨罗，汨罗系湘江支流。

②申徒狄：商朝末年官吏。因不忍见商纣王无道，谏而未被采纳，负石投河而死。

③卫菹（zū）子路：子路任卫大夫孔悝宰时，在卫国的蒯聩之乱中殉难，被剁成肉酱。菹，即菹醢（hǎi），古代把人剁成肉酱的一种酷刑。

④彭越（？—前196）：字仲，砀郡昌邑（今山东菏泽巨野）人。西汉开国功臣、名将，后因被告谋反而被杀，并夷三族。

⑤沨淙（shěn cóng）：这里指汤汁溅击。沨，汁。疑前"汁"字，系"沨"的旁注误入正文。淙，疑为"摐"（chuāng）字之误。摐，撞击。

⑥"子胥亦自先入镬"二句：《艺文类聚》卷九、《白氏六帖》引《论衡》文"乃"前有"后"字。

⑦副：符合。

⑧吴：即吴县。战国秦置县，为会稽郡治，治所即今江苏苏州。通陵江：河名。具体不详。

⑨山阴江：河名，在今浙江浦阳江下游。上虞江：今浙江上虞西之曹娥江。

⑩仇雠（chóu）：仇人。

⑪无类：犹言无遗类，无幸存者。这里指没有后代。

⑫治：设治，建都。山阴：县名。秦置，属会稽郡，治所在今浙江绍兴。

⑬余暨：县名。西汉置，属会稽郡，治所在今杭州萧山区。

⑭上虞：县名。秦置，属会稽郡，治所即今浙江上虞。

⑮上：疑为"止"字，形近而误。

⑯从：屈从，服从。

⑰营卫：护卫。

⑱羹菹：肉汤。

【译文】

屈原心怀怨恨，自己投入湘江，而湘江没有因此兴起潮水；申徒狄跳河而死，黄河水也没有掀起潮水。世人一定要说："屈原、申徒狄不够勇猛，力气和怒气不如伍子胥。"那么卫国把子路剁成肉酱，汉朝烹煮彭越，伍子胥的勇猛，不会超过子路、彭越。但是他们二人不能在鼎镬中发怒，用被煮沸的肉汤溅击旁边的人。伍子胥也是先被投入大锅中，然后才被扔到江里。在大锅里的时候，他的神魂又在哪儿呢？难道他在大锅滚汤里胆怯，而在江水中就勇敢了吗？为什么他的怒气前后不一致呢？况且被投入江中，是哪条江呢？有丹徒的长江，有钱唐县的浙江，有吴县的通陵江。有人说投在丹徒的长江，但那里没有大的潮水。想说投在了钱唐县的浙江，浙江、山阴江、上虞江都有大的潮水。这三条江有大潮，难道是把皮口袋里的尸体，分散开丢在三条江中了吗？人如果怨恨难消，仇人没死，或者他的子孙还在，是可以的。现在吴国已经灭亡，夫差也没有后代，吴国成为会稽郡，设立了太守，伍子胥的灵魂，还在怨恨痛苦什么？不停地掀起潮水，想要达到什么目的呢？吴国、越国存在的时候，分占了今天的会稽郡这个地方，越国建都在现在的山阴县，吴国建都在现在的吴县。余暨县以南属于越国，钱唐县以北属于吴国。钱塘县的浙江，是两国的分界。山阴县、上虞县在越国境内，伍子胥被投入吴国的江中掀起潮水，应当止于吴国境内，为什么会进入越国的地方？怨恨吴王，却在越国的江中发怒，不合道理，这是伍子胥死后没有神灵的验证。况且水难以驱使，人却容易服从。活着的时候，凭借筋骨力气，死后靠的是精气魂魄。伍子胥活着的时候，不能驱使活人营救和保护自己，等到自己被吴王赐剑自杀后，筋骨力气消失，精气魂魄飞散，怎么能掀起潮水呢？即使像伍子胥这类的人有数百千人之多，他们也只能乘船渡江，却不能飞跃江水。一个伍子胥的身体，在开水锅里烹煮骨肉稀烂，成为肉汤，怎么能造成危害呢？

周宣王杀其臣杜伯①，赵简子杀其臣庄子义②。其后杜伯射宣王，庄子义害简子③，事理似然，犹为虚言。今子胥不能完体，为杜伯、子义之事以报吴王，而驱水往来，岂报仇之义，有知之验哉？俗语不实，成为丹青④，丹青之文，贤圣惑焉！夫地之有百川也，犹人之有血脉也。血脉流行，泛扬动静⑤，自有节度⑥。百川亦然，其朝夕往来⑦，犹人之呼吸，气出入也。天地之性，上古有之。经曰⑧："江、汉朝宗于海⑨。"唐虞之前也⑩，其发海中之时，漾驰而已⑪；入三江之中⑫，殆小浅狭，水激沸起，故腾为涛。广陵曲江有涛⑬，文人赋之⑭。大江浩洋⑮，曲江有涛，竟以隘狭也。吴杀其身，为涛广陵，子胥之神，竟无知也。溪谷之深，流者安洋⑯，浅多沙石，激扬为濑⑰。夫涛、濑，一也。谓子胥为涛，谁居溪谷为濑者乎？案涛入三江，江岸沸踊⑱，中央无声。必以子胥为涛，子胥之身聚岸灌也⑲。涛之起也，随月盛衰⑳，小大满损不齐同。如子胥为涛，子胥之怒，以月为节也。三江时风㉑，扬疾之波亦溺杀人㉒，子胥之神，复为风也。秦始皇渡湘水，遭风，问湘山何祠㉓。左右对曰："尧之女，舜之妻也㉔。"始皇大怒，使刑徒三千人，斩湘山之树而履之㉕。夫谓子胥之神为涛，犹谓二女之精为风也。

【注释】

①杜伯：周宣王的大夫，无辜被杀，传说他死后，阴魂作祟，射死了周宣王。

②赵简子：本书《订鬼篇》作"燕简公"，可从。燕简公，春秋末燕国君主，前504—前493年在位。庄子义：燕简公的大夫，为燕简公所杀，传说庄子义被杀后，阴魂不散，用棍子把燕简公打死于车下。

③简子：根据上文，疑系"简公"之误。

④丹青：泛指史籍。丹，丹册，记载功勋。青，青史，记录史事。

⑤泛扬动静：形容脉搏一张一弛。

⑥节度：节奏。

⑦朝夕：即潮汐，早潮与晚潮。

⑧经：此处指《尚书·禹贡》。

⑨朝宗：古代诸侯春、夏朝见天子，亦比喻江河流归大海。这里指长江和汉水的潮水都来源于大海。

⑩唐虞：唐尧与虞舜的并称，此处指尧与舜的时代。

⑪漾驰：水流平缓。

⑫三江：即上文所说浙江、山阴江、上虞江。

⑬广陵：县名。战国楚置，后入秦，属东海郡，治所在今江苏扬州。
曲江：指流经今扬州市南的一段长江。这里指作赋。

⑭赋：古代的一种文体，盛行于汉魏六朝，为韵文和散文的综合体，
通常用来写景叙事或抒情说理。此处意为作赋。

⑮浩洋：水流广阔洪大。

⑯安洋：即"安详"，这里指水流平缓。

⑰濑（lài）：从沙石上流过的急水。

⑱江岸沸踊：底本无"江"字，《黄氏日抄》引《论衡》文"岸"前有
"江"字，据补。沸踊，波涛汹涌。

⑲漼（cuī）：通"摧"，毁坏。

⑳盛衰：这里指月亮的圆缺变化。

㉑时风：有时刮风。风，刮风。

㉒扬疾：一说作"阳侯"。本书《感虚篇》："武王伐纣，渡孟津，阳侯
之波，逆流而击。"传说阳侯是古代的一个诸侯，被水淹死后成为
波浪之神。参见《淮南子·览冥训》高诱注。

㉓湘山：一名君山，又名洞庭山，在今湖南岳阳西南洞庭湖中。祠：
祭祀。

㉔"尧之女"二句：相传尧的两个女儿娥皇、女英同时嫁给舜为妻。
后舜出外巡视，死在苍梧，二人赶到君山，闻舜死讯，血泪斑斑，也
死于江湘之间，葬君山。

㉕履：践踏。以上参见《史记·秦始皇本纪》。

【译文】

周宣王杀了他的大臣杜伯，燕简公杀了他的臣子庄子义。后来杜
伯射死了周宣王，庄子义害死了燕简公，事情的道理看似这样，但还是假

话。现在伍子胥不能完复身体，像杜伯、庄子义那样去报复吴王，而是来回驱动水流，这岂是报仇的意思，哪是有智慧的表现呢？世俗传言不真实，却变成了历史记载，这些记载历史的文章，圣贤看后也会被迷惑。地上有众多的河流，就像人体有血脉一样。血脉流动，一张一弛，自有其节奏规律。众多的河流也如此，它们早晚的潮起潮落，就像人的呼吸，气息进出一样。天地的这种本性，自上古时期就有了。经书上说："长江和汉水的潮水都来源于大海。"在尧舜时代以前，潮水从大海中出发之时，水流平缓；进入三江之中，大概因为水浅岸狭，水流激荡翻起，所以腾涌成为潮水。广陵县曲江有汹涌的潮水，文人曾为其作赋。长江浩浩荡荡，曲江却有汹涌的潮水，毕竟是由于江面狭窄。吴国杀了伍子胥，他却到广陵兴风作浪，伍子胥的神灵，毕竟是无知的。溪谷深，水流就平缓，河床浅沙石多，就会激荡成为急流。形成潮水和形成急流的道理是一样的。说伍子胥掀起潮水，那么又是谁在溪谷里制造急流呢？考察潮水涌入三江时，江岸波涛汹涌，江心却没有涛声。如果一定认为是伍子胥掀起潮水，那么就是他的尸体聚集在岸边而毁坏堤岸。潮水的兴起，随着月亮的圆缺而变化，且大小也随月亮的圆缺而不一样。如果是伍子胥掀起潮水，那等于说伍子胥的怒气，是根据月亮圆缺变化而变化的了。三江有时刮风，扬起迅猛的波涛也淹死过人，这样说来伍子胥的神灵，又成为风了。秦始皇横渡湘江，碰上大风，就问湘山祭祀的是什么神。左右的人回答说："是尧的女儿，舜的妻子。"秦始皇大怒，就命令三千从事苦役的罪犯砍伐湘山上的树并且践踏它们。那么说伍子胥掀起潮水，就如同说尧的两个女儿的精魂变成风一样。

　　传书言：孔子当泗水之葬[①]，泗水为之却流[②]。此言孔子之德，能使水却，不湍其墓也[③]。世人信之。是故儒者称论，皆言孔子之后当封[④]，以泗水却流为证。如原省之[⑤]，殆虚言也。

【注释】

①当:正对着。之:而。本书《纪妖篇》、《太平御览》卷五百五十六引《论衡》"之"皆作"而"。

②泗水:水名,源出山东泗水县陪尾山,四源并发,因而得名。却:退。

③湍:急流。这里指冲刷。

④后:后代。封:封爵。

⑤原省:推究考察。

【译文】

传书上说:孔子正对着泗水安葬,泗水因此而退流。这是说孔子的德操,能够使水退流,不冲击他的坟墓。世人都相信这种说法。所以儒生称颂评论,都说孔子的后代应当封爵,就以泗水退流作为证明。如果推究考察这件事,恐怕是虚妄不实的话。

夫孔子死,孰与其生? 生能操行慎道应天①;死,操行绝。天祐至德②,故五帝、三王招致瑞应,皆以生存,不以死亡。孔子生时,推排不容③,故叹曰:"凤鸟不至,河不出图,吾已矣夫!"④生时无祐,死反有报乎? 孔子之死,五帝、三王之死也。五帝、三王无祐,孔子之死,独有天报,是孔子之魂圣,五帝之精不能神也⑤。泗水无知,为孔子却流,天神使之;然则,孔子生时,天神何不使人尊敬⑥? 如泗水却流,天欲封孔子之后,孔子生时,功德应天,天不封其身,乃欲封其后乎? 是盖水偶自却流。江河之流,有回复之处⑦,百川之行,或易道更路,与却流无以异。则泗水却流,不为神怪也。

【注释】

①能:而。慎:依循,依顺。

②至德：最高的道德。

③推排：排斥，排挤。

④"故叹曰"几句：传说伏羲时，有龙马出现在黄河里，背负图形，伏羲就根据它画出八卦。孔子哀叹凤凰、河图不出，是无王者之兆。凤鸟，凤凰，凤鸟出现预示天下太平。已矣，完了。引文参见《论语•子罕》。

⑤五帝之精不能神也：上文皆言"五帝、三王"，疑"帝"后脱"三王"二字。

⑥天神何不使人尊敬：底本无"何"字，《太平御览》卷六十三引《论衡》文"神"后有"何"字，据补。

⑦回复：迂回。

【译文】

孔子死后，比起他活着的时候怎么样呢？活着的时候，操行遵顺先王之道顺应天意；死后，操行就没有了。上天保佑最高的道德，所以五帝、三王招来吉兆，这都是在他们活着的时候，不是在他们死后。孔子活着的时候，受到排斥不被容纳，所以叹息说："凤凰不来，河图不出，我算是完了！"生前没得到保佑，死后反而得到天佑了吗？孔子的死，和五帝、三王的死是一样的。五帝、三王死后没有得到保佑，孔子死后，唯独得到天佑，这岂不是孔子的魂魄圣明，而五帝的精魄不神明了。泗水没有知觉，如果为孔子退流，那是天上的神灵让它这样做的；那么，孔子活着的时候，天上的神灵为何不让人们尊敬他呢？如果泗水退流是上天要封孔子的后代的征兆，孔子活着的时候，功德符合天意，上天为何不封他本人，反而要封他的后代呢？这大概是河水碰巧自己退却。江河中的水，有其迂回往复的地方，众多江河的流向，有时会改变河道，这和河水退流没有什么区别。所以泗水退流，不是什么神奇的事。

传书称：魏公子之德①，仁惠下士②，兼及鸟兽。方与客饮③,有鹯击鸠④。鸠走巡于公子案下⑤。鹯追击,杀于公子之前。公子耻之,即使人多设罗⑥,得鹯数十枚⑦,责让以击鸠之罪。击鸠之鹯,低头不敢仰视,公子乃杀之。世称之曰:"魏公子为鸠报仇。"此虚言也。

【注释】

①魏公子(？—前243):即战国时魏国公子魏无忌,封于信陵(今河南宁陵),号"信陵君"。门下养食客三千,为"战国四公子"之一。

②下士:屈尊以下交贤士。

③方:正在。

④鹯(zhān):鹞一类的猛禽。鸠:斑鸠。

⑤走:逃走。巡:通"遁",躲藏。案:几案,桌子。

⑥即:立即。罗:捕鸟用的网。

⑦枚:只。

【译文】

传书上说:魏公子的德行,仁爱恩惠礼贤下士,并延及鸟兽。他正在与门客喝酒,有只鹯攻击一只斑鸠。斑鸠逃走,躲在魏公子的几案下。鹯追击而来,在魏公子面前杀死了斑鸠。魏公子以不能保护斑鸠为耻,立即让人设置罗网,捕到了数十只鹯,用击杀斑鸠的罪过进行谴责。击杀斑鸠的那只鹯,低着头不敢仰视,魏公子于是杀了它。世人称颂说:"魏公子为斑鸠报仇。"这是虚妄的话。

夫鹯,物也,情心不同,音语不通。圣人不能使鸟兽为义理之行,公子何人,能使鹯低头自责? 鸟为鹯者以千万数,向击鸠蜚去①,安可复得? 能低头自责,是圣鸟也;晓公子之言②,则知公子之行矣;知公子之行,则不击鸠于其前。

人犹不能改过，鸟与人异，谓之能悔，世俗之语，失物类之实也③。或时公子实捕鹊，鹊得，人持其头，变折其颈④，疾痛低垂，不能仰视。缘公子惠义之人⑤，则因褒称，言鹊服过。盖言语之次⑥，空生虚妄之美；功名之下，常有非实之加⑦。

【注释】

①向：之前。蜚：通"飞"。

②晓：明白，通晓。

③失：违背。

④变折：变，疑作"挛"字，形近而讹。挛折，扭折。挛，弯曲。

⑤缘：因。

⑥次：之间，中间。

⑦加：夸赞。

【译文】

鹊，是动物，与人的情感思想不同，声音语言不通。圣人尚且不能让鸟兽去做符合义理的事，魏公子是什么人，能让鹊低头自责？属于鹊的鸟类数以千万，之前击杀了斑鸠之后就飞走了，怎么能够再次捉到？能够低头自责，这是圣鸟；听得懂公子说话，就了解魏公子的行为；了解魏公子的行为，就不会在他面前击杀斑鸠。人尚且不能悔改过错，鸟和人不同，却说它能悔过，这种世俗的观点，违背了物类的实际情况。或许魏公子真的捕了鹊，鹊被捉住，人们抓着它的头，扭折它的颈部，鹊因为疼痛而低下头，不能仰视。于是有人因公子是个仁爱之人，就以此褒扬称颂他，说鹊认了错。这大概是言语之间，凭空捏造的虚美之辞；在功业和名誉下，经常会有不符合事实的夸赞。

传书言：齐桓公妻姑姊妹七人①。此言虚也。

【注释】

①齐桓公妻姑姊妹七人：参见《荀子·仲尼》。

【译文】

传书上说：齐桓公娶了他的姑姊妹七人为妻。这是假话。

　　夫乱骨肉，犯亲戚，无上下之序者，禽兽之性，则乱不知伦理。案桓公九合诸侯，一正天下①，道之以德②，将之以威③，以故诸侯服从，莫敢不率④，非内乱怀鸟兽之性者所能为也。夫率诸侯朝事王室，耻上无势而下无礼也。外耻礼之不存，内何犯礼而自坏？外内不相副，则功无成而威不立矣。世称桀、纣之恶，不言淫于亲戚。实论者谓夫桀、纣恶微于亡秦⑤，亡秦过泊于王莽⑥，无淫乱之言。桓公妻姑姊七人，恶浮于桀、纣⑦，而过重于秦、莽也。《春秋》采毫毛之美⑧，贬纤芥之恶⑨。桓公恶大，不贬何哉？鲁文姜⑩，齐襄公之妹也，襄公通焉⑪。《春秋经》曰："庄二年冬，夫人姜氏会齐侯于郜⑫。"《春秋》何尤于襄公⑬，而书其奸？何宥于桓公⑭，隐而不讥？如经失之，传家左丘明、公羊、谷梁何讳不言⑮？案桓公之过，多内宠⑯，内嬖如夫人者六⑰。有五公子争立，齐乱，公薨三月乃讣⑱。世闻内嬖六人，嫡庶无别⑲，则言乱于姑姊妹七人矣。

【注释】

①一正天下：匡正天下诸侯，使其行动一致。

②道：引导。

③将：统率。

④率：遵循，恭顺。

⑤实论：据实论事。

⑥过：罪过。泊：通"薄"，轻。

⑦浮：超过。

⑧《春秋》：儒家经典之一。相传为孔子依据国史官所编的《春秋》整理修订而成。记载了从鲁隐公元年（前722）至鲁哀公十四年（前481），共242年的史事。解释《春秋》的有《左传》《公羊传》《穀梁传》三传。毫毛：细小。

⑨纤芥：细微。

⑩文姜：姜姓，谥"文"，名字不详。齐僖公之女，齐襄公异母妹，鲁桓公夫人，鲁庄公之母。与齐襄公乱伦被鲁桓公得知，齐襄公令彭生杀鲁桓公。

⑪通：私通，通奸。

⑫郜：古地名，在今山东成武东南。

⑬尤：归罪。

⑭宥（yòu）：宽恕。

⑮传家：这里指解释《春秋》的人。左丘明：春秋末期鲁国人，相传为《春秋左氏传》的作者。公羊：即公羊高。战国初期齐国人，相传是《春秋公羊传》的作者。穀梁：即穀梁赤，战国初期鲁国人，相传为《春秋穀梁传》的作者。

⑯内宠：国君宠爱的人。

⑰内嬖（bì）：受君主或达官贵人宠爱的人。如夫人：原意谓同于夫人，后即以称妾。

⑱讣（fù）：报丧。

⑲嫡庶：这里指妻与妾。

【译文】

淫乱骨肉，侵犯亲戚，不讲长幼尊卑秩序的人，是禽兽本性，所以淫乱而不懂得伦理。考察齐桓公九次召集诸侯会盟，匡正天下诸侯使其行动一致，用道德引导他们，用威望统率他们，所以诸侯服从，不敢不恭顺，这不是那种在家中胡作非为的人所能做到的。率领诸侯臣服侍奉周天子，以周天子没有权势而诸侯无礼为耻。在外尚且以废弃礼制为耻，在家内怎么会违反礼教败坏自己声誉呢？内外言行不相符，就会功业无成威望不立。世人说到桀、纣的恶行，没说他们淫乱亲戚。据实论事的人认为桀、纣的罪恶要比被灭亡的秦小，被灭亡的秦罪过要比王莽轻，而都没有说他们淫乱。齐桓公娶了姑姊妹七人，罪恶超过桀、纣，重于被灭亡的秦和王莽。《春秋》记载细小的美德，贬斥细微的过错。齐桓公的罪恶如此大，为何不加以贬斥呢？鲁君夫人文姜，是齐襄公的妹妹，齐襄公和她私通。《春秋经》记载："鲁庄公二年冬天，鲁桓公的夫人姜氏在郜地会见齐襄公。"《春秋》为什么责备齐襄公，写下他的奸情？为何却原谅齐桓公，隐瞒他的淫行而不加讥刺呢？如果是《春秋》失载，那解释《春秋》的如左丘明、公羊、谷梁他们为什么要隐晦不说呢？考察齐桓公的过错，是宠爱的女人太多，宫内受宠爱的女人如同夫人的有六个。后来他的五个儿子争夺君位，导致齐国混乱，齐桓公死后三个月才报丧。世人听说他宠爱的女人有六个，妻妾无别，就说他与姑姊妹七人淫乱。

　　传书言：齐桓公负妇人而朝诸侯①。此言桓公之淫乱无礼甚也。

【注释】

　　①负：背着。而：《艺文类聚》卷三十五、《太平御览》卷三百七十一引《论衡》文皆作"以"。

【译文】

　　传书上说：齐桓公背着妇人来见诸侯。这是说齐桓公淫乱无礼到了极点。

夫桓公大朝之时^①，负妇人于背，其游宴之时^②，何以加此^③？方修士礼^④，崇厉肃敬^⑤，负妇人于背，何以能率诸侯朝事王室？葵丘之会^⑥，桓公骄矜，当时诸侯畔者九国^⑦。睚眦不得^⑧，九国畔去，况负妇人，淫乱之行，何以肯留？

【注释】

①大朝：举行大的朝会。

②游宴：游乐宴饮。

③加：超过。

④士：这里指诸侯。

⑤崇：推崇。厉：同"励"，鼓励，劝勉。

⑥葵丘：地名，在今河南兰考东。前651年，齐桓公在葵丘大会诸侯。

⑦畔：通"叛"。以上事参见《公羊传·僖公九年》。

⑧睚眦（yá zì）：瞪大眼睛，形容态度骄横。不得：指行为不合礼法。

【译文】

齐桓公在举行大的朝会的时候，背上背了个妇人，他在游乐的时候，还有什么能超过这种做法呢？正当整治诸侯礼节，推崇鼓励庄重恭敬的时候，背上背了个妇人，怎么能率领诸侯朝拜侍奉周天子呢？葵丘会盟的时候，齐桓公骄傲自大，当时背离他的诸侯就有九个。态度骄横行为不合礼法，就有九国背离而去，何况背着妇人，这样淫乱的行为，诸侯怎么肯留下来呢？

或曰："管仲告诸侯：'吾君背有疽创^①，不得妇人，疮不衰愈^②。'诸侯信管仲，故无畔者。"

【注释】

①疽（jū）创：毒疮。疽，中医指局部皮肤肿胀坚硬的毒疮。创，通"疮"。

②衰：减轻。愈：痊愈。

【译文】

有人说："管仲告诉诸侯说：'我的国君背上有毒疮，没有妇人，毒疮就不会痊愈。'诸侯相信了管仲的话，所以没有背离的。"

夫十室之邑，必有忠信若孔子。当时诸侯，千人以上，必知方术①，治疽不用妇人，管仲为君讳也。诸侯知仲为君讳而欺己，必恚怒而畔去，何以能久统会诸侯，成功于霸？

【注释】

①方术：这里指医术。

【译文】

有十户人家的地方，一定有像孔子那样忠诚可信的人。当时在场的诸侯，有千人以上，肯定有懂得医术的，知道治疗毒疮不用妇人伏背的办法，管仲是在掩饰他的国君的淫乱行为。诸侯要是知道了管仲为了掩饰君主而欺骗自己，一定会发怒而背叛离去，齐桓公怎么能长期统率召集诸侯，成就霸业呢？

或曰："桓公实无道，任贤相管仲，故能霸天下。"夫无道之人，与狂无异①，信谗远贤，反害仁义②，安能任管仲，能养人，令之成事③？桀杀关龙逢，纣杀王子比干。无道之君，莫能用贤。使管仲贤④，桓公不能用；用管仲，故知桓公无乱行也。有贤明之君，故有贞良之臣。臣贤，君明之验，奈何谓之有乱？

【注释】

①狂：狂人。

②反：违反。害：损害。

③成事：办好事情。

④使：即使。

【译文】

有人说："齐桓公确实没有道义，因为任用了贤相管仲，所以能够称霸天下。"没有道义的人，与狂人没有区别，听信谗言疏远贤人，违背损害仁义，怎么能任用管仲，能供养人才，来办好事情呢？以往的事实是：夏桀杀了关龙逢，商纣王杀了王子比干。没有道义的君主，不能任用贤臣。即使管仲贤能，齐桓公也不能用；重用管仲，所以知道齐桓公没有狂乱的行为。有贤明的君主，所以才有忠贞贤良的臣子。臣子贤良，是君主圣明的证明，怎么能说齐桓公有狂乱的行为呢？

难曰："卫灵公无道之君①，时知贤臣。管仲为辅，何明桓公不为乱也？"夫灵公无道，任用三臣②，仅以不丧，非有功行也。桓公尊九九之人③，拔甯戚于车下④，责苞茅不贡⑤，运兵攻楚，九合诸侯，一匡天下，千世一出之主也，而云负妇人于背，虚矣。

【注释】

①卫灵公（前540—前493）：姬姓，名元，春秋时期卫国第二十八代国君，前534—前493年在位。

②三臣：卫灵公的三个大臣，指孔圉、祝鲍（tuó）、王孙贾。

③桓公尊九九之人：据《韩诗外传》卷三记载，有个懂算术的人去见
　齐桓公，说算术是一般才能，如果因为此而得到齐桓公的礼遇，那
　些才能高的人就会闻讯而来。九九，算数。

④宁戚：春秋时齐国人。家贫，给人赶车。边喂牛边唱歌，齐桓公听
　到后很赏识，提拔他做官。事参见《吕氏春秋·举难》《晏子春
　秋·问》。

⑤苞茅：同"包茅"，成束的菁茅草，祭祀时用来滤酒，是楚国向周王
　室进贡的特产。据《左传·僖公四年》记载，前656年，齐桓公发
　兵讨伐楚国，理由之一就是楚国没有履行向周天子进贡菁茅的义
　务，使周天子祭祀没有菁茅滤酒。

【译文】

　有人责难说："卫灵公是个没有道义的君主，当时也知道任用贤臣。
管仲做齐桓公的辅臣，怎么能证明齐桓公不做淫乱的事呢？"卫灵公没
有道义，任用三位大臣，只是做到不亡国而已，并没有功德操行。齐桓公
能尊重会算数的人，把宁戚从赶车人的低下地位上提拔起来，能指责楚
国不向周天子进贡苞茅，发兵攻打楚国，九次召集诸侯会盟，匡正天下诸
侯使其行动一致，这是一千代才出现的君主，却说他在背上背了个妇人，
这是假话。

　说《尚书》者曰："周公居摄①，带天子之绶②，戴天子之
冠，负扆南面而朝诸侯③。"户牖之间曰扆④，南面之坐位也。
负扆南面乡坐⑤，扆在后也。桓公朝诸侯之时，或南面坐，妇
人立于后也。世俗传云，则曰负妇人于背矣。此则夔一足、
宋丁公凿井得一人之语也。

【注释】

①居摄：臣下暂时摄行天子职权。

②绶：古代拴在印纽上的丝带,这里指印玺。

③扆（yǐ）：古代宫殿内设在门和窗之间的大屏风。

④牖（yǒu）：窗户。

⑤乡：通"向"。

【译文】

　　解释《尚书》的人说："周公摄政,佩着天子的印绶,头戴天子的王冠,背靠屏风面朝南接受诸侯的朝拜。"门窗之间的屏风叫扆,是面向南坐的座位。背靠屏风面向南坐,屏风在背后。齐桓公接受诸侯朝拜的时候,也许是面朝南坐着,而妇人站在他背后。世间传说,就说桓公背上背着妇人。这就是夔只有一只脚、宋丁公挖井得到一个人那样的传说。

　　唐、虞时,夔为大夫,性知音乐,调声悲善①。当时人曰："调乐如夔,一足矣。"世俗传言："夔一足。"案秩宗官缺②,帝舜博求③,众称伯夷④,伯夷稽首让于夔、龙⑤。秩宗卿官,汉之宗正也⑥。断足,足非其理也⑦。且一足之人,何用行也？夏后孔甲⑧,田于东蒉山⑨,天雨晦冥⑩,入于民家,主人方乳⑪。或曰："后来,之子必贵⑫。"或曰："不胜⑬,之子必贱。"孔甲曰："为余子,孰能贱之？"遂载以归。析橑⑭,斧斩其足,卒为守者⑮。孔甲之欲贵之子,有余力矣,断足无宜⑯,故为守者。今夔一足,无因趋步⑰,坐调音乐,可也;秩宗之官,不宜一足,犹守者断足,不可贵也。孔甲不得贵之子,伯夷不得让于夔焉。

【注释】

①调声悲善：能够调节乐音哀乐的节度。悲,哀。善,喜乐。

②秩宗：古代掌宗庙祭祀的官。

③博求：广求。

④伯夷：传说中尧舜时期的贤臣。

⑤稽首：古时的一种俯首至地的最恭敬的礼节。龙：人名，传说在舜
　　时为纳言。以上参见《尚书·舜典》。

⑥宗正：职官名，掌管皇族亲属的事务。

⑦足非其理也：据文意，疑"足"为衍文。

⑧夏后孔甲：夏朝第十四代君主。后，王。

⑨田：打猎。东冀（míng）山：山名，具体位置不详，《吕氏春秋·音
　　初》作"东阳萯（bèi）山"。

⑩晦冥：昏暗。

⑪乳：生子，生产。

⑫之：此。

⑬不胜：承受不了。

⑭析橑（lǎo）：劈柴火。橑，柴薪。

⑮守者：守门人。以上参见《吕氏春秋·音初》。

⑯无宜：指没有适当的官可做。

⑰无因：无所凭借，没有办法。趋步：快走。

【译文】

　　尧舜的时候，夔当大夫，天生通晓音乐，能够调节乐音哀乐的节度。
当时的人说："像夔这样擅长演奏音乐的人，有一个就足够了。"可是社
会上却流传说："夔只有一只脚。"据考察舜时秩宗官职空缺，舜广泛地
寻求，大家都推举伯夷，伯夷磕头谢绝而让位给夔和龙。秩宗是卿一类
的官，相当于汉代的宗正。说夔断了一只脚，是不符合道理的。况且只
有一只脚的人，用什么走路？夏王孔甲，到东冀山打猎，遇到下雨天色昏
暗，就进入一户百姓家，赶上这家主人正在生子。有人说："王来到了，这
个孩子将来一定富贵。"有人说："无福消受，这个孩子将来必定卑贱。"
孔甲说："做我的儿子，谁能使他卑贱呢？"于是用车子载了孩子回去。

后来孩子劈柴时，斧头砍断了他的一只脚，最终只当了个守门人。孔甲想使这个孩子富贵，能力绰绰有余，但孩子断了一只脚，没有适合的官做。现在说夔只有一只脚，无法快走，坐着演奏音乐，这是可以的；当秩宗这个官，不适合只有一只脚，就像看门人断了脚，就不可能富贵一样。孔甲无法使这个孩子富贵，伯夷也不会把秩宗的职位让给夔。

宋丁公者，宋人也。未凿井时，常有寄汲[①]，计之[②]，日去一人作。自凿井后，不复寄汲，计之，日得一人之作。故曰："宋丁公凿井得一人。"俗传言曰："丁公凿井，得一人于井中。"[③]夫人生于人，非生于土也。穿土凿井，无为得人[④]。推此以论，负妇人之语，犹此类也。

【注释】

①寄汲：到别人的井里打水。汲，打水。

②计：计算。

③"俗传言曰"几句：以上事参见《吕氏春秋·察传》。

④无为：不可能。为，以。

【译文】

宋丁公，是宋国人。没凿井的时候，经常去别人的井里打水，计算起来，每天要花费一个人的劳力。自己凿井之后，就不用去别人的井里打水，计算起来，每天能得到一个人的劳力。因此说："宋丁公凿井得到一个人的劳力。"社会上却流传说："丁公凿井时，在井里得到一个人。"人是人生的，不是从土里生出的。挖土凿井，不可能得到人。据此推论，齐桓公背妇人的传说，就像这一类情况。

负妇人而坐，则云妇人在背。知妇人在背非道[①]，则生管仲以妇人治疽之言矣。使桓公用妇人彻胤服^②，妇人于背^③，女气疮^④，可去以妇人治疽^⑤。方朝诸侯，桓公重衣^⑥，妇人袭裳^⑦，女气分隔，负之何益？桓公思士^⑧，作庭燎而夜坐^⑨，以思致士，反以白日负妇人见诸侯乎？

【注释】

①非道：不合道理。

②彻：去掉。胤：递修本作"胸"，可从。

③妇人于背：据文意，疑"妇"字前脱一"负"字。

④女气疮：据文意，疑"气"字后脱一"愈"字。

⑤可去以妇人治疽：据文意，疑"去"当作"云"字，形近而讹。

⑥重衣：穿多层衣服。

⑦袭裳：穿多层衣裙。裳，古人穿的遮蔽下体的衣裙。

⑧思士：仰慕贤士。

⑨庭燎（liáo）：古代宫廷中照明的火炬。

【译文】

背对着妇人而坐，就说是妇人伏在他背上。知道妇人伏在背上不合情理，就造出管仲用妇人治疗齐桓公毒疮的说法。假使齐桓公让妇人敞开胸前的衣服，妇人伏在他背上，女人的气使他的毒疮痊愈，那才可以说用妇人治疗毒疮。正在接受诸侯的朝拜，齐桓公穿着好几层衣服，妇人也穿着好几层衣裙，女人的气被分隔，背在背上有什么好处呢？齐桓公仰慕贤士，在庭院中点起火炬天很晚还在坐着等待，是为了招致贤士，怎么反而会在大白天背着妇人会见诸侯呢？

传书言聂政为严翁仲刺杀韩王^①，此虚也。夫聂政之时，韩列侯也^②。列侯之三年，聂政刺韩相侠累。十三年列侯卒③。与聂政杀侠累,相去十七年④。而言聂政刺杀韩王,短书小传,竟虚不可信也。

【注释】

①聂政为严翁仲刺杀韩王:前397年,严遂求聂政为其报私仇,杀死韩相侠累。之后聂政自杀,当时韩烈侯还在。前371年韩哀侯(前376年即位)被臣子韩严刺杀。后人把这两件事混在一起,于是就流传说聂政为严遂刺杀韩王。聂政(?—前397),战国时刺客,韩国轵(zhǐ,今河南济源东南)人。韩烈侯时,严遂与相国侠累(韩傀)争权结怨,求聂政代为报仇,他入相府刺死侠累,后自杀。严翁仲,严遂,韩烈侯的宠臣。韩王,韩烈侯,战国时韩国君主,前400—前387年在位。下文写作韩列侯。以上事参见《战国策·韩策二》《韩非子·内储说下六微》。

②韩列侯:即"韩烈侯"。

③十三年:底本作"十二年",《史记·韩世家》作"十三年",据改。

④十七年:韩烈侯三年聂政刺侠累,韩烈侯十三年,韩烈侯死,聂政刺侠累到韩烈侯死之间相隔十年,故疑"十"后之"七"字为衍文。

【译文】

传书上说:聂政为严翁仲刺杀了韩王,这不是事实。聂政生活的时代,是韩烈侯时期。韩烈侯三年,聂政刺杀韩国国相侠累。十三年韩烈侯死。与聂政刺杀侠累,相隔了十年。却说聂政刺杀了韩烈侯,短书小传,毕竟是没有根据不可信的。

传书又言:燕太子丹使刺客荆轲刺秦王①,不得,诛死。后高渐丽复以击筑见秦王②,秦王说之。知燕太子之客,乃冒其眼③,使之击筑。渐丽乃置铅于筑中以为重,当击筑,秦王膝进④，不能自禁。渐丽以筑击秦王颡⑤，秦王病伤，三月而死。夫言高渐丽以筑击秦王，实也；言中秦王病伤三月而死，虚也。

【注释】

①燕太子丹（？—前226）：姬姓，名丹，战国末期燕国太子，燕王喜之子。荆轲（？—前227）：字公叔，战国时卫人。受燕太子丹派遣欲刺秦王，结果事败被杀。

②高渐丽：又作"高渐离"，战国末燕国人。为谋刺秦始皇的荆轲送行时，在易水为其击筑伴唱。秦灭燕后，隐姓埋名做雇工，后为人发觉。因善击筑，被秦始皇熏瞎双眼，留在宫中击筑。后在筑中暗藏铅块扑击始皇，不中被杀。筑：古代的一种击弦乐器，颈细肩圆，中空，十三弦。

③冒：覆盖，这里指弄瞎。

④膝进：膝行前进。古时人们跪踞而坐，要挪动位置，常常使用膝盖。

⑤颡（sǎng）：额头。

【译文】

传书上又说：燕太子丹派刺客荆轲刺杀秦王，未能得手，被杀。后来高渐丽又因为善于击筑被秦王接见，秦王很喜欢他。当知道他是燕太子丹的门客，就弄瞎了他的眼睛，让他击筑。高渐丽就在筑中放了铅块以增加重量，当他击筑之时，秦王听得入迷，情不自禁地用膝盖挪动身体向前靠拢。高渐丽就用筑击打秦王的额头，秦王受伤，三个月就死了。说高渐丽用筑击打秦王，是事实；说击中秦王使之受伤三个月就死了，是假的。

夫秦王者，秦始皇帝也。始皇二十年，燕太子丹使荆轲刺始皇，始皇杀轲，明矣。二十一年，使将军王翦攻燕①，得太子首②；二十五年，遂伐燕，而虏燕王喜③。后不审何年④，高渐丽以筑击始皇，不中，诛渐丽。当二十七年⑤，游天下，到会稽，至琅邪⑥，北至劳、盛山⑦，并海⑧，西至平原津而病⑨，到沙丘平台⑩，始皇崩⑪。夫谶书言始皇还⑫，到沙丘而亡；传书又言病筑疮三月而死于秦⑬。一始皇之身，世或言死于沙丘，或言死于秦，其死，言恒病疮。传书之言，多失其实，世俗之人，不能定也。

【注释】

①王翦：频阳（今陕西富平）人，战国末秦国的名将。

②得太子首：荆轲刺秦王事件失败后，燕王喜担心秦国出兵攻打燕国，便杀了太子丹，将其头颅献秦军以求和。

③而虏燕王喜：喜，底本作"嘉"，《史记·秦始皇本纪》作"喜"字。燕王喜，战国末燕国君主，前255—前222年在位。

④不审：不清楚。审，清楚。

⑤二十七年：《史记·秦始皇本纪》作"三十七年"。

⑥琅邪：山名，在今山东诸城东南海滨。

⑦劳山：山名，或称"牢山"，今称"崂山"，在今山东青岛崂山区东北。盛山：山名，即"成山"，又称"荣成山"，在今山东荣成东北。

⑧并：杨伯峻《列子集释》卷二《黄帝篇》："使弟子并流而承之。"《释文》云："并音傍。"《史记》《汉书》傍海、傍河皆作"并"。

⑨平原津：古黄河渡口名，位于今山东平原县西南。津，渡口。

⑩沙丘平台：沙丘行宫的平台，沙丘宫在今河北广宗西北八里大平台。

⑪始皇崩：以上事参见《史记·秦始皇本纪》。

⑫谶（chèn）书：记载谶语的书。谶，迷信的人指将来要应验的预言、预兆。

⑬疮：创伤，创口。

【译文】

秦王，就是秦始皇。秦始皇二十年，燕太子丹派荆轲刺杀秦始皇，秦始皇杀了荆轲，这是很清楚的事。秦始皇二十一年，派将军王翦攻打燕国，得到燕太子丹的首级；二十五年，终于攻破燕国，俘虏了燕王喜。此后不清楚是哪一年，高渐丽用筑击打秦始皇，没有打中，高渐丽被杀。正值秦始皇三十七年，游历天下，到了会稽，去了琅邪，北边到了崂山、成山，沿着海，西行到达平原津就生了病，等到了沙丘宫的平台，秦始皇就死了。谶书说秦始皇返回时，走到沙丘而死；传书上又说他是被筑打伤三个月而死在了秦地。一个秦始皇的身体，世人有的说他死在沙丘，有的说他死在秦地，对于他的死因，则说是长期的创伤造成的。传书上的话，很多都违背事实，而社会上的一般人，又不能判断其真伪。

变虚篇第十七

【题解】

　　本篇意批驳汉儒所遵从的"天人感应"之说。王充通过分析宋景公出三善言而荧惑退三舍并化灾为福寿一说中自相矛盾与不合逻辑之处，提出"天道当然，人事不能却也"这一观点。王充指出如果天是实体，那么天就"耳高，不能闻人言"；如果天是气，那么"气若云烟，安能听人辞？"因此人与天并不能够沟通，"人不晓天所为，天安能知人所行？"传书中所说的荧惑靠近心宿后又离开，实际上是因为星宿有自己的运行度数，就像地震一样，是一种自然现象，"谓天闻人言，随善恶为吉凶，误矣！"

　　传书曰：宋景公之时①，荧惑守心②。公惧，召子韦而问之曰③："荧惑在心，何也？"子韦曰："荧惑，天罚也；心，宋分野也④，祸当君。虽然，可移于宰相。"公曰："宰相，所使治国家也，而移死焉，不祥。"子韦曰："可移于民。"公曰："民死，寡人将谁为也⑤？宁独死耳！"子韦曰："可移于岁⑥。"公曰："民饥，必死。为人君而欲杀其民以自活也，其谁以我为君者乎？是寡人命固尽也，子毋复言。"子韦退走⑦，北面再拜曰："臣敢贺君⑧。天之处高而耳卑⑨，君有君人之言三,天必三赏君。今夕,星必徙三舍^⑩,君延命二十一年。”公曰:“奚知之?”对曰:“君有三善,故有三赏,星必三徙。三徙行七星,星当一年,三七二十一,故君命延二十一岁^⑪。臣请伏于殿下以伺之^⑫,星必不徙,臣请死耳。”是夕也,火星果徙三舍^⑬。

【注释】

①宋景公(?—前452):子姓,名栾,或作头曼、兜栾,宋国第二十八任国君,前516—前452年在位。

②荧惑守心:古人认为心宿三星分别象征着天子及其太子、庶子,而荧惑则是妖星,火星运行到心宿所在地区,预示地上帝王将灾祸临头。荧惑,火星,太阳系八大行星之一。守,迫近,侵犯。心,即“心宿”,二十八宿之一,由天蝎座内的三颗星组成,其主星在古代称为商星或大火。

③子韦:春秋时宋国人,担任宋景公的太史,负责观察天象等事。

④分野:古代占星家为了借星象来观察地面州国的吉凶,根据星辰的十二缠次(后亦根据二十八宿)将地上的州、国划分为十二个区域,使两者相对应,并根据某一天区星象的变异来预测、附会相应地区的凶吉。这种划分,在天称“十二分星”,在地称“十二分野”。其对应情况为:星纪(扬州,吴越)、玄枵(青州,齐)、娵訾(并州,卫)、降娄(徐州,鲁)、大梁(冀州,赵)、实沈(益州,晋)、鹑首(雍州,秦)、鹑火(三河,周)、鹑尾(荆州,楚)、寿星(兖州,郑)、大火(豫州,宋)、析木(幽州,燕)。按照这种分配方法,属于心宿的大火当是宋国的分野。

⑤寡人将谁为也:《吕氏春秋·制乐》《淮南子·道应训》《新序·杂事》“为”后皆有“君”字。

⑥岁:年成。

⑦子韦退走:"退"疑为"还"字,形近而误。《吕氏春秋·制乐》《淮南子·道应训》《说苑·复恩》皆作"还"。

⑧敢:谦辞,"不敢"的简称,冒昧的意思。

⑨耳:这里指听,下文云:"子韦之言:'天处高而听卑。'"章录杨校宋本作"听",《吕氏春秋·制乐》《淮南子·道应训》亦作"听"。

⑩星:指火星。舍:止息、停止之地。

⑪"君有三善"几句:《意林》引《论衡》文作"宋景公有三善言,获二十一年",《吕氏春秋·制乐》作"有三善言,必有三赏",疑"善"后脱一"言"字。一星当一年,七星则七年。要是三徙行七星,只得七年,得不出二十一年。故疑"三徙行七星"中的"三",涉上句"三徙"而衍。

⑫殿下:《吕氏春秋·制乐》《淮南子·道应训》"殿"皆作"陛"。伺:观察,窥测。

⑬火星果徙三舍:以上事参见《吕氏春秋·制乐》《淮南子·道应训》。

【译文】

传书上说:宋景公的时候,火星的运行迫近了心宿。宋景公害怕,把子韦叫来询问道:"火星运行在心宿的位置,这是什么预兆?"子韦说:"火星运行的位置,预示着要受到上天的惩罚;心宿,是宋国的分野,灾祸正应在国君的身上。尽管如此,还是可以把灾祸转嫁到宰相身上。"宋景公说:"宰相,是我任用治理国家的,却把死祸转嫁给他,这不吉利。"子韦说:"可以把灾祸转嫁给老百姓。"宋景公说:"如果老百姓死了,我还给谁去当国君呢? 宁可我一个人死吧。"子韦说:"可以把灾祸转嫁给年成。"宋景公说:"老百姓饥饿,一定会死去。作为君主想杀死他的百姓来使自己活着,还有谁肯把我当作君主呢? 这是我的寿命本来该到头了,你不要再说了。"子韦又返回来,面朝北下拜说:"臣冒昧地祝贺您。

天所处的地方虽然高但却能听见地上的话,君主说了三句作为人君所应该说的话,上天一定会三次奖赏君主。今天晚上,火星一定会移动三个地方,所以您的寿命就会延长二十一年。"宋景公问:"你怎么知道的?"子韦回答道:"您有三句善言,所以要受到三次赏赐,火星必定会移动三次。移动一个地方要经过七颗星,一颗星相当于一年,三七二十一,所以您的寿命会延长二十一年。请允许我伏在殿下观测,如果火星真的不移动,我请求处死我。"这天晚上,火星果然移动了三个地方。

如子韦之言,则延年审得二十一岁矣。星徙审,则延命,延命明①,则景公为善,天祐之也,则夫世间人能为景公之行者②,则必得景公祐矣。此言虚也。何则?皇天迁怒③,使荧惑本景公身有恶而守心,则虽听子韦言,犹无益也。使其不为景公,则虽不听子韦之言,亦无损也。

【注释】

①明:确实。

②则夫:那么。

③皇天:上天。迁怒:将怒气发在别人身上。此指降怒。迁,迁移,这里指降。

【译文】

像子韦所说,宋景公确实延长了二十一年的寿命。火星的移动是确实的,宋景公的寿命就延长,寿命延长,那么宋景公行善,就是天在保佑他,那么世上能做到宋景公那种善行的人,就必定会得到宋景公得到的那种天祐了。这种说法是不真实的。为什么呢?按照上天降怒的说法,如果火星本来是因为宋景公自身有恶行而迫近了心宿,即便听了子韦的话,还是没有什么用处。如果它不是因为景公而迫近心宿,那么即便不听子韦的话，也不会有什么害处。

　　齐景公时有彗星①，使人禳之②。晏子曰："无益也，只取诬焉③。天道不暗④，不贰其命⑤，若之何禳之也？且天之有彗，以除秽也。君无秽德，又何禳焉？若德之秽，禳之何益？《诗》曰：'惟此文王，小心翼翼，昭事上帝⑥，聿怀多福⑦；厥德不回⑧，以受方国⑨。'君无回德，方国将至，何患于彗？《诗》曰：'我无所监⑩，夏后及商⑪，用乱之故⑫，民卒流亡⑬。'若德回乱，民将流亡，祝史之为⑭，无能补也。"公说⑮，乃止。

【注释】

①齐景公（？—前490）：春秋时期齐国君主，名杵臼，前547—前490年在位。

②禳（ráng）：禳解，用祭祀和祈祷来消除灾殃。

③诬：欺骗。

④暗：昏暗，糊涂。

⑤贰：变更。

⑥昭事：勤勉地服事。

⑦聿（yù）：语助词。怀：俫，招来。

⑧回：邪。

⑨受：承受，享有。方国：四方诸侯之国。引诗参见《诗经·大雅·大明》。

⑩监：通"鉴"，参考，借鉴。

⑪夏后：即"夏后氏"，夏朝的别名。

⑫用：因为。

⑬卒：终于。此引文不见今本《诗经》。

⑭祝史：古代掌理祝祷的官。

⑮说：同"悦"。

【译文】

齐景公的时候有彗星出现，派人进行禳解以解除灾难。晏子说："禳解没什么用，只是欺骗自己而已。天道不昏暗，不会改变它的命令，既然如此为什么要禳解呢？况且天上出现彗星，是用来扫除污秽的。国君如果没有不好的德行，又何必要禳解呢？如果品德不好，禳解又有什么用呢？《诗经》说：'这位伟大英明的君主，小心翼翼，勤勉努力侍奉上帝，带给我们许多福祥；他的德行不奸邪，因而享有四方诸侯国。'国君没有奸邪的德行，四方的诸侯国都将到来，对于彗星有什么担忧的呢？《诗经》说：'我没有什么可借鉴的，只看见夏朝和商朝，因为政治昏乱的原因，老百姓最终流离失所。'如果德行邪恶昏乱，老百姓就会流离失所，祝史的祭祀祷告，也不可能弥补。"齐景公听了很高兴，就停止了禳解。

　　齐君欲禳彗星之凶，犹子韦欲移荧惑之祸也。宋君不听，犹晏子不肯从也。则齐君为子韦，晏子为宋君也。同变共祸①，一事二人。天犹贤宋君，使荧惑徙三舍，延二十一年，独不多晏子②，使彗消而增其寿，何天祐善偏驳不齐一也？人君有善行③，善行动于心，善言出于意，同由共本④，一气不异。宋景公出三善言，则其先三善言之前，必有善行也。有善行，必有善政。政善，则嘉瑞臻⑤，福祥至，荧惑之星无为守心也⑥。使景公有失误之行，以致恶政，恶政发，则妖异见，荧之守心⑦，桑穀之生朝⑧。高宗消桑穀之变，以政不以言；景公却荧惑之异⑨，亦宜以行。景公有恶行，故荧惑守心。不改政修行，坐出三善言⑩，安能动天？天安肯应！

何以效之？使景公出三恶言，能使荧惑守心乎？夫三恶言不能使荧惑守心⑪，三善言安能使荧惑退徙三舍？以三善言获二十一年，如有百善言，得千岁之寿乎？非天祐善之意，应诚为福之实也⑫。

【注释】

①变：灾变，灾祸。

②多：赞许，推崇。

③人君有善行：下文分述"善行""善言"，疑"善行"后脱"善言"二字。

④由：原由，来源。

⑤嘉瑞：祥瑞。臻（zhēn）：来到。

⑥无为：没有理由。

⑦荧之守心：据文意，疑"荧"后脱"惑"字。

⑧桑穀之生朝：参见本书《无形篇》注。

⑨却：退却，消除。

⑩坐：因，由于。

⑪荧惑守心：递修本"守"作"食"。

⑫应：报答。

【译文】

　　齐景公想要禳解彗星的灾祸，就像子韦想转移火星的灾祸一样。宋景公不听子韦的劝说，就像晏子不肯依从齐景公去禳解一样。那么齐景公就好比是子韦，晏子就好比是宋景公。同样的灾变同类的灾祸，同一类的事情表现在两个人身上。上天好像赞赏宋景公，让火星移动了三个位置，延长了他的寿命二十一年，却唯独不赞许晏子，让彗星消失而增加他的寿命，上天保佑善人为何那么偏颇不公呢？君主有好的行为、言语，好的行为发自内心，好的言语出自本意，它们都出自同一个来源，都是同

一种气没有什么两样。宋景公说了三句好话，在他说三句好话之前一定
有好的行为。有好的行为，一定就有好的政治。政治好，祥瑞就会来到，
祥瑞到来，火星就没有理由逼近心宿。假使宋景公有错误的行为，导致
恶劣的政治，恶劣的政治一产生，怪异的凶兆就会出现，火星迫近心宿，
如同桑树和穀树突然长出在朝廷里一样。殷高宗消除桑树和穀树的灾
祸，是靠好的政治而不是单凭讲好话；宋景公消除火星的灾异，也是靠好
的行为。宋景公有恶劣行径，所以火星迫近心宿。不改善政治，因为说
了三句好话，怎么能感动上天？天又怎么肯答应！用什么来证明呢？假
如宋景公说三句坏话，能够让火星迫近心宿吗？三句坏话不能让火星迫
近心宿，三句好话怎么能让火星后退转移三个地方呢？凭借三句好话获
得二十一年寿命，如果说一百句好话，就能得到千年的寿命吗？这不是
上天保佑善人的意思，也不是上天用赐福来报答诚心的人的实情。

　　子韦之言："天处高而听卑，君有君人之言三，天必三赏
君。"夫天，体也，与地无异。诸有体者，耳咸附于首①。体
与耳殊②，未之有也。天之去人③，高数万里，使耳附天，听
数万里之语，弗能闻也。人坐楼台之上，察地之蝼蚁，尚不
见其体，安能闻其声？何则？蝼蚁之体细④，不若人形大，
声音孔气⑤，不能达也。今天之崇高，非直楼台⑥，人体比于
天，非若蝼蚁于人也。谓天非若蝼蚁于人也⑦。谓天闻人
言，随善恶为吉凶，误矣。四夷入诸夏⑧，因译而通⑨。同形
均气，语不相晓。虽五帝、三王，不能去译独晓四夷，况天与
人异体，音与人殊乎？人不晓天所为，天安能知人所行？使
天体乎⑩，耳高，不能闻人言；使天气乎，气若云烟，安能听
人辞⑪？

【注释】

①咸：都。

②殊：分离。

③去：距离。

④细：小。

⑤孔气：形容气少。孔，小洞。

⑥非直：不但，不仅。

⑦谓天非若蝼蚁于人也：据文意，此九字当为衍文，似为注语误入正文，《太平御览》卷九百四十七引《论衡》文无此九字。

⑧四夷：古代华夏族对四方少数民族的统称，含有轻蔑之意。诸夏：周代分封的中原各个诸侯国，泛指中原地区。

⑨因：通过。译：翻译。

⑩使：如果。

⑪辞：语言。

【译文】

子韦所说："天所处的地方虽然高但却能听见地上的话，君主说了三句作为人君所应该说的话，上天一定会三次奖赏君主。"天，是实体，和地没有什么不同。凡是有躯体的，耳朵都附着在头上。身体与耳朵分离，是从来没有过的。天距离人，有数万里之高，假使耳朵附着于天，要听数万里之外的说话，是不可能听见的。人坐在楼台上，看地上的蝼蛄和蚂蚁，尚且看不到它们的身体，怎么能听见它们的声音？为什么呢？蝼蛄和蚂蚁的身体小，不如人的形体大，声音小气少，不能达到楼台上。现在天的高远，非楼台可比，人体与天比，也不像蝼蛄和蚂蚁与人比。说天能听见人说话，并依据善恶降下吉凶，是错误的。四方民族进入中原，通过翻译才能沟通语言。同样的形体禀受同样的气，语言却不能通晓。即便是五帝三王，也不能离开翻译而独自通晓四方民族的语言，何况天和人形体不一样，声音也和人不一样呢？人不能知道天要做什么，天又怎能知道人要做什么呢？如果天是实体，耳朵那么高，就不能听到人说话；如果天是气，气就像云彩烟雾，怎么能听见人的话？

　　说灾变之家曰[1]："人在天地之间，犹鱼在水中矣。其能以行动天地，犹鱼鼓而振水也。鱼动而水荡，气变[2]。"此非实事也。假使真然，不能至天。鱼长一尺，动于水中，振旁侧之水，不过数尺。大若不过与人同[3]，所振荡者，不过百步，而一里之外，澹然澄静，离之远也。今人操行变气，远近宜与鱼等；气应而变，宜与水均。以七尺之细形，形中之微气，不过与一鼎之蒸火同。从下地上变皇天，何其高也！

【注释】

①说灾变之家：指汉代用"天人感应"来解释灾难变故的儒生。

②"鱼动而水荡"二句：据文意，疑"气变"前脱"人行而"三字。

③大若不过与人同：据文意，疑"若"当为"者"字，形近而讹。

【译文】

　　解释灾变的儒生说："人处在天地之间，就像鱼生活在水里一样。人能够用操行感动天地，就像鱼游动能振动水。鱼游动水就振动，人行动则气受感应发生变化。"这不是事实。假如真是这样，人的影响也到不了天上。鱼身长一尺，在水里游动，振动身旁的水，不会超过数尺。大的鱼不过与人体相同，能够振动的水，不超过百步，而一里之外的水，还是安静清澈，是因为距离远。如果说人的操行能够使气变动，那么它的远近应该和鱼振动水的远近相等；气受人操行影响而变动的范围，也应该跟水受鱼影响而变动的范围一样。凭着七尺的细小躯体，身体里的微弱之气，不过和烧一鼎食物所需要用的火一样。却从下方的地向上感动上天，怎么会达到那么高呢？

　　且景公，贤者也。贤者操行，上不及圣，下不过恶人。世间圣人莫不尧、舜①；恶人莫不桀、纣。尧、舜操行多善，无移荧惑之效；桀、纣之政多恶，有反景公脱祸之验②。景公出三善言，延年二十一岁，是则尧、舜宜获千岁，桀、纣宜为殇子③。今则不然，各随年寿，尧、舜、桀、纣，皆近百载。是竟子韦之言妄④，延年之语虚也。

【注释】

①莫不：莫过于。

②有反：根据文意，疑"反有"之误倒。

③殇（shāng）子：未成年而死者，短命之人。

④竟：终，终究。

【译文】

况且宋景公，是贤人。贤人的操行，比上超不过圣人，比下不会过于恶人。世上的圣人没有能超过尧、舜的；恶人没有能超过桀、纣的。尧、舜的操行多善，没有感动火星移位而延长寿命的效验；桀、纣的政治多恶行，反而有宋景公逃脱灾难的应验。宋景公说了三句好话，延长寿命二十一年，这样尧、舜就应该获得千岁的寿命，而桀、纣应该成为短命之人。现在却不是这样，他们各自随着各自的年寿，尧、舜、桀、纣，都活到了近百岁。所以子韦的话终究是虚妄的，延长寿命的说法是没有根据的。

　　且子韦之言曰："荧惑，天使也；心，宋分野也，祸当君。"若是者，天使荧惑加祸于景公也，如何可移于将相若岁与国民乎①？天之有荧惑也，犹王者之有方伯也②。诸侯有当死之罪，使方伯围守其国③。国君问罪于臣，臣明罪在君。虽然，可移于臣子与人民。设国君计其言④，令其臣归罪于国⑤,方伯闻之,肯听其言,释国君之罪,更移以付国人乎?方伯不听者,自国君之罪⑥,非国人之辜也⑦。方伯不听,自国君之罪,荧惑安肯移祸于国人?若此,子韦之言妄也。

【注释】

①若:或。

②方伯:一方诸侯之长。

③围守:设围防守。

④设国君计其言:疑"计"当作"许"字,形近而讹。许,准许,听从。

⑤令其臣归罪于国:据下文"更移以付国人乎",疑此句"国"后脱"人"字。

⑥自:本来。

⑦辜:罪。

【译文】

　　而且子韦说:"火星,是上天派来的;心宿,是宋国的分野,灾祸正应在国君的身上。"像这样,上天派火星把灾祸降给宋景公,怎么可以转移给将军、宰相或者年成与国民呢?天上有火星,就像天子有方伯一样。诸侯有该当死刑的罪过,天子就派方伯去设围防守这个诸侯的国家。国君向大臣问罪,大臣说罪在君主身上。即使这样,国君仍然可以把罪过转移到大臣和老百姓身上。假如国君听从了他的话,让他的大臣把罪过归到国民身上,方伯听了,会听信他的话,而免除国君的罪过,又转移加给国民吗?方伯之所以不肯听信,是因为这本来是国君的罪过,不是国民的罪过。方伯不听信,本来是国君的罪过,火星又怎么会转移灾祸给国民呢?这样看来,子韦的话就是虚妄的。

　　曰景公听乎言,庸何能动天①?使诸侯不听其臣言,引过自予^②。方伯闻其言,释其罪,委之去乎^③?方伯不释诸侯之罪,荧惑安肯徙去三舍?夫听与不听,皆无福善,星徙之实,未可信用^④。天人同道,好恶不殊。人道不然,则知天无验矣。

【注释】

①庸何:何,什么。

②予:给,归。

③委:舍弃。

④信用:相信。

【译文】

再说宋景公听从了子韦的话,何以能感动上天呢?假使诸侯不听臣子的话,把过错归在自己身上。方伯听了他的话,就能够免除他的罪责,放开他而离去吗?既然方伯不会赦免诸侯的罪责,火星又怎会移动三个地方而离开呢?听与不听子韦的话,都没有福善发生,火星移动的事情,不可相信。天上和人间的道理是相同的,喜好厌恶没什么两样。既然人间的道理不是这样,那么就可以知道天也不会有这种效验了。

宋、卫、陈、郑之俱灾也,气变见天^①。梓慎知之^②,请于子产^③,有以除之^④,子产不听。天道当然,人事不能却也。使子产听梓慎,四国能无灾乎?尧遭鸿水时^⑤,臣必有梓慎、子韦之知矣^⑥。然而不却除者,尧与子产同心也。

【注释】

①“宋、卫、陈、郑之俱灾也”二句:四国同时发生火灾前有彗星经过心宿一事。事参见《左传·昭公十八年》。

②梓慎：春秋时期鲁国大夫，著名的占星家。

③请于子产：据《左传·昭公十八年》记载，请于子产的是郑国大夫
　裨灶，而不是梓慎。

④有以：表示具有某种条件、原因等。

⑤鸿水：洪水，大水。

⑥知：同"智"。

【译文】

　　宋、卫、陈、郑四个诸侯国同一天发生火灾，气数的征兆表现在天上。梓慎知道了，向子产请求，可以有办法去除灾祸，子产不听。天道本是如此，人的努力无法消除它。假如子产听了梓慎的话，四国就不发生火灾了吗？尧遭遇洪水的时候，大臣中一定有像梓慎、子韦这样有智慧的。但是却没有禳解，是因为尧和子产有同样的想法。

　　案子韦之言曰："荧惑，天使也；心，宋分野也，祸当君。"审如此言，祸不可除，星不可却也。若夫寒温失和①，风雨不时②，政事之家③，谓之失误所致，可以善政贤行变而复也④。若荧惑守心，若必死，犹亡祸安可除？修政改行，安能却之？善政贤行，尚不能却，出虚华之三言⑤，谓星却而祸除，增寿延年，享长久之福，误矣。

【注释】

①若夫：至于。失和：失调。

②不时：不合时令。

③政事之家：指用天人感应解释政事事务的儒生。

④以：用。变：改变，这里指消除灾变。复：恢复，这里指恢复正常。

⑤虚华：虚浮而不切实际。

【译文】

考察子韦说的话："火星，是上天派来的；心宿，是宋国的分野，灾祸正降在国君的头上。"如果确如他所说，灾祸是不可消除的，火星也是不可退走的。至于寒暖失调，风雨不合时令，评论政事的人，说这些是政治失误所造成的，可以通过好的法则政令和美好的行为来消除灾变恢复正常。如果火星迫近心宿，如果国君一定会死亡，那么亡国之祸怎么能消除呢？改良政治改变措施，怎么能让火星退走？好的法则政令和美好的行为，尚且不能让火星退走，说三句华而不实的话，就称火星能退走灾祸能免除，可以增寿延年，享有长久的福报，这是错误的。

观子韦之言景公，言荧惑之祸①，非寒暑风雨之类，身死命终之祥也②。国且亡，身且死，祅气见于天③，容色见于面。面有容色，虽善操行不能灭，死征已见也。在体之色，不可以言行灭；在天之妖，安可以治除乎④？人病且死，色见于面，人或谓之曰："此必死之征也。虽然，可移于五邻，若移于奴役⑤。"当死之人，正言不可，容色肯为善言之故灭，而当死之命，肯为之长乎？气不可灭，命不可长，然则荧惑安可却？景公之年安可增乎？由此言之，荧惑守心，未知所为，故景公不死也。

【注释】

①"观子韦之言景公"二句：据文意，疑"景公言"三字为衍文。

②命：这里指国家、王朝之命。祥：吉凶的预兆。

③祅气：这里指不吉祥的征兆。祅，通"妖"。

④治：这里指善政。

⑤若：或。

【译文】

　　考察子韦对宋景公说的话,说火星的灾祸,并不是寒暑风雨一类的灾异,而是国君将死、国家将亡的征兆。国家将要灭亡,国君将要死去,凶兆在天上出现,将死的神色在脸上呈现。脸上出现将死的神色,即便有好的操行也不能消除,这是因为死亡的征兆已经出现。在人身体上的神色,不能用善言善行来消除;在天上的凶兆,怎么能靠善政来消除呢?人病且将死,气色在脸上显现,有人对他说:"这是必死的征兆。虽然如此,可以转移给邻居,或者转移给奴仆。"将死的人,即便严正地说不应该嫁祸于人,将死的神色会因为说好话而消失,而该死的命,会因为这样而延长吗?妖气不能消除,生命不能延长,那么火星怎么能让它退走呢?宋景公的寿命怎么可以增长呢?由此说来,火星迫近心宿,不知道是什么原因,所以宋景公也没有因此而死。

　　且言"星徙三舍"者,何谓也?星三徙于三舍乎?一徙历于三舍也?案子韦之言曰:"君有君人之言三,天必三赏君,今夕星必徙三舍。"若此,星竟徙三舍也。夫景公一坐有三善言①,星徙三舍,如有十善言,星徙十舍乎?荧惑守心,为善言却,如景公复出三恶言,荧惑食心乎?为善言却,为恶言进,无善无恶,荧惑安居不行动乎?或时荧惑守心为旱灾②,不为君薨。子韦不知,以为死祸,信俗至诚之感。荧惑之处星③,必偶自当去,景公自不死,世则谓子韦之言审,景公之诚感天矣。亦或时子韦知星行度适自去④,自以著己之知⑤,明君臣推让之所致;见星之数七,因言星七舍⑥,复得二十一年,因以星舍计年之数,是与齐太卜无以异也⑦。

【注释】

①一：据文意，疑为衍文。坐：因为。

②或时：或许。

③星：疑为"心"字之讹。

④行度：运行的度数。适：恰好。

⑤自：因。著：显示。

⑥因言星七舍：据文意，疑"星"后脱"徙"字，"七"当作"三"字。

⑦太卜：掌管卜筮的官。

【译文】

况且说"火星移动了三个位置"，是什么意思呢？是说火星三次移动了三个位置？还是一次移动了三个位置？考察子韦的话说："国君说了三次国君应该说的话，上天必定要三次赏赐君王，今晚上火星一定会移动三个位置。"照这样说，火星最终移动了三个位置。宋景公因为说了三句好话，火星就移动了三个位置，如果说了十句好话，火星岂不是要移动十个位置吗？火星逼近心宿，因为宋景公的好话而退走，如果宋景公又说了三句坏话，火星会侵食心宿吗？因为好话而退走，因为坏话而进逼，如果既无好话又无坏话，火星就会静止在位置上不动吗？或许火星逼近心宿是因为旱灾，而不是因为国君将死。子韦不知道，以为是国君将死的灾祸，就相信了世俗关于至诚能感动上天的说法。火星停留在心宿，一定本就该恰好离开，宋景公本来不该死，世人却说子韦的话确实，宋景公的真诚感动了上天。或许当时子韦知道火星按照运行的度数正好要离开，因而就借此来显示自己的才智，宣扬这是君臣互相退让所造成的；他知道火星每一次移动一个位置要经过七星，于是说火星移动三个位置，于是宋景公又得到二十一年寿命，这是通过火星移动的位置来计算得到寿命的数目，这与齐国太卜没有什么不同。

齐景公问太卜曰："子之道何能？"对曰："能动地。"晏子往见公，公曰："寡人问太卜曰：'子道何能？'对曰：'能动地。'地固可动乎^①?"晏子嘿然不对^②。出见太卜曰："昔吾见钩星在房、心之间^③，地其动乎？"太卜曰："然。"晏子出，太卜走见公^④："臣非能动地，地固将自动^⑤。"夫子韦言星徙，犹太卜言地动也。地固且自动，太卜言己能动之；星固将自徙，子韦言君能徙之。使晏子不言钩星在房、心^⑥，则太卜之奸对不觉^⑦。宋无晏子之知臣，故子韦之一言，遂为其是。

【注释】

①固：岂，难道。

②嘿（mò）然：默然。嘿，同"默"。

③钩星：水星，太阳系八大行星之一。房：即"房宿"，二十八宿之一，苍龙七宿之第四宿，有星四颗，由天蝎座的 π,ρ,δ,β 四星组成。

④走：跑。据文意，疑"公"后脱"曰"字。《淮南子·道应训》"公"后有"曰"。

⑤地固将自动：以上事参见《淮南子·道应训》。固，本来。

⑥使晏子不言钩星在房、心：据文意，疑"心"后脱一"间"字。

⑦奸对：欺诈的回答。

【译文】

齐景公问太卜道："你的本领能干什么？"太卜回答说："能使地震动。"晏子去见齐景公，齐景公对他说："我问太卜：'你能干什么？'他回答说：'可以使地动。'地难道是可以让它震动的吗？"晏子默然不答。晏子出来碰到太卜说："之前我看到钩星在房宿和心宿之间，地大概要震动吧？"太卜说："是的。"晏子出去后，太卜跑去见齐景公，说："不是臣下能使地震动，而是地本来就要自己震动。"子韦说火星要移动，就像太卜说地要震动一样。地本来就要自己震动，太卜说自己能使地震动；火星本来就要自己移动,子韦说国君能让火星移动。假如晏子不说钩星在房宿和心宿之间,那么太卜欺诈的回答就不会被发觉。宋国没有像晏子这样有才智的臣子,所以子韦一说,就认为他的话是对的。

　　案《子韦书录序奏》亦言^①:"子韦曰:'君出三善言,荧惑宜有动。'于是候之^②,果徙舍。"不言"三"。或时星当自去,子韦以为验,实动离舍,世增言"三"^③。既空增三舍之数,又虚生二十一年之寿也。

【注释】

①《子韦书录序奏》:可能是汉成帝时刘向奉命整理国家藏书,为《宋司星子韦三篇》一书所写的序录。

②候:观测。

③增:夸大。

【译文】

　　考察《子韦书录序奏》也说:"子韦说:'国君说了三句好话,火星应该会移动。'于是观测天象,果然移动了位置。"没有说移动了三个位置。或许火星本来就要自己离开,子韦把它当成了征验,火星确实移动并离开了原来的位置,世人就夸大说移动了三个位置。既凭空增加了移动三个位置的数目,又虚造出延长二十一年寿命的说法。

异虚篇第十八

【题解】

本篇意在驳斥两汉时流行的灾异之说。在汉儒的灾异观念中,当君主行为有失道之处时,上天便会降下灾异以告诫君主,若君主不改,上天便会降下祸败;但若君主修己行善,不但可以避免后续祸败的降临,甚至可以转祸为福。王充针对汉儒此说列举出十条事例予以反驳,指出儒生对于每一件事、每种灾异都"吉凶异议",存在吉和凶两种解说,"议驳不同"自相矛盾。王充认为异象所代表的祸福实际上是很难被探知的,而那些将异象全部归于灾异的说法均是"俗之虚言",就是因为殷高宗时缺乏具有高深智慧的人,因此对于桑穀生于朝一事就只有将其视为灾异的庸俗解释,致使谬论"传世不绝,转祸为福之言,到今不实"。

王充在批驳汉儒推崇的议论的同时,也提出了自己对于灾异的认识。王充认为人之生死、国之存亡均有命期,而在命期之末便会出现预示着衰亡的灾异,而且"征已见,虽五圣十贤相与却之,终不能消"。灾异确实是一种预示吉凶的征兆,但不是上天意志的产物,而且一旦出现便不可逆转,所以说"人之死生,在于命之夭寿,不在行之善恶;国之存亡,在期之长短,不在于政之得失"。

王充在否定了以天有意识为前提的灾异论的同时,对于个人与国家命运的解释又陷入了命定论之中。

　　殷高宗之时，桑榖俱生于朝①，七日而大拱②。高宗召其相而问之③，相曰：“吾虽知之，弗能言也。”问祖己④，祖己曰：“夫桑榖者，野草也，而生于朝，意朝亡乎⑤！”高宗恐骇，侧身而行道⑥，思索先王之政，明养老之义，兴灭国，继绝世，举佚民⑦。桑榖亡。三年之后，诸侯以译来朝者六国⑧，遂享百年之福。高宗，贤君也，而感桑榖生⑨，而问祖己，行祖己之言，修政改行。桑榖之妖亡，诸侯朝而年长久。修善之义笃，故瑞应之福渥。此虚言也。

【注释】

①桑榖俱生于朝：参见本书《无形篇》注。

②拱：两手合围。

③相：辅佐之官。

④祖己：商王武丁的大臣。

⑤意：表示推测的疑问副词，恐怕，大概。

⑥侧身：指倾侧身体，比喻不能安身。

⑦佚民：遁世隐居的人。

⑧译：翻译。

⑨而：通“能”。

【译文】

　　殷高宗的时候，桑树榖树同时出生在朝廷上，七天就长成两手合围那么粗。高宗把他的辅官叫来询问，辅官说：“虽然我知道原因，但不能说。”又问祖己，祖己说：“桑树榖树，是在野外生长的植物，现在长在朝廷上，恐怕朝廷要灭亡了吧！”高宗恐惧害怕，就侧着身体走路，思考求索前代圣王的治国之道，讲求敬养老人的道理，复兴已经灭亡的国家，将已经断亡的先王世系再次接续下去，起用遁世隐居的人。桑树榖树就消失了。三年之后，诸侯通过翻译来朝拜的有六国，高祖于是享受了百岁寿命的福分。高宗，是贤明的君主，能感悟到桑树穀树出生在朝廷的异象，而去询问祖己，采用祖己的话，改善政治措施，修养操行。桑树穀树出现的异象就消失了，诸侯来朝的时间长久。养己从善之心真诚不二，所以吉兆应验的福分也多。这是虚妄的话。

　　祖己之言，朝当亡哉！夫朝之当亡，犹人当死。人欲死，怪出；国欲亡，期尽。人死命终[1]，死不复生，亡不复存。祖己之言政，何益于不亡？高宗之修行，何益于除祸？夫家人见凶修善[2]，不能得吉；高宗见妖改政，安能除祸？除祸且不能，况能招致六国，延期至百年乎！故人之死生，在于命之夭寿，不在行之善恶；国之存亡，在期之长短，不在于政之得失。案祖己之占，桑穀为亡之妖，亡象已见[3]，虽修孝行，其何益哉！何以效之？

【注释】

①命：此指国运。

②家人：老百姓。

③见：同"现"。

【译文】

　　按照祖己的说法，商朝应该灭亡了吧！王朝该当灭亡，就像人该要死一样。人将要死，怪异的现象就会产生；王朝将要灭亡，期数已到尽头。人死与国运消亡，死了就不能复活，灭亡就不再存在。祖己说到改善政治，对于避免商朝灭亡有什么帮助呢？高宗修养操行，对于消除祸患有什么帮助呢？老百姓见到凶兆就培养善行，不可能得到吉祥；高宗见到灾异改善政治，又怎么能消除灾祸呢？灾祸尚且不能消除，何况是招来六国朝拜，延长寿命到百岁呢！所以人的死生，在于寿命的短长，不在于行为的好坏；国家的存亡，在于国运期数的长短，不在于政治得失。考察祖己的预测，桑树穀树是王朝要灭亡的凶兆，凶兆已经显现，即便培养好的操行，又有什么用呢！又用什么来证明呢？

　　鲁昭公之时，鸜鹆来巢①。师己采文、成之世童谣之语②，有鸜鹆之言，见今有来巢之验，则占谓之凶。其后昭公为季氏所逐③，出于齐，国果空虚，都有虚验④。故野鸟来巢，师己处之，祸意如占⑤。使昭公闻师己之言，修行改政为善，居高宗之操⑥，终不能消。何则？鸜鹆之谣已兆，出奔之祸已成也⑦。鸜鹆之兆，已出于文、成之世矣。根生，叶安得不茂？源发，流安得不广？此尚为近，未足以言之。

【注释】

①鸜鹆来巢：见本书《偶会篇》注。

②师己采文、成之世童谣之语：师己，春秋时鲁国大夫。鲁昭公二十五年（前517）春，鸜鹆鸟来鲁国巢居。师己说："文公成公时代的童谣说：'鸜鹆来做巢，国君住乾侯。鸜鹆住进来，国君居野外。'"文，鲁文公，名兴，春秋时鲁国国君，前626—前609年在位。成，鲁成公，名黑肱，春秋时鲁国国君，前590—前573年在位。

③季氏：即季平子，鲁国大夫。前517年，季氏将鲁昭公驱逐出国。

④都：都城。虚：同"墟"。以上事参见《左传·昭公二十五年》。

⑤意：疑为"竟"字之讹，形近而误。

⑥居：有，具备。

⑦出奔：出走，逃亡。

【译文】

　　鲁昭公的时候,八哥鸟来鲁国筑巢。师己取鲁文公、成公时候的童谣中的话,其中有关于八哥的说法,看到现在有八哥来筑巢的应验,就预测说它是凶兆。之后鲁昭公被季氏驱逐,出走齐国,国家果然空虚,都城应验了童谣变为废墟。所以八哥来筑巢,师己做出判断,灾祸最终和他的预测一样。假使鲁昭公听到师己的话,修养操行改良政治,具备了殷高宗的操行,最终也不能消除灾祸。为什么呢?八哥的童谣已经预示,出逃的灾祸已经形成。八哥的征兆,已经在鲁文公、成公的时候出现了。根已经长出,叶子怎么能不茂盛?水源已经开出,水流怎么会不广阔?这件事预言和应验的时间相隔还太近,不足以说明道理。

　　夏将衰也,二龙战于庭①,吐漦而去,夏王椟而藏之。夏亡,传于殷;殷亡,传于周,皆莫之发。至厉王之时②,发而视之,漦流于庭,化为玄鼋,走入后宫,与妇人交,遂生褒姒。褒姒归周③,幽王惑乱,国遂灭亡。幽、厉王之去夏世,以为千数岁④,二龙战时,幽、厉、褒姒等未为人也⑤。周亡之妖,已出久矣。妖出,祸安得不就⑥?瑞见,福安得不至?若二龙战时言曰:“余,褒之二君也。”是则褒姒当生之验也。龙称褒,褒姒不得不生,生则幽王不得不恶,恶则国不得不亡。征已见,虽五圣十贤相与却之⑦,终不能消。善恶同实:善祥出,国必兴;恶祥见,朝必亡。谓恶异可以善行除,是谓善瑞可以恶政灭也。

【注释】

　　①二龙战于庭:见本书《奇怪篇》注。

　　②厉王:底本作“幽王”,《国语·郑语》《史记·周本纪》、本书《偶

　　会篇》皆作"周厉王"，据改。

　③归：女子出嫁。

　④以：通"已"。

　⑤未为人：未成为人，还没有出生。

　⑥就：成。

　⑦五圣十贤相：泛指很多圣贤。却：阻止。

【译文】

　　夏朝末年，有两条龙在宫廷里争斗，吐出涎水就消失了，夏王就用匣子装了涎水收藏起来。夏朝灭亡后，传给殷朝；殷朝灭亡后，传给周朝，都没有打开。到周厉王的时候，打开匣子看，龙涎流到宫廷的地上，变成一只黑鳖，进入后宫，和妇人交配，于是生下了褒姒。褒姒嫁给周王，幽王因此迷惑昏乱，国家于是灭亡。幽王、厉王距离夏朝，已经有一千多年了，二龙争斗的时候，周幽王、周厉王、褒姒等还没有出生。周将灭亡的凶兆，已经出现很久了。凶兆出现，灾祸怎能不形成？祥瑞出现，福分怎能不到来？如同二龙争斗时所说："我们是褒国的二位先君。"那就是褒姒应该出生的预兆。龙说是褒国的君主，所以褒姒不得不出生，褒姒出生则周幽王不得不作恶，作恶则国家就不得不灭亡。灭亡的征兆已经显现，即便有众多圣贤共同来阻止灾祸，最终也不能消除。善恶有着同样的实际情况：吉兆出现，国家必定兴盛；凶兆出现，王朝必定灭亡。说凶兆可以用善行除去，这等于说吉兆可以用恶政来灭除一样。

　　河源出于昆仑①，其流播于九河②。使尧、禹却以善政③，终不能还者，水势当然，人事不能禁也。河源不可禁，二龙不可除，则桑穀不可却也。王命之当兴也，犹春气之当为夏也。其当亡也，犹秋气之当为冬也。见春之微叶，知夏有茎叶；睹秋之零实④，知冬之枯萃⑤。桑穀之生，其犹春叶秋实也，必然犹验之⑥。今详修政改行⑦，何能除之？夫以周亡之祥见于夏时，又何以知桑穀之生，不为纣亡出乎？或时祖己言之⑧，信野草之占，失远近之实。高宗问祖己之后，侧身行道，六国诸侯偶朝而至。高宗之命，自长未终，则谓起桑穀之问⑨，改政修行，享百年之福矣。夫桑穀之生，殆为纣出，亦或时吉而不凶，故殷朝不亡，高宗寿长。祖己信野草之占，谓之当亡之征。

【注释】

①河：黄河。昆仑：昆仑山，古人认为黄河发源于昆仑山。

②播：分散。九河：古代黄河下游许多支流的总称。

③却：退却，这里指让河水倒流。

④零：凋零。实：果实。

⑤枯萃：干枯憔悴。萃，通"悴"。

⑥犹：据文例，疑为衍文。

⑦详：审慎，认真。

⑧言之：据文例，疑为"之言"误倒。

⑨起：起因，由于。

【译文】

黄河发源于昆仑山，它的支流分散到九条河道。即使尧、舜用他们善政来使河水倒流，最终也不能返回，这是因为水的流势自然如此，人的努力是不能阻止的。黄河的源头不能堵住，二龙不可能消除，那么桑树穀树的出现也不可避免。王朝的命数该当兴旺，就像春天的气候必然发展为夏天一样。王朝的命数该当衰亡，就像秋天的气候必然发展为冬天一样。看见春天发出的嫩芽，就知道夏天会长出茎叶；看到秋天凋落的果实，就知道冬天会枯萎。桑树穀树的生长，就像春天发芽和秋天结果一样，是必然要应验的。如今即使审慎地修养德政改善操行，又怎么能消除呢？以周朝灭亡的预兆出现在夏朝来看，又怎么知道桑树穀树的生长，不是为商纣的灭亡而出现的呢？或许祖己说的话，是相信了野生植物生于朝廷是王朝要灭亡的征兆，但在时间的远近上搞错了。高宗问了祖己之后，侧着身子走路，六国的诸侯碰巧来朝拜。高宗的寿命，本来就长还没到尽头，就说成是因为问了桑树穀树的事情，修养德政改善操行，享受百年的福分。桑树穀树的生长，大概是为预示殷纣王要灭亡而出现的吧，也或许吉利而不凶险，所以殷朝没有灭亡，高宗寿命绵长。祖己相信了野生植物生于朝廷是王朝要灭亡的征兆，就把它说成是殷朝该灭亡的预兆。

汉孝武皇帝之时，获白麟，戴两角而共觗①，使谒者终军议之②。军曰："夫野兽而共一角，象天下合同为一也③。"麒麟，野兽也；桑穀，野草也，俱为野物，兽、草何别？终军谓兽为吉④，祖己谓野草为凶。高宗祭成汤之庙，有蜚雉升鼎而雊⑤。祖己以为远人将有来者⑥，说《尚书》家谓雊凶，议驳不同⑦。且从祖己之言，雊来吉也。雊伏于野草之中，草覆野鸟之形，若民人处草庐之中，可谓其人吉而庐凶乎？民人入都，不谓之凶，野草生朝，何故不吉？雊则民人之类。如谓含血者吉，长狄来至⑧，是吉也，何故谓之凶？如以从夷狄来者不吉，介葛卢来朝⑨，是凶也。如以草木者为凶，朱草、蓂荚出⑩，是不吉也。朱草、蓂荚，皆草也，宜生于野，而生于朝，是为不吉，何故谓之瑞？一野之物，来至或出⑪，吉凶异议。朱草、蓂荚善草，故为吉，则是以善恶为吉凶，不以都野为好丑也。周时天下太平，越尝献雊于周公⑫，高宗得之而吉⑬。雉亦草野之物，何以为吉？如以雉所分有似于士⑭，则麏亦仍有似君子⑮，公孙术得白鹿⑯，占何以凶？然则雉之吉凶未可知，则夫桑榖之善恶未可验也。桑榖或善物，象远方之士，将皆立于高宗之庙，故高宗获吉福，享长久也。

【注释】

①戴两角而共觚（dǐ）：头上两角角尖相连。觚，牛、羊等有角的兽类用角碰撞。本书《讲瑞篇》《指瑞篇》皆作"一角而五趾"，《汉书·严朱吾丘主父徐严终王贾传》作"获白麟，一角而五蹄"。

②谒者：官名，为郎中令的下属官员，主要负责臣下谒见帝王的引见及传达帝王诏敕等事。终军（？—前112）：字子云，西汉济南（治今山东章丘西）人，曾任谒者给事中、谏大夫之职。

③象：象征。以上见《汉书·严朱吾丘主父徐严终王贾传》。

④终军谓兽为吉：据文意，疑"兽"前脱"野"字。

⑤蜚：通"飞"。雉：野鸡。雊（gòu）：雄雉鸣叫。

⑥远人：这里指远方的使节。

⑦议：议论。驳：驳杂。

⑧长狄：亦作"长翟"，春秋时狄族的一支，传说其人身材高大。

⑨介葛卢来朝：前631年，介国君主葛卢二次到鲁国朝见，受到很好地接待，事见《左传·僖公二十九年》。介，春秋时的一个小国，在今山东胶州西南。葛卢，介国君主的名字。

⑩蓂荚（míng jiá）：又名"历荚"，传说中一种叶子按日长落，一看便可知道日子的草，曾被视为祥瑞之草。

⑪来至：到来。出：长出。

⑫越尝：也作"越裳"，古代南方的一个民族。

⑬高宗得之而吉：据上下文意，疑为"周公"之误。

⑭所分：疑为"耿介"，形近而误。《仪礼·士相见礼》："冬用雉。"郑

注云："士挚用雉者，取其耿介，交有时，别有伦也。"耿介，正直。

⑮麏（jūn）：獐子。

⑯公孙术：即公孙述（？—36），字子阳，扶风茂陵（今陕西兴平）人。新莽末至东汉初年割据势力，后为汉光武帝刘秀所灭。

【译文】

汉武帝的时候，捕获了一只白色的麒麟，头上长着两个角，两个角的角尖连在一起，就让谒者终军讨论这件事。终军说："野兽的两角并成一角，象征着天下合而为一。"麒麟，是野兽；桑树榖树，是野生植物，都是野生的，兽与植物有什么区别呢？终军说野兽是吉兆，祖己说野生植物是凶兆。殷高宗祭祀成汤的宗庙，有野鸡飞到鼎上鸣叫。祖己认为将有远方的使者来朝贡，解说《尚书》的人则认为野鸡不吉利，议论驳杂不一。而且按照祖己的说法，野鸡飞来是吉利的。野鸡趴在野草里，草覆盖野鸡的身体，就像人们住在草庐里一样，能说人吉利而草庐凶险吗？人们进入都城，不说是凶兆，野生植物生长在朝廷上，为什么就不吉利？野鸡是和人同类的。如果说有血气的吉利，那么长狄到来，就该是吉兆，为什么把它说成是凶兆呢？如果认为从夷狄地方来的人不吉利，那介国葛卢来朝见，就是凶兆了。如果把草木当作凶兆，那朱草、蓂荚长出，就是不吉利的。朱草、蓂荚，都是植物，应该生在野外，却长在朝廷中，这应该是不吉利的，为什么说是祥瑞？同样是野生的东西，或到来或长出，却有吉凶两种不同的议论。如果说朱草、蓂荚是善草，所以吉利，那就是以善恶为标准来划分凶吉，而不是以生在都城或野外来区分好坏。周朝时天下太平，越尝国进献野鸡给周公，认为得到野鸡是吉祥的。野鸡也是野草中的东西，为什么就是吉祥的？如果认为野鸡耿直有点类似君子，那么獐子也有类似君子处，公孙述得到白鹿，占测为什么认为是凶兆呢？这样看来野鸡的吉凶不能知道，那么桑树榖树的善恶也不能证明。桑树榖树或许是好的，象征远方的士人，都将要站立在殷高宗的朝廷上，所以殷高宗得到吉祥福分，享国长久。

　　说灾异之家，以为天有灾异者，所以谴告王者①，信也。夫王者有过，异见于国；不改，灾见草本；不改，灾见于五谷；不改，灾至身。《左氏春秋传》曰②："国之将亡，鲜不五稔③。"灾见于五谷，五谷安得熟？不熟，将亡之征。灾亦有且亡五谷不熟之应④。天不熟⑤，或为灾，或为福。祸福之实未可知，桑穀之言安可审？论说之家著于书记者皆云⑥："天雨谷者凶⑦。"书传曰："苍颉作书，天雨谷，鬼夜哭⑧。"此方凶恶之应和者⑨。天何用成谷之道⑩，从天降而和，且犹谓之善，况所成之谷从雨下乎？极论订之⑪，何以为凶？夫阴阳和则谷稼成，不则被灾害⑫。阴阳和者，谷之道也，何以谓之凶？丝成帛，缕成布⑬。赐人丝缕，犹为重厚，况遗人以成帛与织布乎⑭？夫丝缕犹阴阳，帛布犹成谷也。赐人帛，不谓之恶，天与之谷，何故谓之凶？夫雨谷吉凶未可定，桑穀之言未可知也。

【注释】

①谴告：谴责警告。

②《左氏春秋传》：即《左传》。

③鲜（xiǎn）：少。稔（rěn）：庄稼成熟。引文参见《左传·昭公元年》。秦国后子对晋国赵孟说秦景公很残暴，但秦国庄稼还是能够丰收，这是得天之助，看来至少还会有五年的丰收。此处王充引此文意在说明庄稼丰收也可能是国家将要衰亡的征兆。

④且：将。不：疑为衍文。

⑤天：疑为"夫"字之误。

⑥论说之家：指著书立说的人。书记：泛指书籍。

⑦雨：落下，降下。

⑧"书传曰"几句：引文参见《淮南子·本经训》。据何宁《淮南子集解》注释，引文意为：仓颉作书契而诈伪萌生，诈伪萌生则去本趋末，弃耕作之业而务锥刀之利，天知其将饿，故为雨粟，鬼恐为文书所劾，故夜哭。仓颉造书契被汉代人视为世人舍本逐末而导致世道衰败的开端，故以天雨谷为凶兆。

⑨方：正是，正当。应和：感应。

⑩何：疑为衍文。

⑪订：考查。

⑫不：同"否"。

⑬缕：麻线。

⑭遗（wèi）：给予，馈赠。成帛：织好的绢帛。织布：织好的麻布。

【译文】

解说灾异的人，认为天之所以降下灾异，是用来谴责警告王者，这是可信的。君王有错误，灾异就在国中显现；不改正错误，灾害就显现在草木上；再不改正，灾害就显现在庄稼上；还不改正，灾害就要祸及君王自身。《左氏春秋传》说："国家将要灭亡，少有不超过五个年成的。"灾害出现在庄稼上，庄稼怎么能成熟呢？庄稼不成熟，是国家将要灭亡的征兆。可是灾异又有以庄稼成熟作为国家将亡征兆的例子。庄稼成熟，有时是凶兆，有时是吉兆。是祸是福的结果难以知道，关于桑树榖树的说法又怎么能清楚呢？著书立说的人在书上都写道："天降下谷子是凶兆。"书传上说："苍颉创造文字，上天降下谷子，鬼在夜里哭泣。"这正是凶兆与坏事的一种应和。上天根据庄稼生长的规律，从天降下风雨作为对人事的应和，尚且还说它是吉兆，何况现成的谷物随雨而降呢？追根究底地考查一下，凭什么说是凶兆？阴阳和谐风调雨顺庄稼就成熟，否则就遭受灾害。阴阳和谐，是庄稼生长之道，凭什么说是凶兆？丝织成帛，麻线织成布。送给人丝和线，尚且被认为情谊厚重，何况是给人织好的绢帛和麻布呢？丝与线就如同阴与阳，绢帛和麻布就好比成熟的谷子。送人绢帛，不说它是坏事，上天赐予谷子，为什么要说它是凶兆呢？上天降下谷子的吉凶不能够判断，桑树穀树吉凶的说法也不能知晓。

　　周之时[1]，天下太平，人来献畅草[2]。畅草亦草野之物也，与彼桑穀何异？如以夷狄献之则为吉，使畅草生于周家[3]，肯谓之善乎[4]？夫畅草可以炽酿[5]，芬香畅达者[6]，将祭，灌畅降神[7]。设自生于周朝[8]，与嘉禾、朱草、萐莆之类不殊矣。然则桑亦食蚕，蚕为丝，丝为帛，帛为衣，衣以入宗庙为朝服[9]，与畅无异，何以谓之凶？

【注释】

①周之时：底本在此三字前有"使畅草生于"五字，疑涉下文"使畅草生于周家"而衍。

②人来献畅草：据本书《恢国篇》"倭人贡畅"，疑此句"人"字前脱"倭"字。倭人，古代东方的一个民族。畅草，即鬯草，郁金香草，古代祭祀用的酒，用郁金草掺和黑黍酿造而成。畅，通"鬯"。

③周家：这里指周王的朝廷。

④肯：能，可。据文意，疑"善"字前脱"不"字。

⑤炽酿：造酒。炽，通"饎"，蒸，炊煮。

⑥芬香畅达：香气四溢。

⑦灌畅：亦作"灌鬯"，古代祭祀的一种仪式，把黑黍和郁金草酿成的香酒浇在地上，求神降临。

⑧设：假设，假如。

⑨衣：穿。朝服：君臣上朝时穿的礼服。

【译文】

　　周朝的时候，天下太平，倭人来进献畅草。畅草也是野生植物之类，和那些桑树榖树有什么区别？如果认为夷狄进献的就是吉利的，那么假如畅草生长在周王的朝廷上，能说它是不吉利的吗？畅草可以造酒，让酒香气四溢，祭祀的时候，把香酒浇在地上求神降临。假如畅草本来生长在周朝，就与嘉禾、朱草、蓂荚之类没有区别了。那么桑叶可以喂蚕，蚕吐丝，丝织成绢帛，绢帛制成衣服，穿着走进宗庙成为朝服，这与畅草造酒用来祭祀没有区别，为什么说是凶兆呢？

　　卫献公太子至灵台①，蛇绕左轮。御者曰："太子下拜。吾闻国君之子，蛇绕车轮左者速得国。"太子遂不下，反乎舍。御人见太子，太子曰："吾闻为人子者，尽和顺于君，不行私欲，共严承令②，不逆君安③。今吾得国，是君失安也。见国之利而忘君安，非子道也。得国而拜，其非君欲④。废子道者不孝，逆君欲则不忠，而欲我行之，殆吾欲国之危明也⑤。"投殿将死⑥，其御止之，不能禁，遂伏剑而死⑦。夫蛇绕左轮，审为太子速得国，太子宜不死，献公宜疾薨⑧。今献公不死，太子伏剑，御者之占，俗之虚言也。或时蛇为太子将死之妖，御者信俗之占，故失吉凶之实。夫桑榖之生，与蛇绕左轮相似类也。蛇至实凶，御者以为吉。桑榖实吉，祖己以为凶。

【注释】

　　①卫献公（？—前544）：名衎，春秋时期卫国第二十五任国君，前576—前559年、前546—前544年在位。《新序·节士》记此事作

"晋献公"。灵台:古代观察天文气象的高台。

②共:通"恭"。严:即"庄",避汉明帝讳,改"庄"为"严"。

③逆:反,扰乱。

④其:表示推测的副词,大概,或许。

⑤吾欲:当为"欲吾"之误倒。《新序·节士》作"殆欲吾国之危明矣",据改。

⑥投殿:疑为"拔剑"之讹。

⑦伏剑:用剑自刎。以上事参见《新序·节士》。

⑧疾:快,迅速。

【译文】

卫献公太子去灵台,蛇绕住他车子的左轮。驾车人说:"太子赶快下车跪拜。我听说国君的儿子,车子的左轮被蛇绕住的会很快得到国家。"太子不下车,返回了住处。驾车人拜见太子,太子说:"我听说做太子的,应该尽力亲近顺从国君,不寻求私利,恭敬庄重地接受命令,不扰乱君主的安宁。现在我要是得到国家,这就使国君失去了安宁。只看见得到国家的好处而忘记了使国君安宁,不是做儿子的道义。为了得到国家而下拜,大概不是君主希望的事情。废弃了做儿子的道义是不孝,违背了君主的希望则不忠,你却想要我干这事,大概是希望我们国家发生的危险表现得更明显吧。"于是拔剑自杀,驾车人阻止他,没有拦住,于是用剑自刎而死。蛇绕住左车轮,如果确实是太子能很快得到国家的预兆,太子就不该死,卫献公却该快点死去。现在卫献公没有死,太子拔剑自刎,驾车人的预测,只是相信了世俗的说法。或许蛇是太子将死的凶兆,驾车人相信了世俗的预言,所以弄错了吉凶的真实情况。桑树穀树生长在朝廷上,与蛇绕住了左车轮相类似。蛇的到来实际是凶兆,驾车人以为是吉兆。桑树穀树的生长实际是吉兆,祖己却认为是凶兆。

禹南济于江^①,有黄龙负舟^②。舟中之人五色无主^③。

禹乃嘻笑而称曰："我受命于天,竭力以劳万民。生,寄也;死,归也,何足以滑和④,视龙犹蝘蜓也⑤。"龙去而亡。案古今龙至皆为吉,而禹独谓黄龙凶者,见其负舟,舟中之人恐也。夫以桑穀比于龙,吉凶虽反,盖相似。野草生于朝,尚为不吉⑥,殆有若黄龙负舟之异,故为吉而殷朝不亡。

【注释】

①济:渡。江:长江。

②负:驮,背。

③五色无主:神色不定,形容仓皇失措。

④滑和:惊慌失措。滑,扰乱。和,平静。

⑤蝘蜓(yǎn diàn):守宫。俗称壁虎。古籍多与蜥蜴、蝾螈等相混。

⑥尚:如果。

【译文】

大禹南渡长江,看见黄龙驮着一条船。船上的人神色不定仓皇失措,禹却神态自若地笑着说:"我从天上接受了天命,尽力为百姓操劳。活着,是寄居在外;死了,就像回到家里,有什么值得惊慌的,我看龙就是蝘蜓。"于是龙离开消失了。考察从古到今龙的到来都是吉兆,而唯独禹说黄龙是凶兆,是看见黄龙驮船,而船上的人惊恐的缘故。那桑树穀树和龙相比,吉凶的说法虽然相反,但大概类似。野生植物生长在朝廷上,如果说是不吉之兆的话,大概就同将黄龙驮船这种吉兆说成是凶兆一样,所以桑树穀树生长本来是吉兆,因而殷朝并没有灭亡。

晋文公将与楚成王战于城濮①,彗星出楚,楚操其柄②。以问咎犯③,咎犯对曰:"以彗斗④,倒之者胜⑤。"文公梦与成王搏,成王在上,盬其脑⑥。问咎犯,咎犯曰:"君得天而成王伏其罪,战必大胜。"文公从之,大破楚师⑦。向令文公问庸臣⑧,必曰:"不胜。"何则?彗星无吉,搏在上无凶也。夫桑穀之占,占为凶⑨,犹晋当彗末、搏在下为不吉也。然而吉者,殆有若对彗、见天之诡⑩。故高宗长久,殷朝不亡。使文公不问咎犯,咎犯不明其吉,战以大胜,世人将曰:"文公以至贤之德,破楚之无道。天虽见妖,卧有凶梦,犹灭妖消凶以获福。"殷无咎犯之异知⑪,而有祖己信常之占,故桑穀之文,传世不绝,转祸为福之言,到今不实⑫。

【注释】

①楚成王(? —前626):芈姓,熊氏,名恽,春秋时期楚国国君,前671—前626年在位。城濮:古地名,在今山东鄄城西南,春秋时期晋文公曾率诸国之兵与楚军在此交战,楚军大败。

②柄:指彗星的彗尾。

③咎犯(? —前629):即狐偃,姬姓,狐氏,字子犯。晋国重臣,晋文公舅舅。

④彗:扫帚。因彗星形似扫帚,故称。

⑤倒之者胜:以上事参见《淮南子·兵略训》《说苑·权谋》。

⑥鹽(gǔ):吸食。

⑦大破楚师:以上事参见《左传·僖公二十八年》。

⑧向令:假如。

⑨占:疑为重文而衍。

⑩对彗:处于彗尾的位置。见天:脸朝上。

⑪异知:特殊的智慧。

⑫不实:不确定。

【译文】

晋文公将要与楚成王在城濮交战,彗星在楚国天空中出现,彗尾朝向楚国的方向。晋文公就此询问咎犯,咎犯回答说:"用扫帚战斗,把它倒过来的人得胜。"晋文公梦见和楚成王搏斗,楚成王伏在他身上,吸食他的脑髓。又以此问咎犯,咎犯说:"国君脸朝上象征得到天的帮助,而楚成王脸朝下象征低头认罪,开战一定大胜。"晋文公听从了他的话,大败楚军。假使晋文公询问平庸的臣子,一定会说:"不能取胜。"为什么呢?彗星不吉利,搏斗时处在上方没有凶险。桑树榖树的预测,是凶兆,就像晋国处于彗星的尾端、搏斗被压在身下被认为是不吉利的一样。然而桑树榖树生长在朝廷上是吉兆,大概就像处于彗星尾端、脸朝上这种异常的征兆一样。所以殷高宗寿命长久,殷朝没有灭亡。假使晋文公没有问咎犯,或者咎犯不明白它的吉利,打仗获得大胜,世人就会说:"晋文公凭借最贤能的德行,打败了无道的楚国。上天虽然显现凶兆,睡觉又做了噩梦,还是能消除凶兆而获得福分。"殷朝没有咎犯这样有特殊智慧的人,却有祖己这样的人相信一般的占测,所以记载桑树榖树生长在朝廷上的文字,世世代代流传不绝,转祸为福的说法,直到今天也不能确定。

感虚篇第十九

【题解】

本篇意在批驳汉儒宣扬的人之精诚能感动上天鬼神的言论。汉儒认为"人能以精诚感动天",如汤遇旱灾,自责祈雨,上天便因他而降雨;晋景公素衣哭河,河水就因他而疏通等事,在汉儒看来都是人以精气感动上天的事例。

王充则在本篇中列举了十五条事例,并对这些事例一一进行了驳斥。王充认为天与人相隔悬远,体量差距巨大,因此"今人之形,不过七尺,以七尺形中精神,欲有所为,虽积锐意,犹箸撞钟、箪击鼓也,安能动天?精非不诚,所用动者小也"。自然界有其自身的运行规律,是不会受人的主观意志影响的。而那些人以精诚感动上天的例子,均是人的行动与自然变化偶然同时发生的巧合而已,只是因为后世好神怪,务虚言,因此才会有他们是以精诚感动上天的传言。

儒者传书言:"尧之时,十日并出,万物燋枯。尧上射十日,九日去①,一日常出②。"此言虚也。夫人之射也,不过百步,矢力尽矣③。日之行也,行天星度④,天之去人⑤,以万里数⑥。尧上射之,安能得日?使尧之时,天地相近,不过百步,则尧射日,矢能及之;过百步,不能得也。假使尧时天地相近,尧射得之,犹不能伤日,伤日何肯去⑦?何则?日,火也。使在地之火,附一把炬⑧,人从旁射之,虽中,安能灭之?地火不为见射而灭⑨,天火何为见射而去?此欲言尧以精诚射之⑩,精诚所加,金石为亏⑪,盖诚无坚则亦无远矣。夫水与火各一性也,能射火而灭之,则当射水而除之。洪水之时,泛滥中国⑫,为民大害,尧何不推精诚射而除之?尧能射日,使火不为害,不能射河,使水不为害。夫射水不能却水⑬,则知射日之语,虚非实也。

【注释】

①去:除去。

②常:规则,规律。

③矢:箭。

④星度:星辰运行的度数。

⑤去:距离。

⑥数:计数,计算。

⑦伤:疑涉上文"伤日"而衍。

⑧炬:火炬。

⑨见:被。

⑩精诚:真心诚意,至诚。

⑪亏:损,毁坏。

⑫泛滥:底本作"流滥",递修本作"泛滥",据改。

⑬却:退。

【译文】

儒家的传书上说:"尧的时候,十个太阳同时出现,万物干枯。尧就举箭射十个太阳，九个太阳被除去，一个太阳有规律地出没。"这话是虚假的。人射箭，不超过一百步，箭的力量就没有了。太阳的运行，是按照天上星辰运行的度数运行的，天距离人，得用万里来计算。尧举箭射向天空，怎么能射到太阳？假使尧的时候天地接近，距离不过百步，那么尧能射到太阳；距离超过了百步，就不能射到。假使尧的时候天地接近，尧能射到太阳，但还是不能伤害太阳，太阳怎么能去除呢？为什么呢？太阳，是火。把地上的火，附着在一个火把上，人从旁边射它，即便射中，又怎么能让它熄灭？地上的火不能被箭射而熄灭，天上的火又如何被箭射而去除呢？这是想说尧是真心诚意地射太阳，凡是真心诚意所到的地方，就连金属和石头都能毁坏，至诚所致无坚不摧那么也就无远不至了。水与火有各自的特性，能够用箭射火而使它熄灭，就能用箭射水而使它消除。洪水的时候，泛滥中原，成为百姓最大的灾害，尧为什么不拿出真心诚意去射洪水而使它消除呢？尧可以射太阳，让火不成为灾害，却不能射黄河，让水不成为灾害。可见射水不能使水退却，那就知道射日的说法，是虚假不实的了。

　　或曰："日，气也。射虽不及，精诚灭之。"夫天亦远，使其为气，则与日月同；使其为体，则与金石等。以尧之精诚，灭日亏金石，上射日则能穿天乎？世称桀、纣之恶，射天而殴地[①]；誉高宗之德，政消桑穀。今尧不能以德灭十日，而必射之，是德不若高宗，恶与桀、纣同也，安能以精诚获天之应也？

【注释】

①殴：打。

【译文】

　　有人说："太阳，是气。用箭射虽然够不到，但用真心诚意却能除去它。"天也非常遥远，如果它是气，就与太阳、月亮一样；如果它是实体，就与金属、石头一样。用尧的真心诚意，能够去除太阳毁坏金属、石头，那他举箭射太阳能把天射穿吗？世人都说夏桀、殷纣的恶行，射天而击地；都赞誉殷高宗的美德，用善政消除桑树榖树。如今尧不能靠德政消除十个太阳，而是一定得用箭射，这是德行比不上殷高宗，而罪恶和夏桀、殷纣一样啊，怎么能靠真心诚意获得上天的报应呢？

　　传书言："武王伐纣，渡孟津①，阳侯之波②，逆流而击，疾风晦冥，人马不见。于是武王左操黄钺③，右执白旄④，瞋目而麾之曰⑤：'余在，天下谁敢害吾意者⑥！'于是风霁波罢⑦。"此言虚也。武王渡孟津时，士众喜乐，前歌后舞。天人同应，人喜天怒，非实宜也⑧。前歌后舞，未必其实。麾风而止之，迹近为虚。夫风者，气也，论者以为天地之号令也。武王诛纣是乎，天当安静以祐之。如诛纣非乎，而天风者，怒也。武王不奉天令，求索己过，瞋目言曰："余在，天下谁敢害吾者！"重天怒，增己之恶也，风何肯止？父母怒，子不改过，瞋目大言，父母肯贳之乎⑨？如风天所为，祸气自然，是亦无知，不为瞋目麾之故止。夫风犹雨也，使武王瞋目以旄麾雨，而止之乎⑩？武王不能止雨，则亦不能止风。或时武王适麾之，风偶自止，世褒武王之德，则谓武王能止风矣。

【注释】

①孟津：古黄河津渡名，在今河南洛阳孟津区东北、孟州西南。

②阳侯：参见本书《书虚篇》注。

③操：拿。黄钺（yuè）：用黄金装饰的钺。钺，古代兵器，像斧，比斧

大，圆刃可砍劈。

④白旄（máo）：古代的一种军旗，竿头以白牦牛尾为饰，用以指挥全军。

⑤瞋（chēn）目：瞪大眼睛，睁大眼睛。麾（huī）：指挥，挥动。

⑥害：违背。

⑦霁（jì）：雨雪停止。引文参见《淮南子·览冥训》。

⑧宜：适宜的事。

⑨贳（shì）：宽纵，赦免。

⑩而：通"能"。

【译文】

传书上说："周武王讨伐殷纣王，在孟津渡黄河，遇到汹涌的风浪，水流逆行而上，大风刮起天昏地暗，人马都看不清楚。于是周武王左手拿着黄钺，右手握着牦牛尾装饰的军旗，瞪大眼睛挥动它们说：'我在这里，天底下谁敢违背我的意愿！'于是风平浪静。"这是虚假的话。周武王在孟津渡河时，将士们都欢喜快乐，前边唱歌后边舞蹈。天与人有共同的感应，说人欢喜天发怒，这实在不是合理的事情。前边唱歌后边舞蹈，未必是事实。挥动旗子风就停止，事情近乎虚妄。风，是气，议论的人认为是天地发出的号令。周武王讨伐殷纣王要是对的，上天应该用安静的环境来护佑他。如果讨伐殷纣王是错的，那么天刮大风，就是发怒。周武王不奉行上天的命令，从而寻找自己的过失，却瞪着眼睛说："我在这里，天底下谁敢违背我的意愿！"这是加重了天的愤怒，增大了自己的罪恶，风怎么会停呢？父母发怒，孩子不改正错误，反而瞪着眼睛大喊，父母能饶恕他吗？如果风是天自然刮起的，灾祸是气自然形成的，那它们都是没有意识的，不会因为瞪眼睛挥旗子的原因而停止。风就像雨一样，如果周武王瞪大眼睛挥动旗子，雨就能停止吗？周武王不能使雨停止，那么也不能让风停止。或者是周武王恰好挥动了旗子，而风碰巧自己停止，世人为了褒奖周武王的贤德，就说周武王能止住风了。

传书言："鲁阳公与韩战①,战酣,日暮,公援戈而麾之②,日为之反三舍③。"此言虚也。凡人能以精诚感动天,专心一意,委务积神④,精通于天⑤,天为变动,然尚未可谓然。阳公志在于战,为日暮一麾⑥,安能令日反?使圣人麾日,日终不反。阳公何人,而使日反乎?《鸿范》曰⑦:"星有好风⑧,星有好雨⑨。日月之行,则有冬有夏。月之从星⑩,则有风雨。"夫星与日月同精⑪,日月不从星,星辄复变。明日月行有常度,不得从星之好恶也,安得从阳公之所欲?星之在天也,为日月舍,犹地有邮亭⑫,为长吏廨也⑬。二十八舍有分度⑭,一舍十度,或增或减。言日反三舍,乃三十度也。日,日行一度,一麾之间,反三十日时所在度也。如谓舍为度,三度亦三日行也。一麾之间,令日却三日也。宋景公推诚出三善言⑮,荧惑徙三舍,实论者犹谓之虚⑯。阳公争斗,恶日之暮⑰,以此一戈麾,无诚心善言,日为之反,殆非其意哉⑱!且日,火也,圣人麾火,终不能却;阳公麾日,安能使反?或时战时日正卯⑲,战迷⑳,谓日之暮,麾之转左㉑,曲道日若却㉒。世好神怪,因谓之反,不道所谓也㉓。

【注释】

①鲁阳公:即鲁阳文子,春秋时楚国贵族,楚平王之孙,司马子朝之子,封在鲁阳(今河南鲁山),故称鲁阳公。韩:春秋晋国的韩氏,三家分晋后为战国时韩国。

②援:举。

③反:返回。三舍:参见本书《无形篇》注。引文参见《淮南子·览冥训》。

④委务：焦神极虑，极尽其能。委，积聚。务，操劳。积神：集中精神，全神贯注。

⑤精通：精诚感应。

⑥为：因为。

⑦《鸿范》：即《洪范》，《尚书》中的一篇。

⑧星有好风：古代认为，二十八宿中的箕宿好刮风，月亮靠近它就要起风。

⑨星有好雨：古代认为，二十八宿中的毕宿好下雨，月亮靠近它就要下雨。

⑩从：靠近。

⑪精：精气。

⑫邮亭：古时官吏出行或传递文书的人沿途休息的处所，驿馆。

⑬长吏：泛指地方官吏。廨（xiè）：旧时官吏办公处所的通称。

⑭分度：我国古代天文学家把一周天分为365度多，二十八宿各占的度数不同，据《淮南子·天文训》："星分度：角十二，亢九，氐十五，房五，心五，尾十八，箕十一四分一，斗二十六，牵牛八，须女十二，虚十，危十七，营室十六，东壁九，奎十六，娄十二，胃十四，昴十一，毕十六，觜嶲二，参九，东井三十三，舆鬼四，柳十五，星七，张、翼各十八，轸十七。"

⑮推诚：以诚心相待。

⑯实论者犹谓之虚：参见本书《变虚篇》。

⑰恶：厌恶。

⑱意：疑为"实"字，形近而误。

⑲卯：古人用十二地支表方位，卯表方位为正东。

⑳迷：迷糊。

㉑左：指东方。

㉒曲：疑为"因"字之讹，形近而误。道：说。

㉓不道：不理解，不明白。

【译文】

传书上说："鲁阳公和韩氏交战，正打得激烈时，太阳快落山了，鲁阳公举起戈向太阳挥了挥，太阳就为他倒退了三个位次。"这话不真实。凡是人能用诚心感动上天的，必须专心一意，极尽其力集中精神，诚心才能感应上天，天才会为之改变，但是还不能说这是一定的。鲁阳公心思在作战，因为太阳快落山而挥动戈，怎么能让太阳倒退呢？即使是圣人想挥戈让太阳倒退，太阳也始终不会退回。鲁阳公是什么人，却能让太阳倒退呢？《洪范》说："星宿有好刮风的，星宿有好下雨的。太阳月亮运行，就有了冬季有了夏季。月亮靠近星宿，就要刮风下雨。"星宿和太阳月亮同样是精气，太阳月亮不靠近星宿，星宿也总是在反复变化。这表明太阳月亮的运行有一定的度数，不会随着星宿的好恶而运行，怎么会顺从鲁阳公的欲望呢？星宿在天上，是太阳月亮停留的地方，就像地上的邮亭，是长官办公的处所一样。二十八宿位次的划分，各有其度数，每个星宿所占大致为十度，有的多有的少。说太阳倒退了三个位次，就是三十度。太阳，每天运行一度，挥一下戈，就退回到三十度前所在的位次了。如果说一个位次为一度，三度也就是太阳运行三天的行程啊。挥一下戈，竟让太阳退回了三天的行程。宋景公真诚地说了三句好话，火星就移动了三个位次，实事求是的人尚且说这是假的。鲁阳公正在争斗，讨厌太阳落山，因此挥了一下戈，没有诚心说好话，太阳却为他倒退，这大概不是事实吧！况且太阳是火，圣人向火挥动一下，始终不能让火退去；鲁阳公向太阳挥戈，怎么能让太阳倒退呢？或许当时交战时太阳正在东方，仗打得迷糊了，认为太阳要落山了，于是挥戈转向东方，就错误地说太阳好像倒退回去了。世人喜欢谈论神奇怪异的事，因此就说太阳倒退回去了，而不明白这究竟是怎么回事。

传书言："荆轲为燕太子谋刺秦王，白虹贯日①。卫先生为秦画长平之事②,太白蚀昴③。"此言精感天④,天为变动也。夫言"白虹贯日""太白蚀昴",实也。言荆轲之谋,卫先生之画,感动皇天,故白虹贯日,太白蚀昴者,虚也。夫以箸撞钟⑤,以筹击鼓⑥,不能鸣者,所用撞击之者小也。今人之形,不过七尺,以七尺形中精神,欲有所为,虽积锐意⑦,犹箸撞钟、筹击鼓也,安能动天?精非不诚,所用动者小也。且所欲害者,人也,人不动,天反动乎?问曰:"人之害气,能相动乎?"曰:"不能!""豫让欲害赵襄子,襄子心动⑧。贯高欲篡高祖,高祖亦心动⑨。二子怀精,故两主振感⑩。"曰:"祸变且至⑪,身自有怪,非适人所能动也⑫。何以验之?时或遭狂人于途⑬,以刃加己,狂人未必念害己身也,然而己身先时已有妖怪矣。由此言之,妖怪之至,祸变自凶之象,非欲害己者之所为也。且凶之人,卜得恶兆,筮得凶卦⑭,出门见不吉,占危睹祸气⑮,祸气见于面,犹白虹、太白见于天也。变见于天,妖出于人,上下适然⑯,自相应也。"

【注释】

①白虹贯日:白色的长虹穿过太阳,古人认为这是君王遇害的兆象。

②卫先生为秦画长平之事:白起在长平战胜赵军后,打算乘胜灭赵。这可能是卫先生出的主意,于是派卫先生向秦请求支援。传说这时天空出现太白蚀昴的星象。卫先生,战国时秦国人。画,谋划,策划。长平之事,长平为古地名,故址在今山西高平西北。前260年秦、赵长平之战,秦将白起大败赵括,坑杀赵降卒四十余万。

③太白蚀昴(mǎo):古人认为,太白是天将,因在西方,象征秦。昴宿是赵国的分野,太白星侵蚀昴宿,象征秦将灭赵。太白,太白

星，即金星。昴，二十八宿之一，白虎七宿的第四宿。引文参见
《史记·鲁仲连邹阳列传》。

④精：精诚。

⑤箸（zhù）：筷子。

⑥筭（suàn）：筹码，古代用来计数的器具。

⑦锐意：这里指精诚。

⑧"豫让欲害赵襄子"二句：豫让为替智伯报仇，便装作被判刑服役
的罪人，身揣凶器到赵襄子宫中去抹厕所的墙，伺机击杀赵襄子。
有一次赵襄子来上厕所，突然觉得心有所动，于是派人将抹厕所
的罪人抓起来审问，结果发现了怀揣匕首的豫让，豫让的计划因
此失败。参见《史记·刺客列传》。事参见《战国策·赵策一》
《史记·刺客列传》。豫让，春秋战国间晋人，为晋卿智瑶家臣。
智氏为赵襄子所灭，豫让以漆涂身，吞炭使哑，多次谋刺赵襄子未
遂，为赵襄子所捕。临死时，求得赵襄子衣服，拔剑击斩其衣，以
示为主复仇，然后伏剑自杀。

⑨"贯高欲篡高祖"二句：传说贯高欲刺杀汉高祖，因汉高祖事先心
动察觉而未能成功。贯高，秦末汉初人，为赵王张耳客，后任赵
相，因汉高祖过赵侮骂赵王张敖，乃图谋刺之。后事泄，他与赵王
敖被捕治罪，身受酷刑，始终如实供认赵王未预其谋，高祖感其
至诚，乃赦赵王，并欲任贯高以官职，贯高以自己确实犯有谋弑之
罪，自杀。篡，弑君。参见《史记·张耳陈余列传》。

⑩振：震动。感：感觉。

⑪且：将要。

⑫适（dí）：通"敌"。

⑬遭：碰到，遭遇。狂人：疯人。

⑭筮（shì）：用蓍草占卦。

⑮危：疑为"侯"字之讹，因与"侯"异体字"矦"形近而误。侯，同

"候"。占候，根据天象变化来预测吉凶，这里指通过看人脸上的气色来预测吉凶。

⑯适然：偶然，恰巧。

【译文】

传书上说："荆轲替燕太子图谋刺杀秦王时，白虹穿过太阳。卫先生为秦国策划长平战事时，金星侵食昴宿。"这是说真心诚意感动了上天，上天因此感应变化。说"白虹穿过太阳""金星冲犯昴宿"，是真实的。说荆轲的图谋，卫先生的策划，感动了上天，所以白虹穿过太阳，金星冲犯昴宿，则是假的。用筷子敲钟，用筹码击鼓，不能发出声音，是因为用来敲击的东西太小了。如今人的身躯，不超过七尺高，凭借七尺身躯里的精神，想要有所作为，即便聚积至诚，还是会像用筷子敲钟、用筹码击鼓一样，怎么能感动上天呢？不是不够至诚，而是用来感动上天的东西太小了。况且想要加害的，是人，人还没有预感，天反而先预感到吗？有人问："人的害人之气，能使他人预感到吗？"我回答说："不能！"那人又说："豫让想谋害赵襄子，赵襄子心有感应。贯高想杀害汉高祖，汉高祖也心有所感。这二人都心怀杀人的精气，所以两位君主受到震动而心有感应。"我说："祸患灾变将要到来，这个人本身就会有怪异现象出现，不是敌人要害人的精诚之气所能震动的。怎么来证明呢？人有时会在路上遇到疯子，用刀向自己砍来，疯子未必想要伤害人，然而自己的身体此前已经有怪异的现象发生了。如此说来，怪异现象的出现，是祸患灾变本身的凶兆，不是想害自己的人所造成的。将要遇到凶险的人，占卜会得到凶兆，占筮会得到凶卦，出门会见到不吉利的事情，观天象会见到祸气，祸气表现在脸上，就像白虹、金星出现在天上一样。灾变呈现于天空，怪异的现象出现在人身上，上下偶然同时出现，自然相互应和。"

传书言："燕太子丹朝于秦，不得去，从秦王求归。秦王执留之①，与之誓曰：'使日再中，天雨粟，令乌白头②，马生角,厨门木象生肉足^③,乃得归。'当此之时,天地祐之,日为再中,天雨粟,乌白头,马生角,厨门木象生肉足。秦王以为圣,乃归之。"此言虚也。燕太子丹何人,而能动天?圣人之拘^④,不能动天。太子丹,贤者也,何能致此?夫天能祐太子,生诸瑞以免其身,则能和秦王之意以解其难^⑤。见拘一事而易^⑥,生瑞五事而难。舍一事之易,为五事之难,何天之不惮劳也^⑦?

【注释】

①执留:拘留。执,拘。

②乌:乌鸦。

③厨门木象:厨门上雕刻的木像。

④拘:拘禁。

⑤和:平息,缓和。

⑥见:被。而:则。

⑦惮:怕。

【译文】

传书上说:"燕太子丹到秦国去朝见,无法离开,向秦王请求回国。秦王拘留了他,对他立誓说:'让偏西的太阳再次回到中天,让天降下谷子,让乌鸦白头,马儿长角,厨门上雕刻的木像生出肉脚来,才能回去。'正当这个时刻,天地保佑他,偏西的太阳再次回到中天,天降下谷子,乌鸦白头,马儿长角,厨门上雕刻的木像生出肉脚。秦王认为他是圣人,就放他回去了。"这是假话。燕太子丹是什么人,居然能感动上天?圣人被拘禁,也不能感动上天。太子丹,只是贤者,怎么能做到这样?如果天能保佑太子丹,生出各种祥瑞来让他免于被拘禁,那么天就能平息秦王拘禁太子丹的念头以解除他的危难。解除被拘禁这件事容易,生出五种祥瑞的事困难。抛开一件容易的事，却去做五件困难的事，上天为什么这么不怕辛苦呢？

　　汤困夏台[①]，文王拘羑里，孔子厄陈、蔡。三圣之困，天不能祐，使拘之者睹祐知圣，出而尊厚之。或曰："拘三圣者，不与三誓[②]，三圣心不愿，故祐圣之瑞无因而至。天之祐人，犹借人以物器矣。人不求索，则弗与也。"曰："太子愿天下瑞之时[③]，岂有语言乎？心愿而已。然汤闭于夏台[④]，文王拘于羑里时，心亦愿出；孔子厄陈、蔡，心愿食[⑤]。天何不令夏台、羑里关钥毁败[⑥]，汤、文涉出[⑦]；雨粟陈、蔡，孔子食饱乎？"太史公曰："世称太子丹之令天雨粟，马生角，大抵皆虚言也。"[⑧]太史公书汉世实事之人，而云"虚言"，近非实也。

【注释】

①困：疑为"囚"字之讹，形近而误。本书《命义篇》作"囚"。

②三：疑"之"行草书，形近而误。

③下：降。

④闭：关。

⑤心愿食：据文例，疑"心"后脱"亦"字。

⑥关钥：锁匙。

⑦涉：行走。

⑧"太史公曰"几句：参见《史记·刺客列传》。

【译文】

　　商汤被囚禁在夏台，周文王被拘禁在羑里，孔子被围困在陈国、蔡国。三位圣人被困，上天不能保佑，如果拘禁他们的人看到上天的保佑而知道他们是圣人，就会释放并且尊重和厚待他们。有人说："拘禁三位圣人的人,没有向他们立誓,三位圣人心里也没有让上天保佑他们的愿望,所以保佑三位圣人的祥瑞就无法出现了。上天保佑人,就像借器物给人一样。人不去求取,就不给予。"我说:"燕太子希望天降祥瑞的时候,难道有语言表达?只是心里希望罢了。然而成汤被囚禁在夏台,周文王被拘禁在羑里时,心里也希望被释放;孔子被围困在陈国、蔡国时,心里希望有粮食吃。上天为什么不让夏台、羑里的门锁毁坏,使商汤、周文王可以走出来;降下谷子在陈国、蔡国,使孔子可以吃饱呢?"太史公司马迁说:"世人说太子丹让天降下谷子,马长出角,大概都是假话。"太史公是记载汉代真实事情的人,却说是"假话",可见上面的那些说法大概不是真实的了。

　　传书言:"杞梁氏之妻向城而哭[①],城为之崩。"此言杞梁从军不还,其妻痛之,向城而哭,至诚悲痛,精气动城,故城为之崩也。夫言向城而哭者,实也。城为之崩者[②],虚也。夫人哭悲莫过雍门子[③]。雍门子哭对孟尝君,孟尝君为之於邑[④]。盖哭之精诚,故对向之者,凄怆感恸也[⑤]。夫雍门子能动孟尝之心,不能感孟尝衣者,衣不知恻怛[⑥],不以人心相关通也[⑦]。今城,土也。土犹衣也,无心腹之藏[⑧],安能为悲哭感恸而崩?使至诚之声能动城土,则其对林木哭[⑨],能折草破木乎?向水火而泣,能涌水灭火乎?夫草木水火,与土无异,然杞梁之妻不能崩城[⑩],明矣。或时城适自崩,杞梁妻适哭,下世好虚[⑪],不原其实[⑫],故崩城之名,至今不灭。

【注释】

①杞梁:名殖,字梁,春秋时齐国大夫。齐庄公四年(前550),在齐袭击莒国之役中被俘战死。妻孟姜前往迎丧,哀痛自杀。后人据

此附会为秦国事,编造了"孟姜女哭长城"的故事。事参见《列女传·贞顺》《说苑·善说》。向:对着。

②城为之崩者:据文意,疑"城"前脱"言"字。

③雍门子:名周,又名子周。因久居雍门,人号称其雍门周。战国时齐人,善鼓琴,相传曾为孟尝君奏一首凄凉忧伤之曲,使孟尝君如同身临其境,有国破家亡之感。事参见《说苑·善说》。

④於邑:亦作"于悒",哽咽哭泣。以上事参见《淮南子·览冥训》。

⑤凄怆:凄凉悲伤。感恸(tòng):感伤哀痛。

⑥恻怛(dá):悲忧,哀伤。

⑦以:和。

⑧藏(zàng):同"脏",内脏。

⑨林:疑为"草"字之讹,因"艸"与"林"形近而误。又依下文"向水火而泣"例,疑"哭"前脱一"而"字。

⑩然:然则,那么。

⑪下世:后代。

⑫原:追究。

【译文】

传书说:"杞梁氏的妻子对着城墙哭泣,城墙因此崩塌。"这是说杞梁参军身死未还,他的妻子很悲痛,对着城墙哭泣,极度悲伤,精气感动了城墙,所以城墙为此崩塌。说对着城墙哭泣,是真的。说城墙为此而崩塌,是假的。人们哭声的悲哀,没有能超过雍门子的。雍门子向孟尝君哭诉,孟尝君就为此哽咽抽泣。大概哭泣得真诚,所以面对他的人,也凄凉哀痛。雍门子能感动孟尝君的心,却不能感动孟尝君的衣服,是因为衣服不知道悲伤,不和人的心灵相通。如今城墙,是土筑的。土就如同衣服一样,并没有心藏于腹内,怎么能被悲伤的哭泣感动而崩塌呢?如果至诚的哭声能感动城墙的泥土,那么对着草木哭泣,能让草木摧折吗?对着水火哭泣,能使水涌出来灭火吗?草木水火,和泥土没有什么差别,那么杞梁的妻子不能让城墙崩塌,就是很明白的了。或者当时城墙恰好自己崩塌了,而杞梁的妻子碰巧在哭泣,后代的人喜欢谈论虚妄之事,不追究真实情况,所以杞梁的妻子哭倒城墙的传说,到现在也没消失。

　　传书言:"邹衍无罪,见拘于燕,当夏五月,仰天而叹,天为陨霜①。"此与杞梁之妻哭而崩城,无以异也。言其无罪见拘,当夏仰天而叹,实也;言天为之雨霜②,虚也。夫万人举口③,并解吁嗟④,犹未能感天;邹衍一人,冤而壹叹,安能下霜?邹衍之冤,不过曾子、伯奇⑤。曾子见疑而吟,伯奇被逐而歌。疑与拘同⑥,吟、歌与叹等。曾子、伯奇不能致寒,邹衍何人,独能雨霜?被逐之冤,尚未足言。申生伏剑⑦,子胥刎颈,实孝而赐死,诚忠而被诛。且临死时,皆有声辞,声辞出口,与仰天叹无异。天不为二子感动⑧,独为邹衍动,岂天痛见拘,不悲流血哉?伯奇冤痛相似⑨,而感动不同也?

【注释】

①"传书言"几句:参见《后汉书·刘瑜传》注引《淮南子》。

②雨:降下。

③举口:张口。

④解:发出。吁嗟(xū jiē):叹息。

⑤曾子、伯奇:参见本书《累害篇》注。

⑥疑与拘同:上文言"曾子见疑""伯奇被逐",疑本句"疑"字后脱"逐"字。

⑦申生:春秋时晋献公的太子,因遭继母骊姬诬陷,自杀而死。

⑧动:疑为衍文,"不为二子感"正与下文"独为邹衍动"为对文。

⑨伯奇：据文意，疑当作"何其"。"伯"为"何"之形误，"奇"为"其"之音误。

【译文】

传书上说："邹衍没有犯罪，被燕国囚禁，正当夏季五月，仰天长叹，上天为此降霜。"这和杞梁的妻子哭泣而使城墙崩塌，没有什么区别。说他没有犯罪而被囚禁，在夏天仰天长叹，是真的；说天为他降霜，是假的。上万人张口，一起发出叹息，尚且不能够感动上天；邹衍一个人，蒙冤而长叹一声，怎么会降霜呢？邹衍的冤屈，不会超过曾子、伯奇。曾子被怀疑而悲吟，伯奇遭放逐而哀歌。被怀疑、遭放逐和被囚禁一样，悲吟、哀歌与叹息相同。曾子、伯奇不能招来寒冷，邹衍是何许人，唯独他能降霜？伯奇被放逐的冤屈，与下文提到之人相比尚不足一提。申生拔剑自杀，伍子胥自刎而死，真心的孝却被赐死，至诚的忠却被杀害。况且他们临死的时候，都有话说，话说出口，和仰天长叹没有不同。上天不为这二人感动，却唯独被邹衍感动，难道是上天只哀痛被囚禁者，而不怜悯流血者吗？为什么冤情如此相似，而上天的感动却不一样呢？

夫熯一炬火①，爨一镬水②，终日不能热也；倚一尺冰③，置庖厨中④，终夜不能寒也。何则？微小之感，不能动大巨也。今邹衍之叹，不过如一炬、尺冰，而皇天巨大，不徒镬水庖厨之丑类也⑤。一仰天叹，天为陨霜。何天之易感，霜之易降也？夫哀与乐同，喜与怒均。衍兴怨痛，使天下霜，使衍蒙非望之赏⑥，仰天而笑，能以冬时使天热乎？变复之家曰⑦："人君秋赏则温，夏罚则寒。"寒不累时⑧，则霜不降；温不兼日⑨，则冰不释⑩。一夫冤而一叹，天辄下霜，何气之易变，时之易转也？寒温自有时，不合变复之家。且从变复之说，或时燕王好用刑，寒气应至；而衍囚拘而叹，叹时霜适自下。世见适叹而霜下，则谓邹衍叹之致也。

【注释】

①爇（hàn）：焚烧，这里是点燃的意思。

②爨（cuàn）：烧煮。镬（huò）：无足鼎。古时用以煮肉及鱼、腊所用器物。

③倚：当作"持"，形近而误。《白孔六帖》卷三引《论衡》文作"持"。

④庖厨：厨房。

⑤丑类：同类。

⑥非望：意外。

⑦变复之家：指主张"天人感应"，通过祭祀祈祷来消除灾祸、恢复正常的儒生。

⑧累时：经久，持续一段时间。

⑨兼日：连日。

⑩释：冰雪融化。

【译文】

　　点燃一支火把，用来烧一锅水，一整天也烧不热；拿着一尺见方的冰，放在厨房里，厨房一整夜也不会冷。为什么？因为微小的感应，不能触动巨大的物体。如今邹衍的叹息，不过好比一支火把、一尺见方的冰，而上天的巨大，不仅是一锅水、厨房一类的东西。仰天叹息一声，天就为此降霜。为什么天这样容易被感动，霜如此容易降下呢？哀伤与欢乐相同，喜悦与愤怒一致。邹衍发出哀怨痛苦的叹息，就使得上天降霜，如果邹衍得到了意外的赏赐，仰天大笑，能够在冬天的时候使天气变暖吗？谈论变复的人说："君主秋天行赏天气就温暖，夏天施罚天气就寒冷。"寒冷不持续一段时间，霜就不会降下；温暖不连续数日，冰就不会融化。一个人蒙冤而叹息一声，天立即降霜，为什么气候如此容易转变，季节如此容易转换呢？寒冷和温暖自有一定的时节，与谈论变复的人说的不相合。姑且按照变复的说法，或许当时燕王喜欢施用刑罚，寒冷的气候感应而来；而邹衍被囚禁长叹，叹气时霜恰好自己降下。世人看到邹衍在叹气时正好降霜了，于是就说是邹衍叹气招致的。

传书言："师旷奏《白雪》之曲[1]，而神物下降，风雨暴至[2]。平公因之癃病[3]，晋国赤地[4]。"或言："师旷《清角》之曲[5]，一奏之，有云从西北起；再奏之，大风至，大雨随之，裂帷幕[6]，破俎豆[7]，堕廊瓦。坐者散走，平公恐惧，伏乎廊室[8]。晋国大旱，赤地三年，平公癃病。"夫《白雪》与《清角》，或同曲而异名，其祸败同一实也。传书之家，载以为是；世俗观见，信以为然。原省其实，殆虚言也。夫《清角》，何音之声，而致此？"《清角》[9]，木音也[10]，故致风而。如木为风，雨与风俱。"三尺之木[11]，数弦之声，感动天地，何其神也！此复一哭崩城、一叹下霜之类也。师旷能鼓《清角》，必有所受，非能质性生出之也[12]。其初受学之时，宿昔习弄[13]，非直一再奏也[14]。审如传书之言，师旷学《清角》时，风雨当至也[15]。

【注释】

①《白雪》：古乐曲名，传说为春秋时晋师旷或齐刘涓子所作。

②暴：突然。

③平公：即晋平公（？—前532），名彪。春秋时期晋国国君，前557—前532年在位。癃（lóng）病：衰弱疲病。

④赤地：灾荒后的不毛之地。以上事参见《淮南子·览冥训》。

⑤《清角》：古乐曲名。

⑥帷幕：帐幕。

⑦俎（zǔ）豆：俎和豆，古代祭祀、宴飨时，用来盛祭品的两种礼器，亦泛指各种礼器。

⑧乎：《韩非子·十过》和《史记·乐书》皆作"于"。廊室：殿堂周围的房舍。以上事参见《韩非子·十过》。

⑨《清角》："清角"下十七字是王充回答上文的假设之词，疑"清"前脱一"曰"字。

⑩木音：阴阳五行家将金木水火土五行与宫商角徵羽五音相配属，认为角属木。

⑪三尺之木：这里指琴，因琴身为木制，故称。

⑫质性：本性。

⑬宿昔：时常，经久。习弄：练习。

⑭非直：不止。

⑮当：据文意，疑"当（當）"为"常"字之讹，形近而误。

【译文】

传书上说："师旷演奏《白雪》这首曲子，神物从天而降，风雨突然到来。晋平公因此衰弱疲病，晋国成为不毛之地。"有人说："师旷演奏《清角》这首曲子，演奏第一遍，有云从西北涌起；演奏第二遍，大风刮起，大雨随之而来，吹裂帐幕，摔破了俎豆，刮落了廊檐上的瓦。座上的人四散奔走，晋平公恐慌畏惧，趴在殿堂周围的房舍里。晋国因此大旱，三年寸草不生，晋平公衰弱疲病。"《白雪》和《清角》，或许是同一首曲子而曲名不同，它们招致的灾祸却是一样的。解说儒家经典的人，记载下它们且信以为真；社会上的一般人看到，就相信它以为就是如此。考察它们的实际情况，大概是假的吧。《清角》，是什么音，而能招致如此结果呢？"《清角》，是木音，所以能招来风。假如木能招来风，雨就会和风在一起。"可是三尺长的琴身，几根弦发出的声音，就能感动天地，怎么这样神奇啊！这又是一哭泣就使城墙崩塌，一叹息就会降霜之类的说法。师旷能弹奏《清角》，肯定有传授他的人，不可能是生来就会的。他初学之时，总得经常练习，不止是演奏一两次。如果确如传书所说的那样，师旷练习《清角》时，那么一定会经常刮风下雨啦。

传书言："瓠芭鼓瑟，渊鱼出听[①]；师旷鼓琴，六马仰秣[②]。"或言："师旷鼓《清角》，一奏之，有玄鹤二八自南方来，集于廊门之危；再奏之而列；三奏之，延颈而鸣，舒翼而舞，音中宫商之声，声吁于天。平公大悦，坐者皆喜。"[③]《尚书》曰："击石拊石，百兽率舞。"[④]此虽奇怪，然尚可信。何则？鸟兽好悲声，耳与人耳同也。禽兽见人欲食，亦欲食之；闻人之乐，何为不乐？然而鱼听、仰秣、玄鹤延颈、百兽率舞，盖且其实[⑤]；风雨之至、晋国大旱、赤地三年、平公癃病，殆虚言也。或时奏《清角》时，天偶风雨，风雨之后，晋国适旱；平公好乐，喜笑过度，偶发癃病。传书之家，信以为然，世人观见，遂以为实。实者乐声不能致此。何以验之？风雨暴至，是阴阳乱也。乐能乱阴阳，则亦能调阴阳也，王者何须修身正行，扩施善政[⑥]？使鼓调阴阳之曲，和气自至，太平自立矣。

【注释】

① "瓠（hù）芭鼓瑟（sè）"二句：瓠芭，亦作"瓠巴"，据《列子·汤问》记载，瓠芭擅长鼓瑟。每鼓瑟时，乐曲动听悦耳，鱼群必跃出水面而听之。瑟，古代拨弦乐器，形似古琴。

② "师旷鼓琴"二句：据《荀子·劝学》《淮南子·说山训》等书载，鼓琴使六马仰秣的是伯牙，非师旷。仰，抬头。秣（mò），草料，

这里是吃草料的意思。

③"或言"几句：引文参见《韩非子·十过》。二八,十六。危,屋脊。延颈,伸长头颈。中,符合。

④"《尚书》曰"几句：引文参见《尚书·尧典》。拊(fǔ),击打。石,指磬一类的石制乐器。率,一起。

⑤且：语助词,无实义。

⑥扩：广。

【译文】

传书上说："瓠芭弹瑟,深渊里的鱼就会浮上来听;师旷弹琴,六匹正在吃草的马也抬起头来。"有人说："师旷弹奏《清角》,奏第一遍,有十六只黑鹤从南方飞来,聚集在廊门的屋脊上;奏第二遍,黑鹤就排列成行;奏第三遍,黑鹤们就伸长脖子鸣叫,张开双翼舞蹈,鸣叫声和宫商的音调相符合,响彻天空。晋平公非常高兴,在座的人都很欢喜。"《尚书》说："敲着石磬,各种野兽一齐起舞。"这虽然奇怪,但尚且可以相信。为什么？鸟兽喜好动听的声音,是因为它们的耳朵和人的耳朵一样。鸟兽看见人吃东西的时候,也想吃东西;听到人的音乐,为什么不快乐呢？然而鱼浮出水面、吃草的马抬起头、黑鹤伸长脖子、各种野兽一齐起舞,大概是事实;刮风下雨、晋国大旱、三年寸草不生、晋平公衰弱疲病,大概是假话。或许师旷弹奏《清角》时,正好赶上天刮风下雨,风雨之后,恰好晋国大旱;晋平公喜欢乐曲,欢笑过度,偶然瘫病发作。解释经书的人,信以为真,世俗之人看了,于是就把它们当成事实。事实上乐音不能造成这样的结果。怎么证明呢？突然刮风下雨,这是阴阳错乱。如果音乐能够扰乱阴阳,那么也能调和阴阳,君王何必要修养身心端正操行,广泛地施行善政呢？只要演奏能调和阴阳的曲子,和合之气自然来到,太平盛世自然就会形成了。

传书言："汤遭七年旱,以身祷于桑林,自责以六过,天乃雨。"①或言:"五年。""祷辞曰:'余一人有罪,无及万夫;万夫有罪,在余一人。天以一人之不敏,使上帝鬼神伤民之命。'于是剪其发,丽其手,自以为牲用,祈福于上帝。上帝甚说,时雨乃至。"②言汤以身祷于桑林自责,若言剪发丽手③,自以为牲用,祈福于帝者,实也。言雨至为汤自责以身祷之故,殆虚言也。

【注释】

①"传书言"几句:按照《荀子·大略》记载,商汤列举自己的"六过"为:施政不当、过度役使民众、官殿修得太华丽、妻妾说情请托太多、贿赂盛行、毁谤的人发迹。桑林,古地名,相传为殷汤祈雨的地方。六过,六条过错。

②"祷辞曰"几句:参见《吕氏春秋·顺民》《荀子·大略》。天以一人之不敏,此处"天",据文意,疑为"无"字之讹,形近而误。丽,捆绑。

③若:以及。

【译文】

传书上说:"商汤遇上了七年的旱灾,把自己当作牺牲在桑林祈祷,列举自己的六条过错,天就下雨了。"有人说:"是五年旱灾。""祷辞说:'我一个人有罪,不要连累万民;万民即便有罪,责任在我一人。不要因为我一个人的昏庸,而使上帝鬼神伤害万民的生命。'于是剪了自己的头发,捆绑了双手,把自己当作牺牲,向上帝祈福。上帝非常高兴,当时大雨就降下来了。"说商汤把自己当作牺牲在桑林祈祷自责,以及说他剪头发捆绑双手,把自己当作牺牲,用来向上帝祈福,这是真的。说下雨是因为商汤自责把自己当作牺牲来祈祷,这大概是假话吧。

孔子疾病,子路请祷。孔子曰:"有诸?"子路曰:"有之。诔曰^①：'祷尔于上下神祇^②。'"孔子曰："丘之祷，久矣。"^③圣人修身正行，素祷之日久^④，天地鬼神知其无罪，故曰"祷久矣"。《易》曰："大人与天地合其德，与日月合其明，与四时合其叙，与鬼神合其吉凶。"^⑤此言圣人与天地鬼神同德行也。即须祷以得福，是不同也。汤与孔子俱圣人也，皆素祷之日久。孔子不使子路祷以治病，汤何能以祷得雨？孔子素祷，身犹疾病。汤亦素祷，岁犹大旱。然则天地之有水旱，犹人之有疾病也。疾病不可以自责除，水旱不可以祷谢去^⑥，明矣。汤之致旱，以过乎？是不与天地同德也。今不以过致旱乎^⑦？自责祷谢，亦无益也。

【注释】

①诔（lěi）：悼词，这里指向鬼神祈求的祷辞。

②神祇：天神和地神，泛指神明。

③"孔子曰"几句：引文参见《论语·述而》。

④素祷：指不用祭品牺牲，只是在心中默默地祈祷。

⑤"《易》曰"几句：引文参见《周易·乾卦·文言》。大人，这里指圣人、圣王。叙，次序，次第。

⑥谢：认错，谢罪。

⑦今：假使，如果。

【译文】

孔子生病，子路请求为他祷告。孔子问："有这事吗？"子路说："有的。祷辞说：'为你向天地的神明祈祷。'"孔子说："我的祈祷，已经很久了。"圣人修养身心端正操行，心里默默祷祝的时间已经很久了，天地鬼神知道他没有罪过，所以说"祈祷很久了"。《周易》说："圣人与天地同德，与日月同光，与四季变化同序，与鬼神同吉凶。"这是说圣人的德行与天地鬼神相符合。如果需要祷告才能得福,这就和天地鬼神德行不符了。商汤和孔子都是圣人,都在心里默默祷祝过很久了。孔子不让子路通过祷告来治病,商汤怎么能靠祷告来求雨呢?孔子在心中默默祷祝,身体还是生了病。商汤也在心里默默祷祝,整年还是大旱。那么天地有水灾旱灾,就好像人体有疾病一样。疾病不能靠自责来去除,水灾旱灾也不能用祷告谢罪来去掉,这是明摆着的。商汤遭到旱灾,是因为他有罪过吗?那他就是和天地鬼神的德行不相符了。如果不是因为罪过招致大旱呢?自责祷告谢罪,也无济于事。

　　人形长七尺,形中有五常①,有瘅热之病②,深自克责③,犹不能愈,况以广大之天,自有水旱之变。汤用七尺之形,形中之诚,自责祷谢,安能得雨邪?人在层台之上④,人从层台下叩头,求请台上之物。台上之人闻其言,则怜而与之;如不闻其言,虽至诚区区⑤,终无得也。夫天去人,非徒层台之高也,汤虽自责,天安能闻知而与之雨乎?夫旱,火变也;湛⑥,水异也。尧遭洪水,可谓湛矣。尧不自责以身祷祈,必舜、禹治之,知水变必须治也。除湛不以祷祈,除旱亦宜如之。由此言之,汤之祷祈,不能得雨。或时旱久,时当自雨;汤以旱久,亦适自责。世人见雨之下,随汤自责而至,则谓汤以祷祈得雨矣。

【注释】

①五常:金、木、水、火、土五行,这里指五脏,中医学以五行配五脏,肝属木,心属火,脾属土,肺属金,肾属水,故称。

②瘅(dān):泛指热性病。

③克责:责备。

④层台：高台。

⑤区区：真情挚意。

⑥湛（yín）：多雨，久雨。

【译文】

　　人体高约七尺，体内有五脏，如果得了温热之病，即便深深地自责，也不能痊愈，更何况广大的天，自然会有水灾和旱灾的变故。商汤凭借七尺高的身躯，以及体内的诚心，自责祷告谢罪，怎么能得到雨呢？人站在高台上，有人在台下磕头，乞求台上的物品。台上的人听到他的话，就怜悯而给予他；如果听不到他的话，即便真情挚意，最终也不能得雨。天距离人，可不止台的高度，商汤虽然自责，上天能听到而给他下雨吗？旱灾，是火气造成的灾害；持久下雨，是水气造成的灾害。尧遭遇洪水，可以说是持久下雨造成的。尧不自责用自己做牺牲来祈祷，而一定用舜和禹去治水，可知水灾一定必须依靠治理。消除久雨不能靠祈祷，去除旱灾也应该这样。如此说来，商汤的祈祷，也不能得到雨水。或者当时大旱已久，应当是下雨的时候；商汤因为久旱，也恰好自责。世人看到下雨，是随着商汤的自责而来的，于是就说商汤靠祈祷得到了降雨。

　　传书言："仓颉作书，天雨粟，鬼夜哭。"①此言文章兴而乱渐见②，故其妖变致天雨粟、鬼夜哭也。夫言天雨粟、鬼夜哭，实也。言其应仓颉作书，虚也。夫河出图，洛出书③，圣帝明王之瑞应也。图书文章，与仓颉所作字画何以异④？天地为图书，仓颉作文字，业与天地同⑤，指与鬼神合⑥，何非何恶，而致雨粟神哭之怪哉⑦？使天地鬼神恶人有书，则其出图书非也；天不恶人有书，作书何非，而致此怪？或时仓颉适作书，天适雨粟，鬼偶夜哭，而雨粟、鬼神哭自有所为。世见应书而至⑧，则谓作书生乱败之象，应事而动也。

【注释】

①"传书言"几句：引文参见《淮南子·本经训》。

②文章：文字。兴：兴起，产生。见：同"现"。

③"夫河出图"二句：古人认为，河出图洛出书，是王者将兴之兆。河出图，传说伏羲时，有龙马出现在黄河里，背负图形，伏羲就根据它画出八卦。洛出书，传说大禹治水时，有神龟背负图书出现在洛水里。

④业：事情，事业。

⑤画：据文意，疑为"书"字之讹。

⑥指：意旨，意图。

⑦而致雨粟神哭之怪哉：神，当为"鬼"字之误，上文言"天雨粟，鬼夜哭"。《太平御览》卷七百四十七引《论衡》文作"鬼哭"，又《太平御览》卷七百四十七引《论衡》文"怪"下有"哉"字，据补。

⑧应：跟随。

【译文】

传书上说："仓颉创造文字，上天降下谷子，鬼在夜里哭泣。"这是说文字产生后祸乱也就随着出现，所以它的灾异导致了上天降下谷子、鬼在夜里哭泣。说上天降下谷子、鬼在夜里哭泣，是真的。说这是对应了仓颉创造文字，是假的。黄河里出现图，洛水中出现书，是圣明帝王的祥瑞。图书文章，和仓颉造字有什么区别？天地呈现图书，仓颉创造文字，事情和天地相同，意愿与神鬼相符，有什么错误什么罪恶，却造成上天降下谷子、鬼在夜里哭泣的异象呢？如果天地鬼神讨厌人有文字，那么出现河图洛书就是不对的；如果天不讨厌人有文字，创造文字有什么错误，而导致这样的异象呢？或者当时仓颉恰好创造了文字，而碰巧上天降下谷子、鬼在夜里哭泣，上天降下谷子、鬼在夜里哭泣自有它们的原因。世人看见它们跟随文字的出现而到来，就把它们说成是创造文字造成的祸乱败亡的现象，是跟随着创造文字这件事而发生的。

天雨谷,论者谓之从天而下,应变而生①。如以云雨论之,雨谷之变,不足怪也。何以验之?夫云雨出于丘山,降散则为雨矣。人见其从上而坠,则谓之天雨水也。夏日则雨水,冬日天寒,则雨凝而为雪,皆由云气发于丘山,不从天上降集于地,明矣。夫谷之雨,犹复云布之亦从地起②,因与疾风俱飘,参于天③,集于地。人见其从天落也,则谓之天雨谷。建武三十一年中④,陈留雨谷,谷下蔽地。案视谷形,若茨而黑⑤,有似于稗实也⑥。此或时夷狄之地,生出此谷。夷狄不粒食⑦,此谷生于草野之中,成熟垂委于地⑧,遭疾风暴起,吹扬与之俱飞,风衰谷集,坠于中国。中国见之,谓之雨谷。何以效之?野火燔山泽,山泽之中,草木皆烧,其叶为灰,疾风暴起,吹扬之,参天而飞,风衰叶下,集于道路。夫天雨谷者,草木叶烧飞而集之类也。而世以为雨谷,作传书者以变怪⑨。天主施气⑩,地主产物。有叶、实可啄食者,皆地所生,非天所为也。今谷非气所生,须土以成。虽云怪变,怪变因类。生地之物,更从天集⑪,生天之物,可从地出乎?地之有万物,犹天之有列星也。星不更生于地,谷何独生于天乎?

【注释】

①应变而生:《太平御览》卷八百三十七引《论衡》文,"变"字前有"应"字,据补。

②布:疑为"雨"字之误,上文言"如以云雨论之"。

③参:高耸。

④建武三十一年:即55年。建武,东汉光武帝的年号。

⑤茨（cí）：蒺藜，这里指蒺藜子。《艺文类聚》卷八十五引《论衡》文作"粢"、《太平御览》卷八百三十七引作"米"、《玉海》卷一百九十七引作"苡"。

⑥稗（bài）：一种田间的杂草，外形如水稻。

⑦粒食：以谷物为食。

⑧垂委：掉落。

⑨以变怪：此三字文不成义，疑"以"字下脱"为"字。

⑩主：主管。

⑪更：变。从天集：即上文的"从天而下"。

【译文】

上天降下谷子，议论的人说它是从天而降，跟随灾变而发生。如果以云雨来解释，上天降下谷子的变异，不足为奇。用什么来证明呢？云产生于山丘上，飘散降落就成为雨了。人们看到它从天上落下，就说是天上降下水。夏季降雨水，冬季天气寒冷，雨水就凝结成雪，它们都是由云气从山上产生，不是从天上降落到地上，这很清楚。那谷雨，就像云雨一样从地上产生，因为随大风一起飘荡，飞扬上天，落到地上。人们看到它们从天而落，就说是天降下谷子。建武三十一年，陈留郡降下谷子，谷子落下铺满地面。查看这些谷子的形状，像蒺藜子但要黑些，有点像稗草籽。这或许是夷狄地区，生长出这种谷子。夷狄不吃谷物，这种谷物生长在野草之中，成熟后就掉落在地上，遇见大风刮起，吹起飘荡与风一起飞扬，风势减弱谷子就聚集起来，掉落在中原地区。中原的人见了，就说是上天降下谷子。怎样证明呢？野火焚烧山泽，山泽之中的草木都被烧掉，它们的叶子变成了灰，大风刮起，吹动飘扬，飞上天空，风势减弱叶灰就落下，堆集在路上。上天降下谷子，和草木叶子的灰飞上天又落到地上是同类情况。而世人以为是上天降下了谷子，作传书的人认为是灾变怪异。天主管施放气，地主管生产万物。有叶子、果实可以被啄食的东西，都是在地上生长的，不是天创造的。如今谷物不是气形成的，而是靠土地才能生长。虽然说上天降下谷子是怪现象,但怪现象都是来源于同类的事物。生长在地上的东西,变成从天上产生后落下来,那么产生在天上的东西,可以从地上长出来吗? 地上有万物,就像天上有群星一样。群星不会变成生长于地上,谷子为何偏要从天上产生呢?

　　传书又言:"伯益作井,龙登玄云,神栖昆仑。"①言龙井有害②,故龙、神为变也。夫言"龙登玄云",实也。言"神栖昆仑",又言为"作井"之故,龙登神去,虚也。夫作井而饮,耕田而食,同一实也。伯益作井,致有变动,始为耕耘者,何故无变? 神农之槁木为耒③,教民耕耨④,民始食谷,谷始播种。耕土以为田,凿地以为井,井出水以救渴,田出谷以拯饥,天地鬼神所欲为也,龙何故登玄云? 神何故栖昆仑? 夫龙之登玄云,古今有之,非始益作井而乃登也。方今盛夏,雷雨时至,龙多登云。云龙相应,龙乘云雨而行,物类相致,非有为也。尧时五十之民⑤,击壤于涂⑥。观者曰:"大哉,尧之德也!"击壤者曰:"吾日出而作,日入而息,凿井而饮,耕田而食。尧何等力?"尧时已有井矣。唐、虞之时,豢龙、御龙⑦,龙常在朝。夏末政衰,龙乃隐伏。非益凿井,龙登云也。所谓神者,何神也? 百神皆是。百神何故恶人为井? 使神与人同,则亦宜有饮之欲。有饮之欲,憎井而去,非其实也。夫益殆不凿井,龙不为凿井登云,神不栖于昆仑,传书意妄⑧,造生之也。

【注释】

①"传书又言"几句:引文参见《淮南子·本经训》。作井,凿井。

登,飞升。玄云,乌云。

②言龙井有害:据后文"为作井之故,龙登神去"意,疑"龙"为"作"字之误。

③神农:即神农氏,传说中上古帝王,曾教人农耕,亲尝百草。桡(náo):弯曲。耒(lěi):古代指耕地用的农具,形如木叉,上有曲柄,为犁的前身。

④耕耨(nòu):耕田除草。亦泛指耕种。耨,用耨锄草。

⑤尧时五十之民:《文选·七命》注引《论衡》文"尧时"后有"天下大和,百姓无事,有"九字,可参。

⑥击壤:古代的一种游戏,将一块鞋状的木片当靶子,在一段距离之外用另一块木片对其投掷,打中则获胜。

⑦豢(huàn)龙:饲养龙。御龙:驾驭龙。

⑧意:猜测。

【译文】

传书上又说:"伯益凿井,龙飞升上乌云,神栖居到昆仑山。"这是说凿井有害,所以龙和神作怪。说"龙飞升上乌云",是真的。说"神栖居昆仑山",又说因为"凿井"的原因,龙飞升神离去,则是假的。凿井喝水,种田吃饭,是同一种情况。伯益凿井,导致变异出现,那最早耕种的人,为什么没有变异呢?神农氏把木头弯曲做成耒,教百姓耕种锄草,百姓才开始以谷物为食,谷物才开始播种。翻松土壤成为田,开凿地面成为井,井中出水用来解渴,田里产谷用来充饥,这是天地鬼神都愿意的事,龙为什么要飞升上乌云呢?神又为什么栖居昆仑呢?龙飞升上乌云,古今都有,不是始于伯益凿井才飞升的。如今盛夏时节,雷雨按时到来,龙多数都飞升入云。云雨兴起与龙相伴随,龙驾着云雨而行,同类之物相互招引,不是有意的行为。尧的时候天下太平,百姓安居乐业,有个五十岁的老人,在路上玩击壤的游戏。旁观的人说:"伟大啊,尧的德政!"玩击壤的人说:"我太阳升起就劳动,太阳落下就休息,凿井喝水,耕田吃饭。尧出了什么力呢？"可见尧的时代已经有井了。尧、舜的时候，饲养、驾驭龙，龙常在朝廷上。夏朝末期政治衰败，龙就隐藏潜伏下来。并非伯益凿井，龙才飞升入云。所说的神，是什么神呢？各种神都是。各种神为什么要讨厌人凿井呢？如果神和人一样，那也应该有喝水的欲望。有喝水的欲望，却厌憎凿井而离去，这不是真的。伯益大概没有凿井，龙也没有因为凿井而飞升入云，神也没有因此而栖居昆仑山，这是作传书的人胡乱猜测，编造出来的。

　　传书言："梁山崩，壅河，三日不流，晋君忧之。晋伯宗以辇者之言，令景公素缟而哭之，河水为之流通。"①此虚言也。夫山崩壅河，犹人之有痈肿②，血脉不通也。治痈肿者，可复以素服哭泣之声治乎？尧之时，洪水滔天，怀山襄陵③。帝尧吁嗟④，博求贤者⑤。水变甚于河壅，尧忧深于景公，不闻以素缟哭泣之声能厌胜之⑥。尧无贤人若辇者之术乎？将洪水变大⑦，不可以声服除也⑧？如素缟而哭，悔过自责也，尧、禹之治水以力役，不自责。梁山，尧时山也；所壅之河，尧时河也。山崩河壅，天雨水踊⑨，二者之变，无以殊也。尧、禹治洪水以力役，辇者治壅河用自责，变同而治异，人钧而应殊⑩，殆非贤圣变复之实也。

【注释】

①"传书言"几句：引文参见《穀梁传·成公五年》。梁山，山名，也称为"吕梁山"，位于今山西西部。壅（yōng）河，阻塞黄河河道。壅，阻塞。晋君，这里指晋景公。伯宗，亦作"伯尊"，人名，春秋时晋国大夫。辇（niǎn）者，拉车的人。辇，古时用人拉或推的车。素缟（gǎo），未经染色的绢制成的凶丧之服。

②痈（yōng）肿：痈疮脓肿，泛指多种痈疮及化脓性疾患。

③怀山襄陵：指洪水汹涌奔腾溢上山陵。怀，包围。襄，上。

④吁嗟（xū jiē）：哀叹，叹息。

⑤博：广。

⑥厌（yā）胜：古代的一种巫术，用诅咒或其他法术来压服人或物。

⑦将：还是。

⑧声服：指上文说的素服哭泣。

⑨踊：跳跃，这里指洪水猛涨。

⑩钧：通"均"，相同，相等。

【译文】

传书上说："梁山崩塌，堵塞了黄河，河水断流三天，晋景公为此担忧。晋国的伯宗按照拉车人的说法，让晋景公身穿丧服哀哭，河水因此而流通。"这是假话。梁山崩塌堵塞黄河，就像人得了脓疮，是因为血脉流通不畅。治疗脓疮的人，难道也可以穿着丧服哀哭来治病吗？尧的时候，洪水滔天，汹涌奔腾溢上山陵。尧帝忧伤哀叹，广泛征求贤人。洪水的灾害超过黄河堵塞，尧的忧虑深于晋景公，没听说用穿着丧服哀哭的声音能压服洪水。难道尧没有像拉车人一样有办法的贤人吗？还是洪水的灾害太大了，不能用穿着丧服哀哭的方法来消除？如果说穿着丧服哀哭，是在悔过和自责，那么尧、舜治水是凭借人力，不是靠自责。梁山，同样是尧时的山；被堵塞的黄河，同样是尧时的河。梁山崩塌堵塞黄河，天下雨洪水猛涨，二者的灾害，并无不同。尧、禹治水靠的是人力，拉车人治理黄河阻塞用的是自责，灾害相同治理方法相异，同样是人，对付灾害的办法却不一样，大概不是圣贤使灾变消除而恢复正常状态的实际情况吧。

凡变复之道，所以能相感动者，以物类也。有寒则复之以温，温复解之以寒。故以龙致雨，以刑逐暑①，皆缘五行之气，用相感胜之。山崩壅河，素缟哭之，于道何意乎？此或时河壅之时，山初崩，土积聚，水未盛。三日之后，水盛土散，稍坏沮矣②。坏沮水流，竟注东去③。遭伯宗得辇者之言，因素缟而哭，哭之因流④，流时谓之河变起此而复⑤，其实非也。何以验之？使山恒自崩乎，素缟哭无益也。使其天变应之，宜改政治。素缟而哭，何政所改而天变复乎？

【注释】

①以刑逐暑：按照变复之家的说法，酷刑会带来严寒，赶走暑气。

②稍：逐渐。坏沮：毁坏。

③竟：最终。注：流。

④因：就。

⑤起此：由此。

【译文】

大凡消除灾变而恢复正常的方法，之所以能够相互感应，是因为事物同类相通的缘故。寒冷就用温暖去消除它，温暖就用寒冷去改变它。所以用龙招雨，用酷刑赶走暑气，这都是因为五行之气相互感应，相互克制的缘故。梁山崩塌阻塞黄河，穿着丧服哀哭，在道理上怎么解释呢？这或许是黄河阻塞的时候，梁山刚崩塌，泥土积聚，水流不急。三天过后，河水高涨泥土松散，逐渐冲毁了积聚的泥土。冲毁了积土水流通畅，终于往东流去。恰好伯宗听到了拉车人的话，于是晋景公穿着丧服哀哭，哭的时候河水就复流，河水流动之时人们就说黄河的灾变是由于哭泣才被消除而恢复正常的，其实并不是这样。怎么来证明呢？假如山经常自己崩塌，即便穿着丧服哀哭也没有用。如果山崩是上天感应人事的一种灾变，那么就应该改革政治。穿着丧服哀哭，能改变什么政治而使天灾消除恢复正常呢？

　　传书言："曾子之孝，与母同气。曾子出薪于野，有客至而欲去，曾母曰：'愿留，参方到①。'即以右手扼其左臂②。曾子左臂立痛，即驰至。问母：'臂何故痛？'母曰：'今者客来欲去，吾扼臂以呼汝耳。'盖以至孝，与父母同气，体有疾病，精神辄感。"曰：此虚也。夫"孝悌之至，通于神明"③，乃谓德化至天地。俗人缘此而说，言孝悌之至，精气相动。如曾母臂痛，曾子臂亦辄痛。曾母病，曾子亦病乎？曾母死，曾子辄死乎？考事，曾母先死，曾子不死矣。此精气能小相动，不能大相感也。世称申喜夜闻其母歌，心动，开关，问歌者为谁？果其母④。盖闻母声，声音相感，心悲意动，开关而问，盖其实也。今曾母在家，曾子在野，不闻号呼之声，母小扼臂⑤，安能动子？疑世人颂成⑥，闻曾子之孝，天下少双，则为空生母扼臂之说也。

【注释】

①参：曾子名曾参。方：就要，将要。

②扼：掐。此事可参见《孝经·感应章》。

③"孝悌之至"二句：参见《孝经·感应章》："孝悌之至，通于神明，光于四海，无所不通。"

④"世称申喜夜闻其母歌"几句：事参见《吕氏春秋·精通》《淮南子·说山训》。申喜，春秋战国之际楚国人。关，门栓，这里指大门。

⑤小：稍微。

⑥成：通"诚"。

【译文】

　　传书上说："曾子的孝顺，可以和母亲精气相通。曾子出门到野外打柴，有客人来了准备回去，曾母说：'请稍候，曾参就要到了。'于是用右手掐了自己的左臂。曾子的左臂立刻感到疼痛，于是飞跑回来。问母亲说：'我的手臂为什么疼痛？'母亲说：'现在有客人来想要离去，我掐手臂叫你回来。'大概是因为特别孝顺，与父母精气相通，身体有疾病，精神立即就能感应到。"照我说，这是假的。"孝顺父母尊敬兄长到极致，能与神灵相通"，这是说道德教化可以感动天地。一般人借此谈论，说孝顺父母尊敬兄长到极致，精气就可以相互感动。如果曾母的手臂痛，曾子的手臂也立即会痛。那么曾母生病，曾子也会生病吗？曾母死了，曾子会立即死吗？考察事实，曾母先死，曾子没有死。这是精气能在小事上相互感动，而不能在大事上相互感动啊。世人说申喜夜里听到他母亲的歌声，心有所感，打开大门，问唱歌的人是谁？果真是他母亲。大概是听到了母亲的歌声，声音使他受到感应，心里的思母之情受到感动，开门而问，这大概是事实。如今曾母在家，曾子在野外，听不到叫喊的声音，母亲稍微掐一下手臂，怎么能感动儿子呢？我怀疑是世人为了称颂孝子的至诚，听说曾子孝顺，天下少有第二，就凭空捏造出曾母掐手臂的说法了。

　　世称：南阳卓公为缑氏令①，蝗不入界。盖以贤明至诚，灾虫不入其县也。此又虚也。夫贤明至诚之化，通于同类，能相知心，然后慕服。蝗虫，闽虻之类也②，何知何见而能知卓公之化？使贤者处深野之中，闽虻能不入其舍乎？闽虻不能避贤者之舍，蝗虫何能不入卓公之县？如谓蝗虫变与闽虻异，夫寒温亦灾变也。使一郡皆寒，贤者长一县③，一县之界能独温乎？夫寒温不能避贤者之县，蝗虫何能不入卓公之界？夫如是，蝗虫适不入界，卓公贤名称于世，世则谓之能却蝗虫矣。何以验之？夫蝗之集于野，非能普博尽蔽地也④，往往积聚多少有处。非所积之地，则盗跖所居；所少之野，则伯夷所处也。集过有多少⑤，不能尽蔽覆也。夫集地有多少，则其过县有留去矣。多少不可以验善恶；有无安可以明贤不肖也？盖时蝗自过，不谓贤人界不入⑥，明矣。

【注释】

①南阳：郡名。战国秦置，治所在宛县（今河南南阳）。卓公：即卓茂，字子康，西汉末南阳宛（今河南南阳）人。著名经学家，东汉光武帝时任太傅，封褒德侯。缑（gōu）氏：县名。战国时周置，后入秦，属三川郡。治所在今河南偃师东南。按《后汉书·卓茂传》记载，卓茂曾任密（治今河南新密）令而非缑氏令。

②闽虻（méng）：泛指蚊虫。闽，通"蚊"。虻，牛虻一类的吸血昆虫。

③长：这里指做一县之长。

④普博：普遍。

⑤集：这里指降落。过：飞过。

⑥谓：通"为"，是。

【译文】

世人说：南阳郡的卓茂任缑氏县令，蝗虫不飞入他的县界。大概是因为他贤明至诚，害虫就不飞入他的县界。这又是假的。贤明至诚的德化，只能同类相通，能了解内心，然后才能仰慕信服。蝗虫，是蚊虻之类，有什么智慧什么见解能知道卓茂的德化？如果贤者身处茫茫荒野之中，蚊虻能够不进入他的房子里吗？既然蚊虻不会避开贤人的房子，蝗虫又为什么不能进入卓茂的县界？如果说蝗虫是灾变和蚊虻不同，那么寒冷温暖也是灾变。如果全郡的气温都寒冷，让贤人去做一县的长官，一县之内能独自温暖吗？寒冷温暖不能避开贤者的县，蝗虫为什么会不进入卓茂的县界？要么是这样，蝗虫恰好没有进入县界，卓茂的贤明正好著称于世，世人就说他可以退却蝗灾。怎么证明呢？蝗虫在野外聚集，不能普遍把大地都遮盖住，往往有的地方集聚的多，有的地方集聚的少。

不是说集聚的地方,就是盗跖一样的坏人住的地方;集聚的少的野外,则是伯夷一样的好人住的处所。蝗虫降落和飞过有多有少,不能把一个地方完全覆盖。降落在地上的蝗虫有多有少,那么蝗虫飞过一个县时有的留下有的飞走了。蝗虫的多少不能用来证明善或恶;那么蝗虫的有无怎么能证明贤能或不肖呢? 大概当时蝗虫自己飞过,并不是贤人治理的地方就不进去,这是很清楚的。

卷第六

福虚篇第二十

【题解】

本篇意在批驳当时流行的"行善得福"之论。汉儒认为"行善者福至,为恶者祸来。福祸之应,皆天也"。王充则认为此说不实,否则为何"武王不豫,孔子疾病","恶人之命不短,善人之年不长","天之祐人,何不实也?"如果天有意志,那就是"天报误乱"了,因此"行善得福"之说实为虚妄之言。而这种观点的产生是因为"贤圣欲劝人为善,著必然之语,以明德报",普通大众因"徒见行事有其文传,又见善人时遇福,故遂信之,谓之实然",将偶然的巧合当做了"天赐祸福"的必然报应,才会使得此说广为流传。

世论行善者福至,为恶者祸来。福祸之应^①,皆天也,人为之,天应之。阳恩^②,人君赏其行;阴惠^③,天地报其德。无贵贱贤愚,莫谓不然。徒见行事有其文传^④,又见善人时遇福^⑤,故遂信之,谓之实然^⑥。斯言或时贤圣欲劝人为善^⑦,著必然之语^⑧,以明德报;或福时适,遇者以为然^⑨。如实论之,安得福祐乎?

【注释】

①应：报应。

②阳：公开。

③阴：暗中。

④行事：行为事迹。文传：文字记载。

⑤时：经常，往往。

⑥实然：确实这样。

⑦劝：鼓励，勉励。

⑧著：立，提出。

⑨"或福时适"二句：以上两句文辞不属，疑有脱误。

【译文】

世人认为做好事的人会得到福报，干坏事的人会招来灾祸。福与祸的报应，都是天决定的，人做了什么事，天就给予什么报应。公开施行恩德，君主会奖赏他的行为；暗中给予恩惠，天地会报偿他的德行。不论高贵低贱贤能愚笨的人，没有认为不是这样的。只是看见文字记载的事迹，又看见善人经常得到福报，所以就相信了，认为确实如此。这种说法或许是圣贤想鼓励人们做好事，就提出必然如此的说法，来表明有德的人会得到福报；或者福报恰好到来，遇到的人就认为是因为做好事才如此的。按照实际而言，哪里有什么上天赐福保佑的事呢？

　　楚惠王食寒菹而得蛭①，因遂吞之②，腹有疾而不能食。令尹问③："王安得此疾也？"王曰："我食寒菹而得蛭，念谴之而不行其罪乎④，是废法而威不立也⑤，非所以使国人闻之也；谴而行诛乎⑥，则庖厨监食者法皆当死⑦，心又不忍也。吾恐左右见之也，因遂吞之。"令尹避席再拜而贺曰⑧："臣闻天道无亲，唯德是辅。王有仁德，天之所奉也⑨，病不为伤⑩。"是夕也⑪，惠王之后而蛭出⑫，及久患心腹之积皆愈⑬。故天之亲德也⑭，可谓不察乎⑮！

【注释】

①楚惠王（？—前432）：芈姓，名章，春秋晚期、战国初期的楚国国君，前488—前432年在位。寒菹（zū）：凉腌菜。菹，腌菜。得：这里指发现。蛭（zhì）：水蛭，蚂蟥。

②因：于是。

③令尹：春秋战国时楚国执政官名，相当于宰相。

④谴：责备。行：这里指治。

⑤废法：《新书·春秋》作"法废"。

⑥诛：罚。

⑦庖厨：章录杨校宋本作"庖宰"，《新书·春秋》《新序·杂事》并作"庖宰"，下同。庖宰，官名，又作"炮宰"，掌烹制饮食。监食者：负责监督检查饮食的官吏。

⑧避席：古人席地而坐，离座而起，表示敬意。

⑨奉：辅助。

⑩为：造成。伤：伤害。

⑪是夕：当天晚上。

⑫之：去。后：这里指厕所。

⑬积：这里指下文所说的瘀血病。

⑭亲德：疑作"视听（視聽）"，与"親德"形近而误，《新书·春秋》《新序·杂事》并作"视听"。

⑮可谓不察乎：以上事参见《新书·春秋》《新序·杂事》。

【译文】

楚惠王吃凉腌菜发现了蚂蟥，于是就吞食了，结果肚腹生病不能进食。令尹问道："大王怎么得的这个病呢？"楚惠王说："我吃凉腌菜发现了蝱蟥，心想如果要责备厨师却不治他们的罪，这是废弃了法律而使威势不能确立，我没有这样做是怕让百姓知道；责备厨师而治他们的罪，那么厨师和负责检查饮食的人依律法应该处死，我心又不忍。我担心左右的人看到，于是吞了蝱蟥。"令尹离座而起拜了两拜然后祝福道："臣听说天道是不论亲疏的，只帮助有德的人。大王有仁德，正是天要辅助的，这个病不会造成伤害。"当天晚上，楚惠王去后宫厕所排出了蝱蟥，同时患了很久的瘀血病也痊愈了。所以上天会爱护有德的人，这还不清楚吗？

曰：此虚言也。案惠王之吞蛭，不肖之主也。有不肖之行，天不祐也。何则？惠王不忍谴蛭，恐庖厨监食法皆诛也。一国之君，专擅赏罚①；而赦，人君所为也。惠王通遣菹中何故有蛭②，庖厨监食皆当伏法，然能终不以饮食行诛于人，赦而不罪，惠莫大焉。庖厨罪觉而不诛，自新而改后；惠王赦细而活微③，身安不病。今则不然，强食害己之物，使监食之臣不闻其过，失御下之威④，无御非之心⑤，不肖一也。使庖厨监食失甘苦之和⑥，若尘土落于菹中⑦，大如虮虱⑧，非意所能览⑨，非目所能见，原心定罪⑩，不明其过⑪，可谓惠矣。今蛭广有分数⑫，长有寸度⑬，在寒菹中，眇目之人⑭，犹将见之。臣不畏敬，择濯不谨⑮，罪过至重⑯，惠王不谴，不肖二也。菹中不当有蛭，不食投地；如恐左右之见，怀屏隐匿之处⑰，足以使蛭不见，何必食之？如不可食之物，误在菹中，可复隐匿而强食之？不肖三也。有不肖之行，而天祐之，是天报祐不肖人也。

【注释】

①专擅:独断独行。

②通:懂得,明白。

③细:小,这里指小过错。微:这里指地位低贱的人。

④御:控制。

⑤御:制止。非:错误。

⑥使:假使,如果。失甘苦之和:调味不当。

⑦若:或者。

⑧虮(jǐ)虱:虱子的卵。

⑨览:这里指察觉、发现。

⑩原心定罪:根据心理动机来判定罪行。

⑪不明:不去揭示、追究。明,揭示,追究。

⑫广:宽度。数:计算。

⑬度:测量。

⑭眇(miǎo)目:指视力不好。眇,一目失明。

⑮择:挑选。濯(zhuó):清洗,洗涤。

⑯至重:极重。

⑰怀:隐藏。屏:抛弃,扔掉。

【译文】

我说这是假话。考察楚惠王吞蚂蟥的事,可见他是个不贤能的君主。有不贤能的行为,上天是不会保佑的。为什么呢?楚惠王不忍心责备蚂蟥的事,是担心厨师和负责检查饮食的人都要依律法被处死。作为一个国家的君主,独掌赏罚的大权;赦免罪过,是君主所掌握的。楚惠王知道如果责备腌菜里为什么会有蚂蟥,厨师和负责检查饮食的人都应该被处死刑,最终能够不因饮食的问题处死人,赦免了他们而不加治罪,恩惠没有比这个更大的了。厨师的罪过被发现而没有被处死,改过自新以后不再重犯;楚惠王既赦免了小罪又保全了低贱之人的性命,身体也得安康不生病。如今却不是这样，勉强吃了对自己有害的东西，让负责检查饮食的臣下不知道自己的过错，失去了统治臣民的威严，没有了制止错误的想法，这是不贤明之一。假使厨师和负责检查饮食的人调味不当，或者尘土落到了腌菜中，和虮子卵那么大，不是一般的注意力能发现的，不是眼力所能看见，根据动机来判定罪行，不去追究他们的罪过，倒可以说是恩惠。如今蚂蟥宽度可以用分计算，长度可以用寸衡量，在凉腌菜里，即便是独眼之人，也能看见。臣下不敬畏，挑选洗涤时不仔细，罪过极大，但楚惠王却不加谴责，这是不贤明之二。腌菜里不该有蚂蟥，应该把它扔到地上不吃；如果担心身边的人看到，可以藏起来扔到隐蔽的地方，足以使蚂蟥不被人看到，又何必吃下去呢？假如不能吃的东西，误落在腌菜里，难道也能悄悄地硬吃下去吗？这是不贤明之三。有了这些不贤明的行为，而上天还保佑他的话，那就是上天报答护佑不贤明的人了。

　　不忍遣蛭，世谓之贤。贤者操行，多若吞蛭之类，吞蛭天除其病，是则贤者常无病也。贤者德薄[1]，未足以言。圣人纯道[2]，操行少非[3]，为推不忍之行[4]，以容人之过[5]，必众多矣。然而武王不豫[6]，孔子疾病，天之祐人，何不实也？

【注释】

①薄：古人有"圣人纯，贤者驳"之说，"德驳"与"纯道"正相对应，故疑此处"薄"字应为"驳"字，音同而误。驳，驳杂，庞杂。

②纯道：道德纯厚。

③非：错误，过失。

④推：推行，推广。不忍：不忍心。

⑤容：宽容，宽恕。

⑥武王：周武王。不豫：天子有病的讳称。

【译文】

　　不忍心谴责蚂蟥之事，世人就说他贤明。如果贤者的操行，大多像楚惠王吞蚂蟥一样，吞下蚂蟥上天就去消除他的疾病，这样的话贤者就永远不会生病了。贤者的德行庞杂，不足以说。圣人的道德纯厚，操行很少出错，所做的为了推行怜悯他人的德行，而宽容别人过错的事，一定很多。然而周武王会身体不适，孔子会生病，上天保佑人，为什么不符合实情呢？

　　或时惠王吞蛭，蛭偶自出。食生物者①，无有不死，腹中热也。初吞蛭时未死②，而腹中热，蛭动作，故腹中痛。须臾，蛭死腹中，痛亦止③。蛭之性食血，惠王心腹之积，殆积血也。故食血之虫死，而积血之病愈。犹狸之性食鼠，人有鼠病，吞狸自愈④。物类相胜⑤，方药相使也⑥。食蛭虫而病愈，安得怪乎？食生物无不死，死无不出，之后蛭出，安得祐乎？令尹见惠王有不忍之德，知蛭入腹中必当死出，臣因再拜⑦，贺病不为伤。著已知来之德⑧，以喜惠王之心，是与子韦之言星徙、太卜之言地动无以异也⑨。

【注释】

①生物：活物。

②蛭时：据文意，疑为"时蛭"之误倒。

③痛亦止：据文意，疑"痛"前脱一"故"字。

④"犹狸之性食鼠"几句：参见《淮南子·说山训》。狸，野猫。鼠病，病名，即鼠瘘，又称瘰疬（luǒ lì），颈项或腋窝的淋巴结结核症。

⑤相胜：相互克制。

⑥方药：医方与药物。

⑦臣因：疑为"因以"之误，"以"的异体字为"吕"，与"臣"形近而误，又与"因"误倒。

⑧著：显示。已：疑作"己"。来：未来。宋本、朱校元本皆作"身"。

⑨子韦之言星徙、太卜之言地动：子韦、太卜事参见本书《变虚篇》注。

【译文】

　　或许楚惠王吞下蚂蟥后，蚂蟥正好被排出。被人吃下的活物，没有不死的，这是因为腹中是热的。刚吞下蚂蟥之时，它还没死，但是腹中热，蚂蟥扭动起来，所以感到腹中疼痛。过一会儿，蚂蟥死在腹中，疼痛也就停止了。蚂蟥生性吸血，楚惠王肚子里的肿块，大概是瘀血。所以吸血的虫子死了，瘀血的病也就好了。就像野猫生性爱吃老鼠，人得了鼠瘘，吃野猫自然就会痊愈。物类相互克制，开药方配药治病正是利用物类相克这个道理。吃下蚂蟥病就好了，有什么可奇怪的呢？吃下的活物没有不死的，死了没有不被排出来的，上厕所排出蚂蟥，怎么能说是天的护佑呢？令尹看见楚惠王有不忍心的德行，也知道蚂蟥吞入腹中一定会死掉而被排出，于是拜了两拜，祝福楚惠王的病不会造成伤害。显示自己有预知未来的本领，并使楚惠王心里高兴，这和子韦说火星移动、太卜说地会震动没有什么区别。

　　宋人有好善行者，三世不改①。家无故黑牛生白犊，以问孔子。孔子曰："此吉祥也，以享鬼神②。"即以犊祭。一年③，其父无故而盲。牛又生白犊，其父又使其子问孔子。孔子曰："吉祥也，以享鬼神。"复以犊祭。一年，其子无故而盲④。其后楚攻宋⑤，围其城。当此之时，易子而食之，析骸而炊之⑥。此独以父子俱盲之故，得毋乘城⑦。军罢围解，父子俱视⑧。此修善积行神报之效也。

【注释】

①改：别本皆作"解"。解，通"懈"，懈怠。

②享：祭祀。

③一年：指过了一年，一年之后。

④其子无故而盲：据上文"其父无故而盲"例，疑"子"后脱一"又"字。《淮南子·人间训》《列子·说符》并有"又"字。

⑤楚攻宋：指前595年，楚出兵攻宋一事。此时距离孔子出生尚有四十余年。《淮南子·人间训》记此事，"孔子"皆作"先生"。

⑥析骸而炊之：即"析骸以爨"。极言被围日久、粮尽柴绝的困境。析，劈开。骸，骨头。炊，烧火做饭。

⑦乘城：登城守卫。

⑧视：按照《淮南子·人间训》文意，"视"字当作存活、生存解，而依本篇下文，"视"字则作眼睛复明解，这应是王充的误读。以上事参见《淮南子·人间训》《列子·说符》。

【译文】

宋国有一家喜欢做好事的人，三代人都不懈怠。家中的黑牛毫无缘故地生下了白色的牛犊，就拿这件事去问孔子。孔子说："这是吉祥的预兆，应该用它祭祀鬼神。"于是就用牛犊去祭祀。一年后，这家的父亲无缘无故地瞎了。这时家里的牛又生下了白色的牛犊，父亲就派儿子去问孔子。孔子说："这是吉祥的预兆，应该用它祭祀鬼神。"于是又用牛犊去祭祀。一年后，这家的儿子又无缘无故地瞎了。此后楚国攻打宋国，包围了宋国的都城。在这个时候，城中的人彼此交换孩子来吃，劈开人骨来烧火。唯独这家人父子因为眼瞎的原因，得以不去登城守卫。等楚国退军包围解除后，父子都得以存活。这就是行善积德神明报答的证明。

曰：此虚言也。夫宋人父子修善如此，神报之，何必使之先盲后视哉？不盲常视，不能护乎？此神不能护不盲之人，则亦不能以盲护人矣。使宋、楚之君合战顿兵①，流血僵尸②，战夫禽获③，死亡不还。以盲之故，得脱不行④，可谓神报之矣。今宋、楚相攻，两军未合，华元、子反结言而退⑤，二军之众，并全而归，兵矢之刃无顿用者。虽有乘城之役，无死亡之患。为善人报者⑥，为乘城之间乎⑦？使时不盲，亦犹不死。盲与不盲，俱得脱免，神使之盲，何益于善？当宋国乏粮之时也，盲人之家，岂独富哉？俱与乘城之家易子析骸，反以穷厄独盲无见⑧，则神报祐人，失善恶之实也。宋人父子，前偶自以风寒发盲⑨，围解之后，盲偶自愈。世见父子修善，又用二白犊祭，宋、楚相攻，独不乘城，围解之后，父子皆视，则谓修善之报，获鬼神之祐矣。

【注释】

①合战：交战。顿兵：损坏兵器，指打仗而有损失。顿，通"钝"。

②僵尸：死尸，这里指人倒下死去。僵，仆倒。

③战夫：战士。禽获：被俘或被杀。禽，通"擒"。

④行（háng）：队伍，军队，这里指打仗。

⑤华元（？—前573）：子姓，华氏，名元，春秋时宋国的大臣。子反：参见本书《逢遇篇》注。结言而退：根据《左传·宣公十五年》《公羊传·宣公十五年》的记载，楚军包围宋都九个月，两军相持不下，双方主将华元与子反达成协议，各自退兵。结言，口头订约。

⑥为：谓。

⑦间：时间。

⑧穷厄：贫穷，困顿。见：被，指未受到易子析骸之事的灾祸。

⑨发盲：引起眼睛失明。

【译文】

照我说：这是假话。宋人父子如此积善行德，神明要报答他们，何必要让他们先瞎眼再复明呢？眼不瞎一直看得见，就不能护佑吗？这样说来神明不能护佑不瞎的人，也就不能用使人瞎眼的办法来保护人了。如果宋、楚两国国君交战用钝了兵器，士兵流血倒地，将士被俘或被杀，战死逃亡不能回家。因为瞎眼的原因，得以脱身不去打仗，这可以说是神明的报答。如今宋、楚相互围攻，两军还没有列阵交战，华元和子反口头订约退兵，双方军队都没有损失而返回，兵器的锋刃没有用钝的。虽然有登城守卫的劳苦，却没有死亡的祸患。说这是对善人的报答，指的是登城守卫这一段时间吗？如果当时他们不瞎，也还不会死去。眼睛瞎与不瞎，都可以逃脱免死，神明让他们瞎眼，对行善的人有什么好处呢？当宋国缺少粮食的时候，盲人的家，怎么能独自富裕呢？大家和登城守卫的人家一样交换孩子来吃，劈开人骨来烧，他们父子反而因为贫困偏偏瞎了眼而不遭受这些灾难，那么天神报答护佑人，真是违背了善恶的实际情况。或许宋人父子，之前恰好自己因为染上风寒而引起眼睛失明，楚军的围困解除后，瞎眼碰巧自己好了。世人看到父子积善行德，又用两头白牛犊祭祀，宋、楚相互围攻时，唯独他们没有登城守卫，围困解除后，父子又都恢复了视力，于是就说这是积善行德的福报，是得到鬼神的护佑了。

　　楚相孙叔敖为儿之时①，见两头蛇，杀而埋之，归，对其母泣。母问其故，对曰："我闻见两头蛇死。向者②，出见两头蛇，恐去母死③，是以泣也④。"其母曰："今蛇何在？"对曰："我恐后人见之，即杀而埋之。"其母曰："吾闻有阴德者，天必报之⑤。汝必不死，天必报汝。"叔敖竟不死，遂为楚相。埋一蛇，获二祐⑥，天报善，明矣。

【注释】

①楚相：指楚国的令尹。孙叔敖：芳氏，名敖，字孙叔，春秋时期楚国
　令尹。

②向者：以前，刚才。

③去：离开。

④是以：所以。

⑤天必报之：《新书·春秋》《新序·杂事》皆作"天报之福"。

⑥二祜：指不死和为楚相。

【译文】

　　楚国的国相孙叔敖还是小孩的时候，看见了一条两头蛇，就把它打死并埋掉，回到家后，对着他母亲哭泣。母亲问他原因，回答说："我听说看到两头蛇的人会死。刚才，我外出看见了两头蛇，害怕要离开母亲死去，所以哭泣。"他母亲问："蛇现在在哪里？"回答道："我担心后面经过的人看到，就打死埋掉了。"他母亲说："我听说暗中行德的人，上天定会报答他。你一定不会死，天必定会报答你。"孙叔敖最终没死，后来做了楚国的国相。埋掉一条蛇，得到两种福佑，上天报答善行，是清楚的了。

　　曰：此虚言矣。夫见两头蛇辄死者，俗言也；有阴德天报之福者，俗议也。叔敖信俗言而埋蛇，其母信俗议而必报^①，是谓死生无命，在一蛇之死。

【注释】

①必：一定。

【译文】

　　照我说：这是假话。看见两头蛇就会死去，是世俗的说法；暗中行德上天就会用福禄报答他，是世俗的议论。孙叔敖相信世俗的说法把蛇埋掉，他母亲相信世俗的议论认为一定会得到报答，这就是说人的生死不

决定于命，而在于一条蛇的死活。

　　齐孟尝君田文以五月五日生，其父田婴让其母曰[①]："何故举之[②]？"曰[③]："君所以不举五月子，何也？"婴曰："五月子，长与户同[④]，杀其父母。"曰："人命在天乎？在户乎？如在天，君何忧也？如在户，则宜高其户耳，谁而及之者[⑤]！"后文长，与一户同[⑥]，而婴不死。是则五月举子之忌，无效验也。夫恶见两头蛇[⑦]，犹五月举子也。五月举子，其父不死，则知见两头蛇者，无殃祸也。由此言之，见两头蛇自不死，非埋之故也。埋一蛇，获二福[⑧]，如埋十蛇，得几祐乎？埋蛇恶人复见，叔敖贤也。贤者之行，岂徒埋蛇一事哉？前埋蛇之时，多所行矣。禀天善性，动有贤行。贤行之人，宜见吉物，无为乃见杀人之蛇[⑨]。岂叔敖未见蛇之时有恶，天欲杀之，见其埋蛇，除其过，天活之哉？石生而坚，兰生而香，如谓叔敖之贤，在埋蛇之时，非生而禀之也。

【注释】

①田婴：田氏，名婴，亦称婴子。齐威王少子，齐宣王异母弟，孟尝君田文之父，战国时期齐国宗室大臣。让：责备。

②举：生育，抚养。

③曰：《史记·孟尝君列传》及本书《四讳篇》"曰"前皆有"文顿首因"四字。文，田文。以下对话为田文长大之后之事。

④户：单扇的门。同：齐。

⑤而：通"能"。

⑥与一：据文意疑为"一与"误倒。一，语助词，表示动作行为的某

种前提。

⑦恶：厌恶。

⑧"埋一蛇"二句：据上文"埋一蛇，获二祐"及下文"如埋十蛇，得几祐乎"，疑"福"为"祐"字之误。

⑨无为：不应该。

【译文】

齐国的孟尝君田文于五月五日出生，他父亲田婴责备他母亲说："为什么要养活他呢？"田文后来问："您之所以不愿抚养五月出生的孩子，是为什么？"田婴说："五月出生的孩子，长到和门户一样高的时候，会杀害他的父母。"田文说："人的命运在于天呢？还是在于门呢？如果在于天，您何必要忧虑呢？如果在于门，那就应该把门建高，谁还能长到和门一样高！"后来田文长得和门一样高了，而田婴并没有死。这就是说抚养五月出生孩子的禁忌，并没有证明。讨厌见到两头蛇，就像抚养五月出生的孩子一样。抚养五月出生的孩子，他的父亲并没有死，可知看见两头蛇的人，也不会遇到灾祸。由此说来，看见两头蛇自己没有死，不是因为埋了蛇。埋掉一条蛇，得到两种福佑，如果埋掉十条蛇，会得到几种福佑呢？埋掉蛇是怕别人再看到，这说明孙叔敖贤明。贤人的行为，岂是仅仅埋掉一条蛇的事吗？在埋蛇之前，已经做了很多好事。从天那里禀受了善性，一举一动都是贤良的行为。有贤良行为的人，应该见到吉祥的东西，不应该只看见会让人死亡的两头蛇。难道是孙叔敖没看到蛇之前有恶行，上天想杀他，看到他埋掉蛇，就免除了他的罪过，是天让他活下来的吗？石头生来坚硬，兰草生来芳香，如果说孙叔敖的贤良，只在埋蛇的时候才有，那就不是生来就禀受的善性。

儒家之徒董无心①，墨家之役缠子②，相见讲道。缠子称墨家佑鬼神③，是引秦穆公有明德④，上帝赐之九十年⑤。缠子难以尧、舜不赐年⑥，桀、纣不夭死。尧、舜、桀、纣犹为尚远,且近难以秦穆公、晋文公。夫谥者⑦,行之迹也⑧,迹生时行⑨,以为死谥。穆者误乱之名⑩,文者德惠之表⑪。有误乱之行,天赐之年;有德惠之操,天夺其命乎?案穆公之霸⑫,不过晋文;晋文之谥,美于穆公。天不加晋文以命,独赐穆公以年,是天报误乱,与穆公同也。天下善人寡,恶人众。善人顺道,恶人违天。然夫恶人之命不短⑬,善人之年不长。天不命善人常享一百载之寿,恶人为殇子恶死⑭,何哉?

【注释】

①董无心:战国时人,著有《董子》一篇,已佚。

②役:门徒,弟子。缠子:战国时人,墨家学派继承人之一。

③佑:右,崇尚,推崇。

④是:于是,因此。

⑤九十:《墨子·明鬼下》作"十九"。

⑥缠:据文意,本句为责难缠子的话,疑"缠"当是"董"字之误。
　　难:驳斥。

⑦谥:谥号,古代君主或重要人物死后根据其生平给予的称号。

⑧迹:痕迹。

⑨迹:推究,考察。

⑩误乱:迷惑错乱。

⑪表:标准。

⑫穆:通"缪"。按照古代谥法,"缪"表示行为错乱。秦穆公曾用人殉葬,无辜加罪百里奚,故谥为"缪"。

⑬夫:指示代词,那些。

⑭殇(shāng):未成年而死。

【译文】

儒家的门徒董无心，墨家的弟子缠子，相见研讨学术。缠子称颂墨家尚鬼神，于是引用秦穆公有美德，上帝多赐予他十九年寿命的故事。董无心则用尧、舜没有被上帝赐予年寿，桀、纣没有短命夭折的事来反驳他。尧、舜、桀、纣还是太过久远，姑且就近用秦穆公、晋文公的例子来反驳。谥号，是人行为的遗迹，考察生前的行为，用来在死后给予谥号。"穆"是表示迷惑错乱的谥号，"文"是表示仁德美惠的标志。有迷惑错乱的行为，上天却赐予他年寿；有仁德美惠的操行，上天却要剥夺他的寿命吗？考察秦穆公的霸业，不超过晋文公；晋文公的谥号，要好于秦穆公。上天不给晋文公增加寿命，却偏偏赐予秦穆公年寿，说明上天对人的报应是错乱的，和秦穆公的乱行是一样。天底下的好人少，坏人多。好人遵循正道，恶人违背天意。然而那些坏人的寿命不短，好人的寿命不长。上天不让好人一直享受一百年的寿数，让恶人短命暴死，是为什么呢？

祸虚篇第二十一

【题解】

本篇是《福虚篇》的姊妹篇,意在反驳当时流行的"天罚有过"之说。时人认为那些遭受灾祸的人是因为他们"有沉恶伏过",所以"天地罚之,鬼神报之"。王充在本篇中通过列举典型事例并以逻辑推理逐一批驳的方式,指出此种说法实为虚妄之言。王充指出如果天能赏善罚恶,那么那些谋财害命、鱼肉百姓的坏人为何反而能"皆得阳达,富厚安乐"?

但王充在否定人的穷达祸福是上天的赏罚所造成的后,却又将其归于"命"与"时",认为"凡人穷达祸福之至,大之则命,小之则时","一成一败,一进一退,一穷一通,一全一坏,遭遇适然,命时当也",再一次陷入命定论的漩涡。

世谓受福祐者,既以为行善所致;又谓被祸害者,为恶所得。以为有沉恶伏过①,天地罚之,鬼神报之。天地所罚,小大犹发②;鬼神所报,远近犹至。

【注释】

①沉:隐匿。伏:隐藏。

②犹:都,同。发:施行。

【译文】

世人认为受到赐福保佑的人，是因为做好事所致；又认为遭受祸害的人，是因为做坏事所得。认为有遮掩罪行隐瞒罪过的，天地就惩罚他，鬼神就报应他。天地要惩罚的，无论罪过大小都会施行；鬼神要报应的，不论罪恶远近都会到来。

传曰："子夏丧其子而丧其明，曾子吊之，哭①。子夏曰：'天乎！予之无罪也！'曾子怒曰：'商②，汝何无罪也？吾与汝事夫子于洙、泗之间③，退而老于西河之上④，使西河之民疑汝于夫子⑤，尔罪一也；丧尔亲，使民未有异闻⑥，尔罪二也；丧尔子，丧尔明，尔罪三也。而曰汝何无罪欤？'子夏投其杖而拜，曰：'吾过矣！吾过矣！吾离群而索居⑦，亦以久矣⑧！'"夫子夏丧其明，曾子责以有罪⑨，子夏投杖拜曾子之言，盖以天实罚过，故目失其明；己实有之，故拜受其过⑩。始闻暂见⑪，皆以为然；熟考论之，虚妄言也。

【注释】

①"子夏丧其子而丧其明"几句：曾子吊之曰："吾闻之也：朋友丧明则哭之。"

②商：子夏名卜商。

③夫子：指孔子。洙、泗之间：相传为孔子讲学之处。洙，洙水，源出今山东新泰东北，折西南与泗水合流。泗，泗水，参见本书《书虚篇》注。

④西河：战国魏地，在今河南安阳一带，其时黄河经安阳之东，"西河"意即"河西"。

⑤疑汝于夫子：把你比作夫子。疑，通"拟"，比。

⑥异：这里指丧亲后特别的悲哀。

⑦离群：这里指离开孔子师徒。索居：独自居住。

⑧以：通"已"。以上事参见《礼记·檀弓上》。

⑨曾子责以有罪：底本"罪"前当脱一"有"字，后文"失明谓之有
　　罪"正承此文言之，《太平御览》卷七百三十九引《论衡》文，正作
　　"有罪"，据补。

⑩过：责难，指责。

⑪暂：突然，仓促。

【译文】

　　传书说："子夏死了儿子哭瞎了双眼，曾子去吊唁，因为子夏失明而
恸哭。于是子夏也跟着哭了起来。子夏说：'天啊！我没有罪过啊！'曾
子生气地说：'商，你怎么没有罪过？我和你都在洙、泗之间跟随老师学
习，学成归家后在河西养老，使得河西的百姓拿你和先生相比，这是你的
罪过之一；你死了父母，没有让百姓听到你有特别的悲哀，这是你的罪过
之二；你死了儿子，却哭瞎了双眼，这是你的罪过之三。怎么说你没有罪
呢？'子夏丢掉了手杖下拜，说：'我错了！我错了！我离开师门独自居
住，也太久了！'"子夏丧失了他的视力，曾子以有罪责备他，子夏丢掉手
杖拜谢曾子的话，大概以为上天确实在惩罚过错，所以他的眼睛失明；自
己确实有罪过，所以下拜接受曾子的指责。刚听说乍看到这事，都以为
是这样；但仔细考虑评论它，则是虚假的说法。

　　夫失明犹失听也，失明则盲，失听则聋。病聋不谓之
有过，失明谓之有罪，惑也。盖耳目之病，犹心腹之有病
也。耳目失明听，谓之有罪，心腹有病，可谓有过乎？伯牛
有疾①，孔子自牖执其手②，曰："亡之③，命矣夫！斯人也而
有斯疾也④！"原孔子言⑤，谓伯牛不幸，故伤之也。如伯牛

以过致疾，天报以恶，与子夏同，孔子宜陈其过，若曾子谓子夏之状。今乃言"命"，命非过也。且夫天之罚人[6]，犹人君罪下也[7]。所罚服罪，人君赦之。子夏服过，拜以自悔，天德至明，宜愈其盲[8]。如非天罪，子夏失明，亦无三罪。且丧明之病[9]，孰与被厉之病[10]？丧明有三罪，被厉有十过乎？颜渊早夭[11]，子路菹醢[12]。早死、菹醢，极祸也[13]。以丧明言之，颜渊、子路有百罪也。由此言之，曾子之言，误矣。

【注释】

①伯牛：孔子弟子。

②牖（yǒu）：窗户。

③之：这里为语助词，而非代词，不作"亡"的宾语。

④斯人也而有斯疾也：以上事参见《论语·雍也》。

⑤原：推究。

⑥且夫天之罚人：底本无"夫"字，递修本"天"之前有"夫"字，据补。

⑦罪：惩罚。

⑧愈：痊愈，治好。

⑨病：元本作"痛"。

⑩被：遭遇，遭受。厉：生癞疮，癞疤。

⑪颜渊早夭：颜渊早死。参见本书《幸偶篇》注。

⑫子路菹醢（zū hǎi）：子路被剁成肉酱。参见本书《书虚篇》注。

⑬极：最大的。

【译文】

失明和失听一样，失明就眼瞎，失听则耳聋。生病耳聋不说有过错，失明却说他有罪，真令人困惑。大概耳朵眼睛的病，就像心腹有病一样。耳朵失听眼睛失明，说他有罪，那心腹得病，可以说是有过错吗？伯牛生病,孔子从窗外抓住他的手,说:"难得活了,这是命啊!这样的人竟得了这样的病!"推究孔子的话,是说伯牛遭遇不幸,所以悲伤。如果伯牛是因过错而染病,上天就会给以恶报,和子夏相同,孔子应该列举他的过错,就像曾子说子夏那样。如今孔子只说是"命",命不是过错。况且上天惩罚人,就像君主惩罚臣下一样。被惩罚的人认罪,君主就赦免他。子夏已经承认过错,下拜表示自己悔过,上天之德是最英明的,应该让他的眼睛痊愈。如果不是天的惩罚,子夏失明,也就不是那三条罪过造成的了。况且失明,又怎比得上得了疠病严重呢?失明有三条罪过,得了疠病就该有十条罪过吗?颜渊早死,子路被剁成肉酱。早死和被剁成肉酱,是最大的灾祸。按照子夏失明的事来推断,颜渊、子路就应该有一百条罪状了。由此说来,曾子的话,是错误的。

　　然子夏之丧明,丧其子也。子者,人情所通;亲者,人所力报也。丧亲,民无闻;丧子,失其明,此恩损于亲,而爱增于子也。增则哭泣无数,数哭中风①,目失明矣。曾子因俗之议②,以著子夏三罪③。子夏亦缘俗议,因以失明④,故拜受其过。曾子、子夏未离于俗,故孔子门叙行⑤,未在上第也⑥。

【注释】

①中风:受风寒。

②因:依,顺着。

③著:显明,显出。

④以:通"已"。

⑤子:疑为衍文。叙行:排定次序。据《论语·先进》记载,孔子以"德行""言语""政事""文学"四类排列弟子,子夏为"文学"类

的最后一名,而曾参则未列四类之中。

⑥第:上等。

【译文】

然而子夏的失明,是因为失去了他的儿子。对子女的疼爱,是人之常情;对父母的恩情,是人们要竭力报答的。死了父母,旁人没听到特别的悲哀;死了儿子,却哭瞎了眼睛,这是对父母的恩情不够,而对儿子的爱过分了。过分就会哭泣无度,无度地哭泣染上风寒,双目就失明了。曾子按照世俗的议论,用来指出子夏的三桩罪过。子夏也根据世俗的议论,再加上已经失明,所以下拜接受曾子的指责。曾子、子夏没有脱离世俗,所以孔门弟子排行,他们都没有列在上等。

秦襄王赐白起剑①,白起伏剑将自刎,曰:"我有何罪于天乎?"良久,曰:"我固当死。长平之战,赵卒降者数十万,我诈而尽坑之②,是足以死。"遂自杀③。白起知己前罪,服更后罚也④。夫白起知己所以罪,不知赵卒所以坑。如天审罚有过之人⑤,赵降卒何辜于天⑥?如用兵妄伤杀⑦,则四十万众必有不亡⑧,不亡之人,何故以其善行无罪而竟坑之?卒不得以善蒙天之祐⑨,白起何故独以其罪伏天之诛?由此言之,白起之言,过矣。

【注释】

①秦襄王:指秦昭襄王。

②诈:欺骗。尽:全部。坑(kēng):同"坑"。

③遂自杀:以上事参见《史记·白起王翦列传》。

④服更:承受,接受。更,通"受"。

⑤审:确实。

⑥辜：罪。

⑦妄：乱，滥。

⑧不亡：这里指不该死的人。

⑨卒：这里指降卒。

【译文】

秦昭襄王赐给白起一把剑，白起用剑将要自杀，说："我对天有什么罪啊？"过了好久，说："我本应该死。长平之战，赵国士兵投降的有数十万，我用欺骗的手段把他们都活埋了，这足该受死了。"于是就自杀了。白起知道自己之前有罪，于是接受之后的惩罚。白起知道自己为什么有罪，却不知道赵国士兵为什么被活埋。如果天确实会惩罚有过错的人，赵国投降的士兵对天有什么罪呢？如果用兵器胡乱杀伤，那么四十万人之中一定会有不该死的，不该死的人，为什么以他们的善行无罪而竟然被活埋了呢？投降的士兵不能以善行得到天的护佑，白起为什么偏偏因为自己的罪过而受到天的惩罚呢？由此说来，白起的话，是错误的。

秦二世使使者诏杀蒙恬①，蒙恬喟然叹曰②："我何过于天，无罪而死！"良久，徐曰③："恬罪故当死矣④。夫起临洮属之辽东⑤，城径万里⑥，此其中不能毋绝地脉⑦。此乃恬之罪也。"即吞药自杀。太史公非之曰："夫秦初灭诸侯，天下心未定，夷伤未瘳⑧，而恬为名将，不以此时强谏⑨，救百姓之急，养老矜孤，修众庶之和，阿意兴功⑩，此其子弟过诛⑪，不亦宜乎！何与乃罪地脉也⑫？"

【注释】

①蒙恬（？—前210）：蒙氏，名恬，秦朝著名将领。曾帅军北击匈奴，修筑长城。

②喟（kuì）然：形容叹气的样子。

③徐：缓慢。

④故：本来。

⑤临洮：县名。秦置，治所在今甘肃岷县，以地临洮水，故名。属（zhǔ）：连接。辽东：郡名。战国燕置，治所在襄平县（今辽宁辽阳老城）一带。

⑥城：指长城。径：经过。

⑦绝地脉：指人工挖断地脉，破坏风水。地脉，古人讲风水好坏时所说的地形地势。

⑧夷伤：创伤。夷，伤。瘳（chōu）：痊愈。

⑨强谏：极力劝谏。

⑩阿意：迎合他人的意旨。兴功：这里指修建长城。

⑪子弟过诛：《史记·蒙恬列传》作"兄弟遇诛"。

⑫何与：为何。与，为。乃：却。以上引文参见《史记·蒙恬列传》。

【译文】

秦二世派遣使者奉诏诛杀蒙恬，蒙恬长叹说："我对上天有什么过错，无罪却被处死！"过了很久，慢慢说道："我的罪本来就该死啊。从临洮开始直到辽东，修筑长城经过一万里，这中间不能不挖断地脉。这就是我的罪啊。"于是吃下毒药自杀。太史公责备说："秦国刚刚灭亡了诸侯，天下民心没有安定，创伤还没有痊愈，而蒙恬作为名将，不在此时极力劝谏，解救百姓的危难，赡养老人怜悯孤儿，培养百姓的和睦关系，却迎合君主的心愿修建长城，像这样他子侄辈被诛杀，不也应该吗！为什么却要归罪于挖断地脉呢？"

夫蒙恬之言既非，而太史公非之亦未是。何则？蒙恬绝脉，罪至当死。地养万物，何过于人，而蒙恬绝其脉？知己有绝地脉之罪，不知地脉所以绝之过。自非如此，与不自非何以异？太史公为非恬之为名将，不能以强谏，故致此祸。夫当谏不谏，故致受死亡之戮①。身任李陵②，坐下蚕室③。如太史公之言，所任非其人，故残身之戮④，天命而至也。非蒙恬以不强谏，故致此祸，则己下蚕室，有非者矣。己无非，则其非蒙恬，非也。

【注释】

①戮：羞辱，侮辱。

②任：担保。李陵（？—前74）：字少卿，陇西成纪（今甘肃秦安）人。李广孙，西汉武帝时将领。天汉二年（前99），率五千步兵，力战匈奴十余万人，终因寡不敌众，力竭而降，武帝怒而诛其全家。

③坐下蚕室：李陵投降匈奴后，司马迁因为其开脱，被汉武帝下狱，遭受官刑。坐，因……而获罪。蚕室，执行官刑的狱室。

④残身之戮：指司马迁遭受官刑的侮辱。

【译文】

蒙恬的话已经不对，而太史公责备他的话也不对。为什么？蒙恬挖断了地脉，罪过大到该被处死。大地生养万物，对人有什么过错，而蒙恬要挖断它的地脉？蒙恬知道自己有挖断地脉的罪过，却不知道挖断地脉为什么有罪。像这样责备自己，和不责备自己有什么两样呢？太史公责备蒙恬作为名将，不能极力劝谏，所以招致这样的祸端。应当劝谏而没有劝谏，所以遭受死亡的屈辱。而太史公自己担保李陵，因此被判处宫刑。如果按照太史公所说，那么他就是担保了不该担保的人，所以遭受宫刑的耻辱，也是上天降罚而落到头上的。责备蒙恬因为不能极力劝谏，所以招致杀身之祸，那么自己遭受宫刑，也有不对的地方了。如果认为自己没错，那么他责备蒙恬，就不对了。

作伯夷之传^①，列善恶之行^②，云："七十子之徒^③，仲尼独荐颜渊好学^④。然回也屡空^⑤，糟糠不厌^⑥，卒夭死^⑦，天之报施善人如何哉？盗跖日杀不辜^⑧，肝人之肉^⑨，暴戾恣睢^⑩，聚党数千，横行天下，竟以寿终，是独遵何哉^⑪？"若此言之，颜回不当早夭，盗跖不当全活也^⑫。不怪颜渊不当夭，而独谓蒙恬当死，过矣。

【注释】

①伯夷之传：即《史记·伯夷列传》。

②列：底本为"则"，章录杨校宋本作"列"，据改。

③七十子之徒：指孔子的学生，相传孔子的学生有七十二贤人。

④荐：推举。

⑤回：即颜回。屡空：经常贫困，谓贫穷无财。

⑥糟糠不厌：形容生活极贫苦。糟糠，穷人用来充饥的酒渣、米糠等粗劣食物。厌，饱。

⑦卒：终于。

⑧不辜：无辜，这里指无辜的人。

⑨肝人之肉：以人之肝为肉，指吃人肉。

⑩暴戾：凶暴残忍。恣睢（suī）：放纵，放任。

⑪独：语助词，犹"其"。《史记·伯夷列传》"何"后有"德"字。

⑫全：身体不残缺。活：性命不终绝。

【译文】

太史公作《史记·伯夷列传》，列举善恶的行为，说："孔门七十二弟子当中，孔子只推举颜回好学。但是颜回经常贫困，连糟糠都吃不饱，终于早死，上天报应善人是怎样的呢？盗跖天天杀害无辜的人，吃人肉，凶暴残忍恣意放纵，聚集几千的党羽，横行天下，竟然寿终正寝，那上天遵循的是什么呢?"如此说来,颜回不该早死,盗跖也不该寿终正寝。不埋怨颜渊不该早死,却偏偏认为蒙恬该死,这就错了。

汉将李广与望气王朔燕语曰①:"自汉击匈奴,而广未常不在其中②,而诸校尉以下③,才能不及中,然以胡军攻取侯者数十人④。而广不为侯后人⑤,然终无尺土之功⑥,以得见封邑者⑦,何也? 岂吾相不当侯⑧? 且固命也⑨?"朔曰:"将军自念,岂常有恨者乎⑩?"广曰:"吾为陇西太守⑪,羌常反⑫,吾诱而降之八百余人,吾诈而同日杀之。至今恨之,独此矣。"朔曰:"祸莫大于杀已降,此乃将军所以不得侯者也⑬。"李广然之,闻者信之。

【注释】

①李广(? —前119):陇西成纪(今甘肃秦安)人,西汉时期名将。
　王朔:人名。燕语:闲谈。

②常:通"尝"。

③校尉:军职名,汉时职位略次于将军。

④胡:指匈奴。攻:通"功"。《史记·李将军列传》作"功"。

⑤不为侯后人:侯,当为衍文,《史记·李将军列传》无"侯"字。不为后人,不落别人之后。

⑥土:《史记·李将军列传》作"寸"。

⑦见:被。《史记·李将军列传》无"见"字。

⑧相:骨相。

⑨且:文言发语词,用在句首。固:本来。

⑩恨:后悔,遗憾。

⑪陇西:郡名。战国秦置,治所在狄道县(今甘肃临洮东北),因其

地在陇山之西而得名。

⑫羌：古族名。主要分布在今甘肃、青海、四川一带。常：通"尝"。

⑬此乃将军所以不得侯者也：以上事参见《史记·李将军列传》。

【译文】

汉朝将领李广和观测云气的术士王朔闲谈说："自从汉朝进攻匈奴以来，我李广未曾不参与其中，而众校尉以下的人，才能赶不上中等水平，但是凭着对匈奴作战的军功得以封侯的有好几十人。而我李广不落别人之后，但最终没有尺寸的功劳，可以取得封邑的，这是为什么呢？难道是我的骨相不该封侯？还是本来命当如此？"王朔说："将军自己想想，难道曾经做过后悔的事吗？"李广说："我做陇西太守的时候，羌人曾经叛乱，我引诱他们八百多人投降，我用欺骗的手段在同一天把他们杀了。到现在还感到后悔的，就只此一事了。"王朔说："灾祸没有比杀害已经投降的人更大的了，这就是将军之所以不能封侯的原因。"李广认为是这样，听的人也相信如此。

　　夫不侯犹不王者也。不侯何恨，不王何负乎①？孔子不王，论者不谓之有负；李广不侯，王朔谓之有恨。然则王朔之言，失论之实矣。

【注释】

①负：内疚，亏心。

【译文】

不能封侯就像不能成为王者一样。不能封侯是因为什么后悔的事，那不能成为王者又有什么亏心的事呢？孔子没有成为王者，评论的人不说他有亏心的事；李广不能封侯，王朔却说他有后悔的事。那王朔的话，就是违反了论事的道理。

　　论者以为，人之封侯，自有天命，天命之符，见于骨体。大将军卫青在建章宫时，钳徒相之，曰："贵至封侯。"后竟以功封万户侯。卫青未有功，而钳徒见其当封之证^①。由此言之，封侯有命，非人操行所能得也。钳徒之言，实而有效，王朔之言，虚而无验也。多横恣而不罹祸^②，顺道而违福^③，王朔之说，白起自非、蒙恬自咎之类也。

【注释】

①证：征兆。

②横恣：专横放肆。罹（lí）：遭逢，遭遇。

③违：背离，这里指得不到。

【译文】

　　议论的人认为，人被封侯，本来就有天命，天命的征兆，显现在骨相上。大将军卫青在建章宫之时，有个受钳刑的囚犯给他看相，说："命富贵到封侯。"后来终于因为军功被封万户侯。卫青还没有立功，受钳刑的囚犯就看出他该封侯的征兆。由此说来，封侯是凭天命的，不是靠人的操行就能取得的。受钳刑的囚犯的话，符合实际且有效验，王朔的话，则虚假而没有证明。许多专横放肆的人没有遭到灾祸，而遵从正道的人反而得不到福报，王朔的说法，和白起的自责、蒙恬的自咎是一样的。

　　仓卒之世^①，以财利相劫杀者众^②。同车共船，千里为商，至阔迥之地^③，杀其人而并取其财^④。尸捐不收^⑤，骨暴不葬，在水为鱼鳖之食，在土为蝼蚁之粮。惰窳之人^⑥，不力农勉商，以积谷货，遭岁饥馑，腹饿不饱，椎人若畜^⑦，割而食之，无君子小人，并为鱼肉^⑧。人所不能知，吏所不能觉，千人以上，万人以下，计一聚之中^⑨，生者百一，死者十九，可谓无道，至痛甚矣，皆得阳达⑩，富厚安乐。天不责其无仁义之心，道相并杀，非其无力作⑪，而仓卒以人为食，加以渥祸⑫，使之夭命，章其阴罪⑬，明示世人，使知不可为非之验，何哉？王朔之言，未必审然。

【注释】

①仓卒：丧乱，动荡不安。

②以：因为。

③阔迥：空旷偏远。

④并：侵吞，吞并。

⑤捐：抛弃。

⑥惰窳（yǔ）：懒惰懈怠。窳，懒惰。

⑦椎（chuí）：击打。

⑧鱼肉：鱼和肉为刀宰割的物品，比喻无力抵抗，任人宰割。

⑨聚：村落。

⑩阳达：显达。阳，显。

⑪力作：努力劳作。

⑫渥（wò）祸：大祸。渥，厚，大。

⑬章：彰明，彰显。阴罪：隐蔽的罪恶。

【译文】

在动荡不安的时代，因为财物利益相互抢劫残杀的人很多。同乘一车共坐一船，去千里之外经商，到了空旷偏远的地方，杀了自己的同伴而侵吞夺取他的财物。抛弃尸体不收殓，暴露尸骨不埋葬，丢在水里成为鱼鳖的食物，扔在地上成为蝼蚁的粮食。懒惰懈怠的人，不努力务农经商，以此积累粮食和财物，遭到年景饥荒，腹中饥饿难饱，用棒子打人就像打牲畜一样，割下肉来吃，无论君子还是小人，都任其宰割。他们的行为别人无法知道，官吏也不能察觉，一千人以上，一万人以下的村落当中，计算起来，存活的只有百分之一，死去的有十分之九，可以说是没有道义，令人痛心到了极点，而这些人都能风光显达，富足安乐。上天不惩罚他们没有仁义之心，在道路上侵吞财物杀害人命，不谴责他们不努力劳作，而在丧乱之时把人当作食物，从而把大祸加在他们身上，使他们短命早死，并揭露他们隐蔽的罪恶，明白地显示给世人，使人们知道这是不能为非作歹的证明，这是为什么呢？可见王朔说的话，未必确实。

　　传书①："李斯妒同才②，幽杀韩非于秦③，后被车裂之罪④；商鞅欺旧交，擒魏公子卬⑤，后受诛死之祸⑥。"彼欲言其贼贤欺交⑦，故受患祸之报也。夫韩非何过而为李斯所幽？公子卬何罪而为商鞅所擒？车裂诛死，贼贤欺交，幽死见擒⑧，何以致之？如韩非、公子卬有恶，天使李斯、商鞅报之，则李斯、商鞅为天奉诛，宜蒙其赏，不当受其祸。如韩非、公子卬无恶，非天所罚，李斯、商鞅不得幽、擒。论者说曰："韩非、公子卬有阴恶伏罪，人不闻见，天独知之，故受戮殃。"夫诸有罪之人⑨，非贼贤则逆道。如贼贤，则被所贼者何负？如逆道，则被所逆之道何非？

【注释】

①传书：据文例，疑书后脱一"言"字。

②李斯（？—前208）：字通古，战国末楚国上蔡（今河南上蔡）人。从荀子学帝王之术，后受秦始皇重用，入秦为相，主张废封建，立郡县，行禁书令，统一文字。后为赵高所害，被秦二世处死。才：疑为"门"字之讹，草书"门"字为"冂"，因误为"才"字。

③幽杀：幽禁处死。韩非（？—前233）：战国末年的哲学家和政治

家,法家思想的集大成者。出身于韩国贵族,师于荀子,其主张深受秦王政的重视,因出使秦国,被李斯等陷害,死于狱中。

④被:遭受。车裂:一种古代的酷刑,将人的肢体系于数辆车上,分拉撕裂至死。据《淮南子·人间训》记载说李斯被车裂处死,与《史记》所记受腰斩之刑相异。

⑤公子卬:又作"魏卬"或"公子昂"。战国时期魏国的王族公子,魏惠王之弟,商鞅旧交。前340年,秦孝公派商鞅率兵伐魏,魏国使公子卬率兵迎战,商鞅利用两人旧交之情,欺骗公子卬会盟,公子卬受骗被俘,魏惠王被迫献河西部分土地求和。

⑥诛死:指商鞅被车裂。以上事参见《史记·商君列传》。

⑦贼:残害。

⑧见:被。

⑨诸:凡是。

【译文】

传书上说:"李斯嫉妒同门,在秦国幽禁害死了韩非,后来遭受到车裂的罪罚;商鞅欺骗旧交,俘虏了公子卬,后来受到被处死的灾祸。"作传书的人是想说,他们残害贤人欺骗朋友,所以遭到祸患的报应。那韩非有什么过错而被李斯囚禁?公子卬有什么罪责而被商鞅俘虏?如果遭车裂被处死,是因为残害贤人欺骗朋友,那遭幽杀被俘虏,又是什么造成的呢?如果韩非、公子卬有恶行,上天让李斯、商鞅来报应他们,那么李斯、商鞅就是奉天命去惩罚他们的,应该得到上天的奖赏,不该受到上天的灾祸。如果韩非、公子卬没有恶行,不是上天要惩罚的,李斯、韩非就不能囚禁、俘虏他们。评论的人说:"韩非、公子卬有隐蔽的罪恶,人们听不到看不见,上天却知道,所以遭受杀戮灾祸。"凡是有罪的人,不是残害贤人就是违背道义。如果是残害贤人,那么被残害的人又有什么亏心的地方呢?如果是违背道义,那么被违背的道义又有什么不对的地方呢?

凡人穷达祸福之至①,大之则命,小之则时②。太公穷贱,遭周文而得封;宁戚隐厄③,逢齐桓而见官。非穷贱隐厄有非,而得封见官有是也④。穷达有时,遭遇有命也⑤。太公、宁戚,贤者也,尚可谓有非。圣人,纯道者也。虞舜为父弟所害,几死再三。有遇唐尧⑥,尧禅舜,立为帝。尝见害,未有非;立为帝,未有是。前时未到,后则命时至也。案古人君臣困穷,后得达通,未必初有恶,天祸其前;卒有善,神祐其后也。一身之行,一行之操,结发终死⑦,前后无异。然一成一败⑧,一进一退,一穷一通,一全一坏,遭遇适然,命时当也。

【注释】

①穷达:困顿与显达。

②时:时势,时运。

③隐厄:身处困境。

④见:被。

⑤遭:碰到灾祸。遇:碰巧迎合了君主和长官的心意而受到重用和提拔。参见本书《命义篇》。

⑥有:通"又"。

⑦结发:束发,指初成年时。

⑧一:或。

【译文】

凡是人的困顿、显达、灾祸、福禄的到来,从大处说就是天命,从小处说就是时运。姜太公贫穷卑贱,遇到周文王就得以封侯;宁戚身处困境,碰到齐桓公而被封官。不是贫穷卑贱身处困境的有过错,而被封侯做官的就正确。困顿和显达有一定的时运,碰到灾祸和受到提拔重用由命决定。姜太公、窅戚，是贤者，还可以说有不对的地方。圣人，是道德纯粹的人。虞舜被父亲和弟弟谋害，多次差点死去。又遇到唐尧，尧禅位给舜，被立为帝王。舜曾经被谋害，并没有什么过错；被立为帝王，并不就是都正确。之前是天命时运没有到，后来则是天命时运都来了。考察古代的君主大臣起初困顿，后来显达亨通，不一定是起初有罪恶，上天要先降祸给他们；最终有善行，神明接着又保佑他们。同一个人的行为，同一种行为的操守，从小到老，前后一样。然而或成功或失败，或前进或后退，或困顿或亨通，或保全或败坏，这是因为遭祸得福恰好如此，天命时运正好这样。

龙虚篇第二十二

【题解】

　　本篇意在驳斥"龙神能升天"之说。当时盛行一种说法,认为龙是神物,盛夏之时,雷电破坏房屋树木,是天来取龙升天的表现。王充引用史书中的相关记载,驳斥了此种说法。他认为,龙生于水中故而与鱼鳖同类;龙有形体,会吃东西;龙肝可以供人食用;古代还设有专门饲养龙的官员。这一切均证明"龙不能神,不能升天"。"龙神能升天"的说法之所以会广为流传,一方面是"俗人智浅,好奇之性,无实可之心",另一方面是儒生"拘俗人之议论"。

　　盛夏之时,雷电击折破树木①,发坏室屋②,俗谓天取龙。谓龙藏于树木之中,匿于屋室之间也,雷电击折树木,发坏屋室,则龙见于外。龙见,雷取以升天。世无愚智贤不肖③,皆谓之然。如考实之,虚妄言也。

【注释】

　　①破:据文意,疑此处"破"字为衍文。
　　②发:打开,这里指劈开。

③无：无论。

【译文】

　　盛夏时节，雷电击断树木，劈坏房屋，世俗认为是天来取龙了。认为龙躲藏在树木之中，隐匿于房屋之间，雷电击断树木，劈坏房屋，龙就显现在外。龙一出现，雷就取它升天。世上无论愚昧、智慧、贤能或不贤能的人，都认为是这样。但如果认真加以考察核实，则是虚假无据的说法。

　　夫天之取龙，何意邪？如以龙神①，为天使，犹贤臣为君使也，反报有时②，无为取也。如以龙遁逃不还，非神之行，天亦无用为也③。如龙之性当在天，在天上者，固当生子，无为复在地。如龙有升降，降龙生子于地，子长大，天取之，则世名雷电为天怒④，取龙之子，无为怒也。

【注释】

　　①以：认为。

　　②反报：返回报告情况。反，同"返"。有时：按时，定时。

　　③无用为：无以为。用，以。

　　④名：称。

【译文】

　　所谓天取龙，是什么意思呢？如果认为龙是神物，是天的使者，那么就应该像贤臣作为君主的使者一样，定时返回报告，用不着去取。如果认为龙是潜逃不回，这不是神物应有的行为，天也就用不着这样做了。如果龙的本性应该在天上生活的话，在天上的神物，本应该在天上生子，不用又到地上来。如果龙有飞升有降下，降下的龙在地上生子，龙子长大后，天来取它，然而世俗称打雷闪电是上天发怒，上天来取龙子，用不着发怒啊。

且龙之所居，常在水泽之中，不在木中屋间。何以知之？叔向之母曰："深山大泽，实生龙蛇。"①传曰："山致其高，云雨起焉。水致其深，蛟龙生焉。"②传又言："禹渡于江，黄龙负船。"③"荆次非渡淮，两龙绕舟。"④"东海之上有菑丘䜣，勇而有力，出过神渊，使御者饮马，马饮因没。䜣怒，拔剑入渊追马，见两蛟方食其马，手剑击杀两蛟。"⑤由是言之，蛟与龙常在渊水之中，不在木中屋间，明矣。在渊水之中，则鱼鳖之类。鱼鳖之类，何为上天？天之取龙，何用为哉？如以天神乘龙而行，神恍惚无形，出入无间⑥，无为乘龙也。如仙人骑龙，天为仙者取龙，则仙人含天精气，形轻飞腾⑦，若鸿鹄之状⑧，无为骑龙也。世称黄帝骑龙升天，此言盖虚，犹今谓天取龙也。

【注释】

①"叔向之母曰"几句：引文参见《左传·襄公二十一年》。实，确实。

②"传曰"几句：引文参见《淮南子·人间训》。致，到达。

③"传又言"几句：引文参见《淮南子·精神训》。黄龙负船，参见本书《异虚篇》注。

④"荆次非渡淮"二句：引文参见《吕氏春秋·知分》。荆，楚国的别称。次非，亦作"伙非""兹非"，春秋晚期楚勇士。相传他曾乘船渡淮河，遇到两蛟夹绕其船，次非拔剑杀蛟。

⑤"东海之上有菑丘䜣"几句：引文参见《韩诗外传》卷十。菑，同"葘"，《韩诗外传》卷十作"葘丘䜣"。葘丘䜣，古代传说中东海的勇士，以勇猛闻名天下。因，于是。没，消失。方，正在。

⑥出入无间：间，疑作"门"，形近而误。本书《雷虚篇》《解除篇》皆

作“出入无门”。

⑦形：身体。

⑧鸿鹄（hú）：鸟名，俗称天鹅。

【译文】

况且龙居住的地方，经常是在水泽里，而不在树木和房屋里。如何知道呢？叔向的母亲说：“深山大泽，确实出龙蛇。”传书上说：“山到达一定高度，风雨就兴起。水到达一定深度，蛟龙就会产生。”传书又说：“大禹渡过长江，看见有黄龙驮着船。”“楚国的次非渡过淮河，有两条龙夹绕着船。”“东海上有一个叫菑丘䜣的人，勇猛有力，外出经过神渊，让赶车的人去饮马，马一饮水就消失了。菑丘䜣发怒，拔剑进入神潭去追马，看见两条蛟龙正在吃他的马，于是手拿着剑杀死了两条蛟龙。”从这些事情说来，蛟和龙经常在深渊里，而不在树木和房屋里，是很清楚的。生活在深渊里的，就是鱼鳖之类的生物。既然是鱼鳖之类，为什么要上天？上天取龙，有什么用呢？如果认为天神是乘着龙飞行，而神是恍恍惚惚没有固定形体的，出入没有门径，用不着乘龙。如果是仙人要骑龙，上天为仙人取龙，那么仙人包含天的精气，身体轻盈能够飞腾，如同天鹅一样，用不着骑龙。世人说黄帝骑着龙飞升上天，这话大概是假的，就像现在说上天取龙一样。

且世谓龙升天者，必谓神龙[①]。不神，不升天；升天，神之效也。天地之性[②]，人为贵，则龙贱矣。贵者不神，贱者反神乎？如龙之性，有神与不神，神者升天，不神者不能。龟蛇亦有神与不神，神龟神蛇，复升天乎？且龙禀何气而独神？天有仓龙、白虎、朱鸟、玄武之象也[③]，地亦有龙、虎、鸟、龟之物。四星之精，降生四兽。虎、鸟与龟不神，龙何故独神也？人为倮虫之长[④]，龙为鳞虫之长[⑤]。俱为物长，谓龙升天，人复升天乎？龙与人同，独谓能升天者⑥，谓龙神也。世或谓圣人神而先知，犹谓神龙能升天也。因谓圣人先知之明，论龙之才，谓龙升天，故其宜也。

【注释】

①神龙：据文意，疑为"龙神"之误倒。

②性：生命。

③仓龙、白虎、朱鸟、玄武之象：参见本书《物势篇》注。

④倮（luǒ）虫：没有羽毛或鳞介以蔽身的动物。倮，通"裸"。

⑤鳞虫：体表有鳞甲的动物，一般指鱼类和爬行类。

⑥能：据文意，疑为"龙"字之误。

【译文】

况且世人说的龙能升天，必定是说龙是神物。不是神物，就不能升天；能升天，就是神物的证明。天地间的生命，人最尊贵，那么龙就比人贱了。尊贵的不是神物，低贱的反而是神物吗？如果龙的本性，有神与不神两类，是神物的可以升天，不是神物的就不能。那么龟和蛇也有神和不神的，神龟和神蛇，也能升天吗？况且龙禀受了何种气而偏偏成为神物呢？天上的星宿有仓龙、白虎、朱鸟、玄武四种形象，地上也有龙、虎、鸟、龟四种动物。四星施放精气，降在地上就产生四兽。虎、鸟和龟不是神物，龙为何偏偏是神物呢？人是倮虫中的尊长，龙是鳞虫中的尊长。都是一类动物中的尊长，说龙能升天那人也能升天吗？龙和人相同，只说龙升天，是因为认为龙是神物。世上有的人说圣人神奇能先知，这就像说神龙能升天。因为认为圣人有先见之明，于是在谈论龙的能力时，就说龙能升天，本来是应该的。

天地之间，恍惚无形，寒暑风雨之气乃为神。今龙有形，有形则行，行则食，食则物之性也。天地之性，有形体之类,能行食之物,不得为神。何以言之龙有体也?传言:"鳞虫三百,龙为之长。"①龙为鳞虫之长,安得无体?何以言之②?孔子曰:"龙食于清③,游于清;龟食于清,游于浊④;鱼食于浊,游于清⑤。丘上不及龙,下不为鱼,中止其龟与⑥!"

【注释】

①"传言"几句:引文参见《大戴礼记·易本命》。

②何以言之:上文言"何以言之龙有体也",据文意疑"之"后脱"龙行食也"四字。

③清:清水。

④浊:浊水。

⑤清:《吕氏春秋·举难》作"浊"。

⑥止:居,处。引文参见《吕氏春秋·举难》。

【译文】

天地之间,恍恍惚惚没有固定形体的,像构成寒暑风雨之类的气才算是神物。如今龙有固定形体,有形体就会行动,能行动就会觅食,会觅食则是动物的本性。天地之间的生物,有固定形体的,能行动会觅食的生物,不能成为神物。为什么说龙用形体呢?传书说:"鳞虫有三百种,龙是它们的尊长。"龙作为鳞虫类的尊长,怎么能没有形体?为什么说龙能行动会觅食?孔子说:"龙在清水中觅食,在清水中游动;龟在清水中觅食,在浊水中游动;鱼在浊水中觅食,在清水里游动。我往上比不了龙,往下不愿做鱼,居中而处,大概是龟吧!"

《山海经》言①:"四海之外,有乘龙蛇之人。世俗画龙之象,马首蛇尾。"由此言之,马、蛇之类也。慎子曰②:"蜚龙乘云③,腾蛇游雾④,云罢雨霁,与蚓、蚁同矣⑤。"韩子曰⑥:

“龙之为虫也，柔可狎而骑也⑦。然喉下有逆鳞尺余⑧，人或婴之⑨，必杀人矣。”比之为蟥、蚁，又言虫可狎而骑，蛇、马之类，明矣。

【注释】

①《山海经》：古代的一部关于地理神话的著作，大约成书于周秦之间，主要记述了传说中的山川、部族、物产、草木、鸟兽、风俗等，内容多怪诞灵异，保存了不少古代神话传说及史地材料。

②慎子：即慎到，战国时赵人，法家学者之一，曾著有《慎子》四十二篇。

③蜚：通“飞”。

④腾蛇：即飞蛇，传说中会腾云驾雾的蛇。

⑤蟥（yǐn）：同“蚓”，蚯蚓。因今本《慎子》已非其旧，故此处引文不见今本《慎子》，而见于《韩非子·难势》。

⑥韩子：即韩非。

⑦柔可狎：据文意，疑为“可柔狎”之误倒。柔，底本作“鸣”，据《韩非子·说难》改。柔，通“扰”，驯养。《汉书·高祖纪》：“刘累学扰龙。”应邵曰：“扰音柔。”狎（xiá），亲昵。

⑧逆鳞：倒生的鳞片。尺余：《韩非子·说难》作“径尺”。

⑨婴：触犯，接触。

【译文】

《山海经》上说：“在四海之外的地方，有乘龙蛇的人。世间画龙的形象，是马头蛇尾。”由此说来，龙是马、蛇一类的生物。慎子说：“飞龙乘着云，飞蛇在雾中穿行，云散雨停，就和蚯蚓、蚂蚁相同。”韩非说：“龙作为一种动物，驯服后可以骑着它。但是喉下有一尺来长倒生的鳞片，假使有人触动的话，龙就必然杀人。”把龙比作蚯蚓、蚂蚁，又说龙可以亲近而且能骑它，龙是蛇、马一类的生物，是很明白的了。

传曰："纣作象箸而箕子泣①。"泣之者,痛其极也。夫有象箸,必有玉杯。玉杯所盈②,象箸所挟,则必龙肝、豹胎。夫龙肝可食,其龙难得。难得则愁下③,愁下则祸生,故从而痛之。如龙神,其身不可得杀,其肝何可得食?禽兽肝胎非一,称龙肝、豹胎者,人得食而知其味美也。

【注释】

①象箸:象牙筷子。引文参见《韩非子·喻老》。

②盈:满,充满。此指盛满。

③下:臣下。

【译文】

传书说:"殷纣王制作象牙筷子箕子就哭泣。"之所以哭泣,是因为痛心他太过分了。有了象牙筷子,就一定会有玉杯。玉杯盛满的,象牙筷子挟起的,则一定是龙肝、豹胎。龙肝可以吃,但龙难以捕捉。难以捕捉就会让臣下发愁,让臣下发愁就会滋生祸患,所以才跟着悲痛起来。如果龙是神物,它的身体就不能被杀,它的肝又怎么可能被吃呢?禽兽的肝和胎不止一种,之所以说龙肝、豹胎,是因为人们吃过而且知道它们味道很鲜美。

春秋之时,龙见于绛郊①。魏献子问于蔡墨曰②:"吾闻之,虫莫智于龙,以其不生得也③。谓之智,信乎?"对曰:"人实不知,非龙实智。古者畜龙,故国有豢龙氏④,有御龙氏⑤。"献子曰:"是二者,吾亦闻之,而不知其故。是何谓也?"对曰:"昔有飂叔安⑥,有裔子曰董父⑦,实甚好龙,能求其嗜欲以饮食之⑧,龙多归之。乃扰畜龙⑨,以服事舜⑩,而锡之姓曰董,氏曰豢龙⑪,封诸鬷川⑫,鬷夷氏是其后也。

故帝舜氏世有畜龙。及有夏^⑬，孔甲扰于帝^⑭，帝赐之乘龙，河、汉各二，各有雌雄，孔甲不能食也，而未获豢龙氏。有陶唐氏既衰^⑮，其后有刘累学扰龙于豢龙氏，以事孔甲，能饮食龙。夏后嘉之^⑯，赐氏曰御龙，以更豕韦之后^⑰。龙一雌死，潜醢以食夏后^⑱。夏后烹之^⑲，既而使求^⑳，惧而不得，迁于鲁县^㉑。范氏^㉒，其后也。"献子曰："今何故无之？"对曰："夫物有其官，官修其方^㉓，朝夕思之。一日失职，则死及之，失官不食^㉔。官宿其业^㉕，其物乃至。若泯弃之^㉖，物乃低伏^㉗，郁湮不育^㉘。"由此言之，龙可畜又可食也。可食之物，不能神矣。世无其官，又无董父、后刘之人^㉙，故潜藏伏匿，出见希疏^㉚；出又乘云，与人殊路，人谓之神。如存其官而有其人，则龙，牛之类也，何神之有？

【注释】

①绛：春秋时晋都，一名翼，在今山西翼城东南十五里故城村，晋穆侯自曲沃迁都至此。晋景公十五年（前585）又迁至今山西侯马西，称"新绛"，亦称为"绛"。

②魏献子：名舒，亦作"荼"，又称"魏赢子""魏绛孙"（一说"魏绛子"），春秋时晋国大夫。蔡墨：亦作"史墨"，春秋时晋国史官。

③生得：生获，活捉。

④豢龙氏：相传舜时董父善养龙，以服事舜，舜赐姓董，命为豢龙之官，后以官为氏。

⑤御龙氏：相传夏孔甲时，陶唐氏之后裔刘累向豢龙氏学畜龙之术，服事孔甲，赐氏御龙。

⑥鄝（liù）：古国名，故址在今河南唐河县南六十六里湖阳镇一带。宋：疑作"安"，形近而误。《左传·昭公二十九年》作"安"。叔

安，鬷国国君名。

⑦裔子：后代子孙。

⑧食（sì）：喂养。

⑨扰畜：驯服，驯养。

⑩服事：承担公职。

⑪"而锡之姓曰董"二句：古代姓与氏有别，姓是一族的称号，氏是姓的分支。姓用以别婚姻，氏是人们地位财产的象征。男子称氏，女子称姓。秦汉以后，姓氏合而为一。锡，给予，赐给。

⑫鬷（zōng）川：古地名，在今山东定陶北。

⑬有夏：夏朝。古时习惯于朝代之上加"有"，故称夏朝为"有夏"。

⑭扰：顺从。

⑮陶唐氏：尧的称号，相传尧初居陶（今山东定陶西北），后封于唐（今山西翼城西），故称"陶唐"。

⑯夏后：夏王，这里指孔甲。

⑰更：替代。豕韦：亦作"韦"，夏的同盟部落，彭姓，生活在今河南滑县东南，后为商汤所灭。

⑱潜：暗地里。醢（hǎi）：制成肉酱。

⑲烹：疑作"享"字，形近而误。《左传·昭公二十九年》作"享"。享，受用，吃。

⑳既而：不久。

㉑鲁县：古邑名，在今河南鲁山县。

㉒范氏：春秋时晋国掌权的六卿之一。

㉓修：完善。方：方式，方法。

㉔食：俸禄。

㉕宿：守。

㉖泯弃：灭绝废弃。

㉗低：疑作"眡"字，形近而误。《左传·昭公二十九年》作"眡"。

　　坻（zhǐ）伏，隐匿不出。

㉘郁湮（yān）：滞塞不通。

㉙后刘：指刘累，因为汉朝附会刘姓天子远祖出自陶唐氏，刘累为其
　　的祖先，故此处称后刘。

㉚希疏：稀少。

【译文】

　　春秋时期，有龙出现在绛城郊外。魏献子问蔡墨道："我听说，动物
里没有比龙更聪明的，因为它不会被活捉。说它聪明，是真的吗？"蔡墨
回答说："实际上是人不了解，而不是龙真的聪明。古时候养龙，所以国
家有豢龙氏，有御龙氏。"魏献子问："这两个氏族，我也听说过，但不知
道他们的缘由。他们究竟是什么意思呢？"蔡墨回答说："以前飂国国君
叔安，有个后代叫董父，确实很喜欢龙，能够探知龙的嗜好欲望来饲养它
们，很多龙都归附他。于是他就驯养龙，以此来服事舜，于是舜赐他姓
董，赐氏叫豢龙，封在鬷川，鬷夷氏就是他的后代。所以在帝舜氏的时代
有养龙的。到了夏朝，孔甲顺服上帝，上帝赐给他乘坐的龙，黄河、汉水
各两条，各有一雄一雌，孔甲不会饲养，而又没有找到豢龙氏。陶唐氏衰
落之后，他的后代刘累向豢龙氏学习驯龙，以此侍奉孔甲，能够饲养龙。
夏王孔甲嘉奖他，赐他氏叫御龙，用他来代替豕韦的后代。龙中一条雌
龙死了，刘累暗地里把它做成肉酱给夏王吃。夏王吃后，不久又让他去
找龙，刘累害怕找不到龙，就迁徙到了鲁县。范氏，就是他们的后代。"
魏献子说："现在为什么没有龙了？"蔡墨回答说："各种生物都有掌管它
们的官员，官长改进他的管理方法，从早到晚都要思考这个。一旦失职，
就要被处死，丢了官就失去俸禄。官员恪守他的职务，生物才会到来。
如果泯灭废弃他的职守，生物就会隐匿不出，抑郁不能成长。"由此说来，
龙既可以饲养又可以食用。可以食用的生物，不能是神物。世上没有那
样的官职，又没有像董父、刘累一样的人，所以龙潜伏隐匿，极少出现；出
来时又都驾着云，和人不同路，所以人就说它是神物。如果保留驯养龙

的官又有能驯养龙的人,那么龙,就是牛一类的动物,有什么神的呢?

以《山海经》言之,以慎子、韩子证之,以俗世之画验之,以箕子之泣订之①,以蔡墨之对论之②,知龙不能神,不能升天,天不以雷电取龙,明矣。世俗言龙神而升天者,妄矣。

【注释】

①订:评议,衡量。

②对:答,回答。

【译文】

用《山海经》来解说,用慎子、韩非的话来证明,用世俗的话来验证,用箕子的哭泣来衡量,用蔡墨的回答来讨论,知道龙不是神物,不能升天,天也不用雷电来取龙,这是很明白的了。世俗传言龙是神物而且会升天的说法,是虚妄的。

世俗之言,亦有缘也①。短书言:"龙无尺木②,无以升天。"又曰"升天",又言"尺木",谓龙从木中升天也。彼短书之家,世俗之人也,见雷电发时,龙随而起,当雷电树木击之时③,龙适与雷电俱在树木之侧,雷电去,龙随而上,故谓从树木之中升天也。实者,雷龙同类,感气相致,故《易》曰:"云从龙,风从虎。"④又言:"虎啸谷风至,龙兴景云起。"⑤龙与云相招,虎与风相致,故董仲舒雩祭之法⑥,设土龙以为感也⑦。夫盛夏太阳用事⑧,云雨干之⑨。太阳,火也;云雨,水也,火激薄则鸣而为雷⑩。龙闻雷声则起,起而云至;云至而龙乘之。云雨感龙,龙亦起云而升天。天极雷高^⑪，云消复降。人见其乘云，则谓"升天"；见天为雷电，则为"天取龙"^⑫。世儒读《易》文，见传言，皆知龙者云之类。拘俗人之议，不能通其说^⑬；又见短书为证，故遂谓"天取龙"。

【注释】

①缘：缘故。

②尺木：矮小的树木。

③当雷电树木击之时：据文意，"击"当在"电"字后。

④"故《易》曰"几句：引文参见《周易·乾卦》。

⑤"又言"几句：引文参见《淮南子·天文训》，今本《周易》中无此语。景云，祥云。

⑥雩（yú）祭：古代求雨的祭祀。

⑦土龙：以土制成的龙，为古代祈雨所用。感：感应，感召。

⑧太阳：阴阳五行家用语，与"少阳"相对，指最旺盛的阳气。用事：主事，这里是统治的意思。按阴阳五行的说法，春天"少阳"统治，夏天"太阳"统治，秋天"少阴"统治，冬天"太阴"统治。

⑨干：触犯，冒犯。

⑩激薄：接触，撞击。

⑪天极：天的最高处。

⑫为：谓，认为。

⑬通：融会贯通。

【译文】

世俗的这些说法，也有缘故。短书说："龙没有一尺高的树木，就没办法升天。"又说"升天"，又说"尺木"，这是认为龙是从树木中升天的。那些写短书的人，都是世俗之人，看见打雷闪电的时候，龙随之而起，当雷电击中树木的时候，龙恰好和雷电都在树木之旁，雷电消失，龙跟着就上天，所以说龙是从树木之中升天的。实际情况是，雷与龙同类，受气的感应相互招引，所以《周易》说："云随着龙，风跟着虎。"又说："虎一咆哮山谷就刮风，龙一飞腾祥云就升起。"龙和云相互招引，虎和风相随到来，所以董仲舒求雨的方法，是设置土龙来作为感召之物。炎热的夏天太阳主事，云雨冒犯它。太阳，是火；云雨，是水，与火接触撞击就会发出响声而成为雷。龙听见雷声就会飞起，飞起了云就到来；云来了龙就驾着它飞升。云雨感召龙，龙也能使云兴起而乘云升天。升到天和雷的最高处，云消散降下。人们看见龙乘云，就说是"升天"；看见天上打雷闪电，就说是"天取龙"。世上的儒生读《周易》上的文字，看到传书上的说法，都知道龙与云同类。拘泥于庸人的见解，而不能融会贯通这些说法；又看了短书的记载把它当成证据，所以就认为是"天取龙"。

天不取龙，龙不升天。当菑丘䜣之杀两蛟也，手把其尾①，拽而出之，至渊之外，雷电击之。蛟则龙之类也。蛟龙见而云雨至，云雨至则雷电击。如以天实取龙，龙为天用，何以死蛟为取之？且鱼在水中，亦随云雨蜚②，而乘云雨非升天也。龙，鱼之类也，其乘雷电，犹鱼之飞也。鱼随云雨，不谓之神，龙乘雷电，独谓之神。世俗之言，失其实也。物在世间，各有所乘。水蛇乘雾③，龙乘云，鸟乘风。见龙乘云，独谓之神，失龙之实，诬龙之能也。

【注释】

①把：抓，握。

②蜚：通"飞"，这里指鱼跃出水面。

③水蛇乘雾：据文意，疑"水"字前脱"鱼乘"二字。

【译文】

天不能取龙，龙也不能升天。当菑丘䜣杀两条蛟龙的时候，手抓着它们的尾巴,拽着拖出来,到了神潭的外面,让雷电击杀了它们。蛟是龙之类。蛟龙出现云雨就到来,云雨到来就打雷闪电。如果天确实来取龙,龙为天使用,取死蛟有什么用呢?况且鱼也生活在水中,也是随着云雨跃出水面,而随着云雨跳跃不是升天。龙,是鱼一类的动物,它乘着雷电,就像鱼的跳跃一样。鱼随着云雨跳跃,不说它是神物,龙乘着雷电,偏说它是神物。可见世俗之言,不符合事实。动物在世间,各有自己所凭借的东西。鱼乘水,蛇乘雾,龙乘云,鸟乘风。看见龙乘云,偏说它是神物,这不符合龙的实情,捏造了龙的本领。

然则龙之所以为神者,以能屈伸其体[1],存亡其形[2]。屈伸其体,存亡其形,未足以为神也。豫让吞炭[3],漆身为厉[4],人不识其形。子贡灭须为妇人[5],人不知其状;龙变体自匿,人亦不能觉,变化藏匿者巧也。物性亦有自然,狌狌知往[6],乾鹊知来[7],鹦鹉能言,三怪比龙[8],性变化也。如以巧为神,豫让、子贡神也。孔子曰:"游者可为网[9],飞者可为矰[10]。至于龙也,吾不知其乘风云上升。今日见老子,其犹龙乎!"夫龙乘云而上,云消而下。物类可察,上下可知,而云孔子不知。以孔子之圣,尚不知龙,况俗人智浅,好奇之性[11],无实可之心[12],谓之龙神而升天,不足怪也。

【注释】

①以:因为。屈伸:伸展收缩。

②存亡:显现隐匿。

③豫让:春秋末刺客,参见本书《感虚篇》注。

④厉:生癞疮。这里指像得了麻风病一样的溃烂。

⑤灭须为妇人:相传子贡在卫国的蒯聩之乱中,曾剃掉胡须化妆成

妇人得以逃脱。参见《弘明集》卷三"宗炳答何衡阳书"、《盐铁论·殊路》。一说为孔子另一弟子子羔,参见《太平御览》卷三百七十四引曹大家《幽通赋》注。

⑥狌狌(xīng)知往:据《淮南子·氾论训》高诱注说,猩猩见人走过,能叫出其名字,即所谓"知往"。狌狌,猩猩。

⑦乾鹊知来:据《淮南子·氾论训》高诱注说,人将有喜事,喜鹊就会叫起来,即所谓"知来"。乾鹊,喜鹊。

⑧比:类似。

⑨网:疑作"纶"(lún),《史记·老庄申韩列传》及本书《知实篇》皆作"纶"。纶,钓鱼用的线。

⑩缯(zēng):古代射鸟用的拴着丝绳的箭。

⑪好奇之性:据文意,疑"好"前脱"有"字。

⑫实可:实是。可,是。

【译文】

然而龙之所以被当作神物,是因为它能伸长或收缩身体,使它的形体时隐时现。伸长或收缩身体,时隐时现形体,不足以成为神物。豫让吞下木炭,把漆涂在身上好像变成麻风病一样,让人无法识别他的面目。子贡剃掉胡子装扮成妇人,让人无法辨认出他;龙变化身体自己藏匿,人也不能发觉,这都是变化藏匿得巧妙。动物的天性也有生来如此的,猩猩知道过去的事,喜鹊知道未来的事,鹦鹉会说话,这三种奇异的动物都类似龙,生性能够变化。如果以变化巧妙为神物,那么豫让、子贡就是神了。孔子说:"水里游的可以用网捕,天上飞的可以用缯来射。至于龙,我不知道它能乘风云飞升上天。现在见到老子,他大概就像龙一样吧!"龙乘着云上天,云消散后就降下。动物的类属可以考察,天上的地下的都可以知道,而孔子却说不知道。以孔子的圣明,尚且不了解龙,何况世俗之人智慧浅薄,有好奇的天性,却没有求实的精神,说龙是神物而能升天,这不足为怪。

雷虚篇第二十三

【题解】

本篇意在批驳打雷是上天发怒、有意惩罚犯有"阴过"之人这一说法。汉代人认为如果有人"饮食人以不洁净,天怒,击而杀之"。王充则认为,雷实际上是"妄击不罚过",人被雷打死是偶然发生之事,"人在木下屋间,偶中而死矣",说雷打死人是上天发怒,有意惩罚犯人的说法"竟虚言也"。

至于雷电的本质,王充根据被雷劈死的人"中头则须发烧燋,中身则皮肤灼焌,临其尸上闻火气",推测雷是一种火。而雷电发生的原因,则是因为"盛夏之时,太阳用事,阴气乘之。阴阳分争"所导致阴阳二气相激而形成的,与把一斗水浇在冶炼金属的火上能发出响声并烧灼人体的原理是一样的。

盛夏之时,雷电迅疾①,击折树木,坏败室屋,时犯杀人②。世俗以为"击折树木、坏败室屋"者,天取龙;其"犯杀人"也,谓之阴过③,饮食人以不洁净,天怒,击而杀之。隆隆之声,天怒之音,若人之响吁矣④。世无愚智,莫谓不然。推人道以论之,虚妄之言也。

【注释】

①迅疾：迅速猛烈。

②时：有时。犯：侵害。

③谓之阴过：疑"谓之"后脱"有"字，后文云"人有阴过，亦有阴善。有阴过，天怒杀之"正承此言。《艺文类聚》卷二、《太平御览》卷十三引《论衡》文皆作"谓之有阴过"，据改。

④响吁（hǒu yù）：怒吼，大叫。响，吼叫。

【译文】

盛夏时节，打雷闪电迅速猛烈，击断树木，毁坏房屋，有时也会劈死人。世俗认为"击断树木，毁坏房屋"，是天来取龙；"劈死人"，则是因为人有隐蔽的罪过，拿不干净的东西给人吃喝，上天发怒，所以用雷劈死了他。隆隆的雷声，是上天发怒的声音，就像人的怒吼一样。世上无论愚钝还是聪明的人，没有认为不是这样的。但如果根据人世间的道理加以判断，这是虚假的说法。

　　夫雷之发动，一气一声也。折木坏屋，亦犯杀人；犯杀人时，亦折木坏屋。独谓折木坏屋者，天取龙；犯杀人，罚阴过，与取龙吉凶不同，并时共声，非实道也①。

【注释】

①非实道也：底本无"实"，《太平御览》卷十三引《论衡》文"非"后有"实"字，据补。

【译文】

雷的产生，同属一种气和一种声音。击断树木毁坏房屋时，也会劈死人；劈死人时，也会击断树木毁坏房屋。偏说击断树木毁坏房屋，是天要取龙；劈死人，是惩罚隐蔽的罪过，和取龙的凶吉不一样，同一时候同一声响，却有两种解释，这不符合实际情况。

　　论者以为"隆隆"者,天怒呴吁之声也。此便于罚过①,不宜于取龙。罚过,天怒可也;取龙,龙何过而怒之? 如龙神,天取之,不宜怒;如龙有过,与人同罪,龙杀而已②,何为取也? 杀人,怒可也;取龙,龙何过而怒之? 杀人不取,杀龙取之,人龙之罪何别,而其杀之何异? 然则取龙之说既不可听,罚过之言复不可从。

【注释】

①便:适合。

②龙杀而已:据文意,疑"杀"字当在"龙"前。

【译文】

　　辩解的人认为雷的隆隆声,是上天发怒的声音。这种说法只适合于惩罚过错,不适合于取龙。惩罚过错,上天发怒是可以的;取龙,龙有什么过错而要对它发怒呢? 如果龙是神物,上天取它,就不该发怒;如果龙有过错,和人一样有罪,杀了龙就可以了,为什么要取呢? 雷劈死人,上天发怒可以;取龙,龙有什么过错而要对它发怒呢? 雷劈死人而不取它,杀死龙却取它,人与龙的罪过有什么区别,而杀死他们的方法为什么不一样呢? 这样说来上天取龙的说法既不可信,惩罚过错的说法也不可从。

　　何以效之? 案雷之声,迅疾之时,人仆死于地,隆隆之声,临人首上,故得杀人。审隆隆者①,天怒乎? 怒,用口之怒气杀人也。口之怒气,安能杀人? 人为雷所杀,询其身体②,若燔灼之状也③。如天用口怒,口怒生火乎? 且口着乎体④,口之动,与体俱。当击折之时,声着于地;其衰也⑤,声着于天。夫如是,声着地之时,口至地,体亦宜然。当雷迅疾之时，仰视天，不见天之下。不见天之下，则夫隆隆之声者⑥，非天怒也。天之怒，与人无异。人怒，身近人则声疾，远人则声微。今天声近，其体远，非怒之实也。且雷声迅疾之时，声东西或南北。如天怒体动，口东西南北，仰视天，亦宜东西南北。

【注释】

①审：果真。

②询：查考。

③燔（fán）灼：焚烧。

④着：依附。

⑤衰：这里指雷声减弱。

⑥则夫：那么。

【译文】

　　怎样证明呢？考察雷的发声，迅速猛烈的时候，人倒地而死，隆隆的声音，落到人头上，所以可以杀死人。果真隆隆的声音，是天在发怒吗？如果是天发怒，那么天是用口中的怒气杀人。口中的怒气，怎么能杀人呢？人被雷杀死后，检查他的身体，像被焚烧过的样子。如果天用口发怒，口中的怒气能生出火来吗？况且口附着于身体，口的活动，是和身体一起的。当雷击断树木的时候，声音在地上；当雷声减弱时，声音在天上。如果这样，雷声在地上的时候，天的口也要来到地上，身体也应该这样。当雷声迅速猛烈的时候，抬头望天，看不到天降下来。看不到天降下，那么隆隆的声音，就不是天在发怒。上天发怒，和人没什么不同。人发怒时，身子靠近别人声音就强烈，远离别人声音就微弱。如今天的声音离得近，而它的身体却离得远，这不是发怒的事实。况且雷声迅速猛烈的时候，声音或在东西或在南北。如果天发怒而移动身体，口或在东西或在南北，抬头望天，天体也应该或向东西或向南北移动。

　　或曰："天已东西南北矣，云雨冥晦①，人不能见耳。"夫千里不同风，百里不共雷。《易》曰："震惊百里②。"雷电之地，雷雨晦冥③，百里之外，无雨之处，宜见天之东西南北也。口着于天，天宜随口，口一移，普天皆移，非独雷雨之地，天随口动也。且所谓怒者，谁也？天神邪？苍苍之天也④？如谓天神，神怒无声；如谓苍苍之天，天者体⑤，不怒，怒用口。且天地相与⑥，夫妇也，其即民父母也。子有过，父怒，笞之致死⑦，而母不哭乎？今天怒杀人，地宜哭之。独闻天之怒，不闻地之哭。如地不能哭，则天亦不能怒。且有怒则有喜。人有阴过，亦有阴善。有阴过，天怒杀之；如有阴善，天亦宜以善赏之⑧。隆隆之声，谓天之怒，如天之喜，亦哂然而笑⑨。人有喜怒，故谓天喜怒。推人以知天，知天本于人，如人不怒，则亦无缘谓天怒也⑩。缘人以知天，宜尽人之性。人性怒则响吁，喜则歌笑。比闻天之怒⑪，希闻天之喜⑫；比见天之罚，希见天之赏。岂天怒不喜，贪于罚⑬，希于赏哉⑭？何怒罚有效，喜赏无验也？

【注释】

①冥晦：昏暗。

②震：雷。引文参见《周易·震卦》。

③雷雨晦冥：上文言"云雨冥晦"，疑此处"雷"字当作"云"字，形近而误。

④苍苍：无边无际。

⑤天者体：王充认为，天、地都是物质实体，没有口、眼等器官，所以不可能发怒或哭泣。参见本书《自然篇》《谈天篇》。

⑥相与：相偕，相互。

⑦笞（chī）：古代用竹板或荆条打人脊背或臀腿的刑罚。

⑧善：据文意，疑当作"喜"字，形近而误。

⑨哂（shěn）然而笑：微笑。《太平御览》卷三百九十一引《论衡》文作"哑哑"。哑哑，形容笑声。"哑哑而笑"与"隆隆之声"正相对。

⑩缘：根据。

⑪比：频频，连续。与后文"希""疏"相对。

⑫希：少。

⑬贪：追求，贪图。

⑭希：疑作"恡"字，形近而误。恡（lìn），同"吝"，吝啬。

【译文】

有人说："天已经随着声音向东西南北移动了，只因为云雨昏暗，人不能看见罢了。"千里内外不会刮同一股风，百里内外不会响同一个雷。《周易》说："雷声惊动一百里。"打雷闪电的地方，云雨昏暗，在一百里之外，没有云雨的地方，应该看得见天向东南西北移动。口附着于天体，天体应该跟着口，口一移动，整个天也都移动，不仅是打雷下雨的地方，天体才跟着口移动。况且所谓发怒，是指谁呢？是天神吗？还是苍天呢？如果说是天神，神发怒是没有声音的；如果说是苍天，天是实体，不会发怒，因为发怒是用口的。况且天和地在一起，就像夫妇，它们就是人的父母。孩子有过错，父亲发怒，用板子把他打死了，母亲不会哭吗？如今天发怒杀人，地应该哭泣。只听到天的发怒，没听见地的哭泣。如果地不能哭，那么天也不会发怒。况且有发怒就有欢喜。人有隐蔽的过错，也会有隐蔽的善行。有隐蔽的过错，天就发怒杀掉他；如果有隐蔽的善行，天也应该高兴而奖赏他。隆隆的雷声，认为是天发怒；如果是天欢喜，也应该呵呵地笑。人有欢喜有愤怒，所以说天也应该有欢喜有愤怒。根据人的情况来认识天，对天的认识是以人为根据的，如果人不发怒，那么也没有根据说天发怒。既然根据人来认识天，那就应该发挥出人的全部性情。人的性情发怒时就要吼叫，欢喜时则唱歌欢笑。经常听到天发怒，很少听见天欢喜；经常看见天惩罚人，很少看见天奖赏人。难道是天只发怒不欢喜，贪图惩罚，吝啬奖赏吗？为什么天发怒惩罚有证明，欢喜奖赏没有征验呢？

　　且雷之击也，折木坏屋，时犯杀人，以为天怒。时或徒雷①，无所折败，亦不杀人，天空怒乎②？人君不空喜怒，喜怒必有赏罚。无所罚而空怒，是天妄也③。妄则失威，非天行也。政事之家④，以寒温之气，为喜怒之候⑤，人君喜即天温，怒则天寒⑥。雷电之日，天必寒也。高祖之先刘媪，曾息大泽之陂，梦与神遇，此时雷电晦冥。天方施气，宜喜之时也，何怒而雷？如用击折者为怒⑦，不击折者为喜，则夫隆隆之声，不宜同音。人怒喜异声，天怒喜同音，与人乖异，则人何缘谓之天怒？

【注释】

①时或：有时，偶尔。徒：只。

②空：徒然，无缘无故。

③妄：乱。

④政事之家：指用天人感应解释政事的儒生。

⑤候：征候，预兆。

⑥怒：底本作"即"，章录杨校宋本作"怒"，据改。

⑦用：以，认为。

【译文】

　　而且打雷的时候，折断树木毁坏房屋，有时会劈死人，就认为是天发怒。但有时只是空打雷，没有折断毁坏，也没有劈死人，这是天无缘无故地发怒吗？君主不会无缘无故地欢喜或发怒，是因为欢喜或发怒一定会有奖赏或惩罚。没有惩罚只是无缘无故地发怒，是天在胡来。胡来就会丧失威严，这不是天的行为。解释政事的儒生，把寒冷与温暖的气候，作为君主欢喜与发怒的征兆，君主欢喜天气就温暖，君主发怒天气就寒冷。打雷闪电的日子，天气一定寒冷。汉高祖的母亲刘媪，曾经在大湖边上休息，梦到和神交媾，这时电闪雷鸣天昏地暗。天正在施放精气给刘媪，应该是欢喜的时刻，为什么要发怒而打雷呢？如果认为击折树木是天发怒，不击折树木是天欢喜，那么隆隆的雷声，就不该相同。人发怒和欢喜的声音不同，天发怒和欢喜的声音相同，和人不相合，那么人根据什么认为打雷是天发怒呢？

　　且饮食人以不洁净，小过也。以至尊之身，亲罚小过，非尊者之宜也。尊不亲罚过，故王不亲诛罪①。天尊于王，亲罚小过，是天德劣于王也。且天之用心，犹人之用意。人君罪恶②，初闻之时，怒以非之，及其诛之，哀以怜之。故《论语》曰："如得其情，则哀怜而勿喜。"③纣，至恶也，武王将诛，哀而怜之。故《尚书》曰："予惟率夷怜尔。"④人君诛恶，怜而杀之，天之罚过，怒而击之，是天少恩而人多惠也。

【注释】

①诛：诛杀。

②罪恶：惩罚邪恶。

③"故《论语》曰"几句：引文参见《论语·子张》。

④"故《尚书》曰"二句：引文参见今本《尚书·多士》，今本《尚书》作"予惟率肆矜尔"。率，遵循。夷，平。尔，你。

【译文】

而且拿不干净的东西给人吃喝，只是小过错。以最尊贵的身份，亲自惩罚小过错，这不是尊贵的人应该做的。尊贵的人不亲自惩罚过错的人，所以君王不亲自诛杀有罪的人。天比君王尊贵，却亲自惩罚小过错，这是天的德行比君王低啊。而且天的用心，和人的用意一样。君主惩罚邪恶，在刚得知的时候，会愤怒地谴责他，等到要诛杀他的时候，又哀伤怜悯他。所以《论语》说："你假若能够审出罪犯的真情，便应该哀伤怜悯切不要高兴。"殷纣王，罪大恶极，武王要杀他的时候，还哀伤怜悯他。所以《尚书》说："我将遵循正常的法制办事并怜悯你们。"君主诛杀恶人，是怜悯地杀掉他们，上天惩罚过错，却愤怒地击杀他们，这是天缺少恩德而君主富于恩惠了。

　　说雨者以为天施气。天施气，气渥为雨①，故雨润万物，名曰澍②。人不喜，不施恩；天不说③，不降雨。谓雷，天怒；雨者，天喜也。雷起常与雨俱，如论之言④，天怒且喜也。人君赏罚不同日，天之怒喜不殊时，天人相违，赏罚乖也。且怒喜具形⑤，乱也。恶人为乱，怒罚其过，罚之以乱，非天行也。冬雷，人谓之阳气泄⑥；春雷，谓之阳气发⑦；夏雷，不谓阳气盛，谓之天怒，竟虚言也。

【注释】

①渥：浓，厚。

②澍（shù）：及时的雨。

③说：同"悦"。

④如论之言：据文意，疑"论"后脱"者"字。

⑤具：皆。

⑥泄：泄露。

⑦发：发散。

【译文】

论说雨的人认为下雨是因为天施放气。天施放气，气聚集成为雨，所以雨滋润万物，叫"澍"。人不高兴，不给别人恩惠；天不喜悦，就不下雨。说打雷，是天发怒；下雨，是天高兴。雷和雨经常一起到来，如果按照这种说法，天是在一边发怒一边高兴了。君主不会同时施行赏赐与惩罚，上天却会同时出现喜与怒，这就是天与人的做法相反，奖赏和惩罚相违背了。况且发怒和高兴同时表现出来，这是一种混乱的行为。厌恶人作乱，发怒惩罚他们的罪过，却用混乱的行为去惩罚他们，这不是天的行为。冬天打雷，人们说是阳气外泄，春天打雷，说是阳气发散；夏天打雷，不说是阳气旺盛，却说是上天发怒，这完全是虚假的说法。

人在天地之间，物也；物，亦物也。物之饮食，天不能知；人之饮食，天独知之？万物于天，皆子也。父母于子，恩德一也。岂为贵贤加意①，贱愚不察乎②？何其察人之明，省物之暗也③！犬豕食人腐臭食之，天不杀也。如以人贵而独禁之，则鼠污人饮食④，人不知，误而食之，天不杀也。如天能原鼠⑤，则亦能原人。人误以不洁净饮食人，人不知而食之耳，岂故举腐臭以予之哉⑥？如故予之，人亦不肯食。吕后断戚夫人手⑦，去其眼，置于厕中⑧，以为人豕。呼人示之，人皆伤心。惠帝见之，疾卧不起⑨。吕后故为，天不罚也。人误不知，天辄杀之。不能原误失而责故⑩，天治悖也⑪。

【注释】

①贵贤：这里指人。

②贱愚：这里指物。

③省（xǐng）：察看。

④洿（wū）：玷污。

⑤原：原谅。

⑥故：故意。

⑦戚夫人：汉高祖刘邦的宠姬，生赵王如意。高祖曾欲立为储君，未果。高祖死后，吕后鸩杀赵王，挖去戚夫人的耳目，断其手足，称为"人彘"。《汉书·吕后纪》作"人豕"。

⑧厕：猪圈。

⑨疾卧不起：以上事参见《史记·吕后本纪》。

⑩原：原谅，宽恕。失：递修本作"反"。而：及。责：惩罚。故：故意。

⑪治：办，处理。悖：昏乱。

【译文】

　　人在天地之间，是物体；动物，也是物体。动物的饮食，天不能知道；人的饮食，天偏就能知道吗？万物对于天来说，都是子女。父母对子女，恩情是一致的。怎么会对尊贵贤能的特别关心，而对低贱愚笨的不加留意呢？为什么天对人的观察这么清楚，对动物观察却这么糊涂呢！狗和猪吃人丢下的腐臭的东西，人把腐臭的东西给它们吃，上天却不杀人。如果认为人尊贵所以只禁止给人吃不干净的东西，那么老鼠污染了人的饮食，人不知道，误吃了它，天也不杀老鼠。如果天能原谅老鼠，那么也能原谅人。人不小心把不干净的东西给别人吃喝，别人不知道就吃了，难道是故意把腐臭的东西给别人吗？如果是故意给别人，别人也不会吃的。吕后砍断了戚夫人的手，挖去了她的眼，将她扔进猪圈里，当作"人豕"。叫别人来看，人们都很伤心。汉惠帝见了，生病卧床不起。吕后所为是故意的，天没有惩罚她。人不小心不自觉犯了把不干净的东西给别人吃喝的小错，天就会杀死他。不能原谅不小心造成的错误，不去惩罚故意的罪过，这是上天办事太昏乱了。

夫人食不净之物，口不知有其泞也；如食，已知之，名曰肠泞。戚夫人入厕，身体辱之，与泞何以别？肠之与体何以异？为肠不为体，伤泞不病辱[1]，非天意也。且人闻人食不清之物，心平如故，观戚夫人者，莫不伤心。人伤，天意悲矣。天悲戚夫人[2]，则怨吕后。案吕后之崩，未必遇雷也。道士刘春，荧惑楚王英[3]，使食不清。春死，未必遇雷也。建初四年夏六月[4]，雷击会稽鄞县羊五头[5]，皆死。夫羊有何阴过而雷杀之[6]？舟人泞溪上流，人饮下流，舟人不雷死。

【注释】

①伤：担心。病：担心。

②天：底本为"夫"，据递修本改。

③荧惑：迷惑。楚王英：东汉光武帝之子刘英，封为楚公、楚王。后以"招聚奸滑，造作图谶"的罪名被流放，自杀。

④建初四年：79年。建初，东汉章帝年号。《太平御览》卷十三、《事类赋》卷三引《论衡》文皆作"建武"。

⑤雷击会稽鄞县羊五头：底本作"雷击杀会稽靳专日食羊五头"，不可解，《太平御览》卷十四、《事类赋》卷三引《论衡》文作"雷击会稽鄞县羊五头"，据改。"靳"与"鄞"形近而误。"专日"二字为"县（縣）"字形残而误。鄞县，县名。秦始置，属会稽郡，治今浙江奉化东北白社村。

⑥夫羊有何阴过：底本无"有"，据文气，"羊"后当有"有"字，《太平御览》卷十四、《事类赋》卷三、《初学记·雷部》引《论衡》文皆有"有"字，据添。

【译文】

人吃了不干净的东西，口不知道那是脏的；如果吃了，才知道，就叫

"肠洿"。戚夫人被关进猪圈,身体受到侮辱,和"肠洿"有什么区别?肠子和身体又有什么不同?只顾肠子不顾身体,只担心肠洿不担心身体被污辱,这不是上天的意愿。况且人听说别人吃了不干净的东西,心里平静如故,而看到戚夫人的人,却没有不伤心的。人伤心,天意也应悲伤。天悲伤戚夫人,那么就该怨恨吕后。考察吕后死时,未必遇到雷劈。道士刘春,迷惑楚王英,让他吃不清洁的东西。刘春死的时候,未必遇到雷劈。建初四年夏季六月,打雷击中会稽郡鄞县的五头羊,羊都被劈死了。那羊有什么隐藏的罪过,而被雷劈死呢?船夫弄脏了小河上游的水,人喝了下游的水,船夫也不会被雷劈死。

　　天神之处天①,犹王者之居地②。王者居重关之内③,则天之神宜在隐匿之中;王者居宫室之内,则天亦有太微、紫宫、轩辕、文昌之坐④。王者与人相远,不知人之阴恶;天神在四宫之内,何能见人暗过?王者闻人过,以人知⑤;天知人恶,亦宜因鬼⑥。使天问过于鬼神,则其诛之,宜使鬼神。如使鬼神,则天怒,鬼神也,非天也。且王断刑以秋⑦,天之杀用夏⑧,此王者用刑违天时。奉天而行,其诛杀也,宜法象上天⑨。天杀用夏,王诛以秋,天人相违,非奉天之义也。

【注释】

①处:居住。

②地:底本作"也",递修本作"地",据改。

③重关:层层的宫门。

④太微、紫宫、轩辕、文昌:四个恒星星座的名称,即下文的"四宫"。古代认为它们是天帝及其后妃所在的地方,天子居太微,太一居紫宫,帝妃居轩辕,管天下计事者居文昌。坐:通"座",星座。

⑤以：凭借，依靠。

⑥因：依靠。

⑦断刑：判刑，这里指处决死罪的人。以：在。

⑧用：以，在。

⑨法象：效法，仿效。

【译文】

　　天神住在天上，就像君王住在地上一样。君王住在层层的宫门之内，那么天神也应住在隐蔽的地方；君王居住在宫室之内，所以天也有太微、紫宫、轩辕、文昌四宫的星座。君王与人民相距很远，不了解人的隐蔽罪过；天神在四宫之内，怎能看见人的暗中罪过呢？君王知道人的罪过，是靠别人的报告才知道的；天知道人的罪恶，也应该依靠鬼神。假如天是通过鬼神了解人的过错，那么天要杀人，也应该派鬼神去办。如果天派鬼神去杀人，那么所谓天发怒，应该是鬼神在发怒，而不是天在发怒。况且君王判决死刑是在秋天，天打雷杀人却在夏天，这是君王用刑违背了天时。如果是遵循天意办事，君王实施诛杀，也应该效法上天。天杀人在夏天，君王杀人在秋天，天与人相违背，这不符合遵循天意办事的道理。

　　或论曰："饮食不洁净①，天之大恶也。杀大恶，不须时②。"王者大恶，谋反大逆无道也。天之大恶，饮食人不洁清。天之所恶③，小大不均等也。如小大同，王者宜法天，制饮食人不洁清之法为死刑也。圣王有天下，制刑不备此法，圣王阙略④，有遗失也？

【注释】

①饮食不洁净：下文云"饮食人不洁清"，据文意，疑"食"字后脱

"人"字。

②须:等待。

③之:据文意,疑当作"人"字。

④阙略:缺漏,不完备。

【译文】

有人解释说:"给人吃喝不干净的东西,对于天是罪大恶极的事。诛杀罪大恶极的人,不要等到规定的时间。"对君王最大的罪恶,是谋反背叛犯上作乱。对天最大的罪恶,是给人吃喝不清洁的东西。那天和人所认为的罪恶,大小标准就不均等了。如果小标准一致,君王应该效法天,制定刑罚判处给人吃喝不干净东西的人以死罪。可是自古以来圣王统治天下,制定刑罚都没有这条法律,这是圣王疏忽大意,制定刑法有遗漏了吗?

　　或论曰:"鬼神治阴①,王者治阳②。阴过暗昧③,人不能觉,故使鬼神主之。"曰:阴过非一也,何不尽杀? 案一过④,非治阴之义也。天怒不旋日⑤,人怨不旋踵⑥。人有阴过,或时有用冬,未必专用夏也。以冬过误,不辄击杀,远至于夏,非不旋日之意也。

【注释】

①阴:即上文所说的"阴恶",隐蔽的罪恶。

②阳:这里指暴露出来的罪行。

③暗昧:隐蔽,暧昧。

④案:查办。

⑤旋日:一日之间。旋,转。

⑥旋踵:掉转脚跟,比喻时间极短。

【译文】

有人解释说："鬼神惩处隐蔽的罪恶，君王惩处暴露的罪行。隐蔽的罪恶不显露，人不能觉察，所以让鬼神来处置。"我说：隐蔽的罪过不止一种人，为什么不全都杀了？只查办一种过失，不是惩处隐蔽罪恶的道理。天发怒不过一天，人发怒在转脚之间。人的隐蔽罪恶，有时是在冬天犯下的，未必一定是夏天犯下的。在冬天犯了过错，不立即击杀，要远拖到夏天，这不是天发怒不过一天的道理。

图画之工①，图雷之状②，累累如连鼓之形③。又图一人，若力士之容，谓之雷公，使之左手引连鼓④，右手推椎⑤，若击之状。其意以为，雷声隆隆者，连鼓相扣击之意也⑥；其魄然若敞裂者⑦，椎所击之声也；其杀人也，引连鼓相椎，并击之矣。世人信之⑧，莫谓不然。如复原之⑨，虚妄之象也。

【注释】

①工：工匠。

②图：画。

③累累：连续不断。连鼓：一种由多个小鼓连接组成的鼓，东汉画像石图案中有雷公牵此鼓形象。

④引：牵挽，拉。

⑤椎（chuí）：鼓槌。

⑥意：据文意，疑为"音"字，形近而误。

⑦魄然：形容声音剧烈。敞裂：即霹雳，下文"毂裂"同此。

⑧人：底本作"又"，《太平御览》卷十三引《论衡》文作"人"，据改。

⑨复：再。原：推究。

【译文】

绘画的工匠，描绘雷的形状，是一个接一个像连鼓的样子。又画上一个人，如力士的容貌，说他是雷公，让他左手牵着连鼓，右手举着鼓槌，作敲击之状。那意思是，雷的隆隆之声，是连鼓相互撞击的声音；那轰然炸响有如霹雳的声音，是鼓槌敲出的声音；雷劈死人，是雷公牵着连鼓举着鼓槌，同时撞击造成的。世人相信如此，没有人说不是这样。如果再进一步推究，可知这是虚假的图像。

夫雷，非声则气也。声与气，安可推引而为连鼓之形乎？如审可推引，则是物也。相扣而音鸣者，非鼓即钟也。夫隆隆之声，鼓与钟邪？如审是也，钟鼓而不空悬①，须有筍虡②，然后能安③，然后能鸣。今钟鼓无所悬着，雷公之足，无所蹈履④，安得而为雷？

【注释】

①而不：据文意，疑作"不而"。而，通"能"。

②筍虡（sǔn jù）：古代悬挂钟磬的架子，横架为筍，竖架为虡。

③安：安稳，固定。

④蹈履：踩踏。

【译文】

雷，不是声音就是气。声音与气，怎么可以推拉而成为连鼓的样子呢？如果真的可以推拉，那雷就是物体。能够相互撞击而发出声音，不是鼓就是钟。隆隆的声音，是钟和鼓吗？如果确实是，那钟鼓不能空悬，必须要有架子，然后才能被固定，然后才能发声。如今钟鼓没有悬挂附着的东西，雷公的脚，没有可以踩踏的地方，怎么能打雷呢？

或曰："如此固为神①。如必有所悬着，足有所履，然后而为雷，是与人等也，何以为神？"曰：神者，恍惚无形，出入无门，上下无垠②，故谓之神。今雷公有形，雷声有器③，安得为神？如无形，不得为之图象；如有形，不得谓之神。谓之神龙升天，实事者谓之不然④，以人时或见龙之形也。以其形见，故图画升龙之形也；以其可画，故有不神之实。

【注释】

①固：本来。

②无垠（yín）：无边际。垠，边际，界限。

③器：指鼓和鼓槌。

④实事者：实事求是的人。

【译文】

有人说："像这样的本来就是神。如果一定要有悬挂附着的东西，脚要有踩踏的地方，然后才能打雷，这是和人一样了，怎么成为神呢？"我说：所谓神，恍恍惚惚没有固定形体，出入不需门径，上下漫无边际，所以叫神。如今雷公有形体，雷声是由鼓和鼓槌发出，怎么是神？如果没有形体，就不能为他画像；如果有形体，就不能称之为神。说神龙能够升天，实事求是的人认为不是这样，因为人有时看见了龙的形体。因为龙的形体显现，所以能画出升天之龙的形象；因为龙可以被画出来，所以有不是神的根据。

难曰："人亦见鬼之形，鬼复神乎？"曰：人时见鬼，有见雷公者乎？鬼名曰神，其行蹈地，与人相似。雷公头不悬于天①，足不蹈于地，安能为雷公？飞者皆有翼，物无翼而飞，谓仙人。画仙人之形，为之作翼。如雷公与仙人同，宜复着翼。使雷公不飞，图雷家言其飞，非也；使实飞，不为着翼，又非也。夫如是，图雷之家，画雷之状，皆虚妄也。且说雷之家,谓雷,天怒响吁也;图雷之家,谓之雷公怒引连鼓也。
审如说雷之家,则图雷之家非;审如图雷之家,则说雷之家
误。二家相违也,并而是之,无是非之分。无是非之分,故
无是非之实。无以定疑论②,故虚妄之论胜也。

【注释】

①雷公:这里指画上的雷公。

②疑论:疑惑不定的说法。

【译文】

　　有人责难说:"人也见过鬼的形体,鬼还算是神吗?"我说,人有时
会看见鬼,可有见过雷公的吗? 鬼称为神,他行走时脚踩在地上,和人
相似。画上雷公的头没有悬挂在天上,脚没有踩在地上,怎么能叫雷公
呢? 能飞的都有翅膀,动物没有翅膀而能飞行的,叫仙人。画仙人的形
体,要为他画上翅膀。如果雷公与仙人一样,应该再画上翅膀。如果雷
公不能飞,画雷公的人说他会飞,就不对;如果确实能飞,不给他画上翅
膀,也是不对的。像这样,画雷公的人,画出的雷公的样子,都是虚假的。
而且论说打雷的人,认为雷是上天发怒时的吼叫;画雷公的人,认为雷是
雷公发怒拉动连鼓之声。如果雷电的起因确如论说打雷的人所说,那么
画雷公的人所认为雷电的起因便是错的;如果雷电的起因确实如画雷公
的人所说,那么论说雷电之人所认为的雷电起因便是错的。两种说法相
矛盾,如果认为都对,是没有了是非的分别。没有是非的分别,所以实际
上也就没有是非。没有办法判断这些疑惑不定的说法,所以虚假的谬论
就占了上风。

　　《礼》曰:"刻尊为雷之形①,一出一入②,一屈一伸③,为
相校轸则鸣④。"校轸之状,郁律嵬垒之类也⑤,此象类之矣。

气相校轸分裂，则隆隆之声，校轸之音也。魄然若礮裂者，气射之声也。气射中人，人则死矣。实说，雷者太阳之激气也⑥。何以明之？正月阳动，故正月始雷；五月阳盛，故五月雷迅；秋冬阳衰，故秋冬雷潜。盛夏之时，太阳用事，阴气乘之⑦。阴阳分争⑧，则相校轸。校轸则激射，激射为毒⑨，中人辄死，中木木折，中屋屋坏。人在木下屋间，偶中而死矣。何以验之？试以一斗水灌冶铸之火，气激礮裂，若雷之音矣。或近之⑩，必灼人体。天地为炉，大矣；阳气为火，猛矣；云雨为水，多矣。分争激射，安得不迅？中伤人身，安得不死？当冶工之消铁也⑪，以土为形⑫，燥则铁下⑬，不则跃溢而射⑭。射中人身，则皮肤灼剥⑮。阳气之热，非直消铁之烈也⑯；阴气激之，非直土泥之湿也；激气中人⑰，非直灼剥之痛也。

【注释】

①尊：古代的一种盛酒器。

②一出一入：一凹一凸。

③一屈一伸：一弯一直。

④校轸（zhěn）：刘盼遂认为"校轸"为"绞纱"之借。《礼记·杂记》疏："两股相交谓之绞。"《说文》："纱，转也。"是绞纱二字皆以状雷之出入屈伸之容也。校，通"绞"，纠缠。轸，通"纱"，缠结。引文不见于今本《周礼》《仪礼》和《礼记》，可能是佚文。

⑤郁律：声音回荡。㟪（wěi）垒：萦绕。㟪，山高不平貌。此指屈曲回转。

⑥太阳：指最旺盛的阳气。

⑦乘：侵犯。

⑧争:底本作"事",章录杨校宋本作"争",据改。

⑨毒:猛烈,凶狠。

⑩或:稍微。

⑪消:通"销",熔化。

⑫形:通"型",模子。

⑬燥:干燥。

⑭不:同"否"。

⑮灼剥:因烧焦而脱落。

⑯非直:不止。

⑰激:底本作"阳",章录杨校宋本作"激",据改。

【译文】

《礼》上说:"在尊上刻出雷的形象,一凹一凸,一弯一直,做出相互纠结缠绕的纹路就像有响声一样。"纠结缠绕的纹路,象征回荡萦绕的雷声,这是用图像来比拟雷。气相互纠结缠绕后分离断裂,则隆隆的雷声,就是气相互纠结缠绕的声音。轰然炸响有如霹雳,是气喷射的声音。气喷射中人,人就死了。实际说来,雷是极盛的阳气激荡冲击阴气产生的。用什么来证明呢?正月阳气萌动,所以正月里开始打雷;五月阳气旺盛,所以五月里雷声迅猛;秋冬之季阳气衰微,所以秋冬之季雷声潜伏不见。盛夏时节,极盛的阳气主事,遇到阴气的侵袭。阴阳二气纷争,就相互纠结缠绕。纠结缠绕就会相互冲击喷射,喷射出的气很猛烈,击中人就死去,击中树木树木就折断,击中房屋房屋就损坏。人在树下屋里,恰好被击中就死了。用什么来证明呢?试着拿一斗水倒进冶炼的火里,气冲激炸裂,就像打雷的声音一样。稍微离近一点,一定会烧伤人体。天地作为火炉,是很大了;阳气作为火,是很猛了;云雨作为水,是很多了。相互纷争冲激喷射,怎么能不迅猛?击中人的身体,怎么会不死?当冶金工人熔化铁的时候,用泥土作模子,模子干燥铁水就能注下,否则就会飞溅出来向四周喷射。射中人的身体,皮肤就烧焦脱落。阳气的热度,不止是熔化铁那么强烈；阴气的冲激，不止是泥土那样潮湿；冲激的气击中人，不止是烧伤脱皮那么痛苦。

　　夫雷，火也，火气剡人^①，人不得无迹。如炙处状似文字^②，人见之，谓天记书其过^③，以示百姓。是复虚妄也。使人尽有过^④，天用雷杀人，杀人当彰其恶，以惩其后，明著其文字^⑤，不当暗昧。图出于河，书出于洛。河图、洛书，天地所为，人读知之。今雷死之书，亦天所为也，何故难知？如以一人皮不可书^⑥，鲁惠公夫人仲子^⑦，宋武公女也^⑧，生而有文在掌^⑨，曰"为鲁夫人"。文明可知，故仲子归鲁^⑩。雷书不著，故难以惩后。夫如是，火剡之迹，非天所刻画也。或颇有而增其语，或无有而空生其言。虚妄之俗，好造怪奇。

【注释】

①火气剡（yǎn）人：底本无"火"字，章录杨校宋本"气"前有"火"字，据补。剡，削，这里指烧。

②如：或。炙：烧。

③记书：记录。

④尽：极。

⑤明著：鲜明显著。

⑥一：据文意，疑为衍文。

⑦鲁惠公（？—前723）：名弗湟，鲁国第十三任君主，前768—前723年在位。

⑧宋武公（？—前748）：名司空，宋国第十二任国君，前765—前748年在位。

⑨文：文字。

⑩归：古代指女子出嫁。以上事参见《左传·隐公元年》。

【译文】

雷，是火，火气灼烧人，人身上不能不留下痕迹。如果灼烧处类似文字，人看到，就说是天记录下他的罪过，以此展示给百姓。这种说法又是虚假的。如果人极有罪过，天打雷杀他，杀他就应当彰显他的罪行，以惩戒后人，并且明白地用文字显示出来，不应该隐晦不清。图在黄河里出现，书在洛水中出现。河图、洛书，都是天地所作，人们一读就知道。如今被雷劈死的人身上的文字，也是天写的，为什么难以读懂呢？如果认为人皮不能写字，鲁惠公夫人仲子，是宋武公的女儿，出生时就有文字在手心，说"为鲁夫人"。文字清晰可以辨识，所以仲子嫁到了鲁国。而打雷所写下的字不明显，所以难以惩戒后人。这样说来，火烧留下的痕迹，就不是天刻画的了。或许被雷劈死的人身上略有一些痕迹却被夸大其词，或许本无其事而凭空编造出各种说法。弄虚作假的庸人，喜欢编造奇谈怪论。

何以验之雷者火也？以人中雷而死，即询其身，中头则须发烧燋①，中身则皮肤灼燌②，临其尸上闻火气③，一验也。道术之家以为雷④，烧石色赤，投于井中，石燋井寒⑤，激声大鸣，若雷之状，二验也。人伤于寒，寒气入腹，腹中素温⑥，温寒分争，激气雷鸣，三验也。当雷之时，电光时见，大若火之耀⑦，四验也。当雷之击，时或燔人室屋及地草木，五验也。夫论雷之为火有五验，言雷为天怒无一效，然则雷为天怒，虚妄之言。

【注释】

①燋（jiāo）：通"焦"。

②灼燌（fén）：焚烧。燌，同“焚”。

③临：接近。

④道术之家：指古代以炼丹求仙为职业的人。

⑤燋（zhuó）：同“灼”，用火烧，引申为灼热之义。

⑥素：向来，往常。

⑦大：据文意，疑为“光”字，形近而误。

【译文】

怎样证明雷就是火呢？因为人被雷击中而死，立即察验他的身体，击中头部则胡须头发被烧焦，击中身体则皮肤被焚烧，接近他的尸体上能闻到火气，这是证据之一。道术之家要造出雷声，把石头烧红了，投入井中，石头灼热而井水寒冷，冲激之声大响，像打雷一样，这是证据之二。人受了寒，寒气进入腹中，腹中向来温热，热气与寒气相争，冲激之气有如雷鸣，这是证据之三。当打雷的时候，电光不时闪现，发出的光就像火光闪耀一样，这是证据之四。当打雷的时候，有时会焚烧人的房屋和地上的草木，这是证据之五。解释雷是火有五条证据，说雷是上天发怒却没有一条证据，这样说来，打雷是上天发怒，是虚假的说法。

难曰[①]：“《论语》云：‘迅雷风烈必变[②]。’《礼记》曰：‘有疾风迅雷甚雨则必变[③]，虽夜必兴[④]，衣服、冠而坐[⑤]。’惧天怒，畏罚及己也。如雷不为天怒，其击不为罚过，则君子何为为雷变动、朝服而正坐乎[⑥]？”曰：天之与人犹父子，有父为之变，子安能忽[⑦]？故天变，己亦宜变。顺天时，示己不违也。人闻犬声于外，莫不惊骇，竦身侧耳以审听之[⑧]。况闻天变异常之声，轩磕迅疾之音乎[⑨]？《论语》所指，《礼记》所谓，皆君子也。君子重慎[⑩]，自知无过，如日月之蚀[⑪]，无阴暗食人以不洁清之事，内省不惧，何畏于雷？审如不畏雷[⑫]，则其变动不足以效天怒。何则？不为己也。如审畏雷，亦不足以效罚阴过。何则？雷之所击，多无过之人。君子恐偶遇之，故恐惧变动。夫如是，君子变动，不能明雷为天怒[13]，而反著雷之妄击也[14]。妄击不罚过，故人畏之。如审罚有过，小人乃当惧耳，君子之人无为恐也。宋王问唐鞅曰[15]："寡人所杀戮者众矣，而群臣愈不畏，其故何也？"唐鞅曰："王之所罪，尽不善者也。罚不善，善者胡为畏[16]？王欲群臣之畏也，不若毋辨其善与不善而时罪之[17]，斯群臣畏矣。"宋王行其言[18]，群臣畏惧，宋王大怒[19]。夫宋王妄刑，故宋国大恐；惧雷电妄击，故君子变动。君子变动，宋国大恐之类也。

【注释】

①难：底本作"虽"，章录杨校宋本作"难"，据改。

②变：改变神色。引文参见《论语·乡党》。

③甚雨：骤雨，大雨。

④兴：起。

⑤衣：穿戴。服：衣服。引文参见《礼记·玉藻》。

⑥变动：指变色动心。朝服：穿上礼服。乎：底本作"子"，递修本作"乎"，据改。

⑦忽：疏忽，怠慢。

⑧竦（sǒng）身：直起身子。竦，通"耸"。

⑨轸磕（pēng kē）：亦作"砰磕"，疾雷声。轸、磕，象声词。轸，底本作"轩"，章录杨校宋本作"轸"，据改。

⑩重：重视，看重。慎：谨慎。

⑪如日月之蚀：出自《论语·子张》："君子之过也，如日月之食焉。过也，人皆见之；更也，人皆仰之。"《论衡》前句已言"无过"，则

此句难通，疑有脱文，或后来注释误窜入正文。

⑫审如：疑为"如审"之误倒。

⑬明：证明。

⑭著：表明。

⑮宋王：戴氏，名偃，战国时戴宋的国君，前328—前286年在位。宋桓公时，戴氏之族司城子罕夺子氏政权，建立戴宋。司城子罕立不久卒，其弟偃嗣位。至十一年（前318）称王，即宋王偃，又称"宋康王""宋献王"。东败齐，南败楚，西败魏，但淫于酒与美人，群臣谏者即射之，诸侯谓之"桀宋"。前287年，齐与楚、魏攻宋，宋王偃兵败，被杀，宋国灭亡。唐鞅：战国时宋国大臣，宋王偃时为相，曾教宋王偃对大臣不辨善恶皆罪之，以立其威，旋为宋王所杀。

⑯胡为：何为，为什么。

⑰时：经常，时常。

⑱行：做，办。

⑲宋王大怒：于义难通，疑当作"宋国大恐"，下文有"夫宋王妄刑，故宋国大恐"，"君子变动，宋国大恐之类也"，正复述此语。以上事参见《吕氏春秋·淫辞》。

【译文】

责难的人说："《论语》说：'遇到巨雷暴风一定改变神色。'《礼记》说：'有暴风巨雷大雨那一定会改变神色，即使是夜晚也要起来，穿戴好衣服、帽子端坐。'这是害怕上天发怒，畏惧天罚降到自己身上。如果打雷不是上天发怒，雷击不是惩罚罪过，那君子为什么要因为打雷而变色动心，穿上朝服正襟危坐呢？"我说：天和人就像父与子，父亲因某事而改变神色，儿子怎么能不在乎？所以天发生变动，自己也应该跟着改变神色。顺从天时，表示自己不违背天意。人听到外面的狗叫声，没有不惊慌害怕的，直起身子侧耳仔细地听动静。何况天发生变动的异常声音，产生出巨大迅猛的声响呢？《论语》所指的，《礼记》所说的，都是君子。君子以戒惧谨慎为重,知道自己没有过错,没有暗地里给人吃不干净东西的事,自我反省没有可害怕的,为什么要惧怕打雷呢? 如果确实不怕打雷,那他们的变色动心就不足以证明天发怒。为什么呢? 因为雷不是针对自己打的。如果确实害怕打雷,也不足以证明打雷是惩罚有隐蔽罪过的人。为什么呢? 被雷击死的,很多是无辜的人。君子害怕碰巧遇到,所以惊恐而改变神色。像这样,君子变色动心,不能证明打雷是天发怒,却反而证明打雷是胡乱劈人。胡乱劈人不是惩罚罪过,所以人害怕它。如果确实是惩罚罪过,那么小人才应该害怕,而君子一类的人是不用恐惧的。宋王偃问唐鞅说:“我所杀的人很多了,而臣子们却越来越不怕我,这是什么原因呢?”唐鞅说:“大王所惩罚的,都不是好人。惩罚不好的人,好人为什么要害怕呢? 大王想让臣子们害怕,不如不要区别好的和坏的而经常惩罚他们,这样臣子们就会害怕了。”宋王偃按照唐鞅的话做了,结果群臣恐惧,宋国上下由此陷入恐慌之中。因为宋王偃滥施刑罚,所以导致宋国上下陷入恐慌;因为畏惧雷电胡乱击杀,所以君子变色动心。可见君子变色动心,和宋国上下陷入恐慌是一类的情况。

卷第七

道虚篇第二十四

【题解】

本篇意在批驳"道家"与"儒书"中所谓的修道可以成仙之言。秦汉时期方术之学大兴，不论是道家还是儒家均深受其影响，逐渐方士化的儒、道学者均宣称人可以"得道仙去""度世不死"。王充针对此说列举了数条前人修道成仙的事例，并一一加以驳斥，以否定其真实性。同时王充还对当时流传的修道之法进行了分析，认为"吞药养性，能令人无病，不能寿之为仙"。而且服药过度反而会中毒。气"不能饱人"，人不饮食，是"违所禀受"，必会饿死。鸟兽少欲，"亦老而死""草木无欲，寿不逾岁"。所以说这些修道之法均是难以使人成仙的无用功。

最后王充指出"死者，生之效；生者，死之验也。夫有始者必有终，有终者必有始。唯无终始者，乃长生不死"。"夫人，物也，虽贵为王侯，性不异于物。物无不死，人安能仙？"彻底否定了人可以修道成仙的虚妄之言。

儒书言：黄帝采首山铜①，铸鼎于荆山下②。鼎既成，有龙垂胡髯③，下迎黄帝。黄帝上骑龙，群臣、后宫从上七十余人，龙乃上去④。余小臣不得上，乃悉持龙髯。龙髯拔，堕黄帝之弓。百姓仰望黄帝既上天,乃抱其弓与龙胡髯吁号。故后世因其处曰"鼎湖"⑤,其弓曰"乌号"。《太史公记》诔五帝⑥,亦云:黄帝封禅已⑦,仙去,群臣朝其衣冠,因葬埋之⑧。曰,此虚言也。

【注释】

①首山:山名,约在今河南襄城南五里。

②荆山:山名,约在今河南灵宝阌乡南。

③胡髯(rán):颊旁及下巴上的胡须。

④上:这里指上天。

⑤故后世因其处曰"鼎湖":《史记·封禅书》《汉书·郊祀志》"因"后有"名"字。

⑥《太史公记》:即司马迁所著《史记》。诔(lěi):古代叙述死者生平,表达哀悼,用以确定谥号的文章。

⑦封禅:古代帝王祭祀天地的典礼,在泰山上筑坛祭天曰"封",在山南梁父山上辟场祭地曰"禅"。已:结束,完毕。

⑧因葬埋之:以上事参见《史记·封禅书》。

【译文】

儒家的书上说:黄帝开采首山的铜,在荆山下铸鼎。鼎铸好了,有一条垂着胡须的龙,从天而降迎接黄帝。黄帝骑上龙,群臣和嫔妃跟着上去的有七十多人,龙就上天而去。其余的小吏没能骑上龙背,就都抓住龙的胡须。龙的胡须被拔断,黄帝的弓掉了下来。百姓抬头看着黄帝已经飞升上天,就抱着他的弓和龙的胡须呼叫。所以后世就把那个地方叫"鼎湖",把那张弓叫"乌号"。《太史公记》叙述五帝的生平,也说:黄帝祭祀天地完毕,成仙离去,群臣朝拜他的衣冠,于是就把它埋了。我认为,这是假话。

　　实"黄帝"者,何等也^①? 号乎? 谥也? 如谥,臣子所诔列也^②,诔生时所行,为之谥。黄帝好道^③,遂以升天,臣子诔之,宜以"仙""升",不当以"黄"谥。《谥法》曰:"静民则法曰'黄'^④。""黄"者,安民之谥,非得道之称也^⑤。百王之谥,文则曰"文",武则曰"武"。文武不失实,所以劝操行也。如黄帝之时质^⑥,未有谥乎,名之为黄帝,何世之人也? 使黄帝之臣子^⑦,知君;使后世之人,迹其行^⑧。黄帝之世,号谥有无,虽疑未定,"黄"非升仙之称,明矣。

【注释】

①何:哪。

②列:安排,给予。

③道:这里指道家的炼丹求仙等活动。

④静:安定。则:遵守。黄:《逸周书·谥法解》作"靖民则法曰皇",王充此记恐有错误。

⑤得道:成仙。

⑥质:质朴。

⑦使:假使,如果。

⑧迹:追踪,追寻。

【译文】

　　事实上"黄帝",是何称呼呢? 是生前的称号呢? 还是死后的谥号呢? 如果是谥号,那是臣子们追悼时加上的,追述生前事迹,给予谥号。黄帝喜欢道术,就因此飞升上天,臣子们追悼他,应该用"仙"或"升",而不该用"黄"作谥号。《谥法》说:"安定人民依法办事的称'黄'。""黄",是能使人民安定的谥号,不是得道成仙的称呼。众多帝王的谥号,有文治的谥号称"文",有武功的谥号称"武"。称"文"或称"武",都不违背生前的实情,目的是用来劝勉人们注意操行。假如黄帝时社会风气质朴,还没有谥号,那么称他为黄帝的,是哪个时代的人呢?假如是黄帝的臣子,那他们应该了解自己的君主;假如是后代的人,那么他们应该追寻考察过黄帝的事迹。黄帝的时代,称号谥号的有无,虽然存疑难定,"黄"不是升天成仙的称呼,是明确的。

　　龙不升天,黄帝骑之,乃明黄帝不升天也。龙起云雨,因乘而行;云散雨止,降复入渊。如实黄帝骑龙,随溺于渊也①。案黄帝葬于桥山②,犹曰群臣葬其衣冠。审骑龙而升天,衣不离形③;如封禅已,仙去,衣冠亦不宜遗。黄帝实仙不死而升天,臣子百姓所亲见也,见其升天,知其不死,必也。葬不死之衣冠,与实死者无以异,非臣子实事之心,别生于死之意也④。

【注释】

①溺:淹没。

②桥山:地名,在今陕西黄陵西北。

③形:身体。

④别:区别。意:态度。

【译文】

　　龙不能飞升上天,黄帝骑龙,就说明黄帝没有升天。龙随云雨而起,于是就乘云飞行;云散雨停,又降落入深渊。如果黄帝真的骑了龙,就会随着龙没入深渊了。根据考察黄帝葬在桥山,还说臣子们埋葬了他的衣冠。如果黄帝真的骑龙升天,衣冠不该离开身体;如果是祭拜天地完毕,成仙而去,也不应该留下衣冠。如果黄帝真的成仙不死飞升上天,那么臣子百姓必定会亲眼看到,看到他升天,就知道他没死,这是确定无疑的。埋葬没死的人的衣冠，和埋葬死了的人没有区别，这不是臣子们应有的那种实事求是，对待活人和死人要有所区别的态度。

　　载太山之上者①，七十有二君②，皆劳情苦思③，忧念王事④，然后功成事立，致治太平。太平则天下和安，乃升太山而封禅焉。夫修道求仙，与忧职勤事不同。心思道，则忘事；忧事，则害性⑤。世称尧若腊⑥，舜若脯⑦，心愁忧苦，形体羸癯⑧。使黄帝致太平乎，则其形体宜如尧、舜。尧、舜不得道，黄帝升天，非其实也。使黄帝废事修道，则心意调和，形体肥劲⑨，是与尧、舜异也。异则功不同矣⑩，功不同，天下未太平而升封⑪，又非实也。五帝三王皆有圣德，之优者黄帝不在上焉⑫？如圣人皆仙，仙者非独黄帝；如圣人不仙，黄帝何为独仙？世见黄帝好方术，方术，仙者之业，则谓帝仙矣⑬。又见鼎湖之名，则言黄帝采首山铜铸鼎，而龙垂胡髯迎黄帝矣。是与说会稽之山无以异也。夫山名曰"会稽"，即云夏禹巡狩，会计于此山上，故曰"会稽"。夫禹至会稽，治水不巡狩，犹黄帝好方伎不升天也⑭。无会计之事，犹无铸鼎龙垂胡髯之实也。里名"胜母"⑮，可谓实有子胜其母乎？邑名"朝歌"⑯，可谓民朝起者歌乎？

【注释】

①载：记载。太山：即泰山。

②七十有二君：《初学记》卷十三引桓谭《新论》说，泰山有刻石遗址一千八百多处，其中可辨识者有七十二处。有，通"又"。

③皆劳情苦思：据文意，疑"情"当作"精"字，形近而误。劳精苦

思,费尽精力,苦思焦虑。

④王事:国家的政事。

⑤害性:伤害本性,损伤元气。

⑥腊:干肉。

⑦腒(jū):干鸟肉。后泛指干腌的肉类。

⑧赢癯(qú):清瘦。癯,瘦。

⑨肥劲:肥大强劲。

⑩功:业绩。

⑪升封:指登泰山封禅。

⑫优:杰出。在上:在列。焉:乎,表示疑问。

⑬则谓帝仙矣:据文意,疑"帝"前脱一"黄"字。

⑭方伎:方术。

⑮里:古代的居民组织,五家为邻,五邻为里。胜母:古里名。

⑯朝歌:古代都城名,商代帝乙、帝辛(纣)的别都,在今河南淇县。

【译文】

记载在泰山石刻上的,有七十二位君主,都是操心焦虑,忧念国事,然后才建功立业,达到了天下太平的局面。太平就天下和平安定,于是登上泰山祭拜天地。修道成仙,和操劳国事不同。心里想着求道,就会忘记国事;心里忧虑国事,就会损害元气。世人说尧瘦得像干肉,舜瘦得像干鸟,可见心中愁苦焦虑,身体就会清瘦。假如黄帝招致天下太平,那他的身体就应该像尧和舜一样。尧和舜没有得道成仙,黄帝却升天成仙,这不符合事实。假如黄帝荒废国事专心修道,就应该心情舒畅,身体健硕有力,这就和尧、舜不一样了。不一样则他们的功绩就不同,功绩不同,天下还没有太平就登泰山祭拜天地,这又不符合事实。五帝、三王都有最高的道德,杰出人物黄帝难道没有在列吗?如果圣人都成仙,那成仙的就不止黄帝一人;如果圣人不能成仙,黄帝为何偏能成仙呢?世人看见黄帝喜欢方术,方术,是修仙者的事情,就说黄帝成仙了。又看见鼎湖这个名称,就说黄帝开采首山的铜铸成鼎,而垂下胡须的龙降下迎接他了。这种说法与会稽山的故事没有差别。山名叫"会稽",就说夏禹出行视察,在这座山上大会诸侯计功行赏,所以叫"会稽"。禹到会稽,是治水而不是视察,就像黄帝喜好方术却没有升天一样。没有大会诸侯计功行赏的事,就像没有铸鼎和垂下胡须的龙降下的事。里的名字叫"胜母",能说那里有儿子胜过母亲吗? 城邑的名字叫"朝歌",能说那里的百姓一早起来就唱歌吗?

　　儒书言①:淮南王学道②,招会天下有道之人③,倾一国之尊④,下道术之士⑤。是以道术之士,并会淮南,奇方异术,莫不争出⑥。王遂得道,举家升天,畜产皆仙⑦,犬吠于天上,鸡鸣于云中⑧。此言仙药有余,犬鸡食之,并随王而升天也。好道学仙之人,皆谓之然。此虚言也。

【注释】

①儒:《艺文类聚》卷九十一、《太平御览》卷九百一十八引《论衡》文作"传"字。

②淮南王:即刘安(前179—前122),汉高祖刘邦孙,袭父爵为淮南王,好读书,善为文辞,后因谋反事泄而自杀。

③招会:召集。

④倾:这里指放低身段。

⑤下:居人之下,谦让。

⑥争出:争先献出。

⑦畜产:人所饲养的牛、马、鸡、犬等牲畜。

⑧鸡鸣于云中:以上事参见《史记·淮南衡山列传》。

【译文】

儒家的书上说:淮南王学习道术,召集天下擅长道术的人,放低一国之君的身段，谦让地接待道术之士。于是擅长道术的术士，都聚集在淮南，奇异的方术，没有不争先献出的。于是淮南王得道成仙，全家都飞升上天，连家里的牲畜也都成了仙，狗在天上吠叫，鸡在云间打鸣。这是说仙药有剩余，狗和鸡吃了，一起跟随淮南王飞升上天。喜好道术学习修仙的人，都说是这样。这是假话。

夫人，物也，虽贵为王侯，性不异于物。物无不死，人安能仙？鸟有毛羽，能飞不能升天。人无毛羽，何用飞升①？使有毛羽，不过与鸟同，况其无有，升天如何②？案能飞升之物，生有毛羽之兆③；能驰走之物，生有蹄足之形。驰走不能飞升，飞升不能驰走，禀性受气，形体殊别也。今人禀驰走之性，故生无毛羽之兆，长大至老，终无奇怪④。好道学仙，中生毛羽⑤，终以飞升。使物性可变，金木水火可革更也⑥。虾蟆化为鹑，雀入水为蜃蛤⑦，禀自然之性，非学道所能为也。好道之人，恐其或若等之类⑧，故谓人能生毛羽，毛羽备具⑨，能升天也。且夫物之生长，无卒成暴起⑩，皆有浸渐⑪。为道学仙之人，能先生数寸之毛羽，从地自奋⑫，升楼台之陛⑬，乃可谓升天。今无小升之兆⑭，卒有大飞之验，何方术之学成无浸渐也？

【注释】

①何用：何以。用，以。

②升天如何：如何升天。

③兆：形状，形体。

④奇怪：异常。

⑤中：中途。

⑥革更：改变，变更。

⑦"虾蟆化为鹑"二句：参见本书《无形篇》注。

⑧若等之类：诸如此类。

⑨备具：齐备。

⑩卒：同"猝"，突然。暴：猛然。

⑪浸渐：渐进的过程。

⑫奋：振翼起飞。

⑬陛：台阶。

⑭小升：略微能飞。兆：征兆。

【译文】

　　人是动物，即使尊贵到做了王侯，本性和动物也没有差别。动物没有不死的，人怎能成仙呢？鸟有羽毛，可以飞翔不能升天。人没有羽毛，何以升天呢？假如有羽毛，不过和鸟一样，何况没有，怎么能升天？考察能飞翔上天的动物，生来就有长着羽毛的形体；能奔跑的动物，生来就有长着蹄子的形体。能奔跑的就不能飞翔，能飞翔的就不能奔跑，这是因为禀受的天性和气各不相同，形体也不一样的缘故。如今人禀受的是能奔跑的天性，所以没有长着羽毛的形体，长大到老，始终没有异常变化。据说喜好道术学习修仙的人，中途长出羽毛，最终可以飞翔升天。假如动物的本性可以改变，那金木水火也可以变更。蛤蟆变成鹌鹑，鸟雀变成大蛤，这都是禀受了自然的特性，不是靠学道术能做到的。喜好道术的人，恐怕他们也许就是诸如此类，所以他们说人能长出羽毛，羽毛齐备，就能升天。而且动物的生长，没有突然长成猛然产生的，都有渐变的过程。学道修仙的人，能先生出几寸长的羽毛，从地上起飞，升到楼台的台阶上，才可以说升天。如今没有一点能飞的征兆，突然就有了高飞的征验，为什么方术的学成没有渐变的过程呢？

　　毛羽大效^①，难以观实，且以人髯发、物色少老验之^②。物生也色青，其熟也色黄。人之少也发黑，其老也发白。黄为物熟验，白为人老效。物黄，人虽灌溉壅养^③，终不能青；发白，虽吞药养性^④，终不能黑。黑青不可复还，老衰安可复却^⑤？黄之与白，犹肉腥炙之燋^⑥，鱼鲜煮之熟也^⑦。燋不可复令腥，熟不可复令鲜。鲜腥犹少壮，燋熟犹衰老也。天养物，能使物畅至秋^⑧，不得延之至春；吞药养性，能令人无病，不能寿之为仙^⑨。为仙体轻气强，犹未能升天，令见轻强之验^⑩，亦无毛羽之效，何用升天？

【注释】

①毛羽大效：据文意，疑"大"当作"之"字。效，效验，结果。

②物色：植物的颜色。

③壅（yōng）养：培养。

④性：通"生"。

⑤却：倒退。

⑥腥：生肉。炙：烤。燋：通"焦"。

⑦鲜：生鱼。

⑧畅：顺畅。

⑨寿：延长寿命。

⑩令：假使，假设。见：同"现"，显露。

【译文】

　　人长出羽毛的情况，很难具体看到，姑且用人的胡须头发、植物颜色的初生与衰老来验证。植物初生时颜色是青的，成熟后颜色变黄。人小时候头发黑，到老了头发白。颜色变黄是植物成熟的表现，头发变白是人老了的证明。植物变黄，人即使灌溉培养，最终不能变青；头发变白，即使服药养生，终究不能变黑。黑色青色不能再还原，年老体衰怎么可以倒退回年轻呢？黄色与白色，就像生肉被烤焦，生鱼被煮熟一样。烤焦的不可以让它再变回生肉，煮熟的不可以让它再变回生鱼。生鱼生肉就像人年轻体壮一样，烤焦煮熟就像人体衰年老一样。天滋养植物，让它们顺畅地长到秋天，却不能延长它到春天；服药养生，可以让人不生病，却不能延长寿命成为仙人。成为仙人身轻气足，尚不能升天，假使出现了身轻气足的表现，也没有长羽毛的证明，用什么来升天呢？

天之与地，皆体也。地无下，则天无上矣。天无上，升之路何如？穿天之体，人力不能入。如天之门在西北，升天之人，宜从昆仑上。淮南之国，在地东南，如审升天，宜举家先从昆仑①，乃得其阶。如鼓翼邪飞②，趋西北之隅③，是则淮南王有羽翼也。今不言其从之昆仑，亦不言其身生羽翼，空言升天，竟虚非实也。

【注释】

①从：据文意，疑"从（從）"当为"徙"字，形近而误。下文"今不言其从之昆仑"，同此。

②鼓翼：振翅。邪：偏斜。

③隅（yú）：角落。

【译文】

天和地，都是实体。没有比地更低的地方，那么也就没有比天更高的地方了。没有比天更高的地方，那升天的路怎么走呢？要穿过天体，靠人力是不能进入的。如果天的门在西北，升天的人，应该从昆仑山上天。淮南国，在大地的东南，如果真的要升天，应该先举家迁徙到昆仑山，才能找到上天的阶梯。如果是振翅斜飞，向着西北角飞，那就是说淮南王生有羽翼了。如今不说他迁徙到昆仑,也不说他身上生有羽翼,凭空说他升天,终究是虚假不实的。

案淮南王刘安,孝武皇帝之时也①。父长②,以罪迁蜀严道③,至雍道死④。安嗣为王⑤,恨父徙死⑥,怀反逆之心,招会术人⑦,欲为大事⑧。伍被之属⑨,充满殿堂,作道术之书,发怪奇之文,合景乱首⑩。八公之传⑪,欲示神奇,若得道之状。道终不成,效验不立,乃与伍被谋为反事,事觉自杀。或言诛死。诛死、自杀,同一实也。世见其书深冥奇怪⑫,又观八公之传,似若有效,则传称淮南王仙而升天,失其实也。

【注释】

①孝武皇帝:汉武帝。

②长:刘长(约前198—前174),汉高祖少子,立为淮南王,后因计议谋反,被谪迁于蜀地,于路途中绝食而死,后追谥厉王。

③蜀:蜀郡,周赧王元年(前314)秦惠王置,治所在成都县(今四川成都)。严道:县名。秦置,属蜀郡,治所在今四川荥经西。道,汉代在少数民族聚居区域所设置的县称为道。

④雍:县名。战国秦以旧都雍邑置,治所在今陕西凤翔西南。汉属右扶风。道死:死在路上。

⑤嗣:继承。

⑥徙:流放。

⑦招会:召集。术人:术士。

⑧大事:这里指谋反之事。

⑨伍被:西汉楚人,相传为伍子胥后裔,以才能著称于时。武帝时任

淮南中郎，见刘安图谋作乱，屡次力谏，后被迫为之谋计。事发，向朝廷自首谋反经过，被武帝诛死。

⑩合景：如影子般的附和。合，和，附和。景，同"影"。乱首：发动叛乱。首，始，这里指发起。

⑪八公：指刘安手下苏飞、李尚、左吴、田由、雷被、毛被、伍被、晋昌等八个方士。传：疑当作"俦"字，形近而误。下文同。俦（chóu），同辈，同类。

⑫其书：指淮南王召集门客编写的《淮南子》一书。深冥：深奥莫测。

【译文】

考察淮南王刘安，是汉武帝时的人。父亲刘长，因获罪被流放蜀郡严道，在去雍县的路上死了。刘安继位做了淮南王，怨恨父亲遭流放而死，心怀反叛的意图，召集术士，想要谋反。伍被之类的人，充满殿堂，撰写关于道术的书，发表稀奇古怪的文章，如影子般的附和发起叛乱。八公之类的人，想要展示神奇，装出好像得道成仙的样子。道术终究不能成功，征验没有出现，于是和伍被谋划反叛的事，因为事情被发觉而自杀。有人说是被处死。处死和自杀，是同一回事。世人看到他的书深奥怪异，又看到八公之类的人，似乎有得道成仙的效验，就传言说淮南王成仙而升天，这是违背事实的。

儒书言：卢敖游乎北海①，经乎太阴②，入乎玄关③，至于蒙谷之上④，见一士焉，深目玄准⑤，雁颈而鸢肩⑥，浮上而杀下⑦，轩轩然方迎风而舞⑧。顾见卢敖⑨，樊然下其臂⑩，遁逃乎碑下⑪。敖乃视之，方卷然龟背而食合梨⑫。卢敖仍与之语曰⑬："吾子唯以敖为倍俗⑭，去群离党，穷观于六合之外者⑮，非敖而已。敖幼而游，至长不伦解⑯，周行四极⑰，唯北阴之未窥⑱。今卒睹夫子于是⑲，殆可与敖为友乎？"若士者悖然而笑曰[20]："嘻！子中州之民也[21]，不宜远至此。此犹光日月而戴列星[22]，四时之所行，阴阳之所生也。此其比夫不名之地[23]，犹峖屼也[24]。若我南游乎罔浪之野[25]，北息乎沉薶之乡[26]，西穷乎杳冥之党[27]，而东贯澒幪之先[28]。此其下无地，上无天，听焉无闻，而视焉则营[29]；此其外犹有状[30]，有状之余[31]，壹举而能千万里[32]，吾犹未能之在[33]。今子游始至于此，乃语穷观，岂不亦远哉？然子处矣[34]。吾与汗漫期于九垓之上[35]，吾不可久。"若士者举臂而纵身，遂入云中。卢敖目仰而视之，不见，乃止喜[36]，心不怠[37]，怅若有丧，曰："吾比夫子也，犹黄鹄之与壤虫也[38]，终日行，而不离咫尺[39]，而自以为远，岂不悲哉[40]！"

【注释】

①卢敖：秦时方士，燕地人。相传曾为秦博士，奉秦始皇命入海求仙药不得，亡而不返。北海：泛指北方最远之地。

②太阴：极北之地。

③关：《淮南子·道应训》作"阙"，疑"关（關）"与"阙"形近而误。玄阙，传说中的北方山名。

④蒙谷：传说中之北方山名，太阳没入处。

⑤玄准：高鼻梁。玄，通"悬"。准，鼻子。

⑥雁颈：长脖子。鸢（yuān）肩：两肩上耸，像鸢鸟栖止时的样子。鸢，底本作"戴"，章录杨校宋本作"鸢"，据改。鸢，鸱鹰。

⑦浮上而杀下：身体上部大，下部小。指仙人张开手臂飞舞时身体呈上大下小的样子。浮，通"丰"，大。杀，小。

⑧轩轩：翩翩起舞貌。方：正在。

⑨顾见：回头看。

⑩樊然：忙乱貌。

⑪碑下：立石背后。碑，竖立的石头。

⑫卷（quán）：曲。合梨：即蛤蜊。合，通"蛤"。梨，通"蜊"。

⑬仍：乃。

⑭吾子：古时对人的尊称。相当于"您"。倍：通"背"。

⑮穷观：遍游。六合：天地及东南西北四方，泛指宇宙或天下。

⑯伦：《淮南子·道应训》作"渝"。渝，改变。解（xiè）：同"懈"，松弛，懈怠。

⑰周行：走遍。四极：四方极远之地。

⑱北阴：指最北方。

⑲卒：终于。于是：于此。

⑳若士者：那个人。悖然：猛然。悖，通"勃"。

㉑中州：中原地区。

㉒光：照耀。

㉓夫：那些。

㉔嵃屼（tū wù）：孤秃的小山。

㉕罔浪：无边无际。

㉖沉薶（mái）：沉寂。

㉗杳冥：幽暗。党：地方。

㉘贯：穿。滇懞：《淮南子·道应训》作"鸿濛"。鸿濛，东方日出的地方。先：《淮南子·道应训》作"光"。

㉙营：用同"荧"，眼花。

㉚状：形状。

㉛余：外。

㉜举：飞。

㉝在：至。

㉞处：休，止，这里是算了的意思。

㉟汗漫：这里指渺远虚空的仙人。期：约会。九垓（gāi）：九重天，指
极高远的天空。

㊱喜：疑当作"嘉"，形近而误。嘉，通"驾"。《淮南子•道应训》作
"驾"。止驾，停止前进。

㊲不怡（yí）：不快。怡，通"怡"，愉快。

㊳黄鹄（hú）：天鹅。壤虫：即蠰（shàng）虫。一种类似天牛的桑树
害虫。

㊴咫（zhǐ）尺：形容距离很近。咫，周制八寸曰咫。

㊵岂不悲哉：以上事参见《淮南子•道应训》。

【译文】

儒家的书上说：卢敖在北方荒漠游历，经过极北之地，进入玄阙山，到了蒙谷山上，见到一个术士，长得深眼窝高鼻梁，大雁一样的长脖子和鹰隼一样的耸肩膀，身体呈上大下小的样子，正在翩翩然迎风起舞。回头看见卢敖，慌忙放下他的手臂，逃到了立石背后。卢敖就去看他，他正在像龟一样弓着背吃蛤蜊。卢敖就和他说道："您只认为我背离世俗，远离人群抛弃亲友，遍观天地四方之外，难道不是只有我一个人这样吗？我从小就游历，到老不改变不松懈，周游四方极远的地方，只是没有见过最北方。如今终于在这里见到您，您大概可以和我交个朋友吧？"那个人突然大笑说："嘻！你是中原地方的人，不应该远游到这里。这里还是日月照耀而群星闪烁，四季交替运行，阴气阳气产生的地方。这里比起那些叫不出名字的地方，就像秃的小山一样。像我在南面在无边无际之地游荡，北面在沉寂之地休憩，西面走到幽暗之地的尽头，东面穿越了日出之地。这些地方向下没有地，向上没有天，听着没有声音，而一看就眼花；这些地方在外表上还有形状，至于形状之外的地方，一跃就能达到千万里之外，我还没有去过那些地方。如今你才游历到这里，就说游遍了，岂不是差得太远了？你还是算了吧。我和汗漫在九重天上有个约会，不能久留。"那个人举起手臂纵身一跃，就进入云中。卢敖抬眼看他，已

经不见了，就停止前进，心中不悦，怅然若失，说："我和先生相比，就像天鹅和小虫一样，整天行走，却没有离开几寸，而自己却以为很远，难道不悲哀吗？"

　　若卢敖者①。唯龙无翼者，升则乘云。卢敖言若士者有翼，言乃可信。今不言有翼，何以升云？且凡能轻举入云中者②，饮食与人殊之故也。龙食与蛇异，故其举措与蛇不同③。闻为道者，服金玉之精，食紫芝之英④。食精身轻，故能神仙。若士者，食合蜊之肉，与庸民同食⑤，无精轻之验⑥，安能纵体而升天？闻食气者不食物，食物者不食气。若士者食物，如不食气⑦，则不能轻举矣。

【注释】

①若卢敖者：此四字与上下文不合，疑前后或有脱文。

②轻举：飞升。

③举措：动作，举止。

④紫芝：灵芝的一种。英：花。

⑤庸民：平民，普通的人。

⑥精轻：食精身轻。

⑦如：而。

【译文】

　　像卢敖这样的人。会飞的动物中只有龙是没有翅膀的，飞升时就乘云。卢敖要说那个人有翅膀，这话才可信。如今没说有翅膀，用什么飞升乘云呢？况且凡是能够飞升入云端的，都是因为饮食与人不同的缘故。龙吃的和蛇不同，所以它的动作举止就和蛇不一样。听说学道的人，服食金玉的精华，吃灵芝的花。食物精美身体轻捷，所以能成为神仙。那个人,吃蛤蜊的肉,和普通人吃的一样,没有食物精美身体轻捷的表现,怎么能纵身一跃就升天呢?听说以气为食的人不吃食物,吃食物的人不以气为食。那个人吃食物,而不以气为食,就不能飞升上天了。

　　或时卢敖学道求仙,游乎北海,离众远去,无得道之效,惭于乡里,负于论议①。自知以必然之事见责于世②,则作夸诞之语,云见一士。其意以为有,求仙之未得③,期数未至也④。淮南王刘安坐反而死,天下并闻,当时并见,儒书尚有言其得道仙去、鸡犬升天者,况卢敖一人之身,独行绝迹之地,空造幽冥之语乎?是与河东蒲坂项曼都之语无以异也⑤。

【注释】

①负:惭愧,羞耻。

②必然之事:指学道必然不成。见:被。

③求仙之未得:据文意,疑“求”后“仙”字当在“有”字后。

④期数:命中注定该成仙的期限。

⑤河东:郡名。战国魏置,后属秦,治所在安邑县(今山西夏县西北十五里禹王城)。蒲坂:县名。战国魏置,后入秦,属河东郡,治所在今山西永济西南蒲州镇。项曼都:人名。

【译文】

　　或许是卢敖学道求仙,游历到北方荒漠,离开人众远去,没有得道的效验,在乡亲面前感到惭愧,在舆论面前感到羞耻。自知会因学道必然不成的事被世人指责,就捏造夸张荒诞的话,说见到了一个人。他意下认为,仙人是有的,只是自己求之未得,因为时限还没到。淮南王刘安因谋反而死,天下的人都听到了,当时的人都看到了,儒家的书尚且有说他得道成仙而去,鸡狗也跟着升天的,何况卢敖只身一人,独自走到没有人迹的地方,凭空捏造深奥莫测的话呢? 这和河东郡蒲坂县项曼都的说法没有什么不同。

　　曼都好道学仙,委家亡去①,三年而返。家问其状②,曼都曰:"去时不能自知,忽见若卧形③,有仙人数人,将我上天④,离月数里而止。见月上下幽冥幽冥⑤,不知东西⑥。居月之旁,其寒凄怆⑦。口饥欲食,仙人辄饮我以流霞一杯⑧。每饮一杯,数月不饥。不知去几何年月⑨,不知以何为过⑩,忽然若卧,复下至此。"河东号之曰"斥仙"⑪。实论者闻之,乃知不然。

【注释】

①委:抛弃,舍弃。亡去:出走,逃遁。

②状:情况。

③见:据文意,疑为衍文。卧:这里指睡着。

④将:助。

⑤幽冥幽冥:疑作"幽幽冥冥",传写而乱。《抱朴子·内篇·袪祸》载项曼都学仙事,有"低头视地,窈窈冥冥"句。

⑥东西:这里指方向。

⑦凄怆:凄凉悲伤。

⑧流霞:传说中天上神仙的饮料,后泛指美酒。

⑨去:离开。几何:多少。

⑩以何为过:为何犯了错误。

⑪斥仙:被贬斥的仙人。

【译文】

曼都喜好学道修仙,弃家出走,三年后才回来。家人问他情况,曼都说:"离开的时候连自己都不知道,忽然像睡着一样,有几个仙人,助我上天,离月亮几里远的地方就停下来。看见月亮上下一片幽暗,辨不清方向。住在月亮旁边,那里寒冷凄凉。口中饥饿想吃东西,仙人就给我喝一杯流霞。每喝一杯,可以几个月都不饿。不知道离开了多少年月,也不知道为何犯了过错,忽然像睡着一样,又被降到这里。"河东郡的人就叫他"斥仙"。尊重事实的人听到了,就知道不是这样。

夫曼都能上天矣,何为不仙?已三年矣,何故复还?夫人去民间,升皇天之上①,精气形体,有变于故者矣②。万物变化,无复还者。复育化为蝉③,羽翼既成,不能复化为复育。能升之物,皆有羽翼,升而复降,羽翼如故。见曼都之身有羽翼乎,言乃可信;身无羽翼,言虚妄也。虚则与卢敖同一实也。或时闻曼都好道④,默委家去⑤,周章远方⑥,终无所得,力倦望极⑦,默复归家,惭愧无言,则言上天。其意欲言,道可学得,审有仙人,已殆有过,故成而复斥,升而复降。

【注释】

①皇天:对天的尊称。皇,大。

②故:就,本来。

③复育化为蝉:参见《无形篇》注。

④或时闻曼都好道:据文意,疑"闻"字为衍文。

⑤默:悄悄地。

⑥周章:周游。

⑦望极:绝望。极,尽。

【译文】

曼都既然能上天了,为什么不能成仙?已经过了三年,为什么又回来呢？人离开人间，飞升到天上，精气与形体，不同于之前。万物变化，没有再变回来的。复育变成蝉，翅膀已经长成，就不能再变化回复育。能够飞升的动物，都有翅膀，飞升后又降落，翅膀和原来一样。如果看见曼都的身上有翅膀，他的话才可信；身上没有翅膀，他说的就是假话。说假话就和卢敖的情况是一样的。或许曼都喜好学道，悄悄舍家而去，周游远方，最终没有得到什么，身体疲倦希望断绝，又悄悄回到家里，心中惭愧无话可说，只好说自己上过天。他的意思是想说，道术是可以学到的，确实有仙人，自己大概有过错，所以成仙后又被贬斥，升天了又被降到人间。

儒书言：齐王疾痟^①，使人之宋迎文挚^②。文挚至，视王之疾，谓太子曰："王之疾，必可已也^③。虽然，王之疾已，则必杀挚也。"太子曰："何故？"文挚对曰："非怒王^④，疾不可治也。王怒，则挚必死。"太子顿首强请曰^⑤："苟已王之疾，臣与臣之母以死争之于王，必幸臣之母^⑥。愿先生之勿患也^⑦。"文挚曰："诺^⑧，请以死为王。"与太子期^⑨，将往，不至者三，齐王固已怒矣^⑩。文挚至，不解屦登床^⑪，履衣^⑫，问王之疾。王怒而不与言。文挚因出辞以重王怒^⑬。王叱而起，疾乃遂已。王大怒不悦，将生烹文挚^⑭。太子与王后急争之而不能得，果以鼎生烹文挚。爨之三日三夜^⑮，颜色不变。文挚曰："诚欲杀我^⑯，则胡不覆之^⑰，以绝阴阳之气？"王使覆之，文挚乃死^⑱。夫文挚，道人也，入水不濡^⑲，入火不燋^⑳，故在鼎三日三夜，颜色不变。此虚言也。

【注释】

①齐王：这里是齐湣王（？—前284），亦作"齐闵王""齐愍王"，田

氏,名地,战国时期田齐第六任君主,前300—前284年在位。疾:

患病。痟(xiāo):头痛。

②之:往,到。文挚:战国时期宋国医家。

③已:止,这里指治好。

④怒:激怒。

⑤顿首:以头叩地而拜。强请:竭力请求。

⑥必幸臣之母:《吕氏春秋·至忠》作"王必幸臣与臣之母"。幸,

爱,宠幸,这里指答应请求。

⑦愿:请。

⑧诺:答应的声音,表示同意。

⑨期:约定。

⑩固:本来。

⑪屦(jù):古代用麻、葛制成的一种鞋。

⑫履衣:《吕氏春秋·至忠》作"履王衣"。履,踩。

⑬因:于是。出辞:说话。

⑭生:活着。烹:煮。

⑮爨(cuàn):烧煮。

⑯诚:果真。

⑰胡:何。覆:盖,这里指盖上鼎盖。

⑱文挚乃死:以上事参见《吕氏春秋·至忠》。

⑲濡(rú):沾湿。

⑳燋(jiāo):通"焦",烧焦。

【译文】

儒家的书上说:齐湣王得了头痛病,派人到宋国去接文挚。文挚来
到齐国,看了齐王的病,对太子说:"大王的病,一定可以治好。虽然如
此,大王的病好了,就一定会杀了我。"太子问:"为什么呢?"文挚回答
说:"不激怒王,这病就不能治好。大王发怒,那我就一定会死。"太子叩

首竭力请求说："如果治好了大王的病,我和我母亲将以死向大王力争,大王一定会答应我和我母亲的请求。请先生不必担忧。"文挚说:"好,我愿意冒死为王治病。"于是和太子约定日期,要去给齐王看病,三次说好都没有去,齐王本来就已经愤怒了。文挚来了,没有脱鞋就登上床,踩着齐王的衣服,探问齐王的病情。齐王生气不和他说话。文挚于是说了些冒犯的话来加重齐王的怒气。齐王叱骂着起身,病于是就好了。齐王非常生气,打算要把文挚活活煮死。太子和王后急忙极力劝谏但未能成功,果真用鼎活煮了文挚。烧煮了三天三夜,文挚的脸色始终没有改变。文挚说:"果真想杀我,那为何不盖上鼎盖,以断绝阴阳之气呢?"齐王派人盖上鼎盖,文挚就死了。文挚,是得道之人,在水里不会沾湿,在火里不会烧焦,所以在鼎中三天三夜,脸色始终没有改变。这是假话。

夫文挚而烹三日三夜①,颜色不变,为一覆之故②,绝气而死,非得道之验也。诸生息之物③,气绝则死;死之物,烹之辄烂。致生息之物密器之中④,覆盖其口,漆涂其隙,中外气隔,息不得泄⑤,有顷死也⑥。如置汤镬之中,亦辄烂矣。何则?体同气均,禀性于天,共一类也。文挚不息乎?与金石同,入汤不烂,是也。令文挚息乎?烹之不死,非也。令文挚言,言则以声⑦,声以呼吸。呼吸之动,因血气之发⑧。血气之发,附于骨肉。骨肉之物,烹之辄死。今言烹之不死,一虚也。既能烹煮不死,此真人也⑨,与金石同。金石虽覆盖,与不覆盖者无以异也。今言文挚覆之则死,二虚也。置人寒水之中,无汤火之热,鼻中口内,不通于外,斯须之顷⑩,气绝而死矣。寒水沉人,尚不得生,况在沸汤之中,有猛火之烈乎?言其入汤不死,三虚也。人没水中,口不见于外,言音不扬。烹文挚之时,身必没于鼎中。没则口不见,口不见则言不扬。文挚之言,四虚也。烹辄死之人,三日三夜,颜色不变,痴愚之人,尚知怪之。使齐王无知,太子群臣宜见其奇。奇怪文挚,则请出尊宠敬事⑪,从之问道。今言三日三夜,无臣子请出之言,五虚也。此或时闻文挚实烹,烹而辄死,世见文挚为道人也,则为虚生不死之语矣⑫。犹黄帝实死也,传言升天;淮南坐反,书言度世⑬。世好传虚,故文挚之语,传至于今。

【注释】

①而:通"能"。

②为:因为。

③诸:凡。生息之物:有生命能呼吸的生物。

④致:疑为"置"字,同声而误。

⑤息:呼吸。泄:流通,通畅。

⑥有顷:片刻。

⑦以:用。

⑧因:靠,凭借。

⑨真人:修真得道之人。

⑩斯须:片刻。

⑪尊宠:尊重宠幸。敬事:恭敬奉事。事,侍奉。

⑫虚生:凭空捏造。

⑬度世:超脱尘世而仙去。

【译文】

文挚能被烹煮三天三夜,脸色不变,却因为一盖上鼎盖的原因,就断气而死,这不是得道的证明。凡是能呼吸的生物,气息断绝就会死;死了的生物，一煮就会烂。把能呼吸的生物放在密闭的器皿里，用盖子盖上口，用漆涂它的缝隙，里外空气隔绝，呼吸不能通畅，片刻就会死去。如果放在沸水锅里，也立即会被煮烂。为什么呢？因为躯体相同所受之气也一样，都是从天禀受而来，是同一类的。文挚要是不呼吸呢？就和金石相同，在沸水里煮不烂，是可以的。要说文挚是需要呼吸的呢？那么说他煮不死，那不可能。如果文挚能说话，说话是靠声音，声音是靠呼吸。呼吸动作，凭借血气的运行。血气的运行，依附于骨肉。有骨肉的生物，一煮就死。如今说被烹煮而不死，这是虚假之一。既然能烹煮不死，这就是真人，和金石一样。金石即使被盖上盖子烹煮，也和没有盖盖子没有区别。如今说文挚被盖上盖子烹煮就死了，这是虚假之二。把人放进冷水里，即使没有开水和火的热量，鼻子和嘴巴，也不能和外界相通，片刻之间，也会断气而死。被沉入凉水里，尚且不能得活，何况在沸水里，下边还有猛烈的火呢？说他在沸水里不死，这是虚假之三。人浸没在水里，嘴巴不露在外面，声音就传不出去。烹煮文挚的时候，他的身体一定被浸没在鼎里。被浸没那嘴巴就不能外露，嘴巴不外露那说话就不能传出。文挚能说话，这是虚假之四。一煮就死的人，竟然三天三夜，脸色不变，痴呆愚蠢的人，尚且知道这是怪事。即使齐王不知道，太子和群臣也应看出他的神奇。认为文挚很神奇，那就该请求放他出来，尊重、宠幸、恭敬地侍奉他，向他学习道术。如今说他被烹煮三天三夜，却没有大臣们请求放他出来的话，这是虚假之五。这或许是当时人听到文挚真的被烹煮了，而且一煮就死了，世人见文挚是学道之人，就为此捏造出他不会死的话来。就像黄帝真的死了，却传言他升天而去；淮南王因谋反而死，书上却说他超脱尘世而仙去。世人喜欢传说虚妄的事，所以关于文挚的话，一直流传到现在。

世无得道之效，而有有寿之人[①]，世见长寿之人，学道为仙，逾百不死[②]，共谓之仙矣。何以明之？如武帝之时[③]，有李少君以祠灶、辟谷、却老方见上④，上尊重之。少君匿其年及所生长⑤，常自谓七十，而能使物却老⑥。其游以方遍诸侯⑦，无妻。人闻其能使物及不老，更馈遗之⑧，常余钱金衣食。人皆以为不治产业饶给⑨，又不知其何许人，愈争事之。少君资好方⑩，善为巧发奇中⑪。尝从武安侯饮⑫，座中有年九十馀者，少君乃言其王父游射处⑬。老人为儿时，从父⑭，识其处⑮，一座尽惊。少君见上，上有古铜器，问少君。少君曰："此器齐桓公十五年陈于柏寝⑯。"已而案其刻⑰，果齐桓公器，一宫尽惊，以为少君数百岁人也。久之，少君病死⑱。今世所谓得道之人，李少君之类也。少君死于人中，人见其尸，故知少君性寿之人也⑲。如少君处山林之中，入绝迹之野，独病死于岩石之间，尸为虎狼狐狸之食，则世复以为真仙去矣。

【注释】

①有寿：长寿。

②逾：超过。百：一百岁。

③武帝：指汉武帝。

④李少君：西汉方士，齐人，以神仙之术受汉武帝宠信。祠灶：汉代方士所谓求仙的方术名。辟谷：不食五谷，古代方士行辟谷导引之术，认为可以长生。却老：推迟、延缓衰老。方：方术。上：君主，这里指汉武帝。

⑤所生长：生长的地方。

⑥使物：驱使神鬼。物，神鬼。

⑦以：凭借。方：方术。

⑧更：连续，接续。馈遗（kuì wèi）：馈赠。

⑨治：经营。《史记·封禅书》《汉书·郊祀志》"业"后并有"而"字。饶给：富裕。

⑩资：凭借。好方：奇妙的方术。

⑪巧发奇中：善于伺机发言，而且皆能切中事实。

⑫武安侯：指田蚡（fén），汉景帝王皇后同母弟，汉武帝时封武安侯，拜太尉，后迁丞相。

⑬少君乃言其王父游射处：《史记·封禅书》"言"下有"与"字。王父，祖父。

⑭从父：下文言"随其王父"，疑此"从"后脱"其王"二字。

⑮识：记得。

⑯陈：陈列，放置。柏寝：即柏寝台，在今山东广饶东北淄河岸边。

⑰已而：后来。案：查看。刻：铜器上的铭文。

⑱少君病死：以上事参见《史记·封禅书》《汉书·郊祀志》。

⑲性寿：长寿。

【译文】

世上没有得道成仙的实例，却有长寿的人，世人看见长寿的人，学道求仙，超过百岁而不死，就都说他们是仙啦。怎么证明呢？比如汉武帝的时候，有个李少君凭借祠灶、辟谷、却老的方术求见武帝，武帝很尊敬他。李少君隐瞒他的年龄和生长的地方，经常说自己有七十岁，却能驱使神鬼延缓衰老。他凭借方术遍游诸侯，没有妻室。人们听说他能驱使神鬼延缓衰老，就不断馈赠他，因此他经常金钱衣食用不完。人们都认为他不经营产业却很富足，又不知道他是什么样的人，就更加争着侍奉他。李少君凭借着奇妙的方术，善于伺机发言且皆能切中事实。他曾经在武安侯处饮宴，在座的人中有一位九十多岁的老人，李少君就说起和他祖父一起游玩打猎的地方。老人还是小孩的时候，曾跟随他的祖父外出游猎，还记得那个地方，所有在座的人都感惊讶。李少君去拜见汉武帝,武帝有古代的铜器,就询问李少君。李少君说:"这件器皿在齐桓公十五年时摆在柏寝台。"后来查看铜器上的铭文,果然是齐桓公的器物,整个宫里的人都感到吃惊,认为李少君是好几百岁的人了。过了很久,李少君病死了。现在世人所谓得道成仙的,就是李少君这类的人。李少君死在人中间,人们看见他的尸体,所以知道李少君是长寿的人。如果李少君住在山林里,进了没有人迹的荒野,独自病死在岩石之间,尸体成为虎狼狐狸的食物,那世人又会认为他真的成仙而去了。

　　世学道之人无少君之寿,年未至百,与众俱死。愚夫无知之人,尚谓之尸解而去①,其实不死。所谓"尸解"者,何等也②? 谓身死精神去乎? 谓身不死得免去皮肤也? 如谓身死精神去乎,是与死无异,人亦仙人也。如谓不死免去皮肤乎,诸学道死者,骨肉具在,与恒死之尸无以异也③。夫蝉之去复育,龟之解甲④,蛇之脱皮,鹿之堕角,壳皮之物解壳皮,持骨肉去,可谓尸解矣。今学道而死者,尸与复育相似,尚未可谓尸解。何则? 案蝉之去复育,无以神于复育,况不相似复育,谓之尸解,盖复虚妄失其实矣。太史公与李少君同世并时,少君之死,临尸者虽非太史公⑤,足以见其实矣⑥。如实不死,尸解而去,太史公宜纪其状⑦,不宜言死⑧。其处座中年九十老父为儿时者,少君老寿之效也。或少君年十四五,老父为儿,随其王父。少君年二百岁而死⑨,何为不识? 武帝去桓公铸铜器⑩,且非少君所及见也。或时闻宫殿之内有旧铜器,或案其刻以告之者,故见而知之。今时好事之人,见旧剑古钩⑪,多能名之,可复谓目见其铸作之时乎?

【注释】

①尸解:指修炼得道者遗其形骸而成仙。

②何等:疑问词,什么样。

③恒:平常,一般。

④解甲:脱壳。

⑤临:哭吊死者。尸:古代祭祀时,代表死者受祭、象征死者神灵的人,多以臣下或死者的晚辈充任。

⑥见:知。

⑦纪:记载。

⑧言死:指《史记·封禅书》记载"李少君病死"。

⑨二百岁:据上下文,疑为"一百岁"之误。

⑩去:藏。

⑪钩:古代一种兵器,似剑而曲。

【译文】

　　世上学道求仙的人没有李少君那样长寿,年龄未到百岁,就和普通人一样死去。愚昧无知的人,尚且说他们尸解成仙而去,实际上并没有死去。所谓"尸解",是什么样的呢? 是说躯体死去精神离去呢? 还是说躯体不死只是脱去了皮肤呢? 如果说是躯体死去精神离去,这和一般的死没有不同,那所有的人都可以说是成仙了。如果说是躯体不死只是脱去了皮肤,那么众多学道死去的人,他们的骨肉都在,和平常死去的人的尸体没有不同。蝉脱离复育,龟脱去甲壳,蛇蜕掉皮,鹿脱落角,长壳有皮的动物脱落壳皮,都带着骨肉离去,这可以说是尸解。如今学道而死的人,即便尸体与复育相似,还不能说是尸解。为什么呢? 考察蝉脱壳之后,并不比脱壳前的复育神奇,何况学道的人死去的尸体与复育不相似呢,说他们是尸解,恐怕又是虚妄而不符合实际的啊。太史公和李少君生活在同一时代同一时期,李少君死的时候,哭吊死者的虽然不是太史公,但也完全知道他的实际情况。如果李少君真的没有死,而是尸解仙去,太史公应该记载下这个情况,不应该说他死了。能说出同座中年过九十的老人还是孩子时去过的地方,这是李少君长寿的证明。或许李少君当时有十四五岁,老人还是儿童,跟随祖父外出游猎。李少君一百多岁才死,怎么会不记得?汉武帝收藏了齐桓公铸造的铜器,又不是李少君能够亲眼看见的。或许他当时听说宫殿里有古铜器,或许有人查看了铜器上的铭文告诉了他,所以他当时一看便知道。现在喜欢这类事情的人,看见古剑古钩,大多能说出个所以然来,难道又能说他们亲眼看见古铜器铸造时的情况吗?

　　世或言:东方朔亦道人也①,姓金氏,字曼倩。变姓易名,游宦汉朝②。外有仕宦之名,内乃度世之人。此又虚也。

【注释】

①东方朔(前154—前93):姓东方,名朔,字曼倩,平原厌次(今山东惠民)人。西汉文学家。武帝时为太中大夫,性格诙谐滑稽,善辞赋。

②游宦:在外做官。

【译文】

　　世上有人说:东方朔也是得道之人,姓金,字曼倩。他改名换姓,远离家乡在汉朝做官。表面上有做官的名义,实际上是一个成仙的人。这又是假的。

　　夫朔与少君并在武帝之时,太史公所及见也。少君有教道、祠灶、却老之方①,又名齐桓公所铸鼎②,知九十老人王父所游射之验,然尚无得道之实,而徒性寿迟死之人也③。况朔无少君之方术效验,世人何见谓之得道?案武帝之时,道人文成、五利之辈④，入海求仙人，索不死之药⑤，有道术之验，故为上所信。朔无入海之使⑥，无奇怪之效也。如使有奇，不过少君之类及文成、五利之辈耳，况谓之有道？此或时偶复若少君矣，自匿所生之处，当时在朝之人，不知其故⑦，朔盛称其年长⑧，人见其面状少⑨，性又恬淡⑩，不好仕宦，善达占卜、射覆⑪，为怪奇之戏，世人则谓之得道之人矣。

【注释】

①教：《史记·封禅书》作"谷（穀）"，形近而误。谷道，即辟谷之道。

②名：叫出，说出。

③性寿：生来禀受的寿命。性，生。

④文成："文成将军"的省称，汉武帝思念已亡之李夫人，方士少翁诈称能招亡灵，使汉武帝隔着帷幕隐约见到"李夫人之灵"，被拜为文成将军。五利："五利将军"省称，汉武帝封能得"不死之药"之方士栾大为五利将军。

⑤索：寻找。

⑥使：使命。

⑦故：过去。

⑧盛称：极力宣扬。

⑨面状少：面相年轻。

⑩恬淡：恬静淡泊。

⑪善达：精通。射覆：原为一种猜物游戏。将物品藏在碗盆下，让人猜想，也用来占卜。

【译文】

　　东方朔和李少君同在汉武帝之时，是太史公能够见到的。李少君有谷道、祠灶、却老的方术，又能说出齐桓公铸造的鼎的事，还知道九十多岁老人祖父外出游猎之处的证明，然而还没有得道的事实，仅是生来长寿晚死的人。况且东方朔没有李少君那种方术的效验，世人根据什么知道他得道了呢？考察武帝的时候，修道之人文成、五利之类的人，到海上去寻求仙人，寻找长生不死的药，因为有道术上的应验，所以为皇帝所相信。东方朔没有被派到海上的使命，没有神奇的应验。如果出使有神奇的表现，也不过是李少君之类以及文成、五利之辈罢了，怎么说他得道了呢？这也许碰巧又是像李少君吧，隐瞒了自己生长的地方，当时朝廷上的人，不知道他的过去，东方朔又极力宣扬自己年长，人们看到他面相年轻，性格恬静淡泊，不喜欢做官，精通占卜、射覆，爱做奇怪的游戏，世人就认为他是得道的人了。

世或以老子之道为可以度世，恬淡无欲，养精爱气[1]。夫人以精神为寿命，精神不伤，则寿命长而不死。成事：老子行之，逾百度世，为真人矣。夫恬淡少欲，孰与鸟兽[2]？鸟兽亦老而死。鸟兽含情欲，有与人相类者矣，未足以言。草木之生何情欲，而春生秋死乎？夫草木无欲，寿不逾岁[3]；人多情欲，寿至于百。此无情欲者反夭，有情欲者寿也。夫如是，老子之术，以恬淡无欲、延寿度世者，复虚也。或时老子，李少君之类也，行恬淡之道，偶其性命亦自寿长。世见其命寿，又闻其恬淡，谓老子以术度世矣。

【注释】

①爱：爱惜。

②孰与：反诘语气，意谓还不如。

③岁：一年。

【译文】

世上有人认为老子的道术可以成仙，清心寡欲，以保养精神爱惜元气。人以精神为寿命，精神不损伤，那寿命就长久不死。既成的事实是：老子奉行他的道术，超过百岁而超脱尘世，成为仙人了。清心寡欲，人哪比得上鸟兽？鸟兽也会衰老而死去。鸟兽怀有情欲，有的和人类相似，不足以说明问题。草木活着有什么情欲，却在春天生长秋天死去呢？草木没有情欲，寿命不超过一年；人富于情欲，寿命可达百岁。这是没有情欲的反而早死，有情欲的却长寿。照此说来，老子的道术，是以清心寡欲、延长寿命来超脱尘世而成仙，又是假的了。或许老子，是李少君一类的人，奉行清心寡欲的道术，恰好他的生命也自然长寿。世人见他长寿，又听说他清心寡欲，就认为老子是因为有道术而成仙的。

世或以辟谷不食为道术之人，谓王子乔之辈①，以不食谷，与恒人殊食，故与恒人殊寿，逾百度世，遂为仙人。此又虚也。

【注释】

①王子乔：传说中的仙人，参见本书《无形篇》注。

【译文】

世上有人认为不食五谷的人是有道术的人，说王子乔之类的人，因为不吃五谷，与一般人吃的不同，所以与一般人的寿命也不一样，活过一百岁而超脱尘世，于是成为仙人。这又是假的。

夫人之生也，禀食饮之性，故形上有口齿①，形下有孔窍②。口齿以噍食③，孔窍以注泻④。顺此性者，为得天正道；逆此性者，为违所禀受。失本气于天⑤，何能得久寿？使子乔生无齿口孔窍，是禀性与人殊。禀性与人殊，尚未可谓寿，况形体均同，而以所行者异，言其得度世，非性之实也。夫人之不食也，犹身之不衣也。衣以温肤，食以充腹。肤温腹饱，精神明盛⑥。如饥而不饱，寒而不温，则有冻饿之害矣。冻饿之人，安能久寿？且人之生也，以食为气，犹草木生以土为气矣。拔草木之根，使之离土，则枯而蚤死⑦。闭人之口，使之不食，则饿而不寿矣。

【注释】

①形上：身体的上部。

②孔窍：这里指排泄器官。

③噍（jiào）：咀嚼，吃。

④注泻：排泄。

⑤本气：根本的气，指从天禀受来的元气。

⑥明盛：旺盛。

⑦蚤：通"早"。

【译文】

人出生的时候，就禀受了要吃喝的本性，所以身体的上部分有口齿，身体的下部分有孔窍。口齿用以吃东西，孔窍用来排泄。遵循这种本性的，符合自然常规；违背这种本性的，就违反自然常规。失去了从天禀受来的根本之气，怎么能够得以长寿呢？假如王子乔生来没有口齿和孔窍，这样禀受的本性才和人不同。禀受的本性与人不同，尚且不能说是长寿，何况他的身体和人完全相同，只是行为不一样，说他超脱尘世，这不是人的本性的实际情况。人不吃东西，就像身上不穿衣一样。穿衣用来温暖肌肤，吃东西用来填饱肚子。肌肤温暖肚子吃饱，精神才旺盛。如果饿肚子吃不饱，遇寒冷不温暖，就有受冻挨饿的危害。受冻挨饿的人，怎么能长寿？况且人出生时，是靠食物来保养元气，就像草木出生时靠泥土保养元气一样。拔去草木的根，让它们离开泥土，那就会枯萎而早死。堵住人的口，让他不能吃东西，就会挨饿而短命了。

　　道家相夸曰：真人食气。以气而为食，故传曰：食气者寿而不死，虽不谷饱①，亦以气盈②。此又虚也。

【注释】

①谷饱：用五谷吃饱肚子。

②盈：充盈。

【译文】

　　道家相互夸耀说：仙人吃气。拿气作为食物，所以传书说：吃气的人长寿不死，虽然不用五谷吃饱肚子，也能用气充盈身体。这又是假的。

　　夫气谓何气也？如谓阴阳之气，阴阳之气，不能饱人。人或咽气，气满腹胀，不能餍饱①。如谓百药之气，人或服药，食一合屑②，吞数十丸，药力烈盛，胸中愦毒③，不能饱人。食气者必谓"吹呴呼吸，吐故纳新"也④，昔有彭祖尝行之矣⑤，不能久寿，病而死矣。

【注释】

①餍（yàn）饱：吃饱。餍，吃饱。

②合：容量单位，一升的十分之一。屑：碎末，这里指药粉。

③愦（kuì）毒：因中毒而难受。

④"吹呴（xǔ）呼吸"二句：引文参见《庄子·刻意》。吹呴，张口出气。呴，嘘气，哈气。

⑤彭祖：传说中的人物，因封于彭，故称。传说他善养生，有导引之术，活到八百岁。

【译文】

所谓气是指什么气呢？如果说是阴气和阳气，然阴气和阳气，不能让人吃饱。人有时咽下气，会气满腹胀，却不能饱肚子。如果说是各种药物的气，人有时吃药，吃下一合的药粉，吞下数十颗丸药，药力猛烈，只会胸中感到中毒难受，却不能使人吃饱。如果吃气的人一定要说"呼气吸气，吐出浊气吸入清气"，那当年彭祖曾经践行过这种办法，却没能长寿，最终得病死了。

道家或以导气养性①，度世而不死，以为血脉在形体之中，不动摇屈伸②，则闭塞不通；不通积聚，则为病而死。此又虚也。

【注释】

①导气：导运气息。一种古代养生术。
②动摇：活动。

【译文】

道家有的用导运气息的方法来保养生命，以超脱尘世而不死亡，认为血脉在人体之中，如果不能活动屈伸，就会闭塞不通；血脉不通而郁积，就会生病而死。这又是假的。

夫人之形，犹草木之体也。草木在高山之巅，当疾风之冲，昼夜动摇者，能复胜彼隐在山谷间，鄣于疾风者乎①？案草木之生，动摇者伤而不畅②，人之导引动摇形体者③，何故寿而不死？夫血脉之藏于身也，犹江河之流地。江河之流，浊而不清；血脉之动，亦扰不安④。不安，则犹人勤苦无聊也⑤，安能得久生乎？

【注释】

①郭：遮蔽。

②畅：顺畅，这里指正常生长。

③导引：指呼吸俯仰，屈伸手足，使血气流通，促进身体健康。为古代医家、道家的一种养生术。

④亦扰不安：上文言"浊而不清"，依文例，疑"扰"后脱一"而"字。

⑤无聊：穷困而无所依靠。

【译文】

人的身体，就像草木的形体一样。草木在高山顶上，正对着大风的冲击，昼夜摇动，能够更胜过那些隐藏在山谷间，得到遮蔽而不受大风吹动的草木吗？考察草木的生长，被摇动的会受损伤而不能正常生长，人在导气引体活动身体时，又怎么能长寿不死呢？血脉藏在人身体里，就像江河在地上流淌。江河流动，就会浑浊不清；血脉的流动，也会扰动而不安宁。血脉不安，那就像人劳苦而无所依靠一样，怎么能够长寿呢？

道家或以服食药物，轻身益气①，延年度世。此又虚也。

【注释】

①益：增加。

【译文】

道家有的靠服用药物，来变轻身体增加体气，延年益寿以成仙。这又是假的。

夫服食药物,轻身益气,颇有其验。若夫延年度世^①,世无其效。百药愈病,病愈而气复,气复而身轻矣。凡人禀性,身本自轻,气本自长,中于风湿^②,百病伤之,故身重气劣也^③。服食良药,身气复故,非本气少身重,得药而乃气长身更轻也^④,禀受之时,本自有之矣。故夫服食药物除百病,令身轻气长,复其本性,安能延年至于度世?

【注释】

①若夫:至于。

②中:受到。

③身重:感到身体沉重。气劣:气虚。

④更:变。

【译文】

服用药物,来变轻身体增加体气,还略有些效验。至于延年益寿以成仙,世上没有证明。各种药物治疗疾病,病治好了体气就复原,体气复原则身体轻快。凡人禀受天性,身体本来开始就轻,体气本来开始就强盛,受到风湿侵袭,各种疾病都来伤害它,所以感到身体沉重体气虚弱。服用了良药,身子体气复原如故,不是本来体气少身体重,吃了药才体气强身体变轻的,而是在禀受的时候,本来就具有的。所以服食药物可以去除百病,使身体变轻体气强盛,恢复他原来的本性,怎么能延年益寿至于成仙呢?

有血脉之类,无有不生,生无不死。以其生,故知其死也。天地不生,故不死;阴阳不生,故不死。死者,生之效;生者,死之验也。夫有始者必有终,有终者必有始。唯无终始者,乃长生不死。人之生,其犹水也^①。水凝而为冰,气积而为人。冰极一冬而释^②，人竟百岁而死^③。人可令不死，冰可令不释乎？诸学仙术，为不死之方，其必不成，犹不能使冰终不释也。

【注释】

①水：递修本作"冰"。

②极：尽。释：融化。

③竟：尽。

【译文】

有血脉的动物，没有不是生下来的，是生下来的就没有不死的。因为是生下来的，所以知道它会死。天地不是生下来的，所以不会死；阴气和阳气不是生下来的，所以不会死。死，是活的表现；活，是死的证明。有开始的就一定有终结，有终结的就一定有开始。唯有没有终结和开始的，才能长生不死。人的生命，就像冰一样。水凝结而成为冰，气聚集而成为人。冰过完一冬而融化，人活尽百岁而死亡。人可以让自己不死，冰可以让它不融化吗？那些学习仙术，寻求不死方技的，他们一定不会成功，就像不可能让冰始终不融化一样。

语增篇第二十五

【题解】

本篇与其后的《儒增篇》《艺增篇》合称为"三增",这三篇文章的主旨均在于强调于撰述中必须要做到实事求是,不得随意增损。因抽象的概念难以通过文字表达,因此自先秦诸子至于两汉儒生,他们在撰写文章时,经常会对所涉及的历史事件进行一定程度的增饰,这样可以加强历史事件的象征性意义,以达到宣传其学说的作用。

而王充则从实事求是的角度出发,认为:"凡天下之事,不可增损,考察前后,效验自列。"任何史事只要考察其前因后果便可知其效验,因此反对任何对于史事的增饰行为。

王充于此篇中列举七条经传中记载的事例并对其进行批驳,以反对于撰述中随意增饰历史事件的行为。

传语曰:圣人忧世深,思事勤,愁扰精神①,感动形体②,故称尧若腊,舜若腒③,桀、纣之君,垂腴尺余④。夫言圣人忧世念人⑤,身体赢恶⑥,不能身体肥泽⑦,可也;言尧、舜若腊与腒,桀、纣垂腴尺余,增之也⑧。

【注释】

①愁扰精神:劳精伤神。

②感动:动摇。感,通"撼"。

③"故称尧若腊(xī)"二句:参见本书《道虚篇》注。腊,干肉。腒(jū),干鸟肉。

④垂胰:腹部肥大下垂。胰,肥肉。

⑤念:关怀。

⑥赢(léi)恶:瘦瘠衰弱。

⑦肥泽:形体肥硕丰润。

⑧增:夸张。

【译文】

传书说:圣人深忧世事,勤于思考,劳精伤神,损害身体,所以说尧瘦得像干肉,舜瘦得像干鸟,殷纣、夏桀那样的君王,腹部的肥肉垂下一尺多。说圣人忧虑世事关怀人民,身体瘦瘠衰弱,不能肥硕丰润,是可以的;说尧、舜瘦得像干肉、干鸟,殷纣、夏桀腹部肥肉垂下一尺多,是夸大了。

齐桓公云:"寡人未得仲父极难,既得仲父甚易。"①桓公不及尧、舜,仲父不及禹、契,桓公犹易,尧、舜反难乎?以桓公得管仲易②,知尧、舜得禹、契不难。夫易则少忧,少忧则不愁,不愁则身体不臞③。舜承尧太平,尧、舜袭德④,功假荒服⑤,尧尚有忧,舜安能无事。故《经》曰"上帝引逸"⑥,谓虞舜也。舜承安继治,任贤使能,恭己无为而天下治⑦。故孔子曰:"巍巍乎!舜、禹之有天下而不与焉。"⑧夫不与尚谓之臞若腒,如德劣承衰,若孔子栖栖⑨,周流应聘⑩,身不得容,道不得行,可骨立趺附⑪,僵仆道路乎?

【注释】

①"齐桓公云"几句：引文参见《韩非子·难二》《吕氏春秋·任
　数》。仲父，齐桓公对管仲的尊称。

②以：根据。

③臞（qú）：消瘦。

④袭：因袭，继承。

⑤假（gé）：达到。荒服：古代王畿外围，每五百里为一区划，视距离
　远近分为侯服、甸服、绥服、要服、荒服五等，称为"五服"。荒服
　为离京师最远之地，亦泛指边远地区。

⑥故《经》曰"上帝引逸"：按照上下文意，王充理解的帝似指舜，引逸
　则指长久的安逸，这是对《尚书》的误读。《经》，指《尚书·多士》。

⑦恭己：恭肃己身。

⑧"故孔子曰"几句：引文参见《论语·泰伯》。巍巍，崇高雄伟。与，
　参与。

⑨栖栖：忙碌不安。

⑩周流：周行各地。

⑪跛：疑为"皮"之误，"皮附"与"骨立"为对文。

【译文】

　　齐桓公说："我没有得到管仲辅佐之前治国很难，得到管仲后就很容
易了。"齐桓公比不上尧和舜，管仲也比不上禹和契，齐桓公治国尚且感
到容易，尧和舜反而会难吗？根据齐桓公得到管仲治国很容易，可知尧
和舜得到禹和契治国不会难。治国容易就少忧虑，少忧虑就不发愁，不
发愁那身体就不会消瘦。舜继承了尧的太平盛世，尧和舜的美德相承，
功业达到极远的地方，尧的时候还会有忧虑，舜的时候却安定无事。所
以《尚书》说"上帝长久安逸"，指的就是舜。舜继承了安定太平的局面，
任用贤能，恭肃己身不参与具体的事务而天下太平。所以孔子说："真是
崇高啊！舜和禹贵为天子却不参与国家的具体事务。"不参与国家的具

体事务还要说他们瘦得像干鸟,如果品德恶劣又继承了衰乱的局面,就像孔子忙忙碌碌,周游列国到处求官,不被容纳,理想不能实现,能说他饿得皮包骨头,直挺挺地倒在路上吗?

　　纣为长夜之饮①,糟丘酒池②,沉湎于酒③,不舍昼夜④,是必以病。病则不甘饮食⑤,不甘饮食,则肥腴不得至尺。《经》曰⑥:"惟湛乐是从,时亦罔有克寿⑦。"魏公子无忌为长夜之饮⑧,困毒而死⑨。纣虽未死,宜羸臞矣⑩。然桀、纣同行,则宜同病,言其腴垂过尺余,非徒增之⑪,又失其实矣。

【注释】

①长夜之饮:通宵宴饮。

②糟丘:酒糟堆积如山。

③沉湎(miǎn):沉溺,沉迷。

④舍:停。

⑤甘:美,这里指爱好,嗜好。

⑥《经》:这里指《尚书·无逸》。

⑦"惟湛(dān)乐是从"二句:这是周公以商王祖甲以后几代君主纵情享乐,短命而死的教训来告诫周成王的两句话。湛乐,过度逸乐。时,此。具体指商王祖甲以后。罔,无。克,能够。

⑧魏公子无忌:即信陵君,参见本书《累害篇》注。

⑨困毒:中毒。

⑩宜:应该。

⑪徒:仅。

【译文】

殷纣王通宵宴饮,糟堆积如山酒积聚成池,沉溺于饮酒,昼夜不停,必定是因此生病。生病就不想吃东西，不想吃东西，那腹部的肥肉就不会垂下一尺多。《尚书》说："只是过度逸乐，这也没有能够长寿的了。"魏公子无忌通宵饮宴，中毒而死。纣王虽然没死，也应该身体瘦弱。夏桀和殷纣行为相同，那也应该得同样的病，说他们腹部的肥肉垂下一尺多，不仅是夸大之词，而且又违背了事实。

　　传语又称："纣力能索铁伸钩①，抚梁易柱②。"言其多力也。"蜚廉、恶来之徒③，并幸受宠。"言好伎力之主④，致伎力之士也⑤。或言"武王伐纣，兵不血刃"⑥。夫以索铁伸钩之力，辅以蜚廉、恶来之徒，与周军相当⑦，武王德虽盛，不能夺纣素所厚之心⑧；纣虽恶，亦不失所与同行之意。虽为武王所擒⑨，时亦宜杀伤十百人。今言不血刃，非纣多力之效，蜚廉、恶来助纣之验也。

【注释】

①索铁伸钩：把铁条绞成索，把弯钩拉直，形容两手强有力。

②抚梁易柱：手托房梁换柱子，形容力气极大。

③蜚廉、恶来：殷纣王的两位臣子，《太平御览》卷三百八十六引《尸子》文："飞廉、恶来力角虎兕，手搏熊犀。"

④伎力：技能与勇力。伎，指其他各种技艺。

⑤致：招。

⑥"武王伐纣"二句：参见《荀子·议兵》。

⑦相当：对敌。当，敌。

⑧素：平素，向来。厚：亲厚，宠爱。

⑨虽为武王所擒：参见《淮南子·主术训》。

【译文】

传书又说:"纣王的力量能把铁条绞成索把弯钩拉直,可以手托起房梁换柱子。"这是说他力气大。"蜚廉、恶来之类的人,都受到宠幸。"这是说喜好技能与勇力的君主,会招来有技能有勇力的人。有人说"武王伐纣,兵器上没有沾血就取得了胜利"。凭借能把铁条绞成索把弯钩拉直的力量,再加上蜚廉、恶来这类人的辅助,和周人的军队对抗,周武王的道德虽高,也不能征服一向受纣王宠爱的人的心;纣王虽然恶劣,也不会失去和他操行相同的人的心。虽然被周武王捉住,当时也应该杀伤几十上百个人。如今说兵器上没沾血,这不是纣王力量大,蜚廉、恶来辅助纣王的证明。

案武王之符瑞,不过高祖。武王有白鱼、赤乌之祐[①],高祖有断大蛇、老妪哭于道之瑞[②]。武王有八百诸侯之助[③],高祖有天下义兵之佐[④]。武王之相,望羊而已[⑤];高祖之相,龙颜、隆准、项紫、美须髯[⑥],身有七十二黑子。高祖又逃吕后于泽中[⑦],吕后辄见上有云气之验,武王不闻有此。夫相多于望羊[⑧],瑞明于鱼、乌,天下义兵并来会汉,助强于诸侯。武王承纣,高祖袭秦,二世之恶[⑨],隆盛于纣,天下畔秦[⑩],宜多于殷。案高祖伐秦,还破项羽,战场流血,暴尸万数,失军亡众,几死一再,然后得天下,用兵苦[⑪],诛乱剧[⑫]。独云周兵不血刃,非其实也。言其易,可也;言不血刃,增之也。

【注释】

①武王有白鱼、赤乌之祐:参见本书《初禀篇》注。

②高祖有断大蛇、老妪哭于道之瑞:参见本书《吉验篇》注。

③八百诸侯之助:据《史记·周本纪》记载,武王伐纣时,有八百个

　　　　诸侯来帮助他。

④天下义兵：这里指原来反秦，后来支持刘邦的武装力量。

⑤望羊：即"望阳"，参见本书《骨相篇》注。

⑥龙颜、隆准：参见本书《骨相篇》注。项紫：脖子是紫色的。

⑦高祖又逃吕后于泽中：据《史记·高祖本纪》记载，秦始皇帝常说
　　"东南有天子气"，因而巡游东方，借以镇伏东南的天子气。高祖
　　怀疑这件事与自己有关，就离开家，隐身在芒山、砀山一带的山泽
　　岩石之间。

⑧相：骨相。

⑨二世：秦二世。

⑩畔：通"叛"。

⑪用兵：作战。

⑫诛乱：讨伐叛乱。剧：艰巨。

【译文】

　　考察周武王的祥瑞，不超过汉高祖。周武王有白鱼、赤乌的福佑，汉高祖有斩断大蛇、老妇人在路上哭泣的吉兆。周武王有八百诸侯的帮助，汉高祖有天下义兵的辅佐。周武王的骨相，只是眼睛朝上长不用抬头就可以看到太阳而已；汉高祖的骨相，眉骨突起似龙、高鼻梁、紫脖子、漂亮胡须，身上还有七十二颗黑痣。汉高祖又避开吕后逃到大泽中，吕后每次都能看见天上有祥云瑞彩的征验，而周武王没听说有这些。骨相比眼睛朝上长不用抬头就可以看到太阳，祥瑞比白鱼、赤乌明显，天下义兵一起来会集辅助汉军，辅助力量胜过八百诸侯。周武王继殷纣王，汉高祖袭秦朝，秦二世的罪恶，远大于纣王，天下背叛秦朝的人，应该比背叛殷朝的多。考察汉高祖讨伐秦朝，回过头来又打败项羽，战场上流满鲜血，暴露的尸体数以万计，丧失军队伤亡士卒，汉高祖多次几乎死掉，然后才取得天下，可见作战艰苦，平叛艰巨。偏说周武王兵器上没沾血，这不是事实。说武王伐纣容易，是可以的；说兵器上没沾血，就是夸大了。

　　案周取殷之时，太公《阴谋》之书①，食小儿丹②，教云
"亡殷"。兵到牧野③，晨举脂烛④。察《武成》之篇⑤，牧野
之战，血流浮杵⑥，赤地千里⑦。由此言之，周之取殷，与汉、秦
一实也。而云取殷易，兵不血刃，美武王之德，增益其实也。

【注释】

　　①太公：姜太公吕尚。《阴谋》：书名，相传为吕尚所著，今已佚。

　　②食（sì）：拿东西给人吃。丹：丹砂的省称，俗称朱砂，一种红色矿
　　　物，从中可提炼汞，道家炼药多用朱砂。

　　③牧野：古地名，在今河南淇县，周武王克殷纣于此。

　　④脂烛：古人用油脂浸润麻茎，燃以照明的工具。

　　⑤《武成》：古文《尚书》中的一篇，今已佚。

　　⑥杵：舂米用具。为上细下粗的坚木。

　　⑦赤地：指鲜血染红土地。

【译文】

　　考察周攻取殷的时候，姜太公《阴谋》书上记载，给小孩吃丹砂，教
他们说"要灭亡殷"。周武王的军队开到牧野，清晨点起油脂火把开始
进攻。查看《武成》一篇，记载牧野之战，血流得能把木杵漂起来，染红
了千里之地。照此说来，周攻取殷，和汉灭秦是同样的情况。却说攻取
殷容易，兵器上没有沾血，这是美化周武王的德行，夸大了事实。

　　凡天下之事，不可增损，考察前后，效验自列。自列，则
是非之实有所定矣。世称纣力能索铁伸钩，又称武王伐之
兵不血刃。夫以索铁伸钩之力当人①，则是孟贲、夏育之匹
也②；以不血刃之德取人，是则三皇、五帝之属也。以索铁之
力，不宜受服③；以不血刃之德，不宜顿兵④。今称纣力，则

武王德贬；誉武王，则纣力少。索铁、不血刃，不得两立；殷、周之称，不得二全。不得二全，则必一非。

【注释】

①当：抵敌。

②夏育：周时卫国勇士，传说力大无穷，能拔牛尾。

③受服：降服。

④顿兵：损坏兵器，打仗而有损失，这里指使用武力。顿，通"钝"。

【译文】

大凡天下的事情，不能夸大或缩小，要考察它的前前后后，真相就自然会表现出来。真相自然表现出来，那是非的实情就有判断的依据了。世人说纣王能把铁条绞成索把弯钩拉直，又说周武王伐纣兵器上不沾血。用把铁条绞成索把弯钩拉直的力量去抵挡敌人，这是与孟贲、夏育相当的人；用兵器上不沾血的德行战胜敌人，这是三皇、五帝一类的人。有能把铁条绞成索的力量，不应该被降服；有兵器上不沾血的德行，不应该使用武力。如今称赞纣王的力量，那武王的德行就会被贬低；赞誉武王的德行，那纣王的力量就不大。把铁条绞成索、兵器上不沾血，两种说法不能同时成立；赞美殷纣王力量大和赞美周武王德行高，两种说法不能都对。不能都对，那其中必有一个不对。

孔子曰："纣之不善，不若是之甚也。是以君子恶居下流，天下之恶皆归焉。"①孟子曰："吾于《武成》，取二三策耳。以至仁伐不仁，如何其血之浮杵也？"②若孔子言，殆沮浮杵③；若孟子之言，近不血刃。浮杵过其实，不血刃亦失其正。一圣一贤，共论一纣，轻重殊称，多少异实。纣之恶不若王莽。纣杀比干，莽鸩平帝④；纣以嗣立，莽盗汉位。杀主隆于诛臣⑤，嗣立顺于盗位⑥，士众所畔，宜甚于纣。汉诛王莽，兵顿昆阳⑦，死者万数，军至渐台⑧，血流没趾⑨。而独谓周取天下，兵不血刃，非其实也。

【注释】

①"孔子曰"几句：引文参见《论语·子张》。恶（wù），厌恶。下流，因道德低下而身处卑微的地位。

②"孟子曰"几句：引文参见《孟子·尽心下》。二三策，指两三支竹简。策，连编好的竹简。至，最，极。

③沮：据文意，疑为"且"之误，本书多以"殆且"连文。殆且，差不多，接近。

④鸩（zhèn）：毒酒，这里指用毒酒杀人。平帝：即汉平帝刘衎（kàn，前9—5），西汉皇帝，前1—5年在位，或谓为王莽鸩杀。

⑤隆：严重。

⑥顺：名正言顺。

⑦兵顿：这里指驻军，交战。新莽末年，刘玄军在昆阳地区大破王莽军主力。顿，止宿，屯驻。昆阳：县名。战国魏邑，后入秦。在今河南叶县，因在昆水之北而得名。

⑧渐台：台名，汉武帝作建章宫，在太液池中筑渐台，高二十余丈。汉末，刘玄军攻入长安，王莽逃至渐台上，为乱兵所杀。

⑨趾：脚趾。

【译文】

孔子说："纣王的坏，不像现在传说的这么厉害。所以君子厌恶居于下流，一居下流，天下的什么坏名声都会集中在他身上了。"孟子说："我对于《武成》一篇，所取的不过两三支竹简罢了。凭周武王这样极为仁道的人来讨伐纣王这个极为不仁的人，怎么会使血流得把木杵都飘起来了呢？"如果按照孔子所说，流血差不多会把木杵漂起来；如果按照孟子所言,兵器上不沾血就接近事实。说把木杵漂起来言过其实,说兵器上不沾血也有失公正。一是圣人一是贤人,评论同一个纣王,而对他罪恶的轻重有不同的说法,对被杀人数多少的实情有不一样的估计。纣王的罪恶不如王莽。纣王杀了比干,王莽毒死汉平帝;纣王是凭继承而即位,王莽是窃取汉朝帝位。杀害君主的罪行重于诛杀臣子,继承君位比窃取帝位要名正言顺,那王莽的臣子士卒中背叛的人,应该多于纣王。汉军讨伐王莽,在昆阳交战,死的人数以万计,进军到渐台,流血淹没了脚趾。却偏说周武王取得天下,兵器上都没沾血,这不是事实。

　　传语曰:"文王饮酒千钟[1],孔子百觚[2]。"欲言圣人德盛,能以德将酒也[3]。如一坐千钟百觚[4],此酒徒,非圣人也。饮酒有法[5],胸腹小大,与人均等。饮酒用千钟,用肴宜尽百牛[6],百觚则宜用十羊。夫以千钟百牛、百觚十羊言之,文王之身如防风之君[7],孔子之体如长狄之人[8],乃能堪之[9]。案文王、孔子之体,不能及防风、长狄,以短小之身,饮食众多,是缺文王之广[10],贬孔子之崇也。

【注释】

① 钟:古时盛酒的器皿,现也称"盅"。

② 觚(gū):古时一种阔口细腰的盛酒器皿。今本《孔丛子·儒服》有"尧舜千钟,孔子百觚"之语。

③ 将:控制,驾驭。

④ 一坐:一次饮宴。

⑤ 法:规矩,规则。

⑥ 肴:菜肴。尽:吃完。

⑦ 防风之君:即"防风氏",传说中夏代部落酋长名,相传其身材高

大，一节骨头就装满一车。

⑧长狄：先秦时期狄人的一部，因其人高大而得名。

⑨堪：胜任。

⑩广：这里指道德崇高广大。

【译文】

传书上说："周文王能喝一千钟酒，孔子能喝一百觚酒。"是想说圣人道德崇高，能够用道德来控制酒。如果一次饮宴就要喝一千钟一百觚酒，这是酒徒，不是圣人。喝酒有一定的规则，圣人胸腹的大小，和一般人相同。如果喝酒要喝千钟，那菜肴应该吃完一百头牛，喝一百觚酒那就应该吃完十只羊。如果按喝千钟酒吃百头牛，喝百觚酒吃十只羊来说，周文王的身材应该和防风氏，孔子的身体要像长狄一样巨大，才能受得住。考察周文王、孔子的身体，不及防风氏和长狄，以矮小的身体，吃喝众多的饮食，这是损害了文王道德的广大，贬低了孔子道德的崇高。

案《酒诰》之篇①："朝夕曰：'祀兹酒②。'"此言文王戒慎酒也。朝夕戒慎，则民化之。外出戒慎之教③，内饮酒尽千钟④，导民率下，何以致化？承纣疾恶⑤，何以自别？且千钟之效，百觚之验，何所用哉？使文王、孔子因祭用酒乎？则受福胙不能厌饱⑥。因飨射之用酒乎⑦？飨射饮酒，自有礼法。如私燕赏赐饮酒乎⑧？则赏赐饮酒，宜与下齐⑨。赐尊者之前，三觞而退⑩，过于三觞，醉酗生乱⑪。文王、孔子，率礼之人也⑫，赏赍左右⑬，至于醉酗乱身，自用酒千钟百觚，大之则为桀、纣，小之则为酒徒，用何以立德成化⑭，表名垂誉乎？世闻"德将毋醉"之言⑮，见圣人有多德之效，则虚增文王以为千钟⑯，空益孔子以百觚矣。

【注释】

①《酒诰》:《尚书》中的一篇。

②兹:则,就。

③外:表面上。教:教令,指示。

④内:实际上。

⑤承:沿袭。疾恶:恶习。

⑥福胙(zuò):祭祀用的肉类。厌:饱。

⑦飨(xiǎng)射:即乡射,古代人们聚会射箭饮酒的一种礼仪。乡射礼有两类:一为州之长官在春、秋两季以礼会庶民,习射于州的学校;二为乡老和乡大夫在举荐本乡贤能者后,与乡人所行乡射之礼,以此射询众庶。

⑧私燕:私人宴会。燕,通"宴"。

⑨下:下属。齐:一样。

⑩觞(shāng):古代的一种盛酒的杯子。

⑪醉酗(xù):撒酒疯。酗,沉迷于酒,醉而发怒。

⑫率礼:遵循礼法。

⑬赏赉(lài):赐予,给予。

⑭成化:完成教化。

⑮德将:以德相助,用道德来要求自己。将,扶助。引文参见《尚书·酒诰》。

⑯为:据文例,疑为衍文。

【译文】

考察《尚书·酒诰》篇所说:"早晚都说:'只有祭祀时才可以用酒。'"这是说周文王告诫要慎重喝酒。早晚都告诫要慎重喝酒,那人民就会受到感化。表面上发出告诫要慎重喝酒的教令,实际上却喝尽千钟酒,这样引导人民给下属做表率,怎么能教化人民呢?沿袭纣王的恶习,怎么能使自己和纣王有所区别呢?况且喝千钟酒,喝百觞酒的效验,是根据什么得出来的呢？如果是周文王、孔子因为祭祀而喝酒呢？那接受祭祀的酒肉是不能吃饱喝足的。如果是因为乡射而喝酒呢？乡射喝酒，自有礼法规矩。如果是私人宴会赏赐喝酒呢？那赏赐喝酒应该和下属喝得一样多。在尊长面前接受赏赐，酒过三杯就应该退下，超过了三杯，就会喝醉撒酒疯。周文王、孔子，都是遵循礼法的人，赏赐左右随从，到了喝醉撒酒疯危害自身的地步，自己又饮酒千钟百觚，说重了那就是夏桀、殷纣，说轻了那就是酒徒，凭什么来树立功德成就教化，显扬名声得到后人称颂呢？世人听到"要用道德来约束自己，不要喝醉了"的话，看到圣人有德高的表现，就凭空夸大说周文王喝千钟酒，孔子喝百觚酒了。

传语曰："纣沉湎于酒，以糟为丘，以酒为池，牛饮者三千人①，为长夜之饮，亡其甲子②。"夫纣虽嗜酒，亦欲以为乐。令酒池在中庭乎？则不当言为长夜之饮。坐在深室之中，闭窗举烛，故曰长夜。令坐于室乎？每当饮者，起之中庭③，乃复还坐，则是烦苦相踏藉④，不能甚乐。令池在深室之中，则三千人宜临池坐，前俯饮池酒⑤，仰食肴膳⑥，倡乐在前⑦，乃为乐耳。如审临池而坐，则前饮害于肴膳⑧，倡乐之作不得在前。夫饮食既不以礼，临池牛饮，则其啖肴不复用杯⑨，亦宜就鱼肉而虎食⑩，则知夫酒池牛饮，非其实也。

【注释】

①牛饮：像牛一样俯身而饮。

②亡：通"忘"。甲子：古代以干支纪日或纪年。甲为十干之首，子为十二支之首，干支次第相配，可配成甲子、乙丑、丙寅……癸亥共六十种，统称为"甲子"。这里泛指日子、年岁。

③之：到，去。

④踏（jí）藉：踩踏，践踏。踏，践踏，跨越。

⑤前：据文意，疑为衍文。

⑥肴膳：饭菜。

⑦倡乐：倡优的歌舞杂戏表演。倡，倡优，以表演歌舞技艺为业的人。

⑧害：妨碍。

⑨啖（dàn）：吃。杯：杯盘，这里泛指餐具。

⑩就：靠近。

【译文】

传书说："纣王沉湎在酒里，把酒糟堆成小山，把酒灌成池子，像牛一样俯身而饮的有三千人，整夜地喝酒，忘了日子。"纣王虽然嗜酒，也想喝酒取乐。假如酒池在庭院当中呢？那就不能说他整夜地喝酒。坐在内室当中，关着窗户点上火烛，所以说是整夜。假如他坐在内室当中呢？每次要喝酒，都得起身去庭院，然后又返回座席，那样一来既烦劳辛苦又容易相互践踏，不会很快乐。假如酒池在内室之中，那三千人应该挨着池子而坐，俯身喝池子里的酒，抬头吃饭菜，前方有歌舞表演，才算是快乐。假如真地挨着酒池而坐，那俯身喝酒就会妨碍摆饭菜，歌舞表演也无法在前方。吃喝不按照礼仪规定，挨着酒池像牛一样俯身而饮，那么他们吃饭菜即使不用杯盘，也应该靠近鱼肉像老虎那样地吞食，那么可知以酒为池如牛而饮，并不是事实。

传又言："纣悬肉以为林，令男女倮而相逐其间①。"是为醉乐淫戏无节度也②。夫肉当内于口③，口之所食，宜洁不辱④。今言男女倮相逐其间，何等洁者？如以醉而不计洁辱，则当共浴于酒中⑤。而倮相逐于肉间⑥，何为不肯浴于酒中？以不言浴于酒⑦，知不倮相逐于肉间。

【注释】

①倮：同"裸"，裸体。

②为：谓。节度：规矩，节制。

③内：同"纳"，入。

④辱：脏，污。

⑤共：底本作"其"，递修本作"共"，据改。

⑥而（néng）：通"能"。

⑦以：因为，由于。

【译文】

传书又说："纣王把肉悬挂起来形成肉林，让男女赤裸身体在里面相互追逐。"这是说他醉酒取乐恣意嬉戏没有节制。肉应该吃进口中，口中所吃的东西，应该干净而不脏污。如今让男女赤裸身体在其中相互追逐，肉怎么能干净呢？如果是因为喝醉了不在乎干净与脏污，那他们就应该一起在酒里洗澡。能赤裸身体在肉林内相互追逐，为何不肯在酒里洗澡呢？因为不说在酒里洗澡，就知道不可能赤裸身体在肉林内相互追逐。

传者之说，或言："车行酒，骑行炙①，百二十日为一夜。"夫言"用酒为池"②，则言其车行酒非也；言其"悬肉为林"，即言骑行炙非也③。或时纣沉湎覆酒④，滂沱于地⑤，即言以酒为池；酿酒糟积聚，则言糟为丘；悬肉以林⑥，则言肉为林；林中幽冥⑦，人时走戏其中，则言倮相逐；或时载酒用鹿车⑧，则言车行酒、骑行炙；或时十数夜，则言其百二十；或时醉不知问日数，则言其亡甲子。周公封康叔，告以纣用酒，期于悉极⑨，欲以戒之也，而不言糟丘、酒池，悬肉为林，长夜之饮，亡其甲子。圣人不言，殆非实也。

【注释】

①炙:烤肉。

②用:以。

③即:则。

④覆酒:把酒器打翻。

⑤滂沱:雨势盛大貌,这里指把大量酒洒到地上。

⑥以:介词,在。递修本及《太平御览》卷八百四十五引《论衡》文皆作"似"。

⑦幽冥:昏暗。

⑧鹿车:古代的一种小车。

⑨期:希望。悉:知道。极:极限,这里指纣王酗酒的害处。

【译文】

流传的说法中,有人说:"驾着车给饮酒的人斟酒,骑着马给饮酒的人送烤肉,一连狂饮一百二十天才算一夜。"要说"用酒为池",那么说驾着车斟酒就不对;说纣王"悬肉为林",那么说骑着马送烤肉就不对。或许当时纣王醉醺醺把酒器打翻,大量的酒洒到地上,就说成是以酒成池;酿酒的酒糟堆积在一起,就说酒糟堆成了小山;在树林里挂肉,就说以肉为林;树林幽暗,人有时奔走嬉戏其中,就说是赤裸身体相互追逐;或许当时用鹿车装酒,就说成是驾着车斟酒,骑着马送烤肉;或者当时一连喝了十多夜的酒,就说成是一百二十夜;或许当时酒醉不知道问时间,就说他忘了时日。周公分封康叔的时候,告诉他纣王酗酒的事,希望他知道酗酒的害处,是想用这些事告诫他,但是没有说酒糟堆成山,酒聚成池,肉悬挂成林,整夜喝酒,忘记了时日这些事。圣人没说,可见大概不是事实。

传言曰:"纣非时与三千人牛饮于酒池①。"夫夏官百,殷二百,周三百。纣之所与相乐,非民,必臣也,非小臣,必大官,其数不能满三千人。传书家欲恶纣,故言三千人,增其实也。

【注释】

①非时：不在正常、适当或规定的时间内。

【译文】

传言说："殷纣王不分时间和三千人在酒池边像牛一样俯身饮酒。"夏朝的官职有一百，殷朝的有二百，周朝的有三百。和纣王一起饮酒作乐的，不是普通百姓，一定是朝臣，而且不是小臣，必定是大官，他们的数量不可能满三千人。作传书的人想把纣王说得很坏，所以说有三千人，是夸大事实。

传语曰："周公执贽下白屋之士①。"谓候之也②。夫三公③，鼎足之臣④，王者之贞干也⑤；白屋之士，闾巷之微贱者也⑥。三公倾鼎足之尊⑦，执贽候白屋之士，非其实也。时或待士卑恭⑧，不骄白屋，人则言其往候白屋；或时起白屋之士⑨，以璧迎礼之⑩，人则言其执贽以候其家也。

【注释】

①贽（zhì）：古代初次拜见所送的礼物。下：地位尊贵的人谦虚地对待地位低下的人。白屋之士：贫寒的士人。白屋，茅屋，因无色彩装饰，故名。

②候：问候。

③三公：人臣中最高的三个官位，周代以太师、太傅、太保为三公。

④鼎足之臣：鼎有三腿，比喻重要的臣子。

⑤贞干：支柱，骨干。

⑥闾（lǘ）巷：街巷。

⑦倾：降低，倾身。

⑧时或：据文意，当作"或时"。

⑨起：任用。

⑩璧：古代的一种扁平、圆形、中间有孔的玉制礼器。

【译文】

传言说："周公拿着礼物谦恭地去贫寒的人士那儿。"说是去问候他们。三公，是国家的重臣，王者的支柱；贫寒的士人，是居住在陋巷中地位低下之人。说周公降低自己作为国家重臣的尊崇地位，拿着礼物去问候贫寒的人士，不符合事实。或许当时周公待人谦卑恭敬，不以骄傲的态度对待贫寒的士人，人们就说他去问候他们；或许当时要任用贫寒的士人，用玉璧作为礼物迎聘他们，人们就说周公拿着礼物去贫寒的人士家去问候。

传语曰："尧、舜之俭，茅茨不剪①，采椽不斫②。"夫言茅茨采椽，可也；言不剪不斫，增之也。《经》曰③："弼成五服④。"五服，五采服也⑤。服五采之服，又茅茨采椽，何宫室衣服之不相称也？服五采，画日月星辰，茅茨采椽，非其实也。

【注释】

①茅茨（cí）不剪：用茅草盖屋顶不加修剪。比喻生活简朴。茅茨，茅草盖的屋子。

②采椽（chuán）不斫（zhuó）：以柞木为椽，不加雕饰，形容宫室简陋。采，同"棌"，柞木。椽，椽子，放在檩上架屋面板和瓦的条木。斫，砍削。

③《经》：指《尚书·益稷》。

④弼：辅佐。五服：按照《尚书·益稷》的记载，"五服"为天子直辖

的王畿外,每五百里为一区划,分侯、甸、绥、要、荒五等,称为"五服"。而《尚书·皋陶谟》载:"天命有德,五服五章哉!"把"五服"说成是天子、诸侯、卿、大夫、士的礼服的合称。王充误将《益稷》中的"五服"误解为"皋陶谟"的说法。

⑤五采:即"五色",黄、赤、白、黑、青五种颜色。采,颜色。

【译文】

传言说:"尧和舜很简朴,用茅草盖屋不加修剪,以柞木为椽不加雕饰。"说用茅草盖屋柞木为椽,是可以的;说不加修剪不加雕饰,是夸大其词。《尚书》说:"辅佐制定了五服。"五服,是五种颜色的服装。穿五彩的衣服,却又用茅草盖屋柞木为椽,为何住的宫室和穿的衣服如此不相称呢?穿五彩的衣服,衣服上画着日月星辰,却用茅草盖屋柞木为椽,这不符合事实。

传语曰:"秦始皇帝燔烧诗书①,坑杀儒士②。"言燔烧诗书,灭去五经文书也。坑杀儒士者,言其皆挟经传文书之人也③。烧其书,坑其人,诗书绝矣。言烧燔诗书,坑杀儒士,实也;言其欲灭诗书,故坑杀其人,非其诚,又增之也。

【注释】

①燔(fán)烧:焚烧。

②坑杀:活埋。

③挟:携带,收藏。

【译文】

传言说:"秦始皇焚烧诗书,活埋儒生。"说焚烧诗书,是要灭绝五经等书籍。活埋儒生,是说他们都是携带私藏经传书籍的人。烧了那些书,活埋了那些人,诗书就灭绝了。说焚烧诗书,活埋儒生,是事实;说想灭绝诗书，所以活埋那些人，这不真实，又夸大了。

秦始皇帝三十四年^①，置酒咸阳台^②，儒士七十人前为寿^③。仆射周青臣进颂始皇之德^④。齐淳于越进谏始皇不封子弟功臣自为狭辅^⑤，刺周青臣以为面谀^⑥。始皇下其议于丞相李斯。李斯非淳于越曰^⑦："诸生不师今而学古^⑧，以非当世，惑乱黔首^⑨。臣请敕史官^⑩，非秦记皆烧之^⑪；非博士官所职^⑫，天下有敢藏《诗》《书》、百家语、诸刑书者^⑬，悉诣守尉集烧之^⑭；有敢偶语《诗》《书》^⑮，弃市^⑯；以古非今者，族灭^⑰；吏见知弗举^⑱，与同罪。"始皇许之。明年，三十五年^⑲，诸生在咸阳者，多为妖言。始皇使御史案问诸生^⑳，诸生传相告引者^㉑，自除犯禁者四百六十七人^㉒，皆坑之^㉓。燔《诗》《书》，起淳于越之谏^㉔；坑儒士，起自诸生为妖言，见坑者四百六十七人^㉕。传增言坑杀儒士，欲绝诗书，又言尽坑之。此非其实而又增之。

【注释】

①秦始皇帝三十四年：即前213年。

②置酒：摆酒宴。台：《史记·秦始皇本纪》《史记·李斯列传》、本书《正说篇》皆作"宫"，可从。咸阳宫，秦都城咸阳城内的皇宫。

③为寿：敬酒祝酒。

④仆射（yè）：秦官名。仆，主持。古代重武，主持督课射礼的官员叫仆射。仆就是某一类官员的首长。如博士仆射、尚书仆射。此处指诸博士的首长。

⑤淳于越：姓淳于，名越，战国时齐国人，秦始皇时任博士。狭辅：

狭，递修本作"挟"，《史记·秦始皇本纪》作"枝"。枝辅，辅佐。

⑥刺：指责。面谀（yú）：当面恭维。

⑦非：驳斥。

⑧师：效法。

⑨黔首：平民，百姓。

⑩敕：帝王的诏书、命令。

⑪秦记：秦国史官记载的历史材料。

⑫职：职掌，主管。

⑬百家语：诸子百家的著作。诸刑书：指六国原来的刑书。

⑭诣：至，到。守尉：郡守和郡尉。郡守为一郡的最高行政长官。郡尉为副职，掌管全郡军事。

⑮偶语：相对私语。

⑯弃市：古代死刑之称。在闹市执行死刑，并将尸体暴露街头。

⑰族灭：灭族，满门抄斩。

⑱弗：不。举：检举揭发。《史记·秦始皇本纪》"举"后有"者"字。

⑲三十五年：疑此四字为注语误入正文，或为后人妄增。

⑳案问：审问。

㉑传相告引：相互告发。《史记·秦始皇本纪》"引"后无"者"字。

㉒自除：亲自判处死罪。除，诛杀。

㉓皆坑之：以上事参见《史记·秦始皇本纪》。

㉔起：源起，起因于。

㉕见：被。

【译文】

秦始皇三十四年，在咸阳宫摆设酒宴，七十个儒生上前敬酒祝寿。仆射周青臣颂扬秦始皇的德政。齐人淳于越进谏说秦始皇不分封子弟作为辅助，指责周青臣当面阿谀。始皇把他的建议交给李斯。李斯责备淳于越说："这些儒生不向现实学习而去模仿古代，来指责现行的制度，

惑乱百姓。我请求皇帝命令史官，把不是秦国史官的记录全部烧掉；不
是博士官所主管的，天下敢有收藏《诗》《书》、诸子百家著作和六国刑书
的，都要送到郡守、郡尉那里集中焚毁；有敢相互私语《诗》《书》的，在
闹市处死示众；以古非今的，要杀死全族；官吏知情而不检举的，和他们
同罪。"秦始皇准许了这个主张。第二年，秦始皇三十五年，在咸阳的儒
生，散布了很多怪诞邪说。秦始皇派御史审问儒生，儒生相互告发，亲自
判处触犯法禁的四百六十七人死罪，全部将他们活埋。焚烧《诗》《书》，
起因于淳于越的劝谏；活埋儒生，起因自儒生散布邪说，被活埋的有四百
六十七人。传言夸大说活埋儒生，是想灭绝《诗》《书》，又说活埋了全部
的儒生。这不是事实且又夸大了。

　　传语曰："町町若荆轲之闾①。"言荆轲为燕太子丹刺秦
王，后诛轲九族②，其后恚恨不已③，复夷轲之一里④，一里皆
灭，故曰町町。此言增之也。

【注释】

　　①町町（zhèng）：平坦，引申为荡然无存貌。荆轲：参见本书《书虚
　　　篇》注。闾（lú）：里巷。

　　②九族：泛指血缘相近的亲族、宗族。

　　③恚（huì）恨：怨恨。不已：不止。

　　④夷：诛灭。里：古代的居民组织，以二十五家为里。

【译文】

　　传言说："空荡荡有如荆轲的里巷。"说的是荆轲为燕太子丹刺杀秦
王，此后秦王诛灭了荆轲的九族，后来秦始皇怨恨未消，又杀光了荆轲的
乡里，整个乡里都被诛灭，所以叫"空荡荡"。这是夸大之辞。

　　夫秦虽无道，无为尽诛荆轲之里①。始皇幸梁山之

宫②，从山上望见丞相李斯车骑甚盛，恚，出言非之。其后左右以告李斯，李斯立损车骑③。始皇知左右泄其言，莫知为谁，尽捕诸在旁者皆杀之④。其后坠星下东郡⑤，至地为石，民或刻其石曰"始皇帝死，地分"。皇帝闻之，令御史逐问⑥，莫服⑦，尽取石旁人诛之⑧。夫诛从行于梁山宫及诛石旁人，欲得泄言、刻石者，不能审知，故尽诛之。荆轲之闾，何罪于秦而尽诛之？如刺秦王在闾中，不知为谁，尽诛之，可也。荆轲已死，刺者有人，一里之民，何为坐之⑨？始皇二十年，燕使荆轲刺秦王，秦王觉之，体解轲以徇⑩，不言尽诛其闾。彼或时诛轲九族，九族众多，同里而处，诛其九族，一里且尽⑪，好增事者则言町町也。

【注释】

①无为：没必要。

②幸：帝王或皇族亲临某地。梁山之宫：梁山宫，秦行宫，地在今陕西乾县东。

③损：减少。

④尽捕诸在旁者皆杀之：《史记·秦始皇本纪》"诸"下有"时"字。

⑤坠星：陨石。东郡：郡名。战国秦王政五年（前242）置，治所在濮阳（今河南濮阳东南二十里高城村）。

⑥逐问：逐个审问。

⑦莫服：没人认罪。

⑧尽取石旁人诛之：以上事参见《史记·秦始皇本纪》。

⑨坐：定罪。

⑩体解：肢解。徇（xùn）：示众。

⑪且:将近。

【译文】

　　秦始皇虽然无道,也没必要杀光荆轲的乡里。始皇帝临幸梁山宫,从山上看见丞相李斯车骑众多,很生气,随口说了指责的话。事后始皇身边的侍从把始皇的话告诉了李斯,李斯立即减少了车骑。始皇知道是身边的侍从泄露了他的话,却不知道是谁,就逮捕了当时所有在他身边的人并杀掉。此后有陨星落在东郡,到了地面变为石头,百姓中有人在这块石头上刻上"始皇帝死,天下要分裂"。始皇听到了,派御史挨个审问,没有人认罪,就把在石头附近居住的人全部抓起来处死。杀死跟随到梁山宫的侍从和在石头附近居住的人,是想找到泄露谈话和刻写石头的人,不能确认,所以全部杀了他们。荆轲的邻里,对秦始皇有什么罪而要杀光他们呢?如果刺杀秦王的人躲在同乡邻里,不知道是谁,全部杀光,还说得过去。荆轲已经死去,刺客找到了,邻里百姓,为什么还要受此牵连?秦始皇二十年,燕国派荆轲刺杀秦王,被秦王发觉,肢解了荆轲来示众,没说杀光了他的邻里。那时也许诛杀了荆轲的九族,九族人口众多,都住在一个地方,诛杀九族,整个乡里差不多都被杀光,喜欢夸大的人就说整个乡里空荡荡了。

儒增篇第二十六

【题解】

　　本篇的主旨与《语增篇》相同，均意在批判于撰述中随意增饰史事的现象，但不同的是，本篇批判的对象以儒家传说为主，因此名为《儒增篇》。自汉武帝尊儒以来，儒家在官方的支持下获得了巨大的发展，同时解释五经的文章也大量涌现，但是这些儒生"好增巧美"，认为"为言不益，则美不足称；为文不渥，则事不足褒"，若不对史事加以增饰，则"尧舜之德""文武之隆"均无以体现，因此"十则言百，百则言千"。王充针对这一现象，列举了当时儒书中的十六条事例，并逐条加以批驳，以反对于撰述中随意增饰史事的做法。

　　儒书称尧、舜之德，至优至大①，天下太平，一人不刑②。又言文、武之隆③，遗在成、康④，刑错不用四十余年⑤。是欲称尧、舜，褒文、武也。夫为言不益⑥，则美不足称；为文不渥⑦，则事不足褒。尧、舜虽优，不能使一人不刑；文、武虽盛，不能使刑不用。言其犯刑者少，用刑希疏，可也；言其一人不刑，刑错不用，增之也⑧。

【注释】

①至：最。

②刑：加刑。

③文、武：周文王和周武王。隆：此指道德崇高。

④遗：遗留，延续。成、康：周成王和周康王。

⑤刑错：亦作"刑措"或"刑厝"，置刑法而不用。

⑥不益：不增加。

⑦渥：浓厚，过分。

⑧增：夸大。

【译文】

儒家的书称颂尧、舜的道德，最优秀最伟大，所以天下太平，没有一个人受过刑。又说周文王、周武王道德崇高，延续到周成王、周康王，置刑法而不用四十余年。这是要称颂尧、舜，赞扬周文王、周武王啊。话说的不过分，美德就不足以称颂；文章写得不夸张，事迹就不足以赞扬。但是尧、舜虽优秀，也不能让一个人都不受刑罚；周文王、周武王纵崇高，也不能让刑法放置不用。说那时犯法的人少，用刑不多，是可以的；说那时一个人都没受过刑，置刑法不用，这是夸大。

　　夫能使一人不刑，则能使一国不伐①；能使刑错不用，则能使兵寝不施②。案尧伐丹水③，舜征有苗④，四子服罪⑤，刑兵设用⑥。成王之时，四国篡畔⑦，淮夷、徐戎⑧，并为患害。夫刑人用刀，伐人用兵，罪人用法⑨，诛人用武⑩。武、法不殊⑪，兵、刀不异。巧论之人⑫，不能别也。夫德劣故用兵，犯法故施刑。刑与兵⑬，犹足与翼也。走用足，飞用翼，形体虽异，其行身同。刑之与兵，全众禁邪⑭，其实一也。称兵之不用⑮，言刑之不施，是犹人耳缺目完，以目完称人体全,不可从也。人桀于刺虎⑯,怯于击人,而以刺虎称,谓之勇,不可听也。身无败缺,勇无不进,乃为全耳。今称一人不刑,不言一兵不用;褒刑错不用,不言一人不畔,未得为优,未可谓盛也。

【注释】

①伐:征伐。

②兵:兵器。寝:停止,这里指放下,收起。施:用。

③尧伐丹水:相传尧曾派兵征伐当时住在丹水流域的"南蛮"部族。丹水,古河名。俗称"丹河",发源陕西,会浙水,流入汉水。参见《吕氏春秋·召类》《淮南子·兵略训》。

④舜征有苗:传说舜曾派兵攻打过有苗。有苗,又称"三苗",古代南方的一个部落。参见《荀子·议兵》《吕氏春秋·召类》。

⑤四子:指共工、驩(huān)兜、三苗和鲧。传说他们不服从舜的统治,遭到惩罚。参见《尚书·尧典》、本书《恢国篇》。

⑥设用:使用。

⑦四国篡畔:周武王灭纣之后,封纣的儿子武庚于殷,封他自己的弟弟管叔、蔡叔和霍叔在殷周围监视武庚。周成王即位后,四国联合一处,并与淮夷、徐戎一起叛乱。

⑧淮夷:古代东南部族,居于今淮河流域。徐戎:古族名,分布于今淮河中下游。周初建立徐国,在东夷中最称强大,曾数次联合淮夷等抗周。

⑨罪人:给人治罪。

⑩诛:征伐。

⑪殊:区别。

⑫巧论之人:能说会道的人。

⑬刑与兵:递修本"刑"下有"之"字。

⑭全:保全。众:众庶,百姓。

⑮称兵之不用:"称"字上疑脱一"不"字,与下文"今称一人不刑,不言一兵不用"语意相同。

⑯桀:勇。

【译文】

能使每个人都不受刑罚,就能让每个诸侯国都不被征伐;能置刑法不用,就能收武器而不用。据考察尧讨伐丹水,舜进攻三苗,让共工、驩兜、三苗和鲧认罪臣服,都使用了刑罚和武器。周成王的时候,武庚、管叔、蔡叔和霍叔篡权反叛,和淮夷、徐戎一起作乱为害。给人施刑用刀,征讨别人用武器,给人定罪用刑法,征伐别人用武力。武力和刑法没有区别,武器和刀没有差异。即使是能言善辩的人,也不能分别。道德恶劣所以要用武器征讨,违反法令所以要施加刑罚。刑法与武器,就像脚和翅膀一样。走路用脚,飞翔用翅膀,形状虽然不一样,能让身体行动却是相同的。刑法与武器,在保全百姓禁止邪恶上,实质是一样的。不说废弃武力,却说不用刑法。这就像耳朵残缺而眼睛完好,因眼睛完好就说身体健全一样,是不能信从的。人勇于刺杀老虎,害怕攻击敌人,却因为刺杀老虎被称赞,说他勇敢,是不能信从的。身体没有残缺,勇敢而一往无前,才算是完全的。现在说"一个人都没受刑",却不说一件武器都没使用;赞扬置刑法不用,而不说一个人都没反叛,这不能算作道德优秀,不能称为天下太平。

儒书称楚养由基善射①,射一杨叶,百发能百中之。是称其巧于射也②。夫言其时射一杨叶中之③,可也;言其百发而百中,增之也。

【注释】

①养由基:春秋时楚国人,善射箭。

②巧：擅长。

③时：有时。

【译文】

　　儒家的书说楚国的养由基善射箭，射一片杨柳叶子，能够百发百中。这是称赞他擅长射箭。说他有时射一片杨柳叶而射中，是可以的；说他百发百中，就是夸大了。

　　夫一杨叶射而中之，中之一再，行败穿不可复射矣①。如就叶悬于树而射之，虽不欲射叶②，杨叶繁茂，自中之矣。是必使上取杨叶，一一更置地而射之也。射之数十行③，足以见巧④；观其射之者亦皆知射工⑤，亦必不至于百，明矣。言事者好增巧美⑥，数十中之，则言其百中矣。百与千，数之大者也。实欲言十则言百，百则言千矣。是与《书》言"协和万邦"⑦，《诗》曰"子孙千亿"⑧，同一意也。

【注释】

①行（xíng）：将。递修本作"将"。

②叶：递修本作"中"。

③行：次。

④见：同"现"。

⑤工：细致，精巧。

⑥好（hào）：喜欢。

⑦《书》：指《尚书·尧典》。

⑧《诗》：指《诗经·大雅·假乐》。

【译文】

　　射一片杨柳叶而射中它，只要射中一两次，就将破穿而不能再射了。

如果对着长在树上的叶子来射,即使不想射中叶子,杨柳树叶茂盛,自然会射中它了。这必定是让人上树把杨柳叶摘下来,一一更换地方来射它。射它几十次,足以展现出技巧;观看他射箭的人也都知道他射技精湛,也一定不会射到一百次,这是很清楚的。说事的人喜欢夸大技巧的美妙,射中几十次,就说他射中一百次。百和千,是表示多的数字。实际上想说十就说成百,想说百就说成千了。这与《尚书》上说"使上万个国家和睦相处",《诗经》上说"有子孙千亿",是同一个意思。

　　儒书言卫有忠臣弘演[1],为卫哀公使[2],未还,狄人攻哀公而杀之,尽食其肉,独舍其肝。弘演使还,致命于肝[3],痛哀公之死,身肉尽,肝无所附,引刀自刳其腹[4],尽出其腹实[5],乃内哀公之肝而死[6]。言此者,欲称其忠矣。言其自刳内哀公之肝而死,可也;言尽出其腹实乃内哀公之肝,增之也。

【注释】

①弘演:春秋时卫国大夫。

②卫哀公:据《吕氏春秋·忠廉》载,应为卫懿公,疑为王充误记。

③致命:汇报完成使命的情况。

④刳(kū):剖。

⑤腹实:内脏。

⑥内:同"纳",装入。

【译文】

　　儒家的书说卫国有个忠臣叫弘演,为卫哀公出使国外,没有回来,狄族人攻打哀公并杀了他,吃净了他的肉,只留下他的肝。弘演出使回来,向卫哀公的肝汇报完成使命的情况,为哀公被杀,身上的肉被吃净,肝无所依附而哀痛,举刀剖开自己的肚子,把内脏全部掏出,再把哀公的肝放进去然后死去。说这话的人,是想称赞他的忠心啊。说他自己剖开肚子放入哀公的肝然后死去,是可能的;说他把内脏全部掏出再把哀公的肝放进去,就是夸大了。

人以刃相刺,中五藏辄死[①]。何则?五藏,气之主也[②],犹头,脉之凑也[③]。头一断,手不能取他人之头着之于颈,奈何独能先出其腹实,乃内哀公之肝?腹实出,辄死,则手不能复把矣[④]。如先内哀公之肝,乃出其腹实,则文当言"内哀公之肝,出其腹实",今先言"尽出其腹实,内哀公之肝",又言"尽",增其实也。

【注释】

①藏(zàng):同"脏"。辄(zhé):立即。

②气:中国古代医学上称能使人体器官发挥机能的动力。主:主宰。

③凑:集中,聚集。

④把:握。

【译文】

人们用兵刃相互刺杀,命中五脏会立即死去。为什么呢?五脏,是气的主宰,好比头,是血脉集中的地方。头一断,手就不能把别人的头拿来安在自己的脖子上,怎么唯独能先掏出自己的内脏,再放进哀公的肝呢?内脏被掏出,人立即会死,那手就不能再握东西了。如果先把哀公的肝放进去,再掏出内脏,那文章该说"放入哀公的肝,再掏出他的内脏",现在先说"把他的内脏全部掏出,再放入哀公的肝",又说"全部",这是夸大事实了。

儒书言楚熊渠子出[①],见寝石[②],以为伏虎,将弓射之[③],矢没其卫[④]。或曰养由基见寝石,以为兕也[⑤],射之,矢饮羽⑥。或言李广⑦。便是熊渠、养由基、李广主名不审⑧,无害也⑨。或以为虎,或以为兕,兕、虎俱猛,一实也。或言"没卫",或言"饮羽","羽"则"卫",言不同耳。要取以寝石似虎、兕⑩,畏惧加精⑪,射之入深也。夫言以寝石为虎,射之矢入,可也;言其没卫,增之也。

【注释】

①熊渠子:春秋时楚国人,相传善射。

②寝石:卧石,横躺着的石头。

③将:用。

④卫:箭羽。以上事参见《韩诗外传》卷六。

⑤兕(sì):古代称犀牛、野牛一类的野兽。

⑥饮:吞没。以上事参见《吕氏春秋·精通》。

⑦或言李广:参见《史记·李将军列传》。

⑧主:当事人。审:清楚,明白。

⑨害:底本作"实",递修本作"害",形近而误,据改。害,妨碍。

⑩要:总。

⑪精:活力,生气,这里指力量。

【译文】

儒家的书上说楚国的熊渠子夜出,看见一块卧石,以为是卧着的老虎,就用弓箭射它,箭矢射入直没尾羽。有的说养由基看见了卧石,以为是犀牛,用箭射它,箭矢射入直没尾羽。有的说是李广。即便熊渠、养由基、李广谁是当事人搞不清楚,也没有关系。有人以为是老虎,有人以为是犀牛,犀牛、老虎同样凶猛,都是一回事。有的说"没卫",有的说"饮羽","羽"就是"卫",叫法不同而已。总之是想说卧石像老虎、犀牛,因恐惧而力量倍增,所以能把箭射入石头很深。说把卧石当成老虎,用箭射而射入石头,是可以的;说直没尾羽,却是夸大了。

夫见似虎者,意以为是①,张弓射之,盛精加意②,则其见真虎,与是无异。射似虎之石,矢入没卫,若射真虎之身,矢洞度乎③?石之质难射,肉易射也。以射难没卫言之,则其射易者,洞不疑矣。善射者能射远中微④,不失毫厘,安能使弓弩更多力乎?养由基从军,射晋侯⑤,中其目⑥。夫以匹夫射万乘之主⑦,其加精倍力,必与射寝石等。当中晋侯之目也,可复洞达于项乎⑧?如洞达于项,晋侯宜死。

【注释】

①是(shí):通"寔",真实。

②盛精:增强气力。加意:加倍用心。

③洞度:洞穿,穿过。

④微:微小。

⑤晋侯:指晋厉公(?—前573),名寿曼,春秋时晋国君主,前580—前573年在位。

⑥中其目:据《左传·成公十六年》记载,成公十六年(前575),晋楚鄢陵大战,晋将吕锜射中楚共王的眼睛,而养由基射中吕锜的颈项,并无射中晋侯眼睛一事。此处疑为王充误记。

⑦万乘(shèng)之主:周制,天子地方千里,出兵车万乘,诸侯地方百里,出兵车千乘,故称天子为"万乘"。这里借指大国君主。乘,古代称兵车,四马一车为一乘。

⑧项:颈的后部。

【译文】

看见像老虎的物体,心里认为是真虎,张弓射它,增强气力加倍用心,那看见真老虎,和这没有两样。射像老虎的石头,箭矢射入直没尾羽,如果射真老虎的身体,箭能射穿过它吗?石头质地坚硬很难射入,肉却容易射入。从射难射入的石头而能直没尾羽来说,那射容易射入的肉,射穿过它是不用怀疑的。善射的人能够射中远处微小的物体,不差毫厘,怎么能使弓弩增加更多的力量呢?养由基从军作战,箭射晋侯,射中他的眼睛。以一个普通人的身份去射大国国君,他加倍使用气力,一定和射卧石相同。当射中晋侯眼睛的时候,可以又射穿达到颈后吗?如果射穿达到颈后,晋侯应该死了。

车张十石之弩①,恐不能入一寸②,矢摧为三③,况以一人之力,引微弱之弓,虽加精诚④,安能没卫?人之精乃气也,气乃力也。有水火之难,惶惑恐惧,举徙器物⑤,精诚至矣,素举一石者⑥,倍举二石。然则,见伏石射之,精诚倍故⑦,不过入一寸,如何谓之没卫乎?如有好用剑者,见寝石,惧而斫之⑧,可复谓能断石乎⑨?以勇夫空拳而暴虎者⑩,卒然见寝石⑪,以手椎之⑫,能令石有迹乎?巧人之精,与拙人等;古人之诚,与今人同。使当今射工射禽兽于野,其欲得之,不余精力乎?及其中兽,不过数寸。跌误中石⑬,不能内锋⑭,箭摧折矣。夫如是,儒书之言楚熊渠子、养由基、李广射寝石,矢没卫饮羽者,皆增之也。

【注释】

①车张十石之弩:即连弩,一种以车为架的大型机弩,有两轴三轮,以辘轳拉弦,箭矢可长达十尺。十石之弩,需要十石力量才能拉开的弩。汉代的弩强度按石来计算,分一石至十石,其中十石弩最强。石,古代重量单位,一百二十斤为一石。

②恐不能入一寸：据文意，疑"入"后脱一"石"字。

③摧：折断。

④精诚：此指用力用心。诚，诚心。

⑤举：抬。徙：搬运。

⑥素：平素，平时。

⑦故：原来。

⑧斫（zhuó）：劈砍。

⑨可：难道。

⑩暴：徒手搏击。

⑪卒（cù）：同"猝"。

⑫椎（chuí）：捶击，敲打。

⑬跌误：失误。

⑭内锋：指把箭头射入石头。

【译文】

　　用弩车上十石的弩，恐怕不能射入石头一寸，箭就会折成三段，何况以一人的力量，拉开力量微弱的弓，即便加倍用力用心，怎么能直没箭羽？人的精就是气，气就是力。人遇到水灾火灾，惊慌害怕，抬东西搬物件，用力劳神到最大程度，平时能举起一石重物的人，现在能加倍举起二石的重量。那么，看见卧石而射它，精神气力达到原来的一倍，不过射入一寸，怎么说是直没箭羽呢？如果有喜欢用剑的人，看见卧石，害怕是老虎而砍它，又能说他可以砍断石头吗？凭借勇武赤手空拳搏击老虎的人，突然看到卧石，用手捶它，能让石头有痕迹吗？灵巧的人的精气，与笨拙的人相等；古人的用心，与今人的相同。让现在善于射箭的人在野外射禽兽，他们想获得猎物，会不遗余力吧？等到射中野兽，不过射入几寸。要是因为误差射中石头，没能把箭射入石头，箭就会折断。像这样，儒家的书上说楚国的熊渠子、养由基、李广射卧石没入箭羽，都是夸大其辞了。

儒书称鲁般、墨子之巧^①，刻木为鸢^②，飞之三日而不集^③。夫言其以木为鸢飞之，可也；言其三日不集，增之也。

【注释】

①鲁般：姓公输，名般，春秋时鲁国的巧匠，又称"鲁班"。

②鸢（yuān）：老鹰。

③集：群鸟栖止于树，这里指落下，降落。

【译文】

儒家的书上说鲁般、墨子技艺精巧，用木头刻成老鹰，放飞上天三日没有落下。说他们用木头做成老鹰放飞上天，是可能的；说它三天都没有落下，是夸大了。

夫刻木为鸢，以象鸢形，安能飞而不集乎？既能飞翔，安能至于三日？如审有机关^①，一飞遂翔，不可复下，则当言"遂飞"，不当言"三日"。犹世传言曰："鲁般巧，亡其母也。"言其巧工^②，为母作木车马、木人御者^③，机关备具，载母其上，一驱不还，遂失其母。如木鸢机关备具，与木车马等，则遂飞不集。机关为须臾间^④，不能远过三日，则木车等亦宜三日止于道路，无为径去以失其母^⑤。二者必失实者矣。

【注释】

①机关：有机件可以操控活动的器械。

②言其巧工：底本无"其"字，《太平御览》卷七百五十二作"言其巧工"，据补。巧工，技艺精巧。

③御者：车夫。

④为：作为，起作用。

⑤无为：不能。径去：径直而去。

【译文】

雕刻木头做成老鹰，因为像老鹰的样子，怎么能飞上天而不落下呢？既然能飞翔，怎么能只达到三天呢？如果真有机关，飞上天就一直翱翔，不能再落下来，那就该说"遂飞"，不该说"三日"。就像世人流传的话说："鲁般技艺精巧，丢失了他的母亲。"说他技艺精巧，为母亲制造了木车马和木车夫，机关全部具备后，载了母亲在上面，车一发动就再没回来，于是丢失了他的母亲。如果木头老鹰的机关全部具备，和木头车马一样，那飞起来就不会落下。机关只能在很短时间内起作用，不能远过三天，那木头车马也应该行驶三天就停在道上，不能径直而去因此丢失他的母亲。这两件事肯定都不符合实际情况。

书说孔子不能容于世①，周流游说七十余国②，未尝得安③。夫言周流不遇④，可也；言干七十国⑤，增之也。

【注释】

①容：容纳，这里指被任用。

②周流：往返周游。游说：劝说别人采纳其意见主张。

③未尝：未曾。以上事参见《史记·孔子世家》《淮南子·泰族训》。

④不遇：不得志，不被赏识。

⑤干（gān）：求，这里指追求职位俸禄。

【译文】

书上说孔子不能被世主任用，往返周游七十多国去游说，未曾得到安身。说孔子往返周游不被赏识，是可以的；说他到七十个国家求取禄位，就夸大了。

案《论语》之篇、诸子之书，孔子自卫反鲁①，在陈绝粮②,削迹于卫③,忘味于齐④,伐树于宋⑤,并费与顿牟⑥,至不能十国。传言七十国,非其实也。或时干十数国也,七十之说,文书传之,因言干七十国矣。

【注释】

①反:同"返"。

②在陈绝粮:参见本书《逢遇篇》注。

③削迹于卫:参见本书《幸偶篇》注。

④忘味于齐:孔子在齐国听到舜时的《韶》乐,心中念念不忘,以致有很长一段时间食肉而不知味。参见《论语·述而》。

⑤伐树于宋:孔子在宋国时,在大树下和弟子一起演习周礼,宋司马桓魋欲害孔子,砍倒了大树。

⑥并:加上。费(bì):春秋时鲁国的城邑,为季孙氏采邑,在今山东费县西北。顿牟:即"中牟"的异称。晋人语音"中""顿"互混,故称(刘盼遂)。中牟,春秋时晋国的城邑,为范氏采邑,在今河南鹤壁西。

【译文】

考察《论语》篇章和诸子的著作,孔子从卫国返回鲁国,在陈国断了粮,在卫国被铲除车迹,在齐国听雅乐而忘记肉味,在宋国习礼树下而被砍倒了大树,加上费和中牟,到过的国家不到十个。传书说七十个国家,不是事实。或许孔子到过十几个国家求禄位,七十个国家的说法,是书籍上的记载,因此说他到过七十个国家求禄位。

《论语》曰:"孔子问公叔文子于公明贾曰①:'信乎②,夫子不言、不笑、不取乎③?'公明贾对曰:'以告者过也④。夫子时然后言⑤,人不厌其言也;乐然后笑,人不厌其笑也;

义然后取⑥，人不厌其取也。'子曰：'岂其然乎？岂其然乎？'"⑦夫公叔文子实时言、乐笑、义取⑧，人传说称之；言其不言、不笑、不取也，俗言竟增之也。

【注释】

①公叔文子：姓公叔，名拔，或作发，春秋时卫国大夫。公明贾：姓公明，名贾，春秋时卫人。

②信乎：真的吗？

③取：索取。

④以：此。过：错。

⑤时：适时。

⑥义：合宜的道理或举动。

⑦岂其然乎：引文参见《论语·宪问》。

⑧乐：底本作"时"，据文意当作"乐"，章录杨校宋本亦作"乐"。

【译文】

《论语》说："孔子向公明贾问及公叔文子时说：'他老人家不言语、不笑、不索取，是真的吗？'公明贾答道：'这是传话的人说错了。他老人家到该说的时候才说，别人不厌恶他的话；高兴了才笑，别人不厌恶他的笑；该索取才索取，别人不厌恶他的索取。'孔子道：'真是如此的吗？真是如此的吗？'"公叔文子确实是该说的时候才说、高兴了才笑、该索取才索取，人们传说称颂他；至于说他不言语、不笑、不索取，那是世俗传言最后夸大了。

书言秦缪公伐郑①，过晋不假途②，晋襄公率羌戎要击于崤塞之下③，匹马只轮无反者④。时秦遣三大夫孟明视、西乞术、白乙丙⑤，皆得复还。夫三大夫复还，车马必有归者；

文言"匹马只轮无反者"，增其实也。

【注释】

①郑：春秋时期郑国，在今河南中部新郑一带。

②晋：春秋时期晋国，在今山西、河北西南、河南北部一带。假途：借道。

③晋襄公：姬姓，名骥，春秋时晋国国君，前627—前621年在位。羌戎：亦作"姜戎"，中国古代西北部的少数民族。要击：在中途拦阻袭击。要，同"腰"。崤（xiáo）塞：崤山。

④轮：车轮，这里指战车。反：同"返"。以上事参见《公羊传·僖公三十三年》。

⑤孟明视：名视，字孟明，春秋时秦国大将。西乞术：姓西乞，名术，蹇叔之子。春秋时秦大将。白乙丙：姓白乙，名丙，蹇叔之子。春秋时秦大将。

【译文】

书上说秦缪公讨伐郑国，经过晋国不借道，晋襄公率领羌戎在崤山下拦阻截击，一匹马一辆车都没有回去的。当时秦国派遣的三位大夫孟明视、西乞术、白乙丙，都得以返回。三位大夫返回，车马一定有跟着回去的；文章说"一匹马一辆车都没有回去的"，是夸大事实了。

书称齐之孟尝①，魏之信陵②，赵之平原③，楚之春申君④，待士下客⑤，招会四方⑥，各三千人。欲言下士之至，趋之者众也⑦。夫言士多，可也；言其三千，增之也。四君虽好士，士至虽众，不过各千余人。书则言三千矣。夫言众必言千数，言少则言无一，世俗之情，言事之失也。

【注释】

①孟尝：即孟尝君，参见本书《逢遇篇》注。

②信陵:即信陵君,参见本书《书虚篇》注。

③平原:即平原君赵胜(? —前251),战国赵武灵王之子,封于平原(今山东平原西南),故号平原君。

④春申君:战国楚国贵族黄歇(? —前238),曾任楚国令尹,封为春申君。与齐孟尝君、赵平原君、魏信陵君齐名,史称战国四君子。

⑤待:款待。下:身居高位却能谦逊地对待别人。客:门客。

⑥招会:召集。

⑦趋:赴,投奔。

【译文】

书上称赞齐国的孟尝君,魏国的信陵君,赵国的平原君,楚国的春申君,能谦逊地款待下面的门客,召集四方的士人,各得三千人。这是想说他们待士谦逊到了极点,投奔他们的人很多。说投奔的士人很多,是可以的;说他们各得三千人,是夸大了。四公子虽然好养士,投奔来的士人虽然很多,不过各有千余人罢了。书上却说成三千了。说多就一定要说到千数,说少就说一个也没有,这是世上一般的情况,是叙述事情的错误。

传记言高子羔之丧亲①,泣血,三年未尝见齿②,君子以为难③。难为故也。夫不以为非实,而以为难,君子之言误矣。高子泣血,殆必有之④。何则? 荆和献宝于楚⑤,楚刖其足⑥,痛宝不进⑦,己情不达⑧,泣涕,涕尽因续以血⑨。今高子痛亲,哀极涕竭,血随而出,实也。而云三年未尝见齿,是增之也。

【注释】

①高子羔:即高柴,字子羔,又称"子皋""子高""季高",春秋时齐

国人,孔子弟子。

②未尝见齿:没有露出过牙齿,这里指没有说笑过。

③难:难能可贵。以上事参见《礼记·檀弓上》。

④殆:大概。

⑤荆和:即春秋时楚人卞和,相传他得玉璞,先后献给楚厉王和楚武
　王,都被认为欺诈,受刑被砍去双脚。楚文王即位,他抱璞哭于荆
　山下,文王使人琢璞,得宝玉,名为"和氏璧"。

⑥刖(yuè):古代一种砍断双脚的刑罚。

⑦痛:痛惜。不进:不被接受。进,进献。

⑧达:表达。

⑨因:于是。以上事参见《韩非子·和氏》。

【译文】

传书上说高子羔死了父母,眼睛哭出了血,三年都没露过牙齿,君子认为难能可贵。是因为这很难做到。不认为这不合事实,而觉得难能可贵,君子的话错了。高子眼睛哭出血,大概一定有这事。为什么呢?卞和向楚王献上宝玉,楚王砍了他的双脚,他哀痛宝玉不被接受,忠心未能表达,痛哭流涕,哭尽了眼泪于是接着流出了血。现在高子哀痛父母,悲伤到极点眼泪流尽,血就随着流出来,这是事实。可说三年都没露过牙齿,这是夸大其辞了。

言未尝见齿,欲言其不言、不笑也。孝子丧亲,不笑可也,安得不言?言安得不见齿?孔子曰:"言不文①。"或时不言,传则言其不见齿;或时②,传则言其不见齿三年矣。高宗谅阴,三年不言③。尊为天子不言④,而其文言"不言"⑤,犹疑于增⑥,况高子位贱,而曰未尝见齿,是必增益之也。

【注释】

①言不文：守丧时期说话不要太华丽。文，修饰，文采。引文参见《孝经·丧亲》。

②或时：据文意，疑"时"后脱"不笑"二字。

③高宗：商朝君主武丁，参见本书《气寿篇》注。谅阴：《尚书·无逸》言："其在高宗即位，乃或亮阴，三年不言。"大意是说商王武丁即位后，曾经长期保持沉默，三年中都不开口说话。这种行为的准确含义已不可知，后人多将其解释为古代天子居丧时要沉默不语，并由此成了为父母守三年之丧的依据。

④尊为天子不言：指殷高宗作为君主，守丧期间可以不说话，因为国事有宰相处理。

⑤其文：指《尚书·无逸》。

⑥犹疑于增：孔子的弟子子张怀疑《尚书》记载的殷高宗"三年不言"的事，孔子就解释说，这是君子守孝，政事听于宰相三年（参见《论语·宪问》）。

【译文】

　　说没露过牙齿，是想说他不说话、不欢笑。孝子死了父母，不欢笑是可以的，怎么能不说话？说话怎么能不露牙齿？孔子说："守丧时说话不要太华丽。"或许当时他没说话，传书上就说他没露牙齿；或许当时他没欢笑，传书上就说他三年都没露过牙齿。殷高宗有意沉默，三年不说话。贵为天子不说话，而《尚书》记载他"不言"，还曾经被怀疑为夸大，何况高子地位低贱，却说他没有露过牙齿，这一定是过分夸大了。

　　儒书言禽息荐百里奚①，缪公未听，禽息出，当门仆头，碎首而死②。缪公痛之，乃用百里奚。此言贤者荐善，不爱其死③，仆头碎首而死，以达其友也④。世士相激，文书传称之⑤，莫谓不然。夫仆头以荐善，古今有之。禽息仆头，盖其实也；言碎首而死，是增之也。

【注释】

①禽息：春秋时秦国大夫，参见本书《逢遇篇》注。

②"禽息出"几句：《文选》卷五十五李善注引应劭《汉书注》作"缪公出，当车，以头击门"。《后汉书》卷七十三李贤注引《韩诗外传》作"缪公出，当车，以头击闑"。《文选》卷五十五李善注引《论衡》文，"出"在"禽"之前。仆头，撞头。仆，跌。

③不爱：不惜。

④达：举荐。

⑤文书：文字记载。

【译文】

儒家的书上说禽息举荐百里奚，秦缪公不听，禽息出去，对着门撞头，把脑袋撞碎而死。缪公为此伤痛，于是任用了百里奚。这是说贤人举荐好人，不惜自己死去，撞头碎脑而死，以举荐他的朋友。世上的士人用这件事相互激励，许多书上传颂这件事，没有说不是如此。以撞头来举荐好人的事，古今都有。禽息撞头，大概确有其事；若说他撞碎脑袋而死，是夸大了。

夫人之扣头^①，痛者血流^②，虽忿恨惶恐，无碎首者。非首不可碎，人力不能自碎也。执刃刎颈^③，树锋刺胸^④，锋刃之助，故手足得成势也^⑤。言禽息举椎自击^⑥，首碎，不足怪也；仆头碎首，力不能自将也^⑦。有扣头而死者，未有使头破首碎者也。此时或扣头荐百里奚^⑧，世空言其死；若或扣头而死^⑨，世空言其首碎也。

【注释】

①扣头：叩头。

②痛：心情悲痛。

③刎颈：割脖子自杀。

④树锋：举起刀尖。

⑤足：完全。势：威力。

⑥椎（chuí）：捶击的工具。后亦为兵器。

⑦将：做，为。

⑧此时或：据文例，疑是"此或时"之误倒。

⑨若或：或者。

【译文】

人叩头，心情悲痛会叩得流血，即使愤恨惶恐，也没有把脑袋碰碎的。不是脑袋不能被碰碎，而是人的力量不可能把自己的脑袋碰碎。拿着刀刃抹脖子，举起刀尖刺胸口，这是借了刀锋刀刃的帮助，所以手完全可以有这样的威力。说禽息举起椎子打自己，把脑袋打碎，不足为奇；说他叩头而碎脑，是人力不能自己做到的。有叩头而死的人，没有因叩头而脑袋破碎的人。这大概是禽息叩头举荐百里奚，世人却凭空捏造说他因此而死；或者他是叩头而死，世人就凭空捏造说他脑袋破碎了。

儒书言荆轲为燕太子刺秦王，操匕首之剑，刺之不得。秦王拔剑击之。轲以匕首擿秦王不中①，中铜柱，入尺②。欲言匕首之利，荆轲势盛，投锐利之刃，陷坚强之柱③，称荆轲之勇，故增益其事也。夫言入铜柱，实也；言其入尺，增之也。

【注释】

①擿（zhì）：投掷。

②入尺：以上事参见《战国策·燕策三》。

③陷：入。

【译文】

儒书上说荆轲为燕太子丹刺杀秦王，拿着短剑，刺杀没有成功。秦王拔剑砍他。荆轲用匕首投掷秦王没有击中，击中铜柱，刺入一尺深。想说匕首锋利，荆轲气势强盛，投击锐利的匕首，刺入坚硬的铜柱，称颂荆轲的勇敢，因此夸大其事。说匕首刺入铜柱，是事实；说它刺入一尺深，就夸张了。

夫铜虽不若匕首坚刚，入之不过数寸，殆不能入尺。以入尺言之，设中秦王①，匕首洞过乎？车张十石之弩，射垣木之表②，尚不能入尺。以荆轲之手力，投轻小之匕首，身被龙渊之剑刃③，入坚刚之铜柱，是荆轲之力劲于十石之弩，铜柱之坚不若木表之刚也。世称荆轲之勇，不言其多力。多力之人，莫若孟贲④。使孟贲擿铜柱，能渊出一尺乎⑤？此亦或时匕首利若干将、莫邪⑥，所刺无前，所击无下，故有入尺之效。夫称干将、莫邪，亦过其实。刺击无前下，亦入铜柱尺之类也。

【注释】

①设：假如。

②垣（yuán）木之表：立在城墙上的木靶。垣，墙。表，标志。

③被：蒙受。龙渊：古宝剑名，也称"龙泉"，这里指秦王佩戴的宝剑。

④孟贲：古代著名的勇士。

⑤渊：深。章录杨校宋本作"洞"。出：进。

⑥干将、莫邪：古代宝剑名，传说为春秋时干将、莫邪夫妇铸造。

【译文】

　　铜虽然不如匕首坚硬，刺入也不会超过几寸，大概不能刺入一尺深。按照刺入一尺的说法，假如投中秦王，匕首能穿透过去吗？在弩车上拉开十石的弩，去射城墙上的木靶，尚且不能深入一尺。以荆轲手上的力量，投掷轻小的匕首，身上还遭到秦王宝剑的砍伤，还能刺入坚硬的铜柱，这是荆轲的力量比十石的弓弩还强劲，铜柱的坚硬不如木头靶子啊。世人称颂荆轲的勇敢，没说他力气大。力气大的人，没人能比得上孟贲。如果孟贲用匕首投击铜柱，能深入一尺吗？这也或许是匕首像宝剑干将、莫邪一样锋利，无论什么东西都可以刺穿，无论什么东西都可以砍透，所以有刺入一尺的功效。其实称颂干将、莫邪，也言过其实。所谓刺无不穿砍无不透，也是匕首刺入铜柱一尺之类的夸大之辞。

　　儒书言董仲舒读《春秋》，专精一思，志不在他，三年不窥园菜。夫言不窥园菜①，实也；言三年，增之也。

【注释】

　　①窥：偷看，这里是看一眼的意思。以上事参见《史记·儒林外传》。

【译文】

　　儒家的书上说董仲舒读《春秋》，专一精神，心无旁骛，三年不看一眼菜园。说不看一眼菜园，是事实；说三年，是夸大了。

　　仲舒虽精①，亦时解休②，解休之间，犹宜游于门庭之侧③；则能至门庭④，何嫌不窥园菜⑤？闻用精者，察物不见，存道以亡身⑥，不闻不至门庭，坐思三年，不及窥园也。《尚书·毋佚》曰"君子所其毋逸⑦，先知稼穑之艰难⑧，乃佚"者也⑨。人之筋骨，非木非石，不能不解。故张而不弛，文王不为；弛而不张，文王不行；一弛一张，文王以为常[10]。圣人材优[11]，尚有弛张之时，仲舒材力劣于圣，安能用精三年不休？

【注释】

①精：专一。

②解（xiè）休：停止，停息。解，通"懈"，松懈。

③犹宜：还应当。

④则：既然。

⑤嫌：疑。

⑥存：想，思考。亡：通"忘"。

⑦毋佚：古文《尚书》作"无逸"，今文《尚书》作"毋佚"。所：所在。逸：安逸，今文《尚书》作"佚"。

⑧稼穑（sè）：播种与收谷，为农事的总称。

⑨者也：句末语气词，表示判断。

⑩"故张而不弛"几句：出自《礼记·杂记下》："张而不弛，文武弗能也；弛而不张，文武弗为也。一张一弛，文武之道也。"意为只知道紧张而不松弛，文王武王都做不到；只知道松弛而不紧张，文王武王也不会这样做。一张一弛，有劳有逸，这才是文王武王治理天下的办法。

⑪材：才能，才干。

【译文】

董仲舒即便精神专一，有时也会放松休息，休息放松之时，也应该在大门厅堂边走走；既然能在大门厅堂边走动，怎么不会看一眼菜园呢？听说精神专一的人，看东西视而不见，心里想着道就忘了自身，没听说不到大门厅堂，坐着思考三年，未去菜园看一眼的。《尚书·毋佚》说"君子无论在哪里都不能贪图安逸，首先要了解农事的艰难，才可以谋求自己的安逸"。人的筋骨，不是木头石头，不能不放松休息。所以一味紧张而不松弛的事,周文王不做;一味松弛而不紧张的事,周文王不干;松弛紧张有度,周文王把它作为常规。圣人才能卓越,尚且有松弛和紧张的时候,董仲舒的才能不如圣人,怎么能精神专一三年而不休息呢?

儒书言夏之方盛也①,远方图物②,贡金九牧③,铸鼎象物而为之备,故入山泽不逢恶物④,用辟神奸⑤,故能叶于上下⑥,以承天休⑦。

【注释】

①夏:夏朝。方:正。

②图:描绘。物:指各地的神物。

③贡金九牧:"九牧贡金"的倒装,犹言天下贡金。贡,把物品进献给天子。金,这里指铜。九牧,即九州,传说古代把天下分为九州,州的长官叫牧。

④恶物:与下文的"神奸"都指凶恶害人的"神怪之物"。

⑤用:以。辟:退避,躲避。

⑥叶(xié):同"协",和洽。

⑦休:福。以上事参见《左传·宣公三年》。

【译文】

儒家的书上说夏朝正在兴盛的时候,把远方各地的神怪之物绘成图画,命令九州的长官进贡铜,铸成铜鼎,上面铸上各地的神物图像以为戒备,所以老百姓进入山林水泽不会遇到害人的恶物,以避开神怪的侵害,所以能上下和谐,以得到上天的福禄。

夫金之性,物也,用远方贡之为美①,铸以为鼎,用象百物之奇,安能入山泽不逢恶物,辟除神奸乎?周时天下太平,越裳献白雉②,倭人贡鬯草③。食白雉,服鬯草④,不能除凶,金鼎之器,安能辟奸?且九鼎之来⑤,德盛之瑞也。服瑞应之物⑥,不能致福。男子服玉,女子服珠。珠玉于人,无能辟除。宝奇之物,使为兰服作牙身⑦,或言有益者,九鼎之语也。夫九鼎无能辟除,传言能辟神奸,是则书增其文也。

【注释】

①用:以。美:好。

②越裳:古代南方的一个部落。

③倭人贡鬯(chàng)草:倭人进献香草。鬯草,郁金香草。参见本书《异虚篇》注。

④服:吃。

⑤九鼎:指夏禹铸的九个鼎。

⑥服:佩戴。

⑦使:即使。兰:兰草,古人认为它是一种吉祥的香草。服:章录杨校宋本作"或",当属下读。作牙身:身,疑为"牙"字衍文,隶书形近而误。疑为"或作牙",为读者校语,误入正文。

【译文】

铜的本性,是物,以远方进贡的为最好,用它铸造成鼎,用来描摹各种神怪之物,怎么能使人们进入山林水泽而不遇到害人的恶物,避开神怪的侵害呢?周朝的时候天下太平,越裳进献白野鸡,倭人进贡香草。吃白野鸡,喝香草酒,尚且不能去除凶物,铜鼎之类的器物,怎么能避开邪恶呢?况且九鼎的铸成,是德政兴旺的征兆。佩戴有吉祥的东西,不能招来福禄。男子佩美玉,女子戴珍珠。珠玉对于人,不能避害除邪。珍贵神奇的物品,即使是兰草,或者是象牙,有人说对避邪有好处,其实也是和说九鼎能避神怪一样。九鼎不能排除神奸,世人传说它能避开神怪之物,这是儒书上夸饰的文辞。

世俗传言周鼎不爨自沸①,不投物,物自出②。此则世俗增其言也,儒书增其文也。是使九鼎以无怪空为神也。且夫谓周之鼎神者,何用审之③?周鼎之金,远方所贡,禹得铸以为鼎也。其为鼎也,有百物之象。如为远方贡之为神乎?远方之物安能神?如以为禹铸之为神乎?禹圣,不能神。圣人身不能神,铸器安能神?如以金之物为神乎?则夫金者石之类也,石不能神,金安能神?以有百物之象为神乎?夫百物之象犹雷樽也④,雷樽刻画云雷之形,云雷在天,神于百物,云雷之象不能神,百物之象安能神也?

【注释】

①爨(cuàn):烧火做饭。

②"不投物"二句:参见《墨子·耕柱》。

③用:以。审:知道。

④雷樽(zūn):刻画着云雷形图案的酒器。樽,古代盛酒的器具。

【译文】

世俗流传说周天子的鼎不用烧火里面的水就会自己沸腾,不投进食物,食物就会自己产生。这是世俗之人添油加醋,儒家的书夸大其辞。这是使本来并不神秘的九鼎凭空变得神奇起来了。况且说周鼎神奇的人,是根据什么知道这些的呢?铸周鼎的铜,是远方进贡的,大禹得到了就铸成了鼎。铸成的鼎,上面有各种神怪之物的图像。如果认为是远方进贡的所以就神奇呢?远方进贡之物怎么就会神奇?如果认为是大禹铸造的所以就神奇?大禹是圣人,不能成神。圣人自己都不能成神,铸造的器物怎么会神奇?如果认为用铜铸器物所以就神奇呢?那铜是石头之类的东西,石头不神奇,铜怎么会神奇?如果认为鼎上有各种东西的图像所以就神奇呢?那么各种东西的图像就如同有云雷纹的酒樽,酒樽上刻画有云和雷的图形,云和雷在天上,比各种东西都神奇,云和雷的图像都不会神奇,各种东西的图像怎么能神奇呢?

　　传言秦灭周,周之九鼎入于秦。案本事,周赧王之时^①,秦昭王使将军摎攻王赧^②,王赧惶惧奔秦,顿首受罪,尽献其邑三十六、口三万^③。秦受其献,还王赧^④。王赧卒,秦王取九鼎宝器矣^⑤。若此者,九鼎在秦也。始皇二十八年^⑥,北游至琅邪^⑦,还过彭城^⑧,齐戒祷祠^⑨,欲出周鼎,使千人没泗水之中^⑩,求弗能得。案时,昭王之后三世得始皇帝,秦无危乱之祸,鼎宜不亡,亡时殆在周。传言王赧奔秦,秦取九鼎,或时误也。传又言宋太丘社亡^⑪,鼎没水中彭城下^⑫。其后二十九年,秦并天下。若此者,鼎未入秦也。其亡,从周去矣,未为神也。

【注释】

①周赧王:周朝最后一任君主。参见本书《奇怪篇》注。

②摎(jiū):人名,战国末期秦国秦昭襄王的将军。

③口:人口。

④还:放还。

⑤秦王取九鼎宝器矣:以上事参见《史记·周本纪》《史记·秦本纪》。

⑥始皇二十八年:即前219年。

⑦琅邪:山名,在今山东胶南。

⑧还:回来。彭城:县名。战国秦置,属泗水郡,治所即今江苏徐州。

⑨齐戒:古人在祭祀或举行典礼之前,常沐浴更衣,戒绝嗜欲,使身

心洁净，以示虔敬。齐，同"斋"。祷祠：祭祀。

⑩泗水：流经彭城的淮水支流。

⑪宋：战国时宋国。在今河南商丘一带。太丘：宋国地名，即今河南永城北四十里太丘乡。社：祭祀土地神的场所。

⑫鼎没水中彭城下：以上事参见《史记·封禅书》。

【译文】

传说秦灭了周，周天子的九鼎归入秦国。考察本来的事实，周赧王时，秦昭王派将军摎攻打周赧王，周赧王害怕就投奔秦国，磕头服罪，全部献出他的三十六座城邑、三万人口。秦国接受了他的贡献，放还了周赧王。周赧王死后，秦昭王拿走了珍贵的宝物九鼎。如此说来，九鼎是在秦国了。秦始皇二十八年，在北方巡游到了琅邪山，回来路过彭城，斋戒祭祀，想捞出周鼎，派一千人下到泗水里，未能寻找到。考察时间，秦昭王之后过了三代到秦始皇，秦国没有战乱灾祸，鼎应该不会丢失，丢失的时间大概在周代。传说周赧王投奔秦国，秦拿走九鼎，也许是搞错了。又传说是宋国太丘土地庙丢失的，鼎沉入彭城下的泗水里。此后二十九年，秦吞并了天下。照这样说，鼎没有进入秦国。它的丢失，是随着周朝的灭亡而消失了，并不算神奇。

春秋之时，五石陨于宋①。五石者，星也。星之去天②，犹鼎之亡于地也。星去天不为神，鼎亡于地何能神？春秋之时③，三山亡④，犹太丘社之去宋，五星之去天。三山亡，五石陨，太丘社去，皆自有为。然鼎亡，亡亦有应也。未可以亡之故，乃谓之神。如鼎与秦三山同乎？亡不能神。如有知，欲辟危乱之祸乎⑤？则更桀、纣之时矣⑥。衰乱无道，莫过桀、纣，桀、纣之时，鼎不亡去。周之衰乱，未若桀、纣。留无道之桀、纣，去衰末之周，非止去之宜⑦，神有知之验也。

或时周亡之时,将军摎人众见鼎盗取,奸人铸烁以为他器^⑧,始皇求不得也。后因言有神名,则空生没于泗水之语矣。

【注释】

①五石:五块陨石。陨(yǔn):坠落。以上事参见《左传·僖公十六年》。

②去:离开。

③春秋:当作"秦"字,盖"春""秦"形近而误,后人妄加"秋"字。下文有"如鼎与秦三山同乎",本书《说日篇》作"秦之时"、《感类篇》作"秦时""秦"。

④亡:消失。

⑤辟:躲避。

⑥更:经过。

⑦止:留。

⑧烁:通"铄",熔化金属。

【译文】

春秋的时候,五块陨石坠落在宋国。五块石头,是星星。星星离开天,就像鼎在地上丢失一样。星星离开天不算神奇,鼎在地上丢失怎么能算神奇呢?秦朝的时候,三座山消失了,就像太丘的土地庙在宋国消失,五颗星从天上离开一样。三座山消失,五块石头坠落,太丘的土地庙不见,都自有原因。那鼎丢了,也有它相应的道理。不能因为丢失的缘故,就说它神奇。如果认为鼎的消失和秦国三座山的消失是同样的道理呢?消失不能算神奇。如果说它有知,想躲避战乱灾祸呢?却经历了夏桀、殷纣的时代。国家衰败动乱无道的,莫过于夏桀、殷纣,夏桀、殷纣的时候,鼎没有消失隐去。周朝的衰败动乱,不如夏桀、殷纣之时。留在无道的夏桀、殷纣时期,消失在周朝衰微之时,这不是停留和离去恰当的道理,也不是神奇有知的证明。也许周灭亡时,将军摎的手下看见鼎把它偷走,奸人把鼎熔化铸成别的器物,所以秦始皇找不到鼎。后来因为有了神奇的名声,就凭空捏造出沉入泗水的话来。

　　孝文皇帝之时①,赵人新垣平上言②:"周鼎亡在泗水中。今河溢③,通于泗水。臣望东北,汾阴直有金气④,意周鼎出乎⑤!兆见弗迎则不至⑥。"于是文帝使使治庙汾阴⑦,南临河,欲祠出周鼎。人有上书告新垣平所言神器事皆诈也,于是下平事于吏。吏治⑧,诛新垣平⑨。夫言鼎在泗水中,犹新垣平诈言鼎有神气见也。

【注释】

①孝文皇帝:汉文帝。

②赵:指汉初分封的赵国,在今河北南部。新垣平(?—前163):姓新垣,名平。西汉时赵国人,著名术士。

③河:黄河。溢:河水泛滥。

④汾阴:县名。战国秦置,属河东郡,治所在今山西万荣,因在汾水之南而名。直:正。

⑤意:料想,猜想。

⑥见:同"现"。

⑦使使:派遣使者。治:建造。

⑧治:处置。

⑨诛新垣平:以上事参见《史记·封禅书》《汉书·郊祀志》。

【译文】

　　汉文帝的时候,赵人新垣平上奏说:"周鼎丢在泗水中。如今黄河泛滥,与泗水相通。我看东北方向,金气正出现在汾阴一带,想必周鼎要出现吧!吉兆出现而不去迎接那就得不到了。"于是汉文帝派使者在汾阴修建神庙,南面靠着黄河,想通过祭祀让周鼎出来。有人上书告发新垣平所说神器的事全是欺诈,于是把新垣平的案子交给了司法官吏处置。法官定罪,杀了新垣平。说鼎在泗水里,就像新垣平欺诈说鼎有神气出现一样。

艺增篇第二十七

【题解】

本篇意在论述经书中对于史事的增饰现象。"艺"指六艺,古人以《易》《书》《诗》《礼》《乐》《春秋》为六经,亦称之为六艺。所谓"艺增",就是指经艺之增。汉儒认为六艺均为圣人之作,因此是"万世不易"之文,然而王充认为经文中同样存在"犹或出溢,增过其实"的问题,并于本篇中列举八条事例予以证明。

但是王充在面对经文的增饰现象时,却表现出了与前两篇中截然不同的态度。王充认为经书"增过其实,皆有事为,不妄乱误以少为多也",而他之所以会论述经书叙事有所增饰的问题,并非是为了对经书进行批驳,而是为了说明"经艺之增与传语异也"。圣贤在叙事时进行增饰是因为"欲以喻事,故增而甚之",实际上"外有所为,内未必然"。所以说在王充的观念中,圣人增经,增饰史事是为了使其欲表达的观念能够更好地得到展现;而世俗之人叙事有所增饰则是因"世人好奇",言论不加以夸大则"闻者不快其意","听者不惬于心",这就是二者最大的区别。

世俗所患①,患言事增其实,著文垂辞②,辞出溢其真③,称美过其善④,进恶没其罪⑤。何则?俗人好奇,不奇,言不用也⑥。故誉人不增其美⑦,则闻者不快其意;毁人不益其恶⑧,则听者不惬于心⑨。闻一增以为十,见百益以为千。使夫纯朴之事,十剖百判⑩;审然之语⑪,千反万畔⑫。墨子哭于练丝⑬,杨子哭于歧道⑭,盖伤失本,悲离其实也。蜚流之言⑮,百传之语,出小人之口⑯,驰闾巷之间,其犹是也。诸子之文,笔墨之疏⑰,人贤所著⑱,妙思所集,宜如其实,犹或增之。傥经艺之言⑲,如其实乎？言审莫过圣人,经艺万世不易,犹或出溢,增过其实。增过其实,皆有事为,不妄乱误以少为多也。然而必论之者,方言经艺之增与传语异也。经增非一,略举较著⑳,令怳惑之人㉑,观览采择,得以开心通意,晓解觉悟㉒。

【注释】

①患：害病。

②垂辞：著书立说。

③溢：超过。

④称：赞扬。

⑤进：进谏,这里指揭露。没（mò）：漫过,超过。

⑥用：采纳。

⑦誉：称赞。

⑧毁：诋毁。

⑨惬：满足。

⑩剖：分析。判：区别,分辨。

⑪审然：明白无误。

⑫反：相反,违背。畔：通"叛",背离。

⑬墨子哭于练丝：墨子因看到染丝而哭泣。参见本书《率性篇》注。

⑭杨子哭于歧道：杨朱因走到岔路口而哭泣。参见本书《率性篇》注。

⑮蜚流之言:流言蜚语。

⑯小人:这里指普通百姓。

⑰笔墨之疏:泛指对经书的解释。疏,疏通解释。

⑱人贤:人中的贤者。

⑲傥(tǎng):或许。经艺:儒家经书。

⑳较著:明显。

㉑怳(huǎng)惑:糊涂,迷惑。

㉒晓解:领悟,理解。觉悟:醒悟,明白。

【译文】

世俗之人所犯的毛病,就在于谈论事情夸大其实,著书立说,文辞超过真实情况,赞扬美好时多于他的美善,揭露丑恶时超过他的罪过。为什么? 因为一般人好奇,不奇特,话就没人听。所以称赞别人不夸大他的美好,那听的人就觉得心中不畅快;诋毁人不夸大他的罪过,那听的人就觉得心里不满足。听说一要夸大成十,看见百要增大成千。使得那些本来很简单的事,被分析成十种、百种复杂的事;明白无误的话,变成千种、万种相互违背的说法。墨子因看到染丝而哭泣,杨朱因走到岔路口而哭泣,大概是伤心于失去本色,痛心于背离了事实。流言蜚语,辗转流传的话,出自普通百姓之口,流传于街头巷尾之间,也都是这样。诸子的文章,经书的解释,是人中的贤者所写,精思妙想的荟萃,应该符合事实,然而还有夸大之处。也许儒家经书上的话,是符合实际了吧? 说话慎重没有超过圣人的,儒家经书万代不变,然而有的地方还是夸大实际。夸大实际,都是有目的的,不会胡乱地把少的说成是多的。然而一定要对它进行评论,正是为了说明经书上的夸张和那些传言是不一样的。经书上的夸张不在少数,这里略举明显突出的,让糊涂迷惑的人,阅读采纳,能以此开通思想,理解醒悟。

《尚书》"协和万国"①,是美尧德致太平之化②,化诸夏并及夷狄也。言协和方外^③，可也；言万国，增之也。

【注释】

①协和万国：引文参见《尚书·尧典》。国，古文《尚书》作"邦"，
　今文《尚书》作"国"。

②致：达到。

③方外：异域。

【译文】

　　《尚书》说"尧能使上万个国家和睦相处"，这是赞美尧的德政能达
到天下太平的教化，能教化中原各族并延及边远地区。说能使异域边远
地区和睦相处，是可以的；说有上万个国家，就是夸大了。

　　夫唐之与周^①，俱治五千里内。周时诸侯千七百九十三
国^②，荒服、戎服、要服及四海之外不粒食之民^③，若穿胸、儋
耳、焦侥、跋踵之辈^④，并合其数，不能三千。天之所覆，地
之所载，尽于三千之中矣。而《尚书》云万国，褒增过实以
美尧也。欲言尧之德大，所化者众，诸夏夷狄，莫不雍和^⑤，
故曰万国。犹《诗》言"子孙千亿"矣^⑥，美周宣王之德能
慎天地，天地祚之^⑦，子孙众多，至于千亿。言子孙众多，可
也；言千亿，增之也。夫子孙虽众，不能千亿，诗人颂美，增
益其实。案后稷始受邰封^⑧，讫于宣王^⑨，宣王以至外族内
属，血脉所连，不能千亿。夫千与万，数之大名也。万言众
多，故《尚书》言万国，《诗》言千亿。

【注释】

①唐：传说中尧所建的朝代名。

②千七百九十三国：《礼记·王制》作"千七百七十三国"。

③荒服：参见本书《语增篇》注。戎服：《尚书·禹贡》记载五服是：侯服、甸服、绥服、要服、荒服，不见戎服，其他古文献中亦无记载，疑为王充误记。不粒食之民：不吃五谷的人。

④穿胸、儋（dān）耳、焦侥、跂踵：古代传说中的四个远方国名。跂，《山海经·海外北经》作"跂"。

⑤雍和：和睦。

⑥子孙千亿：语出《诗经·大雅·假乐》。按今本《诗序》此诗为赞美周成王，按王充说为赞美周宣王，疑是《毛诗》与《鲁诗》不同。

⑦祚（zuò）：赐福，保佑。

⑧邰（tái）：古地名，在今陕西武功西南。

⑨讫（qì）：通"迄"，到，至。

【译文】

　　唐尧与周朝，都统治着五千里之内的土地。周朝时有一千七百九十三个诸侯国，加上荒服、戎服、要服以及海外不吃五谷的人民，像穿胸、儋耳、焦侥、跂踵之类的国家，把他们的数字加起来，不够三千。天所覆盖到的，地所承载了的，全在这三千当中了。而《尚书》说有上万个国家，是为了美化尧而褒扬超过事实了。想说尧的德政伟大，教化的人很多，中原和边远的民族，没有不和睦相处的，所以说有上万个国家。如同《诗经》说有千亿个子孙，这是赞美周宣王的德政能敬重天地，天地就赐福与他，然他子孙众多，达到千亿。说子孙很多，是可以的；说有千亿，就是夸大了。即便子孙很多，也不能多到千亿，这是诗人赞美周宣王，夸大了事实。考察后稷最早受封在邰地，直到周宣王，宣王以及他的内外亲族，有血缘关系的，不能多到千亿。千和万是数字中的大数。万用来说明众多，所以《尚书》说有上万个国家，《诗经》说有千亿个子孙。

　　《诗》云："鹤鸣九皋，声闻于天。"①言鹤鸣九折之泽②，声犹闻于天,以喻君子修德穷僻③,名犹达朝廷也。其闻高远,可矣;言其闻于天,增之也。

【注释】

①"《诗》云"几句:引文参见《诗经·小雅·鹤鸣》。九皋,水泽深处。九,多,极。皋,沼泽,湖泊。

②九折:曲折深奥。

③穷僻:穷乡僻壤。

【译文】

《诗经》说:"鹤在沼泽深处鸣叫,声音在天上都能听见。"是说鹤在曲折幽深的沼泽里鸣叫,声音还能传到天上,用来比喻君子在穷乡僻壤修养德行,名声还是可以上达朝廷。声音传得高远,是可以的;说声音能传到天上,就是夸张了。

彼言声闻于天,见鹤鸣于云中,从地听之,度其声鸣于地①,当复闻于天也②。夫鹤鸣云中,人闻声仰而视之,目见其形。耳目同力③,耳闻其声,则目见其形矣。然则耳目所闻见,不过十里,使参天之鸣④,人不能闻也。何则?天之去人以万数远⑤,则目不能见,耳不能闻。今鹤鸣从下闻之,鹤鸣近也。以从下闻其声⑥,则谓其鸣于地,当复闻于天,失其实矣。其鹤鸣于云中,人从下闻之。如鸣于九皋,人无在天上者,何以知其闻于天上也?无以知,意从准况之也⑦。诗人或时不知,至诚以为然⑧;或时知而欲以喻事,故增而甚之。

【注释】

①度(duó):推测。

②复：也。

③同力：能力相同。

④参天：高出天际。

⑤去：距离。以万数：以万为计算单位，这里指有数万里。

⑥以：因为。

⑦意：想法。准况：类比。

⑧至诚：极为诚恳，诚心诚意。

【译文】

　　诗上说声音能传到天上，是因为看见鹤在云中鸣叫，从地上听到它的声音，因而推测如果它在地上叫，在天上也能听到它的声音。鹤在云中鸣叫，人听到声音抬头看见它，眼睛看到鹤的形体。眼睛和耳朵能力相当，耳朵听到它的声音，那眼睛就能看见它的形体了。然而耳朵和眼睛能够听见看到的范围，不超过十里，如果在高出天际的地方鸣叫，人是听不到的。为什么？天距离人有几万里远，那眼睛就不能看见，耳朵就不能听见。现在鹤的鸣叫从地上能听见，是因为鹤的叫声很近。因为在地上听到它的声音，就说它在地上的鸣叫，应该也能在天上听到，这就不符合事实了。那鹤在云中鸣叫，人在下面听到它的声音。如果是在沼泽深处鸣叫，人没有在天上，根据什么知道在天上能听到它的声音呢？无法知道，那么这种想法只是从类比中得出的。作诗的人或许不知道，因为心意非常诚恳就认为如此；或许本来知道但是想拿它来比喻事情，所以夸张得非常厉害。

　　《诗》曰："维周黎民，靡有孑遗。"①是谓周宣王之时，遭大旱之灾也。诗人伤旱之甚，民被其害②，言无有孑遗一人不愁痛者。夫旱甚，则有之矣；言无孑遗一人，增之也。

【注释】

①"《诗》曰"几句：引文参见《诗经·大雅·云汉》，今本毛诗作：
　　"周有遗民，靡有孑遗。"维，句首发语词。黎民，百姓，民众。靡，
　　无，没有。孑遗，残存者，遗民。

②被：遭遇，遭受。

【译文】

《诗经》说："周朝的百姓，没有一个残存的人。"这是说周宣王时期，
遭遇大的旱灾。诗人伤痛旱灾太严重，百姓深受其害，说剩下来的百姓
没有一个不哀伤愁苦的。旱灾很严重，那是有的；说没有一个人残存，是
夸大了。

　　夫周之民，犹今之民也。使今之民也，遭大旱之灾，
贫羸无蓄积①，扣心思雨②；若其富人谷食饶足者③，廪囷不
空④，口腹不饥，何愁之有？天之旱也，山林之间不枯，犹地
之水，丘陵之上不湛也⑤。山林之间，富贵之人，必有遗脱者
矣，而言"靡有孑遗"，增益其文，欲言旱甚也。

【注释】

①羸（léi）：瘦弱。

②扣心：捶胸，形容心情迫切。

③其：那些。

④廪（lǐn）：粮仓。囷（qūn）：圆形谷仓。

⑤湛（chén）：淹没。

【译文】

　　周朝的百姓，就像今天的百姓一样。如果今天的百姓，遭受严重的
旱灾，贫穷体弱没有积蓄的人，肯定急切地盼望下雨；至于那些粮食丰足

的富人，粮仓不空，肚子不饿，有什么忧愁呢？天旱的时候，山林里草木不会干枯，就像发大水，丘陵高处不会被淹没一样。那些居山林里的人，以及富贵的人，一定有遗留逃脱的啊，却说"没有一个残存的人"，这是夸大其辞，想说明旱灾很严重。

《易》曰："丰其屋①，蔀其家②，窥其户，阒其无人也③。"非其无人也，无贤人也。《尚书》曰："毋旷庶官④。"旷，空；庶，众也。毋空众官，置非其人，与空无异，故言空也。

【注释】

①丰：大，厚。

②蔀（bù）：用席子覆盖。

③阒（qù）：寂静。引文参见《周易·丰卦》。

④旷：空。庶官：百官。引文参见《尚书·皋陶谟》。

【译文】

《周易》说："把屋顶盖得厚厚的，用席子遮得严严的，往门里一看，静悄悄就像没人一样。"不是那里没有人，而是没有贤人。《尚书》说："不要让官位都空着。"旷，是空的意思；庶，是众多的意思。不要让众多的官位空着，是说安置的是不称职的人，跟空着没有区别，所以说空着。

夫不肖者皆怀五常①，才劣不逮②，不成纯贤③，非狂妄顽嚚④，身中无一知也⑤。德有大小，材有高下，居官治职，皆欲勉效在官⑥。《尚书》之官，《易》之户中，犹能有益⑦，如何谓之空而无人？《诗》曰："济济多士，文王以宁。"⑧此言文王得贤者多而不肖者少也。今《易》宜言"阒其少人"，《尚书》宜言"无少众官"。以"少"言之，可也；言"空"而无人，亦尤甚焉⑨。

【注释】

①五常：指仁、义、礼、智、信五种道德规范。又指父义、母慈、兄友、弟恭、子孝等五种伦常道德。

②不逮：不及。

③纯贤：完美无缺之人。

④顽嚚（yín）：愚妄奸诈。嚚，奸诈。

⑤知：同"智"。

⑥勉：努力。效：效劳。

⑦犹：亦。

⑧"《诗》曰"几句：引文参见《诗经·大雅·文王》。济济，众多貌。多士，众多的贤士。

⑨尤：又。

【译文】

不贤的人也都心怀仁、义、礼、智、信五种道德常规，才能低劣达不到，没有成为完美无缺的贤人，并不是愚妄奸诈，身上没有一点才智。德行有大小，才能有高下，在官位上履行职责，都想为所任官职努力效劳。《尚书》所说的那些官，《周易》所说的那些房子里的人，也有点用处，怎么能说空空的等于无人呢？《诗经》说："这么多有才贤士，周文王因此安宁。"这是说周文王得到的贤人多而不贤的人少。这样《周易》应该说"静悄悄的人很少"，《尚书》应该说"不如少安置各种官职"。用"少"来说它们，是可以的；说"空"而没有一个人，又太过分了。

　　五谷之于人也，食之皆饱。稻粱之味①，甘而多腴②。豆麦虽粝③，亦能愈饥④。食豆麦者，皆谓粝而不甘，莫谓腹空无所食。竹木之杖,皆能扶病⑤。竹杖之力,弱劣不及木。或操竹杖,皆谓不劲,莫谓手空无把持。夫不肖之臣,豆麦、竹杖之类也。《易》持其具臣在户⑥,言无人者,恶之甚也。《尚书》众官,亦容小材⑦,而云无空者⑧,刺之甚也⑨。

【注释】

①梁:粟的优良品种。

②甘:甜美。腴(yú):油脂。

③粝(lì):粗糙。

④愈饥:充饥。

⑤扶病:支撑病体。

⑥持:崇文局本作"特"。特,但。具臣:备员。具,备。

⑦容:包括。

⑧无空:即"毋旷"。

⑨刺:讥刺,讽刺。

【译文】

五谷对于人来说,吃了都会饱。稻米谷子的味道,甜美而富含油脂。豆子和麦粒虽然粗糙,也能够充饥。吃豆子和麦粒的人,都只说它们粗糙不甜美,而不说肚子空空没有吃东西。竹子和木头做的手杖,都能够支撑病体。竹杖的支撑力,弱小而赶不上木杖。有人撑着竹杖,都只说不结实,而不说手中空空没有把持的东西。那不贤能的臣子,就像是豆子和麦粒、竹子和木头手杖之类。《周易》说只有那些备位充数的大臣在家,却说屋里没有人,这是因为厌恶他们到了极点。《尚书》说的各种职官,也包括一些多少有点才能的人,却说不要让官位都空着,这是讽刺得太厉害了。

《论语》曰："大哉！尧之为君也。荡荡乎民无能名焉。"①传曰："有年五十击壤于路者，观者曰：'大哉！尧德乎！'击壤者曰：'吾日出而作，日入而息，凿井而饮，耕田而食，尧何等力！'"此言荡荡无能名之效也②。言荡荡，可也；乃欲言民无能名，增之也。四海之大，万民之众，无能名尧之德者，殆不实也。夫击壤者曰："尧何等力？"欲言民无能名也。观者曰："大哉！尧之德乎！"此何等民者，犹能知之。实有知之者，云无，竟增之。

【注释】

①"《论语》曰"几句：引文参见《论语·泰伯》。荡荡，广大貌。

②效：证明。

【译文】

《论语》说："伟大啊，尧做君主。功德浩荡百姓竟不知道怎样来称赞他了。"传书上说："有个五十岁老人在路上玩击壤游戏，旁观的人说：'伟大啊，尧的德政！'玩击壤的人说：'我太阳升起就劳动，太阳落下就休息，凿井喝水，耕田吃饭，尧出了什么力呢？'"这种说法是要证明尧的功德广大没有一个人能说得出来。说功德浩荡，是可以的；要想说百姓不知道怎么称赞，是夸大。四海广大，万民众多，竟没有能说出尧功德的人，大概不是事实。那玩击壤的人说："尧出了什么力呢？"是想说百姓竟不知道怎么称赞他。旁观者说："伟大啊，尧的德政！"这是什么样的百姓，连他尚且还能知道这些。实际上确有人知道这些，说没有，全是夸张。

儒书又言："尧、舜之民，可比屋而封。"①言其家有君子之行②，可皆官也。夫言可封，可也；言比屋，增之也。

灭亡的。"罔,就是无的意思,是说我们天下的百姓没有一个不盼望你灭
亡的。说盼望纣王灭亡,是可以的;说没有一个不盼望,就夸大了。

　　纣虽恶,民臣蒙恩者非一^①,而祖伊增语,欲以惧纣也。
故曰:语不益^②,心不惕^③;心不惕,行不易^④。增其语欲以惧
之,冀其警悟也^⑤。

【注释】

　　①蒙:受。

　　②益:夸大。

　　③惕:畏惧。

　　④易:改变。

　　⑤冀:希望。警悟:警醒觉悟。

【译文】

　　纣王虽然罪大恶极,但臣民受他恩惠的不止一人,而祖伊说夸张的
话,是想吓唬纣王。所以说:话说得不夸大,就不能心生畏惧;心不畏惧,
行为就不会改变。夸大其辞是想吓唬人,希望他能警醒觉悟。

　　苏秦说齐王曰^①:"临淄之中^②,车毂击^③,人肩磨,举袖
成幕^④,连衽成帷^⑤,挥汗成雨。"齐虽炽盛^⑥,不能如此。苏
秦增语,激齐王也^⑦。祖伊之谏纣,犹苏秦之说齐王也。贤
圣增文,外有所为,内未必然。何以明之?夫《武成》之
篇^⑧,言武王伐纣,血流浮杵。助战者多,故至血流如此。皆
欲纣之亡也,土崩瓦解,安肯战乎?然祖伊之言"民无不
欲",如苏秦增语。《武成》言血流浮杵,亦太过焉。死者血
流,安能浮杵?案武王伐纣于牧之野,河北地高^⑨,壤靡不干

燥。兵顿血流^⑩，辄燥入土，安得杵浮^⑪？且周、殷士卒，皆赍盛粮^⑫，或作干粮^⑬，无杵臼之事，安得杵而浮之？言血流杵^⑭，欲言诛纣，惟兵顿士伤^⑮，故至浮杵。

【注释】

①齐王：齐宣王。

②临淄：齐国国都，在山东淄博。

③车毂（gǔ）：车辐、车轮的中心，泛指车轮。

④幕：帷帐。

⑤衽（rèn）：衣襟。引文参见《战国策·齐策》。

⑥炽盛：兴旺繁盛。

⑦激：鼓励。

⑧《武成》：指古文《尚书·五成》，已佚，今本为后人伪作。

⑨河北：指黄河以北，牧野在黄河之北，故称。

⑩兵：士兵。顿：委顿，这里指战死倒下。

⑪杵浮：章录杨校宋本作"浮杵"，据改。

⑫赍（jī）：拿着，携带。盛粮：已经舂制好的粮食。

⑬或作干粮：四字疑为宋人校语，误入正文。

⑭言血流杵：据文意，疑"杵"前脱"浮"字。

⑮惟：因为。

【译文】

　　苏秦游说齐宣王道："临淄城中，车的轴相互碰撞，人的肩膀相互摩擦，举起衣袖能连成帐幕，连接衣襟能组成帷帐，挥洒汗水可以成为降雨。"齐国虽然兴旺繁盛，也不能这样。苏秦说大话，是为了鼓励齐宣王。祖伊劝谏纣王，就像苏秦游说齐宣王一样。圣贤夸大其辞，对外来说是有目的的，内心却不一定真以为如此。怎么知道是这样的呢？《尚书·武成》篇说武王伐纣，血流得能把木杵浮起来。因为助纣王作战的人多，所以流血如此之多。如果他们都盼望纣王灭亡，军队就会土崩瓦解，怎么愿意参战呢？这样看来祖伊说的"百姓没有一个不盼望你灭亡"，就像苏秦说大话一样。《武成》说血流得能把木杵浮起来，也太言过其实了。战死的人流的血，怎么能把木杵浮起来？考察武王伐纣在牧野交战，黄河北岸地势高，土壤没有不干燥的。士兵倒地流血，血液就会流入土里，怎么能把木杵浮起来呢？况且周、殷两军的士兵，都携带着已舂好的粮食，用不着拿着杵臼在战场上舂米，怎么会有杵漂起来呢？说血流得能把木杵浮起来，是想说讨伐纣王的时候，因为士兵倒地伤亡很大，所以到了能把木杵浮起来的地步。

　　《春秋·庄公七年》①："夏四月辛卯②，夜中恒星不见，星霣如雨③。"《公羊传》曰④："如雨者何？非雨也。非雨则曷为谓之如雨⑤？不修《春秋》曰⑥：'雨星不及地尺而复⑦。'君子修之'星霣如雨'。"不修《春秋》者，未修《春秋》时鲁史记，曰"雨星不及地尺如复"⑧。君子者，谓孔子也。孔子修之"星霣如雨"。如雨者，如雨状也。山气为云，上不及天，下而为雨⑨。星陨不及地，上复在天，故曰如雨，孔子正言也⑩。夫星霣或时至地，或时不能，尺丈之数难审也。史记言尺⑪，亦以太甚矣。夫地有楼台山陵，安得言尺？孔子言如雨，得其实矣。孔子作《春秋》，故正言如雨。如孔子不作，不及地尺之文，遂传至今。

【注释】

①庄公七年：前687年。庄公，指鲁庄公（？—前662），春秋时鲁国国君，前693—前662年在位。

②四月辛卯：古时以天干和地支相配来纪日，四月辛卯，据《春秋朔闰表》为周历四月初五日。

③贾（yǔn）：坠落，落下。

④公羊传：一部解释《春秋》的著作，旧题战国时齐人公羊高撰，为《春秋》三传之一。

⑤曷：何。

⑥不修《春秋》：指没有经孔子改订过的《春秋》，即原来鲁国史官的记载。

⑦雨星不及地尺而复：底本"雨星"之前有"如"，疑为衍文。下文"雨星不及地尺如复"，今本《公羊传·庄公七年》亦无"如"字。复，恢复。流星因进入地球大气层与空气摩擦燃烧而陨灭，由于古人观察地面无陨石残留，就误以为流星又回到天上。

⑧如：而。

⑨云：据文意，当作"雨"字。

⑩正：订正，修改。

⑪史记：这里指原来鲁国史官的记载。

【译文】

《春秋·鲁庄公七年》记载："夏四月辛卯日，夜间恒星不出现，星星像雨一样落下。"《公羊传》记载："像雨一样是什么意思？意思是不是雨。不是雨为何还要说像雨一样？没有修订过的《春秋》记载：'流星雨不到地面一尺而回到天上去了。'孔子修订为'星星像雨一样坠落'。"没有修订过的《春秋》，是孔子没有修订《春秋》前鲁国史官的记载，上面说"流星雨不到地面一尺又回到天上去了"。君子，是指孔子。孔子把它修订成"星星像雨一样坠落"。所谓像雨一样，是说像下雨的样子。山中的水气形成云，升腾未达天上，就落下成为雨。流星落下不到地面，又回升上天，所以说像雨一样，这是孔子修订了文辞。星星坠落有时落到地上，有时又没能落地，几尺几丈的距离难以知晓。史官记载说是尺，也太过分了。地上有楼台建筑和高山丘陵,怎么能一概说是离地一尺?孔子说像下雨一样,是符合实际的。孔子作《春秋》,所以修订文辞为像下雨一样。如果孔子没有作《春秋》,那不到地面一尺的文辞,就流传至今了。

光武皇帝之时①,郎中汝南贲光上书②,言孝文皇帝时居明光宫③,天下断狱三人④。颂美文帝,陈其效实⑤。光武皇帝曰:"孝文时不居明光宫,断狱不三人。"积善修德,美名流之,是以君子恶居下流。夫贲光上书于汉,汉为今世,增益功美,犹过其实,况上古帝王久远,贤人从后褒述,失实离本,独已多矣⑥。不遭光武论⑦,千世之后,孝文之事,载在经艺之上,人不知其增,居明光宫,断狱三人,而遂为实事也。

【注释】

①光武皇帝:东汉光武帝刘秀。

②郎中:职官名,秦汉时,掌宫廷侍卫。汝南:郡名。西汉高帝四年(前203)置,治所在上蔡(今河南上蔡西南)。

③孝文皇帝:指西汉文帝刘恒。明光宫:汉代宫殿名,亦泛指宫殿。

④断狱:审理判决案件。

⑤陈:陈述。效实:这里指功绩。

⑥独已:特别。

⑦论:驳斥。

【译文】

汉光武帝的时候,郎中汝南人贲光上书,说汉文帝的时候住在明光宫,天下只判了三个人的刑。这是在称颂汉文帝,陈述他的功绩。光武帝说:"汉文帝当时不住在明光宫,判刑也不止三人。"积累善事修养德行,美好的名声就会流传,所以君子讨厌处在低贱卑下的位置。贲光上书在汉朝,汉朝就是当代,夸大功绩美德,尚且超过本事,何况上古帝王岁月久远,贤人在后面的时代褒扬记述,违背事实脱离根本,就特别多了。要不是遭到光武帝的驳斥,很久以后,汉文帝的事迹,被记载在儒家经典之上,人们不知道它的夸大,那所谓住在明光宫,只有三人被判刑的事,就会成为真实的事了。

问孔篇第二十八

【题解】

本篇名为"问孔",意在借追问经传中的孔子言论以批驳汉儒"信师而是古""不知难问"的学风。汉儒以孔子为圣人,认为"贤圣所言皆无非",故对孔子所言"专精讲习,不知难问"。但王充认为,"贤圣下笔造文,用意详审,尚未可谓尽得实,况仓卒吐言,安能皆是"。并认为经传中所载的孔子言论存在两种问题,其一是"意沉难见"而"时人不知问",其二是"不能皆是"而"时人不知难"。

王充批驳此种现象道:"苟有不晓解之问,追难孔子,何伤于义?诚有传圣业之知,伐孔子之说,何逆于理?"因此于文中列举数条《论语》中孔子的言论,并将其中意义难解或者内容矛盾的地方一一举出,以说明若尽信孔子之言而不对其加以追问、责难,就会使得"圣人之言,不能尽解;说道陈义,不能辄形"。

但文中王充针对孔子言论的分析有些内容是非常肤浅的,并没有理解孔子所要表达的本质意义,当作一家之言便可,同样不可尽信。

世儒学者,好信师而是古①,以为贤圣所言皆无非,专精讲习,不知难问②。夫贤圣下笔造文③,用意详审④,尚未可谓尽得实，况仓卒吐言⑤，安能皆是⑥？不能皆是，时人不知难；或是，而意沉难见⑦，时人不知问。案贤圣之言，上下多相违；其文，前后多相伐者⑧。世之学者，不能知也。

【注释】

①好（hào）：喜好。是：肯定，推崇。

②难（nàn）问：提出反驳、质问。

③造文：写文章。

④详审：周详谨慎。

⑤仓卒（cù）：仓猝。卒，同"猝"。吐言：发言。

⑥是：正确。

⑦沉：深沉，隐晦。见：同"现"。

⑧相伐：相互抵触、矛盾。伐，攻击。

【译文】

世上的儒生学者，喜好迷信老师推崇古人，认为圣贤所说的都没有错，专心一意地研讨学习，不知道提出疑问。圣贤下笔写文章，构思周详谨慎，尚且不能说完全符合事实，更何况匆忙中说的话，怎么能都对呢？不可能都对，而当时的人不知道质问；有的虽然对，但意思隐晦难以明白，当时的人不知道追问。考察圣贤说的话，很多上下相违背；写的文章，很多前后相互抵触。当今的学者，却不了解这些。

论者皆云："孔门之徒，七十子之才①，胜今之儒。"此言妄也②。彼见孔子为师，圣人传道，必授异才，故谓之殊③。夫古人之才，今人之才也，今谓之英杰，古以为圣神，故谓七十子历世希有④。使当今有孔子之师⑤，则斯世学者皆颜、闵之徒也⑥；使无孔子，则七十子之徒，今之儒生也。何以验之？以学于孔子，不能极问也⑦。圣人之言，不能尽解；说道陈义，不能辄形⑧。不能辄形，宜问以发之⑨；不能尽解，宜难以极之⑩。皋陶陈道帝舜之前⑪，浅略未极。禹问难之，浅言复深⑫，略指复分⑬。盖起问难，此说激而深切⑭，触而著明也⑮。

【注释】

①七十子：孔子的门徒，相传孔子弟子身通六艺者有七十二人，举其成数，故称为"七十子"。

②妄：荒谬。

③殊：特殊。

④历世：历代。希：少，罕有。

⑤使：假使。

⑥斯：这。颜：指颜回。闵：指闵损，字子骞，春秋时鲁国人。孔子弟子，以德行著称。

⑦极问：追根问底。

⑧辄：总是。形：显著，明白。

⑨发：揭示，弄明白。

⑩极：尽。

⑪陈：陈述。道：治国之道。

⑫复：又。

⑬指：意旨，含意。分：清楚，明白。

⑭激：激发。

⑮触：触动。

【译文】

评论的人都说："孔子的弟子，七十子的才能，胜过今天的儒生。"这话是荒谬的。他们看见孔子做老师，认为圣人传授学问，一定传给卓越的人才，所以就说他们与众不同。古人的才能，就像今人的才能，今天称之为英杰，古人认为是圣明，所以说七十子历代少有。假如现在有孔子这样的老师，那这个时代的学生就都是颜回、闵子骞之类的人了；假如当时没有孔子，那七十子之类的人，也就像是今天的儒生了。用什么证明呢？用他们向孔子学习，却不能追根问底就可以证明。圣人说的话，不能全部理解；解说的学说陈述的义理，不总是明白。不总是明白，就应该追问以便弄明白；不能全部理解，就应该提出疑问以便求得彻底的理解。皋陶在舜面前陈述治国之道，说的浅显而不彻底。大禹就追问责难他，使浅显的话又变得深刻，模糊的含义又变得清楚。大概是由于追问和责难，皋陶的这番话受到激发而变得深刻切实，被触动而变得清楚明白了。

孔子笑子游之弦歌①，子游引前言以距孔子②。自今案《论语》之文，孔子之言多若笑弦歌之辞，弟子寡若子游之难③，故孔子之言，遂结不解④。以七十子不能难，世之儒生，不能实道是非也。

【注释】

①孔子笑子游之弦歌：据《论语·阳货》记载，子游出任武城邑令，用礼乐教化百姓。孔子到武城游历，听到一片弦歌之声，就开玩笑说道："治理这样的小地方，何必用礼乐，这不是杀鸡用牛刀吗？"子游解释说："以前听老师您说过：'君子学了礼乐，就能互相敬爱；小人学了礼乐，就听使唤。'"孔子即向同行弟子表示子游的话是对的，自己刚才不过是说笑罢了。子游，姓言，名偃，字子游，亦称"言游""叔氏"，春秋末吴国人。孔子的弟子。弦歌，用琴瑟等伴奏歌唱、咏诗。

②距：通"拒"，反驳。

③寡：少。

④结不解：像打了绳结一样难以解开，这里指难以理解。

【译文】

　　孔子笑子游治理小邑还要以礼乐施行教化，子游援引孔子以前说过的话来反驳孔子。如今考察《论语》的文字，孔子说的话有很多类似说笑子游以礼乐治理小邑的言辞，弟子中却很少有像子游这样的辩驳，所以孔子的话，就像绳结一样难以索解。从七十子不能辩驳来看，现在的儒生，就更不可能切实说明孔子言论的是非了。

　　凡学问之法，不为无才，难于距师，核道实义，证定是非也。问难之道，非必对圣人及生时也。世之解说说人者①，非必须圣人教告，乃敢言也。苟有不晓解之问，追难孔子②，何伤于义？诚有传圣业之知③，伐孔子之说④，何逆于理？谓问孔子之言⑤，难其不解之文，世间弘才大知⑥，生能答问解难之人⑦，必将贤吾世间难问之言是非⑧。

【注释】

①说（shuì）人：说服别人。

②追：底本作"迢"，递修本作"追"，形近而误，据改。

③知：同"智"。

④伐：批驳。

⑤谓：疑为衍文。或为"诘"字，形近而误。

⑥弘才大知：才高智深的人。生：出现。

⑦生：通"性"。

⑧贤：肯定，赞许。世间：据文意，疑涉上文衍。是非：据文意，疑为

衍文，或有脱文。

【译文】

　　大凡求学问道的方法，不在于没有才能，而难在敢于反驳老师，论证道理，确定是非。追问反驳的方法，不一定要面对圣人赶在他活着的时候。现在那些希望通过说解圣人之道来说服教育别人的人，不一定必须是圣人教导过的话，才敢说。如果有不理解的问题，追问反驳孔子，对于道理有什么损害呢？果真有传授圣人学业的才智，批驳孔子的说法，又有什么违背道理的呢？追问孔子的话，反驳其无法理解的语句，世上如果有才高智深的人出现，而他们又是能够回答问题解释疑难的人，就一定赞许我这些反驳追问的话。

　　孟懿子问孝①，子曰："毋违②。"樊迟御③，子告之曰："孟孙问孝于我，我对曰'毋违'。"樊迟曰："何谓也？"子曰："生，事之以礼④；死，葬之以礼，祭之以礼⑤。"

【注释】

　　①孟懿子：春秋末鲁国大夫，本姓仲孙，也称孟孙，名何忌，世称仲孙何忌，谥号懿。

　　②毋违：不要违背。

　　③樊迟：孔子弟子，名须，字子迟，春秋末鲁国人（一说齐国人）。御：驾车。

　　④事：侍奉。

　　⑤祭之以礼：底本无，《论语·为政》此章有"祭之以礼"四字，章录杨校宋本亦有，据补。以上事参见《论语·为政》。

【译文】

　　孟懿子向孔子问孝道。孔子说："不要违背。"不久，樊迟为孔子驾车，孔子便告诉他说："孟懿子向我问孝道，我回答说'不要违背'。"樊迟问："这是什么意思？"孔子说："父母活着，要按照礼节来侍奉他们；死了以后，要依照规定的礼节埋葬他们，祭祀他们。"

　　问曰[①]：孔子之言"毋违"，毋违者，礼也。孝子亦当先意承志[②]，不当违亲之欲。孔子言"毋违"，不言"违礼"。懿子听孔子之言，独不为嫌于无违志乎[③]？樊迟问何谓，孔子乃言："生，事之以礼；死，葬之以礼，祭之以礼。"使樊迟不问，"毋违"之说，遂不可知也。懿子之才，不过樊迟[④]，故《论语》篇中不见言行。樊迟不晓，懿子必能晓哉？

【注释】

①问曰：本篇凡以"问曰"开始的段落，都是王充质问。

②先意承志：指孝子不等父母开口就能顺着父母的心意去做。

③独：难道。嫌：猜疑，怀疑。

④不过：不超过。

【译文】

　　请问：孔子说"不要违背"，指的是不要违背礼。孝子也应该不等父母开口就能顺着父母的心意去做，不应该违背父母的愿望。孔子只是说"不要违背"，却没说"不要违背礼"。孟懿子听了孔子的话，难道不会猜疑为不要违背父母的心意吗？樊迟问"说的是什么意思"，孔子才说："父母活着的时候，要按照礼来侍奉他们；死了以后，要按照礼来安葬他们，按照礼来祭祀他们。"如果樊迟没有问，"不要违背"的说法，就不可能确知。孟懿子的才能，不会超过樊迟，所以在《论语》中看不到有关他的言行。连樊迟都不理解，孟懿子就一定能理解吗？

　　孟武伯问孝[①]，子曰："父母，唯其疾之忧。"[②]武伯善忧父母③,故曰"唯其疾之忧"。武伯忧亲,懿子违礼。攻其短④,答武伯云:"父母,唯其疾之忧。"对懿子亦宜言:"唯水火之变乃违礼⑤。"周公告小才敕⑥,大材略。樊迟之大材也⑦,孔子告之敕;懿子小才也,告之反略,违周公之志。攻懿子之短,失道理之宜,弟子不难,何哉?如以懿子权尊,不敢极言⑧,则其对武伯,亦宜但言"毋忧"而已⑨。俱孟氏子也⑩,权尊钧同⑪,形武伯而略懿子,未晓其故也。使孔子对懿子极言"毋违礼",何害之有?专鲁莫过季氏⑫,讥八佾之舞庭⑬,刺太山之旅祭⑭,不惧季氏增邑不隐讳之害⑮,独畏答懿子极言之罪,何哉?且问孝者非一,皆有御者,对懿子言,不但心服臆肯⑯,故告樊迟!

【注释】

①孟武伯:即仲孙彘,孟懿子之子,"武"是其谥号。

②其:第三人称代词,指他的、他们的。在这里指代的是父母还是儿女,有两种理解。王充以为"其"字是指代父母,同时代的学者马融则认为"其"字代指儿女。以上事参见《论语·为政》。

③善:多,经常。

④攻:批评。短:短处。

⑤水火之变:水灾火灾之类的变故。

⑥敕:具备,周备。

⑦之:疑为衍文。

⑧极言:直言规劝。

⑨但:只。

⑩俱:底本作"但",章录杨校宋本作"俱",形近而误,据改。

⑪钧:通"均"。

⑫专鲁：垄断鲁国的大权。季氏：春秋时鲁国大夫季孙氏。庄公季弟季友的后代。

⑬讥八佾（yì）之舞庭：据《论语·八佾》记载，季平子"八佾舞于庭"，违背周礼，所以孔子才说："是可忍也，孰不可忍也？"八佾，古代舞蹈奏乐，八个人为一行，称为一佾。八佾即八行，共八八六十四人。按照周礼规定，天子用八佾，诸侯用六佾，大夫用四佾。四佾才是季氏所应该用的。

⑭刺太山之旅祭：据《论语·八佾》记载，季康子去祭祀泰山。在当时，只有天子和诸侯才有祭祀名山大川的资格。季氏只是鲁国的大夫，竟去祭祀泰山，因之孔子认为是"僭礼"，就叫学生冉有去阻止，冉有不去，孔子便讥刺说："难道泰山之神还不如林放（春秋时期鲁国学者，以知礼著称）知礼吗？"太山，即泰山。旅，祭山。

⑮增：疑为"憎"，形近而误。邑：通"悒"，忧郁不安。

⑯臆（yì）：胸。

【译文】

孟武伯向孔子问孝道，孔子说："对父母，只在他们生病的时候才忧虑。"因为孟武伯总爱为父母忧虑，所以孔子才说"只在他们生病的时候才忧虑"。孟武伯爱为父母忧虑，孟懿子侍奉父母而违礼。如果孔子批评他们的短处，回答孟武伯说："对父母，只在他们生病的时候才忧虑。"对孟懿子也应该说："只有遇到水灾火灾之类的变故时才可以违礼。"周公告诫才能小的人很详尽，告诫才能大的人很简略。樊迟的才能大，孔子告诫他很详尽；孟懿子才能小，告诫他反而很简略，这和周公的用意相反。批评孟懿子的短处，却违背了适合的道理，弟子却不责难，这是为什么呢？如果因为孟懿子权高位尊，不敢直言，那孔子对孟武伯，也应该只说"不要忧虑"就行了。都是孟孙氏家的子弟，权势地位都一样，对孟武伯说得详尽而对孟懿子说得简略，不知道是什么缘故。假如孔子对孟懿子直说"不要违礼"，有什么害处呢？专擅鲁国大权的没人超过季孙氏，孔子讥刺他用六十四人在庭院中奏乐舞蹈，讥刺他在泰山举行祭祀，不惧怕季孙氏憎恶他不为其隐瞒过错而带来的祸害，却偏偏害怕回答孟懿子时直言规劝的罪过，这是为什么呢？况且向孔子请教孝道的人不止一个，每次都有驾车人在，为什么对于回答孟懿子的话，不但心满意足，而且还要故意告诉樊迟！

　　孔子曰："富与贵，是人之所欲也，不以其道得之，不居也^①；贫与贱，是人之所恶也，不以其道得之^②，不去也^③。"此言人当由道义得^④，不当苟取也^⑤；当守节安贫^⑥，不当妄去也^⑦。

【注释】

①不居：不接受。居，今本《论语》作"处"。

②得之："富与贵"可以说"得之"，"贫与贱"却不是人人想"得之"的，这里也讲"不以其道得之"，大概只是古人习惯的说法。按照我们现在的语言，"得之"应该改为"去之"为妥。

③去：抛弃。以上引文参见《论语·里仁》。

④此言人当由道义得：下文言"不以其道得富贵"，疑此句"得"后脱"富贵"二字。

⑤苟：随便，草率。

⑥当守节安贫：疑"贫"后脱一"贱"字。

⑦妄：胡乱，任意。

【译文】

　　孔子说："富裕与显贵，是人们所盼望的；不用正当的方法获得，就不接受；穷困和卑贱，是人们所厌恶的，不用正当的方法去摆脱，君子就不摆脱。"这是说人们应当通过合乎正道的手段来获得富贵，不应该用不正当的手段去获取；应当谨守节操安于贫贱，不应当不择手段地摆脱它。

　　夫言"不以其道得富贵不居",可也;不以其道得贫贱,如何?富贵顾可去[①],去贫贱何之[②]?去贫贱,得富贵也。不得富贵,不去贫贱。如谓得富贵不以其道,则不去贫贱邪,则所得富贵,不得贫贱也。贫贱何故当言"得之"?顾当言[③]:"贫与贱是人之所恶也,不以其道去之,则不去也。"当言"去",不当言"得"。"得"者,施于得之也[④]。今去之,安得言得乎?独富贵当言得耳。何者?得富贵,乃去贫贱也。是则以道去贫贱如何?修身行道,仕得爵禄富贵。得爵禄富贵,则去贫贱矣。不以其道去贫贱如何?毒苦贫贱[⑤],起为奸盗,积聚货财,擅相官秩[⑥],是为不以其道。七十子既不问,世之学者亦不知难。使此言意不解而文不分,是谓孔子不能吐辞也[⑦];使此言意结[⑧],文又不解,是孔子相示未形悉也[⑨]。弟子不问,世俗不难,何哉?

【注释】

①顾:文言副词,表示轻微的转折。

②何之:到哪里去。之,去,往。

③顾:本来。

④施:用。

⑤毒苦:怨恨。

⑥擅:擅自。相:相互。官秩:授予官职。

⑦吐辞:说话。

⑧结:纠缠不清。

⑨形:显著,明白。悉:详尽。

【译文】

说"不用正当的方法获得的富贵就不接受",是可以的;不用正当的方法获得的贫贱,这是什么意思呢? 富贵当然可以摆脱,摆脱贫贱又到哪里去呢? 摆脱贫贱,就取得了富贵。没有获得富贵,就不能摆脱贫贱。如果说不通过正当的方法取得富贵,就宁可不摆脱贫贱呢,那么所得的就是富贵,而不是贫贱。为什么要把贫贱说成是"得之"呢? 本来该说"贫困和卑贱,是人们所厌恶的,不用正当的方法摆脱,就不摆脱它"。应当说"摆脱",而不该说"获得"。"得"字,说用在得到什么东西上的。现在说的是摆脱贫贱,怎么能说得到呢? 只有富贵才该说获得。为什么呢? 因为获得富贵,才能摆脱贫贱。那么怎样做才算是以正当的方法来摆脱贫贱呢? 修养自身施行道义,通过做官获得爵位俸禄和富贵。得到爵位俸禄和富贵,就摆脱了贫贱。不以正当的方法来摆脱贫贱又是怎样的呢? 因为怨恨贫贱,起来当盗贼,以此积累财富,擅自相互封官,这就是不以正当方法来摆脱贫贱。孔子的七十弟子既不追问,今天的学者也不知道提出质疑。如果这段话的意思无法理解而文字又不明白,这就是说孔子不会说话,如果这段话含义纠缠不清,而文字又不好理解,这就是说孔子向人表达得不清楚详尽。学生不提问,世人又不质疑,这是为什么呢?

　　孔子曰:"公冶长可妻也①,虽在缧绁之中②,非其罪也。"以其子妻之③。

【注释】

①公冶长:又称"公冶氏",名长,字子长、子芝,孔子的弟子。妻(qì):以女嫁人。

②缧绁(léi xiè):捆绑犯人的绳索,借指监狱,囚禁。

③子:儿女,古人称子兼男女,这里指女儿。以上事参见《论语·公冶长》。

【译文】

　　孔子说:"公冶长可以把女儿嫁给他,虽然曾被关在监狱之中,但不是他的罪过。"便把自己的女儿嫁给了他。

　　问曰：孔子妻公冶长者，何据见哉？据年三十可妻邪①？见其行贤可妻也？如据其年三十，不宜称"在缧绁"；如见其行贤，亦不宜称"在缧绁"。何则？诸入孔子门者，皆有善行，故称备徒役②。徒役之中无妻，则妻之耳，不须称也。如徒役之中多无妻，公冶长尤贤，故独妻之，则其称之宜列其行③，不宜言其在缧绁也。何则？世间强受非辜者多④，未必尽贤人也。恒人见枉⑤，众多非一，必以非辜为孔子所妻，则是孔子不妻贤，妻冤也。案孔子之称公冶长，有非辜之言，无行能之文⑥。实不贤，孔子妻之，非也；实贤，孔子称之不具⑦，亦非也。诚似妻南容云⑧："国有道，不废⑨；国无道，免于刑戮⑩。"具称之矣。

　　【注释】

　　①据年三十可妻邪：据《周礼·地官·媒氏》记载："男三十而娶，女二十而嫁。"年三十，三十岁。

　　②备：充当。徒役：门徒，弟子。

　　③行：品行。

　　④强：强迫。非辜：无罪。辜，罪。

　　⑤恒人：常人，一般人。见：被。枉：冤枉。

　　⑥能：才能。

　　⑦不具：不全面。

　　⑧诚：如果。南容：即南宫适（kuò），字子容，孔子的学生。孔子把他哥哥的女儿嫁给了他。

　　⑨不废：这里指有官做。废，废黜，罢官。

⑩刑戮：刑罚。引文参见《论语•公冶长》。

【译文】

请问：孔子把女儿嫁给公冶长，是根据和见到了什么呢？是根据他年龄三十岁呢？还是看见他品行贤良可以把女儿嫁给他呢？如果是根据他年龄三十岁了，就不应该说他"曾被关进监狱"；如果看见他品行贤良，也不该说他"曾被关进监狱"。为什么呢？凡是在孔子门下的，都有好的品行，所以才说他们够得上充当孔子的弟子。弟子中没有妻室，那就把女儿嫁给他好了，不必另加夸赞。如果弟子当中有很多没有妻室的，而公冶长特别贤能，所以只把女儿嫁给他，那孔子夸赞他的时候就应该列举他的好品行，不该说他曾被关进监狱。为什么呢？世上无罪却被强迫受罚的人很多，未必都是贤能的人。一般人被冤枉，这种情况很多不止一个，一定要因为无罪孔子才把女儿嫁给他，那么这就是孔子不把女儿嫁给贤人，而是嫁给受冤的人。考察孔子对公冶长的称赞，有无罪的说法，却没有品行才能方面的言辞。如果他确实不贤能，孔子把女儿嫁给他，就不对；如果确实贤能，孔子称赞他不全面，也不对。如果孔子的确像把侄女嫁给南宫适时说的那样："国家政治清明，总有官做；国家政治黑暗，也不致被刑罚。"这就是全面的称赞了。

子谓子贡曰①："汝与回也孰愈②？"曰："赐也何敢望回③？回也闻一以知十，赐也闻一以知二。"子曰："弗如也④！吾与汝俱不如也⑤。"是贤颜渊，试以问子贡也⑥。

【注释】

①子贡：姓端木，名赐，字子贡，春秋卫国人。孔子弟子。善于经商，有口才。
②回：颜回。也：表示停顿的文言语气助词。孰：谁。愈：胜过。
③望：通"方"，比较。

④弗：不。

⑤吾与汝俱不如也：今本《论语·公冶长》作"吾与女弗如也"。

⑥试：用。以上事参见《论语·公冶长》。

【译文】

　　孔子对子贡说："你和颜回哪一个强些？"子贡答道："我怎敢和颜回比？颜回听到一件事，可以推演知道十件事；我听到一件事，只能推知两件事。"孔子说："赶不上他！我和你都赶不上他。"这是孔子认为颜回贤能，用此来问子贡。

　　问曰：孔子所以教者，礼让也。子路为国以礼①，其言不让②，孔子非之③。使子贡实愈颜渊，孔子问之，犹曰不如；使实不及，亦曰不如。非失对欺师④，礼让之言宜谦卑也。今孔子出言，欲何趣哉⑤？使孔子知颜渊愈子贡，则不须问子贡；使孔子实不知，以问子贡，子贡谦让，亦不能知。使孔子徒欲表善颜渊⑥，称颜渊贤，门人莫及，于名多矣⑦，何须问于子贡？子曰："贤哉，回也！"⑧又曰："吾与回言终日，不违，如愚。"⑨又曰："回也，其心三月不违仁⑩。"三章皆直称⑪，不以他人激⑫。至是一章⑬，独以子贡激之，何哉？

【注释】

①子路（前542—前480）：姓仲，名由，字子路，一字季路，春秋鲁国卞（今山东泗水县东）人。孔子弟子，性爽直勇敢，在孔门四科中，列于政事科。

②不让：不谦虚。让，礼让，谦虚。

③孔子非之：以上事参见《论语·先进》。子路说自己三年能治好一个大国，孔子朝他微笑。后来别的弟子问他为何微笑，孔子说

治理国家应该讲求礼让，可是子路却一点也不谦虚，所以笑笑他。

④失对：回答不出，这里指回答错误。

⑤趣：趋向，目的。

⑥徒：只，仅仅。表：表扬。善：称赞。

⑦名：名目，说法。

⑧"子曰"几句：引文参见《论语·雍也》。

⑨"又曰"几句：引文参见《论语·为政》。

⑩三月：形容时间长。引文参见《论语·雍也》。

⑪三章：指引《论语》的三个章节。章，章节。

⑫激：激扬，抬高。

⑬是一章：指上文引"子谓子贡曰"的《论语·公冶长》章。是，这。

【译文】

请问：孔子用来教导学生的，是礼让。子路有志于以礼让来治理国家，但他说话不谦虚，孔子就批评他。假如子贡确实胜过颜回，孔子问他，他还是会说不如；假如确实赶不上颜回，也会说不如。这不是回答错误来欺骗老师，而是按照礼让说话应该谦卑。现在孔子这样说，是想达到什么目的呢？假如孔子知道颜回胜过子贡，那就不必去问子贡；假如孔子确实不知道，所以去问子贡，子贡出于谦让，那孔子也不能知道。假如孔子只是想表扬称赞颜回，夸奖颜回的贤能，在弟子中没人能赶得上，这样的说法多得很，何必要去问子贡呢？孔子说过："贤能啊，颜回！"又说："我整天和颜回讲学，他从不提反对意见，像个蠢人。"又说："颜回呀，他的心长久地不离开仁德。"这三章都是直接表扬，没有通过旁人的对比来抬高他。但到这一章，偏偏要用子贡来抬高他，是为什么呢？

或曰①：欲抑子贡也②。当此之时，子贡之名凌颜渊之上③，孔子恐子贡志骄意溢④，故抑之也。夫名在颜渊之上，当时所为，非子贡求胜之也。实子贡之知何如哉？使颜渊才在己上，己自服之，不须抑也。使子贡不能自知，孔子虽言，将谓孔子徒欲抑己。由此言之，问与不问，无能抑扬。

【注释】

①或曰：有人说。

②抑：贬低。

③凌：凌驾，高过。

④志骄意溢：骄傲得意。

【译文】

有人说：孔子是想贬低子贡。因为在这个时候，子贡的名声在颜回之上，孔子担心子贡骄傲得意，所以才贬低他。名声在颜回之上，这是当时的人们造成的，不是子贡自己要胜过他。实际上子贡拥有自知之明的程度如何呢？假如颜回的才能在自己之上，自己自然服气，不需要贬低。假如子贡没有自知之明，孔子即便说了，他还是会认为孔子只是想贬低自己。由此说来，问与不问，都不能起到贬低或表扬的作用。

宰我昼寝①。子曰："朽木不可雕也，粪土之墙不可杇也②。于予③，予何诛④？"是恶宰予之昼寝。

【注释】

①宰我：即宰予，字子我，孔子弟子。昼寝：白天睡觉。

②杇（wū）：泥瓦工人用的抹子，这里指粉刷。

③予：指宰予。

④予：我。诛：责备。以上事参见《论语·公冶长》。

【译文】

宰予在白天睡觉。孔子说："腐烂了的木头雕刻不得，粪土似的墙壁粉刷不得。对于宰予，我还责备他干什么呢？"这是厌恶宰予白天睡觉。

问曰：昼寝之恶也，小恶也；朽木粪土，败毁不可复成之物，大恶也。责小过以大恶，安能服人？使宰我性不善，如朽木粪土，不宜得入孔子之门，序在四科之列①。使性善，孔子恶之，恶之太甚，过也。"人之不仁，疾之已甚，乱也。"②孔子疾宰予，可谓甚矣！使下愚之人涉耐罪之狱③，吏令以大辟之罪④，必冤而怨邪？将服而自咎也⑤？使宰我愚，则与涉耐罪之人同志⑥。使宰我贤，知孔子责人⑦，几微自改矣⑧。明文以识之⑨，流言以过之⑩，以其言示端而已自改⑪。自改不在言之轻重，在宰予能更与否⑫。

【注释】

①序：排列，次第。四科：孔门四种科目，指德行、言语、政事、文学。

②"人之不仁"几句：引文参见《论语·泰伯》。

③耐：同"耏"，古代剃去鬓角和胡须的一种轻刑。

④大辟：死刑。

⑤服：认罪。自咎：自责。

⑥同志：志趣相同，这里指想法一样。

⑦人：疑为"之"字之讹。

⑧几微：征兆，迹象。这里指暗示。

⑨识：知道。

⑩流言：传话。

⑪端：端倪，苗头。

⑫更：改。

【译文】

请问：白天睡觉的过错，是小的过错；腐烂了的木头和粪土似的墙壁，是腐败毁坏不能再恢复的东西，是大的罪恶。用指责大罪恶的话来责备小的过错,怎么能让人心服呢?假如宰予品性不好,像腐烂了的木头和粪土似的墙壁一样,就不该入于孔子门下,排在四科的行列。假如宰予品行很好,孔子厌恶他,也厌恶得太厉害,显得过分了。"对于不仁的人,痛恨得太过,也会出乱子。"孔子痛恨宰予,可以说太过了!假如一个最蠢的人犯了要被剃去鬓角和胡须的轻罪,官吏却判他死刑,那他是会感到蒙冤而怨恨呢?还是表示认罪而自责呢?假如宰予愚蠢,那也跟犯轻罪的人想法一样。假如宰予贤明,知道孔子在责备自己,只要稍有暗示就会自觉改正了。用明白的话让他知道,或是让别人传话来责备他,只要用话给他一点启发他本人就会自觉改正。自觉改正不在于说话的轻重,而在于宰予能不能改过。

《春秋》之义,采毫毛之善①,贬纤介之恶②。褒毫毛以巨大,以巨大贬纤介,观《春秋》之义,肯是之乎③?不是,则宰我不受④;不受,则孔子之言弃矣⑤。圣人之言与文相副⑥,言出于口,文立于策⑦,俱发于心,其实一也。孔子作《春秋》,不贬小以大。其非宰予也,以大恶细⑧,文语相违,服人如何?

【注释】

①采:取。

②贬:贬斥,指责。纤介:细微,细小。

③肯:表示反问的语气副词,那里,怎么。

④不受:不接受。

⑤弃:废,作废。

⑥相副:相称,相符。

⑦策:古代用竹简或木牍书写,成编的叫策。

⑧细：小。

【译文】

《春秋》的原则，采取肯定细微的好事，贬斥细小的坏事。如果用很重的话来褒奖细微的好事，用很重的话来贬斥细小的坏事，比照《春秋》的原则，怎么会是这样呢？如果不是，那宰予就会不接受；不接受，那孔子的话就等于作废。圣人说的话应该和写的文章相符，口里说出来的话，竹简上写的文章，都发自内心，其实质是相同的。孔子写《春秋》，不用贬斥大过错的话来指责小过失。他批评宰予时，却用贬斥大过错的话来指责小过失，写文章和说话相违背，怎么能让人信服呢？

子曰："始吾于人也，听其言而信其行；今吾于人也，听其言而观其行。于予，予改是。"①盖起宰予昼寝②，更知人之术也③。

【注释】

①"子曰"几句：引文参见《论语·公冶长》。

②起：由于。

③更：改变。术：方法。

【译文】

孔子说："最初我对别人，听到他的话便相信他的行为；现在我对别人，听到他的话却要考察他的行为。从宰予身上，我改变了之前的态度。"这是说由于宰予白天睡觉，孔子改变以前那种了解人的方法。

问曰：人之昼寝，安足以毁行①？毁行之人，昼夜不卧，安足以成善？以昼寝而观人善恶，能得其实乎？案宰予在孔子之门，序于四科，列在赐上②。如性情怠，不可雕琢，何以致此？使宰我以昼寝自致此，才复过人远矣。如未成就，自谓已足，不能自知，知不明耳，非行恶也。晓敕而已③，无为改术也④。如自知未足，倦极昼寝，是精神索也⑤。精神索至于死亡，岂徒寝哉？且论人之法，取其行则弃其言，取其言则弃其行。今宰予虽无力行，有言语。用言⑥，令行缺⑦，有一概矣⑧。今孔子起宰予昼寝，听其言，观其行，言行相应，则谓之贤，是孔子备取人也。"毋求备于一人"之义何所施⑨？

【注释】

①毁行：品行败坏。毁，败坏。

②赐：即子贡。《论语·先进》记载"言语：宰我，子贡"，故王充如此说。

③晓：告知。敕：告诫。

④无为：用不着。

⑤索：尽。

⑥用：凭借。

⑦令：即使。

⑧一概：一端，一个方面。

⑨求备：求全责备。施：施行，运用。引文参见《论语·微子》。

【译文】

请问：人白天睡觉，怎么能说品行败坏呢？品行败坏的人，即便白天晚上都不睡觉，又怎能够成为好人呢？根据白天睡觉来考察人的好坏，能够了解他的真实情况吗？考察宰予在孔子门下，排在四科的行列，位列子贡之前。如果性情懒惰，不可改造，怎么能取得这个地位呢？假如宰予白天睡觉还能使自己取得这个地位，那他的才能又远远超过别人了。如果宰予没有做出成绩，认为自己已经够好了，不能了解自己，只是没有自知之明罢了，并不是品行恶劣。这要告诫他就行，没必要为了他而改变了解人的方法。如果宰予知道自己不够好，因为非常疲倦才白天睡觉，这就是精神耗尽的缘故。精神耗尽直至死亡，哪里只是白天睡觉呢？况且评价人的方法，如果认可他的行为就不必管他的言论，如果采纳他的言论就可忽略他的行为。现在宰予虽然没有身体力行，却有言语方面的特长。凭他在言语方面的成就，即使行为有缺点，也已经有一个方面的可取之处了。现在孔子从宰予白天睡觉这件事开始，不仅听人说的话，又要考察人的行为，言语和行为要一致，才认为是贤人，这是孔子以求全责备的态度来选择人了。"不要对一个人求全责备"的道理又运用到哪里去了？

　　子张问①："令尹子文三仕为令尹②，无喜色；三已之③，无愠色④。旧令尹之政，必以告新令尹。何如？"子曰："忠矣。"曰："仁矣乎？"曰："未知，焉得仁？"⑤子文曾举楚子玉代己位而伐宋⑥，以百乘败而丧其众⑦。不知如此，安得为仁？

【注释】

①子张：姓颛孙，名师，字子张，春秋时陈国人。孔子的学生。
②令尹：春秋战国时楚国执政官名，相当于宰相。子文：姓斗，名榖於菟（gòu wū tú），春秋时楚国人。三仕：多次做官。根据《左传》记载，子文于鲁庄公三十年（前664）开始做令尹，到僖公二十三年（前637）让位给子玉，其中相距二十八年。在这二十八年中可能有几次被罢免又被任命。
③已：罢官。
④愠：怒。
⑤"未知"二句：引文参见《论语·公冶长》。知，同"智"。
⑥子玉：姓成，名得臣，字子玉，春秋时楚国人。子文曾推荐他做令尹。前632年，他带兵伐宋，在城濮一带跟晋军交战，兵败自杀。

⑦乘（shèng）：古代称兵车，四马一车为一乘。

【译文】

子张问孔子："楚国的令尹子文三次做令尹的官，没有高兴的样子；三次被罢免，没有怨恨的样子。每次交接一定把全部政事告诉接替职位的人。这个人怎么样？"孔子道："可算尽忠于国家了。"子张道："算不算仁？"孔子道："连智都算不上，怎么能算是仁呢？"子文曾经举荐楚国的子玉接替自己的职位去讨伐宋国，以一百辆兵车的兵力却被打败丧失了全部军队。如此不智，怎么算得上仁呢？

问曰：子文举子玉，不知人也。智与仁，不相干也。有不知之性，何妨为仁之行？五常之道，仁、义、礼、智、信也。五者各别，不相须而成①。故有智人，有仁人者，有礼人，有义人者。人有信者未必智，智者未必仁，仁者未必礼，礼者未必义。子文智蔽于子玉②，其仁何毁③？谓仁，焉得不可？且忠者，厚也。厚人，仁矣。孔子曰："观过，斯知仁矣。"④子文有仁之实矣。孔子谓忠非仁，是谓父母非二亲，配匹非夫妇也⑤。

【注释】

①相须：互相依存，互相配合。成：成就，具备。

②蔽：蒙蔽。

③毁：损害。

④"孔子曰"几句：引文参见《论语·里仁》。

⑤配匹：配偶。

【译文】

请问：子文举荐子玉，是因为不了解人。智和仁，是不相干的。有不了解人的缺点,怎会妨碍到他具有仁的品行呢?五常的规范,是指仁、义、礼、智、信。这五者各有区别,不必互相依存而才能有所成就。所以有的人智,有的人仁,有的人礼,有的人义。有信的人未必有智,有智的人未必仁,有仁的人未必有礼,有礼的人未必有义。子文的智在子玉这件事上受到蒙蔽,这对他的仁又有什么损害呢?说他仁,怎么不可以呢?况且忠,是厚道的意思。待人厚道,就是仁啊。孔子说:"考察一个人犯的过错,就知道他仁不仁了。"子文实际上是做到了仁。孔子说他忠而不仁,这等于说父母不是双亲,说配偶不是夫妻一样。

　　哀公问①:"弟子孰谓好学②?"孔子对曰:"有颜回者,不迁怒,不贰过③,不幸短命死矣!今也则亡④,未闻好学者也⑤。"

【注释】

①哀公(?—前468):鲁哀公,姬姓,名将,春秋时期鲁国君主,前494—前468年在位。

②谓:通"为"。

③贰过:重犯同一过错。

④亡:无,没有。

⑤未闻好学者也:以上事参见《论语·雍也》。

【译文】

　　鲁哀公问:"你的学生中,哪个好学?"孔子答道:"有一个叫颜回的人好学,不拿别人出气,不再犯同样的过错,不幸短命死了!现在再也没有这样的人了,再也没听到过好学的人了。"

　　夫颜渊所以死者,审何用哉①。令自以短命②,犹伯牛之有疾也③。人生受命，皆当全洁④。今有恶疾，故曰"无命"⑤。人生皆当受天长命，今得短命，亦宜曰"无命"。如天有短长⑥，则亦有善恶矣。言颜渊"短命"，则宜言伯牛"恶命"；言伯牛"无命"，则宜言颜渊"无命"。一死一病，皆痛云"命"，所禀不异，文语不同，未晓其故也。

【注释】

①审：必定。用：因，由。

②令：假如。

③伯牛：孔子弟子。参见本书《祸虚篇》注。

④当全：底本作"全当"，下文言"人生皆当受天长命"，疑为"当全"之误倒，据改。全洁：身体健全完美。

⑤故曰"无命"：据《论语·雍也》记载，伯牛得了恶疾，孔子叹息说："亡之，命矣夫！斯人也而有斯疾也！"这里的"无命"是对"亡之，命矣夫"的概括，意思是没有得到"全洁"的命。

⑥天：据文意，疑为"命"字之误。

【译文】

颜回之所以早死，必定是有什么原因的啊。假如因为自己生来命短，就像伯牛得了恶疾一样。人生下来禀受的命，都应该是健全完美的。现在伯牛得了恶疾，所以说他"没这个命"。人生下来都应当禀受天所赋予的长命，现在颜回却得到短命，也应该说他"没这个命"。如果命有短有长，那也应该有好有坏。说颜回"短命"，那也应该说伯牛"坏命"；说伯牛"没这个命"，那也应该说颜回"没这个命"。一个死了一个病了，都沉痛地说"命"，他们禀受的命没有不同，而孔子所用的言辞却不一样，不知道这是什么原因。

　　哀公问孔子孰为好学。孔子对曰:"有颜回者好学,今也则亡。不迁怒,不贰过。"何也? 曰①:"并攻哀公之性②,迁怒、贰过故也。因其问则并以对之③,兼以攻上之短④,不犯其罚。"

【注释】

①曰:有人说。

②攻:指责。

③因:顺着。

④上:君主,这里指鲁哀公。

【译文】

　　鲁哀公问孔子的学生中哪个好学? 孔子回答说:"有一个叫颜回的人好学,现在再也没有这样的人了。不拿别人出气,不再犯同样的过错。"为什么要这样回答呢? 有人说:"这是同时指责鲁哀公的性情,总是拿别人出气,爱犯同样过错的缘故。所以顺着他发问就一并给予回答,既指责了鲁哀公的缺点,又不致受他的处罚。"

　　问曰:康子亦问好学,孔子亦对之以颜渊①。康子亦有短,何不并对以攻康子? 康子非圣人也,操行犹有所失。成事②:康子患盗,孔子对曰:"苟子之不欲,虽赏之不窃。"③由此言之,康子以"欲"为短也④。不攻,何哉?

【注释】

①"康子亦问好学"二句:《论语·先进》记载:"季康子问:'弟子孰为好学?'孔子对曰:'有颜回者好学,不幸短命死矣,今也则无。'"康子,季孙肥,鲁哀公时正卿,是当时政治上最有权力的

人。"康"是其谥号。

②成事:成例。

③"孔子对曰"几句:引文参见《论语·颜渊》。

④欲:欲望,这里指贪婪。

【译文】

请问:季康子也问过孔子哪个学生最好学,孔子也以颜回回答他。季康子也有缺点,为什么不同时回答来指责季康子呢? 季康子不是圣人,操行上还有过失。现成的例子就是:季康子担心盗贼太多,向孔子求教,孔子答道:"假使您不贪求太多财货,即使奖励人们偷盗,他们也不会干。"这样说来,季康子的缺点是贪财。孔子不借机指责他,是为什么呢?

孔子见南子①,子路不悦②。子曰:"予所鄙者③,天厌之! 天厌之!"南子,卫灵公夫人也,聘孔子④,子路不说⑤,谓孔子淫乱也。孔子解之曰⑥:"我所为鄙陋者,天厌杀我。"至诚自誓,不负子路也⑦。

【注释】

①南子:春秋时卫灵公夫人,把持着当时卫国的政治。

②子路不悦:因为南子有淫乱的名声,所以子路不高兴。

③所:假设连词,如果,假若,只用于誓词中。鄙:今本论语作"否",《史记·孔子世家》作"不"。

④聘:聘请。

⑤说:同"悦"。

⑥解:辩解。

⑦负:辜负,这里指欺骗。

【译文】

孔子拜见南子,子路不高兴。孔子说:"我假若有卑鄙的行为,天厌弃我吧,天厌弃我吧!"南子,是卫灵公的夫人,她聘请孔子,子路不高兴,认为孔子淫乱。孔子辩解说:"我要是做了卑鄙龌龊的事,就让老天厌弃杀死我。"最诚恳地发誓,表示没有欺骗子路。

问曰:孔子自解,安能解乎? 使世人有鄙陋之行,天曾厌杀之,可引以誓;子路闻之,可信以解①。今未曾有为天所厌者也,曰"天厌之",子路肯信之乎? 行事②:雷击杀人,水火烧溺人,墙屋压填人③。如曰"雷击杀我""水火烧溺我""墙屋压填我",子路颇信之④。今引未曾有之祸,以自誓于子路,子路安肯晓解而信之⑤? 行事:适有卧厌不悟者⑥,谓此为天所厌邪? 案诸卧厌不悟者,未皆为鄙陋也。子路入道虽浅,犹知事之实。事非实,孔子以誓,子路必不解矣。

【注释】

①以:而。解:解除。这里指消除误解。

②行事:成事,现成的事例。

③填:通"镇",压。

④颇:略微,这里指有可能。

⑤晓解:领悟理解。

⑥适:恰巧。厌:同"魇",梦中惊叫,或觉得有什么东西压住不能动弹。不悟:这里指死去。悟,醒。

【译文】

请问:孔子自己辩解,怎么能辩解得了呢? 假如世人有卑鄙的行为,天曾经厌弃杀死他,这可以引来用于发誓;子路听了,才能相信而消除误解。现在未曾有过被天厌弃而杀死的人,说"天厌弃我",子路肯相信他的话吗？现成的事例是：雷劈死人，水火淹死烧死人，墙倒屋塌压死人。如果说"雷劈死我""水火淹死烧死我""墙倒屋塌压死我"，子路还有可能相信。现在引用未曾有过的灾祸，用来去对子路发誓，子路怎么能领悟理解而相信呢？现成的事例是：恰好有睡觉梦魇死去的，能说这是被天厌弃的吗？考察那些梦魇死去的人，并非都是做了卑鄙的事。子路对于道虽然掌握得不深，还能知道事情的实际情况。不是事实，不符合实际，孔子用来发誓，子路肯定不会消除误解的。

孔子称曰："死生有命，富贵在天。"①若此者，人之死生自有长短，不在操行善恶也。成事，颜渊蚤死②，孔子谓之"短命"。由此知短命夭死之人，必有邪行也③。子路入道虽浅，闻孔子之言，知死生之实。孔子誓以"予所鄙者，天厌之！"独不为子路言④："夫子惟命未当死，天安得厌杀之乎？"若此，誓子路以天厌之，终不见信⑤。不见信，则孔子自解，终不解也。

【注释】

①"孔子称曰"几句：引文参见《论语·颜渊》。

②蚤：通"早"。

③必有邪行也：据文意，"必"前似脱一"未"字。

④为：被。

⑤见：被。

【译文】

孔子声称说："死生听之命运，富贵由天安排。"像这样，人的寿命本有长有短，不在于行为操守的好坏。现成的例子是：颜回死得早，孔子说他"短命"。由此可知短命早死的人，未必就有邪恶的行为。子路对于道虽然掌握得不深，听到孔子的话，应该懂得生死的实际情况。孔子发誓说："我假若有卑鄙的行为，天厌弃我吧！"难道不会被子路反问："老师只要您命不该死，天怎么能厌弃杀死你呢？"像这样，用天厌弃我这样的话对子路发誓，最终也不会被子路相信。不被子路相信，那孔子的自我辩解，终究不能消除子路的误解。

　　《尚书》曰："毋若丹朱敖①，惟慢游是好②。"谓帝舜敕禹，毋子不肖子也③。重天命，恐禹私其子，故引丹朱以敕戒之。禹曰："予娶若时④，辛壬癸甲⑤，开呱呱而泣⑥，予弗子。"陈已行事⑦，以往推来，以见卜隐⑧，效己不敢私不肖子也⑨。不曰"天厌之"者，知俗人誓，好引天也。孔子为子路行所疑⑩，不引行事，效己不鄙，而云"天厌之"，是与俗人解嫌，引天祝诅⑪，何以异乎？

【注释】

①丹朱：传说中尧的儿子，品行恶劣。敖：同"傲"，狂妄。

②慢游：轻浮嬉戏，不庄重。慢，懈怠，懒惰。游，放荡游乐。引文参见《尚书·益稷》。

③毋子：子，这里作动词，溺爱。不肖子：没出息的儿子。

④予娶若时：今传《尚书·益稷》作："予创若时，娶于涂山。"若，其。

⑤辛壬癸甲：古人以天干纪日，这里指从辛日到甲日，共四天。

⑥开：禹的儿子，名启。汉时为避汉景帝刘启的讳，改称其为"开"。呱呱（gū）而泣：这里指婴儿降生。呱呱，婴儿哭声。

⑦陈：陈述。

⑧见：同"现"，显现。卜：推测。隐：精深，微妙。

⑨效：证明。

⑩行：疑涉下文"行"字而衍。

⑪祝诅：发誓。

【译文】

《尚书》说："不要像丹朱那样狂妄，只喜欢嬉戏放荡。"这是说帝舜告诫禹，不要溺爱不贤能的儿子。舜尊重天命，担心禹偏爱他的儿子，所以引用丹朱的事来告诫他。大禹说："我娶妻的时候，才过了辛、壬、癸、甲四天就离开了，从启降生起，我就没有溺爱过他。"这是陈述自己的往事，以过去探知未来，从显现推测隐微，来证明自己不敢偏爱无能的儿子。大禹不说"天厌弃我"的话，是知道普通人发誓，喜欢扯上天。孔子被子路怀疑，不引用已有的事例发誓，来证明自己没有做卑鄙的事，却说"天厌弃我"，这和普通人想解除嫌疑时，就拿天来发誓，有什么区别呢？

孔子曰："凤鸟不至①，河不出图②，吾已矣夫③。"夫子自伤不王也④。已王，致太平；太平，则凤鸟至，河出图矣。今不得王，故瑞应不至⑤，悲心自伤，故曰"吾已矣夫"。

【注释】

①凤鸟：凤凰，传说中的一种神鸟。

②河不出图：传说伏羲时，有龙马出现在黄河里，背负图形，伏羲根据它画出八卦。凤鸟、河图都是祥瑞的象征，出现就表示天下太平。孔子说"凤鸟不至，河不出图"，是借此比喻当时天下无清明之望。

③已矣：完了。引文参见《论语·子罕》。

④王（wàng）：当王。

⑤瑞应：祥瑞。

【译文】

孔子说："凤凰不飞来，黄河也没有图画出来，我这一生恐怕是完了吧!"这是孔子感伤自己没有做王。如果做了王,就能使天下太平;天下太平,凤凰就会飞来,黄河里也会出现图。现在没能当上王,所以祥瑞没有到来,内心悲哀独自伤感,所以说"我这一生恐怕是完了吧!"

问曰:凤鸟河图,审何据?始起①,始起之时②,鸟图未至;如据太平,太平之帝,未必常致凤鸟与河图也。五帝三王,皆致太平。案其瑞应,不皆凤皇为必然之瑞。于太平,凤皇为未必然之应。孔子,圣人也,思未必然以自伤,终不应矣。

【注释】

①始起:据下文"如据太平",疑此句"始起"前脱"如据"二字。或"始起"二字涉下文而衍。

②始起:这里指圣王的兴起。

【译文】

请问:凤鸟和河图,究竟根据什么出现的呢?如果根据的是圣王的兴起,圣王开始兴起的时候,凤鸟、河图并没有出现;如果根据天下太平,那天下太平时的帝王,未必总能招来凤鸟和河图。五帝三王,都曾经使天下太平。考察他们的祥瑞,不都以凤凰作为必然的祥瑞。在天下太平时,凤凰并不是必然会出现的祥瑞。孔子,是圣人,却想着那些不是必然会出现的事情而暗自神伤,这终究是不会得到应验的。

或曰:"孔子不自伤不得王也,伤时无明王①,故己不用也。凤鸟河图,明王之瑞也。瑞应不至,时无明王;明王不存,己遂不用矣。"夫致瑞应,何以致之?任贤使能,治定功成②;治定功成,则瑞应至矣。瑞应至后,亦不须孔子③。孔

子所望,何其末也! 不思其本而望其末也④,不相其主而名
其物⑤。治有未定,物有不至,以至而效明王⑥,必失之矣。
孝文皇帝可谓明矣,案其本纪⑦,不见凤鸟与河图。使孔子
在孝文之世,犹曰"吾已矣夫"?

【注释】

①时:当时。明王:圣明的帝王。

②治定功成:政治稳定功业有成。

③须:等待。

④也:据文意,当为衍文。

⑤相:看,观察。名:说,称道。物:指凤鸟河图之类的祥瑞。

⑥以:用,凭借。效:验证,证明。

⑦本纪:这里指《史记·孝文本纪》。

【译文】

有人说:"孔子不是伤感自己没能做帝王,而是伤感当时没有圣明的帝王,所以自己不能被任用。凤鸟和河图,是圣明帝王的祥瑞。祥瑞不出现,说明当时没有圣明的帝王;圣明的帝王不存在,所以自己就不被任用了。"祥瑞的出现,是什么招致的呢? 任用贤人使用能者,政治稳定功业有成;政治稳定功业有成,那祥瑞就会出现。祥瑞出现之后,也不必等着孔子来执政了。孔子所盼望的,怎么这么本末倒置啊! 不盼望出现圣明的帝王而是盼望祥瑞,不去观察那些君主,却去谈论那些祥瑞。政治有不安定的时候,祥瑞也有不出现的时候,用祥瑞的出现来验证帝王的圣明,一定会出错。汉文帝可以说是圣明的了,考察他的本纪,不见有凤鸟和河图的记载。假如孔子生活在汉文帝的时代,也会说"我这一生恐怕是完了"吗?

　　子欲居九夷，或曰："陋，如之何？"子曰："君子居之，何陋之有①？"孔子疾道不行于中国②，恚恨失意③，故欲之九夷也④。或人难之曰："夷狄之鄙陋无礼义，如之何？"孔子曰："君子居之，何陋之有？"言以君子之道居而教之，何为陋乎？

【注释】

①"子欲居九夷"几句：参见《论语·子罕》。九夷，先秦时对居于今山东东部、淮河中下游江苏、安徽一带的部族的泛称。陋，粗野，不文明。

②疾：恨。中国：中原地区。

③恚（huì）恨：怨恨，愤怒。

④之：去，往。

【译文】

　　孔子想搬到九夷去住，有人说："那地方太落后，怎么好住？"孔子道："有君子去住，有什么落后的呢？"孔子痛心他的政治主张在中原各国行不通，感到怨恨不如意，所以想去九夷。有人责难他说："夷狄之地偏鄙落后没有礼义，怎么好住？"孔子说："有君子去住，有什么落后的呢？"这是说以君子之道居住在那里并教化他们，怎么还会粗鄙落后呢？

　　问之曰：孔子欲之九夷者，何起乎①？起道不行于中国，故欲之九夷。夫中国且不行，安能行于夷狄？"夷狄之有君，不若诸夏之亡②。"言夷狄之难，诸夏之易也。不能行于易，能行于难乎？且孔子云："以君子居之者，何谓陋邪？"谓修君子之道自容乎③？谓以君子之道教之也？如修君子之道苟自容④，中国亦可，何必之夷狄？如以君子之道教之，夷狄安可教乎？禹入裸国⑤，裸入衣出，衣服之制不通于夷狄也。禹不能教裸国衣服,孔子何能使九夷为君子? 或孔子实不欲往,患道不行,动发此言⑥。或人难之,孔子知其陋,然而犹曰"何陋之有"者,欲遂已然⑦,距或人之谏也⑧。

【注释】

①起:源起,起因于。

②亡:无,没有。引文参见《论语·八佾》。

③修:整治,完善。容:存身。

④苟:姑且,暂且。

⑤裸国:传说中的古国名,其民皆不穿衣,故称。其事见《吕氏春秋·贵因》《战国策·赵策二》记载。

⑥动:激动。

⑦遂:顺。已然:这里指已经说出的话。

⑧距:同"拒"。或人:别人,某人。

【译文】

请问:孔子想搬到九夷去住,起因是什么? 是起因于他的政治主张在中原各国行不通,所以想去九夷。中原各国尚且行不通,怎么能在夷狄之地施行呢? "夷狄虽然有君主,还不如中原地区没有君主。"说的是夷狄难以治理,华夏容易治理。不能在容易治理的地方实现,能够在难以治理的地方施行吗? 况且孔子说:"有君子去住,有什么落后的呢?"说是完善君子的理想使自己能安身呢? 还是说按照君子的理想去教化他们呢? 如果是说完善君子的理想使自己能够安身,这在中原各国也可以,何必要去夷狄那里? 如果是按照君子的理想去教化他们,夷狄怎么可以被教化呢? 大禹进入裸国,要光着身子进去,出来后再穿衣服,衣服的制度在夷狄之地行不通。大禹尚且不能教裸国人穿衣服,孔子怎么能让九夷的人成为君子呢? 或许孔子本来不想去,只是担心他的政治主张在中原各国行不通,一时激动说出这样的话。或许是有人责难孔子,孔子知道九夷很落后，却还是说"有什么落后的呢?"只是想顺着已经说过的话，以拒绝别人的劝诫。

　　实不欲往，志动发言①，是伪言也②。"君子于言无所苟矣③。"如知其陋，苟欲自遂，此子路对孔子以子羔也④。子路使子羔为费宰⑤，子曰:"贼夫人之子⑥。"子路曰:"有社稷焉⑦，有民人焉，何必读书，然后为学?"子曰:"是故恶夫佞者⑧。"子路知其不可，苟对自遂，孔子恶之，比夫佞者。孔子亦知其不可，苟应或人。孔子、子路皆以佞也。

【注释】

①志:心情。

②伪言:假话。

③君子于言无所苟矣:引文参见《论语·子路》。

④子羔:姓高，名柴，字子羔，春秋卫国人。孔子弟子。

⑤费(bì)宰:费邑的长官。费，春秋时鲁国地名，为季孙氏采邑，在今山东费县西北。宰，地方长官。

⑥贼:害。

⑦社稷:土神和谷神，古时君主都祭祀社稷，后来代指国家或政权。

⑧佞:巧言善辩。引文参见《论语·先进》。

【译文】

　　本来不想去，因为一时激动说的话，是假话。"君子对于说话要没有一点马虎的地方。"如果明知九夷偏远落后，还勉强要顺着自己已经说过的话，这就和子路回答孔子关于子羔的事一样了。子路让子羔去做费邑的长官，孔子说:"这是在害别人的孩子。"子路说:"那里有祭祀的地方，有老百姓，为什么一定要读书，然后才算学习了呢?"孔子说:"所以我讨厌巧言善辩的人。"子路知道那样做不行,勉强回答以自圆其说,孔子讨厌他,把他比作强词夺理的人。孔子也知道自己那样做不行,还要勉强回答别人的责难。这样孔子、子路都成了强词夺理的人了。

孔子曰:"赐不受命而货殖焉①,亿则屡中②。"何谓"不受命"乎?说曰:"受当富之命③,自以术知数亿中时也④。"

【注释】

①赐不受命而货殖焉:此句历来颇不同的解释,其根本在于对"命"字的涵义理解不同。王弼以"命"为"爵命""禄命",则"不受命"即为"不做官",但据《史记·货殖列传》说子贡:"既学于仲尼,退而仕卫,废著鬻财于曹鲁之间。"子贡经商与仕宦是不分先后的。皇侃与朱熹则认为"命"为"天命"之义,这与本篇中王充的认识相同。俞樾则认为古代经商皆受命于官,子贡未受公命而私自从事商业,所以说是"不受命"。赐,端木赐,即子贡。命,天命。货殖,经商。

②亿:臆测,预料。引文参见《论语·先进》。

③受当富之命:据文意,"当"字前应脱一"不"字。

④术:方法,本领。知:同"智"。数(shuò):屡次。

【译文】

孔子说:"端木赐没有禀受天命就去经商,猜测行情竟每每猜对。"什么是"没有禀受天命"呢?有人说:"是指禀受了不应当富贵的命,凭着自己的本领和智慧每每猜测对时机。"

夫人富贵,在天命乎?在人知也?如在天命,知术求之不能得;如在人,孔子何为言"死生有命,富贵在天"?夫谓富不受命而自知术得之①,贵亦可不受命而自以努力求之。

世无不受贵命而自得贵，亦知无不受富命而自得富得者。成事：孔子不得富贵矣，周流应聘②，行说诸侯③，智穷策困，还定《诗》《书》④，望绝无冀⑤，称"已矣夫"。自知无贵命，周流无补益也。孔子知己不受贵命，周流求之不能得，而谓赐不受富命而以术知得富⑥，言行相违，未晓其故。

【注释】

①夫谓富不受命而自知术得之：据下文"自以努力求之"，疑此句"知"前脱一"以"字。

②周流应聘：指孔子周游列国，接受聘请。

③行说（shuì）：游说。

④还：指孔子周游列国后回到鲁国。定：删订。

⑤冀：希望。

⑥术知：道术才智。

【译文】

人的富贵，是来自天命呢？还是来自人的智慧呢？如果来自天命，那靠智慧和本领去寻求它是不能得到的；如果来自人，那孔子为什么要说"死生有命，富贵在天"呢？说富不是来自天命而是靠自己的智慧和本领得到它，那贵也不是来自命而是要靠自己的努力求得它。世上没有不禀受贵命而能自己求得显贵地位的，由此可知也没有不禀受富命而能自己发财致富的。现成的例子是：孔子就没能得到富裕和显贵啊，他周游列国接受聘请，游说诸侯，智慧用尽计谋不行，只好回到鲁国删订《诗经》《尚书》，希望破灭再无指望，所以说"我这一生恐怕是完了"。自己知道没有贵命，再周游列国也没有什么好处。孔子知道自己没有禀受贵命，周游列国谋求显贵也求之不得，却说端木赐没有禀受天命却凭着道术才智发财致富，说的和做的不一样，不知道是什么原因。

或曰:"欲攻子贡之短也。子贡不好道德而徒好货殖①,故攻其短,欲令穷服而更其行节②。"夫攻子贡之短,可言"赐不好道德而货殖焉",何必立"不受命"③,与前言"富贵在天"相违反也?

【注释】

①徒:只。

②穷服:因理屈而折服。行节:行为。

③立:提出。

【译文】

有人说:"孔子是想批评子贡的缺点。子贡不喜欢培养道德而只喜欢经商,所以批评他的这个缺点,想让他因理屈而折服。"批评子贡的缺点,可以说"端木赐不喜欢培养道德而喜欢经商",为什么一定要提出"没有禀受天命"的说法,来和之前说的"富贵在天"相矛盾呢?

颜渊死,子曰:"噫①!天丧予②!"此言人将起③,天与之辅④;人将废⑤,天夺其佑⑥。孔子有四友⑦,欲因而起⑧。颜渊早夭,故曰"天丧予"。

【注释】

①噫(yī):文言叹词,表示感慨或叹息。

②天丧予:以上事参见《论语·先进》。

③起:兴起。

④与:给。辅:辅佐。

⑤废:衰败,没落。

⑥佑:辅助。

⑦孔子有四友：指孔子有颜回、子贡、子张、子路这四个得力弟子。

⑧因：凭借，依靠。

【译文】

颜回死了，孔子说："唉！天老爷要我的命呀！"这是说人要兴起，上天会给予他得力的辅佐；人要衰败，上天会夺去辅助他的人。孔子有四个得力的弟子，想依靠他们兴起。颜回死得早，所以孔子说"天老爷要我的命"。

问曰：颜渊之死，孔子不王，天夺之邪？不幸短命自为死也？如短命不幸，不得不死，孔子虽王，犹不得生。辅之于人①，犹杖之扶疾也②。人有病，须杖而行，如斩杖本得短，可谓天使病人不得行乎？如能起行，杖短能使之长乎？夫颜渊之短命，犹杖之短度也③。

【注释】

①辅：辅臣，辅佐之人。人：指君王。

②杖：拐杖。疾：病人。

③度：尺寸。

【译文】

请问：颜回早死，是因为孔子没能当上王，因而上天夺去了他的命呢？还是不幸短命自己死去的呢？如果是不幸短命，不得不死去，即便孔子当上王，颜回还是活不长。辅臣对于君王，就像拐杖对于病人一样。人生了病，需要拄拐杖来行走，如果砍来的拐杖本身就短，能说是上天让病人不能行走吗？如果病人能够起身行走，能让本来短的拐杖变长吗？颜回的短命，就像拐杖的尺寸短一样。

且孔子言"天丧予"者，以颜渊贤也。案贤者在世，未必为辅也。夫贤者未必为辅，犹圣人未必受命也。为帝有不圣，为辅有不贤。何则？禄命骨法^①，与才异也。由此言之，颜渊生未必为辅，其死未必有丧^②。孔子云"天丧予"，何据见哉？

【注释】

①骨法：骨相。参见本书《骨相篇》。

②丧：损失。

【译文】

况且孔子说"天老爷要我的命"，是因为颜回贤能。考察贤能的人在社会上，不一定会成为君王的辅臣。贤能的人不一定成为君王的辅臣，就像圣人不一定能禀受天命成为君王一样。当君王有不是圣人的，做辅臣有不是贤人的。为什么呢？因为一个人的禄命骨相，与他的才能是无关的。如此说来，颜回活着不一定会成为辅臣，他死了也未必就是损失。孔子说"天老爷要我的命"，是根据什么呢？

且天不使孔子王者，本意如何？本禀性命之时不使之王邪？将使之王复中悔之也^①？如本不使之王，颜渊死，何丧？如本使之王，复中悔之，此王无骨法，便宜自在天也^②。且本何善所见，而使之王？后何恶所闻，中悔不命？天神论议，误不谛也^③。

【注释】

①将：或者，抑或。复：又。

②便宜：方便，适合。这里指处置决断。

③谛：详细，明白。

【译文】

况且天不让孔子当王，这话原来的意思是什么呢？是说在最初禀受生命和禄命的时候就决定不让他当王呢？抑或是本来想让他当王中途又反悔了呢？如果本来就不让孔子当王，颜回死了，对此有什么损失？如果本来想让孔子当王，中途又反悔了，这就是说当不当王与骨相无关，处置决断全在于天。再说天原来看到孔子有什么长处，而想让他当王？后来又听到了他的什么短处，而中途又后悔不授命给他呢？看来，孔子关于天很神灵的议论，是混乱不清的。

孔子之卫，遇旧馆人之丧①，入而哭之。出，使子贡脱骖而赙之②。子贡曰："于门人之丧，未有所脱骖，脱骖于旧馆，毋乃已重乎？"孔子曰："予乡者入而哭之③，遇于一哀而出涕④，予恶夫涕之无从也⑤？小子行之⑥。"孔子脱骖以赙旧馆者，恶情不副礼也⑦。副情而行礼，情起而恩动⑧，礼情相应，君子行之。

【注释】

①旧：过去的。馆人：宾馆里的办事人员。丧：丧事。

②脱：解开。骖（cān）：古代驾在车前两侧的马。赙（fù）：赠送财物助人治丧。

③乡者：之前。乡，从前，原先。

④遇于一哀：指遇到主人致哀非常专一。

⑤从：跟随，这里指有所表示。

⑥小子：长辈称晚辈，这里是老师对学生的称呼。以上事参见《礼记·檀弓》。

⑦副：相称。

⑧恩：恩惠，这里指礼物。

【译文】

孔子到卫国去，遇到过去接待过自己的馆人的丧事，就进去哭他。出来后，让子贡把拉车的骖马解下来送给丧家。子贡说："对于学生的丧事，还不曾解骖马相赠，解骖马送给过去的馆人做丧礼，恐怕礼太重了吧？"孔子说："我刚才进去哭他，遇见主人向我致哀甚为专一而使我不由得流泪，我怎能只流泪而没有相应的礼物赠送呢？你还是照我的话去做吧。"孔子解骖马送给过去的馆人做丧礼，是因为厌恶感情与礼物不相称。配合感情而赠送礼物，产生感情而礼物也要跟着送去，礼物与感情相一致，君子都是这样做的。

颜渊死，子哭之恸①。门人曰："子恸矣。""吾非斯人之恸而谁为？"夫恸，哀之至也。哭颜渊恸者，殊之众徒②，哀痛之甚也。死有棺无椁③，颜路请车以为之椁④，孔子不予，为大夫不可以徒行也⑤。吊旧馆⑥，脱骖以赙，恶涕无从；哭颜渊恸，请车不与，使恸无副。岂涕与恸殊，马与车异邪？于彼则礼情相副⑦，于此则恩义不称⑧，未晓孔子为礼之意。

【注释】

①恸（tòng）：悲痛，大哭。

②殊：区别，不同。

③椁（guǒ）：外棺。

④颜路：颜氏，名无繇，字路。颜回的父亲，也是孔子的弟子。

⑤徒行：步行。以上事参见《论语·先进》。

⑥吊：吊唁。

⑦相副:相称,相符。

⑧称:符合。

【译文】

颜回死了,孔子哭得非常悲痛。弟子们说:"您哭得太悲痛了。"孔子说:"我不为这样的人悲痛还为谁悲痛呢?"悲痛,是哀伤到了极点。孔子为颜回哭得非常悲痛,是因为颜回不同于其他弟子,所以哀痛到了极点。颜回死了下葬只有内棺没有外棺,颜路请求孔子卖掉车来为颜回买外棺,孔子不给,认为大夫不能步行。吊唁过去接待过自己的馆人,可以解骖马送做丧礼,厌恶自己流泪没有相应的表示;为颜回哭得非常悲痛,请求他卖掉车子却不给,使得悲痛没有相称的礼物。难道是流泪和悲痛不同,马和车相异吗?对于馆人之死要礼物与情感相称,对于颜回之死则恩惠与情义不符,不知道孔子对送丧礼的做法是什么意思。

孔子曰:"鲤也死,有棺无椁,吾不徒行以为之椁。"①鲤之恩深于颜渊,鲤死无椁,大夫之仪不可徒行也②。鲤,子也;颜渊,他姓也。子死且不礼,况其礼他姓之人乎?

【注释】

①"孔子曰"几句:引文参见《论语·先进》。鲤,孔鲤,字伯鱼,孔子的儿子。年五十死,那时孔子年七十。

②仪:礼仪,礼节。

【译文】

孔子说:"孔鲤死了,也是只有内棺没有外棺,我不能卖掉车步行来为他买外棺。"孔子对孔鲤的恩情要比颜回深,孔鲤死了下葬没有外棺,因为按照大夫的礼节是不能步行出门的。孔鲤,是孔子的儿子;颜回,是异姓。儿子死了尚且不按丧礼行事,何况对亲族以外的人还能按礼行事呢?

曰①:"是盖孔子实恩之效也②。"副情于旧馆,不称恩于子,岂以前为士③,后为大夫哉④? 如前为士,士乘二马;如为大夫,大夫乘三马。大夫不可去车徒行,何不截卖两马以为椁⑤,乘其一乎? 为士时乘二马,截一以赙旧馆,今亦何不截其二以副恩,乘一以解不徒行乎⑥? 不脱马以赙旧馆,未必乱制;葬子有棺无椁,废礼伤法。孔子重赙旧人之恩,轻废葬子之礼,此礼得于他人,制失亲子也⑦。然则孔子不粥车以为鲤椁⑧,何以解于贪官好仕恐无车? 而自云"君子杀身以成仁"⑨,何难退位以成礼?

【注释】

①曰:依文例,疑"曰"字前脱一"或"字。

②实:实际。

③以:因为。士:古代社会阶层的等级之一,为贵族中等级最低者。

④大夫:古代社会贵族中比士高一等级者。

⑤截:割,这里指解下。

⑥解:解决。

⑦制失亲子也:依文意,疑"失"后脱一"于"字。

⑧粥(yù):同"鬻",卖。

⑨君子杀身以成仁:引文参见《论语·卫灵公》。

【译文】

有人说:"这正是孔子根据实际情况施恩的表现。"对之前的馆人送丧礼要和情感相称,对自己儿子却施恩与情感不符,难道是孔子之前只是士,而后来又做了大夫吗? 如果之前是士,士坐两匹马拉的车;如果做了大夫,大夫坐三匹马拉的车。大夫不能没有车而步行,为什么不解下两匹马卖掉来买外棺,而坐一匹马拉的车呢? 做士的时候坐两匹马拉的车,可以解下一匹作为给之前的馆人的丧礼,现在又何不解下其中的两匹马卖掉以便和情感相称,而坐一匹马拉的车以解决不能步行的问题呢?不解下一匹马送给之前的馆人做丧礼,未必就破坏了礼制;埋葬儿子只有内棺而无外棺,则废弃礼制破坏法度。孔子重视送之前馆人丧礼的恩情,却草率地废弃埋葬儿子的礼制,只是对外人遵从礼制,而在亲儿子身上却破坏了礼制。那么孔子不肯卖掉车来为孔鲤买外棺,又怎么解释自己贪图官位害怕出门没有车子坐呢?而且孔子自己说过"君子可以牺牲性命来成全仁义",为什么难于放弃大夫的地位来成全礼制呢?

子贡问政。子曰:"足食,足兵①,民信之矣。"曰:"必不得已而去②,于斯三者何先?"曰:"去兵。"曰:"必不得已而去,于斯二者何先?"曰:"去食。自古皆有死,民无信不立③。"信最重也。

【注释】

①兵:兵器,这里指军备。

②去:去掉。

③民无信不立:以上事参见《论语·颜渊》。

【译文】

子贡问怎样去治理政事。孔子说:"使粮食充足,让军备充足,取得百姓的信任。"子贡道:"如果迫于不得已要去掉一项,在这三者之中先去掉哪项?"孔子说:"去掉军备。"子贡道:"如果迫于不得已要去掉一项,在这两者之中先去掉哪项?"孔子说:"去掉粮食。自古以来谁都免不了死亡,可没有百姓的信任国家就立不起来。"取得百姓的信任是最重要的。

　　问：使治国无食，民饿，弃礼义。礼义弃，信安所立？传曰："仓廪实，知礼节；衣食足，知荣辱①。"让生于有余，争生于不足。今言"去食"，信安得成？春秋之时，战国饥饿②，易子而食③，析骸而炊④，口饥不食⑤，不暇顾恩义也。夫父子之恩，信矣⑥。饥饿弃信，以子为食。孔子教子贡去食存信，如何？夫去信存食，虽不欲信，信自生矣；去食存信，虽欲为信，信不立矣。

【注释】

①"仓廪（lǐn）实"几句：引文参见《管子·牧民》。仓廪，粮仓。实，充实。

②战国：交战的国家。

③易：交换。

④析：剖开，劈开。骸（hái）：骨头。

⑤不：没有。

⑥信：可靠。

【译文】

　　请问：如果治理国家没有粮食，百姓挨饿，就会抛弃礼义。礼义被抛弃，信任从何建立呢？传书上说："粮仓充实了，才能懂得礼节；衣服充足了，才能知道荣辱。"谦让产生于富裕，争抢发生于贫困。现在说"去掉粮食"，那信任如何形成？春秋时期，交战各国发生饥荒，相互交换孩子吃，劈开骨头烧火做饭，口中饥饿没有吃的，无暇顾及什么恩义。父子之间的恩情，是最可靠的。可因为饥饿就抛弃了这种信任，把孩子当作食物。孔子教导子贡去掉粮食而保存信任，怎么行呢？去掉信任保存粮食，即使不想取得信任，百姓的信任也会自然产生；去掉粮食而保存信任，虽然想取得百姓的信任，信任也是无法成立的。

子适卫①，冉子仆②，子曰："庶矣哉③！"曰："既庶矣，又何加焉④？"曰："富之。"曰："既富矣，又何加焉？"曰："教之⑤。"语冉子先富而后教之，教子贡去食而存信。食与富何别？信与教何异？二子殊教，所尚不同⑥，孔子为国，意何定哉？

【注释】

①适：去，往。

②冉子：即冉有，名求，字子有，孔子的弟子。仆：驾车。

③庶：众多。

④加：施加。

⑤教之：以上事参见《论语·子路》。

⑥尚：倡导，推崇。

【译文】

孔子到卫国，冉有替他驾车子，孔子说："好稠密的人口！"冉有说："人口已经众多了，又该怎么办呢？"孔子道："使他们富裕起来。"冉有道："已经富裕了，又该怎么办呢？"孔子道："教育他们。"孔子告诉冉有先让百姓富起来然后再教育他们，教导子贡去掉粮食而保存信任。粮食和富裕有什么区别？信任与教育有什么不同？对两个学生的教导不一样，所倡导的内容不同，孔子治理国家，政治主张是根据什么来定的呢？

蘧伯玉使人于孔子①，孔子曰："夫子何为乎？"对曰："夫子欲寡其过而未能也②。"使者出，孔子曰："使乎！使乎③！"非之也④。说《论语》者曰⑤："非之者，非其代人谦也⑥。"

【注释】

①蘧（qú）伯玉：名瑗，卫国的大夫。孔子在卫国之时，曾经住过他家。

②寡：减少。过：过错。

③使：使者。

④非：批评。

⑤说：解释。

⑥谦：谦虚。

【译文】

蘧伯玉派使者到孔子那里去，孔子问："他老人家在干些什么？"使者答道："他老人家想减少过错却还没能做到。"使者出去后，孔子说："这个使者啊！这个使者啊！"这是在批评使者。解释《论语》的人说："批评他，是批评他替主人表示谦虚。"

夫孔子之问使者曰："夫子何为"，问所治为，非问操行也。如孔子之问也①，使者宜对曰"夫子为某事，治某政"，今反言"欲寡其过而未能也"，何以知其对不失指②，孔子非之也？且实孔子何以非使者③？非其代人谦之乎？其非乎对失指也④？所非犹有一实⑤，不明其过，而徒云"使乎！使乎！"后世疑惑，不知使者所以为过。韩子曰⑥："书约则弟子辨⑦。"孔子之言"使乎"，何其约也？

【注释】

①如：按照。

②指：意思，意图，这里是原意的意思。

③实：究竟。

④其：表示假设的连词，还是。

⑤实：事实，这里指一个具体的对象。

⑥韩子：韩非子。引文参见《韩非子·八说》。

⑦约：简约。辨：通"辩"，争论。

【译文】

孔子问使者"他老人家在干些什么"，是问治理国家的措施，而不是问他的操行。按照孔子的问法，使者应该回答说"他老人家在做某事，在处理某项政务"，现在反而说"想减少过错却还没能做到"，凭什么知道他的回答不是因为不符合孔子问话的原意，孔子才批评他的呢？再说，孔子究竟为什么要批评使者呢？是批评他替主人谦虚呢？还是批评他的回答不符合问话的原意呢？批评总会针对一个具体的对象，不说清楚他的过错，只是说"这个使者啊！这个使者啊！"这就让以后的人疑惑，不明白使者究竟错在什么地方。韩非子说："书写得太简略了，就会引起学生们的争辩。"孔子说的"这个使者啊"，是多么简略啊。

或曰："《春秋》之义也，为贤者讳。蘧伯玉贤，故讳其使者。"夫欲知其子，视其友①；欲知其君，视其所使。伯玉不贤，故所使过也。《春秋》之义，为贤者讳，亦贬纤介之恶②。今不非而讳，"贬纤介"安所施哉？使孔子为伯玉讳，宜默而已③。扬言曰"使乎！使乎！"时人皆知孔子之非也。出言如此，何益于讳？

【注释】

①"夫欲知其子"二句：《说苑·杂言》："孔子曰：'不知其子，视其所友。不知其君，视其所使。'"据下句"视其所使"，疑本句"友"前脱一"所"字。

②纤介：细微，细小。

③默：沉默。

【译文】

有人说："按照《春秋》的原则，要替贤者隐讳过失。蘧伯玉是个贤者，所以要替他的使者隐讳过失。"要想了解那个人，就要看他交的朋友；要想了解那个君主，就要看他所派的使者。因为蘧伯玉不贤明，所以他派的使者就会犯错误。《春秋》的原则，要替贤者隐讳过失，也要贬斥细微的过失。现在不批评反而隐讳，"贬斥细微的过失"应用到了哪里呢？如果孔子是为了替蘧伯玉隐讳，那应该保持沉默而已。却高声说"这个使者啊！这个使者啊！"让当时的人都知道孔子是在批评他了。这样说话，对于替别人隐讳过失有什么帮助呢？

佛肸召①，子欲往。子路不说，曰："昔者，由也闻诸夫子曰：'亲于其身为不善者，君子不入也②。'佛肸以中牟畔③，子之往也，如之何？"子曰："有是也④。不曰坚乎⑤，磨而不磷⑥；不曰白乎，涅而不淄⑦。吾岂匏瓜也哉⑧，焉能系而不食也⑨？"

【注释】

①佛肸（bì xī）：春秋时晋国大夫范氏的家臣。晋国赵简子攻打范、中行氏，佛肸为中牟的长官，据中牟抗拒赵简子，因此想召孔子前往。

②"亲于其身为不善者"二句：意为亲自做坏事的人那里，君子是不去的。不入，不入其境。

③中牟：邑名，在今河南鹤壁西。一说故址当在今日河北邢台和邯郸之间。畔：通"叛"。

④有是也：据今本《论语》及下文"而曰有是言者"，此句"是"后脱

一"言"字。

⑤不曰:不如说。

⑥磷(lìn):薄,减损。

⑦涅:一种矿物,古人用做黑色染料,这里为染黑的意思。淄:通"缁",黑色。

⑧匏(páo)瓜:葫芦的一种。

⑨系:挂。以上事参见《论语·阳货》。

【译文】

佛肸召请孔子,孔子打算去。子路不高兴了,说:"从前,我听您说过:'亲自做坏事的人那里,君子是不去的。'佛肸盘踞中牟反叛,您却要去,怎么说得过去呢?"孔子说:"我有过这话。但不也说过坚硬的东西,磨也磨不薄;不也说过洁白的东西,染也染不黑。我难道是匏瓜吗?怎能够只是被悬挂着而不吃东西呢?"

子路引孔子往时所言以非孔子也。往前孔子出此言,欲令弟子法而行之①,子路引之以谏。孔子晓之,不曰:"前言戏若②,非而不可行③。"而曰"有是言"者,审有④,当行之也。"不曰坚乎,磨而不磷;不曰白乎,涅而不淄。"孔子言此言者,能解子路难乎⑤?"亲于其身为不善者,君子不入也。"解之,宜"佛肸未为不善⑥,尚犹可入"。而曰"坚,磨而不磷;白,涅而不淄"。如孔子之言,有坚白之行者可以入之,君子之行软而易污邪?何以独不入也?

【注释】

①法:效仿。

②戏:开玩笑。若:汝,你。

③非：错误。

④审有：确实有。审，确实。

⑤解：解答，辩解。

⑥宜：据文意，疑"宜"后脱一"曰"字。

【译文】

子路引用孔子过去说过的话来责难孔子。之前孔子说这些话，是想让弟子们效仿实行，子路引用它来劝谏。孔子心里明白，不说："之前的话是和你开玩笑，是错的不能实行。"而是说"有过这话"，那就是真的有，应当照着去做。"不也说过坚硬的东西，磨也磨不薄；不也说过洁白的东西，染也染不黑。"孔子说这些话，能解答子路的责难吗？"亲自做坏事的人那里，君子是不去的。"为此辩解，应当说"佛肸没有做坏事，还是可以去的"。而是说"坚硬的东西，磨也磨不薄；洁白的东西，染也染不黑"。照孔子的这些话，性格坚强操行洁白的人是可以去的，那么君子的操行是软弱而容易受污染的吗？不然，为什么君子偏偏不能去呢？

孔子不饮盗泉之水①，曾子不入胜母之闾②，避恶去污③，不以义④，耻辱名也。盗泉、胜母有空名，而孔、曾耻之；佛肸有恶实，而子欲往。不饮盗泉是，则欲对佛肸非矣⑤。"不义而富且贵，于我如浮云。"⑥枉道食篡畔之禄⑦，所谓"浮云"者非也？或权时欲行道也⑧？即权时行道⑨，子路难之，当云"行道"，不言"食"。有权时以行道，无权时以求食。"吾岂匏瓜也哉，焉能系而不食？"自比以匏瓜者，言人当仕而食禄。"我非匏瓜系而不食"，非子路也⑩。孔子之言，不解子路之难。子路难孔子，岂孔子不当仕也哉？当择善国而入之也。孔子自比匏瓜，孔子欲安食也？且孔子之言，何其鄙也！何彼仕为食哉？君子不宜言也。匏瓜系而不食，亦系而不仕等也。距子路可云⑪："吾岂匏瓜也哉，系而不仕也？"今吾"系而不食"⑫，孔子之仕，不为行道，徒求食也。人之仕也，主贪禄也⑬，礼义之言，为行道也。犹人之娶也，主为欲也⑭，礼义之言，为供亲也⑮。仕而直言食，娶可直言欲乎？孔子之言，解情而无依违之意⑯，不假义理之名，是则俗人，非君子也。儒者说孔子周流应聘不济⑰，闵道不行⑱，失孔子情矣。

【注释】

①盗泉：泉水名，在今山东泗水县。相传孔子因盗泉之名，于礼不顺，故渴而不饮其水。

②曾子：名参（shēn），字子舆，孔子弟子。胜母之间（lú）：一条叫胜母的里巷，传说曾参坐车到了那里，觉得这个名字对母亲不敬，所以不进去。间，里巷的大门。

③去：远离。

④不以：据文意，似为"以不"之误倒。

⑤对：面对。这里指会见。

⑥"不义而富且贵"二句：引文参见《论语·述而》。

⑦枉：背离。食：食禄，享受俸禄。禄：俸禄。

⑧权时：权宜。

⑨即：如果。

⑩非：非难，反驳。

⑪距：通"拒"，反驳。

⑫吾：疑为"言"字之讹，形近而误。

⑬主：主要。

⑭欲：情欲。

⑮供亲:供养双亲。

⑯依违:模棱两可。

⑰不济:不成功。

⑱闵:担忧。

【译文】

　　孔子不喝盗泉的水,曾子不进胜母的闾巷,是为了避开恶名远离污秽,因为它们的名字不符合礼义,怕它们有辱自己的名声。盗泉、胜母只是空名,孔子、曾子就把它当作耻辱;佛肸有确实的恶行,孔子却想到他那儿去。如果不喝盗泉的水是对的,那想会见佛肸就是错的。"干不正当的事而得来的富贵,在我看来好像浮云。"背离道义相授篡权叛乱者的俸禄,那么是"不义而富且贵,于我如浮云"这句话错了呢? 还是为了推行自己的政治主张而行权宜之计? 如果是为了推行政治主张而行权宜之计,子路责难他时,就应该说"推行政治主张",而不是说"吃东西"。只有行权宜之计来推行政治主张的,没有行权宜之计来找饭吃的。"我难道是匏瓜吗? 怎能够只是被悬挂着而不吃东西呢?"孔子把自己比作匏瓜,是说人应当做官靠俸禄吃饭。"我不是匏瓜不能不吃东西",这是在反驳子路。孔子的话,并不能解答子路的责难。子路责难孔子,难道是说孔子不该做官吗? 他是说应该选择好的国家去那里做官啊。孔子把自己比作匏瓜,是孔子想到哪里去谋食呢? 而且孔子的话,是多么的浅陋啊! 为什么说做官就是为了吃饭呢? 君子不该说这样的话。像匏瓜一样挂起来而不吃东西,也跟人被闲置不做官一样。反驳子路可以说:"我难道是匏瓜吗? 要被闲置着不做官?"现在说"挂起来而不吃东西",那孔子做官,就不是为了推行政治主张,而只是为了找饭吃。人做官,主要是贪图俸禄,用合乎礼义的话说,是为了推行政治主张。就像人们娶妻,主要是为了情欲,用合乎礼义的话说,是为了供养双亲。做官直说是为了吃饭,娶妻能直说是为了情欲吗? 孔子的话,说出了真情而没有模棱两可的意思,不借用礼义的名义,这就是俗人,而不是君子。儒者说孔子周游列国未能成功接受聘请,担忧自己的政治主张不能施行,这倒不符合孔子的真实情况了。

公山弗扰以费畔①,召,子欲往。子路曰:"末如也已②,何必公山氏之之也③?"子曰:"夫召我者,而岂徒哉④? 如用我,吾其为东周乎⑤。"

【注释】

①公山弗扰:又叫公山不狃,春秋时鲁国季孙氏家臣。畔:通"叛"。

②末:无,没有。如:去。

③何必公山氏之之也:"何必之公山氏也"的倒装。第一个"之"字是帮助倒装用的结构助词,第二个"之"字是动词,去的意思。

④徒:空。

⑤东周:在东方推行周礼。引文参见《论语·阳货》。

【译文】

公山弗扰盘踞在费邑图谋造反,叫孔子去,孔子准备去。子路说:"没有地方去便算了,为什么一定要去公山氏那里呢?"孔子道:"既然请我去,难道会让我白跑一趟吗? 假若有人用我,我将使周礼在东方复兴。"

为东周,欲行道也。公山、佛肸俱畔者,行道于公山,求食于佛肸,孔子之言无定趋也①。言无定趋,则行无常务矣②。周流不用,岂独有以乎③? 阳货欲见之,不见;呼之仕,不仕,何其清也④! 公山、佛肸召之,欲往,何其浊也⑤! 公山不扰与阳虎俱畔,执季桓子⑥,二人同恶,呼召礼等。独对公山,不见阳虎,岂公山尚可,阳虎不可乎? 子路难公山之名⑦,孔子宜解以尚及佛肸未甚恶之状也。

【注释】

①定趋:确定的标准。趋,趋向,归向。这里指标准。

②常务:固定的目标。务,追求。

③以:原因。

④"阳货欲见之"几句:据《论语·阳货》记载:阳货想见孔子,孔子不肯见,他就送给孔子一头小猪,想让孔子回拜他。孔子就故意选阳货不在家时去回拜,在路上却碰见了阳货。阳货劝孔子出来做官,孔子没有去。阳货,又称"阳虎",春秋时鲁国季孙氏当权的家臣。清,清高。

⑤浊:污浊,卑劣。

⑥"公山不扰与阳虎俱畔"二句:以上两事分别参见《左传·定公五年》《左传·定公八年》。季桓子,季孙斯,为鲁国执政上卿,桓子是其谥号。

⑦名:疑为"召"字之讹,形近而误。

【译文】

在东方推行周礼,就是想推行自己的政治主张。公山弗扰、佛肸都是叛乱的臣子,去公山弗扰那儿推行政治主张,在佛肸那儿去找饭吃,孔子的话没有确定的标准。说的话没有确定的标准,那行为就没有固定的目标。周游列国而不被任用,难道不正是有原因的吗?阳货想见孔子,孔子不见;叫他做官,孔子不做,这是多么清高啊!公山弗扰、佛肸请孔子,孔子却想去,这是多么卑劣啊!公山弗扰和阳虎都是反叛,拘禁了季桓子,两个人的罪恶相同,召请孔子的礼节相同。孔子只想去见公山弗扰,而不去见阳虎,难道是公山弗扰还可以,而阳虎不行吗?子路责难孔子接受公山弗扰的召请,孔子应该用公山弗扰比佛肸强,还不算太坏这样的话来为自己辩解。

非韩篇第二十九

【题解】

本篇主要批驳韩非子的一些主张,故名为《非韩》。王充首先针对韩非子提出的"明法尚功",强调"耕战",以及将儒生"比之于一蠹"的主张,认为这些说法失于偏颇。王充认为,治国之道一在"养德",二在"养力",德力兼备才是真正的强国之道,而韩非仅仅提出以力治国,却不重视德,废弃礼义,这是一种不足。

其次,王充虽然并不反对韩非主张的严刑峻法,但他认为韩非却又希望君主通过个人的闻见来确定奸邪,是与其一贯主张的严刑峻法相违背的。

韩子之术,明法尚功①。贤,无益于国不加赏;不肖②,无害于治不施罚③。责功重赏④,任刑用诛⑤。故其论儒也,谓之"不耕而食",比之于一蠹⑥。论有益与无益也,比之于鹿、马⑦。马之似鹿者千金,天下有千金之马,无千金之鹿,鹿无益,马有用也。儒者犹鹿,有用之吏犹马也。

【注释】

①明法:明确法令。尚功:崇尚功用。尚,推崇。功,功劳,功绩。

②不肖：不贤。

③治：政治安定。

④责：要求。重：注重。

⑤任刑用诛：任用刑法施行惩罚。任，使用。诛，惩罚。

⑥"故其论儒也"几句：在《韩非子·五蠹》中，韩非把儒家、纵横家、游侠、逃避兵役之人和工商业者称为"五蠹"，并将儒家列于"五蠹"之首。蠹（dù），蛀虫。

⑦"论有益与无益也"二句：《韩非子·外储说右上》中记载，一个名叫如耳的人游说卫嗣公。卫嗣公很高兴，但并未用他为相。左右问卫公原因，卫公说，马长得像鹿就能值千金，因为马可以为人用，而鹿却不值钱，因为其不能为人所用。如耳虽然才高，却不会诚心为卫国出力，所以不任用他为相。

【译文】

韩非子的政治主张，是明确法令崇尚功用。即便是贤人，如果对国家没有好处就不加赏赐；即便是不贤的人，对统治秩序没有害处也不施惩罚。讲求功用注重赏赐，任用刑法施行惩罚。所以他评论儒家，说他们"不耕田却有饭吃"，把他们比作一种蛀虫。在评论儒家有用或无用的时候，又拿他们与鹿和马相比。说马长得像鹿就能价值千金，天底下有价值千金的马，没有价值千金的鹿，这是因为鹿没有用处，马有用处。儒者就像鹿，而有用的官吏就像马一样。

夫韩子知以鹿、马喻，不知以冠、履譬①。使韩子不冠②，徒履而朝③，吾将听其言也。加冠于首而立于朝，受无益之服④，增无益之仕⑤，言与服相违，行与术相反，吾是以非其言而不用其法也⑥。烦劳人体，无益于人身，莫过跪拜。使韩子逢人不拜，见君父不谒⑦，未必有贼于身体也⑧。然须拜谒以尊亲者，礼义至重，不可失也[9]。故礼义在身，身未必肥；而礼义去身，身未必瘠而化衰[10]。以谓有益，礼义不如饮食。使韩子赐食君父之前，不拜而用[11]，肯为之乎？夫拜谒，礼义之效[12]，非益身之实也，然而韩子终不失者，不废礼义以苟益也[13]。夫儒生，礼义也；耕战，饮食也。贵耕战而贱儒生，是弃礼义求饮食也。使礼义废，纲纪败[14]，上下乱而阴阳缪[15]，水旱失时，五谷不登[16]，万民饥死，农不得耕，士不得战也。

【注释】

①冠：帽子。履：鞋子。譬：比喻。

②冠：戴帽子。

③徒：只是，仅仅。

④服：服饰。这里指帽子。

⑤仕：通"事"。这里指把帽子戴到头上之事。

⑥是以：因此。非：批评，指责。

⑦不谒（yè）：不跪拜。谒，拜见。这里指跪拜。

⑧贼：伤害。

⑨失：违背。

⑩瘠：瘦弱。化：变。

⑪用：受用。这里指吃。

⑫效：表现。

⑬苟：苟且。

⑭纲纪：礼法制度。

⑮缪（miù）：错乱，乖误。

⑯登：谷物成熟，丰收。

【译文】

韩非子知道用鹿和马做比喻，却不知道用帽子和鞋子打比方。假如韩非子不戴帽子，只穿着鞋子上朝，我会听从他责难儒生的话。把帽子戴在头上站立在朝堂上，戴了个没有用的服饰，多了件没有用处的事，说的与穿戴的不一样，行动与主张相违背，我因此要否定他的说法而不采纳他的政治主张。烦苦劳顿人的身体，对人的身体没有好处的举动，莫过于跪拜。如果韩非子遇到人不拜，见到国君和父亲不下跪，未必对身体有伤害。然而之所以要通过跪拜来尊敬父母，是因为礼义非常重要，不能违背。所以人身具礼义，身体未必会变得肥胖；而人身无礼义，身体也不一定就消瘦而变得衰弱。就对身体是否有好处来说，礼义不如饮食。如果韩非子在君主和父亲面前得到赏赐的食物，不跪拜就吃，他会这样做吗？所谓跪拜，是礼义的表现，而不是对身体有好处的实效，然而韩非子始终不违反它，是因为不该废掉礼义来苟求对身体有好处。儒生，追求的是礼义；耕田征战，谋求的是饮食。崇尚耕田、征战而轻视儒生，是废弃礼义而谋求饮食啊。如果礼义被废弃，礼法被败坏，上下关系就会混乱而阴阳二气也会错乱，下雨天晴不合时节，五谷不能成熟，百姓就会饿死，那农民就不能耕种，战士也不能打仗了。

子贡去告朔之饩羊①。孔子曰："赐也，尔爱其羊②，我爱其礼③。"子贡恶费羊④，孔子重废礼也⑤。故以旧防为无益而去之⑥，必有水灾；以旧礼为无补而去之，必有乱患。儒者之在世，礼义之旧防也，有之无益，无之有损。庠序之设⑦，自古有之。重本尊始，故立官置吏。官不可废，道不可弃⑧。儒生，道官之吏也，以为无益而废之，是弃道也。夫道无成效于人，成效者须道而成⑨。然足蹈路而行⑩，所蹈之路，须不蹈者；身须手足而动，待不动者⑪。故事或无益而益者须之，无效而效者待之。儒生，耕战所须待也，弃而不存，如何也？

【注释】

①去：取消。告朔之饩（xì）羊：古代一种制度。每年秋冬之交，周天子会把第二年的历书颁给诸侯。历书包括第二年有无闰月，每月初一是哪一天，因之叫"颁告朔"。诸侯接受历书，藏于祖庙。每逢初一，便杀一只活羊祭于庙，然后回到朝廷听政。这祭庙叫"告朔"，听政叫"视朔"，或者"听朔"。但是鲁国从文公时便荒废了"视朔"之礼，只是在每月初一杀一只活羊"虚应故事"罢了。子贡见礼仪荒废，便主张废掉此礼，连羊也不必杀了。朔，农历每月的第一天。饩，祭祀或馈赠用的活牲畜。

②尔：你。爱：可惜，吝惜。

③我爱其礼：以上事参见《论语·八佾》。

④费：浪费。

⑤重：看重，重视。此指不愿意。

⑥防：堤防。

⑦庠（xiáng）序：夏代的乡学称为校，殷代改称其为序，周代称为庠。后泛指学校。

⑧道：这里指礼义。

⑨须：依靠。

⑩蹈：踩。

⑪待：依靠。不动者：这里指躯干。

【译文】

子贡要把鲁国每月初一告祭祖庙的那只活羊去而不用。孔子说："端木赐呀！你可惜那只羊，我可惜那种礼。"这是说子贡不愿意浪费羊，孔子不愿意废掉礼。所以认为过去的堤防没有用处而把它拆了，一定会有水灾；认为过去的礼制没用处而把它废除，一定会有祸患。儒生活在世上，就像是礼义的旧堤防，有他们看似没啥好处，没有他们就会有损害。学习的设立，自古就有。重视礼教和传统，所以建立官署设置官吏。官署不能废弃，礼义也不能抛弃。儒生，就是掌管礼义的官吏，如果认为没有用处而废掉他们，这是抛弃了礼义。礼义对于人不直接产生具体效果，可有具体效果的事都要依靠礼义才能成功。这就像脚踩着路行走，所踩的路，要靠没有踩到的地方支撑；人的身体要依靠手足来行动，手足则要依靠不动的躯干来带动。所以有的事情看似没有用处，但有用之处要依靠它来实现，有的事情看似没有效果，但具体效果要依靠它来达到。儒生，是耕种和征战所依靠的，要是抛弃他们而使之不存在，那怎么行呢？

　　韩子非儒，谓之无益有损。盖谓俗儒无行操，举措不重礼①，以儒名而俗行，以实学而伪说②，贪官尊荣，故不足贵③。夫志洁行显④，不徇爵禄⑤，去卿相之位若脱躧者⑥，居位治职⑦，功虽不立，此礼义为业者也。国之所以存者，礼义也。民无礼义，倾国危主。今儒者之操，重礼爱义，率无礼之士，激无义之人⑧，人民为善，爱其主上，此亦有益也。"闻伯夷风者⑨，贪夫廉，懦夫有立志。""闻柳下惠风者，薄夫敦⑩，鄙夫宽⑪。"此上化也⑫，非人所见。段干木阖门不出⑬，魏文敬之⑭，表式其闾⑮，秦军闻之，卒不攻魏⑯。使魏无干木，秦兵入境，境土危亡。秦，强国也，兵无不胜。兵加于魏，魏国必破，三军兵顿⑰，流血千里。今魏文式阖门之士，却强秦之兵⑱，全魏国之境，济三军之众⑲，功莫大焉，赏莫先焉。齐有高节之士，曰狂谲、华士⑳。二人，昆弟也㉑，义不降志^㉒,不仕非其主。太公封于齐^㉓,以此二子解沮齐众^㉔,开不为上用之路,同时诛之。韩子善之,以为二子无益而有损也^㉕。夫狂谲、华士,段干木之类也,太公诛之,无所却到^㉖,魏文侯式之,却强秦而全魏,功孰大者?使韩子善干木闟门高节,魏文式之是也;狂谲、华士之操,干木之节也,善太公诛之,非也。使韩子非干木之行,下魏文之式^㉗,则干木以此行而有益,魏文用式之道为有功,是韩子不赏功尊有益也。

【注释】

①举措:行为,举动。

②伪:假,这里指错误、有害。

③贵:尊重,重视。

④显:光明。

⑤徇(xùn):谋求。

⑥躧(xǐ):草鞋。

⑦治职:履行职务。

⑧激:鼓励。

⑨风:风范,气度。

⑩薄夫:刻薄的人。薄,刻薄。敦:敦厚。

⑪鄙夫:庸俗浅陋的人。鄙,气量浅薄。宽:宽宏大量。引文参见《孟子·万章下》。

⑫上:最高的。化:教化。

⑬段干木:复姓段干,名木,战国初期魏国的隐士。闟(hé)门不出:闭门隐居,不出仕做官。闟门,关闭门户。

⑭魏文:即魏文侯(前472—前396),名斯,一名都,战国时期魏国

开国君主，前445—前396年在位。

⑮表式其间：在段干木所住的里巷修饰门楼以表彰他的节义，在路过那里时也会敬礼以表示敬意。表，显扬，表彰。式，通"轼"，古代车厢前面用作扶手的横木，古人在车上欲表示敬意时，便手扶横木，身体前俯。间，里巷的大门。

⑯卒：最终。以上事参见《吕氏春秋·期贤》。

⑰三军：古时指大国军队有中军、上军、下军，这里泛指军队。兵顿：兵器被用钝，意指苦战。顿，通"钝"。

⑱却：退。

⑲济：救。

⑳狂谲、华士：传说住在齐国海滨的两位隐士。

㉑昆弟：兄弟。

㉒义不降志：坚持道义而不改变自己的志向。

㉓太公：姜太公吕尚。

㉔解(xiè)沮：瓦解。解，通"懈"，懈怠。

㉕以为二子无益而有损也：以上事参见《韩非子·外储说右上》。

㉖却：去除。到：得到。

㉗下：轻视，贬低。

【译文】

韩非子指责儒生，说他们没有好处只有害处。大概是说一般的儒生操行不好，行为举止不重礼义，打着儒生的名号行为却和一般人一样，拿真才实学做幌子却提出错误的主张，贪图官位向往荣耀，所以不值得尊重。那些志向高洁行为光明，不谋求爵位俸禄，抛弃卿相的高位就像脱掉鞋子一样的人，居于官位履行职务，即使没有建立功绩，却是以推行礼义为己任的人。国家赖以存在的基础，是礼义啊。百姓没有礼义，国家就要灭亡君主就会遭殃。现在儒生的操行，重视礼义热爱仁义，引导那些不懂礼义的人，激励那些没有仁义的人，使人民变得善良，热爱自己的君主,这也是有好处的。"凡是听到伯夷的高风亮节,贪婪者也会变得廉洁,懦弱者也会立定志向。""听到柳下惠的高风亮节,刻薄者也会变得敦厚,见识浅薄者也会变得宽宏大量。"这是最高的教化,不是一般人所能看见的。段干木闭门隐居不肯出来做官,魏文侯敬重他,坐车经过他居住的里巷时要扶轼俯身表示敬意,秦国军队听到此事,始终不敢攻打魏国。如果魏国没有段干木,秦国军队攻入国境,魏国的领土就会遭到危害甚至灭亡。秦国,是强国,军队战无不胜。如果攻打魏国,魏国一定会被攻破,军队陷于苦战,士兵流血千里。现在魏文侯对闭门不肯出来做官的人扶轼俯身表示敬意,使强大的秦国军队退却,保全了魏国的领土,挽救了军队将士,论功没有比他更大的,受赏没有能够超过他的。齐国有节操高尚的人,叫狂谲和华士。这二人,是兄弟,坚持道义而不改变自己的志向,不在不合自己心意的君主那里做官。姜太公受封在齐地,认为这两个人会瓦解齐国民众的士气,开了不为君主效劳的先例,就同时杀了他们。韩非子赞许这种做法,认为这两个人都没有用处只有害处。狂谲、华士,和段干木是一类人,姜太公杀了他们,没有去除什么也没有得到什么,魏文侯扶轼俯身表示敬意,使强大的秦军退却而保全了魏国,谁的功劳大呢?如果韩非子赞许段干木闭门不做官的高尚节操,那魏文侯扶轼俯身对他表示尊敬就是对的;而狂谲、华士的节操,就如同段干木的节操一样,韩非子赞许姜太公杀了他们,就是错的。如果韩非子否定段干木的操行,贬低魏文侯扶轼俯身对他表示尊敬,那段干木正是以这样的操行而对国家有好处,魏文侯扶轼俯身的方式有功效,这就是说韩非子不奖励功劳和不尊重有用的人了。

　　论者或曰:"魏文式段干木之闾,秦兵为之不至,非法度之功[①]。一功特然[②],不可常行,虽全国有益[③],非所贵也。"夫法度之功者,谓何等也?养三军之士,明赏罚之命,严刑峻法,富国强兵,此法度也。案秦之强[④],肯为此乎[⑤]?六国之亡,皆灭于秦兵。六国之兵非不锐,士众之力非不劲也,然而不胜,至于破亡者,强弱不敌,众寡不同,虽明法度,其何益哉?使童子变孟贲之意⑥,孟贲怒之,童子操刃与孟贲战⑦,童子必不胜,力不如也。孟贲怒,而童子修礼尽敬⑧,孟贲不忍犯也。秦之与魏,孟贲之与童子也。魏有法度,秦必不畏,犹童子操刃,孟贲不避也。其尊士式贤者之间,非徒童子修礼尽敬也⑨。夫力少则修德,兵强则奋威。秦以兵强,威无不胜,却军还众⑩,不犯魏境者,贤干木之操,高魏文之礼也⑪。夫敬贤,弱国之法度,力少之强助也。谓之非法度之功,如何?

【注释】

①法度:法律。

②特然:特殊的情况。

③全国:保全国家。

④案:根据。

⑤此:指秦国撤回军队。

⑥变:违背。

⑦操:拿着。刃:这里泛指兵器。

⑧修礼:遵行礼节。修,施行。尽敬:非常恭敬。

⑨非徒:不仅。

⑩还众:撤回军队。

⑪高:推崇。

【译文】

议论者中有人会说:"魏文侯经过段干木所住的里巷时扶轼对其表示敬意,秦军因此举而不去攻打魏国,但这并不是法制的功效。这一功效是特殊的情况,并不能经常实行,虽然在保全国家方面起到了作用,但也不值得特别重视。"那么,法制的功效,所指的是什么呢?养三军将士,明赏罚法令,严刑峻法,富国强兵,这就是法制的功效。根据秦的强大,会因为你的国家有法制就不来攻打吗?六国灭亡,都灭亡在秦国的军队手中。六国的军队不是不精锐,士兵的力量不是不强劲,然而兵斗不胜,至于兵败亡国,在于国力的强弱不一样,士兵的多少不相当,即使法制严明,那又有什么用处呢?假使小孩违背了孟贲的意愿,孟贲发怒,小孩拿着武器跟孟贲对打,小孩肯定不能取胜,是因为小孩的力量远远不如孟贲。要是孟贲发怒,而小孩讲究礼节对他非常恭敬,孟贲就会不忍加害于他了。秦国与魏国,就像孟贲与小孩一样。魏国有法制,秦国肯定不会感到畏惧,就像小孩手持兵器,孟贲一定不会躲避一样。何况魏文侯尊重士人,经过里巷时对贤者表示敬意的做法,不仅仅是小孩似的讲究礼节毕恭毕敬可以相比的。力量弱小就修养德行,军队强大就该发扬军威。秦国因为兵力强大,耀武扬威战无不胜,却撤回军队,不去侵犯魏国的领土,是因为秦国尊重段干木的操行,推崇魏文侯的礼义。敬重贤能,就是弱国的法制,是力小者强有力的辅助。说敬重贤能不是法制的功效,怎么行呢?

　　高皇帝议欲废太子①,吕后患之,即召张子房而取策②,子房教以敬迎四皓而厚礼之③。高祖见之,心消意沮,太子遂安④。使韩子为吕后议,进不过强谏⑤,退不过劲力⑥,以此自安,取诛之道也⑦,岂徒易哉⑧?夫太子敬厚四皓以消高帝之议,犹魏文式段干木之闾,却强秦之兵也。

【注释】

①高皇帝:指汉高祖刘邦。太子:指汉惠帝刘盈。

②张子房（？—前189）：即张良，字子房，颍川城父（今安徽亳州）
　人。西汉开国功臣，政治家，因功被封为"留侯"。

③四皓（hào）：即商山四皓，即东园公、绮里季、夏黄公、甪里先生，
　为避秦乱，隐商山，年皆八十有余，须眉皓白，时称商山四皓。皓，
　白。这里指老人。

④太子遂安：上事参见《史记·留侯世家》。

⑤进：上策。

⑥退：下策。劲力：使用武力。

⑦取诛之道：自取灭亡的做法。

⑧易：指更换太子。

【译文】

高祖皇帝想废掉太子，吕后为此十分担忧，就召见张子房来出谋划
策，张子房教太子用谦恭的态度去迎请商山四皓来朝廷，并优厚地礼待
他们。高祖看见了四皓，心中废掉太子的想法就消失了，这样太子的地
位就安稳了。假使让韩非为吕后出谋划策，上策不过是极力向高祖劝
谏，下策不过是使用武力威胁高祖而已，希望以此来稳定太子的地位，但
这实际是自取灭亡的做法，岂止是会丢掉太子的地位？太子通过敬重厚
待四皓消除了高皇帝废掉太子的念想，如同魏文侯经过里巷时对段干木
表示敬意，使得秦军退却一样。

　　治国之道，所养有二：一曰养德，二曰养力。养德者，养
名高之人，以示能敬贤；养力者，养气力之士，以明能用兵。
此所谓文武张设①，德力具足者也。事或可以德怀②，或可以
力摧③。外以德自立，内以力自备。慕德者不战而服，犯德
者畏兵而却。徐偃王修行仁义④，陆地朝者三十二国⑤，强楚
闻之，举兵而灭之。此有德守，无力备者也。夫德不可独任

以治国,力不可直任以御敌也⑥。韩子之术不养德,偃王之操不任力,二者偏驳⑦,各有不足。偃王有无力之祸,知韩子必有无德之患。

【注释】

①文武张设:意为要兼采文武两种治国之道。张设,部署,设置。

②怀:感化。

③摧:毁坏,征服。

④徐偃(yǎn)王:西周时期徐国国君。统治今淮、泗一带。

⑤陆地:这里泛指各地。朝:朝见。三十二国:《韩非子·五蠹》《后汉书·东夷传》《博物志》《水经·济水》均作“三十六国”。

⑥直:仅仅,只有。

⑦偏驳:同“偏颇”。驳,不纯正。

【译文】

关于治理国家的方法,所要培养的东西有两种:一为养德,二为养力。所谓养德,就是供养名望极高的人,以表示君主能敬重贤人;所谓养力,就是供养力大的人,以表明君主能够用兵。这就是所谓的文治武功都有所建立,德操武力都有所具备。遇见问题,或者可以用高尚的德操去化解,或者可以用强大武力去征服。对外要用德操来自立,对内要用武力来装备自己。仰慕道德的国家可以不战而使他们归服,蔑视德操的人会因为害怕强大的军队而退却。徐偃王修行仁义,各地前往朝见的有三十二个国家,强大的楚国听说这件事,就发兵灭掉了它。这表明徐偃王只有道德操行,却没有武力方面的防备。可见,德行不可能单独负担起治理国家的作用,武力也不可能单独负担起抵抗敌人的作用。韩非的政治主张不培养德操,徐偃王的德操不能完备武力,他们二人都失于偏颇,各有不足。从徐偃王忽视武力而遭祸一事,就能知道韩非一定会因忽视德操而遭受祸患。

　　凡人禀性也①，清浊贪廉②，各有操行，犹草木异质，不可复变易也③。狂谲、华士不仕于齐，犹段干木不仕于魏矣。性行清廉，不贪富贵，非时疾世④，义不苟仕，虽不诛此人，此人行不可随也⑤。太公诛之，韩子是之，是谓人无性行⑥，草木无质也。太公诛二子，使齐有二子之类，必不为二子见诛之故不清其身；使无二子之类，虽养之，终无其化⑦。尧不诛许由⑧，唐民不皆樔处⑨；武王不诛伯夷，周民不皆隐饿；魏文侯式段干木之间，魏国不皆阖门。由此言之，太公不诛二子，齐国亦不皆不仕。何则？清廉之行，人所不能为也⑩。夫人所不能为，养使为之，不能使劝⑪；人所能为，诛以禁之，不能使止。然则太公诛二子，无益于化，空杀无辜之民⑫。赏无功，杀无辜，韩子所非也。太公杀无辜，韩子是之，以韩子之术杀无辜也⑬。

【注释】

①禀性：王充认为人的"性"是在胚胎于母体时承受了不同的气而形成的，因此每个人的"性"各不相同。禀，承受。参见《率性篇》《本性篇》。

②清：清高，意为道德崇高。浊：污浊，意为道德低下。

③复：再。变易：改变。

④时：时代。疾：厌恶。

⑤随：追随，效法。

⑥性行：本性与操行。

⑦化：教化影响。

⑧许由：相传是尧时于箕山隐居的隐士，尧欲禅位给他，被他拒绝。

⑨唐民：尧原封于唐，为唐侯，故尧为天子时的百姓可以称为"唐民"。橧（cháo）处：指居于树上的巢中，据传许由夏天常常居住在树上的巢中。这里比喻隐居。橧，鸟窝。亦指远古人类在树上搭成的简陋住处。

⑩人所不能为也：此处的意思是每个人的天性都是确定的，清廉的操行并不会经后天的影响而养成。为，改变天生的性情。

⑪劝：勉励。

⑫空：白白地。无辜：无罪。辜，罪。

【译文】

人们禀受天性，清高、污浊、贪婪、廉洁，各有操行，就像草木各有不同的本质特征，不可能再改变一样。狂谲、华士不肯仕宦于齐国，就像段干木不肯在魏国做官一样。他们天生品行清高廉洁，不贪图富贵，针砭时政，忧虑时势，坚持道义不肯随便做官，即使不杀这些人，这些人的品行也是普通人不可能效法的。姜太公杀了此二人，韩非认为做得对，这是认为人不存在天生不变的品行，草木没有各自不变的本质。姜太公杀了他们，假使齐国还有像他们这样的人，肯定不会因为他俩被杀的缘故，就放弃自身的清高；假使没有他们这样的人，即使供养他们，他们的品行也终究不会影响到别人。尧不杀许由，尧时的百姓也没有全都隐居；周武王不杀伯夷，周朝的百姓也没有都隐居饿死；魏文侯路过里巷时对段干木表示敬意，魏国的人也没有都闭门不出。由此说来，姜太公如果不杀狂谲、华士二人，齐国的人也不会都不出来做官。为什么呢？因为操行清高廉洁，不是人通过努力就能做到的。既然人不能通过努力做到操行清高廉洁，那么即使供养二人让他们去影响大众，也不可能使大众因为他们的劝勉而做到清高廉洁；如果人通过努力能够做到操行清高廉洁，那么即使用杀人的办法来禁止，也是无法禁止人们养成清高廉洁的操行的。那么，姜太公杀掉此二人，对于教化并没有好处，只是白白地杀死了无辜的人。奖赏无功的人，诛杀无罪的人，这是韩非所反对的。姜太公杀无辜之人，韩非表示赞同，这样说来，韩非的政治主张就是杀死无罪的人了。

　　夫执不仕者①，未必有正罪也②，太公诛之。如出仕未有功，太公肯赏之乎？赏须功而加，罚待罪而施。使太公不赏出仕未有功之人，则其诛不仕未有罪之民，非也，而韩子是之，失误之言也。且不仕之民，性廉寡欲③；好仕之民，性贪多利。利欲不存于心，则视爵禄犹粪土矣。廉则约省无极④，贪则奢泰不止⑤。奢泰不止，则其所欲不避其主⑥。案古篡畔之臣⑦，希清白廉洁之人⑧。贪，故能立功；㤭⑨，故能轻生⑩。积功以取大赏，奢泰以贪主位。太公遗此法而去⑪，故齐有陈氏劫杀之患⑫。太公之术，致劫杀之法也⑬。韩子善之，是韩子之术亦危亡也。

【注释】

①执：坚持。

②正罪：指法令条文规定的罪责。

③寡：少。

④约省：节俭。无极：没有止境。

⑤奢泰：奢侈。

⑥主：指王位。

⑦篡畔之臣：篡权叛逆的臣子。畔，通"叛"。

⑧希：少。

⑨㤭：同"骄"，傲慢。

⑩轻生：不顾及死活。

⑪遗：留下。此法：指诛杀不仕之民之事。去：指事情发展到难以挽

回的地步。

⑫陈氏：此处指陈恒，又名田常，死后谥号"成"，称田成子，春秋末期齐国大夫。前481年，他杀死齐简公，立齐平公，掌握了齐国的政权。参见《史记·田敬仲完世家》。

⑬致：导致。

【译文】

那些坚持不做官的人，未必犯有明确的罪名，姜太公就杀了他。那么如果出来做了官却没有功绩，姜太公会奖赏他吗？奖赏一定要有功绩才能授予，惩罚也要有罪过才能执行。假使姜太公不奖赏出来做官而没有功绩的人，那么他诛杀不做官却没有罪恶的人，就是错误的，韩非子赞同他的做法，也是错误的言论。而且不愿做官的人，本性廉洁少欲；喜欢做官的人，本性贪婪好利。利益欲望不存于心中的人，把爵位和俸禄看成像粪土一样。本性廉洁就会极端节俭，本性贪婪就会奢侈无度。奢侈无度，那么他想得到的东西连君位也在其中。考察古代篡权叛逆的臣子，很少有清白廉洁的人。本性贪婪的人，所以能够建立功绩；本性狂妄的人，所以能够轻置生死。积累功绩可以受重赏，奢侈无度就会贪图君主的位置。姜太公留下这样的做法且发展到了无法挽回的地步，所以齐国就发生了陈氏代齐的灾祸。姜太公的这一政治主张，是最终会导致劫持杀君主之事发生的法术。韩非赞同他的主张，这样说来，韩非的政治主张也是会导致国家危亡的法术。

周公闻太公诛二子，非而不是，然而身执贽以下白屋之士①。白屋之士，二子之类也②，周公礼之，太公诛之，二子之操，孰为是者？宋人有御马者③，不进④，拔剑到而弃之于沟中⑤；又驾一马，马又不进，又到而弃之于沟。若是者三⑥。以此威马⑦，至矣，然非王良之法也⑧。王良登车，马无罢驽^⑨；尧、舜治世，民无狂悖^⑩。王良驯马之心，尧、舜顺民之意。人同性，马殊类也^⑪。王良能调殊类之马^⑫，太公不能率同性之士^⑬。然则周公之所下白屋，王良之驯马也；太公之诛二子，宋人之刭马也。举王良之法与宋人之操^⑭，使韩子平之^⑮，韩子必是王良而非宋人矣。王良全马，宋人贼马也。马之贼，则不若其全；然则民之死，不若其生。使韩子非王良，自同于宋人，贼善人矣。如非宋人，宋人之术与太公同，非宋人，是太公，韩子好恶无定矣。

【注释】

①身：亲自。执：拿。贽（zhì）：古时初次拜见人时所携带的礼物。下：意为地位尊贵的人恭敬谦卑地对待地位卑微的人。白屋之士：指地位低下的人。白屋，古代平民所住的房屋，因为简陋不用色彩装饰，故名白屋。

②二子：指狂谲、华士。

③御马：驾驭车马。

④不进：指马不向前走。

⑤刭（jǐng）：砍头。

⑥若是者三：以上事参见《吕氏春秋·用民》。

⑦威马：威吓马，这里指以武力驯服马。

⑧王良：春秋时晋国一位善于驾驭车马的人。

⑨罢（pí）：疲乏无力。驽（nú）：劣马。

⑩狂悖：狂妄悖逆。

⑪马殊类：马与人的本性不同。

⑫调：调教，调理。

⑬率：劝导，劝勉。

⑭举：拿。操：做法。

⑮平：通"评"，评价。

【译文】

　　周公旦听见姜太公杀了狂谲和华士二人，就指责这种做法不对，于是便亲自拿着礼物谦卑地去看望地位低下的人。地位低下的人，就如同狂谲和华士一样，周公以礼对待他们，姜太公却杀掉他们，他们两人的做法，谁是对的呢？宋国有个车夫，马不前进，就拔剑杀掉它并丢到沟里；又驾一匹马，马又不前进，他又杀掉马丢到沟里。像这样干了好几次。用这样威吓的方法驯马，已经是非常厉害了，但这不是王良驯马的方法。王良驾车，没有疲沓不前的劣马；尧、舜治理国家，百姓没有狂妄作乱的。王良是驯服马的心，尧、舜是顺服百姓的思想。人和人的本性相同，与马则是不同的种类。王良能调理与人不同种类的马，姜太公却不能劝导同本性的人。这样看来，周公敬重地位低下的人，跟王良驯马的做法是一样的；姜太公杀死狂谲和华士两人，跟宋国的车夫杀马的做法是一样的。拿王良驯马的方法与宋国车夫驯马的做法让韩非评价，韩非一定认为王良对而指责宋国车夫错。因为王良保全了马的性命，而宋国车夫则杀死了马。马被杀，不如保全它的性命；如此说来，百姓被杀，就不如让他活着。如果韩非否定王良的方式，那么他自己就跟宋国车夫一样，主张治国要杀害善人了。如果他否定宋国车夫的做法，然而宋国车夫的做法跟姜太公相同，他一面否定宋国车夫，一面又赞同姜太公的做法，就说明韩非的好恶没有一个固定的标准。

　　治国犹治身也①。治一身，省恩德之行②，多伤害之操，则交党疏绝③，耻辱至身。推治身以况治国④，治国之道当任德也。韩子任刑独以治世，是则治身之人任伤害也。韩子岂不知任德之为善哉？以为世衰事变，民心靡薄⑤，故作法术，专意于刑也。夫世不乏于德，犹岁不绝于春也⑥。谓世衰难以德治,可谓岁乱不可以春生乎? 人君治一国,犹天地生万物。天地不为乱岁去春[7],人君不以衰世屏德[8]。孔子曰:"斯民也[9],三代所以直道而行也[10]。"

【注释】

①治身:涵养德性。

②省:缺少。

③交党:亲戚朋友。交,交往。疏绝:交情疏远,关系断绝。

④况:推论,比方。

⑤靡(mǐ):奢侈浪费。

⑥岁:年。

⑦去春:不让春天到来。

⑧屏德:废弃道德。

⑨斯民:指当时的民众。斯,这。

⑩三代:指夏、商、周三代。直道而行:行事正直。引文参见《论语·卫灵公》。

【译文】

治理国家就像涵养自己的德行一样。一个人品德修养,如果缺少施行恩德的品行,而多有伤害别人的操行,那么亲戚朋友就会交情疏远、断绝,使自身受辱。用修养个人品德的道理来推论、类比治理国家,那么治理国家应该用道德。韩非主张依靠刑法,专用它来治理社会,这就是主张修养自己品德的人,要采用伤害别人的办法。韩非难道不知道用道德是个很好的办法吗? 是因为他认为世道衰败时事变迁,民心奢靡轻薄,因此制作法度,专心于刑罚上。世上不缺乏道德,就像每年不可能没有春天一样。认为社会衰败难以用道德来治理,难道可以说因为年岁荒乱,万物就不能在春天生长了吗? 君主治理一个国家,就像天地生发万物一样。天地不能因为年岁荒乱就废弃春天,君主也不能因为社会衰败就摒弃道德。孔子说:"现在的这些百姓,在三代都是以正道教化而无所阿私的啊。"

　　周穆王之世,可谓衰矣,任刑治政,乱而无功。甫侯谏之①,穆王存德,享国久长②,功传于世③。夫穆王之治,初乱终治,非知昏于前④,才妙于后也⑤,前任蚩尤之刑⑥,后用甫侯之言也。夫治人不能舍恩,治国不能废德,治物不能去春⑦。韩子欲独任刑用诛,如何?

【注释】

①甫侯:周穆王时大臣,曾劝谏周穆王修订刑罚制度,改重从轻。

②享国:统治国家。

③功传于世:以上事参见《尚书·吕刑》《史记·周本纪》。

④知:同"智"。

⑤妙:高明。

⑥蚩尤:传说中东方九黎族的首领,《尚书·吕刑》中将他视为滥用酷刑的暴君。

⑦治:治理,这里指种植。

【译文】

　　周穆王时的社会,可以说是十分衰败了,他运用刑法来治理国家,最终招致混乱而没有功效。后来甫侯向他进谏,周穆王采纳了他的建议,废刑而存德,于是能够长久地统治国家,功绩一直流传到后代。周穆王治理国家,始于衰乱终于太平,这并不是因为他在前期糊涂昏庸,之后才变得高明,而是因为先前采用蚩尤的刑法,后来采纳了甫侯的建议。治人不能抛弃恩惠,治国不能废掉道德,种植作物不能离开春天。韩非想专用刑法、采用杀人的方法来治国,怎么行呢?

鲁缪公问于子思曰①："吾闻庞撊是子不孝②。不孝，其行奚如③？"子思对曰："君子尊贤以崇德，举善以劝民。若夫过行④，是细人之所识也⑤，臣不知也。"子思出，子服厉伯见⑥。君问庞撊是子，子服厉伯对以其过⑦，皆君子所未曾闻⑧。自是之后，君贵子思而贱子服厉伯。韩子闻之，以非缪公，以为明君求奸而诛之，子思不以奸闻，而厉伯以奸对，厉伯宜贵⑨，子思宜贱⑩。今缪公贵子思，贱厉伯，失贵贱之宜⑪，故非之也。

【注释】

①鲁缪公：即鲁穆公（？—前377），战国初期鲁国君主，前410—前377年在位。子思：孔子的孙子孔伋。

②庞撊（xiàn）是子：庞撊氏的儿子。庞撊是，即庞撊氏，姓氏。

③奚如：怎么样。奚，何。

④若夫：至于。过行：错误的行为。

⑤细人：小人。识（zhì）：记。

⑥子服厉伯：战国初期鲁国大夫，孟孙氏的后代，"厉"是其谥号。

⑦过：过失。

⑧子：《韩非子·难三》作"之"。

⑨宜：应当。

⑩子思宜贱：以上事参见《韩非子·难三》。

⑪失：违反。

【译文】

鲁缪公问子思道："我听说庞撊家的儿子不孝。他是怎样地不孝呢？"子思回答说："君子尊敬贤良推崇品德，用嘉言善行来劝勉百姓。至于错误的行为，是小人所记的东西，我不知道。"子思出去后，子服厉伯来见。鲁缪公问起庞㧑家的儿子,子服厉伯把他的过失全都告诉了鲁缪公,全都是鲁缪公未曾听到过的。自此以后,鲁缪公便看重子思而轻视子服厉伯。韩非听说这事,便指责鲁缪公,他认为明智的君主应该找出奸邪并将他们诛杀,子思不向君主揭发奸邪之事,而子服厉伯却揭发了奸邪之事并告诉了鲁缪公,子服厉伯应该被看重,而子思应当被轻视。如今鲁缪公看重子思,而轻视子服厉伯,这就违背了所贵与所贱应遵循的道理,所以指责鲁缪公。

　　夫韩子所尚者,法度也。人为善,法度赏之;恶,法度罚之。虽不闻善恶于外①,善恶有所制矣②。夫闻恶不可以行罚,犹闻善不可以行赏也。非人不举奸者,非韩子之术也③。使韩子闻善,必将试之④,试之有功,乃肯赏之。夫闻善不辄加赏⑤,虚言未必可信也。若此,闻善与不闻,无以异也。夫闻善不辄赏,则闻恶不辄罚矣。闻善必试之,闻恶必考之⑥,试有功乃加赏,考有验乃加罚。虚闻空见,实试未立⑦,赏罚未加。赏罚未加,善恶未定。未定之事,须术乃立,则欲耳闻之,非也。

【注释】

①外:指宫廷之外。

②制:处理。

③韩子之术:指韩非子强调的,言论必须经过"参验"的证实(即用实际效果加以校验)才能相信的观念。

④试:考核。

⑤辄:立刻。

⑥考:校验。

⑦实：考核，核实。立：成立，确定。

【译文】

韩非所崇尚的，是法制。人做了好事，按法度就要奖赏他；做了坏事，照法度就该惩罚他。君主即使没有听闻宫外的善行与坏事，根据法制这些善行和坏事都会得到处理。听见坏事不能立即进行惩罚，就像听见好事不能立即进行奖赏一样。指斥别人不检举奸邪之事，这不是韩非的主张。假如让韩非听到好事，他一定要核实此事，考核后确实有功绩，才肯奖赏。听见好事不能立即给予奖赏，因为虚假的传言未必可信。如此说来，听见好事跟没有听见好事，是没有区别的。听到好事之后不能立即奖赏，那么听到坏事以后也就不能马上惩罚。听到好事一定要考核，听到坏事也一定要去审查，考核确实有功才给予奖赏，审查确有证据才能实行惩罚。虚假而空洞的见闻，经过核实考察不能成立的话，奖赏与惩罚就不能进行。没有进行奖惩，那么事情的好坏也没有确定。没有确定的事情，必须有一套办法才能确定它，那么想靠耳朵听到的情况就进行奖赏与惩罚，显然是不对的。

郑子产晨出，过东匠之宫①，闻妇人之哭也，抚其仆之手而听之②。有间③，使吏执而问之④，手杀其夫者也⑤。翼日⑥，其仆问曰："夫子何以知之⑦？"子产曰："其声不恸⑧。凡人于其所亲爱也，知病而忧，临死而惧，已死而哀。今哭夫已死，不哀而惧，是以知其有奸也。"韩子闻而非之曰："子产不亦多事乎！奸必待耳目之所及而后知之，则郑国之得奸寡矣。不任典城之吏⑨，察参伍之正⑩，不明度量⑪，待尽聪明、劳知虑而以知奸⑫，不亦无术乎⑬？"韩子之非子产，是也；其非缪公，非也。夫妇人之不哀，犹庞㻽子不孝也。非子产持耳目以知奸，独欲缪公须问以定邪⑭。子产不任典城之吏,而以耳定实;缪公亦不任吏,而以口问立诚⑮。夫耳闻口问,一实也,俱不任吏,皆不参伍。厉伯之对不可以立实,犹妇人之哭不可以定诚矣。不可定诚,使吏执而问之。不可以立实,不使吏考,独信厉伯口,以罪不考之奸⑯,如何?

【注释】

①东匠之宫:子产所住的街名。宫,《韩非子·难三》作"间"。

②抚其仆之手:意思是按住赶车人的手,让他把马车停住。抚,这里是按住的意思。仆,赶车人。

③有间:过了一阵子。

④执:逮捕。问:审问。

⑤手:亲手。

⑥翼日:第二天。翼,通"翌"。

⑦夫子:对人的尊称。

⑧恸(tòng):哀伤,悲痛。

⑨任:依靠。典城之吏:指地方长官。典,主管。

⑩参伍:综合考察。正:用同"政",方法。

⑪度量:制度,法度。

⑫待:依靠。尽:竭尽。聪明:指听觉与视觉。

⑬不亦无术乎:引文参见《韩非子·难三》。

⑭邪:恶。

⑮立诚:确定事情的真相。诚,实。

⑯罪:定罪。不考之奸:未经事实证实的奸情,此处指庞摑是子不孝之事。

【译文】

郑国的子产早晨外出,走过东匠间,听见有妇人在哭,就按住车夫的手让车停下仔细听。过了好一会儿，让官吏把那个妇人抓来审问，原来是个亲手杀死自己丈夫的女人。第二天，他的车夫问："先生你是怎么知道的？"子产说："她的哭声并不悲痛。凡是人对于他所亲爱的人，知道他病了就会忧虑，他临死时就会担心，已经死了就会悲哀。现在她为已死的丈夫而哭，哭声并不悲哀而显出恐惧，因此可以知道其中必定存在奸情。"韩非听说这事就指责说："子产不也多事吗！如果奸邪一定要等自己耳闻目睹之后才知道，那么郑国查出来的奸邪就太少了。子产不依靠地方长官，不依靠参照对比的方式去考察，不明白法制，光靠自己尽力去眼观耳闻，费尽心思来发现奸邪之事，不是也太没有方法了吗？"韩非指责子产，是对的；但他指责鲁缪公，就错了。妇人的哭声不悲哀，就像庞㈇家的儿子不孝一样。既指责子产靠耳闻目睹来发现奸妇，却又想要鲁缪公靠口问来确定奸邪之事。子产不依靠地方长官，而用耳闻口问来确定事实真相；鲁缪公也不依靠官吏，而用口问来确定真相。其实，耳闻和口问，是一回事，都不依靠官吏，都没有参照对比综合考察。子服厉伯回答的话不能够用来确定事实真相，就如同通过妇人的哭声不能够用来确定事实真相一样。不能够确定事实真相，于是子产就让官吏把妇人抓来审问。不能够确定事实真相，却不让官吏去审查，偏信子服厉伯的话，以此确定未经证实的庞㈇家儿子不孝的罪，怎么行呢？

韩子曰："子思不以过闻，缪公贵之；子服厉伯以奸闻，缪公贱之。人情皆喜贵而恶贱，故季氏之乱成而不上闻①。此鲁君之所以劫也②。"夫鲁君所以劫者，以不明法度邪③？以不早闻奸也？夫法度明，虽不闻奸，奸无由生；法度不明，虽日求奸，决其源，郥之以掌也④。御者无衔⑤，见马且奔⑥，无以制也。使王良持辔⑦，马无欲奔之心，御之有数也⑧。今不言鲁君无术，而曰"不闻奸"；不言审法度⑨，而曰"不通下情"，韩子之非缪公也，与术意而相违矣⑩。

【注释】

①季氏之乱：指季平子于前517年将鲁昭公逐出鲁国一事。参见《左传·昭公二十五年》。

②劫：威逼，这里指被驱逐。

③邪：句末表示疑问的语气词。

④鄣：同"障"，阻挡。

⑤衔：马嚼子。

⑥且：将要。

⑦辔（pèi）：驾驭牲口用的嚼子和缰绳。

⑧数：策略，方法。

⑨不言审法度：据文意，疑本句"言"字后脱一"不"字。

⑩术意：指韩非提出的法家主张。

【译文】

韩非说："子思不把庞捆家儿子的过失告诉鲁缪公，缪公反而看重他；子服厉伯把庞捆家儿子的过失告诉鲁缪公，缪公却轻视他。人之常情都是喜欢被重视而讨厌被轻视，所以季平子叛乱之势已成时，鲁昭公还不知道。这就是鲁昭公被驱逐的原因。"鲁昭公被驱逐出国，是因为法制不明确呢？还是因为没有及早知道奸邪呢？法制严明，即使不知道奸邪之事，奸邪之事也无从发生；法制不严明，即使天天寻找奸邪之事，也像决开水源，而用手掌去堵水一样无计可施。车夫没有马嚼子，看见马要跑，也无法制服它。让王良手上拿着马缰绳，马就没有想跑的意思，这是驾驭有道。如今不说鲁昭公没有好的方法，而是说他"没有早知道奸邪"；不说他法制不明确，而说他"没有沟通下面的情况"，韩非指责鲁缪公，跟他政治主张的基本思想是相违背的。

庞㧑是子不孝，子思不言，缪公贵之。韩子非之，以为明君求善而赏之，求奸而诛之。夫不孝之人，下愚之才也。下愚无礼，顺情从欲^①，与鸟兽同。谓之恶，可也；谓奸，非也。奸人外善内恶，色厉内荏^②，作为操止^③，像类贤行^④，以取升进，容媚于上^⑤，安肯作不孝^⑥，著身为恶^⑦，以取弃殉之咎乎^⑧？庞㧑是子可谓不孝，不可谓奸。韩子谓之奸，失奸之实矣。

【注释】

①从（zòng）：放纵。

②色厉内荏（rěn）：外表强硬而内心怯懦。荏，软弱。

③操止：举止。

④像类：比拟。

⑤容媚：奉承谄媚。

⑥安：怎么。

⑦著身为恶：显露出自己的恶行。著，明示。

⑧弃：抛弃。殉：杀掉。咎：祸患。

【译文】

庞㧑氏的儿子不孝，子思不说，鲁缪公却因此看重他。韩非指责缪公，认为贤明的君主应该发掘嘉人善行而奖赏他们，探查奸邪之事而诛杀他们。那些不孝的人，是最为愚蠢的人。极其愚蠢而又不懂礼义，顺随情感放纵欲望，跟鸟兽一样。说他们"恶"，是可以的；说他们"奸"，就不对了。奸人外表和善而内心凶狠，外表强硬而内心懦弱，行为举止，模仿贤人，以求升官，向君主奉承献媚，怎么肯做出不孝的行为，而显露出自己的恶劣，招致被斥退和杀身的灾祸呢？庞㧑氏的儿子可以说他不孝，但不能说他"奸"。韩非说他"奸"，是没有把握"奸"的实质。

　　韩子曰："布帛寻常①，庸人不择②；烁金百镒③，盗跖不
搏④。"以此言之，法明，民不敢犯也。设明法于邦⑤，有盗贼
之心，不敢犯矣；不测之者⑥，不敢发矣。奸心藏于胸中，不
敢以犯罪法，罪法恐之也⑦。明法恐之，则不须考奸求邪于
下矣。使法峻⑧，民无奸者；使法不峻，民多为奸。而不言明
王之严刑峻法⑨，而云求奸而诛之。言求奸，是法不峻，民或
犯之也。世不专意于明法⑩，而专心求奸。韩子之言，与法
相违。

【注释】

①帛：丝织品。寻：长度单位，八尺为一寻。常：两寻为一常。

②择：通"释"，放下，放弃。

③烁金：熔化的金子。烁，通"铄"，熔化金属。镒（yì）：重量单位，
　二十两为一镒。

④盗跖：传说中春秋时期的大盗，姬姓，展氏，名跖，又名柳下跖、柳
　展雄。搏：夺取。引文参见《韩非子·五蠹》。

⑤邦：国。

⑥不测：原意为不可知，此处指不可让人知道的企图。者：据文意，
　疑当作"旨"字。

⑦恐：恐惧，威慑。

⑧峻：严厉。

⑨而：据文意，疑为衍文。

⑩世：据文意，疑为衍文。

【译文】

　　韩非说："几尺丈把长的布帛，一般人有机会拿就不会放弃；熔化的
金子即使有百镒，盗跖也不会去夺取。"这就是说，法度严明，百姓就不

敢触犯。假如国家法度严明,即使存有盗贼之心,也不敢犯法;居心叵测之人,也不敢发作。奸邪之心藏在胸中,不敢以身犯法,因为犯法使他们感到恐惧。严明的法制使他们恐惧,那么就不需要去考察奸邪发现坏事了。如果法度严明,百姓中就没有奸邪;如果法度不严明,百姓中就会有许多奸邪之人。韩非不说明智的君王需要严刑峻法,却说要寻查奸邪之人并将其诛杀。说要发现奸邪,这说明法律不严明,百姓有人触犯了它。不专心于明确法度,而去专心于发现奸邪。韩非的话,跟主张严明法度的观点是相违背的。

　　人之释沟渠也①,知者必溺身②。不塞沟渠而缮船楫者③,知水之性不可阏④,其势必溺人也。臣子之性欲奸君父⑤,犹水之性溺人也。不教所以防奸,而非其不闻知,是犹不备水之具,而徒欲早知水之溺人也⑥。溺于水,不责水而咎己者⑦,己失防备也。然则人君劫于臣,己失法也。备溺不阏水源,防劫不求臣奸,韩子所宜用教己也⑧。水之性胜火,如裹之以釜⑨,水煎而不得胜,必矣。夫君犹火也,臣犹水也,法度釜也,火不求水之奸,君亦不宜求臣之罪也。

【注释】

①释:废弃。

②者:其,此。

③缮:整治,修补。楫:船桨。

④阏(è):阻塞,堵塞。

⑤奸:干犯。

⑥早:先。

⑦咎:责怪。

⑧已：疑为衍，据文意可删。

⑨裹：缠绕，这里指盛。釜：锅。

【译文】

人们之所以要废弃沟渠，是知道它必定会淹死人。不去堵塞沟渠而是去修造船楫的人，深知水性不可堵塞，堵塞后水的汹涌势头势必会淹死人。臣子的本性就是希望能夺取君位，就像水的本性会淹死人一样。不告诉君主防范奸邪的方法，而指责他不知道奸邪存在的情况，这就像不准备防止被水淹死的船楫，却只想事先知道水会淹死人。等被淹在水里，便不能抱怨水而应该责怪自己，是因为自己忘记了防备。这样说来，君主被臣子胁迫驱逐，是由于丧失了防范的法度。要防备被淹死不需要堵塞水源，君主要防范被胁迫驱逐也不需要事先探查哪个臣子存有邪心，韩非应该以此来教导君主自己。水的本性能灭火，如果把水盛在锅里，水开了也不会把火浇灭，这是肯定的。君像火，臣像水，法度如同锅子，火并没有去探查水是否会灭掉它，君主也不该去探查臣子所会干的坏事。

刺孟篇第三十

【题解】

　　本篇分析《孟子》一书中记载的关于孟子言行不一，前后矛盾，答非所问的地方，故名为《刺孟》。王充试图通过对孟子言行的批判，以证明其中存在违反逻辑与事实的情况，但有些方面过于偏颇，没能理解孟子当时所处的历史环境，有"过于责备"古人的嫌疑。

　　孟子见梁惠王①，王曰："叟②，不远千里而来，将何以利吾国乎？"孟子曰："仁义而已，何必曰利③？"

【注释】

①梁惠王：即魏惠王（前400—前319）。前361年，魏国将国都于安邑（今山西夏县西北）迁至大梁（今河南开封），故魏惠王又称"梁惠王"。

②叟：古代对于老年男性的称呼。

③何必曰利：以上事参见《孟子·梁惠王上》。

【译文】

　　孟子去拜见梁惠王，梁惠王问："老先生，你不远千里而来，能为我的国家带来什么利呢？"孟子说："讲仁义就行了，为什么一定要说利呢？"

　　夫利有二：有货财之利，有安吉之利①。惠王曰"何以利吾国"，何以知不欲安吉之利，而孟子径难以货财之利也②？《易》曰："利见大人"③，"利涉大川"④，"乾⑤，元亨利贞⑥"。《尚书》曰："黎民亦尚有利哉⑦？"皆安吉之利也。行仁义得安吉之利。孟子不且语问惠王⑧："何谓'利吾国'？"惠王言货财之利，乃可答。若设令惠王之问未知何趣⑨，孟子径答以货财之利。如惠王实问货财，孟子无以验效也⑩；如问安吉之利，而孟子答以货财之利，失对上之指⑪，违道理之实也。

【注释】

①安吉：安定吉祥。

②径：直接。

③大人：有圣德之人。引文参见《周易·乾卦》。

④涉：徒步过水。川：河。引文参见《周易·需卦》。

⑤乾：《周易》中的卦象。

⑥元亨利贞：元亨利贞为乾之四德，乾卦纯阳，故能始生万物而得元始亨通，能使物性和谐各有其利，能使物贞正坚固。圣人亦当效法此卦以行善道，以长万物，物得生存而为元；又当以嘉美之事会合万物令使开通而为亨；又当以义协和万物使物各得其理而为利；又当以贞固干事使物各得其正而为贞。元，始。亨，通。利，和。贞，正。引文参见《周易·乾卦》。

⑦黎民：平民百姓。尚：常。引文参见《尚书·泰誓》。

⑧不且：姑且。

⑨设令：假使。趣：心意所向。

⑩验效：验证，证明。

⑪失:违背,不符合。对:回答。上:君主,指梁惠王。指:意旨。

【译文】

利有二种:有财货方面的利,有平安吉祥方面的利。梁惠王说"能为我的国家带来什么利",怎么知道他不是想得到平安吉祥的利,而孟子却轻率地以财货方面的利去责难他呢?《周易》上说:"圣人以德在位天下安泰","得此卦行险而安吉有功","乾卦,万物生而和谐,各得其宜"。《尚书·泰誓》上说:"百姓得以常享安泰。"说的全是平安吉祥的利。实行仁义就会得到平安吉祥之利。孟子姑且先问一问惠王:"你所说的'为我的国家带来利'是什么意思?"要是梁惠王所问为财货方面的利,孟子才能以此回答。假使还不知道梁惠王发问的意指,孟子就默认梁惠王所问为财货方面的利并以此回答。那么如果梁惠王确实是问财货方面的利,孟子也没有证据来证明;如果梁惠王是问平安吉祥方面的利,而孟子却以财货方面的利来对答,那就不符合君主的意旨,也违背了起码的常识。

齐王问时子①:"我欲中国而授孟子室②,养弟子以万钟③,使诸大夫、国人皆有所矜式④。子盍为我言之⑤?"时子因陈子而以告孟子⑥。孟子曰:"夫时子恶知其不可也⑦? 如使予欲富⑧,辞十万而受万⑨,是为欲富乎⑩?"

【注释】

①齐王:齐宣王田辟疆,战国时田齐第五代君主。时子:战国时齐国大夫。

②中国:国都之中,这里指齐国的都城临淄。室:房屋。

③钟:古代容量单位,一钟为六十四斗。

④国人:指住在城里的人。矜(jīn)式:敬重和取法。矜,敬重。式,取法,效法。

⑤子：你，古代对于男子的敬称。盍（hé）：何不。

⑥因：通过。陈子：陈臻，孟子的学生。

⑦恶（wū）：何，哪里。

⑧予：我。

⑨辞：推辞，拒绝。十万：十万钟，孟子曾经在齐国做卿，十万钟是概指当时的俸禄之多，不是确数。

⑩是：这。以上事参见《孟子·公孙丑下》。

【译文】

齐宣王问时子："我想在都城里给孟子一所房子，拿万钟的俸禄来供养他的弟子，让大夫和百姓们都有敬重效法的榜样。你何不替我跟孟子说说呢？"时子通过陈子把这事告诉了孟子。孟子说："时子哪里知道这样做不行呢？假使我贪图富贵，我辞去卿的官位放弃十万钟的俸禄反而接受这一万钟的俸禄，我这样做是贪图富贵吗？"

　　夫孟子辞十万，失谦让之理也。"夫富贵者，人之所欲也，不以其道得之①，不居也②。"故君子之于爵禄也，有所辞，有所不辞。岂以己不贪富贵之故③，而以距逆宜当受之赐乎④？

【注释】

①不以其道：指不用正当的手段。

②不居：不占有。居，处，此处意为享有。

③以：因为。

④距逆：拒绝。距，通"拒"。逆，违背，反对。宜当：应当。

【译文】

孟子辞去卿的官位放弃十万钟的俸禄，这是违背谦让之理的。"富裕显贵,是人人都想得到的东西,但不经过正当的途径得到它,就不该去享受。"因此,君子对于爵位和俸禄,有的该推辞,有的不该推辞。难道因为自己不贪图富贵的缘故,而拒绝应当接受的赏赐吗?

陈臻问曰:"于齐①,王馈兼金一百镒而不受②;于宋③,归七十镒而受④;于薛⑤,归五十镒而受取⑥。前日之不受是⑦,则今受之非也;今日之受是,则前日之不受非也。夫君子必居一于此矣。"孟子曰:"皆是也。当在宋也,予将有远行,行者必以赆⑧,辞曰⑨:'归赆。'予何为不受?当在薛也,予有戒心⑩,辞曰:'闻戒,故为兵戒归之备乎!'予何为不受?若于齐,则未有处也。无处而归之⑪,是货之也⑫,焉有君子而可以货取乎⑬?"

【注释】

①于:在。

②馈:馈赠,赠送。兼金:质量好的金子,价值是普通金子的两倍。

③宋:战国时宋国,在今河南商丘一带。

④归:通"馈",赠送。

⑤薛:在今山东滕州东南,原为薛国,被齐国兼并,成为田婴、田文父子的封地。

⑥受取:接受。

⑦是:对。

⑧赆(jìn):临别时赠送给人的路费或礼物。

⑨辞曰:指送东西时说的话。

⑩戒:戒备。

⑪处:安排,办理。这里意为理由。

⑫货：用财物收买，贿赂。

⑬焉：哪里。以上事参见《孟子·公孙丑下》。

【译文】

陈臻问孟子说："在齐国时，齐王送您上等金一百镒，您不肯接受；在宋国时，宋君送您七十镒，您却接受了；在薛国时，薛君送您五十镒，您也接受了。如果您认为以前不接受馈赠的做法是对的，那么如今接受馈赠的做法就错了；要是今天接受馈赠的做法是对的，那么以前不接受馈赠的做法就错了。这两个错误中，老师您必居其一。"孟子说："这些做法都是对的。当时在宋国时，我将要远行，对于远行的人一定要赠送些财物，他们辞行时说：'送上一点路费。'我为什么不接受呢？当时在薛国时，因有人想要加害于我，故有戒备之心。薛君知道后，在与我辞行时说：'听说有人要加害于你，让你起了戒备之心，所以送您些钱置办武器以做防备吧！'我为什么不接受呢？至于在齐国，并没有说明馈赠财物的理由。没有理由而要赠送财物给我，这是在用财物来收买我，哪里有君子可以用财物来收买的呢？"

夫金归①，或受或不受，皆有故，非受之时己贪，当不受之时己不贪也。金有受不受之义②，而室亦宜有受不受之理。今不曰"己无功"，若"己致仕③，受室非理"，而曰"己不贪富"，引前辞十万以况后万④。前当受十万之多，安得辞之⑤？

【注释】

①夫：发语词。

②义：道理。

③若：或。致仕：辞去官职。

④况：比。

⑤安：怎么。

【译文】

金子送来了，或者接受或者不接受，都是有缘故的，并不是说接受的时候就表示自己贪财，不接受的时候就表示自己不贪财。金子有接受与不接受的道理，而房屋也该有接受与不接受的道理了。如今孟子不说"自己没有功绩"，或者"自己已辞官了，再接受房子就不合理"，而是说"自己不贪图富贵"，并用以前辞去做卿时的十万钟俸禄和这次赏赐的一万钟俸禄做比较。其实以前该享受十万钟那么多的俸禄，这次又怎么能拒绝呢？

彭更问曰①："后车数十乘②，从者数百人，以传食于诸侯③，不亦泰乎④？"孟子曰："非其道，则一箪食而不可受于人⑤；如其道，则舜受尧之天下，不以为泰⑥。"

【注释】

①彭更：孟子的学生。

②后车：侍从与学生在后跟随的车马。乘（shèng）：四匹马拉的车。

③传（zhuàn）食：辗转受人供养。传，辗转。食，指受供养。

④泰：骄泰，奢侈。

⑤箪（dān）：古代盛饭用的圆形竹器。

⑥不以为泰：以上事参见《孟子·滕文公下》。

【译文】

彭更问孟子："跟随您的后车有几十辆，人有几百个，辗转于诸侯之间轮流由他们供养，先生不也太奢侈了吗？"孟子说："不符合道义的话，连一篮子的干粮也不能接受人家的；如果符合道义，就是舜接受尧禅让的天下，也不能算是过分。"

受尧天下，孰与十万①？舜不辞天下者，是其道也。今不曰"受十万非其道"，而曰"己不贪富贵"，失谦让也，安可以为戒乎②？

【注释】

①孰与十万：与十万钟的俸禄相比哪个多呢？

②戒：训诫启发。

【译文】

舜接受尧的天下，跟接受十万钟的俸禄相比，哪个多呢？舜不拒绝接受天下，是因为这符合道义。如今孟子不说"接受十万钟的俸禄不符合礼义"，而说"自己不贪图富贵"，这违背了谦让的准则，怎么能用来作为训诫来教导后世呢？

沈同以其私问曰①："燕可伐与②？"孟子曰："可。子哙不得与人燕③，子之不得受燕于子哙④。有士于此，而子悦之⑤，不告于王，而私与之子之爵禄，夫士也⑥，亦无王命而私受之于子，则可乎？何以异于是⑦。"齐人伐燕，或问曰⑧："劝齐伐燕⑨，有诸⑩？"曰："未也。沈同曰：'燕可伐与？'吾应之曰：'可。'彼然而伐之⑪。如曰：'孰可以伐之⑫？'则应之曰：'为天吏则可以伐之⑬。'今有杀人者，或问之曰⑭：'人可杀与⑮？'则将应之曰：'可。'彼如曰：'孰可以杀之？'则应之曰：'为士师则可以杀之⑯。'今以燕伐燕⑰，何为劝之也⑱？"

【注释】

①沈同：战国时齐国大夫。私：私交。

②伐：攻打，征讨。

③子哙（kuài）：战国时燕国君主，前320—前312年在位。前318年
　禅位于国相子之，自己退为臣。与：给。

④子之：燕王哙之相，燕王哙禅位于子之，国人不服，将军市被和太
　子平进攻子之，子之杀市被和太子平，燕国大乱。齐国趁机攻打
　燕国，燕王哙被杀，子之被擒。参见《史记·燕世家》。

⑤悦：喜欢。

⑥夫：那个。也：表示停顿的语气词。

⑦是：这。

⑧或：有人。

⑨劝：鼓动。

⑩诸："之""乎"的合音。

⑪彼：他。然：同意，认可。

⑫孰：谁。

⑬天吏：奉天命治民的人，这里指周天子。

⑭之：指杀人这件事。

⑮人：指杀人犯。

⑯士师：古代掌管司法的官员。

⑰以燕伐燕：意为让像燕国一样无道的齐国去征伐燕国。

⑱何为劝之也：以上事参见《孟子·公孙丑下》。

【译文】

沈同凭借他与孟子的私交问道："燕国可以讨伐吗？"孟子说："可
以。子哙不该把燕国让给别人，子之也不该从子哙手中接受燕国。要是
有这样的一个人，你喜欢他，没有告诉国君，而私自把自己的爵位和俸
禄给了他，而这人，也没有君王的命令就私自从你手中接受了爵位和俸
禄，这样可以吗？现在子哙把王位让给子之跟这有什么差别呢？"齐国
讨伐燕国，有人问孟子说："听说你曾鼓动齐国讨伐燕国，有这事吗？"孟
子说："没有。是沈同问：'燕国可以讨伐吗？'我回答说：'可以。'他同意

了我的说法就去讨伐燕国。他如果接着问:'谁可以去讨伐燕国?'我就会回答说:'只有承奉天命的周天子才能讨伐它。'就像现在有个杀人犯,有人问:'这个犯人可以杀吗?'我将会回答说:'可以。'他如果再问:'谁可以去杀他呢?'那就应该回答说:'只有法官才可以杀他。'如今像燕一样无道的齐国要去讨伐燕国,我为什么要去鼓动它呢?"

　　夫或问孟子劝王伐燕,不诚是乎①? 沈同问"燕可伐与",此挟私意欲自伐之也②。知其意慊于是③,宜曰:"燕虽可伐,须为天吏乃可以伐之。"沈同意绝,则无伐燕之计矣。不知有此私意而径应之,不省其语④,是不知言也⑤。公孙丑问曰:"敢问夫子恶乎长⑥?"孟子曰:"我知言。"又问:"何谓知言?"曰:"诐辞知其所蔽⑦,淫辞知其所陷⑧,邪辞知其所离⑨,遁辞知其所穷⑩。生于其心,害于其政;发于其政,害于其事。虽圣人复起⑪,必从吾言矣。"孟子知言者也,又知言之所起之祸,其极所致之福⑫。见彼之问,则知其措辞所欲之矣⑬;知其所之,则知其极所当害矣。

【注释】

①诚:果真,的确。

②挟:怀有,带着。

③慊(xián):嫌疑。

④省:明白。

⑤知言:指以言辞察觉对方言语下隐藏的思想。

⑥恶(wū):何,什么。乎:于。长:擅长。

⑦诐(bì)辞:偏邪不正的言论。诐,偏颇,邪僻。蔽:阻碍,压抑。

⑧淫辞:邪僻荒诞的言论。淫,奸邪,乱杂。

⑨邪辞:不合正道的言论。邪,不正当,不正派。

⑩遁辞:躲躲闪闪,支吾搪塞的话。穷:困穷,理屈。

⑪虽:即使。复起:重新出现。以上事参见《孟子·公孙丑上》。

⑫极:最终。福:据下文"则知其极所当害矣",疑当作"害"字。

⑬措辞:说话。之:往。

【译文】

有人问孟子鼓动齐王讨伐燕国的事情,不确实是这样吗?沈同问"燕国可以讨伐吗",这是挟带私心想要自己的国家去讨伐燕国。既然知道他的意图可能是想要讨伐燕国,就应该说:"燕国即使可以讨伐,也必须是承奉天命的周天子才能够去讨伐它。"这样沈同的念头就被打消了,也就没有接下来讨伐燕国的计划了。如果不知道他有这种私心而随便地回答他,是没有省悟他话中的含意,这是不善于分析、判断言辞。公孙丑问孟子:"请问老师擅长什么?"孟子说:"我善于分析、判断言辞。"公孙丑又问:"什么叫善于分析、判断言辞呢?"孟子说:"听到偏颇不正的言辞,我知道其片面性之所在;邪僻荒诞的言辞,我知道其不切实际之所在;不合正道的言辞,我知道其偏离正道之所在;支吾搪塞的言辞,我知道其理屈之所在。这些言辞从他们心里产生,便对他们的政治造成危害;如果在他们的政务中施行了,就会危害他们的事业。即使圣人再世,也一定会信从我的这番话。"孟子是善于分析、判断言辞的,并知道言辞可能引起的灾祸,以及它最终会导致的祸害。听见沈同的问话,就该知道他说这话想干什么;知道他说这话想干什么,那就该知道它最终将产生的危害。

孟子有云:"民举安,王庶几改诸!予日望之^①。"孟子所去之王^②,岂前所不朝之王哉^③?而是^④,何其前轻之疾而后重之甚也^⑤?如非是,前王则不去,而于后去之,是后王不肖甚于前^⑥,而去,三日宿^⑦,于前不甚^⑧,不朝而宿于景丑氏⑨。何孟子之操⑩,前后不同? 所以为王⑪,终始不一也?

【注释】

①"孟子有云"几句:引文参见《孟子·公孙丑下》。引文或有脱误,《孟子·公孙丑下》原文为:"王如用予,则岂徒齐民安,天下之民举安。王庶几改之,予日望之。"有,通"又"。举,全。王,指齐宣王。庶几,希望,但愿。

②去:离开。

③前所不朝之王:即齐宣王。据《孟子·公孙丑下》记载,孟子去齐国见齐宣王,但孟子认为在朝以爵分上下,长养人民则以道德为上下。齐宣王虽然位高爵尊,却不应该怠慢孟子所具有的道德,应该亲自拜访自己,于是拒绝了齐宣王的召见。

④而是:如是。

⑤轻之疾:对他极端轻慢,指不去拜见齐宣王。轻,轻慢,轻视。疾,厉害。重之甚:对他非常重视,指盼望齐宣王改变态度,任用自己。重,重视。

⑥不肖:不贤。

⑦三日宿:孟子离开齐国时,在昼(齐国地名,在山东淄博东北)住了三天,等待齐王回心转意,接受自己的主张召自己回去。参见《孟子·公孙丑下》。

⑧不甚:不太坏。

⑨景丑氏:战国时齐国大夫。

⑩操:操行,行事。

⑪为王:对齐王的态度。

【译文】

孟子又说:"齐王如果任用我,岂止是齐国的百姓得到太平,连天下的百姓也都会得到太平,齐宣王也许会改变态度吧! 我天天都在盼望着此事发生。"孟子离开的这个齐王,难道不是以前不肯去朝见的齐王吗?如果是这样,为什么以前极端轻视他,而后来又非常重视他呢?如果不是这样,那么孟子不肯离开前一个齐王,而离开了后一个齐王,这说明后一个齐王比前一个齐王更不贤明,然而在离开后一个齐王的时候,却又舍不得走,在昼住了三天,而对前一个不是很昏庸的齐王,孟子不肯去朝见而躲在景丑氏的家里。为什么孟子的操行,前后不一样呢?对待齐王的态度,先后也这样不一致呢?

　　且孟子在鲁,鲁平公欲见之^①。嬖人臧仓毁孟子^②,止平公^③。乐正子以告^④。曰:"行,或使之;止,或尼之^⑤。行、止非人所能也。予之不遇鲁侯^⑥,天也^⑦!"前不遇于鲁,后不遇于齐,无以异也。前归之天,今则归之于王,孟子论称^⑧,竟何定哉^⑨?夫不行于齐^⑩,王不用,则若臧仓之徒毁谗之也^⑪,此亦"止,或尼之"也。皆天命不遇,非人所能也。去,何以不径行而留三宿乎^⑫?天命不当遇于齐,王不用其言,天岂为三日之间易命使之遇乎^⑬?在鲁则归之于天,绝意无冀^⑭;在齐则归之于王,庶几有望。夫如是,不遇之议^⑮,一在人也。

【注释】

①鲁平公(?—前295):即姬叔,战国时鲁国君主,是鲁国第三十三任君主。

②嬖(bì)人:指受宠幸的近臣。臧(zāng)仓:人名。毁:毁谤,说坏话。

③止:劝阻。

④乐(yuè)正子:姓乐正,名克,孟子的学生,鲁平公的臣子,他曾劝

　　鲁平公接见孟子。

⑤尼：阻挠。

⑥遇：得志，见赏。

⑦天也：以上事参见《孟子·梁惠王下》。

⑧论称：论述。

⑨竟：究竟。

⑩行：指主张被施行。

⑪毁谗：诽谤。

⑫不径行：不直接离开。

⑬易：改变。

⑭冀：希望。

⑮议：解释。

【译文】

　　再说，孟子在鲁国的时候，鲁平公想见他。但因为平公的宠臣臧仓毁谤孟子，劝阻了鲁平公。乐正子把这事告诉了孟子。孟子说："人要干一件事，就有一种力量在暗中支使他；不干，也有一种力量在阻止他。干与不干不是人力所能决定的。我得不到鲁侯的任用，是天命如此。"孟子以前在鲁国得不到任用，后来在齐国得不到任用，二者没有什么区别。把以前在鲁国得不到任用归之于天，把如今在齐国得不到任用就归之于王，孟子的论述究竟以什么为标准呢？孟子的主张在齐国得不到实行，齐王不任用他，就像在鲁国有臧仓一类人毁谤他一样，这也是"不干，有一种力量在阻止他"。这都是因为天命而使得他得不到任用，并非是由人力所能决定的。既然这样，离开齐国时，为什么不直截了当地走掉，而要在昼留宿三天呢？天命使他不会在齐国被任用，齐王不采纳他的主张，天难道会在三天之内改变意志而使他被任用吗？在鲁国则归之于天，断绝了念头不存在任何希望；在齐国则归之于王，感到也许会有一丝希望。照这样说，关于不被任用的解释，完全在于他怎么说了。

或曰："初去①，未可以定天命也。冀三日之间，王复追之，天命或时在三日之间②，故可也。"夫言如是，齐王初使之去者，非天命乎？如使天命在三日之间，鲁平公比三日③，亦时弃臧仓之议，更用乐正子之言④，往见孟子。孟子归之于天，何其早乎？如三日之间公见孟子，孟子奈前言何乎⑤？

【注释】

①初去：指刚离开齐国国都。

②或时：或许。

③比：等到。

④更：改。

⑤奈……何：对……怎么办。前言：指前述"予之不遇鲁侯，天也"。

【译文】

有人说："孟子刚离开时，还不能确定天命。希望在三天之内，齐王又把他追回去，天命或许在三天之内才能确定，所以这样做是可以的。"那么照这样说，齐王最初让他离开，并不是天命吗？如果天命在三天之内才能确定，那么鲁平公等到三天后，也许会抛弃臧仓的谗言，改用乐正子的建议去见孟子。孟子将不被任用归之于天，岂不是太早了吗？如果三天之内鲁平公去见了孟子，孟子对前面说过的话又怎么解释呢？

孟子去齐①，充虞涂问曰②："夫子若不豫色然③。前日，虞闻诸夫子曰④：'君子不怨天，不尤人⑤。'"曰："彼一时也，此一时也。五百年必有王者兴⑥，其间必有名世者矣⑦。由周以来，七百有余岁矣，以其数⑧，则过矣；以其时考之⑨，则可矣。夫天未欲平治天下乎？如欲平治天下，当今之世，舍我而谁也⑩？吾何为不豫哉⑪！"

【注释】

①去：离开。

②充虞：孟子的学生。涂：路上。

③不豫：不高兴。豫，喜悦，高兴。

④诸："之""于"的合音。

⑤尤：责怪。引文参见《论语·宪问》。

⑥王者：能够行王道，治平天下的人。兴：兴起，出现。

⑦名世者：应天命而生的，能够代表一个时代的人。

⑧数：年数。

⑨时：时势。考：考察。

⑩舍：弃，除开。

⑪吾何为不豫哉：以上事参见《孟子·公孙丑下》。

【译文】

　　孟子离开齐国，充虞在路上问他："老师好像有些不高兴的样子。从前，我听老师说过：'君子不抱怨天，不责怪人。'"孟子说："那时是那时的情况，现在是现在的情况。从历史上来看，每过五百年一定有圣王出现，这期间肯定会有著称于世的人物。从周初以来，已过了七百多年了，按年数，已经超过了；以时势来考察，是圣王该出现的时候了。难道是上天不想使天下太平吗？如果想使天下太平，在当今这个时代，除了我还有谁能担此重任呢？我为什么不高兴呢！"

　　夫孟子言"五百年有王者兴"，何以见乎？帝喾王者①，而尧又王天下；尧传于舜，舜又王天下；舜传于禹，禹又王天下。四圣之王天下也，继踵而兴②。禹至汤且千岁③，汤至周亦然。始于文王，而卒传于武王④，武王崩⑤，成王、周公共治天下。由周至孟子之时，又七百岁而无王者。"五百岁必有王者"之验⑥,在何世乎? 云"五百岁必有王者",谁所言乎? 论不实事考验,信浮淫之语⑦,不遇去齐,有不豫之色,非孟子之贤效⑧,与俗儒无殊之验也⑨?

【注释】

①帝喾(kù):传说上古时期的帝王。王(wàng):称王。

②继踵:一个紧跟一个。踵,脚后跟。

③且:将近。

④卒:终。

⑤崩:古代称皇帝、皇后死为"崩"。

⑥验:证明。

⑦浮淫:虚妄,荒诞。

⑧效:验,证明。

⑨殊:区别。验:证明。

【译文】

孟子说"每过五百年一定有圣王出现",何以见得呢? 帝喾王天下,而尧又王天下;尧把王位传给舜,舜又做了天下的王;舜把王位传给禹,禹又做了天下的王。这四位圣人王天下,是相续而起的。从夏禹到商汤将近一千年,商汤到周代的年数也大致是这样。始于周文王,后传给周武王,武王死后,成王和周公共同治理天下。从周初到孟子的时候,又经过了七百年而没有圣王出现。"每过五百年一定有圣王出现"的证据,在哪个朝代有过呢? 说"每过五百年一定有圣王出现"的话,又是谁说的呢? 发表议论不用事实加以验证,而轻信虚浮荒诞话语,自己因不被任用而离开去齐国,却有不高兴的神色,这不是孟子贤明的表现,而是跟庸俗儒生没有区别的证明。

五百年者,以为天出圣期也①,又言以"天未欲平治天下"也,其意以为天欲平治天下,当以五百年之间生圣王也。如孟子之言②,是谓天故生圣人也③。然则五百岁者,天生圣人之期乎？如是其期,天何不生圣？圣王非其期故不生,孟子犹信之④,孟子不知天也。

【注释】

①期:期限。

②如:按照。

③故:故意,有意识地。

④犹:还。

【译文】

孟子认为五百年是天生圣王的期限,又说"天不想使天下太平",他的意思是说天真想使天下太平,就应该在五百年之间降生圣王。按孟子的说法,就是说天是有意识地降生圣人的。那么五百年,真是天降生圣人的期限吗？如果真有这一期限,天为什么不降生圣王呢？可见圣王的降生并不是以五百年为期限,所以圣王没有降生,然而孟子还是相信这个说法,这说明孟子不懂得天。

"自周已来,七百余岁矣,以其数,则过矣；以其时考之,则可矣。"何谓数过？何谓时可乎？数则时,时则数矣。数过,过五百年也。从周到今七百余岁,逾二百岁矣①。设或王者生,失时矣,又言"时可",何谓也？

【注释】

①逾:超过。

【译文】

"从周初以来，已经七百多年了，按年数，已经超过了；照时代来考察，是该出现圣王的时候了。"什么叫超过了年数？什么叫按时代考察是该出现圣王了？年数就是时代，时代就是年数。超过年数，指已经超过了五百年。从周初到今天七百多年，已经超过了二百多年。假设有圣王降生，那么已经错过了时间，又说"该是出现圣王的时候了"，这话是什么意思呢？

云"五百年必有王者兴"，又言"其间必有名世"，与"王者"同乎？异也？如同，为再言之①？如异，"名世者"，谓何等也？谓孔子之徒、孟子之辈②，教授后生③，觉悟顽愚乎④？已有孔子，己又以生矣⑤。如谓圣臣乎？当与圣同时⑥。圣王出，圣臣见矣⑦。言"五百年"而已，何为言"其间"？如不谓五百年时，谓其中间乎？是谓二三百年之时也，圣不与五百年时圣王相得⑧。夫如是，孟子言"其间必有名世者"，竟谓谁也？

【注释】

①再：又，重复。

②徒、辈：类，指一类人。

③教授：教诲。后生：青年。

④觉悟：开导，启蒙。顽愚：头脑顽固、愚笨的人。

⑤己：自己，指孟子。

⑥当与圣同时：据文意，疑本句"圣"字后衍一"王"字。

⑦见：同"现"，出现。

⑧圣不与五百年时圣王相得：据文意，疑本句"圣"字后疑脱一

"臣"字。相得,遇合,相逢。

【译文】

　　说"每过五百年一定有圣王出现",又说"这期间一定有著称于世的人物出现",这里说的"著称于世的人物"跟"圣王"是同一回事呢? 还是两回事呢? 如果是同一回事,为什么要重说一遍呢? 如果是两回事,"著称于世的人物"指的是什么人呢? 是说孔子、孟子这类,教诲青年,使愚笨的人觉悟的人吗? 已经有了孔子,而自己却又出生了。如果说的是辅佐圣王的圣臣吗? 那么就该与圣王同时出现。圣王出现,圣臣就该出现了。这样说"五百年"就行了,为什么要说"在这期间"呢? 如果不是说五百年时间,是说在这五五百年之间吗? 这是说二三百年时间,那么圣臣就不会跟每五百年出现的圣王相遇了。这样的话,孟子说"这期间一定有著称于世的人物",究竟指的是谁呢?

　　"夫天未欲平治天下也。如欲治天下,舍予而谁也?"言若此者,不自谓当为王者,有王者,若为王臣矣①。为王者、臣,皆天也。已命不当平治天下,不浩然安之于齐②,怀恨有不豫之色,失之矣。

【注释】

①若:则,就。

②浩然:水势浩大,不可阻挡,比喻心胸开阔、毫无牵挂。《孟子·公孙丑下》中,孟子自称"浩然有归志""吾善养吾浩然之气"。王充借此讥讽孟子。

【译文】

　　"天不想使天下太平。要是想治好天下,除了我还有谁能担此重任呢?"孟子说这样的话,不是自认为应该做圣王,就是认为有圣王出现时就应该做圣王的臣子。孟子认为做圣王、做王臣,都是由天命决定的。

既然自己命定不该平治天下，又不肯坦然地住在齐国，却怀恨在心，脸上露出不高兴的样子，这就违背他自己说的天命了。

彭更问曰："士无事而食①，可乎？"孟子曰："不通功易事②，以羡补不足③，则农有余粟，女有余布。子如通之，则梓匠、轮舆④，皆得食于子。于此有人焉，入则孝，出则悌⑤，守先王之道⑥，以待后世之学者⑦，而不得食于子。子何尊梓匠、轮舆，而轻为仁义者哉⑧？"曰："梓匠、轮舆，其志将以求食也⑨。君子之为道也，其志亦将以求食与⑩？"孟子曰："子何以其志为哉？其有功于子⑪，可食而食之矣⑫。且子食志乎？食功乎？"曰："食志。"曰："有人于此，毁瓦画墁⑬，其志将以求食也，则子食之乎？"曰："否。"曰："然则子非食志，食功也⑭。"

【注释】

①士：指读书人。无事而食：不劳而食。

②通功易事：各行各业交换产品。通，交流，流通。易，交换。

③羡：有余。

④梓匠：木工。轮舆：造车工。

⑤悌：尊敬兄长。

⑥守：遵循。

⑦待：对待，这里指教育。

⑧为仁义者：指实行仁义之道的人。

⑨志：目的，动机。求食：谋生。

⑩与：同"欤"，疑问语气词。

⑪功：用处。

⑫可食而食之矣:第二个"食",读 sì,给饭吃。

⑬毁瓦画墁(màn):打碎屋瓦,涂画粉刷好的墙壁。画,涂抹,弄脏。

　墁,涂饰墙壁,这里指粉饰好的墙壁。

⑭食功也:以上事参见《孟子·滕文公下》。

【译文】

　　彭更问孟子:"读书人不干事就能白吃饭,可以吗?"孟子说:"如果人们不交流生产的产品,用多余的补足缺少的,那么农民就会有余粮而别人吃不到,妇女就会有余布而别人用不上。你如果能使他们互通有无,那么木工、造车工都能从你那儿找到饭吃。如果有个人,在家孝敬父母,出门尊敬兄长,坚守古代圣王的道义,以此教育后代的学者,却不能从你那里找到饭吃。你为什么只看重木工、造车工,而轻视遵循仁义的人呢?"彭更说:"木工、造车工,他们的目的是要以此谋生。君子遵循道义,他们的目的也是要以此谋生吗?"孟子说:"你为什么要考虑他们的目的呢? 他们对你有用处,可以的话就给他们饭吃。再说,你是按人的动机给饭吃呢,还是按功用给饭吃?"彭更说:"按动机给饭吃。"孟子说:"如果有人在这里,毁坏屋瓦涂画粉刷好的墙壁,他的动机是以此谋生,那你给他饭吃吗?"彭更说:"不给。"孟子说:"那么你并不是按人的动机给饭吃,而是按功用给饭吃的。"

　　夫孟子引毁瓦画墁者①,欲以诘彭更之言也②。知毁瓦画墁无功而有志,彭更必不食也。虽然③,引毁瓦画墁,非所以诘彭更也。何则? 诸志欲求食者④,毁瓦画墁者不在其中。不在其中,则难以诘人矣。夫人无故毁瓦画墁,此不痴狂则遨戏也⑤。痴狂人之志不求食,遨戏之人亦不求食。求食者,皆多人所不得利之事⑥,以作此鬻卖于市⑦,得贾以归⑧,乃得食焉。今毁瓦画墁,无利于人,何志之有? 有知之人，知其无利，固不为也^⑨；无知之人，与痴狂比^⑩，固无其志。夫毁瓦画墁，犹比童子击壤于涂^⑪，何以异哉？击壤于涂者，其志亦欲求食乎？此尚童子^⑫，未有志也。巨人博戏^⑬，亦画墁之类也。博戏之人，其志复求食乎^⑭？博戏者，尚有相夺钱财^⑮，钱财众多，己亦得食，或时有志。夫投石、超距^⑯，亦画墁之类也。投石、超距之人，其志有求食者乎？然则孟子之诘彭更也，未为尽之也。如彭更以孟子之言^⑰，可谓"御人以口给"矣^⑱。

【注释】

①引：举例。

②诘：反驳。

③虽然：尽管如此。

④诸：那些。

⑤遨戏：游戏。

⑥不：据文意，疑当作"共"字，或为"必"字之讹，形近而误。

⑦鬻（yù）卖：出卖，出售。鬻，卖。

⑧贾：同"价"，价值。

⑨固：一定。

⑩比：同。

⑪犹比：好比，就像是。击壤：古代的一种游戏，将一块鞋状的木片当靶子，在一段距离之外用另一块木片对其投掷，打中则获胜。

⑫尚：还。

⑬巨人：大人，成人。博戏：古代一种有赌博性质的棋戏。

⑭复：也还。

⑮夺：这里指赢。

⑯超距：跳远。

⑰以：听从。

⑱御人以口给（jǐ）：专门通过强嘴利舌来对付人。御，对付。口给，口辩，能言善辩。引文参见《论语·公冶长》。

【译文】

　　孟子举出毁坏屋瓦涂画粉刷好的墙壁的人，想用它来反驳彭更的话。因为他知道毁坏屋瓦涂画粉刷好的墙壁这种没有功用而想找饭吃的人，彭更一定不会给他饭吃。即使这样，孟子举毁坏屋瓦涂画粉刷好的墙壁的例子，也是不能驳倒彭更的。为什么呢？因为那些以谋生为动机的人中，毁坏屋瓦涂画粉刷好的墙壁的人并不包括在内。既然不包括在内，就难于用来反驳别人了。一个人无缘无故地毁坏屋瓦涂画粉刷好的墙壁，这人不是痴傻，就是闹着玩的。痴傻之人没有谋生的动机，闹着玩的人也没有谋生的动机。想谋生的人，所做的大都是对人们共同有益的事情，他们把做的东西拿到市场上去卖，得钱回来，才能有饭吃。孟子现在说的毁坏屋瓦涂画粉刷好的墙壁，对人没有好处，有什么谋生的动机呢？有头脑的人，知道它对人没有益处，一定不会去做；没有头脑的人，跟痴傻之人差不多，也就肯定没有谋生的动机。其实，毁坏屋瓦涂画粉刷好的墙壁，跟小孩在路边玩击壤的游戏有什么不同呢？在路上玩击壤游戏的小孩，他们的动机也是出于谋生吗？他们还是小孩，没有什么动机可言。大人玩博戏，也属涂画粉刷好的墙壁这类的行为。玩博戏的人，他们的目的也是为了谋生吗？玩博戏还有人用此来相互赢取钱财，赢的钱财多了，自己也就有了饭吃，这或许是有动机的。那么，扔石头和跳远的人，也属于涂画粉刷好的墙壁之类的行为。扔石头和跳远的人，他们的动机是要谋生吗？那么孟子反驳彭更的话，不能认为是完全合理的。如果彭更听信了孟子的话，那么孟子可以被称作是"专门靠巧言诡辩来对付人"的人了。

匡章子曰①："陈仲子岂不诚廉士乎②？居于於陵③，三日不食，耳无闻，目无见也。井上有李，螬食实者过半④，扶服往⑤，将食之⑥。三咽，然后耳有闻，目有见也。"孟子曰："于齐国之士，吾必以仲子为巨擘焉⑦！虽然，仲子恶能廉？充仲子之操⑧，则蚓而后可者也⑨。夫蚓，上食槁壤⑩，下饮黄泉⑪。仲子之所居室，伯夷之所筑与⑫？抑亦盗跖之所筑与⑬？所食之粟⑭，伯夷之所树与？抑亦盗跖之所树与？是未可知也。"曰："是何伤哉？彼身织屦⑮，妻辟纑⑯，以易之也⑰。"曰："仲子，齐之世家⑱，兄戴⑲，盖禄万钟⑳。以兄之禄为不义之禄，而不食也；以兄之室为不义之室，而弗居也㉑。辟兄离母㉒，处于於陵。他日归，则有馈其兄生鹅者也㉓，己频蹙曰㉔：'恶用是鶂鶂者为哉㉕。'他日，其母杀是鹅也，与之食。其兄自外至，曰：'是鶂鶂之肉也。'出而吐之。以母则不食㉖，以妻则食之；以兄之室则不居，以於陵则居之。是尚能为充其类也乎？若仲子者，蚓而后充其操者也㉗。"

【注释】

①匡章子：即匡章。齐国人，曾为齐威王之将，率兵御秦，大败之。

②陈仲子：即陈仲，又叫田仲，齐国贵族。廉：廉洁。

③於（wū）陵：齐国地名，在今山东邹平东南。

④螬（cáo）：蛴（qí）螬，金龟子的幼虫。

⑤扶服：同"匍匐"，爬行。

⑥将：取，拿。

⑦巨擘（bò）：此处指杰出优秀的人物。

⑧充：扩充。

⑨则蚓而后可者也：只有变成蚯蚓后才行。意思是，按照陈仲子对
　于廉洁的标准，人世间是没人能做到的，只有人变为蚯蚓才能做
　到这个标准。蚓，蚯蚓。

⑩槁壤：干土。槁，枯干。

⑪黄泉：地下之水。

⑫伯夷：殷末贵族，因反对武王伐纣而不食周粟，饿死在首阳山。儒
　家认为他是廉洁的代表。

⑬抑：还是。

⑭粟：这里泛指粮食。

⑮屦（jù）：单底鞋。多以麻、葛、皮等制成。后亦泛指鞋。

⑯辟纑（lú）：搓麻绳或麻线。纑，练过的熟麻。

⑰之：指房子和粮食。

⑱世家：世禄之家，指世代传续的贵族。

⑲戴：陈戴，陈仲子的哥哥，曾任齐国的卿。

⑳盖（gě）：齐国地名，陈戴的封地，在今山东沂水县西北。禄：俸禄。

㉑弗：不。

㉒辟：躲避。

㉓生：活的。

㉔频蹙：同"颦蹙"，皱眉。

㉕鶂鶂（yì）：形容鹅叫声。

㉖以：因为。

㉗蚓而后充其操者也：以上事参见《孟子·滕文公下》。

【译文】

　　匡章说："陈仲子难道不是个廉洁的人吗？他住在於陵，三天没有吃
东西，耳朵听不见，眼睛看不见。井边有个李子，被蛴螬吃去大半，他爬
过去拿来吃了。吞了三口，然后耳朵才听得见，眼睛才看得见。"孟子说：
"在齐国的人士中，我肯定认为陈仲子是首屈一指的！即使这样，陈仲子

怎么能算廉洁呢？要推广陈仲子的操行，那只有使人成为蚯蚓然后才能办得到。因为蚯蚓在地上吃干土，在地下饮泉水。而陈仲子住的房子，是伯夷建造的，还是盗跖建造的呢？吃的粮食，是伯夷种的，还是盗跖种的呢？这是不可能知道的。”匡章说：“这有什么关系呢！他亲手编草鞋，妻子搓麻练麻，用这些来换房子和粮食。”孟子说：“陈仲子，是齐国的贵族世家，他的哥哥陈戴，在盖有封地享有万钟的俸禄。他认为哥哥的俸禄是不合道义的俸禄，就不肯吃；认为哥哥的房子是不合道义的房子，就不肯住。他避开哥哥，离开母亲，住在於陵。有一天他回家，碰上有人送他哥哥一只活鹅，他皱着眉说：‘为什么要这种鶂鶂叫的东西呢？’后来有一天，他母亲杀了这只鹅，拿来给他吃。他哥哥正好从外边回来，说：‘这是那个鶂鶂叫的东西的肉。’他于是出去吐掉了。因为是母亲做的东西就不吃，是妻子做的东西就吃；因为是哥哥的房子就不住，是於陵地方的房子就住。这还能算是把自己的操行推广到所有的同类事物中去吗？像陈仲子这样的人，只有变成了蚯蚓，然后才能推广他的操行到各个方面去。”

　　夫孟子之非仲子也[①]，不得仲子之短矣。仲子之怪鹅如吐之者[②]，岂为“在母不食”乎？乃先谴鹅曰：“恶用鶂鶂者为哉？”他日，其母杀以食之，其兄曰：“是鶂鶂之肉。”仲子耻负前言[③]，即吐而出之。而兄不告，则不吐；不吐，则是食于母也。谓之“在母则不食”，失其意矣。使仲子执不食于母[④]，鹅膳至[⑤]，不当食也。今既食之，知其为鹅，怪而吐之。故仲子之吐鹅也，耻食不合己志之物也，非负亲亲之恩而欲勿母食也[⑥]。

【注释】

①非：非难，指责。

②怪：抱怨，厌恶。如：连词，表承接关系。而，就。

③负：违背。

④执：坚持。

⑤膳：饭食。

⑥亲亲：亲近自己的亲属。

【译文】

　　孟子指责陈仲子，未能抓到他的短处。陈仲子厌恶鹅肉而吐掉它的原因，难道因为是"母亲做的就不吃"吗？而是因为之前谴责别人送鹅说："为什么要这种鶃鶃叫的东西呢？"后来有一天他母亲杀了鹅给他吃，他的哥哥说："这是那个鶃鶃叫的东西的肉。"陈仲子对于违背了前面说过的话而感到羞耻，立即把它吐了出来。要是哥哥不告诉他，他就不会吐；不吐出来，就是吃了母亲做的东西。孟子说他"母亲做的东西就不吃"，这不符合陈仲子的意思。假使陈仲子执意不吃母亲做的东西，那么鹅肉端上来，他就不该吃。现在既然吃了，只是因为知道是那只鹅，由于厌恶它而吐掉的。所以陈仲子吐掉鹅肉，是耻于吃了不符合自己志向的东西，而不是违背母子的恩情，不吃母亲做的东西。

　　又"仲子恶能廉？充仲子之性①，则蚓而后可者也。夫蚓，上食槁壤，下饮黄泉"，是谓蚓为至廉也②。仲子如蚓，乃为廉洁耳。今所居之宅③，伯夷之所筑；所食之粟，伯夷之所树。仲子居而食之，于廉洁可也。或时食盗跖之所树粟，居盗跖之所筑室，污廉洁之行矣。用此非仲子，亦复失之。室因人故④，粟以屡籴易之，正使盗之所树筑⑤，己不闻知。今兄之不义，有其操矣。操见于众，昭晰议论⑥，故避於陵，不处其宅⑦,织屦辟纑,不食其禄也。而欲使仲子处於陵之地⑧,避若兄之宅,吐若兄之禄,耳闻目见,昭晰不疑,仲子不处不食,明矣。今於陵之宅,不见筑者为谁,粟,不知树者为谁,何得成室而居之⑨,得成粟而食之?孟子非之,是为太备矣⑩。仲子所居,或时盗之所筑,仲子不知而居之,谓之不充其操,唯"蚓然后可者也"。夫盗室之地中亦有蚓焉,食盗宅中之槁壤,饮盗宅中之黄泉,蚓恶能为可乎?在仲子之操⑪,满孟子之议⑫,鱼然后乃可。夫鱼,处江海之中,食江海之土,海非盗所凿,土非盗所聚也。

【注释】

①性:疑当作"操"字,上文言"充仲子之操"。

②至:最。

③今:如今。

④因:承袭。故:旧。

⑤正:即。

⑥昭晰:清楚明白。

⑦处:居住。

⑧使:让,叫。

⑨成:现成的。

⑩太备:一切具备,完备。太,同"大"。备,完备,周尽。

⑪在:疑为"充"字之讹,上文言"充仲子之操"。

⑫满:满足。

【译文】

孟子又说:"陈仲子怎么能算廉洁呢?要把他的操行推广到各方面,那只有人变成蚯蚓之后才能办到。蚯蚓在地上吃干土,在地下饮泉水",

这是认为蚯蚓是最廉洁的。陈仲子要像蚯蚓一样，才算是廉洁的。他现在住的房子，要是伯夷盖的；吃的粮食，要是伯夷种的。这样他去住、去吃，才能够称得上廉洁。或许当时吃的是盗跖种的粮食，住的是盗跖盖的房子，那就玷污了廉洁的操行。孟子用这种观点来指责陈仲子，也还是错误的。房子是继承了人家旧有的，粮食是用麻鞋麻线换来的，即使房子是强盗盖的，粮食是强盗种的，但自己并没有听说过这些情况。但是他哥哥的不义，有他自己的操行为证。操行表现在众人面前，大家看得清清楚楚，议论纷纷，所以陈仲子才避居於陵，不住他的房子，以编麻鞋搓麻线为生，不吃他哥哥的俸禄。如果陈仲子住在於陵的时候，要避居像他哥哥那种人的房子，不吃像他哥哥那种人的俸禄，只要他耳闻目睹，清楚无疑，那么陈仲子就会不住不吃，是肯定的。现在於陵的房子不知道盖的人是谁，粮食也不晓得种的人是谁，除此之外，哪能有现成的房子住，哪能有现成的粮食吃呢？孟子指责他，这就太求全责备了。陈仲子住的房子，或许是强盗盖的，他不知道而住了，就说他没有把自己的操行推广到各方面，只有"把自己变成蚯蚓然后才能办到"。其实，强盗住房的地下也有蚯蚓，它吃强盗房中的干土，饮强盗房子地下的泉水，那么蚯蚓又怎么能算是做到了廉洁呢？要把陈仲子的操行推广到各方面，满足孟子所说的要求，只有把人变成鱼然后才能办到。因为鱼生活在江河海洋之中，吃的是江河海洋的泥土，而海洋不是强盗开凿的，泥土也不是强盗堆积的。

　　然则仲子有大非[①]，孟子非之不能得也[②]。夫仲子之去母辟兄，与妻独处於陵，以兄之宅为不义之宅，以兄之禄为不义之禄，故不处不食，廉洁之至也。然则其徙於陵归候母也[③]，宜自赍食而行[④]。鹅膳之进也，必与饭俱[⑤]。母之所为饭者，兄之禄也，母不自有私粟以食仲子，明矣。仲子食兄禄也。伯夷不食周粟，饿死于首阳之下，岂一食周粟而以污其洁行哉？仲子之操，近不若伯夷，而孟子谓之若蚓乃可，失仲子之操所当比矣。

【注释】

①大非：大的错误。非，错误。

②得：正确，适当。

③徙：迁居。候：问候，探望。

④赍（jī）：带着。

⑤俱：通。

【译文】

但是陈仲子有个大错误，孟子指责他时没能抓住。陈仲子离开母亲，避开哥哥，跟妻子单独住在於陵，是认为哥哥的房子是不合道义的房子，认为哥哥的俸禄是不合道义的俸禄，所以才不住不吃，真是廉洁到极点。那么他迁居於陵后要回去看望母亲，就该自己带着粮食走。鹅肉端上来，一定跟饭一起。母亲做的饭，就是用他哥哥的禄米，母亲不会自己有粮食给陈仲子吃，这是一定的。这样看来，陈仲子还是吃了他哥哥的禄米。伯夷不吃周朝的粮食，饿死在首阳山下，岂肯吃一粒周朝的粮食而玷污他廉洁的操行呢？陈仲子的操行，似乎不如伯夷，但孟子却说他要变得像蚯蚓才行，这就弄错了陈仲子的操行所应该比较的对象。

孟子曰："莫非天命也，顺受其正。是故知命者①，不立乎岩墙之下②。尽其道而死者③，为正命也；桎梏而死者④，非正命也⑤。"

【注释】

①是故：所以。

②岩墙：高墙。

③尽其道而死者：遵循天道而死的人。

④桎梏（zhì gù）而死者：犯罪而死的人。桎梏，脚镣手铐。

⑤非正命也：引文参见《孟子·尽心上》。

【译文】

孟子说："没有一样不是天命决定的，应该顺应承受上天给予的正命。所以懂得天命的人，不要站在高墙之下以免死于非命。力行天道而死的人，是正命；因犯罪而死的人，不是正命。"

夫孟子之言，是谓人无触值之命也①。顺操行者得正命，妄行苟为得非正②，是天命于操行也③。夫子不王④，颜渊早夭，子夏失明，伯牛为疠⑤。四者行不顺与⑥？何以不受正命？比干剖，子胥烹⑦，子路菹⑧，天下极戮⑨，非徒桎梏也⑩。必以桎梏效非正命，则比干、子胥行不顺也。人禀性命⑪，或当压、溺、兵、烧，虽或慎操修行，其何益哉？窦广国与百人俱卧积炭之下⑫，炭崩⑬，百人皆死，广国独济⑭，命当封侯也。积炭与岩墙何以异？命不压，虽岩崩，有广国之命者犹将脱免。"行，或使之；止，或尼之。"命当压，犹或使之立于墙下。孔甲所入主人子之天命当贱⑮，虽载入宫，犹为守者⑯。不立岩墙之下，与孔甲载子入宫，同一实也。

【注释】

①触值之命：王充又称其为"所当触值之命""遭命"，指的是偶然碰到外来的事故而遭受灾祸的"命"。参见《气寿篇》《命义篇》。

②妄行苟为：胡作非为。

③是天命于操行也：天命会随着德操的好坏而变化。

④夫子：指孔子。

⑤疠（lì）：麻风病。

⑥行不顺：操行不好。

⑦烹：放在锅里煮，这里指烹尸。

⑧菹（zū）：肉酱，这里指被剁成肉酱。

⑨极戮：最为残酷的刑罚。

⑩徒：仅仅。

⑪禀：承受。

⑫窦广国：西汉窦太后的弟弟，幼年因家里贫穷被卖，入山烧炭，后
　　被封为章武侯。

⑬崩：倒塌。

⑭济：得救。

⑮孔甲所入主人子之天命当贱：孔甲是夏朝的王。传说一次他在一
　　户百姓家避雨，恰巧这家百姓生孩子。有人说这孩子将来一定富
　　贵，有人说一定贫贱，孔甲说："给我当儿子，怎么会贫贱呢？"于
　　是把孩子带入官中。后来这个孩子因为劈柴断了脚，只能当个看
　　门人。参见《吕氏春秋·音初》。

⑯守者：看门人。

【译文】

　　孟子的话是认为人没有遭受意外而死。如果按照遵循操行的人可
得正命，胡作非为的得不到正命来说的话，那么天命是会随操行的好坏
而变化。照这样说，孔子没有当王，颜渊早死，子夏失明，伯牛得麻风病，
是四人的操行不好吗？为什么都得不到正命呢？比干被挖心，伍子胥被
煮死，子路被剁成肉酱，这都是天下最残酷的刑罚，而不仅仅只是戴脚镣
手铐相比的了。如果一定要用受刑而死来证明得到的不是正命，那么比
干、伍子胥的操行就都不好了。人从天禀受了性命，有的该被压死，有的

该被淹死,有的该被杀死、有的该被烧死,即使这些人中有人谨慎地修养操行,那有什么用处呢? 窦广国跟一百人一起躺在炭堆下,炭堆倒塌,其他人都死了,只有窦广国一人得救,这是因为他命中注定该被封侯。炭堆与高墙有什么两样? 命中注定不该被压死,即使高墙倒塌,只要有窦广国那样的命也会逃脱。"人要干一件事,就有一种力量在暗中支使他;不干,也有一种力量在阻止他。"命该被压死,就像有股力量促使他站在高墙之下去被压死。夏王孔甲所进的那户人家的孩子,命中注定他该卑贱,即使他被带进宫中,还是做了守门的人。不站在高墙的下面,跟夏王孔甲带那孩子进宫,其实都是同一个道理。